História do Português Brasileiro

VOLUME VI

MUDANÇA SINTÁTICA DO PORTUGUÊS BRASILEIRO: PERSPECTIVA GERATIVISTA

A publicação teve apoio financeiro da Fundação de Amparo à Pesquisa do Estado de São Paulo – Fapesp (Processo nº 2017/12746-8). As opiniões, hipóteses e conclusões ou recomendações expressas neste material são de responsabilidade dos autores e não necessariamente refletem a visão da Fapesp.

História do Português Brasileiro

Ataliba T. de Castilho
(coordenador geral)

VOLUME VI

MUDANÇA SINTÁTICA DO PORTUGUÊS BRASILEIRO: PERSPECTIVA GERATIVISTA

Sonia Cyrino
Maria A. Torres Morais
(coordenadoras)

editoracontexto

FAPESP

Montagem de capa e diagramação
Gustavo S. Vilas Boas

Preparação de textos
Lilian Aquino

Revisão
Daniela Marini Iwamoto

Dados Internacionais de Catalogação na Publicação (CIP)

História do português brasileiro : mudança sintática do
português brasileiro: perspectiva gerativista / Sonia Cyrino ...
[et al.] ; coordenador geral: Ataliba T. de Castilho ;
coordenadores: Maria A. Torres Morais e Sonia Cyrino. –
São Paulo : Contexto, 2018.
480 p. (História do português brasileiro ; 6)

Bibliografia
ISBN 978-85-520-0059-4

1. Língua portuguesa – Brasil – História 2. Língua portuguesa –
Sintaxe 3. Linguística 4. Gramática gerativa I. Cyrino, Sonia
II. Castilho, Ataliba T. de III. Morais, Maria A. Torres

18-0577 CDD 469

Andreia de Almeida CRB-8/7889

Índice para catálogo sistemático:
1. Língua portuguesa

2018

EDITORA CONTEXTO
Diretor editorial: *Jaime Pinsky*

Rua Dr. José Elias, 520 – Alto da Lapa
05083-030 – São Paulo – SP
PABX: (11) 3832 5838
contexto@editoracontexto.com.br
www.editoracontexto.com.br

SUMÁRIO

APRESENTAÇÃO

Sonia Cyrino
Maria A. Torres Morais

Levando em consideração o breve panorama que será traçado na "Introdução", pode-se dizer que este volume, o sexto da coleção História do Português Brasileiro, se integra aos esforços dos projetos que tratam da história do português brasileiro e representa um exemplo de consolidação da grande empreitada que foi o projeto Para a História do Português Brasileiro (PHPB), idealizado e coordenado por Ataliba de Castilho.

Os capítulos que o compõem dedicam-se a estudos de mudança sintática, dentro da perspectiva gerativa da Teoria dos Princípios e Parâmetros, proposta inicialmente em Chomsky (1981), e posteriormente repensada sob os refinamentos decorrentes da visão minimalista, veiculada no Programa Minimalista (cf. Chomsky, 1995, 2000, 2001). Nesse particular, o volume expressa igualmente a consolidação de um paradigma de pesquisa da Sintaxe Diacrônica, o qual teve a sua origem nos cursos de Pós-Graduação da Unicamp, na década de 1990, ministrados por Fernando Tarallo, Mary Kato e Ian Roberts (cf. Roberts e Kato, 1993).[1]

Vale ressaltar que, em alguns dos textos, encontramos o entendimento da variação e mudança sintática com base no diálogo entre a Teoria dos Princípios e Parâmetros e a Teoria da Variação e Mudança (cf. Weinreich, Labov e Herzog, 1968; Labov, 1972, 1994, 2001). Da mesma forma, pode-se constatar uma associação entre a teoria dos Princípios e Parâmetros e os pressupostos assumidos na perspectiva cartográfica, elaborada inicialmente por Rizzi (1997), e na teoria construtivista, desenvolvida em Marantz (1997, 2013). Tais diálogos contribuem para uma abordagem mais profunda dos fenômenos linguísticos abordados, não só em termos diacrônicos, como também em termos descritivos.

Destaque-se ainda o fato de que, embora os autores tratem os fenômenos linguísticos dentro de teorias formais, a própria natureza da investigação histórica supõe o mergulho no universo empírico dos *corpora* rigorosamente elaborados e organizados. Dentro do PHPB, a documentação histórica apresenta variedade de gêneros textuais e de representação geográfica e revela o manejo linguístico de falantes letrados que, de alguma forma, tiveram acesso aos usos cultos do português (cf. o texto de Galves no "Posfácio" deste volume). Dessa forma, os fenômenos linguísticos que identificam a gramática brasileira são buscados nas trilhas empíricas traçadas nos textos históricos, a partir do século XIX, pertencentes ao acervo documental construído pelos pesquisadores do PHPB.

Por fim, entendemos que o sexto volume se encontra em consonância com o entendimento do que seja uma obra de referência ou obra de consulta. Como sabemos, uma obra de referência retrata o momento histórico de uma ciência, tendo, portanto, importância fundamental no desenvolvimento científico. Com base nessa definição, temos uma obra de referência, uma vez que os capítulos que o compõem estão articulados na percepção de uma abordagem teórica compartilhada pelo conjunto de seus autores. Naturalmente, no percurso da consolidação, os autores chegaram a refinamentos em suas reflexões, graças à incorporação de novas hipóteses e propostas surgidas ao longo dos últimos anos. Não somente o quadro teórico apresenta essa atualização, como também a abordagem quantitativa, se comparada ao início do Projeto PHPB, com a incorporação de novos dados retirados de uma variedade maior de documentos.

Como afirma Charlotte Galves em seu posfácio, nosso trabalho tem essa qualidade de apontar os potenciais estudos sobre a história do português brasileiro e sobre as grandes questões acerca da variação e mudança que ainda intrigam os pesquisadores na busca de traçar um quadro mais completo e detalhado da mudança sintática ocorrida em nossa língua.

Vejamos a seguir uma apresentação sucinta de cada um dos oito capítulos que compõem este volume.

O capítulo inicial de autoria de Maria Eugênia Duarte apresenta uma discussão sobre o sujeito nulo no português brasileiro (PB), desde a formulação do Parâmetro do Sujeito Nulo (PSN), passando por revisões recentes, que revelam uma evolução no tratamento das línguas em relação ao fenômeno e apontam para o comportamento do PB como língua de sujeito nulo "parcial". O comportamento do PB é observado à luz das propriedades relacionadas ao

PSN, relacionando as mudanças atestadas à mudança no núcleo Flexão. São reunidas evidências empíricas da mudança de língua [+sujeito nulo] para língua [-sujeito nulo], com base em análises diacrônicas e sincrônicas.

Como a autora enfatiza, a ocorrência de variação entre sujeitos referenciais nulos e expressos nos mesmos contextos estruturais revela que não há distribuição complementar e permite questionar o estatuto de língua de sujeito nulo parcial, tal como o PB tem sido apontado. Os resultados sugerem, antes, um estágio no processo de mudança em direção ao preenchimento dos sujeitos referenciais, que já superam amplamente os nulos. A análise do sujeito anafórico de terceira pessoa com base em parte da amostra PHPB, que constitui o elo do volume, se não nos revela um quadro próximo aos atestados para a língua oral (cartas de jornais constituem um gênero que tem pouco em comum com a fala), já indicam alguns importantes traços de uma gramática [-sujeito nulo], que exibe pronomes expressos em encaixadas retomando o sujeito da principal e, particularmente, não evita pronomes pessoais com o traço [-humano].

No capítulo seguinte, sobre construções possessivas e existenciais do PB, Juanito Ornelas de Avelar focaliza orações com os verbos *ter*, *haver* e *estar*. A análise se concentra, num primeiro momento, em propriedades das sentenças que servem à expressão de posse e existência no português brasileiro contemporâneo, dentro de uma perspectiva tanto descritiva quanto teórica, à luz de pressupostos minimalistas da Teoria de Princípios e Parâmetros (Chomsky, 1995).

Em adição ao panorama teórico-descritivo, o estudo se ocupa do mesmo conjunto de construções no eixo diacrônico, procurando responder em que medida os fatos atestados em estágios anteriores permitem explicar a emergência de inovações gramaticais, em especial no que diz respeito às orações existenciais. Além das orações possessivas e existenciais propriamente ditas, também são apresentadas as chamadas "expressões de tempo decorrido" de base possessivo-existencial.

Para o tratamento de propriedades do PB contemporâneo, o estudo de Avelar se vale tanto de dados obtidos por meio de introspecção gramatical, quanto por levantamento de padrões frásicos em amostras de fala e escrita, a serem explicitadas ao longo do texto. Para o PB oitocentista e novecentista, foram considerados anúncios e cartas de leitor em jornais dos séculos XIX e XX publicados em cinco estados – Bahia, Ceará, Pernambuco, Rio de Janeiro e São Paulo – que compõem o *corpus* mínimo do PHPB.

O autor argumenta ainda que as construções existenciais com *ter* do PB são derivadas a partir da estrutura interna que subjaz às orações possessivas com o mesmo verbo. A diferença entre uma e outra reside na entrada ou não de um constituinte nominal na posição de sujeito, resultando na estrutura possessiva ou existencial, respectivamente. Na linha de outros trabalhos gerativistas sobre a relação entre verbos possessivos e copulares/estativos (em particular, Freeze, 1992), o capítulo também defende que o possessivo *ter* (e, consequentemente, sua versão existencial) é obtido, em termos derivacionais, pela combinação dos traços subjacentes ao verbo *estar* e à preposição *com*.

Para reforçar essa hipótese, são apresentadas algumas propriedades das orações possessivas e existenciais com a locução *estar com* no português brasileiro, que se diferenciam daquelas com *ter* em termos aspectuais: enquanto as orações com *estar com* apresentam um estado transitório ou recente, aquelas com *ter* tendem a ser interpretadas como uma situação mais permansiva ou imutável. No que diz respeito às expressões de tempo decorrido, são analisados casos com *haver*, *ter* e *estar com*, sendo mostrado que, enquanto as expressões com *ter* e *estar com* são de base oracional, aquelas com *haver* não apresentam mais esse estatuto, devendo ser tratadas como de natureza nominal.

A emergência de *ter* como o verbo existencial canônico do português brasileiro é associada a mudanças relacionadas ao Parâmetro do Sujeito Nulo que tiveram lugar nessa variedade do português (cf. capítulo "O sujeito nulo no português brasileiro"). Quanto às orações possessivas, em particular, é mostrado que as propriedades dessas estruturas não se alteraram do século XIX ao século XXI, apesar de terem sido detectadas, na amostra novecentista, orações construídas com ordens de constituintes bem pouco usuais no PB contemporâneo. Entre as expressões de tempo decorrido levantadas nas amostras, não foram registrados casos com *ter* ou *estar com*, o que sugere tratar-se de inovações recentes do PB.

No capítulo "A sintaxe dos pronomes pessoais clíticos na história do português brasileiro", Marco Antonio Martins analisa a sintaxe dos pronomes pessoais clíticos, em diferentes ambientes verbais, envolvendo tanto as formas finitas simples quanto os grupos constituídos de auxiliar/modal/aspectual e verbo principal, na escrita brasileira culta que circulou em jornais em diferentes estados, nos séculos XIX e XX, a partir de uma amostra extraída do *corpus* do PHPB. A hipótese central do trabalho é a de que o complexo quadro que envolve a sintaxe dos pronomes pessoais clíticos na escrita brasileira, sobretudo no século XIX, é o reflexo de diferentes padrões gerados por distintas gramáticas do português – do português clássico (PC), do português europeu (PE) e do PB. Mudanças paramétricas no componente sintático e no componente morfológico que estão associadas às gramáticas do PE e do PB, a partir da gramática do PC, definem diferentes posições para os clíticos na estrutura da sentença e para a sua colocação em próclise ou em ênclise em relação ao seu hospedeiro.

No desenvolvimento de seu texto, Martins desenha um breve panorama dos estudos sobre a sintaxe dos pronomes pessoais clíticos no quadro da teoria gerativa, incluindo os padrões de colocação dos clíticos na escrita brasileira. O autor apresenta uma análise estatística dos (complexos) padrões empíricos de posição e de colocação dos clíticos, em diferentes ambientes sintáticos, na diacronia da escrita culta brasileira a partir de dados do projeto PHPB. Sua análise envolve uma interpretação diacrônico-formal desses padrões estatísticos para comprovar a hipótese de trabalho.

Os resultados estatísticos encontrados no *corpus* analisado permitem ao autor afirmar que, na escrita brasileira culta, manifestam-se diferentes padrões que envolvem a posição e a colocação dos pronomes clíticos. Esses padrões são agrupados pelo autor em três grandes conjuntos: (1) sentenças com interpolação do marcador de negação "não" e de outros elementos em sentenças-matriz, sem atrator, e sentenças com subida de clíticos e próclise ao verbo finito, igualmente em ambientes sem atratores, em grupos verbais (exceto em construções com auxiliar passivo); (2) sentenças com ênclise em contextos neutros ([XP])[XP]V, mais recorrentes em textos da segunda metade do século XIX, com um aumento progressivo da próclise nos textos a partir desse período; e (3) sentenças com próclise ao verbo em primeira posição absoluta em orações afirmativas, e ao verbo do qual o clítico depende sintática e semanticamente em sentenças com dois ou mais verbos formadores de predicados complexos.

Martins se vale da proposta formal de Galves, Torres Morais e Ribeiro (2005) para defender que esses padrões empíricos podem estar associados a estruturas geradas por distintas gramáticas do português: às gramáticas do

PC e do PE, em que os clíticos são afixados à categoria funcional Flexão e estão sujeitos à restrição da colocação não inicial – que se aplicaria em diferentes domínios nessas gramáticas (padrões descritos em (1) e (2) anteriores); e à gramática do PB, em que os clíticos são afixados à categoria lexical verbal e não estão sujeitos à restrição não inicial (padrões em (3)). Desse modo, o autor conclui que os diferentes padrões empíricos na escrita brasileira dos séculos XIX e XX instanciam propriedades da gramática inovadora do PB e de outras gramáticas que os falantes cultos recuperam.

No capítulo "O objeto nulo", Sonia Cyrino desenvolve uma análise diacrônico-formal de construções que apresentam o objeto nulo no PB. Primeiramente, a autora apresenta um breve panorama dos estudos sobre o objeto nulo dentro do quadro da gramática gerativa. O tópico de estudo surgiu devido à discussão sobre o Parâmetro do Sujeito Nulo (cf. capítulo "O sujeito nulo no português brasileiro"). A observação de que algumas línguas permitem que o complemento do verbo também seja fonologicamente nulo colocou naturalmente a questão: haveria um Parâmetro do Objeto Nulo? A resposta parece ser negativa, tendo em vista a diversidade de fenômenos que são todos rotulados como "objeto nulo".

A partir dessa constatação, Cyrino apresenta um relato dos estudos sobre as construções de objeto nulo no PB, para mostrar suas peculiaridades. Essas construções têm certas propriedades: (i) o antecedente do objeto nulo é [-animado] e pode ocorrer em uma segunda (ou outra) oração coordenada; (ii) o antecedente é um nominal [±específico] e permite leituras estrita e imprecisa. Além dessas características, outra importante propriedade do objeto nulo do PB é o fato de que é necessário um paralelismo estrutural entre ele e seu antecedente, uma propriedade também atribuída ao fenômeno de elipse de sintagma verbal (elipse de VP).

A autora apresenta ainda um panorama sobre a mudança nas ocorrências do objeto nulo, conforme investigações conduzidas dentro do Projeto PHPB. Propriedades como a ausência de animacidade e as possibilidades de especificidade do antecedente foram confirmadas diacronicamente nesses estudos. Finalmente, a autora apresenta uma análise formal sobre as construções analisadas e mostra que os dados diacrônicos também confirmam o requisito de paralelismo de estruturas observado nas ocorrências sincrônicas do objeto nulo.

Dentro de um enfoque teórico formal, Cyrino tem sustentado a proposta de que o objeto nulo no PB é resultado de elipse de um DP reconstruído em FL (cf. Fiengo e May 1994), a partir de um DP antecedente em uma posição paralela. Segundo a autora, a vantagem da análise do objeto nulo como elipse de DP sobre as outras análises é que, além de explicar as leituras imprecisas, ela também pode explicar igualmente as restrições de animacidade. Para tanto, são necessárias algumas condições: a) aceitarmos que, no PB, o verbo permanece em uma categoria funcional baixa; b) reconhecermos os requisitos de paralelismo exigidos em elipse; c) assumirmos diferentes posições para diferentes papéis temáticos.

Enfim, através do estudo diacrônico, Cyrino afirma que é possível explicar por que o PB é a única língua românica que apresenta o objeto nulo com propriedades bastante particulares. A autora conclui que a mudança sintática que a língua sofreu inclui o aumento da elipse proposicional (que poderia ser substituída por um clítico neutro/invariável *o*) e a extensão da possibilidade de elipse para os sintagmas nominais cujos antecedentes têm traços semelhantes, ou seja, àqueles que possuem o traço [-animado], fazendo surgir o objeto nulo.

O capítulo intitulado "O objeto indireto: argumentos aplicados e preposicionados" retoma e refina estudos anteriores, nos quais Maria A. Torres Morais e Rosane de Andrade Berlinck apresentam uma análise diacrônica da expressão do objeto indireto (OI), nas variedades cultas do PB, tal como se manifesta nos *corpora* do PHPB. O quadro teórico assumido engloba os pressupostos da Teoria dos Princípios e Parâmetros, na vertente minimalista (cf. Chomsky, 1995, 2000, 2001, 2004, 2005), e da Teoria Sociolinguística da Variação e Mudança (cf. Weinreich, Labov e Herzog, 1968; Labov, 1972, 1994, 2001). O quadro teórico que sustenta a análise tem ainda como ponto central a teoria dos núcleos aplicativos como introdutores de argumento, dentro de uma perspectiva construtivista da estrutura de argumentos do predicado (cf. Marantz, 1997, 2013; Pylkkänen, 2002; Cuervo, 2003, 2010).

As autoras assumem duas hipóteses: (i) objetos indiretos no PE e na fase histórica do PB são expressos morfologicamente pelo Caso dativo; (ii) a perda do Caso dativo no PB leva a mudanças no sistema dos pronomes pessoais e no sistema de preposições. Os resultados empíricos obtidos fornecem um panorama de variação e mudança que se enquadra em dois fenômenos correlacionados. O primeiro é o decréscimo no uso da preposição *a*, como marcadora de Caso dativo, a qual é substituída pelas preposições transitivas *para/de*. O segundo refere-se ao uso na 3ª pessoa dos pronomes clíticos dativos, *lhe/lhes*. Os resultados empíricos revelam que, na história do PB, ocorre um decréscimo no emprego desses clíticos, sendo os mesmos substituídos por outras estratégias de pronominalização, entre elas, a dos pronomes oblíquos *ele/eles/ela/elas* introduzidos por *a/para*.

O panorama descritivo do OI no português culto/padrão, na sua expressão nominal e pronominal, com enfoque nos pronomes clíticos *lhe/lhes*, no uso de 3ª pessoa, realiza-se dentro dos contextos verbais semanticamente classificados como verbos dinâmicos de transferência/movimento e verbos de criação. Aos resultados quantitativos obtidos nos *corpora* históricos dos séculos XVIII e XIX são adicionados novos dados coletados em cartas pessoais escritas no século XX, em diferentes estados brasileiros, a saber, Rio Grande do Norte, Pernambuco, Bahia, Rio de Janeiro, Minas Gerais e Santa Catarina. Todo esse material compõe o acervo documental do Projeto PHPB.

Tais resultados são interpretados pelas autoras como fundamentais por permitirem isolar os fatores linguísticos relevantes na determinação da variação e mudança. De fato, a formatação de uma nova gramática brasileira inclui reanálises na expressão gramatical do OI, pronominal e lexical. Contempla-se ainda uma discussão formal das estruturas ditransitivas nas suas duas modalidades: a dativa e a preposicionada, uma vez que ambas se diferenciam em aspectos morfológicos, sintáticos e semânticos.

Por fim, as autoras apresentam um conjunto de sugestões para a abordagem de outros aspectos que estão ainda pouco trabalhados pelos linguistas. Entre eles, o da hipótese de que os fenômenos de variação e mudança podem ser mais bem entendidos quando se articula um diálogo conciliatório entre uma teoria formal e uma teoria da variação e mudança que busca traçar o percurso e implementação dos fatos de variação e mudança como proposto pela teoria sociolinguística laboviana.

A proposta do capítulo sobre a ordem do sujeito em orações declarativas de autoria de Rosane de Andrade Berlinck e Izete Lehmkuhl Coelho é resgatar os resultados, as conclusões e as discussões acerca da posição do DP sujeito no português escrito no Brasil durante os séculos XIX e XX, com o objetivo geral de traçar a história desses processos e oferecer respostas teóricas às seguintes questões: (i) quais as condições linguísticas que permitem a ordem VS ao longo dos séculos investigados?; (ii) VS é um padrão único ou é a manifestação de diferentes estruturas sintáticas?; (iii) há uma correlação direta entre estrutura sintática (SV/VS) e função discursiva?

Para alcançar esse objetivo geral, as autoras utilizam uma amostra de documentos (cartas de leitores, anúncios e cartas pessoais) dos séculos XIX e XX disponível nos *corpora* do PHPB, com o propósito de descrever (i) a variação da ordem do DP sujeito, ao longo da história do português escrito no Brasil, buscando observar quais são as condições linguísticas que permitem a ordem VS; (ii) as tendências majoritárias de uso da ordem VS(O), identificando a posição do verbo na construção; (iii) os padrões sintáticos que superficializam as ordens VS, [XP]VS e (XP)V[XP]S; e (iv) a correlação existente entre ordem VS e foco.

Os resultados deste estudo mostram que a sintaxe das construções VS na escrita brasileira do século XIX para o século XX mudou. No século XIX, VS manifesta resquício de padrões de inversão germânica [XP]VS e românica V[XP]S, especificamente com verbos transitivos e intransitivos. As mudanças estão atreladas à perda do movimento do verbo para uma posição na periferia de IP e à perda de inversão livre do DP sujeito.

O fato de serem construções quase residuais na escrita brasileira do século XIX indica o quanto a mudança que resultou nos padrões atuais de ordenação já estava avançada naquele momento, provavelmente refletindo usos bastante consolidados na fala. No século XX, a ordem VS em construções com verbos intransitivos ou transitivos não é mais uma opção disponível. VS é restrita a construções V[XP]S copular e inacusativa e (XP)VS inacusativa, nesse último caso, com uma tendência bastante acentuada de manifestar algum elemento locativo na posição pré-verbal e efeito de definitude sobre o DP pós-verbal, com possibilidade de receber interpretação de foco. Tudo leva a crer que a maior parte dos fatores que regiam a ordem VS no século XIX não continuam atuantes no século XX.

Sílvia Cavalcante, no capítulo "Revisitando as construções com *se* na história do português brasileiro", aborda as construções com *se*, tradicionalmente analisadas como construções passivas sintéticas, com o intuito de demonstrar que tais construções não podem ser analisadas como instâncias de *se*-passivo. Para tanto, a autora utiliza como *corpus* textos de jornais brasileiros – anúncios, cartas de leitores e cartas de redatores – publicados entre os séculos XIX e XX no Brasil. Desse modo, a hipótese principal que norteia o trabalho está centrada em outras mudanças que ocorreram na diacronia do português (tanto europeu quanto brasileiro) e que fazem levantar a existência de uma mudança gramatical ocorrida a partir da virada do século XX, a qual afeta a posição do sujeito, mas não afeta as construções com *se*. Os objetivos do trabalho são: analisar as construções com *se* tradicionalmente analisadas como passivas sintéticas e observar o comportamento do argumento interno (expresso/não expresso, anteposto/posposto) e da concordância entre ele e o verbo, a fim de mostrar se essas construções são de fato passivas sintéticas na história do PB.

Após apresentar um breve panorama dos trabalhos realizados sobre as construções com *se* no PB e no PE, Cavalcante introduz o ponto de vista teórico baseando-se em pelo menos dois modelos teóricos: a Teoria de Regência e Ligação e o Programa Minimalista. A autora comprova empiricamente as suas hipóteses a partir de uma análise quantitativa de dados e apresenta uma interpretação desses padrões estatísticos. Foram analisados três aspectos sintáticos das construções com *se*: a posição do argumento interno em relação ao verbo (pré-verbal, pós-verbal e topicalizado); a concordância entre o argumento interno plural e o verbo; a forma do argumento interno.

Os padrões estatísticos encontrados no *corpus* analisado por Cavalcante permitem à autora afirmar que, na história do PB, não há mais construções com *se*-passivo, mas sim construções com *se*-genérico (que envolvem uma estrutura ativa e não passiva). Com relação à posição do argumento interno, Cavalcante mostra que sua posição canônica é pós-verbal, diferentemente dos argumentos internos de construções passivas canônicas (que é pré-verbal). Já com relação à concordância entre o argumento interno plural e o verbo, a autora constata variação entre os estados brasileiros, sendo o Rio de Janeiro o estado que mostra maior índice de concordância verbal. Nos termos de Cavalcante, a variação entre concordância e não concordância em textos brasileiros se apresenta como o efeito de duas gramáticas distintas: esta questão está relacionada ao que Galves (2001) chama de "competência gramatical" e "competência linguística".

O capítulo final, de autoria de Mary A. Kato, dá prosseguimento a Kato e Ribeiro (2007, 2009) e busca descrever e analisar as estruturas de foco no século XIX e metade do século XX. Além do *corpus* do Projeto PHPB, são também utilizados dados de língua falada, dados de criança e material dos afro-descendentes. O quadro teórico no qual a autora se apoia baseia-se na visão cartográfica de Rizzi (1997) e de Belletti (2004a). A proposta é a de que o PB começa a fazer uso estrutural do Foco baixo na periferia do *v*P no período histórico estudado. Propõe-se ainda que a variação encontrada a partir do século XX é também de natureza estilística.

Nas linhas finais desta apresentação, não poderíamos deixar de mencionar a valiosa contribuição da pesquisadora Ilza Ribeiro, que esteve presente ao longo de toda a história do Projeto PHPB. Ilza, que prematuramente nos deixou, era uma maravilhosa colega e colaboradora, dona de um enorme talento e dedicação, presença marcante, cheia de alegria e disponibilidade, o que é evidenciado de forma indiscutível pelos grupos de pesquisa que formou e que muito têm contribuído para o desenvolvimento da pesquisa sobre a história do português brasileiro. A ela dedicamos este volume.

NOTA

1 Vale registrar que a renovação dos estudos histórico-diacrônicos do português teve seu marco inicial com o Projeto para a História da Língua Portuguesa – PROHPOR, em 1990, no Departamento de Letras Vernáculas do Instituto de Letras da UFBA, idealizado e coordenado por Rosa Virgínia Mattos e Silva. O PROHPOR serviu de fonte inspiradora para todos os outros projetos que se seguiram, em particular, o Projeto para a História do Português Brasileiro – PHPB, em 1997, sob a coordenação de Ataliba Teixeira de Castilho, e que hoje congrega equipes de investigação em um grande número de universidades brasileiras.

* * *

À Ilza,
com saudades.

INTRODUÇÃO

Sonia Cyrino
Maria A. Torres Morais

Na década de 1990, na esteira do que ocorre em grandes centros de pesquisa nos Estados Unidos e nos países europeus, principalmente nas áreas germânicas e românicas, começa a se afirmar no cenário linguístico nacional uma perspectiva formal para a abordagem da Sintaxe Diacrônica do português brasileiro (PB), com base nas propostas pioneiras de Lightfoot (1979), e que se define dentro de um quadro teórico particular, neste caso, a Teoria dos Princípios e Parâmetros, tal como delineada por Chomsky (1981). A questão que os pesquisadores se colocam é a seguinte: como se daria a abordagem da mudança sintática no quadro de uma teoria formal?

Para respondê-la é preciso ter em mente o fato de que a tarefa fundamental da Linguística chomskyana consiste em ultrapassar a mera descrição da estrutura das línguas particulares, na busca de um objetivo maior: o de elaborar uma teoria dos universais formais da linguagem, uma teoria da gramática universal, considerada como um conjunto de princípios gramaticais que tanto tornam possível a linguagem humana, como definem a estrutura de uma língua humana possível. Entende-se, pois, que o termo *gramática universal* é ambíguo: tanto se refere à faculdade da linguagem quanto à teoria do linguista a respeito dessa faculdade.

A gramática universal ou faculdade da linguagem, segundo Chomsky, é um "órgão da linguagem" e pode ser tratada nos mesmos moldes dos outros sistemas descritos pelos cientistas como sistema visual, circulatório, e assim por diante. Trata-se de um componente genético do ser humano, inserido em uma arquitetura mais ampla da mente/cérebro, e incorpora princípios relacionados à sintaxe, fonologia, morfologia e semântica.

Nas primeiras décadas após a sua formulação original, manteve-se a hipótese de que a gramática universal seria altamente estruturada, portando princípios inatos abstratos, o que explicaria por que ocorre a aquisição da linguagem pelas crianças de forma praticamente uniforme através das línguas, independentemente de fatores sociais, ou instrução sistemática, em poucos anos. E, embora não se suponha que fatos gramaticais particulares sejam determinados pela gramática universal, ela é ricamente especificada, a ponto de conduzir a criança e simplificar para ela o processo de aquisição da gramática-núcleo da sua língua materna. Dessa forma, o processo de aquisição de uma determinada língua resulta da interação do conhecimento inato inicial com a experiência relevante, a partir de um percurso de etapas ou estágios de desenvolvimento.

No entanto, o fato empírico determinante de que as línguas instanciam propriedades sintáticas distintas leva a uma questão óbvia: como conciliar diferenças inter e intralinguísticas a uma gramática universal altamente estruturada e codificada no genoma humano? A resposta encontrada foi a de que a variação sintática entre as línguas não é aleatória, mas parte inerente do sistema, ou seja, construída dentro da própria gramática universal. A noção adotada é a de parâmetros de variação, nos seguintes termos: associada a princípios invariantes, há um conjunto de opções limitadas que permanecem abertas para serem fixadas pela experiência, constituindo os parâmetros ao longo dos quais as línguas variam. A experiência linguística é necessária para a fixação dos valores paramétricos, de forma que a interação entre estrutura e variação tornou-se conhecida como a Teoria dos Princípios e Parâmetros.

Portanto, cabe à criança, no período da aquisição, a tarefa de fixar os parâmetros da gramática-núcleo de sua língua materna, a partir da exposição aos dados do "input" linguístico, conhecidos como Dados Linguísticos Primários. Nesses termos, a tarefa do linguista consiste em identificar os princípios invariáveis da gramática universal, ao lado dos princípios abertos a uma fixação paramétrica. Como definir os parâmetros de variação sintática? Parte-se da ideia de que eles estejam restritos a dois valores: um positivo, outro negativo. No entanto, dada a sua natureza altamente abstrata, a fixação de um ou outro valor cria efeitos gramaticais que atingem as diversas áreas da gramática, levando às diferenças que as línguas apresentam.

Na literatura recente, vários parâmetros têm sido formulados. O denominado Parâmetro do Sujeito Nulo é o mais conhecido e trabalhado nos estudos sobre o PB. Observe-se que a postulação de um parâmetro tem primeiramente motivação na dimensão sincrônica, atuando nos estudos comparativos que se desenvolveram muito nas décadas recentes. Assim, partindo da suposição de que a posição do sujeito está universalmente presente, conclui-se que línguas como o italiano, português europeu, galego, espanhol, grego são línguas de sujeito pronominal nulo, enquanto o inglês e francês são línguas de sujeito pronominal não nulo. Os parâmetros podem ser apresentados na forma de perguntas sim/não:

> Toda sentença finita requer um sujeito expresso?
>
> SIM: línguas de sujeito não nulo (francês, inglês...)
>
> NÃO: línguas de sujeito nulo (português europeu, galego, italiano, espanhol, grego...)

Os pesquisadores têm revelado, porém, que a fixação de uma determinada propriedade paramétrica é causada por fatores externos e internos. No PB, por exemplo, o fato de os pronomes nulos referenciais terem uma distribuição muito restrita e condicionada na posição de sujeito, poderia estar associada ao desenvolvimento de um paradigma de pronomes nominativos com o estatuto de pronomes fracos (cf. Kato, 1999).

Entretanto, o universo tipológico cada vez mais ampliado representa um desafio para a dicotomia sim-não na fixação de um parâmetro. Na literatura recente há argumentos convincentes a respeito da pertinência da noção de microparâmetros de variação, os quais representam pequenas diferenças entre as línguas, produzindo efeitos mais localizados (cf. Baker, 2008). O PB, por exemplo, embora tenha mudado com relação à expressão do sujeito nulo referencial, conserva ainda os pronomes nulos expletivos, o que o coloca, em termos comparativos, numa situação bastante interessante no universo das línguas românicas modernas.

Na perspectiva chomskyana, portanto, os princípios invariáveis e os princípios parametrizáveis formatados durante a aquisição, quando tomados em conjunto, determinam a forma de uma gramática humana possível, entendida como um sistema mental abstrato, ou Língua-I (internalizada), como parte da competência do falante nativo de uma determinada língua, a qual se diferencia da Língua-E (externalizada), como proposto em Chomsky (1986).

Mas o que dizer da Teoria dos Princípios e Parâmetros no caso da dimensão diacrônica? Nas últimas décadas surgiu uma vasta literatura sobre Sintaxe Diacrônica, a qual evidenciou que o valor de um determinado parâmetro pode mudar com o tempo. Roberts (2007: cap. 3), por exemplo, defende a ideia de que a noção de parâmetro, trabalhada na Sintaxe Comparativa desde Chomsky (1981), pode ser um instrumento analítico para a Sintaxe Diacrônica, ou seja, pode desempenhar um papel útil em descrever a variação sintática tanto na dimensão diacrônica como no domínio sincrônico. Segundo Roberts, vários casos de mudança sintática abordados na literatura corrente, incluindo os fenômenos identificados como reanálise, ou mesmo gramaticalização, podem ser todos analisados como mudança de parâmetro.

Como determinar como e quando ocorre uma mudança paramétrica? Tais questões envolvem reflexões de natureza teórica e empírica que não iremos aqui considerar, mas que o nosso leitor pode avaliar a partir dos capítulos que compõem este volume. Mencionemos apenas o fato de que a Teoria dos Princípios e Parâmetros trabalha com uma hipótese forte: a de que a mudança paramétrica se dá no período da aquisição da linguagem (cf. Lightfoot, 1979, 1991, 1999, 2006). Muitas propostas sobre os fatores que levam a criança a remarcar parâmetros têm sido igualmente consideradas. Uma delas atribui o fenômeno ao fato de a criança não encontrar evidências suficientes, ou pistas, nos dados do "input" para a fixação de uma determinada propriedade de sua língua materna. Outra hipótese se constrói com a afirmação de que as mudanças decorrem da inter-relação de fatores acidentais, entre os quais incluem-se os de natureza social e histórica e das restrições impostas pela gramática universal. Os fatores acidentais afetam o ambiente linguístico, tornando-o de algum modo distinto daquele da geração anterior: "*e a história da língua é certamente contingente e sujeita a incidentes de influência ambiental e a idiossincrasias. Afinal, o latim falado em Barcelona se desenvolveu no catalão, e o latim falado em Veneza eventualmente se tornou o veneziano*" (Lightfoot, 1999: 264, tradução nossa). Ainda uma terceira hipótese, defendida por Kroch (2001), é a de que a mudança da língua é por definição uma falha na transmissão de traços linguísticos através do tempo.

Ressalte-se, porém, que embora a noção de parâmetros tenha tido um peso muito grande na pesquisa sintática, tanto sincrônica quanto diacrônica, a tarefa de formulá-los tem se mostrado, ao longo do tempo, e apesar do esforço monumental de grandes pesquisadores, bastante problemática. Dois direcionamentos podem ser registrados, como consequência do impasse. O primeiro deles resultou na hipótese, hoje consensual, de que a variação paramétrica está restrita ao léxico, melhor dizendo, às propriedades e traços das categorias funcionais, entre elas, Caso, número, pessoa, pronomes, determinantes, e outros, primariamente do componente flexional (cf. Borer, 1984; Chomsky, 2001).

O segundo direcionamento, profundamente enraizado no Programa Minimalista (cf. Chomsky, 2001, 2005 e trabalhos subsequentes), tem levado ao abandono da ideia de uma parametrizacão direta da gramática universal, ou seja, dos princípios parametrizáveis da Teoria dos Princípios e Parâmetros, como discutimos anteriormente, em favor de uma faculdade da linguagem uniforme. A variação linguística deve ser explicada em termos que ultrapassem a adequação explicativa, na busca de uma adequação satisfatória na interface com a Biologia. Para tanto é proposta uma arquitetura da faculdade da linguagem que engloba três fatores. Sem entrarmos em detalhes, o que se está propondo é que ao lado do Fator I, o dote genético, e do Fator II, a experiência, há um Fator III, constituído por princípios não específicos à faculdade humana da linguagem.

Nesses termos, a variação e as formas que expressa nas línguas do mundo não mais são determinadas pela gramática universal. Como explicar e acomodar a variação? A questão é instigante e desafiadora, uma vez que, se a variação não está especificada na gramática universal e se, segundo Chomsky (2005), o mapeamento para as interfaces, fonologia e semântica, ou seja, o Fator III, é invariante entre as línguas, teremos que repensar a justificativa para a existência dos parâmetros de variação.

Naturalmente, tais movimentos minimalistas no quadro da Teoria dos Princípios e Parâmetros trazem novos desafios, mas, ao mesmo tempo, constituem ferramentas mais apropriadas ao entendimento da natureza e atuação dos parâmetros. Ou mesmo do completo abandono da noção. Se esse for o caminho, diferentes perspectivas se colocam para o entendimento dos fenômenos que envolvem a Sintaxe Comparativa e Histórica. Tarefa para o futuro.

Neste ponto de nossa introdução, vale ressaltar que, diferentemente do que ocorreu em outros países, a empreitada gerativista ganha em nossos meios acadêmicos contornos muito particulares, uma vez que os pesquisadores adquirem uma profunda conscientização: uma abordagem formal da Sintaxe Diacrônica não poderia ser feita sem um olhar atento à realidade linguística brasileira, a qual, como revelado pelo florescimento da Sociolinguística Variacionista, a partir das décadas de 1960 e 1970, se caracterizava por um conjunto marcante de mudanças em progresso.

Como se sabe, o modelo teórico-metodológico da Sociolinguística Variacionista, objetiva capturar a sistematicidade da variação, o seu encaixamento linguístico e social e uma possível relação com a mudança linguística, através de abordagens quantitativas (cf. Weinreich, Labov e Herzog, 1968; Labov, 1972, 1994, 2001).

Nessa perspectiva, seria necessário investigar o percurso histórico do português brasileiro, tanto nos seus aspectos linguísticos quanto sociais, e sua implementação nos usos orais e escritos.

Como afirma Tarallo (1993), os seus estudos de casos sintáticos devem ser tomados como evidência quantitativa de que mudanças dramáticas no PB aconteceram na passagem do século XIX para o século XX. No entanto, como o autor reconhece, tais mudanças já poderiam ter ocorrido anteriormente. A sua hipótese é a de que "*circunstâncias sociais antes da virada do século podem não ter sido suficientemente satisfatórias para que a pena brasileira começasse a escorrer a sua própria tinta*" (Tarallo, 1993: 99). Ora, se interpretarmos as palavras de Tarallo com as tintas gerativistas, diremos que as inovações do PB já faziam parte da competência linguística, ou Língua-I do brasileiro, embora a língua escrita só as implemente gradualmente, com a baixa da guarda normativa, e de forma diferenciada, dependendo dos diferentes gêneros discursivos. Importante ressaltar também que, por seu lado, a abordagem variacionista, por aliar os fatores externos aos fatores propriamente linguísticos/estruturais que determinam as mudanças, requer um suporte teórico que foi buscado dentro da pesquisa funcionalista, e posteriormente da gerativista.

Da mesma forma, os acervos documentais construídos nos anos 1970 dentro do Projeto de Estudo da Norma Urbana Linguística Culta (Nurc), ao lado daqueles que registram os usos linguísticos de falantes menos escolarizados, constituíram um precioso material de língua falada, culta e popular, que caracterizam a variedade brasileira do português. Todo esse material coletado revela que, embora movimentos normativos tentem forjar e impor padrões de prestígio, as situações extremas de polarização como rural/urbano, culto/popular vão se alterando significativamente, de modo que os traços gramaticais ainda definidores das variedades cultas e populares passam a ser mais bem equacionados.

De fato, é fácil constatar na dinâmica dos diversos meios de comunicação, com suas diferentes ferramentas, a atuação linguística dos integrantes de segmentos cultos da população, os quais exibem em sua prática linguística realizações gramaticais menos prestigiadas, algumas delas sequer descritas nas gramáticas tradicionais, embora já reconhecidas na pesquisa linguística e nas gramáticas do português culto falado no Brasil.

O cenário linguístico brasileiro se torna ainda mais amplo, quando se considera que as gramáticas internalizadas na fase da aquisição da linguagem por crianças provenientes de ambientes familiares e sociais distintos são trazidas para os bancos escolares. Ali, na dinâmica do ensino formal, os falantes vão se tornando diglóssicos. A gramática-núcleo adquirida na primeira infância incorpora aos poucos uma periferia marcada, ou mesmo outros sistemas gramaticais, criando uma situação de competição de gramáticas, que não está restrita à mente de cada falante, mas se implementa na comunidade de fala. Entretanto, tal competição seria, segundo Kroch (2001), instável diacronicamente.

Segundo o autor, na perspectiva diacrônica, as formas inovadoras vão se afirmando, produzindo a mudança gramatical. Como poderia a língua escrita ficar imune e impermeável a tais movimentos? De fato, a documentação histórica está repleta de enviesamentos causados pela pressão normativa em determinadas épocas. No entanto, tais pressões são limitadas e a "tinta brasileira" não pode ser contida para sempre.

Os gerativistas diacrônicos se rendem, portanto, a outra constatação: a abordagem formal da mudança não poderia ser efetivada sem o apoio de uma base empírica sólida, a qual se efetivou, no corpo dos grandes projetos históricos, através da construção dos bancos de dados, alguns deles submetidos a uma criteriosa técnica de digitalização e etiquetação, facilmente acessados nas redes eletrônicas. O grande dinamismo da nossa pesquisa histórica descobre uma gramática brasileira, já com contornos definidos, que a diferenciam não apenas do português europeu, mas igualmente de outras línguas românicas.

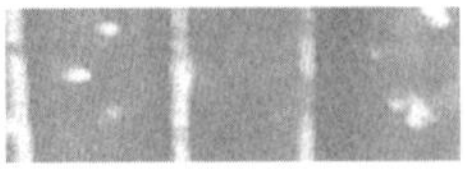

O SUJEITO NULO NO PORTUGUÊS BRASILEIRO

Maria Eugênia Duarte

SUMÁRIO

APRESENTAÇÃO

O português brasileiro tem sido apontado como um sistema que mudou a marcação no valor do Parâmetro do Sujeito Nulo, passando de língua de sujeito nulo "consistente" – uma afirmação em grande parte ancorada em observações de gramáticas tradicionais e de uma variedade de escrita mais padronizada, que nem sempre pode ser identificada como genuinamente brasileira – para um sistema de sujeito nulo "parcial" (cf. entre outros, Holmberg, 2010).[1]

Este capítulo tem como objetivo principal apresentar uma discussão sobre o sujeito nulo, com base principalmente em resultados empíricos diversos sobre o fenômeno, sem deixar de reunir algumas propostas teóricas.

Na seção "Breve panorama dos estudos sobre o sujeito nulo no quadro da gramática gerativa: parâmetro ou parâmetros do sujeito nulo?", traço um breve panorama sobre a evolução dos estudos envolvendo o Parâmetro do Sujeito Nulo (PSN) na Teoria Gerativa. Em "Breve panorama dos estudos sobre o sujeito nulo no português brasileiro", apresento um breve panorama do comportamento do português brasileiro (PB), à luz das propriedades relacionadas ao PSN, relacionando as mudanças atestadas à mudança no núcleo Flexão, e retomo resultados diacrônicos com base em peças de teatro, ilustrando o curso da mudança observada. Em "Apresentação de propriedades das construções analisadas", sistematizo alguns resultados obtidos para a língua oral, mostrando os contextos que ainda exibem sujeito referencial nulo em variação com sujeitos expressos, bem como os que exibem sujeitos nulos expletivos em variação com constituintes alçados para Spec, TP (Tense Phrase), e apresento uma discussão sobre tais contextos e as ocorrências de sujeitos nulos em línguas de sujeito nulo parcial (LSN daqui em diante), com base em Modesto (2008) e Holmberg e Sheehan (2010b). Em "Panorama sobre a evolução na representação do sujeito nos dados do PHPB", será apresentada a análise da representação do sujeito de 3ª pessoa em parte da amostra do PHPB, constituída de cartas de leitores, escritas ao longo dos séculos XIX e XX, nos estados de Ceará, Pernambuco, Bahia, Rio de Janeiro e Santa Catarina. Esses resultados serão comparados aos encontrados para a fala espontânea e peças de teatro popular, escritas no Rio de Janeiro ao longo do mesmo período.[2] A partir desses resultados, serão apontadas algumas generalizações empíricas e formais sobre o sujeito nulo no PB.

BREVE PANORAMA DOS ESTUDOS SOBRE O SUJEITO NULO NO QUADRO DA GRAMÁTICA GERATIVA: PARÂMETRO OU PARÂMETROS DO SUJEITO NULO?

O Parâmetro do Sujeito Nulo (PSN) é um dos que mais têm recebido contribuições e, consequentemente, o que mais tem passado por refinamentos, desde sua postulação no âmbito da Teoria de Princípios e Parâmetros na versão da Teoria da Regência e Ligação (Chomsky, 1981; Rizzi, 1982, 1988), quando se inaugurava dentro do quadro de estudos da gramática gerativa uma nova fase de busca de princípios universais nas línguas naturais a partir justamente das possíveis variâncias interlinguísticas permitidas por todos os parâmetros associados a esses princípios rígidos, invariáveis. Sua formulação em Chomsky (1981), com base em Taraldsen (1978), prevê uma oposição binária *línguas* [+sujeito nulo] vs. *língua* [-sujeito nulo], em que a flexão verbal seria ou não capaz de reger propriamente um sujeito, sendo exemplos prototípicos o italiano e o inglês, respectivamente. Rizzi (1982: 144), entretanto, já chamava a atenção para o fato de que o que se considerava um único parâmetro da Gramática Universal (GU) deveria ser decomposto em dois subparâmetros, representados numa hierarquia como em (1):

(1) INFL é [+pronominal]?

Não: sujeito expresso — Sim: INFL é [+pronome] referencial?

Não: *pro* expletivo — Sim: *pro* referencial

Embora autônomos, esses dois "subparâmetros" guardam entre si uma relação intrínseca. Se uma língua responde positivamente à primeira propriedade, o mesmo ocorre em relação à segunda; se a resposta, ao contrário, for negativa, a segunda propriedade não emerge.

Em 1986, Rizzi expande a hierarquia proposta em (1), acomodando a distinção *pro* quase-argumental *vs pro* argumental:

(2) INFL é [+pronominal]?

Não: sujeito expresso — Sim: INFL é [+pronome] referencial?

Não: *pro* expletivo — Sim: INFL tem o traço [+pessoa]?

Não: *pro* quase-argumental — Sim: *pro* referencial

Temos em (2) um parâmetro que distingue línguas que exibem sujeito nulo (SN) de línguas que não exibem sujeitos nulos (italiano *versus* inglês, por exemplo); outro que distingue entre as línguas que permitem sujeitos nulos referenciais e não referenciais e aquelas que permitem *apenas* nulos não referenciais (italiano *versus* alemão, por exemplo). Já se anunciavam aí pelo menos três tipos de línguas em relação ao PSN.

Os estudos desenvolvidos durante toda a década de 1980 e 1990 viriam a mostrar que o assunto era ainda mais complexo. Subjacente às hierarquias anteriores está a hipótese de que sistemas com uma morfologia verbal "rica" permitiriam a recuperação de um sujeito, não havendo, portanto, necessidade de realização fonética.[3] Assim, os altos índices de sujeitos nulos no italiano e no espanhol peninsular, por exemplo, seriam creditados a um princípio funcional da gramática dessas línguas, cujos paradigmas verbais exibem desinências distintivas para cada pessoa gramatical, no singular e no plural, para a maioria dos tempos e modos do verbo. Essa conclusão, que associa um aspecto funcional a um princípio da gramática, está presente em Rizzi (1988: 15), para quem "*o uso de material fonético só é legítimo se necessário para expressar o sentido pretendido, dentro dos limites da gramática universal e de uma gramática particular*". Em outras palavras, "*dada a existência de uma opção pronominal zero em línguas como o italiano, a forma expressa se limitará aos casos em que é necessária, i. e., quando o sujeito pronominal, tendo valor focal ou contrastivo, deve ser enfatizado (e, evidentemente, um elemento nulo não pode indicar ênfase)*".[4]

As discussões em torno da especificação morfológica da concordância verbal ganharam novos componentes a partir do clássico artigo de Huang (1984), que chamava a atenção para a ocorrência de sujeitos nulos em línguas como o chinês, com um paradigma *sem flexões para tempo, modo, número e pessoa*; assim, a implicação entre flexão "rica" e sujeito nulo deixou de explicar sozinha os processos de licenciamento e recuperação do conteúdo de um sujeito nulo. Novas hipóteses foram então levantadas para enfrentar novos desafios, como a que se encontra em Jaeggli e Safir (1989b), para quem o que licencia o sujeito nulo não seria exatamente um sistema de concordância rico (ou forte), mas a uniformidade morfológica dos paradigmas verbais de uma língua. Um paradigma seria considerado morfologicamente uniforme se ele se constitui ou de formas "derivadas" (que podem incluir desinências de número, pessoa, tempo, modo, aspecto, etc., variando de língua para língua) ou de formas "não derivadas" (constituídas pelo radical apenas, como é o caso do chinês). A identificação do sujeito nulo se faria, no primeiro caso, por intermédio das marcas de concordância e, no segundo, por um tópico discursivo que "ligaria" o sujeito, uma variável, portanto, e não uma categoria pronominal. Se, entretanto, um paradigma é misto, ou seja, apresenta formas morfologicamente complexas e formas simples, o sujeito nulo não seria licenciado.

Roberts (1993) acrescentaria nova contribuição a essa discussão ao propor, a partir de evidências empíricas obtidas por meio da análise de dados do francês medieval, a possibilidade de um paradigma *funcionalmente rico* atuar da mesma forma que um paradigma *morfologicamente uniforme*. Enquanto este prevê ou apenas formas primitivas ou apenas formas derivadas, como referido anteriormente, aquele admite uma desinência zero e um sincretismo (formas iguais para designar diferentes pessoas gramaticais) – que pode ser a própria desinência zero – mantendo certa *riqueza funcional* que lhe permita licenciar e identificar sujeitos nulos. Essa proposta será discutida à luz de análises empíricas do PE e PB na próxima seção.

As discussões que se seguiriam, desenvolvidas a partir de análises teóricas e evidências empíricas, mostrariam que a questão é mais complexa, levando a uma proposta de "hierarquias" de parâmetros, capazes de acomodar diferentes marcações paramétricas. Uma proposta é ilustrada em (3), que parte de sistemas que não permitem sujeito nulo, passando por sistemas que admitem *pro* expletivo, aqueles que admitem *pro* referencial livremente, até sistemas de sujeito nulo parcial, em que o sujeito nulo é identificado por um tópico discursivo. Essa nova camada hierárquica se encontra em (3), a partir de proposta de Holmberg e Sheehan (2010b, entre outros):

(3) INFL é [+pronominal]?

- Não: sujeito expresso
- Sim: INFL é [+pronome] referencial?
  - Não: *pro* expletivo
  - Sim: INFL tem o traço [+pessoa]?
    - Sim: *pro* referencial
    - Não: INFL pode ser uma variável?
      - Sim: SN parcial
      - Não: *pro* quase-argumental

Como um ponto-chave nas formulações clássicas do PSN está o conjunto de propriedades normalmente relacionadas às LSN[5] e as investigações realizadas ao longo de mais de 30 anos mostraram que algumas dessas "predições tipológicas" não se confirmavam, o que teria levado, nas palavras de Roberts e Holmberg (2010), a conclusões muito negativas e a um certo ceticismo em relação à Teoria de Princípios e Parâmetros (P&P). Para os autores, o problema residia justamente em associar a um determinado parâmetro princípios que pertenceriam a outros domínios específicos da gramática universal, e tal proliferação de princípios não pode, segundo os autores, ser mantida no contexto do Programa Minimalista.

Com base em contribuições advindas de línguas de diferentes famílias, os autores elencam, ao lado de sistemas que *não* admitem sujeito nulo,[6] os seguintes tipos de LSN: as línguas de sujeito nulo "consistente", como o italiano, o grego e o turco, com flexão "rica", que distingue, em geral, as pessoas gramaticais e tempos verbais; línguas de sujeito nulo "expletivo" (chamadas *semi* pro-drop), que não permitem nulos referenciais, limitando-se ao nulo em sentenças impessoais, como o alemão, algumas variedades do holandês e inúmeras línguas crioulas, entre as quais estariam o cabo-verdiano, o haitiano e o jamaicano; línguas de sujeito nulo "radical" (*discourse* pro-drop), como o chinês, japonês, tailandês, que não apresentam qualquer marca de concordância e permitem sujeitos (e objetos) nulos sob condições discursivas apropriadas; e, finalmente, línguas de sujeito nulo "parcial", um tipo mais difícil de definir, segundo Roberts e Holmberg, que inclui o finlandês, o hebraico, o russo, o islandês e o marati (língua falada na Índia ocidental) e o português brasileiro. Esse rótulo "parcial", ao contrário dos referidos anteriormente, pode envolver uma gama de características muito diversas entre as línguas que ele engloba.

Biberauer (2010) suspeita que esses sistemas, que permitem a *omissão* – ou a não representação fonética – de expletivos tanto não argumentais (que ocorrem em sentenças impessoais) quanto quase argumentais (que ocorrem em sentenças com verbos "climáticos") e de sujeitos referenciais "sob certas circunstâncias muito restritas" são sistemas extremamente desiguais e, portanto, muito complexos para constituírem *um único subtipo das línguas de sujeito nulo*. A essa suspeita se juntam as observações de Roberts e Holmberg (2010), para quem uma distinção entre uma língua de sujeito nulo *consistente* e uma língua de sujeito nulo *parcial* requer um exame rigoroso dos contextos que licenciam sujeitos nulos e da sintaxe das construções impessoais. Ao final da seção seguinte, apresento algumas características do finlandês e do PB, que têm sido utilizadas para a caracterização dessas duas línguas como sistemas de SN parcial.

Roberts e Holmberg concluem sua alentada introdução a um volume inteiramente dedicado aos sujeitos nulos na Teoria Minimalista afirmando que é provável que muitas línguas tidas como de sujeito nulo consistente sejam, na realidade, línguas de sujeito nulo parcial e que afirmações contidas particularmente em descrições tradicionais deveriam ser vistas com algum ceticismo, a menos que decorrentes de uma rigorosa investigação, que raramente se encontra nas descrições tradicionais. Afirmam ainda que as dificuldades de chegar a uma generalização sobre as propriedades relacionadas ao PSN, longe de constituírem um motivo para seu abandono, devem instigar o seu refinamento.

A proposta de hierarquias de parâmetros pode ser associada à noção de microparâmetros, que poderia explicar pequenas diferenças entre sistemas muito semelhantes. Segundo Roberts (2012), de fato, os parâmetros se movem de "macro" para "micro" e seria natural esperar que camadas mais inferiores na hierarquia se tornassem mais marcadas exibindo um comportamento mais complexo do que as camadas superiores. A relevância dessa hierarquia de parâmetros para a aquisição prediz que as opções mais altas seriam as preferidas, porque menos marcadas; à medida que opções mais complexas se apresentam nos dados primários, o aprendiz é movido para camadas inferiores, até que a definição de uma opção paramétrica compatível com tais dados se efetive. A distinção entre "micro" e macroparâmetros não seria, segundo Roberts (2012: 310), parte da GU, mas uma propriedade que emerge da interação entre o aprendiz, os dados linguísticos primários e a GU. Essas hierarquias incluem também algumas predições sobre mudanças diacrônicas: mudanças podem ocorrer no sentido de hierarquias superiores, menos marcadas, movidas por pressões funcionais ou contato linguístico.

Uma das cinco hierarquias de parâmetros propostas por Biberauer et al. (2014) diz respeito aos argumentos nulos e é assim representada:

(4) Os traços-phi estão presentes nas sondas?

Não: pro-drop radical | Sim: Os traços-phi estão presentes em todas as sondas?

Sim: argumentos pronominais | Não: Os traços são todos especificados em algumas sondas?

Não: não pro-drop | Sim: Os traços-phi são especificados em T?

Sim: sujeito nulo consistente | Não: ....

Para Sheehan (2014: 12), "*se duas propriedades superficiais podem variar independentemente uma da outra, elas são motivadas por hierarquias paramétricas distintas*", ou seja, cada tipo de núcleo funcional define sua própria hierarquia paramétrica.

Pelo exposto, a tentativa de acomodar diferentes hierarquias mantendo os valores binários dos parâmetros é engenhosa, mas, como veremos a seguir, a proposta de língua de sujeito nulo "parcial", na acepção que tem hoje no âmbito da Teoria de Princípios e Parâmetros, parece, de fato, incluir vários subtipos de línguas, como ressalta Biberauer (2010), e o PB exibe comportamento muito peculiar, como tentaremos mostrar.

BREVE PANORAMA DOS ESTUDOS SOBRE O SUJEITO NULO NO PORTUGUÊS BRASILEIRO

Algumas evidências de mudança diacrônica – a perda do traço [+pessoa] em INFL

Como situar o português brasileiro (PB) e o português europeu (PE) à luz da hierarquia de parâmetros apresentada em (3), por exemplo?

A pesquisa diacrônica, com base em uma amostra de peças de teatro escritas no Rio de Janeiro ao longo dos séculos XIX e XX, tomou como suporte teórico a proposta de Roberts (1993), quando o Parâmetro do Sujeito Nulo era ainda discutido dentro do quadro de Regência e Ligação. A interpretação do comportamento do PB em Duarte (1993) foi feita à luz da proposta de Roberts (1993), que discutia a diferença entre um paradigma flexional "formalmente rico", como o do italiano, de um "funcionalmente rico", como o do PE, que conta com um paradigma em que convivem dois sincretismos: o primeiro representado pela desinência zero <-0>, que se combina com a 2ª pessoa derivada da forma nominal *Vossa Mercê* e com a 3ª do singular; o segundo sincretismo, pela desinência <-m> para a 2ª e 3ª pessoas do plural. O PE conta ainda com a desinência <-s>, exclusiva da 2ª pessoa representada por *tu*, em distribuição complementar com *você* – a 1ª usada nas relações simétricas e a 2ª nas assimétricas, ou, pelo menos, envolvendo menos intimidade. Tal paradigma exibiria exatamente o que Roberts considerava riqueza "funcional" em oposição à riqueza "formal" de outros paradigmas, e seria o responsável pela preferência por sujeitos nulos a expressos no PE.

De fato, Duarte (1995, 2000) encontra para a fala lusitana índices de sujeitos nulos da ordem de 65%, 76% e 79%, para 1ª, 2ª e 3ª pessoas, respectivamente, e, interessante destacar, na 2ª pessoa, independentemente de o tratamento ser o familiar (*tu*) ou mais formal (*você, o senhor*), os índices de sujeitos nulos são praticamente idênticos, mostrando que realmente o paradigma funciona de modo equilibrado no licenciamento e recuperação do sujeito nulo, não havendo relação direta entre desinência mais ou menos distintiva e sujeito nulo/pleno. Além disso, os índices são compatíveis com os encontrados para o italiano (Marins, 2009) e o espanhol peninsular (Soares da Silva, 2011).[7]

No caso do PB,[8] a questão parece diversa da descrita para outras línguas românicas de sujeito nulo. Passamos por um período de mudanças profundas no que diz respeito ao licenciamento e à identificação do sujeito nulo de referência definida. Tais mudanças foram atribuídas, em Duarte (1993, 1995), à *redução* ocorrida no quadro pronominal, com a gramaticalização de duas formas nominais *vossa mercê* e *a gente* (cf., entre outros, Omena, 1996; Menon, 1996; Lopes, 2003; Lopes e Cavalcante, 2011), provocando uma simplificação ainda maior no nosso paradigma flexional. Além disso, a apócope da desinência canônica de 2ª pessoa <-s>, muito frequente nas regiões em que convivem *você* e *tu*, e mesmo nas regiões de uso predominante de *tu*, para a referência à 2ª pessoa, aumenta o número de formas verbais sincréticas (cf. Scherre et al., 2015, sobre os subsistemas de tratamento no PB), sem mencionar a variação no uso de marcas de concordância na 2ª e 3ª pessoas do plural. Disso se pode deduzir que, além de perder a "riqueza formal", o PB perdeu também a "riqueza funcional" a que Roberts (1993) se refere; ou seja, o número de sincretismos ultrapassa os limites previstos pelo autor para permitir o licenciamento e a identificação de um sujeito nulo. E a consequência é o preenchimento do sujeito independentemente de haver ou não marca distintiva de concordância. Não ignoro a discussão entre a implicação ausência de marcas e presença de sujeito, mas, no caso do PB, seria contraintuitivo dizer que as formas com desinência zero (ou a redução do nosso paradigma flexional) acarretadas pela pronominalização de *você* e *a gente* seriam causa e não consequência da mudança no nosso quadro pronominal.

Os resultados obtidos na análise de Duarte (1993) mostram que há, de fato, uma expressiva redução nos paradigmas flexionais, primeiramente com a opção por *você*, a partir dos anos 1930, e, um pouco mais tarde, com a crescente concorrência de *a gente* com *nós*, a partir das últimas décadas do século XX. Quando o pronome *tu*, que quase desaparece nas peças escritas a partir dos anos 1930, retorna às peças mais recentes da amostra, escritas nos anos 1990, já é usado com a forma verbal sem a desinência canônica <-s>, portanto em variação com *você*.

O processo em direção à realização fonética dos sujeitos de 1ª e 2ª pessoas é muito mais rápido do que os de 3ª. A atuação de uma hierarquia de referencialidade nesse processo viria a ser formalizada em Cyrino, Duarte e Kato (2000), a partir dos resultados de Cyrino (1994, 1997) e Duarte (1993) para a implementação do objeto nulo e do sujeito expresso, respectivamente.

Em Duarte (2012), um refinamento da análise dos sujeitos de 3ª pessoa apresentada em 1993, que exigiu a ampliação da amostra de peças de teatro, mostra que aqueles com o feixe de traços [+humano/+específico] se distinguem dos que carregam os traços [-humano/-específico], tornando-se foneticamente expressos com índices muito próximos dos sujeitos de 1ª e 2ª pessoas, todos com o traço inerentemente [+humano/+específico]. O mesmo ocorre com o sujeito de referência arbitrária/genérica, igualmente com o traço [+humano] (cf. Vargas, 2012). Caminham mais lentamente em direção ao preenchimento os sujeitos com o traço [-hum/-esp].[9]

Considerando que o PSN, tal como formulado inicialmente, estaria ligado a um conjunto de propriedades, entre as quais sujeitos referenciais e expletivos nulos e a chamada inversão livre, o que esperar em consequência da remarcação no seu valor no PB, de [+sujeito nulo] para [-sujeito nulo]? Os estudos reunidos em Kato e Negrão (2000) revelam reflexões diversas a partir da mudança observada no PB. Além dos resultados empíricos de Duarte (2000), que já anunciam consequências na representação dos sujeitos de referência indeterminada e o aparecimento de alçamento de constituintes para a posição estrutural do sujeito em sentenças impessoais, além de certa competição entre sentenças existenciais e pessoais com "ter", entre outras, temos um conjunto de análises teóricas, já concebidas dentro da fase inicial do desenvolvimento de uma nova fase da Teoria de Princípios e Parâmetros, dentro da versão minimalista (cf. Chomsky, 1995, e estudos subsequentes), que são hoje amplamente reconhecidas nas discussões que envolvem os "parâmetros" do sujeito nulo.

Num desses estudos, Kato (2000) trata da natureza parcialmente pro-drop do PB – que desenvolve um pronome fraco, quase-clítico, que se adjunge ao núcleo funcional T, em consequência da perda do caráter pronominal da flexão – e sua relação com a restrição da ordem VS. No mesmo volume, Figueiredo Silva (2000) sugere igualmente que o PB é uma língua de sujeito nulo parcial e defende que a identificação de sujeitos nulos não é um fenômeno uniforme, tanto em sentenças encaixadas quanto em raízes, dependendo de um antecedente na função de sujeito ou um referente identificado no contexto discursivo ou dêitico.

Outros dois estudos presentes em Kato e Negrão, que já anunciavam importantes discussões que se seguiriam, são os de Negrão e Viotti (2000) e Modesto (2000). Negrão e Viotti (2000) negam que o enfraquecimento da morfologia flexional seria o responsável por aproximar o PB das línguas orientadas para o discurso. As autoras exploram outras propriedades do PB, entre as quais assimetrias na distribuição de sujeitos nulos e expressos, além de fenômenos relacionados ao escopo do quantificador "cada", e concluem, que independentemente de flexão, a relação entre o sintagma flexional (IP) e um constituinte no sintagma complementizador (CP) no PB, uma das marcas registradas das línguas orientadas para o discurso, constitui evidência suficiente para incluir o PB entre as línguas orientadas para o discurso. Modesto (2000) parte do fato de que, tendo o PB se tornado um sistema de concordância "fraca", um sistema em que apenas a 1ª pessoa do singular e, eventualmente, a 1ª do plural (em extinção em alguns dialetos) têm marca distintiva, os sujeitos nulos só são identificados pelo elemento nominal mais próximo capaz de "ligar" a categoria vazia, uma análise que não se distancia em essência da de Figueiredo Silva. Nessa análise e em estudos subsequentes (particularmente 2008), Modesto defende que o PB não exibe as propriedades de LSN porque *não é* uma língua que licencia e identifica sujeitos nulos através de flexão verbal. É a proeminência de tópico do PB que permite a ocorrência de sujeitos nulos, tal como no finlandês e no chinês. Essa proeminência determina um parâmetro [+/-proeminência de tópico], que tem um conjunto de propriedades associadas a ele, entre as quais os sujeitos nulos. Passemos ao exame de algumas propriedades das construções analisadas, observando o comportamento do PB num material diacrônico mais próximo da língua falada nos centros urbanos no período que vamos focalizar.

A análise diacrônica de Duarte (1993) e seus desdobramentos em Duarte (2012)

Como nossa análise toma como *corpus* material escrito ao longo dos séculos XIX e XX, e sabendo que pelo menos a escrita no Brasil seguia de perto a norma de Portugal, seria natural esperar um comportamento de LSN "consistente", pelo menos até a primeira metade do século XX. A partir daí, uma mudança no comportamento seria esperada, fosse pela redução no paradigma flexional, referida em "Algumas evidências da mudança diacrônica – a perda do traço [+pessoa] em INFL", fosse pela diminuição da pressão normativa em direção às normas lusitanas. O que seria uma LSN "consistente"? Assumindo a hierarquia em (4), seria uma língua que tem os traços-phi especificados em T. Se considerarmos os padrões propostos em Barbosa, Duarte e Kato (2005), que vão dos padrões com o antecedente mais acessível até os menos acessíveis, podemos esperar o predomínio de sujeitos nulos nos Padrões 1 e 2 (que correspondem aos exemplos em (5) e (6) a seguir), embora eles também possam ocorrer nos padrões de menor acessibilidade sintática, desde que não comprometam a identificação do sujeito. Os exemplos, de Duarte, Mourão e Santos (2012), provêm da amostra de peças de teatro escritas ao longo do mesmo período em que foram escritas as cartas de leitor que serão analisadas na seção seguinte:

A) Padrão 1

O sujeito em análise tem seu antecedente na matriz ou na encaixada, na mesma função, independentemente de c-comando:

(5) a. [20,1 TEA RJ] *Diz [**d. Zélia**]$_i$ que, depois de sua serie de banhos de mar em Copacabana, talvez **Ø**$_i$ volte novamente para aqui*
(*O hóspede do quarto no. 2*, Armando Gonzaga, 1937)
b. [20,2 TEA RJ] *Dolores - Agora [**ele**]$_i$ não vai mais poder dizer as coisas que [**ele**]$_i$ queria dizer.*
(*No coração do Brasil,* Miguel Falabella, 1992)

B) Padrão 2

O sujeito em análise tem seu antecedente, com a mesma função, numa sentença adjacente (no período anterior) ou é um tópico marcado:

(6) a. [20,1 TEA RJ] *Yvone: –E **Yara**$_i$?*
*Cláudio: **Ø**$_i$ Ainda nao veio. Ultimamente **Ø**$_i$ está saindo tarde do escritório da fabrica.*
(*A vida tem três andares*, Humberto Cunha, 1938)
b. [20,2 TEA RJ] *E [**as historinhas infantis**]$_i$? **Elas**$_i$ estão ficando tão avançadas que semana passada um amigo meu estava lendo um livro para o filho e de repente descobriu que a Nova Cinderela não calça mais 32.*
(*Confidências de um espermatozoide careca*, C. Eduardo Novaes, 1984)

C) Padrão 3

O antecedente é o sujeito de uma oração *não adjacente* no contexto precedente, ou seja, há uma ou mais orações intervenientes:

(7) a. [19,1 TEA RJ] *Florência: Oh, mas que culpa tem ela? Mais tenho eu, já que fui tão tola, que casei-me sem indagar quem **ele**$_i$ era. Queira Deus que este exemplo aproveite a muitas incautas! Patife, agora **Ø**$_i$ anda escondido... Ai, estou cansada... Mas **Ø**$_i$ nao escapará da cadeia...seis anos de cadeia...*
(*O noviço*, Martins Pena, 1845)

b. [20,2 TEA RJ] *Alice: Aquele entusiasmo, aquele ardor dos primeiros tempos do casamento vai se apagando e hoje [**seu marido**]$_i$ lhe procura o quê? Duas vezes em dez dias?*
Cristina: Não.
Alice: Entao você está melhor do que eu pensava.
*Cristina: Nem tanto. **Ele**$_i$ me procura uma vez em cada dez dias.*
(*A mulher integral*, Carlos E. Novaes, 1975)

D) Padrão 4

O antecedente está na oração precedente/adjacente, mas tem função distinta da de sujeito:

(8) a. [19,1 TEA RJ] *Florência: Espere, vizinho, deixe-me sair primeiro. Se **o**$_i$ encontrarem, dêem-**lhe**$_i$ uma boa arrochada e levem-**no**$_i$ preso. **Ø**$_i$ Há de me pagar! Vamos menina.*
(O noviço, Martins Pena, 1845*)*

b. [20,2 TEA RJ] *Armando: Quero parar com [**essas aventuras**]$_i$. **Elas**$_i$ não me levam a nada.*
(A mulher integral, Carlos Eduardo Novaes, 1975)

Os resultados de Duarte, Mourão e Santos (2012), aqui distribuídos segundo cada metade de século, confirmam o efeito do padrão estrutural, ilustrado nos exemplos de (5) a (8) anteriores, na representação do sujeito de 3ª pessoa:

Figura 1 – Sujeitos de 3ª pessoa nulos (*vs* expressos) em peças de teatro segundo o padrão estrutural (adaptado de Duarte, Mourão e Santos, 2012: 33)

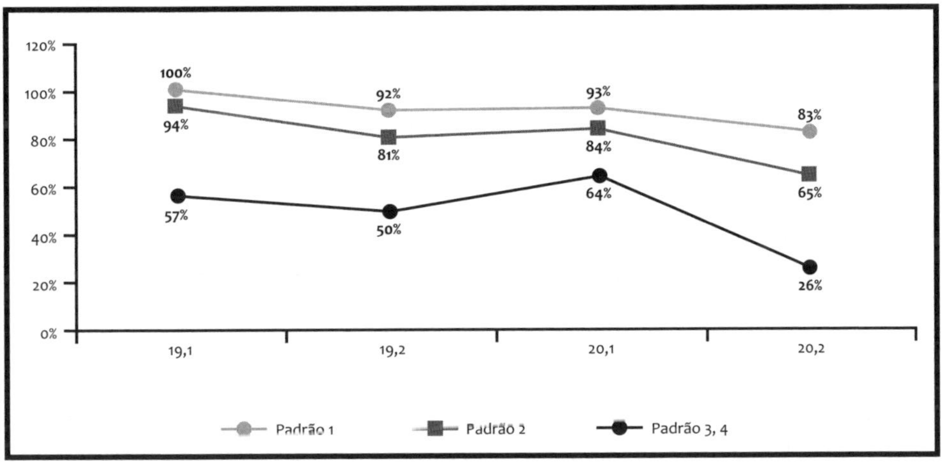

As linhas revelam a força dos Padrões 1 e 2 no favorecimento do sujeito nulo, seguidos pela linha que representa os Padrões 3 e 4, aqui reunidos em vista do número reduzido de dados e da semelhança nos resultados. Ainda que em índices mais baixos, o sujeito nulo é expressivo nesses padrões com menor acessibilidade do antecedente nas três primeiras sincronias; na última sincronia todos os padrões revelam um reflexo da mudança ocorrida no paradigma flexional a partir dos anos 1930, com o Padrão 1 alcançando 83% de sujeitos nulos, o Padrão 2, 65%, e os Padrões 3 e 4, 26%.

Numa LSN "consistente", o traço semântico do referente não deveria influenciar a expressão do sujeito; na realidade, não seriam esperados pronomes expressos com o traço [-humano], que é o que ocorre no italiano e no espanhol. Havendo necessidade de uma retomada do sujeito, em padrões estruturais de menor acessibilidade sintática, o esperado seria o recurso a um demonstrativo ou a um DP anafórico, que permitiriam evitar um pronome com o traço [-humano] ou mesmo um pronome com o traço [+humano]. As combinações de traços semânticos propostos em Cyrino, Duarte e Kato (2000) são ilustrados a seguir:

A) [+hum/+esp]

(9) [20,2 TEA RJ] *Ninguém tinha dúvidas do brilhante futuro [de* ***Heitor****]$_i$. **Ø**$_i$ Foi para o Colégio Naval, daí para a Escola Naval.*
(*Confidências de um espermatozoide careca*, C. Eduardo Novaes, 1984)

B) [+hum/-esp]

(10) [20,1 TEA RJ] *Vadeco:* ***[Um homem sensato]****$_i$ contenta-se com o que a vida lhe reserva. Se lhe falta o pão, a saúde, a moradia,* ***Ø****$_i$ sofre, mas não se revolta.* ***Ø****$_i$ Toma a responsabilidade sobre si mesmo.*
(*A vida tem três andares*, Humberto Cunha, 1938)

C) [-hum/+esp]

(11) [19,1 TEA RJ] *Ambrósio: Juquinha, gostas d[***esta roupa***]$_i$?*
Juca: Não, ***Ø****$_i$ não me deixa correr, é preciso levantar assim...*
(*O noviço*, Martins Pena, 1845)
[-h/-espec]

D) [-hum/-esp]

(12) [19,1 TEA RJ] *Padre Mestre: [***Incômodos***]$_i$? Para eles nascemos nós...***Ø****$_i$ Passam desapercebidos, e demais* ***Ø****$_i$ ficam de muros para dentro.*
(*O noviço*, Martins Pena, 1845)

Nos resultados apresentados no gráfico a seguir está excluída a combinação com o traço [-hum/-esp], ilustrado em (12) anterior: do total de 47 dados que ilustram tal combinação, apenas um apresenta o sujeito expresso, sendo atestado no século 20,1:

(13) [20,1 TEA RJ] *Cláudio: Como é a vida...vivemos numa constante espera de* ***felicidade****$_i$ e quando* ***ela****$_i$ chega não a enxergamos!...*
(*A vida tem três andares*, Humberto Couto, 1938)

Eis o que os dados da escrita de teatro nos mostram em relação ao efeito do feixe de traços do referente na realização do sujeito:

Figura 2 – Sujeitos de 3ª pessoa nulos (*vs* expressos) em peças de teatro segundo o traço do referente (adaptado de Duarte, Mourão e Santos, 2012: 39)

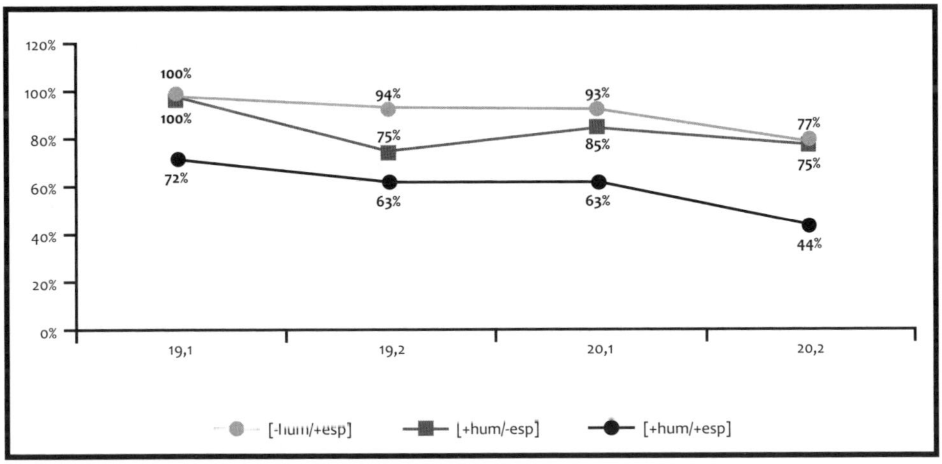

Sujeitos cujo referente tem a combinação de traços [-hum/+esp] apresentam os índices mais altos de sujeitos nulos, com 100%, 94%, 93% nos três primeiros períodos, apresentando uma sensível tendência de redução no último, com 75%. Aqueles com traço [+hum/-esp] têm comportamento idêntico em 19,1, mas descem a seguir, ficando com 75%, 85% e 77%, nos períodos seguintes, respectivamente. A combinação [+hum/+esp], como esperado, é a que exibe índices mais baixos de sujeitos nulos, mas ainda assim com percentuais acima da média nos três primeiros períodos (72% e 63%), para só na segunda metade do século XX perder para o sujeito expresso, quando os nulos alcançam 44%.

O que há de interessante nesses resultados é que já se pode observar que perdemos o comportamento que se ajusta ao de uma LSN consistente para uma de sujeito nulo "parcial", se deixarmos claro que aqui o adjetivo "parcial" não implica complementaridade entre ocorrência de sujeitos nulos e expressos. No entanto, como não temos qualquer afirmação sobre essa complementaridade nas chamadas LSN parcial e acreditando que esses sistemas sejam muito diferenciados, como dito anteriormente, podemos tomar como ponto de confronto o que Holmberg e Sheehan (2010b) apontam para comportamento do finlandês: a) só os sujeitos de 1ª e 2ª pessoas podem ser livremente nulos em contextos finitos, *embora sejam mais frequentes na escrita do que na fala* (trata-se de uma observação, em princípio, muito estranha, porque a escrita é conservadora e poderia refletir estágios anteriores do finlandês; basta verificar o alto índice de sujeitos nulos de primeira pessoa em cartas cariocas, atestado por Paredes Silva (1985), exatamente o contrário do que se encontra na fala culta carioca (Duarte, 1995); b) um sujeito de 3ª pessoa referencial só pode ser nulo se identificado por um argumento mais alto sintaticamente acessível, em geral o sujeito de uma oração-matriz ou o tópico do discurso.

Ora, os resultados para as peças de teatro revelam um declínio notável na ocorrência de nulos de 1ª e 2ª pessoas (cf. Duarte, 1993, 2012); os resultados apresentados na Figura 1 confirmam que os Padrões 1 e 2 são os que resistem no licenciamento dos nulos, exatamente aqueles em que o antecedente se encontra na matriz ou é o tópico no contexto discursivo, o que confere com o que se diz sobre o finlandês, embora a tendência dos nossos dados seja de declínio. A Figura 2 mostra o aumento de sujeitos expressos com o traço [-anim/+esp] (75% no período 20,2) – uma possibilidade excluída numa LSN consistente como o italiano e o espanhol, mas existe marginalmente no PE e é muito frequente no PB oral, em que já concorre com os nulos. A esse respeito, é interessante observar que no período 19,2, há apenas uma ocorrência de sujeito expresso (de um total de 16 dados) e no período 20,1 são 5 ocorrências de um total de 72 dados. Só em 20,2 é que vamos encontrar 13 sujeitos expressos em um conjunto de 53 dados, como vemos em (14):

(14) a. [20,2 TEA RJ] *Ladrão: Aliás, eu não assaltei [**a casa do lado**]$_i$, porque **ela**$_i$ está na jurisdição do 14º Distrito.*
(*Do tamanho de um defunto*, Millôr Fernandes, 1955)

b. [20,2 TEA RJ] *Armando: Por que você não aprontou [**o almoço**]$_i$ na hora?*
*Cristina: **Ele**$_i$ está pronto. Só que eu não vou botá-lo na mesa.*
(*A mulher integral*, C. Eduardo Novaes, 1975)

O sujeito nulo de um verbo na 3ª pessoa, na falta de um antecedente definido, claramente identificado, terá interpretação genérica. É exatamente o que revela a análise desse mesmo conjunto de peças por Vargas (2012): só a partir da segunda metade do século XX essas estruturas aparecem, ainda que timidamente, na amostra analisada:

(15) [20,2 TEA RJ] *Margareth: Me prometeram um lugar de atendente de dentista em Olaria. $Ø_{gen}$ Tem que aprender a mexer com aqueles ferrinhos, mas o salário parece que compensa.*
(*No coração do Brasil*, Miguel Falabella, 1992).

Quanto aos sujeitos não argumentais e quase argumentais, nulos nessas LSN "parcial", a análise das peças de teatro mostra uma mudança que se implementa, mais uma vez, a partir dos anos 1930, quando constituintes de uma encaixada são alçados para a posição estrutural do sujeito (Spec, TP) de verbos de alçamentos, passando a competir com expletivos nulos. Em (15), temos uma ocorrência desse tipo de estrutura, referida como uma instância de hiperalçamento por Martins e Nunes (2005) (*...mas [o salário$_i$ parece [que t$_i$ compensa]]*), que é analisada em Henriques (2012), com base na mesma amostra. Em (16), vemos o alçamento de um DP plural:

(16) [20,2 TEA RJ] *Nilson:* [$_{TP}$ *Vocês*$_i$ [$_T$*parecem* [*que* t$_i$ *não pensam na vida*]]][10] (*No coração do Brasil,* Miguel Falabella, 1992).

Com verbos de inacusativos que selecionam um DP (também verbos de alçamento), vemos na análise de Santos e Soares da Silva (2012) uma variação estável na ordem quando o argumento interno tem o traço [-hum/-esp], mas a ordem DP V já é amplamente favorecida por argumentos com o traço [+hum/+esp]:

(17) a. [20,1 TEA RJ] *Senador: (...) <u>aconteceu</u> **algo muito desagradável** (A garçonnière de meu marido,* Silveira Sampaio, 1949)

b. [20,2 TEA RJ] *Regina: (...) E então **a coisa mais engraçada** <u>aconteceu</u>. (A partilha,* Miguel Falabella, 1989)

(18) a. [19,2 TEA RJ] *Rosa: Passado esse tempo, <u>morreu</u> **a mamãe**. (O noviço,* Martins Pena, 1845)

b. *Margareth: Quando **meu pai** <u>morreu</u>, eu pensei assim: agora não vou ter ninguém mais pra me escutar.* (*No coração do Brasil,* Miguel Falabella, 1992)

Seria esse quadro que o PB revela um sistema estável, capaz de caracterizá-lo como uma LSN "parcial", ou seria apenas o reflexo da implementação de uma nova marcação paramétrica para [-sujeito nulo], que se deixa ver gradualmente na linha do tempo? Como acomodar nesse quadro a competição entre expletivos nulos (não argumentais e quase argumentais) com o alçamento de constituintes para Spec, TP? Isso nos leva de volta à suspeita de Biberauer (2010) de que esses sistemas são muito desiguais, e à observação de Roberts e Holmberg (2010), que chamam a atenção para a necessidade de um exame rigoroso dos contextos que licenciam sujeitos nulos e *da sintaxe das construções impessoais*. Isso nos leva também à afirmação de Li e Thompson (1976), de que línguas com proeminência de tópico não apresentam elementos lexicais sem conteúdo semântico. Em resumo, os resultados permitem suspeitar que a proeminência de tópico, como defende Modesto, se deixa comprovar não só em relação aos sujeitos referenciais, mas, igualmente, aos não referenciais.

APRESENTAÇÃO DE PROPRIEDADES DAS CONSTRUÇÕES ANALISADAS

Em vista dos dados diacrônicos, como situar o PB na hierarquia em (3) (seção "Breve panorama dos estudos sobre o sujeito nulo no quadro da gramática gerativa: parâmetro ou parâmetros do sujeito nulo?")? O PB estaria entre as línguas de sujeito nulo "parcial"? Mas é possível dizer que ele se comporta como o finlandês e o marati? Vejamos como se comportam os sujeitos referenciais e não referenciais à luz das informações que nos chegam a partir de estudos teóricos baseados em contextos que licenciam um sujeito nulo numa LSN "parcial".[11] Retomamos como ponto de confronto algumas comparações entre os sujeitos nulos do finlandês e do PB (Holmberg, 2005, 2010; Modesto, 2008; Holmberg e Sheehan 2010b, entre outros). Como já mencionamos na seção precedente, no finlandês: a) só os sujeitos de 1ª e 2ª pessoas podem ser livremente nulos em contextos finitos, embora sejam mais frequentes na escrita do que na fala (descartando a observação sobre a escrita, que pode refletir uma gramática antiga ou exibir sujeitos nulos em contextos "não neutros", como mostra Haegeman (1990) para o inglês, podemos deduzir que os sujeitos de 1ª e 2ª pessoas, em contextos neutros, devem ser preferencialmente expressos no finlandês); b) um sujeito de 3ª pessoa no finlandês pode ser "opcionalmente" nulo **se** identificado por um argumento mais alto sintaticamente acessível, em geral o sujeito de uma oração-matriz ou o tópico do discurso (Holmberg, 2010: 88); c) na falta de um antecedente, o sujeito nulo terá interpretação genérica; d) sujeitos não argumentais e quase argumentais são nulos.

Do que está aqui elencado, temos a dizer sobre o PB, com base na análise da amostra Nurc-RJ, gravada nos anos 1990 (Duarte, 1995), o seguinte: em relação à 1ª e 2ª pessoas, o PB também apresenta altos índices de sujeitos expressos em contextos neutros[12] – podemos dizer que a mudança está completa, sendo os nulos pragmaticamente identificados; em relação aos sujeitos de 3ª pessoa, os sujeitos nulos são identificados por um argumento mais alto sintaticamente acessível, tal como mencionado anteriormente sobre o finlandês. Esses contextos são ilustrados em (19) a seguir.

(19) a. [20,2 NUR RJ] *Mas **ele**$_i$ sentiu [que **Ø**$_i$ era o único ali novo, casado, recém-casado]*
b. [***Esse filme***]$_i$ *emocionou muita gente quando **Ø**$_i$ ficou pronto*
c. [***Minhas filhas***]$_i$ *são muito folgadas. **Ø**$_i$ Gostam de uma piscina.*
d. [***O Rio de Janeiro***]$_i$ *é uma beleza! Realmente **Ø**$_i$ é uma cidade linda.*
e. ***Ele***$_i$ *é inteligente. <u>Parece</u> [que **Ø**$_i$ **é** outro Meneghelli]*
f. [***O armazém***]$_i$ *é uma espécie, quer dizer... <u>acho</u> [que **Ø**$_i$ já **é** extinto, n?]*

Em (19a,b) vemos o Padrão 1, apresentado na seção anterior, com antecedente na mesma função na matriz, numa relação de c-comando e em (19c,d), o Padrão 2, com o antecedente na função de sujeito no contexto adjacente e em (19e,f) o sujeito nulo se encontra numa encaixada, mas sua matriz apresenta ou um verbo epistêmico ou um verbo impessoal, não havendo qualquer obstáculo à identificação do sujeito nulo por um tópico na sentença adjacente:[13]

No entanto, *todos* esses contextos preferem o sujeito expresso, como mostram os dados em (20):

(20) a. [20,2 NUR RJ] ***Ela***$_i$ *ficou solteira [porque **ela**$_i$ quis]*.
b. [***A casa***]$_i$ *virou um filme [quando **ela**$_i$ teve de ir abaixo]*.
c. ***Ela***$_i$ *é uma pessoa que ajuda os outros pra caramba. **Ela**$_i$ não ficou solteira porque não apareceu pretendente.*
d. [***Nova Trento***]$_i$ *é do tamanho da rua São Clemente de Botafogo. **Ela**$_i$ é desse tamanho. **Ela**$_i$ não tem paralela.*
e. [***Os meus filhos***]$_i$, *eu <u>acho</u> [que **eles**$_i$ não têm o menor apego ao bairro]*.
f. [***O comércio***]$_i$, *eu <u>acho</u> [que **ele**$_i$ é sábio]*.

Em relação ao sujeito nulo genérico, a afirmação sobre o finlandês diz que, na falta de um antecedente, o sujeito de um verbo na 3ª pessoa do singular terá interpretação genérica.[14] Isso, de fato, ocorre também no PB, particularmente quando se veicula noção semântica de modalidade (21a), aspecto (21b,c) ou discurso de procedimentos (21d); note-se que essa não é uma opção nem numa LSN consistente, como o PE e o italiano, nem numa língua que não admite sujeito nulo, como o inglês (cf. Holmberg, 2010):

(21) a. [20,2 NUR RJ] [**Ø**$_{gen}$ *não pode entrar de sapato;* **Ø**$_{gen}$ *fica de meia.*] (falando sobre um templo visitado no Japão)
b. **Ø**$_{gen}$ *Não vê mais amolador de faca.*
c. *Antigamente* **Ø**$_{gen}$ *punha a mesa pra tomar lanche.*
d. **Ø**$_{gen}$ *Desce até Florianópoli.* **Ø**$_{gen}$ *Vai pro sul. Aí* **Ø**$_{gen}$ *vai chegar até a cidade de Laguna.*

Mais uma vez, o PB exibe, ao lado do sujeito nulo genérico em (21), formas pronominais expressas, ilustradas em (22). Note-se que, em (22c), o uso de *você* poderia ser substituído por um nulo genérico, porque veicula noção de aspecto.

(22) a. [20,2 NUR RJ] *Quando* ***você*** *é menor,* ***você*** *não dá muito valor a essas coisas.*
b. *Mas na época* ***a gente*** *não podia acreditar...****a gente*** *não acreditava nisso primeiro porque* ***a gente*** *era novo.*
c. *Na América* ***você*** *encontrava tudo pronto; ou semipronto, já naquele tempo,* ***você*** *punha as coisas no forno, aquilo ia aparecendo a comida.*

Embora não mencionados, os sujeitos proposicionais ou neutros[15] merecem figurar nessa lista de estruturas em variação. Em (23a,b), vemos um sujeito neutro nulo e a sua contraparte expressa pelo demonstrativo, um fenômeno que exibe mais lentamente os reflexos da mudança paramétrica, mas o preenchimento já supera a categoria vazia na fala espontânea (ver referências em Duarte, Mourão e Guimarães, 2012):

(23) a. [20,2 NUR RJ] *eu soube* [***que tem... gente que... poderia muito bem morar na Avenida Atlântica e tá morando em Bonsucesso...***] *entendeu?* **Ø**$_i$ *é uma opção né?* (**Ø** = o fato de a pessoa preferir morar em Bonsucesso a morar na Avenida Atlântica)
b. [***Tenho a maior vontade de ter filho, assim e tal***]$_i$ *e* ***isso***$_i$ *é uma coisa até de uns tempos pra cá.* (**isso** = o fato de eu ter vontade de ter filho)

Em relação à afirmação em d) anteriormente sobre o finlandês – "sujeitos não argumentais e quase argumentais são nulos" –, temos no PB, mais uma vez, um comportamento que exibe variação. Nossos sujeitos quase argumentais e não argumentais não são necessariamente nulos. Se o PB não desenvolveu um expletivo lexical, há, por outro lado, um claro movimento no sentido de preencher a posição estrutural do sujeito através do alçamento de constituintes. No caso de verbos inacusativos ou de predicados adjetivais que selecionam um CP (ou InfP), alçamos um argumento da encaixada para Spec, TP da matriz; no caso de inacusativos que selecionam um DP, podemos mover o DP ou um genitivo de dentro do DP, um dativo, um locativo para Spec, TP.

Os trabalhos citados sobre o finlandês acrescentam alguns tipos de verbos que podem ocorrer nas matrizes em que um sujeito/tópico controla um sujeito nulo na encaixada, além de mencionar a "possibilidade" de um sujeito expresso com o traço [-animado] – uma possibilidade que não existe numa LSN consistente, como o italiano e o espanhol,[16] mas pode ocorrer marginalmente no PE e é muito frequente no PB contemporâneo. Como tais estudos não mencionam a frequência dessas estruturas, não nos permitem cogitar sobre um processo de mudança em curso ou se se trata de um sistema estável, ao contrário do que as nossas pesquisas empíricas, com base em *corpora* diversos, têm mostrado. Em resumo, no que diz respeito ao finlandês, não sabemos com que frequência um sujeito de 1ª e 2ª é expresso – sabemos apenas que eles são frequentemente expressos; não sabemos com que frequência um sujeito de 3ª pessoa identificado por um argumento mais alto sintaticamente é nulo ou expresso – sabemos que pode ser nulo. Pelo que lemos nos diversos estudos citados e outros presentes em Biberauer et al. (2010), nulos e plenos não estão em distribuição complementar; antes, há opcionalidade, dadas as condições discursivas para a identificação de um nulo. Se as duas formas concorrem podemos estar diante de uma mudança já desencadeada no sistema e a aparente opcionalidade seria uma competição de gramáticas, no sentido de Kroch (1989)?

As estruturas mencionadas em A-C no início desta seção seriam características de LSN parcial, segundo Holmberg (2005, 2010); Holmberg e Sheehan (2010b), que comparam as ocorrências do finlandês com o PB a partir de dados de Rodrigues (2004) e Modesto (2008).

Para Modesto, como referido, é a proeminência de tópico dessas línguas que permite o sujeito nulo. Um problema para tal formulação está em explicar por que um sistema como o japonês, claramente pertencente ao grupo de LSN radical (*discourse* pro-drop), tem contextos de sujeito nulo obrigatório, enquanto no PB, praticamente todos os contextos de nulos referenciais aceitam (e preferem) um sujeito expresso. Outro problema, este relativo à possível inclusão do PB no mesmo grupo do finlandês e do marati, seria exatamente saber qual é o comportamento preferencial dos sujeitos de 1ª e 2ª pessoas e dos sujeitos de 3ª pessoa nos contextos ilustrados (19)-(23).

E o que dizer dos expletivos? Holmberg (2005) diz que o uso do expletivo *sitä*, comum na língua oral, é rejeitado na escrita. Não seria esse expletivo lexical um traço inovador da gramática do finlandês, e por isso mesmo rejeitado pela escola, tal como ocorre com o expletivo *ello*, que se desenvolveu numa variedade do espanhol falado por classes populares na República Dominicana, na área de Santo Domingo?[17] Seria esse expletivo lexical uma forma inovadora, candidata a preencher a posição do sujeito expletivo, que encontra em sua implementação a pressão normativa, esperada em sociedades letradas? Quanto aos sujeitos não argumentais e quase argumentais, estes são nulos, segundo o autor.

Análises recentes do PB, tanto com base em amostras de fala culta e popular quanto em análises de amostras diacrônicas e da escrita contemporânea, têm permitido acompanhar o que se poderia considerar "efeitos colaterais" da mudança já avançada na representação de sujeitos referenciais em estruturas impessoais. As orações existenciais passam a conviver com sentenças com *ter* pessoal (cf. Callou e Avelar, 2000, entre muitos outros; Duarte, 2003, 2007a; Marins, 2013); as orações impessoais com verbos inacusativos que selecionam um complemento oracional (CP ou InfP) exibem ampla competição entre um expletivo nulo e um sujeito alçado da encaixada para a posição estrutural de sujeito da matriz (Henriques, 2012). Essa mesma competição pode ser atestada em construções com inacusativos que selecionam um DP. Sobre essa competição V DP / DP V, ver, entre outros, o estudo sincrônico de Coelho (2000) e os estudos diacrônicos de Berlinck (1989) e Santos e Soares da Silva (2012), que mostram o desaparecimento de pronomes na ordem V DP, além da preferência pela anteposição de DPs com o traço [+humano].

Ainda em relação a tais verbos inacusativos, encontramos outros tipos de alçamentos, muito raros nas entrevistas sociolinguísticas, mas muito frequentes na fala espontânea. Trata-se de alçamentos de locativos (*meu vaso nasceu um pé de jambo*), de dativos (*meu Outlook está acontecendo um problema*) ou de um genitivo (*esses rios estão subindo o nível da água*). Tais estruturas, para as quais Pontes (1987) foi a primeira linguista a chamar a atenção, aparecem analisadas em Kato e Duarte (2014a), Kato e Duarte (2014b) e Duarte e Fernandes (2016), pela primeira vez a partir de uma amostra coletada em sites de reclamação da internet, que permitiu uma análise das três formas variantes ilustradas em (24), em que o DP argumento do inacusativo apresenta um genitivo em sua estrutura. Esse tipo de coleta, anônima e informal, constitui uma ferramenta importante na pesquisa sociolinguística (cf. Labov, 2006 [1966]).

(24) a. $\emptyset_i$ *Está subindo* [DP *o nível da água desses rios*]. (V DP)
b. [DP *O nível da água desses rios*] *está subindo.* (DP V)
c. [$_{TP}$ *Esses rios* [$_{T}$ *estão subindo* [DP *o nível da água* [t]$_i$]]] (Gen V DP)

Numa análise contemplando a competição entre essas três estruturas a partir de dados coletados em sites de reclamação veiculados na internet, a análise de Kato e Duarte (2014a), revista e ampliada em Duarte e Fernandes (2016), encontram apenas 4% de ocorrências para as estruturas em (24a), 38% para (24b) e 58% para (24c). O genitivo é o elemento proeminente e, sem dúvida, essa proeminência é responsável por seu alçamento para Spec, TP. Na ausência de um genitivo, a ordem V DP alcança apenas 28%, enquanto DP V já chega a 72%. Casos com sujeitos DPs pronominais têm ordem V DP categórica.

Os fatos relativos ao PB mostram alterações significativas na representação dos sujeitos referenciais e não referenciais. Como não encontramos uma distribuição complementar entre os sujeitos nulos e expressos, só podemos acreditar que a mudança paramétrica tenha sido efetivada e os sujeitos nulos atestados sejam residuais. Em análise recente, Kato e Duarte (2017) propõem que, em relação aos pronomes expressos, o PB atual revela um comportamento de sistemas como o inglês e o francês – nossos pronomes podem ter seu correferente na matriz ou ter um outro referente fora da sentença. No que respeita aos sujeitos nulos nós nos comportamos como o chinês e o japonês – nossos nulos têm de ser identificados por um elemento com proeminência no discurso. Isso tem a ver com o fato de o PB exibir um sistema de pronomes fracos correspondentes aos morfemas flexionais que já não identificam um sujeito nulo e à orientação para o discurso. Daí o comportamento peculiar do PB.

PANORAMA SOBRE A EVOLUÇÃO NA REPRESENTAÇÃO DO SUJEITO NOS DADOS DO PHPB

A amostra analisada

Para este capítulo foram analisadas as cartas de leitores de jornais escritos nos estados de Ceará, Pernambuco, Bahia, Rio de Janeiro e Santa Catarina, com amostras que contemplam os quatro períodos ao longo dos séculos XIX e XX (sobre a amostra, ver "Apresentação" deste volume).[18]

Embora o interesse do trabalho esteja na competição entre um sujeito nulo e um pronome pessoal de 3ª pessoa, o uso de DPs lexicais anafóricos foi considerado por constituir uma importante estratégia no gênero aqui analisado. Podemos pensar num recurso estilístico, mas também se pode pensar numa estratégia de esquiva ao uso do pronome pessoal, sempre recomendada pelas gramáticas e manuais de redação. Assim esses dados foram computados, desde que pudessem se intercambiar com um sujeito pronominal, como em (25):

(25) [20,2 CL SC] *Refiro-me a[**o editorial**]$_i$ de 12/1/99 no Micro & Empresa. [**O editorial**]$_i$ comenta que o lero-lero continua, tanto de quem deixa, quanto de quem assume o governo.*

Não foram computados, naturalmente, dados em que o pronome é focalizado, contexto em que um sujeito nulo não é uma opção:

(26) a. [19,1 CL PE] *[**o Senhor Olanda**]$_i$ conservou na Augusta Camara dos Senhores Deputados a melhor, e mais patriotica conducta (...): foi **elle**$_i$ quem em 1829 acuzou ao Ministro da Guerra, pela criação da Comissão Militar n'esta Provincia.*

b. [19,1 CL RJ] *Leve-me o Diabo, se **elle** a fallar, e **eu** a zurrar não espantamos todo mundo*

c. [19,2 CL RJ] *Esses homens que deveriam saber o lugar que Ø ocupam; ignoram-n'o e (...) atiram-se sedentes de sangue como féras, sobre a pobre victima que desprevenida assistia ao espetaculo impunemente, [de que **elles** proprios se tinham tornado actores na noite de 13 do corrente]*

Tampouco foram computadas sequências de orações coordenadas (a partir da segunda) com sujeitos correferentes, uma vez que um sujeito nulo em tais contextos não é propriedade de uma LSN:

(27) [20,1 CL RJ] *Mal somos apercebidos pelo nosso hospede,* ***êle****$_i$ prontamente desarma o ôlho e* ***Ø$_i$ estende a mão para recolher o relógio*** *que lhe exibíamos. Ø$_i$ Ouve- nos, Ø$_i$ procede, de acordo com nosso pedido, e,* ***em dois minutos Ø$_i$ devolve-nos o relógio funcionando perfeitamente e limpo.***

Os grupos de fatores levados em conta na análise multivariacional foram motivados pelos estudos sobre o PSN e resultados de análises sincrônicas e diacrônicas, que apontam, na realização do sujeito anafórico de 3ª pessoa, a relevância de fatores estruturais, como o padrão sentencial e o feixe de traços semânticos do referente do sujeito, ambos ilustrados na seção "Apresentação de propriedades das construções analisadas"; a estrutura do CP da oração em que se encontra o sujeito analisado; o tipo sintático do verbo e o tempo verbal; o número do sujeito (singular/plural) e, no caso dos sujeitos expressos, sua posição em relação ao verbo. Além do período de tempo, outra variável de natureza não linguística é a procedência dos dados.

A análise

A DISTRIBUIÇÃO DOS DADOS

Foram levantados 1.042 dados, distribuídos na Tabela 1, a seguir, segundo a ocorrência de sujeitos nulos e expressos (estes representados por pronomes pessoais e por DPs lexicais anafóricos):

Tabela 1 – Distribuição dos dados segundo a forma do sujeito

Período	Nulos	Pronomes	DPs anafóricos	Total
19,1	220 (68%)	57 (18%)	48 (15%)	325 (100%)
19,2	235 (68%)	56 (16%)	57 (16%)	348 (100%)
20,1	79 (58%)	18 (13%)	39 (29%)	136 (100%)
20,2	133 (57%)	30 (17%)	60 (26%)	233 (100%)
Total	667 (64%)	171 (16%)	204 (20%)	1.042 (100%)

No cômputo geral, as amostras para as duas sincronias mais recentes são menores, particularmente a que representa o período 20,1, embora o total de dados seja bastante regular por estado analisado. Isso faz supor que ou as cartas de leitores tenham encurtado ou o espaço disponível para elas nos jornais tenha diminuído.

Observando, na linha horizontal, a distribuição das formas de realização do sujeito, a Tabela 1 revela que os resultados percentuais separam o século XIX e o século XX. Enquanto, naquele, os índices de sujeitos nulos se situam na faixa dos 68%, neste ele cai para 58%. Além dessa diferença, observa-se no século XX o aumento, não de pronomes expressos, cuja distribuição é mais regular, mas de DPs lexicais anafóricos, que ficavam em torno de 15,5% no século XIX e passam a uma média de 27,5% no século XX. Este, que pode ser um efeito da pressão normativa no sentido de evitar pronomes, particularmente atuante na primeira metade do século XX, será investigado mais adiante.

A Figura 3 representa os resultados da Tabela 1:

Figura 3 – Distribuição dos sujeitos de 3ª pessoa – cartas de leitores

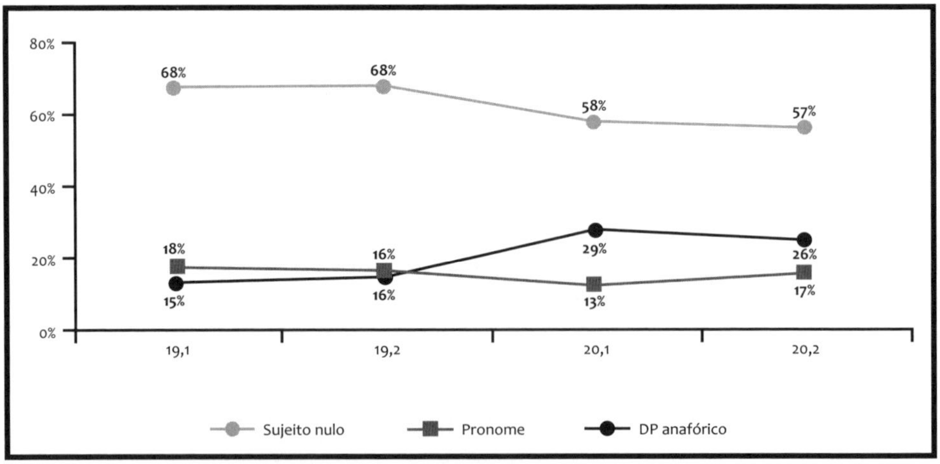

As linhas evidenciam a preferência pelos sujeitos nulos, a distância no comportamento dos dois séculos, com uma queda de 10%, a semelhança na escolha de um pronome ou um DP lexical anafórico no século XIX (primeira e segunda metade) e uma diferença em favor dos DPs anafóricos ao longo do século XX.

A distribuição dos pronomes e DPs segundo sua posição em relação ao verbo se encontra na Tabela 2:

Tabela 2 – Pronomes e DPs antepostos (*versus* pospostos)

Período	Pronome Verbo	DP Verbo	Total
19,1	49/57 (86%)	32/48 (67%)	81/105 (77%)
19,2	39/56 (70%)	46/57 (81%)	85/113 (75%)
20,1	14/18 (78%)	29/39 (74%)	43/57 (75%)
20,2	39/40 (97,5%)	52/60 (87%)	91/100 (91%)
Total	141/171 (82%)	159/204 (78%)	300/375 (80%)

A leitura da Tabela 2 deve considerar cada célula separadamente, ou seja, em 19,1 de um total de 57 pronomes, 49 (ou 86%) são antepostos ao verbo; no mesmo período, de um total de 48 DPs, 32 (ou 67%) são igualmente antepostos. Os percentuais nos revelam que a anteposição de pronomes é, em geral, mais alta que a de DPs, chegando a ser quase categórica (97,5%) na última sincronia, com apenas um pronome posposto ao verbo. A ordem DP V alcança índice de 67% no período 19,1, o que nos indica significativos 33% de sujeitos nominais pospostos. Nas sincronias seguintes, o percentual de DPs antepostos se eleva, chegando a 87% em 20,2, o que condiz com o progressivo desaparecimento da ordem Verbo-Sujeito, restrita hoje a construções com verbos inacusativos, desde que o argumento interno seja um DP lexical (cf. Santos e Soares da Silva, 2012; Berlinck e Coelho, neste volume). Apresentamos a seguir as ocorrências de V DP da última sincronia, com o único dado de pronome posposto em (28), numa interrogativa-q, uma típica construção V2, com o auxiliar movido para C:

(28) [20,2, CL RJ] *Um dia desses, vi uma pobre preta na feira a se lamentar pois Ø não sabia como dar leite aos seus guris, pagando o leite a Cr$ 3.20 e agora, pobre coitada,* [*que estará* ***ela*** *dizendo com o leite a Cr$ 5.00*?]

Também em relação à última sincronia, os 13% de DPs pospostos (correspondendo a oito dados) aparecem em cartas de leitores publicadas nas duas primeiras décadas (anos 1950 e 1960). Quatro padrões emergem:

XP V1 DP V2

(29) a. [20,2, CL BA] [*Com referencia ao edital de citação e deposito realizado ilegalmente, não pode* ***meu irmão*** *tomar conhecimento*], *mesmo porque, não tem fundamento o aludido deposito em virtude não ser o Senhor José Joaquim Saback seu inquilino* (...).

b. [20,1, CL RJ] [*nem por isso deixou* ***meu pai*** *de reconhecer nele o instrumento*] *de que se serviu a Providência Divina na sua infinita sabedoria e na sua obra contínua e terna de progresso, para dar início a uma das maiores revoluções sociais.*

V1 DP

(30) a. [20,2, CL BA] [*Não teve,* ***o "correpond<e>nte" de Bomfim da Feira"*** *a necessária coragem*] *de apôr o seu nome às calunias que escreveu e publicou.*

b. [20,2, CL BA] [*Disse-me* ***o presidente do Cajueiro****, em resposta*], *que não daria o clube e se a diretoria o fizesse renunciaria ao seu mandato.*

Inversão românica

(31) [20,2, CL BA] [*Fica desafiado,* ***o crápula***], *para promover, também, contra a minha pessoa, o processo crime que menciona em sua asquerosa nota.*

Q verbo inacusativo DP

(32) [20,2, CL SC] *E um menino magro se voltou. Estranhei o apelido, porquanto aqui não se usa essa denominação para os garotos. –* [*Onde nasceu* ***aquêle menino****?*] *perguntei eu, curiosa, ao órfão que comigo estava conversando. – Em Santa Catarina.*

O padrão em (31), como já foi mencionado, é o único que continua a aparecer em amostras de fala.

Com a finalidade de testar a atuação dos fatores levantados, foi feita uma análise de regra variável binária, que opôs sujeitos nulos a expressos (aqui somados pronomes e DPs lexicais), utilizando o programa estatístico Varbrul (Pintzuk, 1988). Naturalmente, o grupo relativo à ordem, que não se aplica aos sujeitos nulos, foi excluído. Os resultados, tomando como valor de aplicação o sujeito nulo (*vs* expresso), são vistos na Tabela 3, na ordem em que foram selecionados pelo programa. São apresentadas as ocorrências de sujeitos nulos *versus* o total de ocorrências, seguidas dos percentuais e pesos relativos (PR), que são valores projetados pelo programa estatístico, capazes de revelar propriedades abstratas; esses pesos mostram o efeito de cada variável independente, e a relevância de cada fator dentro de cada grupo selecionado na realização da variável (sujeitos nulos *versus* plenos). O termo "relativos" deixa claro que os pesos não têm significância em si mesmos, isto é, não podem ser vistos isoladamente; têm de ser observados "em relação" aos demais pesos obtidos para cada fator dentro de seu grupo. A diferença entre o mais alto e o mais baixo mostra a força relativa de cada fator dentro de um grupo. Como a variante tomada como valor de aplicação é o sujeito nulo, os pesos mais altos obtidos por um dado fator dentro de um grupo favorecem o sujeito nulo e os mais baixos desfavorecem. Uma diferença a partir de 0,10 entre dois fatores já pode ser considerada significativa.

Nessa rodada os fatores selecionados pelo programa foram o padrão sentencial, a transitividade verbal, a estrutura de CP, o feixe de traços semânticos e o período de tempo, como mostra a Tabela 3:

Tabela 3 – Grupos de fatores selecionados –
(valor de aplicação: sujeitos nulos *vs.* expressos = pronomes + DPs)

Padrão sentencial	**Frequência**	**PR**
Padrão 1	304/331 (92%)	**0,82**
Padrão 2	181/289 (63%)	0,46
Padrão 3	143/300 (48%)	0,29
Padrão 4	39/122 (32%)	0,17
Transitividade Verbal	**Frequência**	**PR**
Mais de um argumento	531/784 (68%)	**0,53**
Cópula	98/180 (54%)	0,45
Monoargumental	38/78 (49%)	0,36
Estrutura de CP	**Frequência**	**PR**
Elemento em Spec, CP	204/271 (75%)	**0,59**
Elemento em C	225/357 (63%)	0,48
Nenhum elemento	238/414 (57%)	0,46
Traço do referente	**Frequência**	**PR**
[+hum/-esp]	44/65 (68%)	**0,54**
[+hum/+esp]	544/815 (67%)	**0,52**
[-hum/+-esp]	79/162 (49%)	0,39
Período de tempo	**Frequência**	**PR**
19,1	220/325 (68%)	**0,52**
19,2	235/348 (68%)	**0,55**
20,1	79/136 (58%)	0,45
20,2	133/233 (57%)	0,43

INPUT = 0,70 Log likelihood = -550.685 Significance = .082

A escolha do padrão sentencial como o primeiro fator significativo na realização do sujeito confirma o que tem sido apontando em inúmeras pesquisas (empíricas e formais), tanto para sistemas de sujeito nulo consistente quanto para sistemas de sujeito nulo parcial. Antecedentes mais acessíveis sintaticamente favorecem fortemente o sujeito nulo nos sistemas que têm essa propriedade. Assim, o Padrão 1, em que o antecedente se encontra no mesmo período e tem a mesma função, é o que mais favorece o sujeito nulo, com peso de 0,82, seguido a boa distância pelo Padrão 2, com 0,46, em que o antecedente, igualmente um sujeito, se encontra no período adjacente. A diferença entre esses dois pesos, que alcança 0,36, permite dizer que o Padrão 1 é o mais favorável a um sujeito nulo, embora o Padrão 2 tenha certo favorecimento quando observado "em relação" ao Padrão 3, com o antecedente em outra função (0,29), e o Padrão 4, com o antecedente distante ou possíveis candidatos a sujeito intervenientes, este último claramente o contexto que mais desfavorece o sujeito nulo, situando-se no extremo oposto (0,17). Esses números refletem os valores percentuais obtidos e mostram que, num processo de mudança, os Padrões 1 e 2 oferecerão maior resistência ao preenchimento do sujeito.

Os resultados para a transitividade sugerem uma gradação observada nos percentuais e pesos, que mostram um maior favorecimento do sujeito nulo em sentenças com verbos de mais de um argumento, seguindo-se sentenças com uma cópula e, finalmente, aquelas com verbos monoargumentais, um resultado que tem sido apontando em estudos sincrônicos e diacrônicos. A seleção da estrutura de CP igualmente não surpreende; no entanto, os pesos mostram o contrário do que se observa hoje no português falado e escrito. As estruturas encabeçadas por um pronome (relativo com ou sem antecedente ou interrogativo) são as que aparecem como favorecedoras do sujeito nulo, com 0,59, seguidas das sentenças com elemento no núcleo de CP (conjunções), e estruturas com CP vazio, apresentando respectivamente 0,48 e 0,46, o que as coloca rigorosamente empatadas, como desfavorecedoras do sujeito nulo em relação às primeiras.

Quanto ao traço do antecedente, mais uma vez temos um resultado que contraria o que vemos hoje: sujeitos com o traço [+humano] combinado com o traço [+/-específico] aparecem como favorecedores do sujeito nulo, com 0,52 e 0,54, quando os sujeitos com o traço [-humano], com 0,39, desfavorecem o sujeito nulo. Além de termos uma diferença relativa significativa de cerca de 0,15, temos um resultado que contraria o que se conhece sobre as línguas de sujeito nulo do grupo românico. Como esta rodada inclui sujeitos representados por DPs lexicais, faremos a seguir um refinamento desse grupo.

A seleção do período de tempo se encontra no ponto limítrofe da significância, com uma distância de 0,10 entre as duas primeiras sincronias e as duas últimas; essa seleção confirma, porém, os resultados percentuais exibidos na Figura 3, opondo o século XIX, com pesos praticamente idênticos (0,52 e 0,55), ao século XX (0,45 e 0,43).

Essa análise, que leva em conta os dados em seu conjunto, não nos aponta com detalhes como esses grupos de fatores se comportam por período de tempo. Entretanto, ela nos diz que o tempo é significativo e, a partir dessa visão de conjunto, partimos agora para o cruzamento desses grupos com o período de tempo. Vamos nos deter no padrão sentencial, por ser este o fator estrutural mais forte na realização do sujeito (nulo ou expresso) e no feixe de traços semânticos, particularmente porque o traço [-humano/-animado] se mostra favorecedor ao sujeito expresso, o que não está em consonância com o que se tem observado.

O PADRÃO SENTENCIAL

No que se refere ao padrão sentencial, já ilustrado na seção "Apresentação de propriedades das construções analisadas", os dados revelam que, no Padrão 1, atestamos 90%, 95%, 97% e 86% de sujeitos nulos para cada período, respectivamente, índices muito altos, que só se reduzem levemente na segunda metade do século XX. No primeiro período (19,1), os 10% de sujeitos expressos correspondem a pronomes, não tendo sido atestado nenhum DP anafórico nesse padrão. Trata-se de 11 casos, que não excluem referentes com o traço [-humano]:

(33) a. [19,1, C BA] *Se são indispensaveis [**as Procissões**]$_i$, [**ellas**$_i$ devem ser accompanhadas pela Milicia da Igreja, (as Irmandades e Clero) e não pelas Guardas Nacionaes] que forão creadas para outros fins, e que quanto menos forem chamadas, mais promptas estarão para as occasiões.*

b. [19,1, CL BA] *Oh! Deos!.... Que papeluxos serião estes? De que forja sahirião [**estas infernaes producções**]$_i$, [**que**$_i$ [não sendo mais que hum composto de asneiras], **ellas**$_i$ só se encaminhão a desacreditar] o que ha de mais sagrado, calumniando as Authoridades, espalhando a zizania, e fomentando partidos!*

Note-se que em (33b) temos um relativo retomado por um pronome, certamente por influência da distância provocada pela oração reduzida interposta, mas é digna de nota a presença de um pronome com o traço [-humano/-animado]. No período 19,2, encontramos nesse padrão 4 pronomes (4%) e 1 DP lexical (1%) e em 20,1, apenas 1 pronome (correspondendo a 3%). Apenas no período 20,2 voltamos a ter um percentual um pouco mais significativo de sujeitos expressos, chegando a 11% de pronomes (8 ocorrências) e 2 casos de DPs lexicais (3%). Em (34) encontramos outros exemplos de sujeito pronominal nos períodos 19,2 e 20,2, com mais uma ocorrência de sujeito [-humano/-animado] em (34c):

(34) a. [19,2, CL CE] *Mas se fosse só isto bom era:* [***o Senhor Roberto***]$_i$ *é péssimo empregado,* [*porque* ***elle***$_i$ *não aprecia*] *como cumpre os graves encargos, que a sociedade lhe deposite.*

b. [20,2 CL BA] *Porque você não abandona a idéia de que* [***o homem ideal***]$_i$ *seja aquele* ***que***$_i$*, estando no governo, tira do povo para dar a você,* [*quando* ***êle***$_i$ *tem obrigação de dar é ao povo*], [*porque* [*dando ao povo*], ***êle***$_i$ *dá a você*] *que é o povo?*

c. [20,2, CL PE] [***A paz***]$_i$ *não será autentica* [*senão quando* ***ela***$_i$ *for o fruto da justiça*].

Os referidos DPs anafóricos que ocorrem no Padrão 1 são apenas 3, uma ocorrência em 19,2 e duas em 20,2, aparentemente pela presença de uma oração parentética ou um adjunto anteposto ao sujeito; note-se, porém, que um sujeito nulo não teria sua identificação comprometida:

(35) a. [19,2, CL RJ] [***O execelentíssimo senhor conselheiro Gaspar da Silveira Martins***]$_i$ *aproveitou-se d'essa lacuna assenhoreando-se de um logar* [*onde,* [*desculpe-me dizel-o*], ***sua excelência***$_i$ *está mal collocado*]

b. [20,2, CL RJ] *Sobre a carta da Companhia do Metropolitano publicada na edição de 1º/10,* [***a Opportrans Concessão Metroviária***]$_i$ *esclarece* [*que, segundo a cláusula 13ª do contrato de concessão firmado com o Estado do Rio de Janeiro em 27/01/98* ***a empresa***$_i$ *está autorizada*] *a utilizar a palavra metrô "em todas as suas atividades relacionadas com os serviços".*

Dois casos – de uso de pronome (36a) e DP lexical anafórico (36b) – mostram um sujeito numa oração cujo antecedente se encontra numa subordinada reduzida anteposta, com sujeito claramente identificado no contexto precedente. Um sujeito nulo na oração finita destacada abaixo tampouco causaria qualquer ambiguidade. Entretanto, não temos uma relação de c-comando, o que pode ter levado ao preenchimento do sujeito em análise:

(36) a. [20,1, CL PE] [***os guardas***]$_i$ *retiraram o ataúde da carreta para* **Ø**$_i$ *fazel-o baixar a sepultura, isto* **Ø**$_i$ *fizeram, por ordem de seu commandante; e [se [para* **Ø**$_i$ *fazer este trabalho]* ***elles***$_i$ *tiveram que empurrar o povo], essa balburdia e esse recuo forçados são a consequencia das ordens de s. s. dadas em in[o]pportuno momento.*

b. [20,2, CL CE] *Há 50 anos, iniciava-se a esplêndida campanha presidencial d*[***o brigadeiro Eduardo Gomes***]$_i$, *sob a divisa: "O preço da liberdade é a eterna vigilância".* **Ø**$_i$ *Era uma santa figura mística e religiosa, um homem público de mãos limpas e de alma límpida e sabemos agora que,* **Ø**$_i$ *ao receber os soldos atrasados por haver sido anistiado,* [***o nosso indelével brigadeiro da Libertação, o criador do Correio Aéreo Nacional e hoje patrono da Força Aérea Brasileira***]$_i$, *doou o dinheiro a instituições de caridade.*

No Padrão 2, os sujeitos nulos são 60% e 72% em 19,1 e 19,2, passando a 55% e 57% no século XX. O uso de pronomes só supera o de DPs em 19,1 (28% *vs* 13%); a partir de então, o uso de DPs é sempre superior. Ilustramos as três formas em (37):

(37) a. [19,2, CL SC] *Declaro que* [***minha sobrinha Marciana, de 15 annos de idade***]$_i$, *achava-se gravemente doente do peito.* [**Ø**$_i$ *Sentia grandes palpitações do coração, tosse desesperadora e dôres agudissimas no peito e nas costas*] quando Ø$_i$ tomava respiração.

b. [19,2, CL CE] *Nesse procedimento* [***a policia***]$_i$ *não foi inconveniente, como quer a Revolução.* [***Ella***$_i$ *o que fez foi descer a minuciosidades*] *que o caso urgia. E foi a esse lidar incansavel da policia que eu devi ter chegado a receber o meu dinheiro.*

c. [19,2, CL SC] *Digão os homens calmos e bem intencionados, si* [***o Promotor Publico***]$_i$ *procedendo como acabei de narrar fez ou não juz á ser considerado como empregado zeloso. Leiam, comprehendam e digão* [*si [****o promotor****]*$_i$ *foi ou não correcto*].

Quando o antecedente aparece em outra função – Padrão 3 – os sujeitos nulos alcançam 57%, no período 1, 49% nos períodos 2 e 3, e 34% no período 4. O uso de DPs, que fica em torno de 20% no século XIX, é muito expressivo no século XX, com 37% e 43%. Quanto ao Padrão 4, com o antecedente distante, o que leva a um pronome expresso mesmo em línguas de sujeito nulo consistentes, vemos os sujeitos nulos diminuírem, particularmente na primeira metade do século XX – 41%, 32%, 10%, 39% – mas o que predomina **não** são os pronomes; é o uso de DPs lexicais que alcança 46%, 39%, 62% e 48% por período, respectivamente.

Ilustramos os Padrões 3 e 4 em (38) e (39), respectivamente:

(38) a. [19,2, CL PE] *Já se vê pois que não censuro aquella autoridade e antes **lhe**$_i$ sou grato pela presteza [com que **Ø**$_i$ procedeu as indagações precisas].*

b. [19,1, CL BA] *O Grande Genio Tutelar do Brasil; ha de cumprir sua palavra, ha de ser o seu Perpetuo Defensor!....A vossa ingratidão não **o**$_i$ fará desanimar na grande obra da vossa ventura!.... [**Elle**$_i$ marchará constantemente em proteger a ardua, e feliz empreza]*, *que principiou, e completou – A Independencia do Brasil!*

c. [19,1, CL CE] *Surprehendido de tanta malvadeza e despeito trato de me informar qual o criterio que poderia infundir [**o auctor de similhante embuste**]$_i$; e sabendo [que [**esse infeliz**]$_i$ é um ladraõ de cavallos da serra do Baturitè] e como tal prezo e remettido a prezidencia para lhe dar melhor destino.*

(39) a. [20,1, CL CE] *e apesar de ser bem conhecida a èpocha e naõ menos o honesto meio de vida d[**o denunciante**]$_i$ todavia naõ me pude furtar de mandar em continente exibir no lugar do supposto delicto todos os documentos necessarios, a fim de livra-me da mais leve sombra de suspeita [que por ventura **Ø**$_i$ possa ter incutido contra mim, em algum animo nimiamente crédulo]*, *os quaes em breve seraõ publicados pela impresa.*

b. [19,2, CL RJ] ***Ø**$_i$ Felizmente encontrou, na actual legislatura, um homem, ou antes, um moço que despresou todos esses preconceitos, semelhantes aos da antiga fidalguia parente e encarou fixamente esse sol tão apregoado e decantada, [a quem **elle**$_i$ estava acostumado, a adorar in mente]*

c. [20,1, CL RJ] *Veio* [***o chefe da casa***]$_i$ *e diz-nos tout-court "quaisquer consertos ou reparos só atendemos com um prazo mínimo de quinze dias. Quanto ao preço depende de orçamento". Ponderamos, inutilmente, que se não tratava nem de comserto, nem de reparo.* [***O homenzinho***$_i$*, péssimo balcão, já não nos ouvia*].

Se excluímos os DPs lexicais, que podem ser um recurso estilístico ou uma estratégia de esquiva ao uso de um pronome pessoal, vemos, na Tabela 4, que o Padrão 1 se mantém como o mais resistente contexto de sujeitos nulos nas cartas de leitores; com o Padrão 2, há uma redução no percentual de sujeitos nulos, mas é possível notar igualmente certa estabilidade ao longo do tempo, exceto pelo índice de 69% em 19,1. Mesmo nos demais padrões, os sujeitos nulos continuam superando os pronominais, com exceção do período 20,1, quando, excluídos os 13 DPs lexicais, ficamos com apenas 8 ocorrências.

Tabela 4 – Sujeitos nulos *vs.* pronomes expressos segundo o padrão sentencial

Período	Padrão 1	Padrão 2	Padrão 3	Padrão 4
19,1	104/117 (89%)	52/75 (69%)	49/66 (74%)	15/20 (75%)
19,2	102/106 (96%)	71/83 (86%)	49/77 (64%)	13/25 (52%)
20,1	38/39 (97%)	18/23 (78%)	21/27 (78%)	2/8 (25%)
20,2	60/67 (90%)	40/53 (75%)	24/40 (60%)	9/12 (75%)

O TRAÇO SEMÂNTICO DO REFERENTE

Em relação ao traço semântico do referente, é importante esclarecer que foram incluídos entre os referentes com o traço [+humano] aqueles que designam um conjunto de pessoas, como os jornais, instituições públicas, como vemos a seguir, em que temos como referentes o nome do jornal *Revolução* e um órgão de saúde pública, referido como "a hygiene":

(40) a. [19,2, CL CE] *Nesse procedimento a policia não foi inconveniente, como quer* [***a Revolução***]$_i$. [*Ella*$_i$ *o que fez foi descer a minuciosidades*] *que o caso urgia. E foi a esse lidar incansavel da policia que eu devi ter chegado a receber o meu dinheiro.*

b. [19,2, CL BA] *A febre amarella alli se propagara desde o dia 9 de fevereiro e* [***a hygiene***]$_i$ *só teve d'isso conhecimento 12 horas! antes da morte do primeiro franciscano victima d'esse mal!.....* [*Só cinco ou seis dias depois teve a hygiene*$_i$ *d'isso sciencia*], *quando os seus esforços então duplicaram-se, mandando fechar o convento e isolando o mal!*

A Tabela 5 mostra a distribuição dos dados segundo o traço semântico:

Tabela 5 – Sujeitos nulos vs. expressos (pron+DPs) segundo o traço do referente

Período	[+hum/+esp]	[+hum/-esp]	[-hum]
19,1	191/276 (69%)	16/22 (73%)	13/27 (48%)
19,2	206/284 (73%)	3/4 (75%)	26/60 (43%)
20,1	59/95 (62%)	10/20 (50%)	10/21 (48%)
20,2	88/160 (55%)	15/19 (79%)	30/54 (56%)

O que se destaca na Tabela 5 é que, considerados os pronomes e DPs plenos, os índices de sujeitos nulos são mais baixos com referentes com o traço [-hum], contrariamente ao que se observa nas peças de teatro e na fala espontânea. É fato que a presença de DPs lexicais influencia esses percentuais, mas a ocorrência de pronomes é igualmente significativa, como veremos a seguir. No período 4, por exemplo, temos apenas 7 usos de pronomes com esse traço, enquanto o uso de DPs anafóricos (incluindo demonstrativos) chega a 17 ocorrências, como ilustram os exemplos em (41):

(41) a. [20,2, CL RJ] *As pobres mulheres que não têm a felicidade de ter seu próprio leite para amamentar os filhos têm que recorrer a*[***o leite de vaca***]$_i$ *e* [*este*$_i$ *é dado assim mesmo, com fundado receio*] *por ser sujo e aguado (não pensem os srs. que todos se podem dar ao luxo de consumir leite em pó).*

b. [20,2, CL SC] [***O Miramar***]$_i$ *precisa de ser reformado. Os hospedes do Hotel La Porta, comentam muito o relaxamento* [*em que se encontra o referido bar*$_i$].

Quando excluímos os DPs, vemos que os índices de sujeitos nulos continuam a privilegiar referentes com o traço [+hum]. Os índices de sujeitos nulos com o traço [-hum] nas três primeiras sincronias alcançam 68%, 51% e 67%, respectivamente, índices bem baixos, que já anunciam um comportamento que distingue o PB das línguas românicas que rejeitam um pronome pessoal com esse traço. Só na última sincronia (20,2) diminui a ocorrência de pronomes pessoais expressos, como mostra a Tabela 6:

Tabela 6 – Sujeitos nulos *vs.* pronomes expressos segundo o traço do referente

Período	[+hum/+esp]	[+hum/-esp]	[-hum]
19,1	191/238 (80%)	16/21 (76%)	13/19 (68%)
19,2	206/237 (87%)	3/3 (100%)	26/51 (51%)
20,1	59/70 (84%)	10/12 (83%)	10/15 (67%)
20,2	88/119 (74%)	15/16 (94%)	30/37 (81%)

Ilustramos em (34c) a ocorrência de um pronome pessoal com o traço [-humano] no Padrão 1. A seguir, vemos o uso de pronomes pessoais com esse mesmo traço em (42a,b,c), respectivamente, nos Padrões sentenciais 2, 3 e 4:

(42) a. [19,2, CL CE] [***A nossa ponte metálica***]$_i$ *assestada no–rio Pacoty–acaba de sossobrar-se no mesmo rio, rolando em suas ondas, não podendo resistir á uma enchente repentina.* [*Ainda hontem em bom estado, principiando a enchente ás 11 horas da manhã, ás 5 da tarde já* ***ella***$_i$ *não existia*]!

b. [19,2, CL PE] *Esta crença supersticiosa, estes seres sobrenaturaes denominados vampiros, servem de base* [***á peça***]$_i$ *e fornecem-**lhe***$_i$ [*o que* ***ella***$_i$ *tem de phantastico e de brilhante effeito.*] *Levada á scena com todas as minudencias do mes en scene, pela empreza dramatica, que começou n'este dia o seu tirocinio, pode-se dizer* [*que obteve ella*$_i$ *um dos mais extraordinarios successos*] *que é possivel colher.*

c. [19,2, CL BA] *Dizem suas senhorias que* [***o artigo de apresentação***]$_i$ *pertence-me* <u>*quando assim praticam uma injustiça, aliás muito honrosa para commigo*</u>*, pois sabem perfeitam*ente [*que* ***elle***$_i$ *foi elaborado por meu velho pae*].

Finalizo esta seção com um breve comentário sobre os outros dois grupos selecionados: a estrutura de CP e o tipo de verbo. Consideradas em relação ao período de tempo, as estruturas com elemento em Spec, CP só revelam diminuição de sujeitos nulos na quarta sincronia se considerados os DPs lexicais; sem os DPs, os índices de sujeitos nulos se apresentam altos e regulares nas quatro sincronias. O efeito da transitividade verbal, com ou sem DPs anafóricos, é regular nas quatro sincronias, favorecendo o sujeito nulo. Uma rodada com o Programa Varbrul sem os DPs lexicais anafóricos manteve a mesma seleção dos grupos, excetuando o período de tempo, que perde a significância.

PERSPECTIVAS FORMAIS SOBRE A MUDANÇA NAS CONSTRUÇÕES ANALISADAS

No que se refere à amostra aqui examinada, podemos concluir que a escrita das cartas de leitores reflete estágios anteriores da gramática do PB, com um comportamento que poderia ser o de uma língua de sujeito nulo consistente, exceto por uma importante característica: o sistema não bloqueia sujeitos pronominais expressos com o traço [-humano]. Essa é a única característica que distingue a gramática que se revela nas cartas da que caracteriza uma língua românica de sujeito nulo consistente.

Assim, em relação às perguntas exibidas em (3), na primeira seção deste artigo – "INFL tem o traço [+pessoa]?" e em (4) "Os traços-phi são especificados em T?" – a resposta é *sim*. Isso explica a ocorrência de nulos não argumentais e referenciais. Quando examinamos as amostras de teatro, a resposta a ambas a perguntas é *sim* até os anos 1950. Depois disso, particularmente a partir dos anos 1970, é *não*. Isso explica sujeitos expletivos nulos (sem restrição) e sujeitos nulos referenciais (com restrições). Apenas nas amostras de teatro e na fala espontânea, encontramos construções de alçamento para Spec, TP competindo com expletivos nulos, o que traduzimos como ocorrências de sujeitos do tipo "tópico", além de sujeitos referenciais nulos competindo com pronomes expressos nos **mesmos** contextos estruturais, desde que identificados por um elemento proeminente na sentença ou no contexto discursivo. Isso sugere que os traços-phi não são mais especificados em T.

Sobre as construções com elementos não argumentais alçados para Spec, TP, parece estar de fato em jogo a proeminência de tópico (Modesto, 2008) ou o caráter phi-independente de Spec, TP (Avelar e Galves, 2011). Para Kato e Duarte (2017), fica evidente que os sujeitos nulos e os pronomes expressos do

PB se comportam como sistemas distintos. Nossos sujeitos nulos se assemelham aos nulos de línguas como o chinês e o japonês: os referenciais são identificados por um elemento proeminente no discurso e os expletivos obedecem à restrição observada nessas línguas quanto a não realizar foneticamente elementos sem valor referencial (cf. Li e Thompson, 1976). Nossos pronomes referenciais constituem um paradigma de pronomes fracos que substituíram uma morfologia flexional enfraquecida (cf. Kato, 1999), podendo, ao mesmo tempo, ter a mesma referência de um antecedente que os c-comande ou que tenha proeminência no contexto precedente, ou outra referência, tal como os pronomes do inglês e do francês. Assim, ao contrário do PE, nossos sujeitos nulos e expressos pertenceriam a grupos distintos, como mostra a representação (43):

(43)

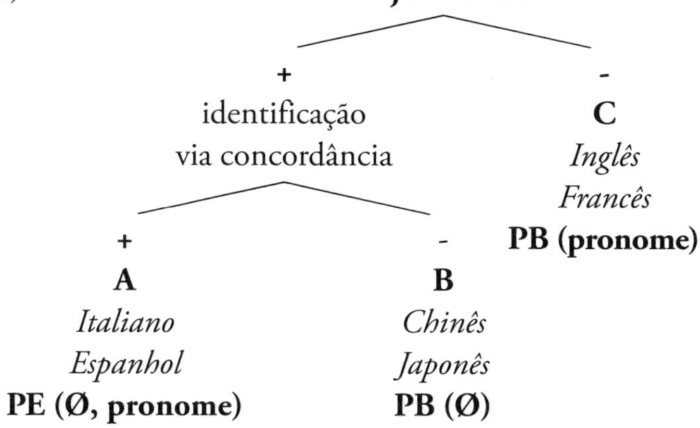

A existência de um paradigma de pronomes fracos e a proeminência de tópico explicam a expressiva ocorrência de DPs deslocados à esquerda (44a) e de alçamentos de constituintes diversos para Spec, TP em construções impessoais, que incluem verbos inacusativos (44b) e quase argumentais (44c):

(44) a. [20,1 NUR RJ] $[_{TopP}$ *[A Clarinha]*$_i$ $[_{TP}$ *ela*$_i$ *cozinha que é uma maravilha*]]

b. [21,1 ESP RJ] $[_{TP}$ *Essas panelas* $[_{T}$ *esquentam* [*as alças* t_i]

c. [21,1 ESP RJ] $[_{TP}$ *[As florestas tropicais]*$_i$ $[_{T}$ *chovem muito* [t]$_i$

Em relação à amostra de cartas de leitores, não podemos dizer que ela revele mais do que a importante e expressiva presença de sujeitos pronominais com o traço [-humano].

CONSIDERAÇÕES FINAIS

Este capítulo teve por objetivo principal apresentar uma análise da realização nula ou expressa dos sujeitos anafóricos de 3ª pessoa em amostra de cartas de leitores publicadas em cinco estados brasileiros ao longo dos séculos XIX e XX – Ceará, Pernambuco, Bahia, Rio de Janeiro e Santa Catarina. A análise seguiu os pressupostos teóricos e a metodologia que orientaram pesquisas anteriores (Duarte, 1993, 1995, 2012, 2015, 2016, entre outros) e os resultados revelam, particularmente no século XIX, um comportamento bastante regular nos cinco estados – a escrita veiculada nos revela uma gramática com amplo predomínio de sujeitos nulos sobre os expressos e, entre esses, os DPs lexicais anafóricos são preferíveis aos pronomes.

Submetidos a uma análise de regra variável, os dados revelam que a realização do sujeito se mostra sensível ao padrão sentencial: no século XIX, sujeitos expressos são evitados não só quando o antecedente é sintaticamente acessível (mesma função no mesmo período ou no período adjacente), mas também quando ele se encontra em outra função ou distante. Essa obediência começa a se enfraquecer no século XX, quando, entretanto, o índice de sujeitos nulos ainda é muito elevado se comparado aos resultados sincrônicos, o que é perfeitamente compreendido, quando se leva em conta o caráter conservador da escrita no gênero analisado. Apenas no que diz respeito ao traço do antecedente, vemos um uso bastante expressivo de pronomes expressos com o traço [-humano], justamente nas sincronias mais distantes – o que pode confirmar que a existência de pronomes pessoais com esse traço nunca esteve fora da gramática do português que se desenvolveu no Brasil e que a redução de pronomes nas duas últimas sincronias pode se dever às pressões normativas que vigoraram ao longo do século XX no sentido de "evitar pronomes", considerados uma redundância. Nota-se ainda a ocorrência, ainda que pouco expressiva, de pronomes expressos em contextos de correferência com o sujeito da principal, sem aparente intenção de ênfase (o Padrão 1), particularmente na primeira sincronia, ou com o sujeito da sentença adjacente (o Padrão 2), em todas as sincronias, um comportamento que não se ajusta ao das LSN românicas.

Comparadas com a amostra de peças de teatro, podemos dizer que as cartas constituem um gênero bastante conservador, revelando uma gramática de sincronias passadas, sem deixar de permitir, entretanto, que se identifique, em sutis reduções quantitativas e qualitativas, a implementação de traços da mudança já operada na língua oral. A amostra de teatro, aqui utilizada justamente para nos fornecer pistas de uma escrita mais próxima da fala de cada período, nos permite observar uma mudança já efetivada na Língua-I, e que nos deixa ver nos dados da Língua-E,[19] os reflexos da gramática velha que vai, aos poucos sendo substituída pela nova. Esses resultados, ao contrário das cartas, seguem de perto o que encontramos no desempenho do falante brasileiro, pelo menos quando contrastamos as duas sincronias examinadas para a segunda metade do século XX (Duarte, 2012) com os dados de entrevistas realizadas nos anos 1990.[20] A implementação da mudança em direção a pronomes expressos na escrita mais formal é lenta, mas já se revela bastante adiantada em relação à 3ª pessoa, quando praticamente metade dos sujeitos anafóricos já exibe um pronome, ao contrário de amostra semelhante do PE, com apenas 7% de pronomes expressos (cf. Duarte, 2007b).

NOTAS

1 Agradeço imensamente ao parecerista anônimo pelas valiosas sugestões, que foram acatadas na medida do possível. As falhas remanescentes são de minha inteira responsabilidade.

2 Os *corpora* diferenciais têm as seguintes fontes:
Nurc-RJ – Norma Urbana Culta-RJ – amostra gravada em 1992, que compõe o acervo Nurc-RJ, disponível em <www.letras.ufrj.br/nurc-RJ>, sendo referido como [20,2 Nurc-RJ].
Teatro-RJ – Amostra de peças de teatro, escritas no Rio de Janeiro, entre 1833 e 1992, descrita em Duarte (2012), sendo referida segundo o período e as iniciais TEA RJ).
Fala espontânea contemporânea, ouvida em diferentes locais, incluindo radio, referida como ESP RJ.

3 "The intuitive idea is that where there is overt agreement, the subject can be dropped, since the deletion is recoverable" (Chomsky, 1981, 2. ed. 1982: 241).

4 "Rouhgly speaking, the use of pronounced material is legitimate only when necessary to convey the intended meaning, within the constraints of UG and of the particular grammar. This implies that, given the existence of a zero pronominal option, in languages like Italian, the overt form will be limited to the cases in which it is necessary, i. e., when the pronominal subject, being focal or contrastive must bear stress (evidently, the zero element cannot bear stress)" Rizzi (1988: 15).

5 Além da omissão do sujeito referencial e expletivo, são geralmente relacionadas às línguas [+prodrop], a chamada inversão "livre", que não é exatamente livre, uma vez que ocorre em contextos apresentativos (i), o movimento do sujeito de uma subordinada sobre o complementizador *que* (ii), conhecido como violação do filtro "that t" (ii), pronomes-lembrete nulos em encaixadas (iii):
(i) *É arrivata Maria.* / * *Has arrived Mary*
(ii) *Chi$_i$ credi che t$_i$ habia telefonato?* / **Who do you think that t$_i$ has called?*
(iii) *Questa é la ragazza$_i$ che$_i$ mi domando che cosa t$_i$ ha detto* / * *That is the girl$_i$ who$_i$ I wonder what t$_i$ has said"*
No português brasileiro, podemos dizer que a inversão "livre" é cada vez menos frequente e que o pronome lembrete é cada vez mais frequente em (iii) – "*Essa é a menina que eu me pergunto que coisa ela disse*". Quanto a (ii), parece estarmos diante de outra questão: a possibilidade de apagamento do complementizador *that* em inglês e sua impossibilidade nas línguas românicas. Sobre o comportamento do PB em relação a esse conjunto de propriedades, ver Duarte (2016).

6 É importante observar que aqui se trata de não permitir sujeitos nulos em contextos neutros; os autores não ignoram o fato de que línguas de sujeito expresso, como o inglês e o francês, permitem sujeitos nulos em contextos discursivos ou registros escritos especiais, não neutros, marcados, em que um sujeito nulo é pragmaticamente identificado (cf. entre outros Haegeman, 1990).

7 Sobre os índices mais altos de pronome de 1ª pessoa expresso nas línguas de sujeito nulo em relação à 2ª e 3ª, Marins (2009) mostra, com base em dados do italiano oral, a tendência à realização fonética do pronome de primeira pessoa sempre que o falante retoma o turno, certamente um pronome forte. O mesmo resultado é encontrado por Soares da Silva (2011) para o espanhol falado em Madri. Num sistema [-SN] como o francês, o que se vê nesses contextos é o uso do pronome forte e o pronome fraco, numa estrutura de deslocamento – *Moi, je*.

8 Os resultados de trabalhos sobre a língua oral em diferentes regiões do Brasil permitem a utilização da expressão "português brasileiro". Vejam-se, por exemplo, os resultados sobre a expressão do sujeito referencial em diferentes regiões do Brasil, incluindo a fala de comunidades rurais, reunidos em Paiva e Duarte (2006). Os resultados desses e de outros trabalhos variacionistas permitem concordar com Tarallo (1983: 54) que diz serem as diferenças dialetais no PB mais frequentemente localizadas nos níveis lexical e fonológico do que no sintático.

9 Os estudos diacrônicos relacionados a esses fenômenos se encontram em Duarte (2012).

10 No texto da peça aparece a estrutura em (16), mas na fala do personagem, durante a representação, a estrutura apresenta um pronome fraco na encaixada:
(i) *Vocês parecem [que vocês não pensam na vida]*
Isso leva Henriques (2012), a partir de Kato (1999), a adaptar a proposta de Martins e Nunes (2010), considerando que, tanto em (16) quanto em (i), o que se move para Spec, TP da matriz é um pronome forte deslocado à esquerda na encaixada, que poderá exibir um pronome nulo, ainda possível no PB, ou um pronome fraco, que vem se tomando seu lugar, como ilustra (ii), teríamos em ambos os casos um hiperalçamento aparente:
(ii) *$[_{TP}$vocês$_i$ $[_{T}$ parecem $[_{CP}$ que $[_{TOP}$ ~~vocês~~$_i$, (vo)cês$_i$/ø$_i$ não pensam na vida.*

11 Kato (2000) e Figueiredo Silva (2000) já apresentavam análises que levavam a uma caracterização do PB como LSN parcial. Ver ainda outros estudos em Kato e Negrão (2000).

12 A 1PS alcança 72% e a 2PS 90% de sujeitos expressos na amostra de Duarte (1995). Os nulos de 2PS se limitam a perguntas.

13 Esta é uma contribuição de Modesto (2008) para a distinção entre essas e as estruturas em (19c,d). Em ambos os casos, a identificação de um sujeito nulo por um tópico não é comprometida.

14 Quem primeiro chamou a atenção para a possibilidade de uma interpretação genérica para um sujeito nulo de 3ª pessoa no PB foi Galves (1987); segundo a autora, em consequência da perda do traço [+pessoa], na falta de um claro antecedente que permita a correferência, como nos exemplos em (5), a interpretação da categoria vazia é genérica.

15 Esse tipo de sujeito em (23) foi primeiramente referido na Linguística como *extended reference subject* por Halliday e Hasan (1979). Devemos a Paredes Silva (1985) a tradução para *sujeito de referência estendida*.

16 A hipótese de que o nulo [-humano] seria um pronome forte não parece ser confirmada pelos dados do PB; no exemplo a seguir podemos argumentar em favor de um DP em SpecT e um pronome fraco em T:
*Eu acho [que [**um trabalho sério**]$_i$ **ele**$_i$ deveria começar por aqui.*

17 A informação veio de Toribio (1996). Tive a oportunidade de verificar pessoalmente que, de fato, o expletivo é frequente na fala de pessoas com baixo nível de escolaridade (uma mudança de "baixo para cima", certamente um "efeito colateral" do preenchimento dos sujeitos referenciais). Falantes que frequentam a escola dizem que só usam essa forma "em família ou com amigos, porque é uma forma errada, não permitida pela escola porque não está de acordo com as normas da Real Academia Espanhola".

18 Uma análise relativa apenas ao século XIX inclui os estados de Minas Gerais e São Paulo (cf. Berlinck et al., 2013).

19 Soares da Silva (2011) discute a diferença entre competência e desempenho à luz de análise comparativa de variedades do espanhol e do português.

20 Os resultados de Duarte (1995) utilizam amostra da fala culta carioca, mas estudos posteriores a partir de variedades de diferentes partes do Brasil, tanto cultas quanto "populares", nos permitem afirmar que podemos estender tais resultados ao "português brasileiro" (cf. referências em Paiva e Duarte, 2006).

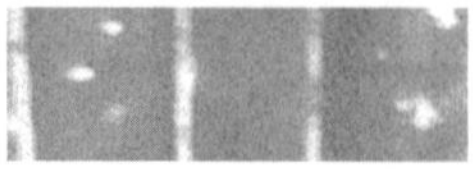

SENTENÇAS POSSESSIVAS E EXISTENCIAIS

Juanito Ornelas de Avelar

SUMÁRIO

APRESENTAÇÃO

O emprego de *ter* como verbo existencial canônico é uma das marcas mais proeminentes do português brasileiro, em contraste com o português europeu.[1] Embora haja ocorrências de construções com *ter* que podem ser analisadas como existenciais em estágios anteriores da variedade europeia, não há registro de qualquer momento histórico do português europeu em que *ter* se mostre tão ou mais frequente do que *haver* em orações que servem à interpretação existencial, como vemos no português brasileiro. Os estudos mais recentes em torno do tema sugerem que, no final do século XIX, *ter* já se apresentava como o principal verbo existencial das variedades vernáculas brasileiras. Como será mostrado ao longo deste capítulo, essa mudança não consiste em uma mera substituição de um item por outro (no caso, de *haver* por *ter*), mas na concorrência de duas configurações sintáticas distintas, ambas com interpretação existencial, que culminou na vitória daquela que promove a realização do verbo *ter*. Para entender como esse processo teve lugar no português brasileiro, sem qualquer paralelo quantitativo e qualitativo no português europeu, é importante analisar um paradigma mais amplo de construções, que envolve, para além das existenciais, as possessivas e as chamadas *expressões de tempo decorrido* de base possessivo-existencial. Este capítulo irá, assim, se ocupar de diferentes aspectos envolvidos na sintaxe de construções com *ter*, *haver* e *estar* em sentenças que servem à expressão de posse e existência na história do português brasileiro, do século XIX aos dias atuais.

O capítulo se encontra dividido da seguinte forma: na seção "Sentenças possessivas e existenciais no português brasileiro: panorama descritivo" será apresentado um panorama descritivo sobre as construções possessivas e existenciais no português brasileiro contemporâneo, aí incluídas as chamadas expressões de tempo decorrido com *ter*, *haver* e *estar*; na seção "Sentenças possessivas e existenciais no português brasileiro: panorama formal", os mesmos tipos oracionais serão tratados de uma perspectiva formal, à luz de pressupostos da sintaxe gerativa, mais especificamente dentro da Teoria de Princípios e Parâmetros; na seção "Panorama diacrônico-formal sobre as orações possessivas e existenciais", o capítulo se ocupa das mesmas construções no eixo diacrônico, procurando estabelecer formalmente uma hipótese para a emergência de *ter* como o verbo existencial canônico do português brasileiro; a última seção apresenta as conclusões do capítulo, destacando a relevância dos resultados alcançados até aqui para os estudos sobre as sentenças possessivas e existenciais na história do português.

SENTENÇAS POSSESSIVAS E EXISTENCIAIS NO PORTUGUÊS BRASILEIRO: PANORAMA DESCRITIVO

Sentenças possessivas

No português brasileiro, as sentenças possessivas são canonicamente realizadas com o verbo *ter*, como nos exemplos em (1) a seguir. O verbo *estar* pode compor uma locução com a preposição *com* e também ser licenciado em certos tipos de construções possessivas, como nos exemplos em (2).[2, 3]

(1) a. *ela **tem** alguns retratos em casa* (Peul-Censo 01/80)
b. *eles **tinham** medo era do católico passar para o protestante* (Peul-Censo 08/80)
c. *tem que **ter** dinheiro pra pagar* (Peul-Censo 03/80)

(2) a. ***tava com** vontade de vir* (Peul-Censo 01/80)
b. *aqueles nhoque já **tá com** sal, feito um macarrão* (Peul-Censo 17/80)
c. *Ele **tá com** uma diarreia que não há médico que cure* (Peul-Censo 12/80)

Em termos semântico-discursivos, a oposição entre *ter* e *estar com* reporta, *grosso modo*, à distinção entre a expressão de posse permanente ou duradoura (com *ter*) e a posse transitória ou recentemente adquirida (com *estar com*). O contraste entre as construções em (3) a seguir ilustra essa distinção: a sentença com *estar com* só pode ser aceita numa situação em que o rapaz esteja usando lentes de contato azuis, mas nunca para expressar que a cor natural dos seus olhos seja azul, o que só é possível com o emprego do verbo *ter*.

(3) a. *Aquele rapaz **tem** olhos azuis.*
b. *Aquele rapaz **está com** olhos azuis.*

As sentenças apresentadas em (4)-(6) a seguir, que trazem termos designativos para doenças e condições físicas e/ou mentais especiais, corroboram essa generalização. Em (4), nomes de doenças comumente vistas como sendo adquiridas, mas não passageiras, ocorrem como complementos tanto de *ter* quanto de *estar com*. Em (5), diferentemente, os termos passam a designar doenças adquiridas, mas transitórias, o que parece dificultar a ocorrência de *ter*.[4] Em (6), ocorrem condições ditas congênitas, interpretadas (pelo menos em termos laicos) como não adquiridas e não transitórias, o que bloqueia a ocorrência de *estar com*. O caráter de "condição (recentemente) adquirida" parece, portanto, ser o que licencia a ocorrência de *estar com* em tais casos; já a presença de *ter* parece associada a um caráter mais permansivo ou intrínseco.

(4) a. *Aquele homem **tem** labirintite/diabete/leucemia.*
b. *Aquele homem **tá com** labirintite/diabete/leucemia.*
(5) a. *# Aquela mulher **tem** gripe/dengue/catapora.*
b. *Aquela mulher **tá com** gripe/dengue/catapora.*
(6) a. *Aquela criança **tem** síndrome de Down/lábio leporino/autismo.*
b. *# Aquela criança **tá com** síndrome de Down/lábio leporino/autismo.*

Vale notar que a inserção de uma expressão frequentativa (como *sempre* e *todo ano*) junto a nomes como *gripe* abre espaço para o licenciamento de *ter*, como nos exemplos em (7) a seguir. Em contraste, é a ocorrência de *estar com* que parece ser dificultada em alguns casos desse tipo. Em tais sentenças, *gripe* passa a ser apontada como uma doença recorrente, o que justifica a ocorrência de *ter*.

(7) a. *Meu amigo sempre **tem/tá com** gripe.*
b. *Meu amigo todo ano **tem/# tá com** gripe.*

Até onde se saiba, não há estudos quantitativos sistemáticos sobre a variação entre *ter* e *estar com* nas construções possessivas em que os dois itens podem ser empregados. Também se desconhecem, até aqui, estudos sobre possíveis diferenças entre o português brasileiro e o português europeu no que diz respeito a essa variação. A variação entre as duas formas parece ser estável, não havendo, pelo menos à primeira vista, qualquer sinal de que uma forma esteja avançando sobre o campo da outra entre as orações possessivas.

Sobre o sentido preciso assumido pelo verbo no conjunto das construções que chamamos de *possessivas*, é possível afirmar que não se restringe à noção de posse propriamente dita, observada, por exemplo, com o verbo *possuir*. Depreender um conteúdo nocional uniforme veiculado pelas possessivas parece inviável, dado o caráter difuso das relações estabelecidas entre as entidades expressas nas sentenças com *ter* ou *estar com*. Enquanto construções como aquela em (8a) a seguir podem ser tomadas como inerentemente possessivas (com *o Pedro* sendo interpretado como o possuidor de *um livro*), as sentenças em (8b) e (8c) não servem propriamente à expressão literal de posse: *o Pedro* não pode, nesses casos, ser estritamente interpretado como possuidor de *professores muito bons* ou de *várias linhas de ônibus*.

(8) a. *O Pedro* ***tem*** *um livro.*
b. *O Pedro* ***tem*** *professores muito bons.*
c. *O Pedro* ***tem*** *várias linhas de ônibus que ele pode usar perto da casa dele.*

Dentre outras razões, esse caráter semântico pouco delineado atua como o principal argumento para considerar *ter* um verbo leve – ou seja, um verbo sem (ou de reduzida) força predicativa, o que implica afirmar que se trata de um item incapaz (ou com capacidade limitada) de atribuir papéis temáticos aos argumentos da oração (ver Viotti, 1999 e Avelar, 2009d).[5] A mesma observação vale para *estar com*, tendo em vista o caráter semanticamente leve do verbo que compõe a locução, consensualmente refletido na sua caracterização como uma das cópulas do português, ao lado de *ser*. Para dar conta da abrangência da noção de posse, a natureza da relação possessiva pode ser caracterizada como sendo de diferentes tipos: posse material, imaterial, intrínseca, inerente, locativa, temporal, psicológica, estativa etc. A depender do conteúdo endereçado, a forma verbal dita possessiva pode ser substituída por um verbo semanticamente pleno, capaz de captar o sentido da predicação, como nos casos exemplificados em (9) a seguir. Notemos que os verbos indicados entre parênteses como substitutos de *ter* não são facilmente substituíveis entre si, o que mostra o caráter difuso tanto do que se tenta definir semanticamente como *posse* como do significado veiculado pelo verbo.

(9) a. *O governo* ***teve*** *a maioria dos votos na Câmara.* (conseguiu/obteve)
b. *A Ana* ***tem*** *asma desde pequenininha.* (sofre de)
c. *Os terráqueos nunca* ***terão*** *contato com seres de outros planetas.* (estabelecerão/farão)
d. *O voo foi cancelado porque o motor do avião* ***teve*** *problemas.* (apresentou)
e. *A Ana* ***tinha*** *duas calças do Pedro no armário.* (guardava/mantinha/deixava)
f. *As aulas daquele professor* ***têm*** *em média quatro horas.* (duram/chegam a)
g. *O Pedro* ***tem*** *três carros novos.* (possui)
h. *O Pedro* ***terá*** *muito incentivo dos seus pais para estudar no exterior.* (receberá)

O termo *possessivo*, portanto, é pouco elucidativo na tentativa de abarcar a totalidade das construções relevantes com *ter* e *estar com*. Os casos em (9) são suficientes para mostrar que é apenas eventualmente que uma relação inerentemente possessiva é manifestada. As expressões entre o sujeito e o complemento de *ter* não remetem apenas a uma relação possuidor-possuído (10a), mas também a marcações como todo-parte (10b), continente-conteúdo (10c), controlador-controlado (10d), experienciador-experiência (10e) e outras correlações afins.

(10) a. *Meu amigo* ***tem/está com*** *um carro.*
b. *A porta da minha casa* ***tem/está com*** *a maçaneta solta.*
c. *Aquele copo* ***tem/está com*** *água.*
d. *O marido* ***tinha/estava com*** *todo o dinheiro da esposa dentro da carteira.*
e. *Os alunos* ***têm/estão com*** *medo da prova.*

As construções possessivas voltarão a ser abordadas na seção "Configuração sintática das orações possessivas", à luz de pressupostos gerativistas.

Sentenças existenciais

No português brasileiro contemporâneo, as sentenças existenciais são canonicamente realizadas com *ter*, residindo aí um importante contraste com o português europeu, que tem *haver* como seu verbo existencial canônico. Os vários estudos sobre a variação entre os dois verbos são consensuais quanto à predominância de *ter* sobre *haver* no vernáculo brasileiro, em qualquer que seja a variedade diatópica analisada (Cardoso, 1986; Callou e Avelar, 2000; Silva, 2004; Leite e Callou, 2002; Gonçalves, 2012, entre outros). Construções existenciais com os dois verbos são exemplificadas a seguir.

(11) a. ***tem*** *uma partezinha assim pra você botar os pés* (Nurc-RJ 088/70)
b. *aquele congresso que* ***teve*** *lá no Rio Sul* (Nurc-RJ 347/90)

(12) a. *as vacas que* ***havia*** *eram quase todas subnutridas* (Nurc-RJ 068/70)
b. *a coisa bonita que eu vi é quando* ***havia*** *a enchente do Pantanal* (Nurc-RJ 140/90)

Antes de apresentar um panorama qualitativo-quantitativo sobre essas construções no português brasileiro contemporâneo, é importante destacar que a imprecisão observada no emprego do termo *possessivo* para designar as estruturas abordadas na seção anterior também se aplica ao domínio das existenciais. A rigor, o conceito de *existência* por trás da caracterização das construções impessoais com *ter* e *haver* a que chamamos de existenciais não é bem delineado. Isso é percebido com facilidade pelo fato de nem todos os verbos caracterizados como existenciais serem facilmente intercambiáveis na expressão de um mesmo estado de coisas. No português brasileiro, por exemplo, os verbos *haver* e *existir*, ao contrário de *ter*, não são licenciados em grande parte das sentenças com *ter* caracterizadas como existenciais, conforme destacado em Avelar (2006). As construções em (13) a seguir são exemplos de orações que, para muitos falantes, provocam estranhamento se realizadas com *haver* ou *existir*, mas não com *ter*.

(13) a. ***Teve*/# *Houve*/# *Existiu*** *muito docinho na festa que a Maria deu.*
b. COMPRANDO PÃO NA PADARIA:
A (pergunta): ***Tem*/# *Há*/# *Existe*** *pão*?
B (responde): ***Tem*/# *Há*/# *Existe*.**

Além disso, conforme observam Avelar e Callou (2012) e Marins (2013), não é apenas nas construções impessoais que *ter* assume um valor existencial: orações em que esse verbo traz um sujeito e que, portanto, podem ser analisadas como possessivas, também servem à expressão de existência. Sentenças impessoais como a apresentada em (14a) adiante, por exemplo, podem ser parafraseadas por construções como aquela em (14b), em que a oração apresenta um sujeito gramatical. A diferença entre os dois casos é de ordem sintática, uma vez que o sintagma locativo preposicionado da primeira se converte no sintagma nominal sujeito da segunda. É fácil observar que tanto o sentido de (a) quanto o de (b) se estabelece sobre o pressuposto de que existem muitos peixes na lagoa, bem como o de que entre *a lagoa* e *muitos peixes* há uma relação do tipo *continente-conteúdo*, típica das estruturas possessivas.

(14) a. ***Tem*/*Há*** *muitos peixes naquela lagoa.*
b. *Aquela lagoa* **tem** *muitos peixes.*

Tendo em vista essa intersecção semântica entre as expressões sentenciais de posse e existência, o relevante para contrastar adequadamente as variedades brasileira e europeia não é o valor assumido por *ter*, mas a configuração sintática exibida pelas construções com esse verbo: no português brasileiro, mas não no português europeu, *ter* pode ser largamente empregado em orações impessoais, dispensando assim a presença de um argumento em posição de sujeito.

De todo modo, mesmo frente à imprecisão dos termos empregados para designar as construções abordadas neste estudo, será aqui mantida a designação de *existencial* para as orações impessoais com *ter*, e de *possessiva* para as orações em que esse verbo ocorre com dois argumentos, seguindo a literatura corrente na área.

Retornando ao tópico da variação entre *ter* e *haver* nas construções existenciais, os resultados apresentados em Avelar e Callou (2007a) e Avelar

(2005) sobre a fala carioca mostram que, pelo menos nessa variedade, não há diferença significativa entre "fala culta" e "fala popular" no que tange às frequências dos dois verbos. Comparando amostras de fala de indivíduos com e sem nível superior na década de 1990, Avelar (2005) mostra que a frequência de *ter* (contra a de *haver*) chega a 80% e 92%, respectivamente, o que indica não ser a variação entre as duas formas um fator relevante de polarização sociolinguística, pelo menos nas variedades analisadas.

A análise de Callou e Avelar (2000) revela, contudo, a existência de uma diferença significativa nas frequências dos dois verbos quando se comparam as décadas de 70 e 90 do século XX. Entre os chamados "falantes cultos" (com formação universitária), a frequência de *ter* nas construções existenciais é de 63% na década de 1970, subindo para 80% na década de 1990. Entre os indivíduos cultos mais jovens da década de 1990, o uso de *ter* é praticamente categórico, chegando a 98% dos dados, o que leva à conclusão de que, pelo menos entre os cariocas dessa faixa etária com nível de educação superior, a mudança relativa à superposição de *ter* a *haver* já foi concluída.

Callou e Avelar (2000) observam ainda que há, na fala culta carioca, pelo menos dois fatores intralinguísticos relevantes para determinar a variação entre os dois verbos: o tempo verbal da oração e a especificidade semântica do argumento interno.

Sobre o tempo verbal, as construções no passado favorecem a ocorrência de *haver* nas duas décadas consideradas (1970 e 1990), embora a frequência de *ter* tenha se ampliado entre tais construções na passagem de uma década à outra. A Figura 1 a seguir mostra que, entre as construções no presente, *haver* chega a apenas 30% em 1970, e cai para 12% em 1990; entre as do perfeito, as únicas em que seu uso supera o de *ter*, o percentual atinge 90% em 1970 e cai para 65% em 1990; no imperfeito, o percentual não se altera, ficando em torno de 25% nas duas décadas; entre os outros tempos verbais – perfazendo apenas 6% das ocorrências – a frequência de *haver* supera a de *ter* na década de 1970, mas cai para 38% em 1990. Esses números podem sugerir que, na fala culta carioca, *haver* se tornou um verbo típico de narração, modalidade que privilegia o uso de formas verbais no pretérito. *Ter*, por sua vez, tem trânsito livre em qualquer contexto, narrativo ou não.

Figura 1 – Frequência de *haver*, contra a de *ter*, por tempo verbal nas décadas de 1970 e 1990

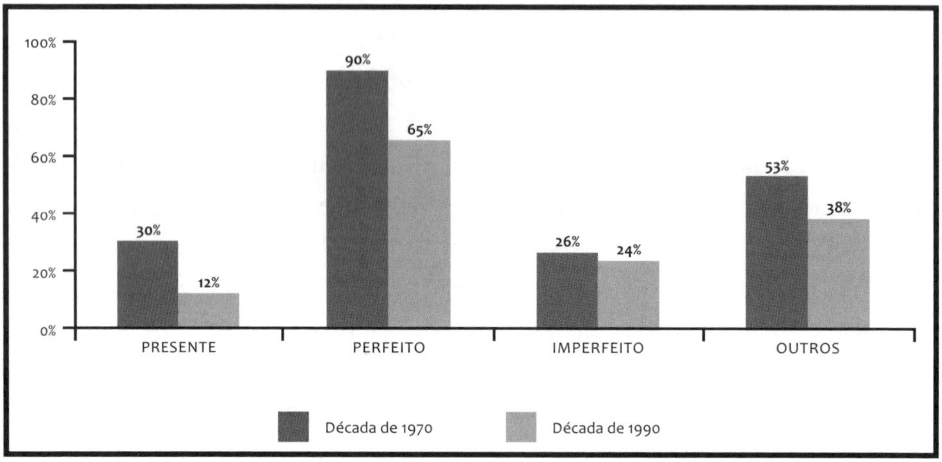

Sobre a especificidade do argumento interno, Callou e Avelar (2000) exploram a seguinte divisão: *animado* (15), *inanimado material* (16), *espaço* (17) – designação de locais públicos, bairros, cidades, regiões, localização em geral –, *abstrato* (18) e *evento* (19). Nas duas décadas, o uso de *haver* é favorecido pelos tipos *abstrato* e *evento*, embora não supere o percentual de *ter* em nenhuma das situações (ver Figura 2). Cabe notar que os tipos *animado*, *inanimado material* e *espaço* apresentam em comum o traço [+MATERIAL], enquanto *abstrato* e *evento* são [-MATERIAL]. A ocorrência de *haver* na fala carioca, portanto, é favorecida por argumentos com o traço [-MATERIAL], enquanto *ter* mostra frequências significativas com qualquer tipo de argumento.

(15) a. ***há*** *mulheres que se comportam da mesma maneira que homens*
b. *aqui no Leblon* ***tem*** *o Padre Zeca*

(16) a. ***havia*** *muita banana*
b. ***tinha*** *biscoitos na Colombo*

(17) a. ***havia*** *alguns cinemas na cidade*
b. ***tem*** *bairros sensacionais fora de Salvador*

(18) a. *não* ***havia*** *uma censura tão grande*
b. *não* ***tem*** *mais o charme que tinha*

(19) a. *foi uma fase que* ***houve*** *concursos públicos*
b. ***teve*** *uma festa maravilhosa*
(Apresentados em Callou e Avelar, 2000)

Figura 2 – Frequência de *ter* e *haver* pela especificidade semântica do argumento interno em construções existenciais nas décadas de 1970 e 1990

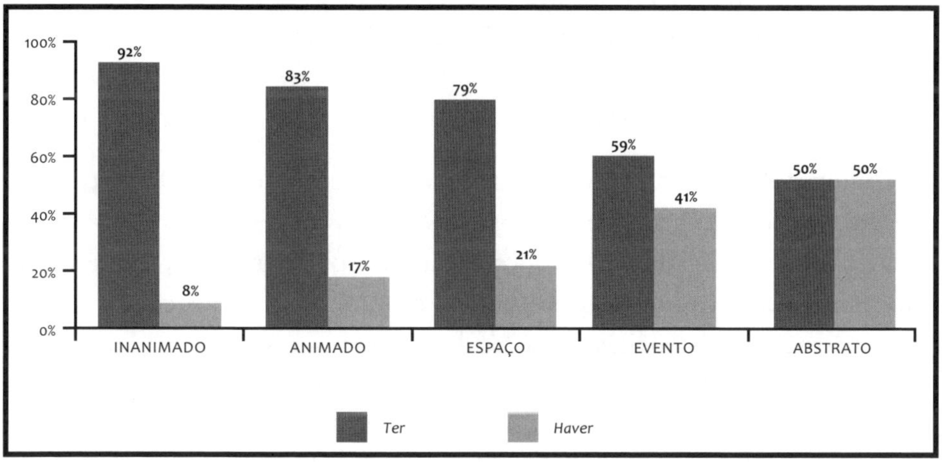

Outro ponto para o qual Callou e Avelar chamam a atenção diz respeito ao licenciamento do pronome *você* sem referência definida na posição de sujeito de sentenças com *ter*, resultando em construções com interpretação claramente existencial (vejam-se, a esse respeito, os trabalhos de Duarte, 2007a; Avelar, 2009a; Callou e Avelar, 2000; Marins, 2013). Essa propriedade é exemplificada nos trechos reproduzidos em (20), extraído de amostras de fala do projeto Nurc-RJ. Todas as orações destacadas em itálico, que trazem o genérico *você* em posição de sujeito, podem ser analisadas como existenciais, parafraseáveis por orações impessoais com *haver* ou com o próprio verbo *ter*.

(20) a. não sei definir a arquitetura da Tijuca, que aí confunde um pouco com o Rio Comprido. Rio Comprido de repente *cê **tinha**, Catumbi* e, aí *você **tinha** de repente uns sobrados*, umas casas mais antigas né. A Tijuca já tem bastante prédio, e assim a parte de altos, não sei, não consigo, diferenciar uma arquitetura, específica. Aliás, eu não vejo, com exceção da Barra, né, que *você **tem** aqueles, em geral, prédios baixinhos* (Nurc-RJ 12/90)

b. *em Kioto você **tem** aquela confusão da rua*, trânsito carro pra caramba, mas *você **tem** aqueles castelos de imperadores antigos*, não sei o quê (Nurc-RJ 12/90)

c. tem cursos que <u>você</u> ***tem*** *mais professor do que aluno*. Então *o curso de elétrica, por exemplo,* <u>*você*</u> ***tem*** *50 professores* e o curso todo, todos os anos somados não tem 50 (Nurc-RJ 01/90)

d. Hoje o que acontece é que <u>*você*</u> ***tem*** *o curso de Civil com pouca procura* (Nurc-RJ 01/90)

Callou e Avelar (2000) observam que, na década de 1970, o pronome *você* era inserido em cerca de 2% das construções existenciais com *ter* na fala culta carioca; na década de 1990, esse número sobe para 19%, o que sugere uma mudança em progresso no sentido de preencher a posição de sujeito das construções existenciais. Essa mudança voltará a ser abordada na seção "Panorama diacrônico-formal sobre as orações possessivas e existenciais", quando a tendência à supressão de *haver* será relacionada a alterações na especificidade do estatuto pro-drop do português brasileiro.

Antes de encerrar a seção, cabe fazer menção a um ponto que tem sido negligenciado nos estudos sobre as existenciais do português brasileiro: a possibilidade de as cópulas *ser* e *estar* serem empregadas em construções que servem à construção de existência. Os casos de sentenças existenciais com *estar*, similar ao que ocorre entre as construções possessivas quando esse verbo ocorre junto da preposição *com*, serão abordados na seção "Configuração sintática das orações existenciais". A respeito de *ser*, Gonçalves (2012) chama a atenção para o fato de as existenciais com esse verbo apresentarem, por parte do enunciador, um caráter avaliativo sobre um determinado estado de coisas. Esse caráter pode ser expresso por meio do emprego de quantificadores, advérbios, adjetivos e determinantes junto ao sintagma nominal que se segue ao verbo, ou até mesmo pelo uso de um padrão entoacional específico. As construções em (21) a seguir exemplificam orações existenciais com *ser*.

(21) a. *Lá no Rio de Janeiro* ***é*** *uma violência terrível.*

b. *Então,* ***é*** *muita briga mesmo, tal.*

c. ***era*** *uma fábrica ali*

d. *São Paulo está cada dia pior [...]* ***é*** *TRÂNSITO...* ***é*** *PROBLEMA...* (Apresentados em Gonçalves, 2012)

Segundo Gonçalves, esses casos não parecem ter relação com as existenciais do português medieval, em que *ser* ocorria como o existencial canônico, antes de ser gradualmente substituído por *haver*. De toda forma, são necessários estudos diacrônicos mais amplos para identificar a origem dessas construções, determinando em que medida podem ou não ser tratadas como resultantes de sentenças existenciais com o verbo copular provenientes de estágios anteriores do português.

Expressões de tempo decorrido

As expressões de tempo decorrido (doravante, ETDs) servem para indicar o intervalo entre um estado de coisas necessariamente expresso no enunciado e um determinado ponto (nem sempre explícito no enunciado) do eixo temporal anterior a esse estado. Embora diferentes tipos de verbos possam ser empregados nessa expressão, o presente capítulo irá se concentrar nos de interpretação possessivo-existencial (*ter* e *haver*, além da locução *estar com*). Os conjuntos de sentenças a seguir exemplificam ETDs com as três formas verbais no português brasileiro contemporâneo.

(22) a. ***há** muito tempo que eu não tenho tido contato com ela* (Peul-Censo 04/80)
b. ***há** doze anos que nós organizamos o natal dos velhinhos* (Peul-Censo 48/80)
c. *já é formada **há** bastante tempo* (Peul-Censo 14/90)
d. ***há** muitos anos que eu não participo [de festa junina]* (Nurc-RJ 52/90)

(23) a. *já **tem** mais ou menos 25 a 30 anos que eu saí da família* (Peul-Censo 13/90)
b. ***tem** duas semanas que a gente nem se fala* (Nurc-RJ 03/90)
c. *o camarão chegou agora, **tem** duas hora que ele chegou aqui* (Peul-Censo 03/80)
d. ***tem** mais de quinze anos que [esse pulôver] tá lá na sala* (Nurc-RJ 96/90)

(24) a. ***tá com** uns dois anos que a professora ensina aqui* (Moquém F10)
b. *já terminou os estudo **tá com** seis ano* (Moquém F13)
c. *já **tá com** uma porção de tempo que tem a escola* (Moquém F18)
d. ***tá com** trezentos e quatro ano que acabou-se os nego da Serra da Barriga* (Moquém F4)

Conforme será mostrado em "O estatuto categorial das expressões de tempo decorrido", *haver* parece ter perdido o estatuto categorial de verbo nas ETDs, passando a se comportar como uma preposição. De todo modo, as ETDs com *haver* são bastante frequentes no português brasileiro, superando em muito os percentuais de ocorrência das existenciais construídas com esse mesmo item. A esse respeito, observando amostras de fala do Rio de Janeiro, de São Paulo, de Alagoas e do Ceará, os estudos de Avelar (2011, 2012) e Olivato (2012) sobre ETDs mostram que os casos com *estar com* não são usuais nos dois estados do Sudeste. Nas amostras dos dois estados do Nordeste, ao contrário, as ocorrências de ETDs com *estar com* chegam a 42% no Ceará (contra 54% de *haver* e 4% de *ter*) e a 61% em Alagoas (contra 39% de casos com *haver*).

Avelar (2012), em particular, se ocupa de ETDs com *ter* e *haver* na fala carioca entre as décadas de 70 e 90 do século XX, observando as frequências de construções com um e outro verbo entre indivíduos com e sem nível superior. Das 282 ETDs levantadas, 222 (79%) são expressões com *haver* e 60 (21%), com *ter*. O estudo mostra que os resultados quantitativos sobre a distribuição de cada tipo de ETD nos dois grupos não vão numa mesma direção: entre os falantes sem curso superior, os números apontam para uma variação estável, enquanto entre os falantes com curso superior os números sugerem, à primeira vista, um processo de mudança em progresso. Os gráficos a seguir ilustram os percentuais de ocorrência em cada grupo: entre os falantes com alto grau de instrução, conforme ilustrado na Figura 3, a frequência das ETDs com *haver* cai de 100% para 77% no intervalo de tempo considerado, enquanto as ETDs com *ter*, que não ocorriam na década 1970, chegam a 23% do total de ocorrências na década de 1990; entre os falantes sem curso superior, conforme ilustrado na Figura 4, a frequência de cada ETD praticamente não se altera entre os dois períodos.

Figura 3 – Frequências das ETDs com *ter* e *haver* na fala carioca, entre indivíduos com curso superior, nas décadas de 1970 e 1990

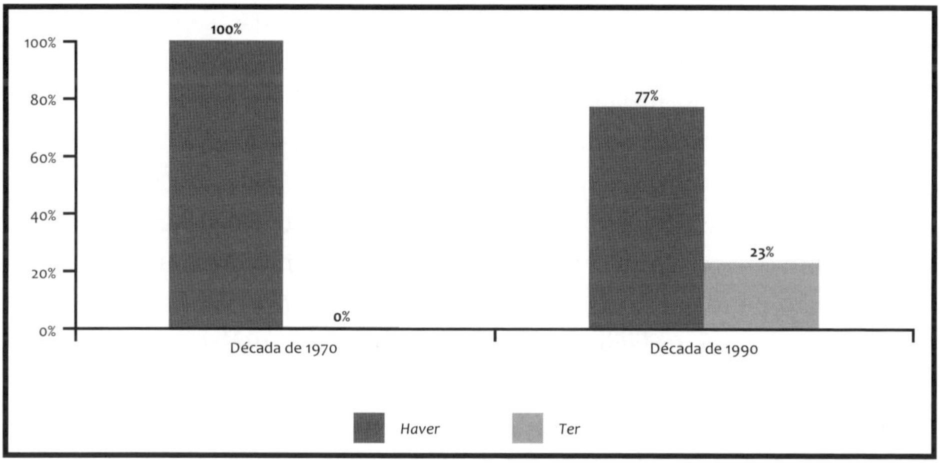

Figura 4 – Frequências das ETDs com *ter* e *haver* na fala carioca, entre indivíduos sem curso superior, nas décadas de 1980 e 1990

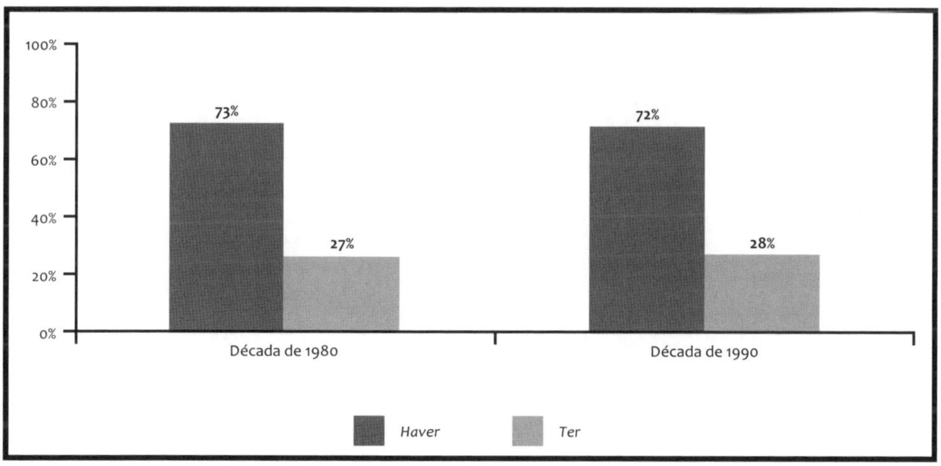

As frequências atestadas por faixa etária para os indivíduos com nível superior, apresentadas na Figura 5 adiante, corroboram a ideia de que, pelo menos entre os falantes desse grupo, a emergência das ETDs parece ser o reflexo de algum tipo de mudança em progresso: as curvas de frequência entre os três grupos etários mostram o percentual de *haver* mantendo-se em 100% para os falantes da terceira faixa (com mais de 56 anos) de uma década para outra, mas caindo para 77% entre aqueles da primeira faixa (com menos de 35 anos), e para 86% entre os da segunda (entre 36 e 55 anos). Entre os falantes sem nível superior, a distribuição das ETDs por faixa etária não é indicativa de mudança, conforme o ilustrado pela Figura 6: na primeira década, os falantes da faixa 2 apresentam um percentual (93%) de ocorrência de ETDs com *haver* bem maior que os falantes da faixa 1 (60%) e da faixa 3 (75%); na segunda década, os percentuais de frequência não mostram diferenças significativas entre as três faixas etárias, variando entre 67% na faixa 1 e 75% na faixa 3.

Figura 5 – Frequências das ETDs com *haver* (contra as ETDs com *ter*) por faixa etária na fala carioca, entre indivíduos com curso superior, nas décadas de 1970 e 1990

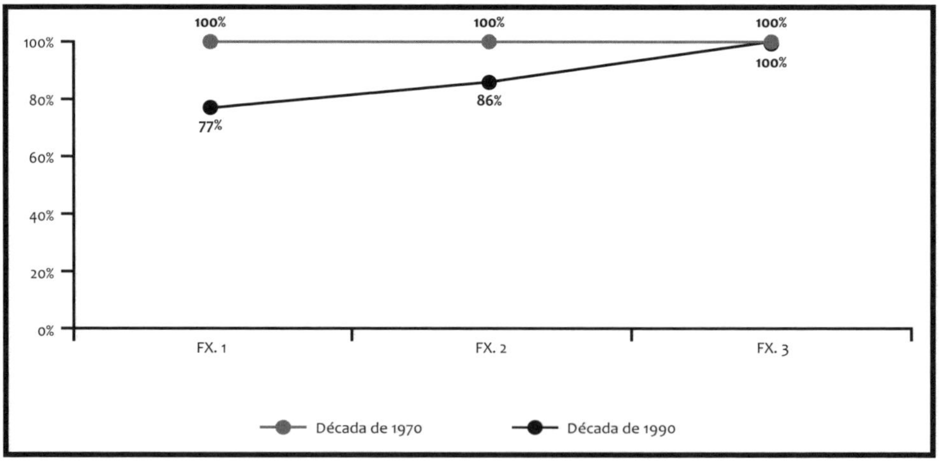

Figura 6 – Frequências das ETDs com *haver* (contra as ETDs com *ter*) por faixa etária na fala carioca, entre indivíduos sem curso superior, nas décadas de 1980 e 1990

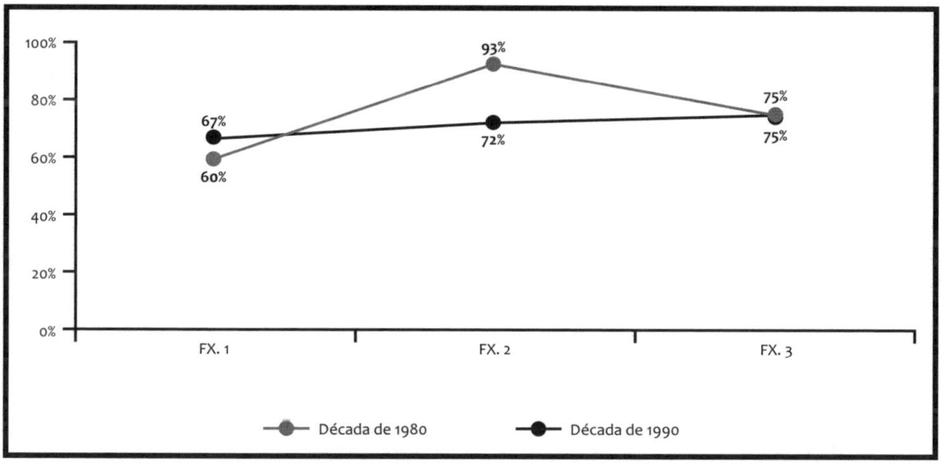

Sobre os casos com *estar com* identificados por Avelar (2012) e Olivato (2012) em amostras dos estados de Alagoas e do Ceará, respectivamente, os autores não levantaram os padrões de frequência por faixa etária, nem procederam à comparação entre recortes temporais distintos, uma vez que, para as comunidades analisadas, só há disponibilidade de um único recorte. O que chama a atenção na amostra dos dois estados é o baixo percentual das ETDs com *ter*: entre os dados levantados em Alagoas, nenhum caso com esse verbo é detectado (embora sua ocorrência seja quase categórica entre as sentenças existenciais), ao passo que, nos dados do Ceará, o percentual de ocorrência das ETDs com *ter* chega a apenas 5%. Olivato também se ocupa de amostras do interior do estado de São Paulo, provenientes da região de São José do Rio Preto, observando que o percentual de *ter* (contra o de *haver*, sem qualquer ocorrência de *estar com*) é de apenas 2%.

A Figura 7 ilustra a distribuição das três formas verbais entre as ETDs nos estados referidos, considerando-se, para o caso do Rio de Janeiro, apenas os números dos recortes temporais da última década do século XX. Em princípio, a distribuição sugere haver uma oposição entre o Sudeste e o Nordeste no que tange ao licenciamento das ETDs com *estar com* (ausentes nas amostras do primeiro), bem como um contraste entre o Rio de Janeiro e os demais estados no que diz respeito ao amplo licenciamento das ETDs com *ter*. O ponto em comum entre as amostras é a recorrência dos casos com *haver*, que exibe alta frequência em todos os estados considerados. É necessário, contudo, incluir amostras de outras localidades do país para aferir em que medida a distribuição entre ETDs com diferentes formas verbais de natureza possessivo-existencial pode ser tratado como um traço linguístico atrelado a variações dialetais.

Figura 7 – Frequência de ETDs com *haver*, *ter* e *estar com* em amostras de fala do português brasileiro contemporâneo nos estados do Ceará, Alagoas, Rio de Janeiro e São Paulo

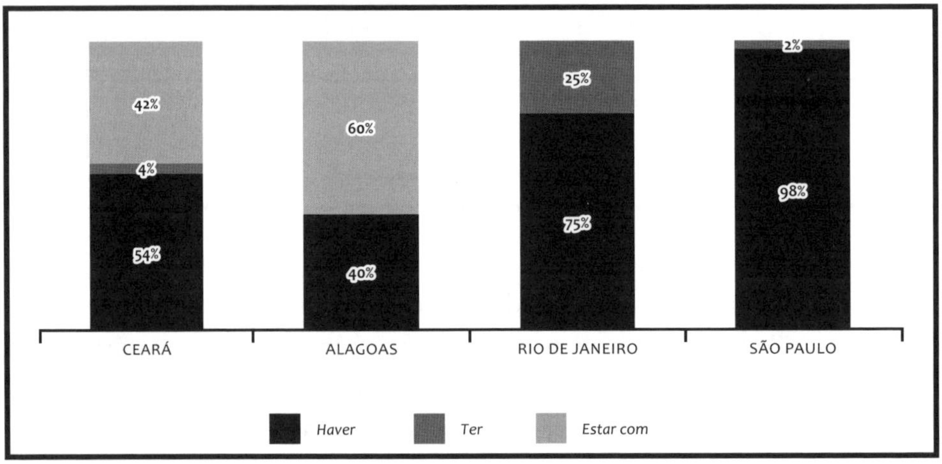

As ETDs serão retomadas na seção "O estatuto categorial das expressões de tempo decorrido", quando será mostrado que as expressões com *haver* apresentam um estatuto categorial diferenciado do das demais expressões.

SENTENÇAS POSSESSIVAS E EXISTENCIAIS NO PORTUGUÊS BRASILEIRO: PANORAMA FORMAL

Configuração sintática das orações possessivas

Grande parte dos estudos gerativistas em torno da expressão gramatical de posse explora a hipótese de que verbos possessivos derivam do amálgama de uma cópula e um item de natureza relacional. Muitas línguas evidenciam lexicalmente essa combinação, com o referido amálgama sendo morfologicamente visível. Esse é o caso, por exemplo, do kamaiurá, em que o verbo possessivo *ereko* 'ter, estar com' mostra a composição da cópula *ere* 'ser, estar' e do item relacional *-ko* 'com', como no exemplo em (25) a seguir. Mesmo para as línguas em que essa combinação não é morfologicamente visível (como nos casos de *ter* e *avoir* no português e no francês, respectivamente, cujas formas em nada lembram as cópulas *ser/estar* e *etre*), é largamente assumido que o verbo possessivo canônico resulta, em termos derivacionais, da união de uma cópula com um item adposicional (vejam-se, por exemplo, os estudos de Lyons, 1967; Freeze, 1992; Kayne, 1993; Belvin e den Dikken, 1997; Longa, Lorenzo e Rigau, 1998; Ouhalla, 2000; Torrego, 2002; Reintges e Lipták, 2006; Avelar, 2009c, 2009d, entre vários outros).

(25) Kamaiurá (Seki, 2000: 304)

je-r -a'yr-a	*w-**ereko***	*ywyrapar-a*
1sg filho	*3-**ser/estar+com***	*arco*

'Meu filho tem um arco'

Em linhas gerais, a referida hipótese sobre a natureza do verbo possessivo implica assumir que as construções possessivas e copulativas compartilham uma mesma base derivacional, sobre a qual um conjunto de operações sintáticas se aplica e define o "caráter" possessivo ou copular da expressão. Considerando o objetivo mais imediato do presente trabalho, que é explicitar fatos históricos do português brasileiro, esta seção e a seguinte irão se deter na análise proposta em Avelar (2009b, 2009c, 2009d) para captar propriedades das construções possessivas e existenciais nessa língua, explorando a hipótese do amálgama.

Recorrendo à noção de *inserção vocabular tardia* da Morfologia Distribuída (Halle e Marantz, 1993, 1994), Avelar (2009c) argumenta que *ter* deve ser obtido pela combinação dos traços subjacentes a *estar* e os da preposição *com.*[6] Tendo em vista o caráter tardio da inversão vocabular, os verbos *ter* e *estar*, bem como a preposição *com*, não devem apresentar matrizes fonológicas ao longo da computação sintática, por serem itens funcionais; no decurso da computação, esses itens são núcleos abstratos, e suas matrizes fonológicas são inseridas "tardiamente" (ou seja, pós-sintaticamente), no caminho para a Forma Fonológica. Sob essa perspectiva, construções possessivas com *ter* e *estar com* como aquela em (26a) a seguir apresentam em comum a estrutura em (26b): a categoria v_{cop} (a versão copular/estativa do núcleo funcional *light verb*) toma como complemento a projeção de P(reposição), que contém os traços abstratos da preposição *com*. Essa projeção traz o DP possuidor *aquele rapaz* na posição de especificador, e o DP possuído *muito dinheiro* na posição de complemento.

(26) a. *Aquele rapaz* ***tem/está com*** *muito dinheiro.*

b. [$_{vP}$ v_{cop} [$_{PP}$ [$_{DP}$ *aquele rapaz*] [$_{P'}$ P [$_{DP}$ *muito dinheiro*]]]]

A derivação deve prosseguir como nas configurações em (27) a seguir, com o DP interpretado como possuidor sendo movido para a posição de especificador de TP e resultando na possessiva com *ter* ou *estar com*, respectivamente como em (a) e (b). A diferença entre as duas configurações está no lócus em que os traços da preposição são realizados: na primeira, os traços da preposição se adjungem a v_{cop}, e o complexo resultante (v_{cop}+P) recebe, na inserção vocabular, a matriz fonológica correspondente a *ter*; na segunda, os traços da preposição não são adjungidos aos de v_{cop}, com os primeiros recebendo a matriz correspondente a *com*, e os segundos, correspondente a *estar*.

(27)

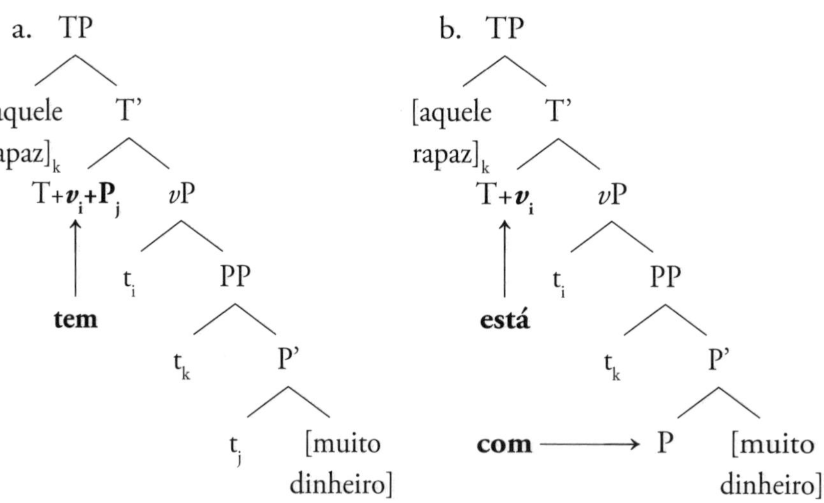

À luz dessa análise, o contraste relativo à oposição entre posse permansiva (com *ter*) e posse transitória ou recentemente adquirida (com *estar com*), que foi referido em "Sentenças possessivas", pode ser descrito como um efeito da possibilidade de combinação entre v_{cop} e P: a adjunção entre as duas categorias (que resulta na inserção vocabular de *ter*) deve ser tomada, na interface semântica, como uma "instrução" para que a expressão de posse seja interpretada como duradoura ou permanente, enquanto a não adjunção (resultando na realização de *estar com*) deve corresponder à "instrução" para uma leitura de posse transitória ou recentemente adquirida.

Uma das evidências apresentadas em Avelar (2009c) em favor da existência de uma projeção nucleada por traços da preposição *com* em sentenças possessivas com *ter* diz respeito a mecanismos de correferenciação no interior de tais sentenças. Consideremos as construções em (28) adiante, com o verbo *ter*, e em (29), com outros verbos. Embora sejam formadas pelos mesmos constituintes em posição de sujeito e no interior do predicado, os dois conjuntos de sentenças exibem um contraste claro: nas possessivas em (28), é necessário pressupor que o sintagma nominal em posição de sujeito seja interpretado como tendo alguma relação com um constituinte no interior do predicado: em (28a), por exemplo, *o Pedro* precisa ser interpretado como possuidor de carteira; em (28b), *a Ana* precisa ser a proprietária do carro ou a responsável pela oficina; em (28c), *aquele professor* precisa ter algum tipo de relação (por exemplo, ser seu orientador) com os *vários alunos estudando no exterior*. Em contraste, nenhuma dessas interpretações é necessária nas sentenças em (29): a boa formação dessas construções não requer a existência de qualquer tipo de relação prévia entre o constituinte na posição de sujeito e um termo no interior do predicado.

(28) a. *O Pedro **tinha** vários documentos da Maria na carteira.*
b. *A Ana **tem** um carro na oficina.*
c. *Aquele professor **teve** vários alunos estudando no exterior.*

(29) a. *O Pedro **viu** vários documentos da Maria na carteira.*
b. *A Maria **deixou** um carro na oficina.*
c. *Aquele professor **recebeu** vários alunos estudando no exterior.*

As representações em (30) a seguir mostram que, se forem inseridas junto aos constituintes relevantes no interior do predicado com *ter*, formas pronominais como *dele(a)* precisam ser correferentes ao sujeito, em paralelo com o observado nas sentenças em (28), em que nenhum pronome está presente. Essa mesma condição não é observada em (31), em que o pronome pode ser coindexado não apenas ao sujeito, mas também a qualquer outro referente pressuposto no discurso.

(30) a. [*o Pedro*]$_i$ ***tinha*** *vários documentos da Maria na carteira* [*dele*]$_{i/*j}$
b. [*a Ana*]$_i$ ***tem*** *um carro* [*dela*]$_{i/*j}$ *na oficina*
c. [*aquele professor*]$_i$ ***tem*** *vários alunos* [*dele*]$_{i/*j}$ *estudando no exterior*

(31) a. [*o Pedro*]$_i$ ***viu*** *vários documentos da Maria na carteira* [*dele*]$_{i/j}$
b. [*a Ana*]$_i$ ***deixou*** *um carro* [*dela*]$_{i/j}$ *no conserto*
c. [*aquele professor*]$_i$ ***atendeu*** *vários alunos* [*dele*]$_{i/j}$ *estudando no exterior*

Tendo em vista o paralelismo entre (28)-(29) e (30)-(31), o contraste no primeiro conjunto pode ser formalmente captado pela ideia de que, nas construções com *ter*, há uma categoria vazia *cv* (ou seja, fonologicamente nula) obrigatoriamente conectada a um constituinte interno ao predicado e correferente ao sujeito da oração, como nas representações esboçadas em (32) a seguir. Nas construções com os outros verbos, essa categoria nula pode ou não estar presente, sendo que sua coindexação ao sujeito da oração não é obrigatória, como representado em (33). Frente a esse contraste, a questão relevante é saber o que existe de especial nas construções possessivas que garante a correferência necessária entre o sujeito da oração e um elemento no interior do predicado.

(32) a. [*o Pedro*]$_i$ ***tinha*** *vários documentos da Maria n*[*a carteira cv*$_{i/*j}$]
b. [*a Ana*]$_i$ ***tem*** *um* [*carro cv*$_{i/*j}$] *no conserto*
c. [*aquele professor*]$_i$ ***teve*** [*vários alunos cv*$_{i/*j}$] *estudando no exterior*

(33) a. [*o Pedro*]$_i$ ***viu*** *vários documentos da Maria n*[*a carteira cv*$_{i/j}$]
b. [*a Ana*]$_i$ ***deixou*** *um* [*carro cv*$_{i/j}$] *no conserto*
c. [*aquele professor*]$_i$ ***atendeu*** [*vários alunos cv*$_{i/j}$] *estudando no exterior*

A esse respeito, é interessante observar que as construções com *estar com* mostram requerimentos de coindexação paralelos aos observados nas construções com *ter*, como nas construções em (34) a seguir. Esses requerimentos parecem resultar da presença do item *com*, como podemos constatar pela observação das sentenças em (35a), construídas com diferentes verbos que coocorrem com um adjunto introduzido por essa mesma preposição, produzindo a estrutura esboçada em (35b).

(34) a. [*o Pedro*]$_i$ ***estava com*** *vários documentos da Maria na carteira* [*cv/dele*]$_{i/*j}$

b. [*a Ana*]$_i$ ***está com*** *um carro* [*cv / dela*]$_{i/*j}$ *no conserto*

c. [*aquele professor*]$_i$ ***está com*** *vários alunos* [*cv / dele*]$_{i/*j}$ *estudando no exterior*

(35) a. *O Pedro* ***dormiu/viajou/veio/saiu*** ***com*** *vários documentos da Maria na carteira (dele).*

b. [*o Pedro*]$_i$ VERBO ***com*** *vários documentos da Maria na carteira* [*cv / dele*]$_{i/*j}$

Os dados em (34)-(35) sugerem fortemente que a preposição *com* é o item responsável por criar as condições para garantir a correferência obrigatória nessas construções. Nos casos das sentenças possessivas com *ter*, essa propriedade pode ser facilmente explicada se assumirmos que esse verbo traz os traços da referida preposição em sua constituição, tal como proposto pela hipótese ilustrada nas representações em (27).

Para reforçar essa hipótese, vale chamar a atenção para uma propriedade observada em Avelar (2009d): em certos domínios predicativos não verbais, em particular nos de interpretação locativa como em (36) a seguir, a preposição *com* funciona como a contraparte de um complementizador sentencial. Nesses casos, podemos explorar a ideia de que *com* tem um PP locativo como complemento, situação paralela à que C estabelece com TP. Observemos que o DP à esquerda da preposição *com* deve ser interpretado em alguma posição dentro do domínio locativo. Em (36a), por exemplo, o DP *aquele armário* deve corresponder ao elemento ao qual o sintagma com o advérbio *dentro* faz referência; em (36b), o DP *aquele rapaz*, interpretado como possuidor, corresponde ao modificador adnominal de *o carro*. Nesse sentido, podemos explorar a ideia de que a relação sintática entre o sintagma introduzido por *com* e o DP é similar à estabelecida entre o CP e o DP em Spec-C nas orações interrogativas e relativas como aquelas exemplificadas em (37), tendo em vista a necessidade de correferência entre o respectivo DP e um elemento (nulo ou fonologicamente realizado) no interior do CP.

(36) a. *aquele armário*$_i$ *com várias calças dentro (dele*$_{i/*j}$*)*

b. *o rapaz*$_i$ *com o carro (dele*$_{i/*j}$*) aí em frente de casa*

(37) a. *Qual professor*$_i$ *(que) você sempre vê (ele*$_{i/*j}$*) na praia?*

b. *Aquele professor*$_i$ *que você sempre vê (ele*$_{i/*j}$*) na praia é meu amigo.*

Frente a essas propriedades, podemos considerar que, na configuração interna das construções possessivas, os traços da preposição *com* são responsáveis por uma projeção sintática dentro da qual se estabelece uma relação *operador-variável* com a mesma natureza da que se observa no âmbito do CP entre o constituinte em Spec-C e um elemento interno ao CP na posição onde tal constituinte é interpretado. Assim, sentenças como aquela em (38) a seguir dispõem de uma configuração como a esboçada em (39): num determinado ponto da derivação, o DP *o Pedro* deve ser concatenado em Spec-P_{com}, controlando referencialmente a categoria vazia ou um pronome pleno que funciona, nesse caso, como um modificador adnominal de *carteira*.

(38) *O Pedro* ***tinha/estava com*** *documentos da Maria na carteira* (*dele*).

(39)

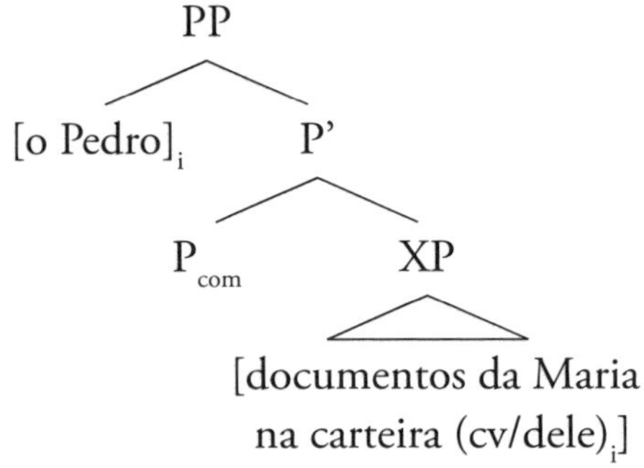

Como será destacado na próxima seção, a configuração interna das possessivas com *ter* está na base das propriedades demonstradas pelas sentenças existenciais construídas com esse mesmo verbo.

Configuração sintática das orações existenciais

À primeira vista, a variação entre *ter* e *haver* observada entre as orações existenciais do português brasileiro contemporâneo parece consistir na simples alternância entre um e outro item dentro de uma mesma construção sintática. Em outras palavras, a configuração das existenciais com *ter* seria a mesma que a das existenciais com *haver*, com a diferença entre uma e outra sendo restrita à seleção do verbo pelo usuário da língua. Um olhar mais atento nos revela, contudo, que a variação relevante não é exatamente entre dois itens vocabulares, mas entre duas estruturas com configurações sintáticas diferentes – uma que resulta na realização de uma sentença com *ter*, e outra, numa sentença com *haver*.[7]

Um aspecto que evidencia estarmos lidando com duas estruturas diferentes vem das sentenças existenciais que trazem a versão genérica do pronome *você* em posição de sujeito (cf. Duarte, 2007a), como nas construções previamente apresentadas em (20), parte delas reproduzida a seguir.

(40) *não sei definir a arquitetura da Tijuca, que aí confunde um pouco com o Rio Comprido. Rio Comprido de repente* <u>cê</u> **tinha**, Catumbi *e, aí* <u>você</u> **tinha** de repente uns sobrados, *umas casas mais antigas né. A Tijuca já tem bastante prédio, e assim a parte de altos, não sei, não consigo, diferenciar uma arquitetura, específica. Aliás, eu não vejo, com exceção da Barra, né, que* <u>você</u> **tem** aqueles, em geral, prédios baixinhos (Nurc-RJ 12/90)

Ao contrário do que se observa nas sentenças com *ter*, as existenciais com *haver* não admitem a inserção desse pronome em posição de sujeito, o que fica claro na agramaticalidade das construções apresentadas em (41). Esse contraste entre as existenciais com os dois verbos revela que, em oposição aos casos com *ter*, a estrutura das sentenças com *haver* não dispõe de uma posição para receber sujeitos fonologicamente realizados.

(41) a. * *<u>Você</u>* ***havia*** *uns sobrados, umas casas mais antigas.*
b. * *Em Kioto, <u>você</u>* ***há*** *aquela confusão na rua.*
d. * *<u>Você</u>* ***há*** *aqueles castelos de imperadores antigos.*

Esse contraste pode ser explicado, pelo menos em termos parciais, se considerarmos que, ao se tornar um verbo existencial, *ter* preservou as propriedades demonstradas em sua versão possessiva, daí a possibilidade de as construções existenciais com esse verbo admitirem elementos em posição de sujeito. À luz do que foi apresentado em "Configuração sintática das orações possessivas" a respeito das construções possessivas, essa hipótese implica considerar que, também nas existenciais, *ter* é o resultado da combinação de traços abstratos da preposição *com* e da cópula *estar*. Nesse sentido, é interessante observar que a locução *estar com* também pode ser empregada na formação de construções existenciais, como nos dados a seguir, extraídos de blogues publicados no Brasil e/ou escritos por brasileiros, o que conta como um ponto em favor da hipótese de que a versão existencial e a versão possessiva de *ter* são, do ponto de vista composicional, o mesmo item vocabular.

(42) a. *aqui na cidade* ***tá com*** *monte de mulher de cabelo laranja. Acho que as mulheres n entendem q ruivo só fica bonito se for natural*[8]
b. *acho que no viveiro não posso nem sonhar em colocar [os periquitos] porque lá* ***ta com*** *minhas calopsitas!*[9]
c. *no avião* ***tá com*** *novas telas que tem acesso a wi-fi*[10]
d. *lá em casa* ***tá com*** *internet agora, de vez em quando de noite eu entro*[11]
e. *eu só vim pegar um balde emprestado, porque lá em casa* ***tá com*** *goteira nova*[12]
f. *comecei a filmar com meu cel, mas dentro do carro* ***tava com*** *pouca luz, o vídeo não tava mto bom, entao fomos pra fora do carro*[13]
g. *lá na praia* ***tá com*** *Net e td, vou entrar por lá, mas n com tanta frequência*[14]
h. *meu pai foi fritar o bife e na panela* ***tava com*** *açúcar e ele pensava que era gordura*[15]
i. *Jantei no shopping,* ***tava com*** *música ao vivo*[16]
j. *aqui no Rio* ***tá com*** *uma chuvinha bem gostosa e o tempo tá bem fresquinho*[17]
k. *aqui no quintal* ***tá com*** *um enxame de abelhas*[18]

Também nas existenciais se observa o contraste entre "estado permansivo ou duradouro" e "estado transitório ou recentemente estabelecido" atestado nas expressões de posse com *ter* e *estar com*, respectivamente. A título de exemplo, consideremos a construção em (42j) acima, reproduzida em (43a) a seguir, junto da existencial com *ter* em (43b).

(43) a. *No Rio* ***tá com*** *uma chuvinha bem gostosa.*
b. *No Rio* ***tem*** *uma chuvinha bem gostosa.*

A diferença entre as existenciais com um e outro verbo é clara, no que tange ao caráter mais ou menos permansivo da situação expressa: no caso com *estar com*, a leitura preferencial é a de que a *chuvinha bem gostosa* é episódica, momentânea, algo que transcorre no momento em que a construção é enunciada; no caso com *ter*, ao contrário, a interpretação é a de que a *chuvinha bem gostosa* é algo recorrente no Rio, bastante comum na cidade, independentemente de estar ou não ocorrendo no momento em que a sentença é enunciada. O contraste fica ainda mais evidente quando comparamos as construções em (44): a existencial com *estar com* em (a) causa estranhamento porque produz a interpretação de que a presença de quatro estados na região Sudeste do Brasil é algo passageiro ou uma situação recente, o que sabemos não ser o caso, daí o emprego de *ter* ser o mais apropriado para indicar esse estado de coisas.

(44) a. # *Na região sudeste do Brasil **tá com** quatro estados.*
b. *Na região sudeste do Brasil **tem** quatro estados.*

Diante desse paralelismo entre as possessivas e existenciais com *ter* e *estar com*, podemos considerar a ideia de que a configuração sintática das existenciais com esses itens apresentam a mesma arquitetura subjacente, contendo uma projeção preposicional nucleada pelos traços abstratos de *com* em ambos os casos. Nesses termos, a representação da existencial em (45) a seguir deve ser como em (46): tanto em (a) quanto em (b), P_{com} toma como complemento uma *small clause* com um predicado locativo (ver Avelar, 2009d); a diferença entre as configurações reside no fato de que P_{com} se combina com *v* no primeiro caso, resultando na realização de *ter*, ao passo que permanece como um núcleo independente em (b), resultando na realização de *estar com*. Se essa análise estiver correta, a combinação de *v* e P_{com} funciona como uma instrução para atender à leitura na qual o estado de coisas expresso na construção é interpretado como *permansivo*.

(45) ***Tinha / Tava com** muitos turistas na praia.*

(46)

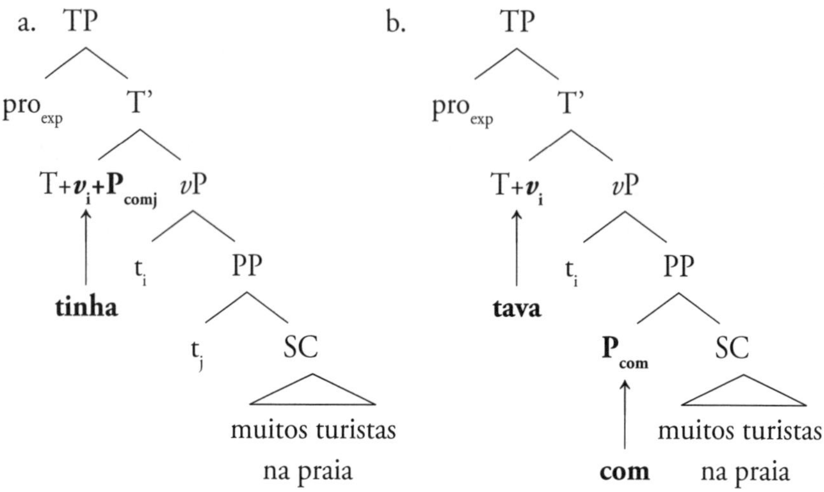

Retornando à questão do preenchimento da posição de sujeito das existenciais com *ter* pela versão genérica do pronome *você* (também possível nos casos com *estar com*), o lócus natural para a inserção desse item é na posição de especificador do PP nucleado pelos traços de *com* (Spec-P_{com}), como na representação em (48) adiante para a sentença em (47). Dessa posição, o pronome se move para Spec-T, onde é realizado. À luz dessa análise, a impossibilidade de esse pronome ocorrer nas existenciais com *haver*, conforme observado anteriormente em (41), deriva do fato de as construções com esse verbo não disporem de uma camada preposicional (ou de qualquer outra natureza) capaz de abrigar o pronome *você* em seu especificador: uma vez que não serve à expressão de posse no português contemporâneo, ao contrário de *ter* e *estar com*, o verbo *haver* não pode ser concebido como resultado do amálgama de uma preposição com um item copular, o que significa que as existenciais com esse verbo não dispõem, em sua arquitetura, de uma posição (no caso, Spec-P_{com}) para acolher o pronome.

(47) ***Você tinha*** *muitos turistas na praia na semana passada.*

(48)

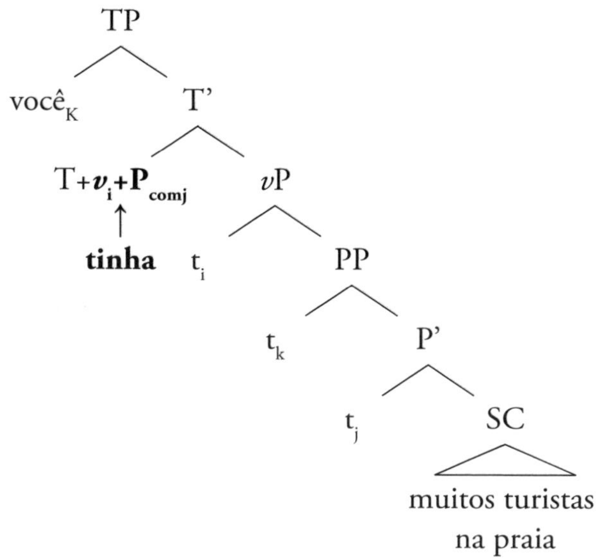

Frente a esse conjunto de hipóteses, há uma questão que merece ser abordada a respeito tanto da arquitetura das existenciais com *haver*, *ter* e *estar com* quanto do estatuto do pronome *você*: por que essa forma pronominal não pode ser conectada diretamente em Spec-T (em vez de em Spec-P_{com}), o que o licenciaria nas construções existenciais com *haver*? Uma resposta apropriada a essa questão passa por considerar os debates que têm sido feitos em torno de propriedades da forma *você*.

À primeira vista, construções como aquelas destacadas em (40) nos levariam a considerar as ocorrências de *você* na posição de sujeito das existenciais como instâncias de um pronome expletivo, da mesma forma que o *it* no inglês e o *il* no francês. Isso implicaria assumir que esse pronome apresenta, *grosso modo*, uma versão na qual é destituído de conteúdo semântico e, como tal, poderia ser inserido numa posição atemática. Essa propriedade explicaria, entre outras coisas, o fato de a sua inserção nas construções relevantes com *ter* não alterar o estatuto da oração como existencial.

Contudo, há razões para acreditar que, embora a inserção do pronome não altere o caráter existencial da construção, sua ocorrência está atrelada a pressupostos de ordem discursiva, que envolvem, em alguma medida, a relação entre o enunciador e o conteúdo da sentença. Em Avelar (2009a), são apresentados argumentos que justificam essa observação e, por isso, impediriam tratar as ocorrências de *você* nas existenciais como instâncias de um item expletivo, pelo menos no sentido que a noção de "expletividade" tem assumido no arcabouço da sintaxe gerativa. Um dos argumentos apresentados é o fato de o pronome poder ser correferente a sujeitos nulos alocados no interior de orações coordenadas, como em (49) e (50) a seguir. Comparando os casos em (a) e (b) de cada conjunto, vemos que apenas aqueles em (a) são gramaticais, e que esse contraste de gramaticalidade está relacionado com o fato de *você* estar ou não presente na posição de sujeito da construção com *ter*, coindexado com o sujeito/argumento externo da segunda oração coordenada. Na ausência do pronome tal como em (b), é impossível estabelecer o paralelismo correferencial necessário à boa formação da estrutura coordenada, já que verbos como *conseguir* e *visitar*, em (49), e *recorrer*, em (50), requerem um argumento externo que admitam uma interpretação semântica/temática. Observemos, nesse sentido, que as construções em (b) poderiam ser "salvas" da agramaticalidade se a segunda oração da estrutura coordenada recebesse o pronome *você* em posição de sujeito, como em (c). Esses fatos revelam que, pelo menos nas existenciais com *ter*, ainda não é possível tratar o pronome *você* como um expletivo, do contrário sua ocorrência não interferiria no estatuto de agramaticalidade das referidas construções.[19]

(49) a. ***Você**$_i$ **tem** muitas praias bonitas em Pernambuco e cv$_i$ consegue visitar quase todas em uma única semana.*
b. ** **Tem** muitas praias bonitas em Pernambuco e cv consegue visitar quase todas em uma única semana.*
c. ***Tem** muitas praias bonitas em Pernambuco e **você** consegue visitar quase todas em uma única semana.*

(50) a. ***Você**$_i$ **tinha** poucos computadores na década de 60 e por isso cv$_i$ recorria a formas mais rudimentares de armazenar dados.*
b. ** **Tinha** poucos computadores na década de 60 e por isso cv recorria a formas mais rudimentares de armazenar dados.*
c. ***Tinha** poucos computadores na década de 60 e por isso **você** recorria a formas mais rudimentares de armazenar dados.*

Uma última questão diz respeito à caracterização da posição de Spec-P$_{com}$ quanto às suas propriedades temáticas, o que vale tanto para as construções possessivas quanto para as existenciais com *ter* e *estar com*. Recorrendo a um dispositivo de análise amplamente explorado no arcabouço gerativista sobre o licenciamento temático de sintagmas nominais, devemos indagar se P_{com} é dotada de uma grade argumental que prevê a ocorrência de um argumento externo. A rigor, devemos considerar que, para produzir uma construção possessiva, a projeção de P_{com} precisa ter um elemento concatenado como seu especificador (o argumento externo, que chamamos de "possuidor"). Esse mesmo elemento, contudo, é dispensado na geração de construções existenciais. Isso nos leva a considerar que P_{com} não é propriamente um atribuidor de papel temático. Para tentarmos delinear um pouco melhor o papel desse item em termos sintático-semânticos, retornemos ao que foi apresentado na seção anterior, com a ideia de que os traços da preposição *com* são responsáveis por uma projeção sintática dentro da qual se estabelece uma relação *operador-variável* similar à que se observa no âmbito do CP entre um constituinte em Spec-C e o elemento interno ao CP na posição onde aquele constituinte é interpretado. Esse paralelismo entre C e P_{com} é facilmente observado nas construções previamente apresentadas em (36)-(37), reproduzidas em (51) e (52) a seguir.

(51) a. [***Aquele armário**$_i$ **com várias calças dentro (dele**$_{i/*j}$**)***] *está com cupim.*
b. [***O rapaz**$_i$ **com o carro (dele**$_{i/*j}$**) aí em frente de casa***] *é um velho conhecido meu.*

(52) a. *Qual professor*$_i$ *(que) você sempre vê (ele*$_{i/*j}$*) na praia?*
b. *Aquele professor*$_i$ *que você sempre vê (ele*$_{i/*j}$*) na praia é meu amigo.*

Isso nos leva a considerar que o papel de Spec-P_{com} na constituição das sentenças possessivas e existenciais é o mesmo que o de Spec-C (ou da posição de especificador de outras projeções A-barra na periferia esquerda da oração, como Spec-Top, Spec-Foc e afins): não se trata de uma posição temática onde um papel semântico é atribuído, mas de um lócus especializado em receber elementos com proeminência informacional pertencentes à estrutura predicativa do constituinte que é tomado como complemento de P_{com}. Essa condição é ilustrada na representação esboçada em (53) a seguir: o elemento em Spec-P_{com} deve estar ligado (coindexado) a uma categoria nula ou fonologicamente realizada no interior da projeção indicada como XP, que é tomada como complemento de P_{com}. Se Spec-P_{com} não for projetado (ou se for projetado para receber categorias de referência genérica como o pronome *você*), o resultado é a realização das orações que chamamos de *existenciais*. Se Spec-P_{com} for projetado para receber um elemento coindexado com algum constituinte interno a XP, temos uma oração dita *possessiva*. Dentro dessa análise, a representação para a existencial em (54a) e a possessiva em (54b) deve partir das estruturas em (53): a diferença entre uma e outra está na projeção de Spec-P_{com} na configuração em (b), ocupada por um elemento (*o ônibus*) que têm uma clara intepretação no interior de predicado locativo interno ao XP.

(53) a.

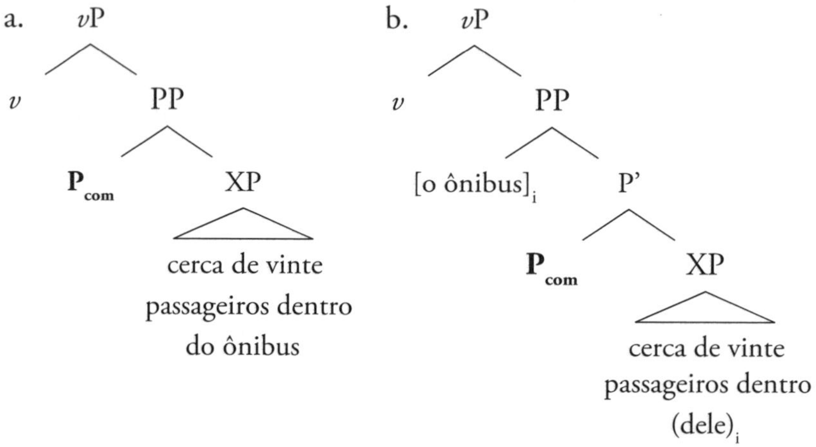

(54) a. ***Tinha/Tava com*** *cerca de vinte passageiros dentro do ônibus quando eu entrei.*

b. *O ônibus*$_i$ ***tinha/tava com*** *cerca de vinte passageiros dentro (dele*$_i$*) quando eu entrei.*

Toda esta análise suscita uma questão de ordem formal-diacrônica, relativa aos contrastes entre o português brasileiro e o português europeu no que tange ao licenciamento das construções existenciais com *ter*. Dessa perspectiva, a pergunta relevante que irá nortear a seção "Panorama diacrônico-formal sobre as orações possessivas e existenciais" é a seguinte: o que levou as construções impessoais com *ter* a serem usuais no português brasileiro, mas não no português europeu?

O estatuto categorial das expressões de tempo decorrido

Assim como no âmbito das construções existenciais, a variação entre *haver*, por um lado, e *ter* e *estar com*, por outro, nas expressões de tempo decorrido (ETDs) de base possessivo-existencial não se reduzem à alternância entre itens lexicais no interior de uma mesma estrutura. Antes, como mostrado em Avelar (2011), estamos diante da variação entre estruturas com configurações sintáticas distintas. A rigor, as propriedades que serão listadas adiante sugerem que as ETDs com *haver* não são oracionais, com o verbo tendo sido reanalisado como um item preposicional, especializado na expressão de tempo decorrido.

Antes de proceder à apresentação dessas propriedades, cabe chamar a atenção para dois fatos relevantes no tocante às ETDs com *estar com*. Um deles é que, por não serem usuais na variedade do autor deste capítulo (o português falado em parte da região metropolitana do Rio de Janeiro), não será possível apresentar conclusões baseadas em qualquer tipo de avaliação introspectiva sobre propriedades das ETDs com essa locução. Por essa razão, a análise ficará aqui circunscrita às ETDs com *haver* e *ter*, fazendo-se referências às expressões com *estar com* somente quando for possível destacar propriedades cuja instanciação possa ser confirmada.

O outro fato relevante é que, ao contrário do que observamos entre as possessivas e existenciais, o contraste *permansivo vs. transitório* não parece valer para a alternância entre *ter* e *estar com* nas ETDs. Até aqui, não foi possível detectar qualquer diferença dessa ordem entre construções do tipo ***Tem*** *uns dois anos que eu não viajo* e ***Tá com*** *uns dois anos que eu não viajo*.

Retornando ao que foi apresentado na seção "O estatuto categorial das expressões de tempo decorrido", com base nas frequências de uso de *ter*, *haver* e *estar com* atestadas por Avelar (2011, 2012) e Olivato (2012), vimos que os dois estados (Alagoas e Ceará) nos quais foram detectadas ETDs com *estar com* mostram um percentual ínfimo (4% no Ceará) ou nulo (0% em Alagoas) para a frequência das ETDs com *ter*; no Rio de Janeiro, ao contrário, nenhum caso com *estar com* foi detectado, mas o percentual de *ter* entre as ETDs chega a 25%. É necessário, em estudos futuros, incluir nessa análise amostras de fala representativas de outras localidades, no intuito de estabelecer um panorama que seja mais elucidativo tanto no que diz respeito à sobreposição dos três tipos de ETDs quanto às propriedades sintático-semânticas demonstradas por eles.

Dado o caráter ainda incipiente dos estudos formais sobre ETDs no português brasileiro, o presente capítulo irá se abster de propor qualquer estrutura relativa à configuração interna dessas expressões para captar contrastes entre os casos com cada tipo de verbo. Especificamente no que diz respeito aos casos com *ter* e *haver*, a análise se restringirá a algumas propriedades que permitem distinguir, no plano sintático, as ETDs com cada item. Será mostrado que as propriedades em questão são indicativas de que não estamos diante de uma simples alternância entre *ter* e *haver*, mas da superposição de dois padrões estruturais distintos. Uma vez que os dados levantados nos *corpora* que serviram de base para os resultados apresentados em "Expressões de tempo decorrido" mostraram categoricamente os verbos na forma do presente do indicativo, a abordagem ficará circunscrita a ETDs nesse tempo-modo verbal.

CLIVAGEM

Um dos contrastes de (a)gramaticalidade que mais chamam a atenção entre os casos com *ter* e *haver* diz respeito ao fato de que, quando a forma verbal da expressão se encontra flexionada no presente do indicativo, a ETD-*haver* pode ser clivada, mas não a ETD-*ter*. As construções a seguir ilustram esse contraste.[20]

(55) a. *Foi **há mais de duas horas** que eu vi a Maria no banco.*
b. * *Foi **tem mais de duas horas** que eu vi a Maria no banco.*

Quando a ETD ocorre no final da sentença, os casos com *haver* no presente do indicativo, ao contrário dos casos com *ter*, admitem um padrão de (pseudo)clivagem sem o conectivo *que*, como nos exemplos a seguir.

(56) a. *Eu vi a Maria no banco foi **há mais de duas horas**.*
b. * *Eu vi a Maria no banco foi **tem mais de duas horas.***

O COMPLEMENTIZADOR QUE

Nas construções em que a ETD aparece no início da sentença, a ausência do complementizador *que* imediatamente após a expressão causa estranhamento nos casos com *ter*, mas não nos casos com *haver*, como exemplificado em (57)-(58) a seguir.

(57) a. ***Há duas horas** (que) eu vi a Maria no banco.*
b. ***Tem duas horas** *(que) eu vi a Maria no banco.*

(58) a. ***Há mais de um mês*** *(que) eu não vejo novela.*
b. ***Tem mais de um mês*** **(que) eu não vejo novela.*

Esse contraste de agramaticalidade se reflete entre as ETDs analisadas por Avelar (2011) em amostras da fala carioca. Entre as ETDs-*haver* realizadas em posição inicial, exemplificadas em (59), o complementizador não aparece em todos os casos. Já entre as ETDs-*ter*, exemplificadas em (60), a ocorrência do complementizador é categórica quando a expressão aparece em posição inicial.

(59) a. ***há muitos anos*** *que eu não participo* (Nurc-RJ 52/90)
b. ***há dez anos*** *que nós vamos pra Iriri* (Peul-Censo 27/90)
c. ***há muito tempo*** *[o vulcão] tava extinto* (Peul-Censo 29/90)
d. ***há uns três anos atrás*** *nosso barraco ia caindo* (Peul-Censo 10/80)

(60) a. *já* ***tem quarenta e sete anos*** *que eu moro aqui* (Peul-Censo 15/90)
b. ***tem muito tempo*** *que eu não passo lá* (Peul-Censo 27/90)
c. ***tem uns dois anos*** *que a minha mãe não trabalha* (Nurc-RJ 03/90)
d. ***tem dois anos seguidos*** *que eu prefiro ir pra Petrópolis* (Peul-Censo 22/90)

O ADVÉRBIO ATRÁS

O advérbio *atrás*, que causa estranhamento quando em sequência às ETDs-*ter*, é bastante frequente em posposição imediata às ETDs-*haver*, como nos casos em (61)-(63) abaixo. Nas amostras da fala carioca analisada em Avelar (2011), foi encontrada uma única ocorrência de *atrás* junto à ETD-*ter*, apresentada em (64).

(61) a. *...eu não tinha dinheiro, isso* ***há cinco anos*** *atrás...* (Peul-Censo 26/80)
b. ?? *isso* ***tem cinco anos*** *atrás*

(62) a. ***há uns três anos*** *atrás nosso barraco ia caindo* (Peul-Censo 10/80)
b. ?? ***tem uns três anos*** *atrás nosso barraco ia caindo*

(63) a. *quando o movimento começou,* ***há doze anos*** *atrás...* (Peul-Censo 48/80)
b. ?? *quando o movimento começou,* ***tem doze anos*** *atrás*

(64) *Ele não foi nem eleito não. Isso já* ***tem tempo*** *atrás* (Peul-Censo 26/80)

ADJUNÇÃO ADNOMINAL

Outra propriedade relevante envolve a possibilidade de as ETDs-*haver* ocorrerem no interior de sintagmas nominais, funcionando como um termo que, da perspectiva tradicional, pode ser analisado como adjunto adnominal. As construções em (65) a seguir exemplificam essa propriedade. Que se trata de um termo alocado no interior do sintagma nominal é confirmado pelas construções em (66), com o nome sendo clivado juntamente com a ETD, o que permite caracterizar a expressão como um constituinte do sintagma.

(65) a. *Aquela prova* ***há duas semanas atrás*** *desagradou os alunos.*
b. *A conclusão da reunião* ***há pouco mais de duas horas*** *no auditório da empresa mostrou a divergência entre chefes e funcionários.*
c. *A realização desse simpósio* ***há apenas um ano*** *nos impede de solicitar recursos para outro evento.*

(66) a. Foi *aquela prova* ***há duas semanas atrás*** *que desagradou os alunos.*
b. Foi *a conclusão da reunião* ***há pouco mais de duas horas*** *no auditório da empresa que mostrou a divergência entre chefes e funcionários.*
c. É *a realização desse simpósio* ***há apenas um ano*** *que nos impede de solicitar recursos para outro evento.*

Em contraste, as ETDs-*ter* não podem funcionar como adjuntos adnominais, o que se confirma pela agramaticalidade das construções a seguir.

(67) a. * *Aquela prova* ***tem duas semanas atrás*** *desagradou os alunos.*
b. * *A conclusão da reunião* ***tem pouco mais de duas horas*** *no auditório da empresa mostrou a divergência entre chefes e funcionários.*
c. * *A realização desse simpósio* ***tem apenas um ano*** *nos impede de solicitar recursos para outro evento.*

ETDs INTERROGATIVAS

Os dois tipos de ETDs também contrastam quanto ao comportamento de expressões interrogativas, como nos exemplos em (68)-(69) a seguir: tanto as ETDs-*ter* quanto as ETDs-*haver* admitem um termo interrogativo, como nas sentenças em (a), mas apenas os casos com *ter* licenciam o deslocamento desse termo para a posição pré-verbal, como em (b).

(68) a. ***Tem/Há quantos anos*** *que você não viaja?*
b. ***Quantos anos tem/*há*** *que você não viaja?*
(69) a. ***Tem/Há quanto tempo*** *que aquela criança não toma banho?*
b. ***Quanto tempo tem/*há*** *que aquela criança não toma banho?*

ETDs COM PREENCHIMENTO DA POSIÇÃO DE SUJEITO

Entre as ETDs da fala carioca analisadas em Avelar (2011), foram identificadas algumas expressões com *ter* em que um elemento pronominal (explícito ou fonologicamente nulo) é licenciado em posição de sujeito e desencadeia concordância com a flexão verbal, como nos exemplos em (a) de (70)-(72) a seguir. Não há, pelo menos aparentemente, qualquer alteração de sentido em comparação com os casos em que a ETD não apresenta elementos em posição de sujeito, como podemos observar pelas paráfrases em (b).

(70) a. ***nós temos praticamente seis anos*** *que nós temos isso aqui* (Peul-Censo 10/80)
b. ***Tem praticamente seis anos*** *que nós temos isso aqui.*
(71) a. ***eu tenho uns três anos... dois anos*** *que eu viajo para o Espírito Santo* (Peul-Censo 23/90)
b. ***Tem uns três anos, dois anos*** *que eu viajo para o Espírito Santo.*
(72) a. ***tenho vinte e dois anos*** *que eu frequento [a religião]* (Peul-Censo 35/90)
b. ***Tem vinte e dois anos*** *que eu frequento a religião.*

A possibilidade de preencher a posição de sujeito é também observada entre as ETDs construídas com *estar com* (ver Avelar, 2012), conforme os dados a seguir.

(73) a. *...**tô com oito dia** que tô estudano...* (Moquém F12)
b. ***eu tô com sete ano*** *que aleijei* (Moquém F4)
c. ***tô com sessenta pa setenta ano*** *que eu tô aqui* (Moquém F4)

Casos desse tipo, que são abordados em Duarte (2007a), contrastam radicalmente com o comportamento das ETDs-*haver*, que não admitem constituintes em posição de sujeito. Esse contraste reproduz a distinção observada em "Configuração sintática das orações existenciais" entre as sentenças existenciais com *ter* e *haver*, a respeito da possibilidade de licenciar uma forma pronominal com referência genérica em posição de sujeito.

PANORAMA CONTRASTATIVO ENTRE ETDs-*TER* E ETDs-*HAVER*

O conjunto dos contrastes entre a ETD-*ter* e a ETD-*haver*, reunidos em (74) a seguir, indica que a expressão licenciadora de *ter* não é, em termos estruturais, idêntica à licenciadora de *haver*, pelo menos no que tange aos casos em que esses dois itens ocorrem na forma do presente indicativo.

(74)

		ETD-***ter***	ETD-***haver***
a.	Posposição do advérbio *atrás*	?	ok
b.	Modificação adnominal	*	ok
c.	Preenchimento de sujeito	ok	*
d.	Deslocamento de termos interrogativos	ok	*
e.	Clivagem	*	ok
f.	Dispensa de *que* quando em posição inicial	*	ok

Esse conjunto de contrastes sugere que, ao contrário do caráter oracional das ETDs-*ter*, as ETDs-*haver* apresentam um caráter nominal, pelo menos aquelas em que *haver* ocorre na forma do presente do indicativo. Em outras palavras, a forma *há* nas ETDs não deve ser tratada como um verbo, mas como um item que compõe um sintagma nominal, equivalendo a uma categoria prepositiva especializada na expressão de tempo decorrido. Conforme destacado por Paiva (2010), essa ideia já aparece delineada em gramáticas tradicionais, que chegam a classificar explicitamente a forma *há* nas expressões relevantes como uma preposição. As ETDs-*haver* podem, dessa perspectiva, ser equiparadas a sintagmas nominais preposicionados, com *há* tendo sofrido um processo de gramaticalização por meio do qual perde o estatuto verbal e passa a ser um constituinte do sintagma nominal. Essa ideia converge para a proposta funcional de Paiva, para quem "*a expressão composta por **haver** não se caracterizaria como uma oração*" (Paiva, 2010: 147).

Quanto ao contraste em (74a), vale observar que o advérbio *atrás* é largamente empregado em sintagmas nominais não preposicionados que servem à expressão de tempo decorrente, como nos exemplos a seguir.

(75) a. ***Semanas atrás****, ficamos sabendo que a Maria viajou.*
b. ***Duas horas atrás****, os meninos chegaram da viagem.*
c. ***Dez anos atrás****, eu ainda morava no Rio de Janeiro.*

Similarmente, itens adverbiais como *atrás*, *antes*, *adentro*, *acima*, *abaixo* etc., são largamente empregados no interior de sintagmas nominais com interpretação locativa temporal ou espacial, como nos constituintes em negrito dos exemplos seguintes.

(76) a. ***Dias antes*** *o suspeito tinha sido visto nas proximidades do bairro.*
b. *Os policiais entraram* ***casa adentro*** *para tentar prender os bandidos.*
c. *Os meninos correram* ***morro acima*** *sem mostrar qualquer sinal de cansaço.*
d. *Desci* ***rua abaixo*** *procurando pelas crianças.*

Esses fatos sugerem que a inserção de *haver* nas ETDs com *atrás*, como se pode observar em (77) a seguir, não altera o estatuto nominal das expressões. A inserção de *ter* nessas mesmas ETDs, ao contrário, resulta em agramaticalidade (ou, pelo menos, causa estranhamento) porque a ETD-*ter* apresenta um estatuto oracional, que não é compatível com o emprego do advérbio nas mesmas condições.

(77) a. ***(Há/*Tem) semanas atrás****, ficamos sabendo que a Maria viajou.*
b. ***(Há/*Tem) duas horas atrás****, os meninos chegaram da viagem.*
c. ***(Há/*Tem) dez anos atrás****, eu ainda morava no Rio.*

Quanto ao contraste referido em (74b), a possibilidade de a ETD-*haver* funcionar como um modificador adnominal, em oposição à ETD-*ter*, também é um ponto em favor da ideia de que a primeira apresenta um caráter nominal: em português, não há qualquer restrição para que sintagmas nominais funcionem como adjuntos adnominais, desde que introduzidos por um item conectivo. Se a forma de *haver* no presente indicativo em ETDs é preposicional (ou seja, de natureza conectiva), enquanto a de *ter* é verbal, o contraste pode ser facilmente explicado, uma vez que, ao contrário dos sintagmas nominais preposicionados, orações finitas não podem funcionar como modificadores adnominais, a não ser na situação em que são introduzidas, quando possível, por um pronome relativo.

Sobre a possibilidade de preenchimento da posição de sujeito, referida em (74c), o contraste entre a ETD-*ter* e a ETD-*haver* não é nenhuma surpresa frente à oposição entre o caráter oracional da primeira e o caráter nominal da segunda: as orações, mas não os sintagmas nominais, dispõem de uma posição para o licenciamento de sujeitos, o que explica a possibilidade de as ETDs-*ter* trazerem um elemento que desencadeia concordância com o verbo, mas não as ETDs-*haver*.

A possibilidade de anteposição de termos interrogativos no interior da ETD, referida em (74d), também pode ser explicada frente à mesma distinção: orações dispõem de um lócus natural para receber elementos interrogativos (em termos gerativistas, a posição de Spec-C ou o seu entorno na periferia esquerda da oração), mas não os constituintes nominais. Daí a boa formação das ETDs-*ter* que apresentam um termo interrogativo anteposto (*quanto tempo tem*), em contraste com o estranhamento provocado pelas ETDs-*haver* (**quanto tempo há*) no que diz respeito a esse aspecto.

Quanto às propriedades listadas em (74e) e (74f), não é claro como os contrastes envolvendo as possibilidades de clivagem e de dispensa do complementizador *que* em sequência às ETDs que ocorrem em posição inicial se relacionam com a oposição entre o caráter oracional e o caráter nominal dos casos com *ter* e *haver*, respectivamente. Tanto orações quanto sintagmas nominais são passíveis de clivagem, o que nos levaria a esperar que, no tocante a essa propriedade, houvesse uma convergência entre os comportamentos demonstrados por cada tipo de ETD, o que não acontece. Ao mesmo tempo, não foi possível determinar até agora qual é a relação entre o caráter oracional da ETD-*ter* e a obrigatoriedade do *que* nos casos em que essa ETD ocorre no início da sentença. De qualquer forma, o contraste entre os dois tipos de ETD no que diz respeito a essas duas propriedades reforça a hipótese de estarmos diante de padrões sintáticos diferenciados, e não de uma simples alternância entre dois itens no interior de um mesmo padrão estrutural.

PANORAMA DIACRÔNICO-FORMAL SOBRE AS ORAÇÕES POSSESSIVAS E EXISTENCIAIS

Para o estudo diacrônico das orações possessivas e existenciais nos séculos XIX e XX, foram levantadas 1.150 construções – 754 possessivas, 320 existenciais e 81 ETDs – em anúncios e cartas de leitor publicados em periódicos incluídos no *corpus* mínimo do PHPB, provenientes de cinco estados: Bahia, Ceará, Pernambuco, Rio de Janeiro e São Paulo.[21] Apesar de materiais provenientes de outros estados também comporem o *corpus* mínimo, o recorte ficou circunscrito às amostras referidas pelo fato de serem as únicas a apresentar os dados relevantes em quantidade significativa nas duas metades do século XIX. Esse será o período sobre o qual a análise irá se concentrar, por razões de ordem empírico-metodológica que ficarão claras nas próximas seções.

Embora a existência de uma quantidade significativa de dados tenha sido relevante para definir a escolha dos estados, a análise aqui apresentada não é de cunho quantitativo, mas sim qualitativo. A necessidade de ter dados em quantidade significativa foi utilizada como critério apenas para garantir, por um lado, que as generalizações em torno das construções investigadas pudessem ser minimamente confiáveis para os períodos considerados e, por outro, que possíveis contrastes regionais pudessem ser claramente identificados.

A apresentação de padrões de frequência ficará, nesse sentido, restrita ao panorama das orações existenciais, para o qual se faz necessário abordar a variação entre *ter* e *haver* nos documentos analisados. Esses padrões terão, ainda assim, um caráter mais ilustrativo, no intuito de auxiliar o estabelecimento de hipóteses sobre como se deu o avanço de um verbo sobre o outro no domínio das orações existenciais.

Sentenças possessivas no português brasileiro oitocentista

Especificamente no que concerne às orações possessivas, o panorama observado entre os dados do século XIX não mostra diferenças substanciais em relação ao atestado no português brasileiro contemporâneo: o verbo canônico dessas orações é *ter*, situação que segue consolidada na língua portuguesa desde o século XV (ver Mattos e Silva, 1989, 1995, 1997b, 2002) e vem sendo preservada, até onde se saiba, em todas as variedades do português brasileiro. Os dados a seguir exemplificam a construção possessiva com *ter* nas amostras analisadas.

(78) a. [19,2 CL SP] *não* ***tenho*** *aquelas expressões agradaveis para exprimir os meus sentimentos*
b. [19,1 A PE] *Preciza-se para arrendar hum Sitio ... que* ***tenha*** *rio; e que* ***tenha*** *arvoredos: quem o* ***tiver*** *annuncie por esta folha para ser procurado*
c. [19,2 CL BA] *as capatazias dessa repartição* ***tem*** *grande deficiência de braços ... a causa dessa falta de braços* ***tem*** *origem no pequeno salario que ali ganham*
d. [19,2 A CE] *estes cobertores* ***teem*** *a propriedade de preservar do cholera*
e. [19,2 A RJ] *A irmã de Madame Valle* ***tem*** *sempre chapéos modernos e elegantes*

Quanto à ocorrência de *estar com*, foram identificados na amostra apenas dois casos de uso possessivo dessa locução, reproduzidos em (79)-(80) a seguir, ambos no século XIX. O caso em (80) foi encontrado, vale ressaltar, em uma carta de leitor escrita por um português naturalizado brasileiro, segundo informação fornecida pelo próprio em seu texto.

(79) [19,2 CL SP] *Outro membro da comissão ... talvez* ***estivesse com*** *a idéa preocupada em estudar algum sermão*
(80) [19,2 CL SP] *...rogando ao mesmo tempo a Sua Senhoria, q' quando* ***estiver com*** *a vara de juiz municipal, não sedeixe insuflar por algum bajulador*

À primeira vista, a baixíssima frequência de sentenças possessivas com *estar com* no material analisado poderia ser tomada como um indício de que se trata de uma inovação bastante recente na evolução da língua portuguesa, de modo que a escrita do século XIX ainda não teria tido tempo de ser significativamente afetada pela sua emergência. O emprego possessivo dessa locução é, contudo, registrado em estágios bem anteriores ao século XIX, como nos exemplos em (81), o que invalida a ideia de se tratar de uma inovação ao período novecentista.[22]

(81) a. ...*Antonio de Faria* ***estava com*** *os olhos longos esperãdo por nós*... (*Corpus* Tycho Brahe: *Perigrinação*, Fernão Mendes Pinto, séc. XVI)

b. ...*não tenho mais que dizer senão que* ***estamos com*** *saúde*... (*Corpus* Tycho Brahe: *A vida de Frei Bertolameu dos Mártires*, Luis de Sousa, séc. XVI)

c. ...*que se faz* ***estando com*** *os joelhos em terra*... (*Corpus* Tycho Brahe: *Regras da Língua Portuguesa*, Jerónimo Contador de Argote, séc. XVII)

d. ***Estamos com*** *grande expectação das cousas de Espanha* (*Corpus* Tycho Brahe: *Cartas*, José da Cunha Brochado, séc. XVII)

A seguir, serão listados alguns aspectos identificados entre as orações possessivas no material analisado, no intuito de pontuar algumas propriedades que, em estudos futuros, poderão ser retomadas para estabelecer um quadro formal mais preciso em torno dessas construções na diacronia do português brasileiro. As observações serão concentradas sobre dados do século XIX, tendo em vista que, na maior parte do XX (pelo menos, no material que serviu de basc para o levantamento), os aspectos a serem abordados não mostram diferenças significativas em comparação com o que temos nos dias atuais.

NOMES SEM DETERMINANTE EM POSIÇÃO DE COMPLEMENTO

Na amostra do século XIX, são bastante recorrentes os casos em que *ter* toma como complemento um nome sem determinante (*bare noun*), sobre o qual parece recair a força predicativa da oração, como nos exemplos a seguir. Expressões como *ter falta* (82a), *ter ordem* (82b), *ter vício* (82c), *ter honra* (82d), *ter negócio* (82e) e *ter tempo* (82f) evidenciam o caráter semanticamente leve desse verbo, propriedade que tem merecido a atenção em estudos sobre *ter* no português brasileiro contemporâneo e justificado, sob diferentes perspectivas teóricas, a inclusão desse item na lista dos chamados *verbos-suporte* da língua (Viotti, 1999; Callou e Avelar, 2000).

(82) a. [19,1 A BA] *[o escravo José]* ***tem falta*** *de dous dentes na frente do queixo superior*

b. [19,1 A BA] *Rodrigues e Freitas* ... ***tem ordem*** *para o venderem por 54 e 64 mil reis*

c. [19,1 A BA] *hum escravo pardo, de nome Antonio ...* ***tem vicio*** *de jogar cartas*
d. [19,1 CL PE] *o Sr. Gustavo teria ... distribuído o processo a outro que* ***tivesse honra***
e. [19,2 A CE] *As pessoas que* ***tiveram negocio*** *sobre dizimo de gados do Aracaty-assú devem se dirigir a este novo estabelecimento*
f. [19,1 CL SP] *...importava ao público o saber se Sua Excelência tinha ou não* ***tido tempo*** *para se despidir dos seus amigos*
g. [19,2 CL BA] *O seu trabalho ...* ***tem desvantagem*** *de chegar um pouquinho tarde*

O fato de construções desse tipo serem bastante frequentes no português europeu à mesma época, tal como nas sentenças extraídas de anúncios em jornais lisboetas apresentadas a seguir, confirmam não se tratar de uma inovação atrelada a qualquer processo de "desbotamento" semântico sofrido por *ter* no português brasileiro. A esse respeito, a única inovação gramaticalmente significativa e genuinamente brasileira entre construções com *ter* parece estar no uso desse item como o verbo existencial canônico, fato a ser tratado na próxima seção. Ao contrário do que poderíamos supor, portanto, não é possível estabelecer uma relação necessária entre o caráter semanticamente leve de *ter* nas construções em (82) e a sua alta frequência como verbo existencial.

(83) PORTUGUÊS EUROPEU – SÉCULO XIX

a. *...visto que aos requerimentos, tanto a S. M. como as côrtes não tem* ***tido*** *deferimento* (*A Lei*/Lisboa, 08/06/1852)
b. *...quem* ***tenha*** *direito a oppôr-se, o poderá deduzir no referido praso* (*A Revolução de Septembro*/Lisboa, 19/10/1841)
c. *...precisa-se de um hortelão ... que* ***tenha*** *prática de tratamento de gado vacum* (*Diário de Notícias*/Lisboa, 22/03/1865)
d. *estas experiencias só se farão por espaço de algumas semanas, e não* ***terão*** *efeito nas occasiões em que a atmosfera esteja ennevoada* (*Correio de Lisboa*, 27/03/1840)

RELAÇÕES PREDICATIVAS PARTICIPIAIS

Uma estrutura que também é bastante frequente entre os dados do século XIX envolve a construção em que *ter* toma como complemento uma relação predicativa participial, como nos exemplos em (84) a seguir. Trata-se de estruturas que remontam ao português medieval e, tendo em vista os resultados apresentados em Mattos e Silva (1989), estão na base das mudanças que culminaram na consolidação de *ter* como verbo auxiliar perfectivo, ao lado de *haver*.

(84) a. [19,2 CL PE] *Os jardins* ***tem*** *sua historia* ***começada*** *no tempo dos Romanos*
b. [19,2 CL SP] *Senhor Cazuza –* ***Tenho****-o* ***atravessado*** *nas goélas*
c. [19,1 CL RJ] *seu Contador* ***tinha*** *uma pedreira* ***acobertada*** *com outro nome*
d. [19,1 CL PE] *A Colonia,* ***tendo*** *a sua ordem* ***estabelecida****, algum dia, entaõ virá a ser superior a metrópole*
e. [19,1 A SP] *Ao Coronel José Pedro Galvão há mais de anno fugio-lhe uma preta de nação ... e o mesmo protesta cobrar os jornaes de todo este tempo de quem a* ***tiver occulta***
f. [19,1 A SP] *...um negro de nome Antonio ...* ***tem*** *no peito direito, ou esquerdo* ***carimbada*** *a lettra B*

Considerando a formalização proposta em "Configuração sintática das orações possessivas" para a configuração das orações possessivas, a relação predicativa participial corresponde ao XP que é tomado como complemento de P_{com}, tal como na configuração em (85) a seguir, que assume a estrutura em (86) para o exemplo apresentado anteriormente em (84a): a projeção que corresponde a XP é aqui referida como um PartP (*Participial Phrase*), que tem "*sua historia*" como sujeito e "*começada no tempo dos Romanos*" como predicado. O DP "*os jardins*" se encontra em Spec-P_{com}, posição a partir da qual é movido para Spec-T.

(85)

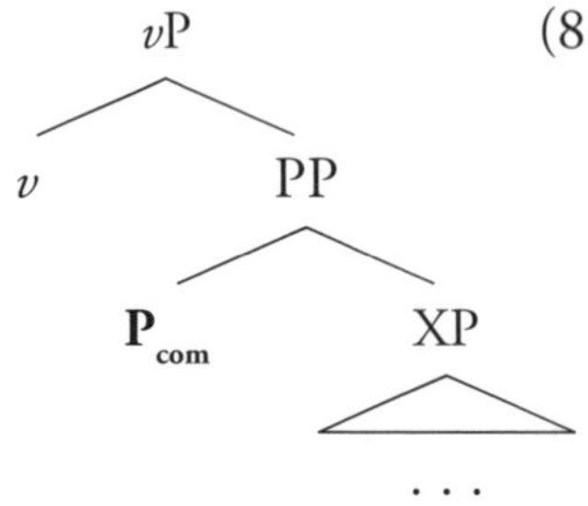

(86)

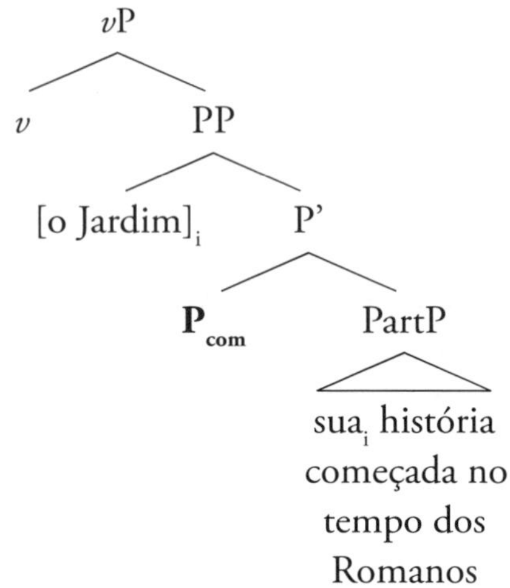

Essa construção possessiva com base predicativa participial é também usual no período contemporâneo. Contudo, estudos para caracterizar a sua abrangência em termos de frequência quando em variação com outras construções (por exemplo, construções com o verbo na forma do pretérito perfeito em vez do particípio) ainda estão por ser feitos, tanto no eixo sincrônico quanto no diacrônico.

Há ainda outros tipos de relação predicativa, para além da participial, internos às construções possessivas. As sentenças em (87) a seguir mostram que, no período oitocentista, tal como em variedades contemporâneas do português, o XP (entre colchetes) pode ter como predicado constituintes nucleados por diferentes categorias: em (a)-(c), o predicado tem como núcleo um adjetivo; em (d)-(f), o predicado consiste num sintagma preposicionado com interpretação locativa; em (g), o predicado é um pronome adverbial; e em (h)-(i), o predicado é oracional – um constituinte infinitivo e gerundivo, respectivamente.

(87) a. [19,2 CL PE] *A voz suave e melodiosa, o mimo e o sentimento da execução* ***teve*** [*o auditório* ***suspense em sublime arroubo***] *durante todo o tempo*

b. [19,2 CL PE] *...agora mesmo* ***tenho*** [*minha filha única* ***agonisante***]

c. [19,1 A SP] *...na mão esquerda o escravo* ***tem*** [*o dedo minimo* ***arcado para a parte da palma***]

d. [19,1 A SP] *seu Senhor se chama João Pereira, que* ***tem*** [*uma Fazenda* ***ao pé de Taguahi***]

e. [19,1 A SP] *perdeu-se uma Notta do Banco d'esta Cidade do valor de 50$000 réis, que* ***tinha*** *[* ***no verso*** *as letras W.W.H.]*
f. [19,2 A BA] *a africana Maria ...* ***tem*** *[* ***no pescoço*** *um papo]*
g. [19,1 A SP] *quem julgar* ***ter*** *[* ***alli*** *coisa que lhe pertença] poderà comparecer declarando qual seja*
h. [19,2 A CE] *N'esta typographia se dirá quem* ***tem*** *[* ***para vender*** *uma grannde porção de madeira de cedro]*
i. [19,2 A BA] *agora* ***temos*** *[a casa de papel* ***substituindo todos os velhos e passados processos de construcção****]*

CORREFERÊNCIA COM O SUJEITO DA ORAÇÃO

Na seção "Configuração sintática das orações possessivas", foi destacada uma propriedade das construções possessivas que as distingue de outros padrões frásicos: a necessidade de haver uma correferência entre o constituinte tomado como sujeito e um item interno ao XP. Nem sempre essa correferência é explícita, uma vez que o item que serve ao seu estabelecimento no interior do predicado pode ser uma categoria fonologicamente nula. Em (88) a seguir, são apresentadas algumas construções do português brasileiro oitocentista em que um item (sublinhado) pertencente ao predicado é explicitamente coindexado com o termo em posição de sujeito (entre colchetes), satisfazendo o requerimento da correferência. Nos casos de (a)-(g), os itens correferentes com o sujeito são todos pronomes possessivos na função de adjuntos adnominais; em (h), a correferência é estabelecida com um pronome pessoal oblíquo interno a um PP que funciona como o predicado do XP.

(88) a. [19,2 CL SP] *[toddas as minhas amizades]$_i$, mais ou menos* ***tiveram*** *o <u>seu</u>$_i$ môlho*
b. [19,2 CL SP] *[cv]$_i$* ***Tive****, á vista de resposta, <u>minhas</u>$_i$ alegrias*
c. [19,1 CL RJ] *...por ter estado á espera do competente documento, o qual porêm ainda [cv]$_i$ não* ***tenho*** *em <u>meu</u>$_i$ poder, mas que espero a todo o momento*
d. [19,1 CL RJ] *Vossas Senhorias, vedão que [eu]$_i$* ***tenha*** *no <u>meu</u>$_i$ quintal um magro leitão á engordar para a Paschoa*
e. [19,2 CL RJ] *[nada]$_i$ há neste mundo, que não* ***tenha*** *<u>seu</u>$_i$ dia de utilidade*

f. [19,1 CL PE] *por quanto mostra o cuidado que [ele]$_i$* **tem** *de suas$_i$ ovelhas*
g. [19,2 CL PE] *agora mesmo [cv]$_i$* **tenho** *minha$_i$ filha única agonisante*
h. [19,1 CL CE] *[eu]$_i$* **tinha** *contra mim$_i$ as penas do artigo 249 do codigo penal*

Tal como no português brasileiro contemporâneo, é bastante comum que a correferência envolva um sujeito nulo referencial dentro de uma oração infinitiva interna ao predicado, como nos casos em (89) adiante.[23] Essa oração pode desempenhar a função de complemento nominal (como nos exemplos em (a)-(c)) ou corresponder ao que as análises tradicionais classificam como sendo uma "relativa sem antecedente explícito" (como em (d)), além de outras possibilidades.

(89) a. [19,2 CL SP] *[nenhuma auctoridade]$_i$, quando lavra uma ordem,* **tem** *obrigação de [* **cv$_i$** *dizer o motivo por que faz]*
b. [19,1 CL RJ] *[cv]$_i$ nunca* **tive** *intenções de [* **cv$_i$** *entreter correspondencias com Burros]*
c. [19,2 CL PE] *[o chloro e mais reagentes conhecidos]$_i$* **tem** *a capacidade de [* **cv$_i$** *combater a todos os miasmas]*
d. [19,2 CL SP] *assim não [cv]$_i$* **tenho** *[onde* **cv$_i$** *botar o cisco da rua]*

ORDEM DE CONSTITUINTES

Por fim, outra propriedade demonstrada pelo conjunto das orações possessivas entre os dados do período oitocentista é a grande variabilidade na ordem dos constituintes, para além da ordem canônica SVO. A seguir, estão exemplificadas algumas construções com as seguintes ordens: VSO (90), VOS (91), OVS (92) e SOV (93). Especificamente sobre os casos de posposição do sujeito ao verbo (VS), essa ordem parecia ser bastante comum em sentenças interrogativas, como em (94a-b), e nas orações relativas, como em (94c-e).

(90) **VSO**
a. [19,2 CL SP] ***Tenham*** *pois as quitandeiras muita cautella com as suas aves*
b. [19,2 CL PE] ***Teria*** *esse pharmaceutico o cuidado de trazer consigo a chloredina*
c. [19,2 CL PE] *só nos fretes da [l]nha* **tem** *a companhia um rendimento mensal de 200 a 300 $ 000*

(91) VOS

a. [19,2 CL PE] *Talvez não **tenha** tempo o seu autor de alcançar o cargo que mais merece!*

b. [19,2 CL PE] ***teve** lugar aquelle concerto no salão do arsenal da Marinha*

(92) OVS

a. [19,1 CL BA] *nenhum effeito **tem** a sua resposta feita em o numero 41*

b. [19,2 CL BA] *e motivos **tinha** eu para proteger o Senhor José Pinto, motivos tinha egualmente para punir a morte da Senhora do mesmo*

c. [19,2 A BA] *Chapeus de palha amarella e de outras côres, para crianças, rapazes e homens, e com formas inteiras muito novas **tem** a Loja de Variedades*

(93) SOV

[19,2 CL PE] *Todos sabem que o lugar da Pontezinha, antes da construção da estrada de ferro, nenhuma importancia **tinha***

(94) **VS em sentenças interrogativas e orações relativas**

a. [19,2 CL SP] *não **temos** nós direito a hygiene publica ...?*

b. [19,2 CL SP] *Que razões **temos** nós para zangar-nos contra os portugueses aqui residentes...?*

c. [19,2 CL SP] *...junto ao despejo que continuadamente fazem de tudo que de mais nojento e repugnante **tem** em casa as quitandeiras*

d. [19,1 CL RJ] *...principal garantia que **tem** um cidadão pacífico ... é a imprensa*

e. [19,2 CL PE] *...os desarranjos de seus apparelhos, em tudo defeituosos, procedem do pouco cuidado que **tem** os particulares*

Uma questão relevante que merece ser levantada frente aos "desvios" em relação à ordem canônica é a de saber se as possibilidades exemplificadas em (90)-(94) são resultantes de propriedades da *gramática nuclear* daqueles que as produziram ou se resulta de idiossincrasias da *gramática periférica*, no sentido com que esses termos aparecem definidos em Chomsky (1981).[24] Se se tratar do primeiro caso, somos levados a considerar que, do período oitocentista ao contemporâneo, as orações possessivas foram afetadas por alguma mudança de natureza (macro/micro)paramétrica relacionada à colocação dos constituintes na estrutura sentencial. Se estivermos diante do segundo caso, o que temos é o uso de recursos de ordem estilística que não estão necessariamente atrelados a requerimentos da Língua-I (interna) dos indivíduos que produziram os textos, mas que são explorados por meio da reprodução de padrões frásicos provenientes, por exemplo, de estágios anteriores da língua, aprendidos por meio do amplo contato com a língua escrita.

É possível, ainda, que a variação seja o resultado da sobreposição de recursos provenientes tanto da gramática nuclear quanto da periférica, o que tornaria ainda mais complexa a tentativa de captar formalmente as propriedades relativas à sintaxe da ordem no estágio oitocentista. A esse respeito, uma consideração que se pode fazer em torno das ordens identificadas, ainda que de forma assistemática e meramente intuitiva, é que algumas delas parecem causar menos estranhamento a falantes do português brasileiro contemporâneo do que outras. Esse parece ser o caso, por exemplo, das construções em (94c-e), em que a posposição do sujeito ao verbo se dá no interior de orações relativas. É necessário, de todo modo, um estudo mais amplo para validar ou refutar essas hipóteses a respeito do estatuto das diferentes ordens quanto à sua relação com a gramática nuclear ou periférica, bem como se o maior ou menor estranhamento das diferentes ordens nos dias atuais pode ou não ser tomado como um sinalizador dessa filiação. Para mais detalhes sobre a sintaxe da ordem em construções declarativas na história do português brasileiro, vejam-se trabalhos como os de Berlinck (1989) e Berlinck e Coelho (neste volume).

As sentenças existenciais com *ter* no conjunto de inovações do português brasileiro

O português brasileiro oitocentista apresenta construções em que *ter* é inequivocamente empregado como verbo existencial, mostrando as mesmas características observadas no estágio contemporâneo. O seu percentual de frequência, entretanto, é bastante baixo em comparação com o das existenciais com *haver* no mesmo período: 10% *vs.* 90%. Exemplos com um e outro verbo são apresentados a seguir. A partir deste ponto do capítulo, as existenciais com *ter* e *haver* serão aqui chamadas, respectivamente, Ex-*ter* e Ex-*haver*.

(95) a. [19,1 CL BA] *para estes malvados, já mais póde* ***haver*** *indulgencia da parte de Sua Magestade*

b. [19,2 CL BA] *não **houve** ordem escripta para que meu irmão fosse conservado incomunicável*
c. [19,1 A BA] *Na primeira Prença, **tem** farinha de superior qualidade, vinda do Rio de Janeiro*
d. [19,1 A BA] *Na loje de fronte da Madre-Deos Número 201 **tem** para vender Rapé de superior qualidade vindo ultimamente de Lisboa*

Quando comparamos os percentuais de ocorrência em cada um dos estados considerados (ver Figura 8 a seguir), vemos que, no século XIX, a distribuição das frequências com cada verbo não é uniforme, com *ter* variando de 37% nas amostras do Ceará a nenhuma ocorrência nas do Rio de Janeiro. Quanto a *estar com*, não foi encontrado nenhum caso de oração existencial com essa locução nas amostras analisadas, o que não causa nenhuma surpresa, tendo em vista que, mesmo nos dias atuais, trata-se de um padrão frásico que não tem tido espaço na língua escrita monitorada, apesar de sua ampla ocorrência em blogues, como nos exemplos apresentados anteriormente em (42).

Figura 8 – Frequência de existenciais com *ter* e *haver* em amostras de anúncios e cartas de leitor publicados em jornais de cinco estados brasileiros no século XIX

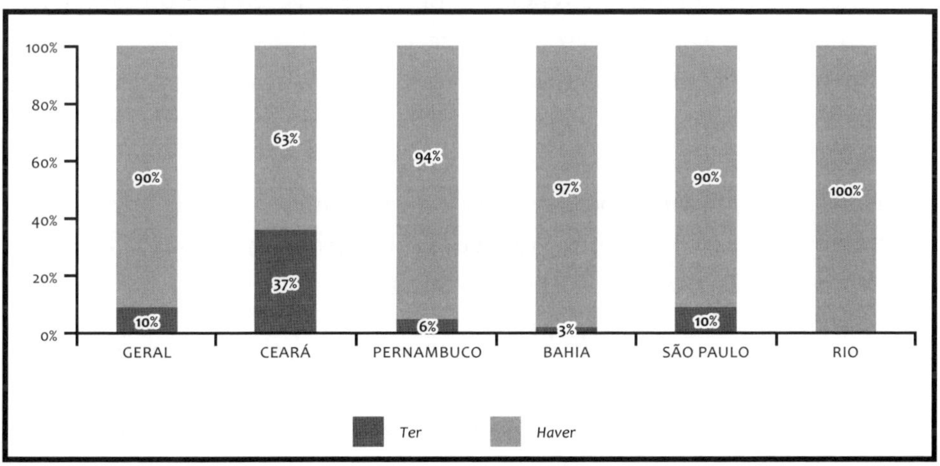

É provável, contudo, que a frequência das Ex-*ter* na modalidade oral fosse, já àquela época, bem maior que a aferida nas amostras. A esse respeito, Julio Ribeiro (1914: 296) destaca, em sua *Grammatica* publicada no último quartel do século XIX, que o uso de *ter* vinha "*se tornando geral no Brasil, até mesmo entre as pessoas illustradas*". Na contramão dessa observação de Ribeiro, quando os números da primeira metade do século XIX são comparados com os da segunda, o percentual de Ex-*ter* cai de 14% para 7%, o que talvez seja fruto de uma ação normativa deliberada desencadeada na segunda metade do século, no sentido de coibir, na língua escrita, o uso de uma inovação gramatical contrária ao padrão lusitano. Isso pode explicar por que não foi encontrada qualquer ocorrência de Ex-*ter* nas amostras do Rio de Janeiro: por ser a então capital da Corte, e ter recebido um número significativo de portugueses no decurso do século XIX, a cidade provavelmente ficou mais exposta a uma ação normativa que as demais localidades do Império. Em contraposição, no extremo norte do país (mais distante, portanto, da pressão normativa manifesta na Corte), o estado do Ceará é o único em que, na primeira metade do século XIX, o percentual das Ex-*ter* ultrapassa o das Ex-*haver* no conjunto dos anúncios: 62% *vs.* 38%.

Essa ação normativa deliberada se manifesta claramente nos documentos das primeira e segunda metades do século XX: ao contrário do que se poderia esperar se nenhuma ação desse tipo tivesse tido lugar, as Ex-*ter* praticamente desaparecem dos anúncios e cartas de leitor nos periódicos novecentistas analisados, consolidando assim a tendência de rejeição ao emprego dessas construções na escrita, o que já se fazia entrever na segunda metade do século anterior. De um total de 103 construções existenciais levantadas nos periódicos do século XX, foram identificados apenas 5 casos com *ter*, apresentados em (96) a seguir. Entre esses casos, 2 aparecem numa única carta de leitor, em um trecho no qual o autor procura reproduzir, em tom de crítica, a fala de outra pessoa (*...aqui não tem nada...*), e outro numa oração interjectiva (*Tem jeito não*), que pode ser analisada como uma expressão cristalizada.

(96) a. [20,2 CL PE] *Ainda bem, que é só quase o tempo a categoria mais visível e filosofável pelo senso comum, caso contrario, não* ***teria*** *publico para a mais recente obra de "embelezamento do mundo"*
b. [20,2 CL CE] ***tem*** *gente que só falta atropelar as pessoas pedindo esmola nas ruas*
c. [20,2 CL CE] *Senhor Editor:* ***Tem*** *jeito não. Fomos vítimas de mais "uma" arquitetada e executada pelos possuidores do poder*
d. [20,2 CL RJ] *...para lá me dirijo a fim de tirar a carteira de identidade e [...] ouço a mesma resposta: "Aqui não* ***tem*** *nada"*

e. [20,2 CL RJ] *Quando cheguei, esperei um tempo enorme para ouvir: "Mandei a senhora para a Frei Caneca porque aqui não* ***tem*** *nada"*

Observando textos brasileiros contemporâneos escritos já no início do século XXI, Avelar (2005) e Avelar e Callou (2007a) mostram que as Ex-*haver* alcançam o percentual de 86% (contra 14% de Ex-*ter*), índice idêntico ao observado entre os anúncios e cartas de leitor da primeira metade do século XIX. Os resultados apresentados nos dois trabalhos sugerem que a distribuição das frequências é, na escrita brasileira contemporânea, sensível ao gênero discursivo dentro do qual a sentença existencial é produzida. Foram analisados textos literários (crônicas e romances), excertos de autoajuda, trabalhos de divulgação científica, notícias em jornais, anúncios em revistas e piadas. O único gênero em que a frequência de Ex-*ter* (60%) supera a de Ex-*haver* (40%) são as piadas; entre os anúncios, há o que se pode considerar um empate técnico – 53% para Ex-*haver* e 47% para Ex-*ter*. Em todos os demais gêneros, a frequência de Ex-*haver* é maior que a de Ex-*ter*, chegando a 100% nos excertos de autoajuda e nos trabalhos de divulgação científica.

É possível estabelecer certo paralelo entre esses números do século XXI e o que se observa na escrita oitocentista, no que tange à sensibilidade da variação quanto ao gênero discursivo: a frequência de Ex-*ter* nos anúncios, entre os quais chega a 24% (36% na primeira metade do século e 17% na segunda metade), é maior que nas cartas de leitor, entre as quais não alcança 1%. Isso se deve, possivelmente, ao fato de os anúncios serem normativamente menos monitorados de que as cartas de leitor, observação também válida para a escrita contemporânea no que diz respeito aos anúncios e piadas em contraposição aos demais gêneros considerados em Avelar (2005) e Avelar e Callou (2007a). Portanto, em comparação com o atestado no século XIX, os números do primeiro decênio do século XXI revelam que, na língua escrita, não houve mudanças significativas quanto à recorrência de Ex-*ter*, a despeito de haver claros sinais de que essas construções eram empregadas em alta frequência na linguagem coloquial do estágio oitocentista (vide a observação de Julio Ribeiro, mencionada no início desta seção).

A seguir, serão abordados alguns aspectos relevantes para o estabelecimento de um panorama diacrônico em torno das orações existenciais.

Duas questões particulares irão nortear a abordagem: (i) a emergência de *ter* como verbo existencial é uma inovação do português brasileiro ou uma herança de estágios anteriores do português europeu? e (ii) em termos intralinguísticos, o que determinou a consolidação da Ex-*ter* como a construção existencial canônica do português brasileiro, em oposição ao português europeu?

A FILIAÇÃO DAS EX-*TER*: INOVAÇÃO DO PORTUGUÊS BRASILEIRO OU HERANÇA DO PE?

De uma perspectiva diacrônica, uma questão de óbvio interesse no estudo das Ex-*ter* é a de saber em que ponto da evolução da língua o verbo *ter* passou a ser empregado como existencial, dando origem ao uso corrente que temos no português brasileiro atual. Até aqui, o que se pode afirmar com certeza é que, em fontes escritas, os dados do século XIX apresentam um conjunto de construções com *ter* que podem ser inequivocamente tratadas como existenciais, dispondo das mesmas propriedades que as identificadas nos dias de hoje. Por outro lado, os dados provenientes de épocas anteriores ao século XIX apresentados na literatura sobre o assunto não podem ser tratados como casos inequívocos de construções existenciais (ver Sampaio, 1978; Mattos e Silva 1989, 1995, 1997, 2002; Ribeiro, 1993; Viotti, 1998; Eleutério, 2003). A maioria desses dados representa o que se pode chamar de "contextos opacos", nos quais *ter* admite uma leitura tanto possessiva quanto existencial.

Além disso, dada a superposição semântico-discursiva do conteúdo veiculado pelas construções possessivas e existenciais em qualquer que seja a língua natural, as sentenças possessivas podem, em certos contextos, servir à expressão de existência, o que não quer dizer que, numa dada língua, o verbo possessivo tenha sido reanalisado como existencial pelos seus falantes. Tendo isso em mente, cumpre afirmar que nenhum dos trabalhos consultados (citados no parágrafo anterior) para identificar possíveis casos de Ex-*ter* antes do século XIX apresenta um conjunto significativo de dados que justifiquem considerar o uso inequívoco e/ou sistemático de *ter* como existencial em períodos anteriores ao século XIX, seja no Brasil, seja em Portugal. O que se apresenta, quase sempre, são dados esparsos, que, por uma confluência de fatores contextuais, podem receber interpretação existencial sem, contudo, excluir a leitura possessiva.

Especificamente no que concerne a fontes escritas produzidas no Brasil anteriormente ao século XIX, Eleutério (2003) apresenta dados do século XVII que se encaixam na situação descrita anteriormente. São casos como os destacados entre colchetes nos excertos reproduzidos a seguir:

(97) *...e asim diserão **elles** doadores que tinhão e em caza tres crianças emgeitadas que **elles** criarão Manoel Jozeph Pascoal os quais emcomendão aos Religiozos seos herdeiros os tenhão debaixo de sua propteção e os dotrinem como filhos juntamente com os mamalucos forros que [em **sua** caza **tem**], em fé do qual assim o outrogarão...* (texto notarial/1632)

(98) *e assim ia que não pode tratarse do pasado deuia **a Sancta Caza da Mizericordia** [...] ver as desconueniencias que [**tinha**].* (texto notarial/1691)

(99) *O Padre Prior e mais Religiozos do conuento do Carmo desta çidade do Rio de Janeiro [dis] que ao ditto Convento deo em capella com obrigaçons de missas, e outros legados de **Pedro Luis Ferreira** huas terras que [**tem** em o Rio Sorohy]* (texto notarial/1620)

(100) *pello dito Capitam Sebastião Mendes da Silveira me foi dito em prezensa delle testemunhas ao diante nomeadas e asignadas, que **elle** esta de posse paçifica do Emgenho e terras que [**tinha** na guaratiba]* (texto notarial/1660)

(101) ***O Padre Prior e mais Religiozos do Conuento de Nossa Senhora do Carmo** [dis] que elles querem comesar as obras de **sua Igreja** o que he bem e honrra d**a terra** por ser temple donde concorre toda a gente della e [hora **tem** huã pedreira aberta em huma Ilha que esta no mar da Ilha de Sam Bento] e hora se não sabe ter Senhor* (texto notarial/1619) (Dados de textos notariais do século XVII, apresentados em Eleutério 2003)

Como já ressaltado em Avelar e Callou (2007b), se oferecermos às construções destacadas entre colchetes nos trechos em (97)-(101) um juízo de (a)gramaticalidade com base na gramática do português brasileiro contemporâneo, a interpretação preferencial (e, talvez para boa parte dos falantes, a interpretação única) é aquela em que *ter* é parte de uma oração existencial. Contudo, se apresentadas a falantes do português europeu contemporâneo, as mesmas construções serão interpretadas como casos de expressão possessiva. Notemos que é possível indicar um sujeito para *ter* em qualquer das orações destacadas: em (97), o possuidor de casa, referenciado pelos pronomes *elles* e *sua*; em (98), a Santa Casa de Mizericórdia; em (99), Pedro Luís Ferreira; em (100), a pessoa referenciada pelo pronome *elle*; em (101), há três candidatos: *o Padre Prior e os mais Religiozos do Convento*, *sua Igreja* e *a terra*.

Essa mesma opacidade quanto ao caráter possessivo-existencial da oração com *ter* fica evidenciada pelo juízo de falantes do português brasileiro também quando diante de construções extraídas de amostras de fala do português europeu contemporâneo, em casos como o seguinte:

(102) PORTUGUÊS EUROPEU CONTEMPORÂNEO

...e depois fomos para UMA TASCA, *meu, que era spectacular. então é* AQUELA TASCA *que eu já te contei, que era: tipo u[...], uma garagenzinha, estás a ver, e [* ***tinha*** *uns bancos de madeira, tipo, umas tábuas de madeira em cima de tijolos]* (Apresentado em Avelar e Callou, 2007b)

Em síntese: falantes de português europeu interpretam as orações com *ter* destacadas em (97)-(102) como possessivas, enquanto falantes de português brasileiro tendem a interpretá-las como existenciais. As restrições para o licenciamento de sujeito nulo no português brasileiro parecem ser a chave para compreender a atribuição generalizada de um estatuto existencial a frases com *ter* em contextos específicos. Como será destacado na próxima seção, o português brasileiro mostra, em sua história, uma redução drástica na frequência de sujeitos nulos referenciais (Duarte, 1995), o que pode ser a causa (ou, pelo menos, uma delas) da dificuldade para interpretar como possessivas as construções com *ter* sem um constituinte nominal fonologicamente expresso no interior da oração. Para ilustrar essa dificuldade, vale destacar a situação relatada por Mary Kato, apresentada no excerto em (103) a seguir, que envolve a produção de sentenças com *ter* num diálogo entre ela e um falante de português europeu.

(103) a. *João: – Tem uma tesourinha?*
b. *Mary: – Tem.*
c. *João: – "Tem", não. "Tenho".*
d. *Mary: – Não, é "tem" mesmo.*
(Apresentado em Kato, 2003)

No contexto em que se deu o diálogo, a realização de "*Tem uma tesourinha?*" por João, detentor da gramática do português europeu, deveria receber a mesma interpretação oferecida à construção "*Você tem uma tesourinha?*" por um detentor da gramática do português brasileiro. Em outras palavras, a inexistência de material fonético à frente do verbo *ter* deveria ser tomada, dentro das possibilidades oferecidas pela sintaxe do português europeu, como resultado de um sujeito nulo correferente ao interlocutor do João. Em contraste, na interpretação oferecida por Mary, a leitura mais natural para a frase é aquela em que pode ser parafraseada por uma construção impessoal do tipo "*Há/Existe alguma tesourinha que pode ser disponibilizada pra mim*", consequência da dificuldade, por parte da brasileira, em licenciar um sujeito nulo referencial na posição requerida. Frente a essa ilustração, é plausível considerar que as condições para o licenciamento de sujeito nulo podem, de alguma forma, estar na base do processo que levou *ter* a ser interpretado como o existencial canônico do português brasileiro.

Retornemos aos contextos opacos do século XVII, apresentados anteriormente em (97)-(101). Para determinar o verdadeiro estatuto daquelas construções com *ter*, é necessário saber se seus enunciadores eram providos de uma gramática mais próxima da do João ou da Mary, no que diz respeito às propriedades do sujeito nulo. Até aqui, não há razões para crer que as condições necessárias às alterações no licenciamento de sujeito nulo, desencadeadas pela redução do paradigma verbo-flexional, estivessem em estágio tão avançado no português do/no Brasil ao longo do século XVII, a ponto de a gramática dos falantes letrados em território brasileiro naquele período (que sequer sabemos se eram ou não nascidos no Brasil) produzir, em larga escala, construções inequivocamente impessoais com um verbo tipicamente possessivo. No que tange, portanto, às características do paradigma verbo-flexional e do sujeito nulo, o mais provável é que os falantes letrados em território brasileiro àquela época tivessem uma gramática muito mais próxima do português europeu contemporâneo do que da do português brasileiro. Por conta disso, os dados com *ter* em (97)-(101) devem ser analisados como ocorrências de sentenças possessivas, e não existenciais.

Podemos afirmar, portanto, que nenhum estudo apresentou, até agora, dados quantitativa e qualitativamente significativos que justifiquem considerar ter havido um uso sistemático de *ter* como existencial em fontes escritas anteriores ao século XIX. Ainda que as supostas ocorrências de *ter* como existencial em estágios anteriores do português, referidas nos trabalhos atualmente disponíveis, venham a ser comprovadas como orações que realmente serviam à expressão de existência, é inequívoco o fato de ser no português brasileiro que *ter* assume o posto de verbo existencial canônico, fruto de uma mudança que conduziu (ou vem conduzindo) à supressão de *haver* no mesmo contexto frásico. Nesse sentido, não há razões para acreditar que o emprego de *ter* como o existencial prototípico da língua tenha filiação no português europeu. A pergunta relevante, na qual a próxima seção irá se concentrar, é a de saber por que o verbo *ter* conquistou esse estatuto no português brasileiro, sem que o mesmo fato tenha tido paralelo no português europeu.

EMERGÊNCIA DE *TER* COMO VERBO EXISTENCIAL CANÔNICO DO PORTUGUÊS BRASILEIRO

Em Avelar (2009b, 2009c), são discutidos dois fatores que podem ter sido determinantes na consolidação de *ter* como o existencial canônico do português brasileiro: (a) as novas condições para o licenciamento e interpretação de sujeitos nulos, determinadas pela progressiva simplificação do paradigma flexional e (b) a emergência de novos padrões de inversão locativa, por meio dos quais sintagmas preposicionados locativos passaram a ser licenciados em posição de sujeito. Esta seção se ocupa desses dois fatores e procura mostrar como sua confluência pode ter determinado a mudança relevante.

As restrições para o licenciamento de sujeitos nulos e seus efeitos sobre as construções possessivas e existenciais do português brasileiro

Como destacado em "A filiação das Ex-*ter*: inovação do português brasileiro ou herança do PE?", brasileiros tendem a interpretar orações com *ter* sem sujeito expresso como sentenças existenciais, enquanto portugueses oferecem às mesmas uma interpretação possessiva. Esse contraste pode estar radicado, em grande medida, nas diferenças relativas à marcação do parâmetro pro-drop entre as duas variedades do português: dadas as condições para o licenciamento de sujeitos nulos referenciais, o português europeu apresenta propriedades que são típicas das línguas pro-drop canônicas (como o italiano e o espanhol), enquanto o português brasileiro tem sido caracterizado como uma língua pro-drop parcial, como o finlandês e o marathi (Rodrigues, 2002; Kato, 2000; Holmberg, Nayadu e Sheehan, 2009).[25] O que justifica o estabelecimento desse contraste são as fortes restrições ao licenciamento de sujeito nulo referencial na variedade brasileira, não atestadas na europeia (ver também o capítulo "O sujeito nulo no português brasileiro", neste livro). Em um estudo sobre o preenchimento da posição de sujeito nas duas variedades, com base em dados de fala, Duarte (1995) observa que o percentual de sujeitos nulos referenciais chega a 69% no português europeu contemporâneo (década de 1980), mas não ultrapassa os 29% no português brasileiro. O excerto de fala apresentado pela autora, reproduzido em (104) a seguir, é representativo do que ocorre no português brasileiro: o pronome *ela* é realizado em todas as posições nas quais o sujeito e o tópico do discurso (*essa minha tia*) são correferentes; no português europeu, ao contrário, essas posições tenderiam a ocorrer com sujeitos nulos, tal como no excerto em (105), no qual todos os sujeitos na primeira pessoa do singular deixam de ser fonologicamente expressos nas posições identificadas como "Ø".

(104) PORTUGUÊS BRASILEIRO

*<u>**Essa minha tia**</u> que mora aqui, <u>ela</u> é solteirona e eu acho que <u>ela</u> é super-feliz, sabe? Eu não acho que <u>ela</u> seria feliz assim... <u>Ela</u> é uma pessoa que ajuda os outros pra caramba. <u>Ela</u> – isso é até um pouco de defeito – <u>ela</u> pensa muito mais nos outros do que nela, né. Mais eu acho que <u>ela</u> é uma pessoa feliz e tal, que não tem nada... É que a vida não*

ficou a dever, entendeu, nada. Foi uma opção dela ficar solteira. Ela não ficou solteira porque não apareceu pretendente. Ela ficou solteira porque ela quis. (Apresentado em Duarte, 1995: 46)

(105) PORTUGUÊS EUROPEU

...porque me parecia uma coisa detestável, um problema grande de consciência, se amanhã como magistrado Ø ***viesse*** *a verificar que Ø* ***tinha errado*** *ou que Ø* ***tinha julgado*** *mal, sobretudo se Ø* ***tivesse julgado*** *mal em prejuízo de alguém... Hoje Ø* ***gostava*** *de ser magistrado porque Ø* ***estou*** *convencido que Ø talvez* ***evitasse*** *mais injustiças como magistrado do que as que Ø* ***posso*** *evitar como advogado.* (Apresentado em Duarte, 1995: 11)

Vem sendo comumente aceito que a origem desse contraste no que tange à frequência de sujeitos nulos referenciais está na simplificação do paradigma verbo-flexional que teve lugar no português brasileiro. Essa simplificação segue ilustrada no quadro em (106) a seguir: em comparação com o português europeu, cujo sistema flexional permite distinguir claramente as três pessoas do discurso, no singular e no plural, o português brasileiro apresenta um sistema reduzido em termos flexionais (tanto na variedade dita *padrão* quanto na *popular*), com a única distinção clara sendo observada na primeira pessoa do singular. Frente a essa simplificação, a expressão fonológica do sujeito passou a ser mais frequente do que no português europeu, uma vez que o paradigma flexional não consegue recuperar com facilidade o referente discursivo do sujeito. Segue daí a distinção entre o *estatuto canonicamente* pro-drop do português europeu, com baixa restrição à ocorrência de sujeitos nulos referenciais, ao *estatuto parcialmente* pro-drop do português brasileiro, em que sujeitos nulos referenciais ainda são licenciados, mas com fortes restrições.

(106)

PORTUGUÊS EUROPEU	**PORTUGUÊS BRASILEIRO PADRÃO**	**PORTUGUÊS BRASILEIRO POPULAR**
eu fal*o*	eu fal*o*	eu fal*o*
tu fala*s*	você/tu fala	você/tu fala
ele fala	ele fala	ele fala
nós fala*mos*	a gente fala/nós fala*mos*	a gente/nós fala
vós fala*is*/vocês fala*m*	vocês fala*m*	vocês fala
eles fala*m*	eles fala*m*	eles fala

Retornando às orações possessivas e existenciais, é óbvio qual terá sido o efeito da simplificação do paradigma flexional (e suas consequências na interpretação do sujeito nulo) sobre as orações com *ter*: para falantes do português brasileiro, sentenças com *ter* sem um sujeito fonologicamente expresso não são facilmente associadas a um referente interpretado como "possuidor" que seja externo à oração, ao contrário do que se observa entre os falantes de português europeu (ver "A filiação das Ex-*ter*: inovação do português brasileiro ou herança do PE?"). A questão relevante é saber por que, frente às mudanças no paradigma verbo-flexional e nas condições para o licenciamento de sujeitos nulos, os falantes passaram a atribuir uma interpretação existencial às orações em que não há um sujeito expresso para *ter*, em vez de fornecer a essas sentenças outra interpretação qualquer. Esse será o tópico da próxima seção, quando será abordada a inversão locativa. Por ora, é relevante salientar uma correlação quantitativa que pode ser estabelecida entre a diminuição da frequência de sujeitos nulos e o aumento de orações existenciais com *ter* no decurso dos séculos XIX e XX. Essa correlação fica evidente na Figura 9 a seguir, que traz um panorama obtido a partir dos resultados apresentados em Duarte (1995) e Marins (2012), com base em peças teatrais brasileiras produzidas entre 1845 e 1992: o percentual de sujeitos nulos nas peças teatrais cai de 80% em 1845 para 26% em 1992, enquanto o das existenciais com *ter* vai de 0% a 86% no mesmo período. O paralelo entre a diminuição da frequência de sujeitos nulos e a ampliação da frequência de orações existenciais com *ter* é evidente, o que reforça a hipótese de que mudanças no parâmetro pro-drop afetaram a interpretação das construções com *ter* no português brasileiro, resultando no uso desse verbo como o existencial canônico da língua.

Figura 9 – Frequência de sujeitos nulos e sentenças existenciais com *ter* em textos de peças de teatro no decurso dos séculos XIX e XX. Números baseados nos resultados apresentados em Duarte (1995) e Marins (2012)

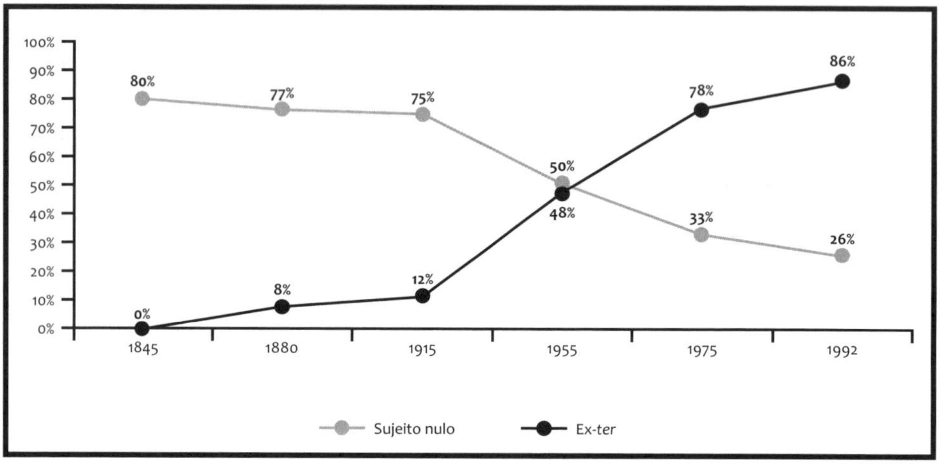

Se essa hipótese a respeito da emergência de *ter* como o existencial canônico do português brasileiro estiver correta, há pelo menos duas questões que precisam ser respondidas: (i) por que a interpretação das orações com *ter* que não dispõem de um argumento externo resulta necessariamente na leitura existencial e (ii) por que a emergência de *ter* como existencial vem sendo acompanhada da supressão do verbo *haver* – em outras palavras, por que a alternância entre *ter* e *haver* não se fixou como uma variação estável, em vez de promover uma mudança em que as construções com *haver* vem deixando de ser realizadas. Essas duas questões serão abordadas a seguir.

Sobre a origem da interpretação existencial para as orações com "ter"

A relevância da primeira questão que encerra o tópico anterior – por que a interpretação das orações com *ter* sem um argumento externo produz a leitura existencial – se deve à observação de um fato largamente atestado no português brasileiro contemporâneo entre sentenças com certos tipos de verbo transitivo: na ausência de um argumento externo explícito, orações com os verbos relevantes são geralmente interpretadas como tendo um sujeito indeterminado (de referência genérica ou arbitrária). Essa propriedade é observada no excerto apresentado a seguir, que reproduz um trecho de fala extraído de uma entrevista: em negrito, vemos uma sequência de verbos transitivos (*faz*, *escolhe*, *lava*, *deixa*) cujo argumento externo não é fonologicamente explicitado, nem dispõe de um correferente com interpretação definida no contexto. Em todos esses casos, estamos diante de sujeitos com referência genérica, que seriam normalmente sinalizados, no português europeu, pela realização do pronome *se* (*faz-se*, *escolhe-se*, *lava-se*, *deixa-se*). Cabe notar, nesse mesmo trecho, a ocorrência do pronome *você* com interpretação genérica, junto ao verbo *pegar* (*...você pega uma panela de pressão...*), estratégia cada vez mais frequente no português brasileiro para expressar a indeterminação referencial do sujeito.

(107) Falante A: *Me diz passo a passo como é que* ***faz*** *um feijão.*
Falante B: *É...* ***escolhe*** *ele,* ***lava****,* ***deixa*** *de molho,* ***deixa*** *uma hora de molho, aí depois – de um dia pro outro né? – aí de manhã* VOCÊ ***pega*** *uma panela de pressão, um pouquinho d'água, um dente de alho, um louro, cebola e o feijão e água, carne seca... e* ***deixa*** *cozinhar.*
(Apresentado em Avelar e Callou, 2011)

Voltando ao caso das construções com *ter*, devemos nos perguntar por que, na ausência de um sujeito referencial fonologicamente expresso ou recuperável discursivamente, as orações com esse verbo não são interpretadas como tendo um sujeito indeterminado, tal como as destacadas em (107). Em outras palavras, por que construções do tipo "*tinha livros no armário*" não são interpretadas como tendo argumento externo (interpretado como possuidor) de referência genérica ou arbitrária, significando que "qualquer/alguma pessoa tinha livros no armário"?

Um possível ponto de partida para responder a essa questão está na observação de uma propriedade que salta aos olhos entre as orações existenciais com *ter* no período oitocentista: a ocorrência de constituintes locativos preposicionados imediatamente prepostos ao verbo – das Ex-*ter* identificadas no século XIX, 67% trazem um locativo em posição pré-verbal, como em (108) a seguir, enquanto entre as Ex-*haver* esse percentual é de apenas 17%.

(108) a. [19,1 A BA] [*Na primeira Prença*] ***tem*** *farinha de superior qualidade, vinda do Rio de Janeiro*

b. [19,2 CL BA] [*no livro*] *já* ***tinha*** *recibos de quantias maiores*

c. [19,1 A CE] [*Na loja de fasendas de Desiderio Antonio de Miranda, na rua da l'alma nº 35*], ***tem*** *para vender um lindo e variado sortimento de fasendas francezas*

d. [19,1 A CE] [*Na venda Chegao ao barato*] ***tem*** *bom doce de marmelada e de goiaba.*

e. [19,2 A SP] [*na casa*] ***tem*** *muito commodo*

f. [19,1 A PE] [*Na loje de fronte da Madre-Deos Número 20*] ***tem*** *para vender Rapé de superior qualidade*

g. 19,1 A PE] [*na mesma Loje*] ***tem*** *para vender sapatos Francezes para homem a preso de 560 reais*

A análise por região mostra que a alta frequência de locativos na posição pré-verbal das Ex-*ter* era uma tendência generalizada, conforme ilustrado na Figura 10: com exceção das amostras do Rio de Janeiro, que não apresentam casos de Ex-*ter*, os locativos preposicionados pré-verbais são bastante frequentes entre as existenciais com o verbo possessivo, ao contrário do que se observa entre as Ex-*haver*.

Figura 10 – Frequência de locativos preposicionados pré-verbais em Ex-*ter* e Ex-*haver* em amostras de anúncios e cartas de leitor do português brasileiro oitocentista

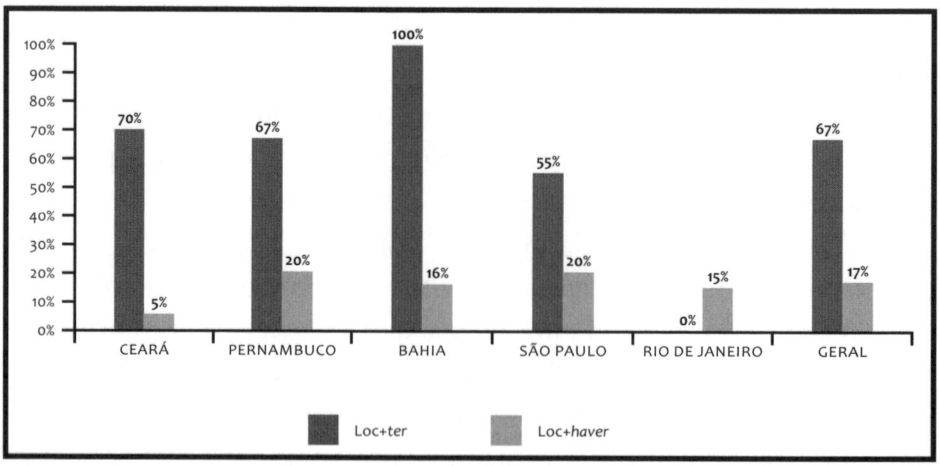

Na literatura sobre as orações existenciais dentro de diferentes correntes teóricas, é largamente destacada a relevância de constituintes com interpretação locativa na configuração sintático-semântica das sentenças que servem à expressão de existência (Lyons, 1967; Clark, 1978; Freeze, 1992; Viotti, 1999). Freeze, por exemplo, salienta que estruturas inerentemente estativas/copulativas adquirem uma leitura existencial quando constituintes locativos são licenciados na posição de sujeito dessas estruturas. A considerar o exposto pelo autor, trata-se de uma propriedade universal das línguas naturais, hipótese que pode ser corroborada pelo fato de que, em muitas línguas (talvez a maior parte delas), as sentenças existenciais são canonicamente produzidas com verbos copulativos – como *to be* em inglês e *essere* em italiano – que são acompanhados por itens de natureza locativa (no inglês e no italiano, a título de exemplo, vemos respectivamente os expletivos *there* e *ci*, ambos de base locativa).

Frente a esse quadro, se a hipótese de que os verbos possessivos resultam da combinação da cópula com um item relacional estiver correta, tal como assumido na seção "Configuração sintática das orações existenciais", é possível explicar por que as sentenças nas quais *ter* é precedido de um constituinte locativo adquirem interpretação existencial, como nos exemplos em (108) do estágio oitocentista. À luz dessa assunção, constituintes locativos que entram na posição de sujeito do verbo *ter* estão, a rigor, entrando da posição de sujeito de uma estrutura copulativa, produzindo o resultado previsto por Freeze: estruturas dessa natureza adquirem interpretação existencial quando trazem locativos em posição de sujeito. Trata-se de uma consequência natural sob a hipótese de que o verbo *ter* resulta da combinação dos traços da cópula *estar* com a preposição *com*. A esse respeito, cabe observar que todos os exemplos de orações existenciais com *estar com* apresentados anteriormente em (42), parcialmente reproduzidos em (109) a seguir, trazem um constituinte locativo em posição pré-verbal, que pode ser identificada como sendo a posição de sujeito. Em síntese: uma vez que as orações possessivas com *ter* são inerentemente copulativas, não surpreende que a entrada de constituintes locativos na posição de sujeito dessas orações produza a interpretação existencial, manifestando, ao que tudo indica, uma propriedade universal das línguas naturais.

(109) a. *no avião* ***tá com*** *novas telas que tem acesso a wi-fi*
b. *lá em casa* ***tá com*** *internet agora, de vez em quando de noite eu entro*
c. *lá na praia* ***tá com*** *Net e td, vou entrar por lá, mas n com tanta frequência*
d. *meu pai foi fritar o bife e na panela* ***tava com*** *açúcar e ele pensava que era gordura*
e. *aqui no Rio* ***tá com*** *uma chuvinha bem gostosa e o tempo tá bem fresquinho*

Um aparente argumento contra essa análise é o fato de a presença de constituintes locativos não ser obrigatória na configuração de sentenças existenciais do português, seja nas construções com *ter*, seja naquelas com *haver*. A esse respeito, é importante ressaltar que a previsão de Freeze não diz respeito à obrigatoriedade de constituintes locativos ocorrerem na posição de sujeito (ou em qualquer outra posição) no interior das estruturas copulativo-existenciais: a previsão correta, em termos empíricos, é a de que, se uma determinada estrutura de base copulativa admite constituintes locativos em posição de sujeito numa determinada língua, tal estrutura também admite a interpretação existencial nessa mesma língua. Daí resulta, pelo menos em parte, a principal diferença entre o português brasileiro e o português europeu no que diz respeito ao verbo *ter*: na variedade brasileira, mas não na europeia, *ter* admite locativos preposicionados em posição de sujeito, o que garante a esse verbo a possibilidade de receber a interpretação existencial.

Essa análise traz embutida uma outra questão: por que o português brasileiro admite constituintes locativos preposicionados na posição de sujeito de orações com *ter*, em oposição ao português europeu? Uma possível resposta passa por observar uma outra mudança sintática atrelada à posição de sujeito: constituintes não argumentais podem ocupar essa posição no português brasileiro, mas não no português europeu (Avelar e Galves, 2011; Toniette, 2013; Moreno, 2014). Na esteira do pioneiro trabalho de Pontes (1987) a respeito do tópico no português brasileiro, diversos estudos têm chamado a atenção para o fato de essa variedade exibir propriedades das chamadas línguas *com proeminência de tópico* ou *orientadas ao discurso*, em oposição às chamadas línguas *orientadas ao sujeito* (Galves, 1998b; Negrão, 1999; Duarte e Kato,

2008; Modesto, 2008; Avelar e Galves, 2011). Entre essas propriedades, está a possibilidade de constituintes não argumentais com interpretação locativa (ou seja, constituintes que não são selecionados pelo verbo) ocuparem a posição de sujeito (em termos gerativistas, a posição de Spec-T/INFL). As construções em (a) de (110)-(113) a seguir foram apresentadas em Avelar (2015); Avelar e Galves (2013, 2014) como exemplos que mostram a entrada de constituintes locativos não argumentais em posição de sujeito. Todos os casos apresentados são de construções em que um termo tradicionalmente analisado como adjunto adverbial ou complemento circunstancial/locativo ocorre em posição pré-verbal e concorda com o verbo. A correspondência do termo pré-verbal com essas funções é facilmente observada nas paráfrases em (b), nas quais o termo locativo é antecedido da preposição *em* ou *de*.

(110) a. ***algumas concessionárias*** *tão caindo o preço [do carro]*[26]
b. ***Em algumas concessionárias*** *tá caindo o preço do carro.*

(111) a. *apenas* ***3 desses cinco monitores*** *aparecem imagem, enquanto os outros dois ficam aparecendo a mensagem*[27]
b. *Apenas* ***em 3 desses cinco monitores*** *aparece imagem, enquanto nos outros dois fica aparecendo a mensagem.*

(112) a. *No interior de SP e do Rio,* ***algumas cidades*** *nevam*[28]
b. *No interior de SP e do Rio,* ***em algumas cidades*** *neva.*

(113) a. ***Meus seios*** *estão saindo água, com veias roxas e grossas saltitantes*[29]
b. ***Dos/Nos meus seios*** *está saindo água.*

Os dados apresentados em Avelar e Cyrino (2008) mostram que o oposto também pode ocorrer: constituintes argumentais podem ganhar uma preposição e permanecer no que parece ser a posição de sujeito, como nos casos em (a) de (114)-(120) a seguir. As paráfrases em (b) mostram que os constituintes preposicionados pré-verbais em (a) podem dispensar a preposição sem que isso aparentemente afete o sentido (em termos temáticos/semânticos) da construção.

(114) a. ***Na escola*** *ensina disciplinas, conceitos, idéias, princípios, relações dentro dos diferentes campos*[30]
b. ***A escola*** *ensina disciplinas...*

(115) a. *Quero saber se **no hospital** atende paciente de Jataí para fazer cirurgia*[31]

b. *Quero saber se **o hospital** atende paciente de Jataí para fazer cirurgia.*

(116) a. ***no ferro velho** compra e vende ferro, não plástico*[32]

b. ***O ferro-velho** compra e vende ferro, não plástico.*

(117) a. *O boleto venceu dia 25/07, como faço para pagar [se] **no banco** não recebe mais[?]*[33]

b. *...**o banco** não recebe mais.*

(118) a. ***na minha escola** aceita cartão de crédito*[34]

b. ***a minha escola** aceita cartão de crédito*

(119) a. ***no meu computador** imprime a etiqueta corretamente*[35]

b. ***o meu computador** imprime a etiqueta corretamente*

(120) a. ***no meu carro** faz esse barulho de tuchos hidráulicos*[36]

b. ***o meu carro** faz esse barulho de tuchos hidráulicos*

De acordo com Avelar e Galves (2011), tanto os dados em (110)-(113) quanto aqueles em (114)-(120) se devem ao fato de o português brasileiro ter experimentado um processo de mudança, sem paralelo no português europeu, que teve o seguinte efeito: a posição de sujeito deixou de ser destinada exclusivamente a constituintes argumentais que concordam com a flexão verbal e passou a poder abrigar tanto constituintes não argumentais em concordância com o verbo quanto constituintes argumentais que, por já apresentarem marca de Caso (a preposição), não podem concordar com o verbo.[37]

Não é claro em que medida essas inovações relativas à entrada de termos "estranhos" na posição de sujeito podem estar correlacionadas à simplificação do paradigma verbo-flexional, tópico que, por si só, merece uma discussão mais ampla e foge ao escopo deste capítulo. O que merece ser aqui destacado é que a alta frequência de constituintes locativos preposicionados em imediata precedência ao verbo *ter* nos dados do período oitocentista é, possivelmente, um reflexo dessas inovações. Tais inovações também se fazem ver, ainda que não de forma totalmente inequívoca, em outros dados levantados nas fontes do século XIX, como nos anúncios reproduzidos em (121) e (122) a seguir, que trazem os constituintes locativos relevantes destacados em negrito.

(121) [19,2 A CE] *PHARMACIA MATTOS. 79 Rua do Commercio n. 79. Joaquim de Alencar Mattos declara aos seus numerosos freguezes, que tendo feito uma reforma em sua pharmacia, resolveu tambem fazer uma reforma geral nos preços de suas drogas, vendendo tudo mais barato e mesmo por preços sem competencia. [...] E finalmente avisa que* ***na referida pharmacia*** *despacha tudo com a maior promptidão e asseio* e que *avia se receitas a qualquer hora do dia ou da noite.*

(122) [19,2 A CE] *CASA DE OURIVES – DE – Gonçalo José do Nasciment. 36 – RUA D'ASSEMPLEA – 36.* ***Nesta casa*** *prepara-se qual obra de ouro, de prata, tudo a gosto do freguez, a tempo e a hora. OURO GARANTIDO DE TODOS OS QUILATES. Tambem compra ouro velho por maior preço do que outro qualquer.*

Em (121), vemos um sintagma preposicionado locativo imediatamente precedente ao verbo *despachar* – "***na referida pharmacia*** *despacha tudo com a maior prontidão*". Observemos que, à primeira vista, há duas interpretações possíveis para essa construção: em uma delas, *despachar* tem um sujeito nulo correferencial ao proprietário da farmácia (Joaquim de Alencar Mattos), que seria a única leitura possível no português europeu; na outra interpretação, o sujeito do verbo *despachar* é o próprio termo preposicionado que antecede o verbo, leitura possível no português brasileiro contemporâneo. Um ponto favorável à ideia de que essa segunda interpretação já estava disponível no período em que o anúncio foi publicado é o fato de a oração com *despachar* ser coordenada com uma oração cujo verbo coocorre com o pronome *se* indefinido ("*avia se receitas*"), o que necessariamente bloqueia a leitura na qual o proprietário da farmácia possa ser tomado como sujeito de *aviar*. Frente ao requerimento de paralelismo que deve (ou, pelo menos, costuma) haver entre duas orações coordenadas, é provável que esse mesmo impedimento se aplique ao primeiro membro da coordenação, levando-nos a considerar que o termo *na referida pharmacia*, e não um pronome referencial nulo, esteja na posição de sujeito da oração com *despachar*. Em (122), é mais evidente que o termo locativo *nesta casa* está associado não apenas a *preparar-se*, mas também ao verbo *comprar*, no período subsequente.

A entrada de constituintes locativos na posição de sujeito de *ter* radica, portanto, num espectro maior de mudanças do português brasileiro, que envolve tanto os efeitos da simplificação do paradigma verbo-flexional quanto a possibilidade de constituintes locativos preposicionados serem licenciados em posição de sujeito. No conjunto das orações com *ter*, essas mudanças tiveram como resultado a utilização da estrutura possessiva para expressar existência, pelas razões apontadas ao longo desta seção: como a oração possessiva com *ter* é inerentemente copular, a entrada de constituintes locativos na posição de sujeito dessas estruturas abre espaço a que as mesmas possam ser interpretadas como existenciais. Trata-se, segundo Freeze, de uma propriedade universal que entra em jogo na configuração das construções copulativo-existenciais.

Por que* ter *e* haver *não permaneceram em variação estável entre as orações existenciais?

Pelo exposto até aqui, não fica claro, num primeiro momento, por que razão *ter* e *haver* não permaneceram em variação estável como verbos existenciais. Como destacado em Callou e Avelar (2000), o verbo *haver* vem caindo em franco desuso nas orações existenciais do português brasileiro, com seu emprego ficando restrito a contextos de uso formal da língua. A resposta para explicitar o porquê desse desuso possivelmente está no mesmo conjunto de fatores que resultaram na emergência de *ter* como verbo existencial: a restrição ao licenciamento de sujeitos nulos e a "pressão" para a entrada de constituintes locativos em posição de sujeito pode ter tornado o verbo *haver* um elemento que não se adequa às inovações atestadas no português brasileiro, uma vez que as orações com esse verbo são categoricamente impessoais. Em outras palavras, a posição de sujeito de *haver* não pode ser ocupada por nenhum elemento, em clara oposição às construções com *ter*, verbo inerentemente possessivo que traz em sua grade temática um lócus para a recepção de argumentos externos.

Como destacado em "Configuração sintática das orações existenciais", uma das inovações que têm chamado a atenção no português brasileiro contemporâneo é o uso cada vez mais frequente de orações existenciais em que o pronome *você* com referência genérica aparece realizado em posição de sujeito, como nas construções exemplificadas em (20), parcialmente reproduzidas em (123) a seguir. Notemos ser esta uma propriedade observada apenas entre as construções existenciais com *ter*; nos casos com *haver*, tal como em (124), a introdução de *você* resulta em sentenças agramaticais. Callou e Avelar (2000) destacam que, na fala culta carioca, a frequência de *você* saltou de 2% na década de 1970 para 19% na década de 1990 do século XX. Esses números confirmam haver uma clara pressão do "sistema" à inserção de itens em posição de sujeito, fato que já se fazia presente entre as existenciais com *ter* na fase oitocentista, atestado pela alta frequência de constituintes locativos preposicionados em posição pré-verbal junto a esse verbo entre os dados do século XIX (ver os exemplos em (108) na seção anterior).

(123) *não sei definir a arquitetura da Tijuca, que aí confunde um pouco com o Rio Comprido. Rio Comprido de repente* ***cê tinha****, Catumbi e, aí* ***você*** *tinha de repente uns sobrados, umas casas mais antigas né. A Tijuca já tem bastante prédio, e assim a parte de altos, não sei, não consigo, diferenciar uma arquitetura, específica. Aliás, eu não vejo, com exceção da Barra, né, que* ***você*** *tem aqueles, em geral, prédios baixinhos* (Nurc-RJ 12 – DÉC. 90)

(124) a. **Você havia Catumbi.*
b. **Você havia de repente uns sobrados.*
c. **Você há aqueles prédios baixinhos.*

Em síntese, se a presente análise estiver no caminho correto, a variação entre *ter* e *haver* não permaneceu estável pelo fato de as inovações emergentes no português brasileiro privilegiarem estruturas que licenciam constituintes expressos em sua posição de sujeito. Uma vez que *haver* não atende a esse requisito, seu uso ficou (ou vem ficando cada vez mais) restrito a contextos formais de interlocução e à língua escrita, ao contrário de *ter*, que, pelas razões expostas, conquistou o posto de existencial canônico do vernáculo brasileiro.

ETDs na diacronia do português brasileiro

Nas amostras de anúncios e cartas de leitor dos períodos oitocentista e novecentista, só foram identificadas ETDs com *haver*. Nos dados oitocentistas, a única diferença significativa em contraste com o observado nos dias atuais é a ocorrência de ETDs preposicionadas, como nos exemplos em (125) abaixo. ETDs antecedidas de preposição são bastante incomuns no português brasileiro contemporâneo, mesmo em textos escritos formais.

(125) a. [19,2 CL BA] *sabia-se que* ***de há muito*** *era essa nomeação objecto de grande capricho*
b. [19,2 CL RJ] *foi esta a primeira occasião,* ***de ha certo tempo para cá,*** *em que um homem atacou de frente as instituições*
c. [19,2 CL SP] *Embora que* ***de ha muito tempo***, *trabalhe-se para o desenvolvimento da indústria*

Quanto ao emprego de *ter* e *estar com* nas ETDs, atestado em dados de fala do português brasileiro contemporâneo (ver "Expressões de tempo decorrido" e "O estatuto categorial das expressões de tempo decorrido"), trata-se de inovações que podem ter emergido pelas mesmas razões que levaram a estrutura possessiva a ser empregada nas expressões existenciais: a necessidade de dispor da posição de sujeito para inserir elementos. Dados como os que se seguem, em que ETDs com *ter* e *estar com* trazem certas categorias (fonologicamente realizadas ou nulas) em posição de sujeito, são bastante comuns na fala espontânea. Contudo, estudos que visem a confirmar se o preenchimento da posição de sujeito vem se tornando mais frequente entre essas expressões ainda estão por ser feitos.

(126) a. *<u>nós</u>* ***temos*** *o quê? nós* ***temos*** *praticamente seis anos... <u>nós</u>* ***temos*** *praticamente seis anos que nós temos isso aqui* (Peul-Censo 10/80)
b. *<u>eu</u>* ***tenho*** *uns três anos... dois anos que eu viajo para o Espírito Santo* (Peul-Censo 23/90)
c. ***tenho*** *vinte e dois anos que eu frequento [a religião]* (Peul-Censo 35/90)
d. *...****tô com*** *oito dia que tô estudano...* (Moquém F12)
e. *<u>eu</u>* ***tô com*** *sete ano que aleijei* (Moquém F4)
f. ***tô com*** *sessenta pa setenta ano que eu tô aqui* (Moquém F4)

Um importante contraste na comparação com as construções existenciais é que, entre as ETDs, *haver* ainda é largamente empregado, sendo a forma mais usada nas variedades referidas na seção "Expressões de tempo decorrido" (falar carioca, falar paulista, falar cearense e falar rural alagoano). Contudo, os números atestados por Avelar (2011) na fala carioca mostram uma diminuição na frequência de *haver*, em favor dos casos com *ter*, da década de 1970 para a década de 1990. Apenas estudos futuros, que se voltem a recortes temporais do século XXI, poderão confirmar se essa superposição das ETDs-*ter/estar com* sobre as ETDs-*haver* é uma mudança em progresso ou, ao contrário, se encontra estabilizada.

Vale chamar a atenção para o fato de que, contrariamente ao observado no domínio das construções existenciais, a variação nesse caso não envolve a alternância entre estruturas oracionais: considerando o exposto na seção "O estatuto categorial das expressões de tempo decorrido", estamos aqui diante da variação entre uma estrutura de base nominal (as ETDs com *haver*) e outra de base oracional (as ETDs com *ter* e *estar com*). Nas construções existenciais, o que parece ter entrado em jogo, em função de inovações atreladas à posição de sujeito, foi o chamado *efeito de bloqueio* (do inglês *blocking effect*), que conduz à supressão de uma determinada forma linguística nos casos em que duas formas funcionalmente idênticas entram em competição, nos termos discutidos em Kroch (1994) a partir da proposta de Aronoff (1976). Esse parece ter sido o caso da disputa entre *ter* e *haver* nas orações existenciais, nas quais as duas formas são categorialmente idênticas (ambas são itens verbais que servem praticamente às mesmas funções gramaticais), o que resultou na supressão progressiva de uma delas – o verbo *haver*, que se mostra, como vimos, menos vantajoso do que *ter*, face aos requerimentos desencadeados pelas inovações do português brasileiro relativamente à posição de sujeito.

Em contraste, *ter* e *haver* não devem ser tratados como formas funcionalmente idênticas nas expressões de tempo decorrido, uma vez que as ETDs-*ter/estar com* são oracionais, enquanto as ETDs-*haver* são nominais. Isso implica o tratamento de *haver* como um item preposicional, e não verbal, na constituição de tais expressões. Por extensão, o efeito de bloqueio não se aplica às ETDs, o que significa que, se nenhum outro fator entrar em jogo, nenhum dos dois padrões de ETD está sob o risco de ser suprimido. Se esta análise estiver correta, podemos prever que a variação entre a ETD-*ter/estar com* e a ETD-*haver* ficará estável, sem que uma forma se sobreponha à outra, em oposição ao que ocorreu entre as orações existenciais.

CONSIDERAÇÕES FINAIS

O panorama diacrônico apresentado neste capítulo em torno das orações possessivas e existenciais confirma, em grande medida, uma previsão feita por Fernando Tarallo em seu famoso texto intitulado "Diagnosticando uma gramática brasileira: o português d'aquém e d'além-mar ao final do século XIX". Partindo de evidências quantitativas e qualitativas, o autor assinala que "*o cidadão brasileiro já estava de posse, ao final do século XIX, de sua própria língua/gramática*" (Tarallo, 1993: 99). Considerando os resultados expostos neste capítulo, a emergência de *ter* como verbo existencial canônico pode ser incluída, inquestionavelmente, no rol das propriedades gramaticais que compõem a língua/gramática em posse do cidadão brasileiro nos oitocentos.

Como ressaltado ao longo do capítulo, há evidências bastante significativas para sustentar a hipótese de que as mudanças experimentadas pelas sentenças existenciais (e, na mesma linha, pelas expressões de tempo decorrido) se devem à confluência de duas inovações sintáticas no conjunto de propriedades relativas à posição gramatical de sujeito no português brasileiro: a possibilidade de constituintes locativos preposicionados serem realizados em tal posição e a emergência de restrições para o licenciamento de sujeitos nulos referenciais. O segundo fator está inequivocamente associado à simplificação do paradigma flexional, mas ainda não há clareza, a considerar os estudos feitos até aqui, se o primeiro fator deve ou não ser atribuído a essa simplificação. De todo modo, a possibilidade de atribuir um valor existencial a estruturas inerentemente possessivas parece, no português brasileiro, ser devida a uma pressão desencadeada por mudanças que afetaram propriedades da posição de sujeito.

Por fim, uma linha de investigação que poderá, em estudos futuros, contribuir para uma melhor compreensão das orações possessivas e existenciais na história da língua portuguesa em geral é a observação do que vem ocorrendo em variedades do português emergentes na África. Tanto em Angola quanto em Moçambique, por exemplo, o verbo *ter* é largamente empregado como existencial, o que sugere se tratar de uma inovação produzida por dinâmicas de contato interlinguístico. Diferentes trabalhos já revelaram que o português emergente na África guarda muitas similaridades com o vernáculo brasileiro no que diz respeito ao sistema de concordância (Inverno, 2005, 2011; Jon-And, 2013) e à inserção de constituintes não argumentais em posição de sujeito (Avelar e Cyrino, 2008; Avelar e Galves, 2013, 2014; Avelar, 2015), além de outras propriedades gramaticais relevantes (Petter, 2009a, b; Negrão e Viotti, 2014). Num plano mais geral, portanto, o resultado das inovações identificadas entre as orações possessivas e existenciais podem ser parte do que Petter (2009a, b) denomina de *continuum* afro-brasileiro do português, estabelecido em grande medida pela influência do aporte africano na emergência e consolidação de novas variedades da língua portuguesa.

NOTAS

[1] O presente capítulo apresenta resultados alcançados em pesquisas desenvolvidas no âmbito de dois projetos financiados pela Fapesp: *Constituintes Locativos e Direcionais em Afro-Variedades de Português e Espanhol* (pesquisa no exterior – processo 13/07112-9) e *A língua portuguesa no tempo e no espaço: contato linguístico, gramáticas em competição e mudança paramétrica* (projeto temático sob a coordenação da profa. dra. Charlotte Galves – processo 12/06078-9).

[2] Neste capítulo, alguns dados foram extraídos de uma das três seguintes amostras de fala: Peul/Censo (Programa de Estudos Sobre o Uso da Língua), Nurc/RJ (Norma Urbana Culta/Rio de Janeiro) ou Moquém (Amostra com moradores da comunidade quilombola de Moquém/União dos Palmares, Alagoas). Na sequência da indicação de cada amostra, são apresentados o número do informante (ou da entrevista) e, nos casos de Peul/Censo e Nurc, a década em que a amostra foi coletada (1970, 1980 ou 1990). As amostras do Peul/Censo e Nurc estão disponíveis na internet, nos seguintes endereços: <www.letras.ufrj.br/peul> e <www.letras.ufrj.br/nurc-rj>. A amostra Moquém foi disponibilizada em Moura (2009).

[3] Este capítulo não irá se ocupar de casos com *possuir*, que, embora ocorra em predicados tipicamente possessivos, não se configura como um item pertencente ao rol de verbos funcionais do português. Ao contrário de *ter*, *haver* e *estar*, que são itens tipicamente funcionais, o verbo *possuir* não pode ser empregado como auxiliar, bem como não mostra sinais de desbotamento semântico, uma condição que costuma caracterizar a reanálise de verbos lexicais/substantivos como funcionais.

[4] O símbolo "#" é aqui utilizado (cf. 5a e 6b) para indicar que, embora uma sentença seja gramaticalmente bem formada, o seu emprego causa estranhamento, por razões de ordem semântica e/ou pragmática.

[5] Para uma discussão mais ampla a respeito da caracterização de *ter* como verbo leve, vejam-se os trabalhos de Viotti (1999) e Avelar (2009d).

[6] Para um tratamento das orações existenciais no português brasileiro a partir de uma visão lexicalista (em oposição, portanto, à visão não lexicalista dos trabalhos de Avelar), ver o trabalho de Viotti (1999).

[7] Para outros estudos que procuram captar propriedades sintático-semânticas das orações existenciais do português brasileiro, ver os trabalhos de Viotti (1999); Franchi, Negrão e Viotti (1998); Avelar (2009a, 2009b, 2009c, 2009d) e Gonçalves (2012).

[8] Disponível em <https://br.answers.yahoo.com/question/index?qid=20130501161729AA4n3db>, acesso em 11/07/2014.

[9] Disponível em <http://forum.vidadeperiquito.com.br/t575-femea-arrumando-o-ninho>, acesso em 11/07/2014.

[10] Disponível em <http://socialspirit.com.br/fanfics/historia/fanfiction-idolos-shinee-its-you-475302/capitulo9>, acesso em 11/07/2014.

[11] Disponível em <http://jornalmaisdom.blogspot.se/2011/07/especial-redes-sociais-nos-por-nos.html>, acesso em 11/07/2014.

[12] Disponível em <http://anti-taxi.blogspot.se/2007/08/um-episdio-de-chaves-que-eu-gostaria-de.html>, acesso em 11/07/2014.

[13] Disponível em <www.gpguia.net/viewtopic.php?f=141&t=14800&start=220>, acesso em 11/07/2014.

[14] Disponível em <http://www.fotolog.com/otavio_mota/22479959/>, acesso em 11/07/2014.

[15] Disponível em <http://ask.fm/carolbfalcao/best>, acesso em 11/07/2014.

[16] Disponível em <http://www.nicholasgimenes.com.br/2008/11/2008nov-curitiba-PR.html>, acesso em 11/07/2014.

[17] Disponível em <http://minhacasaorganizada.wordpress.com/2013/10/31/creme-de-ervilha-maravilha/>, acesso em 11/07/2014.

[18] Disponível em <https://twitter.com/Lays_Pontes>, acesso em 11/07/2014.

[19] Uma propriedade interessante do pronome *você* é o fato de esse item permitir o estabelecimento de contrastes pragmáticos com outros pronomes pessoais que também podem ser usados com referência indeterminada, como *a gente* e *nós*. Comparemos, a título de exemplo, os casos em (a) e (b) nas construções em (i)-(ii) a seguir. Enquanto as sentenças em (b), que trazem as formas de *a gente* e *nós* em posição de sujeito, só podem ser naturalmente enunciadas por um falante que tenha alguma relação com o Japão (por exemplo, mora no Japão ou viaja pra lá com frequência) e com o Rio de Janeiro (por exemplo, é um carioca que gosta de bailes de carnaval), as sentenças em (a), com o pronome *você*, podem ser enunciadas por qualquer falante sem causar qualquer tipo de estranhamento, mesmo que nunca tenha ido ao Japão ou que viva longe do Rio. Esse pronome integra, portanto, um paradigma dentro do qual é possível estabelecer uma escala de genericidade atrelada à relação dos interlocutores com o que está sendo enunciado.

(i) a. ***Você*** *tem praias belíssimas no Japão.*
    b. ***A gente*** *tem praias belíssimas no Japão.*

(ii) a. ***Você*** *tinha excelentes bailes de carnaval aqui no Rio na década de 60.*
     b. ***Nós*** *tínhamos excelentes bailes de carnaval aqui no Rio da década de 60.*

[20] Contudo, se o verbo da ETD for realizado em outro tempo que não o presente do indicativo, como nos exemplos em (i), os casos de clivagem com a ETD-*haver* segue o comportamento da ETD-*ter*, resultando em construções agramaticais.

(i) a. * *Foi* ***havia/tinha dois dias*** *que eu não almoçava.*
    b. * *Eu não almoçava foi* ***havia/tinha dois dias****.*

[21] Para o século XX, o estado de São Paulo foi desconsiderado, uma vez que não havia – pelo menos na altura em que a investigação estava sendo desenvolvida – material representativo dessa localidade para o período em questão no *corpus* mínimo do PHPB.

[22] Agradeço à colega Charlotte Galves por ter me fornecido esses dados com *estar com*, extraídos do *Corpus* Tycho Brahe.

[23] Nas construções em questão, os sujeitos nulos referenciais internos às orações infinitivas podem ser tratados como instâncias de PRO controlado, à luz das análises clássicas propostas para as categorias vazias na Teoria de Regência e Ligação. No âmbito das investigações que adotam a versão minimalista da Teoria de Princípios e Parâmetros, essa análise não tem sido consensual, havendo quem argumente que os casos de PRO controlado são, na verdade, cópias apagadas de constituintes movidos.

[24] Por *gramática nuclear* e *gramática periférica* entende-se o que Chomsky (1981) denomina *core grammar* e *periphery*, respectivamente. Seguindo os desdobramentos propostos por Kato (2005) em torno desses conceitos, uma gramática periférica "*pode abrigar fenômenos de empréstimos, resíduos de mudança, invenções, de forma que indivíduos da mesma comunidade podem ou não apresentar esses fenômenos de forma marginal*" (p. 3), contrariamente à gramática nuclear, que resulta do processo natural de aquisição da língua.

[25] Na literatura atual sobre o parâmetro pro-drop, tem sido largamente assumida a seguinte classificação: *línguas não* pro-drop (como o inglês e o francês), que não admitem sujeitos nulos em orações finitas, a não ser em contextos específicos, como em estruturas coordenadas e sentenças com verbos no modo imperativo; *línguas radicalmente* pro-drop (como o chinês), que recorrem preferencialmente a sujeitos nulos, mesmo apresentando um paradigma verbo-flexional reduzido; *línguas canonicamente* pro-drop (como o português europeu, o espanhol e o italiano), que recorrem preferencialmente a sujeitos nulos, em lugar de sujeitos fonologicamente explícitos, em função de seu rico paradigma verbo-flexional; *línguas parcialmente* pro-drop (como o português brasileiro e o islandês), que, embora admitam sujeitos nulos, apresentam fortes restrições à sua realização. Para mais detalhes a respeito dessa divisão, vejam-se os trabalhos publicados na coletânea organizada por Biberauer et al. (2010), em especial o trabalho de Holmberg (2005).

[26] Disponível em <http://forum.carrosderua.com.br/index.php?showtopic=122656>, acesso em 11/07/2014.

[27] Disponível em <http://linuxeducacional.com/mod/forum/discuss.php?d=1587>, acesso em 11/07/2014.

[28] Disponível em <http://www.youtube.com/all_comments?v=IlOPh-mITyc>, acesso em 11/07/2014.

[29] Disponível em <http://br.answers.yahoo.com/question/index?qid=20100719154841AAOC7HX>, acesso em 11/07/2014.

[30] Disponível em <http://www.slideshare.net/AdrianaPereiraNeriNeri/os-meios-na-escola-9123884>, acesso em 11/07/2014.

[31] Disponível em <https://www.facebook.com/pages/Hospital-S%C3%A3o-Lucas-de-Mineiros-Ltda/167040896690477>, acesso em 11/07/2014.

[32] Disponível em <http://www.g391.ru/video.php?yt=9QTc_Zy-KVo>, acesso em 11/07/2014.

[33] Disponível em <https://www.google.se/search?q=%22no+banco+recebe%22&rlz=1C1SFXN_enSE565SE565&oq=%22no+banco+recebe%22&aqs=chrome..69i57j0.3488j0j8&sourceid=chrome&espv=210&es_sm=93&ie=UTF-8#q=%22no+banco+n%C3%A3o+recebe%22>, acesso em 11/07/2014.

[34] Disponível em <twitter.com/giiovannaflores/status/18219596304>, acesso em 11/07/2014.

[35] Disponível em <http://www.suportegas.com.br/portal/topic.asp?>, acesso em 11/07/2014.

[36] Disponível em <www.vectraclube.com.br/forum/viewtopic.php?>, acesso em 11/07/2014.

[37] Avelar e Galves (2011) argumentam, em termos formais, que essas duas consequências podem ser captadas pelo fato de o EPP de T(empo) no português brasileiro ser phi-independente, no sentido proposto em Holmberg (2010): Spec-T pode, nessa língua, ser criado para abrigar elementos que não concordam com os traços-phi presentes em T. No português europeu, bem como nas demais línguas românicas (da mesma forma que no inglês), o EPP de T(empo) é phi-dependente, o que implica que, nessa língua, Spec-T sempre abriga constituintes que desencadeiam concordância com a flexão verbal.

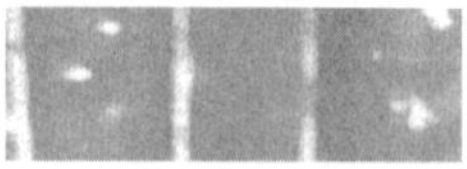

A SINTAXE DOS PRONOMES PESSOAIS CLÍTICOS NA HISTÓRIA DO PORTUGUÊS BRASILEIRO

Marco Antonio Martins

SUMÁRIO

APRESENTAÇÃO

São dois os objetivos deste capítulo: (1) analisar a sintaxe dos pronomes pessoais clíticos na história do português brasileiro em diferentes contextos sintáticos, tendo em vista cartas de leitores, cartas de redatores e anúncios que circularam em jornais no Brasil dos séculos XIX e XX em diferentes regiões;[1] e (2) apresentar evidências de que a escrita brasileira desse período reflete padrões gerados por três gramáticas do português: pela gramática do português brasileiro (doravante PB), pela gramática do português europeu (doravante PE) e pela gramática do português clássico (doravante PC). Em função de tais objetivos, o capítulo está assim estruturado: apresento um breve panorama dos estudos sobre a sintaxe dos pronomes clíticos no quadro da teoria gerativa (seção "Breve panorama dos estudos sobre a sintaxe dos pronomes pessoais clíticos no quadro da gramática gerativa") e na diacronia da escrita brasileira (seção "Breve panorama sobre a sintaxe dos pronomes pessoais clíticos na diacronia da escrita brasileira"); apresento a análise estatística dos (complexos) padrões empíricos de posição e de colocação dos clíticos, em diferentes estruturas sintáticas, a partir de dados do PHPB (seção "Panorama diacrônico-formal sobre a mudança na sintaxe dos pronomes pessoais clíticos nos dados do PHPB"); e, por fim, apresento uma interpretação diacrônica-formal desses padrões estatísticos para comprovar a hipótese de trabalho (seção "Perspectivas formais sobre a mudança nas construções analisadas"). As considerações finais cerram o texto.

BREVE PANORAMA DOS ESTUDOS SOBRE A SINTAXE DOS PRONOMES PESSOAIS CLÍTICOS NO QUADRO DA GRAMÁTICA GERATIVA

Muitas análises em gramática gerativa, no âmbito da Teoria de Princípios e Parâmetros (Chomsky, 1981, 1986, 1995), foram e têm sido propostas para a sintaxe dos pronomes pessoais clíticos nas línguas românicas, desde o trabalho pioneiro de Kayne (1991). Referentemente ao português, a maioria das análises assume que a ênclise é a ordem natural e a próclise é derivada por operações no componente sintático e/ou no componente morfofonológico nas diferentes gramáticas do português instanciadas em textos escritos no curso dos séculos XII ao XX.

Para muitas propostas motivadas por operações no componente sintático a derivação da próclise ou da ênclise, quase sempre, é o resultado da projeção de uma categoria funcional acima (ou nos domínios) da categoria funcional Tempo (T) na estrutura oracional (cf. Martins, 1994, 1997; Costa e Martins, 2003; Raposo, 2000; Galves, 2000, 2001). Essas análises, com diferentes implementações, defendem que a colocação dos pronomes clíticos é sempre o resultado da projeção de uma categoria funcional "extra" na sintaxe: ΣP, na análise de Martins (1994, 1997); FP, na análise de Raposo (2000); PessoaP, na análise de Galves (2000, 2001). Tal categoria funcional é sempre alocada entre CP e IP/TP e possui traços específicos que devem ser saturados na sintaxe.

Numa outra linha de argumentação, outras análises defendem que a derivação da próclise nas gramáticas do português não envolve a projeção de uma categoria funcional "extra" no componente sintático, mas está relacionada à restrição ao clítico em primeira posição (cf. Barbosa, 2000; Duarte e Matos, 2000; Duarte, Matos e Gonçalves, 2005).

Algumas análises recentes defendem, no entanto, que a derivação da próclise nas gramáticas do português é o resultado de operações complementares nos componentes sintático e morfofonológico (cf. Galves e Sândalo, 2004; Galves, Torres Morais e Ribeiro, 2005). Dentre essas propostas, Galves, Torres Morais e Ribeiro (2005) defendem que os clíticos dativos/acusativos de primeira e segunda pessoas "*me*" e "*te*" e o dativo/acusativo "se" no PB perderam seus traços de clíticos acusativos e se tornaram "puras formas dativas" (Galves, Torres Morais e Ribeiro, 2005: 164). Para as autoras, os clíticos em PB são marcados com Caso inerente de dativo e necessariamente adjungidos na derivação ao verbo que lhes atribui papel temático, o que os caracteriza como *clíticos ao verbo*. No PE, assim como nas demais línguas românicas de sujeito nulo – como no PC, por exemplo –, os clíticos são adjungidos a INFL. Assim, a distinta propriedade dos clíticos nas diferentes gramáticas garante que, diferentemente do PE e do PC, os clíticos em PB estejam sempre nas adjacências do verbo que lhes atribui papel temático, conforme contraste entre (1b) e (1c), a seguir.

(1) a. *Não [te quero ver]* b. *Não quero ver-te* – PE
c. *Não quero [te ver]* d. **Não te quero ver.* – PB

Na proposta de Galves, Torres Morais e Ribeiro, centrada na hipótese de que as gramáticas do PB e do PE evoluíram independentemente – e em direções opostas tendo em comum a gramática do PC (cf. Galves, Namiuti e Paixão de Souza, 2006; Galves, 2012) –, a ênclise generalizada no PE é uma inovação. Por outro lado, o que mudou no PB, em relação ao PC, foi o fato de os clíticos não mais serem afixados nos domínios de INFL, mas nos domínios do verbo que lhes atribui papel temático. Essa mudança, no entanto, não estaria relacionada à ordem relativa clítico/verbo nessas gramáticas, mas apenas criaria uma nova posição para os clíticos no PB que não existia no PC, nem no PE. De acordo com a proposta de Galves, Torres Morais e Ribeiro, os clíticos não seriam elementos sintaticamente autônomos, mas sim expressões do *output*/expoentes morfológicos de traços e estariam sujeitos, portanto, às regras de formação de palavras como os demais afixos nas gramáticas das línguas. Para as autoras, a ordem relativa verbo/clítico é obtida a partir da interação de duas restrições nas gramáticas das línguas:

i. Restrição de borda: um clítico é alinhado à borda esquerda de I-barra
ii. Restrição não inicial:[2] um clítico não pode ser o primeiro elemento da oração

Em outras palavras, numa perspectiva otimalista, as autoras assumem a proposta de Galves e Sândalo (2004),[3] segundo a qual a anteposição ou a posposição dos clíticos seria o resultado da interação entre as restrições *de borda* e *não inicial*: os clíticos estão sempre alinhados à esquerda de X-barra e a gramática que tem ativa a restrição *não inicial* (PC e PE, por exemplo) proíbe que um clítico ocorra em primeira posição absoluta num determinado domínio estrutural. Nessa perspectiva, quando a restrição *não inicial* está ativa na gramática de uma língua, a restrição *de borda* é violada e a ênclise é derivada; quando a restrição *não inicial* não está ativa, *a restrição de borda*, que é *default* e alinha sempre o clítico à esquerda do verbo, garante que a próclise seja sempre derivada.

No PC, a restrição *não inicial* estaria ativa e nunca permitiria a próclise em sentenças com o verbo em posição inicial (contexto V1) ou em sentenças com um constituinte X pré-verbal, desde que X esteja em uma posição externa à oração (contexto X[#V]). No PE, a restrição *não inicial* ainda estaria ativa, mas com uma significativa mudança no domínio em que ela se aplicaria: do primeiro X-barra para o primeiro I-barra – mudança essa que explicaria a ênclise generalizada em orações com sujeitos referenciais no PE, uma vez que o domínio estrutural que proibiria o clítico em primeira posição é I-barra (e é importante lembrar que o sujeito em Spec de IP, como muitas análises assumem para a posição do sujeito no PE, está fora desse domínio). No PB, a restrição *não inicial* não estaria mais ativa em nenhum domínio e a próclise não seria barrada, não violando assim a restrição *de borda*. O esquema a seguir sistematiza a proposta das autoras:

Natureza dos clíticos	PC $^{\text{INFL-clitics}}$	PE $^{\text{INFL-clitics}}$	PB$^{\text{verbal-clitics}}$
Restrição não inicial	PC ^{ativa}	PE ^{ativa}	PB $^{\text{não-ativa}}$
Domínio da restrição não inicial	PC ^{prosódico}	PE ^{sintático}	

Para a análise dos padrões empíricos descritos na escrita brasileira dos séculos XIX e XX a partir do *corpus* do PHPB, neste capítulo, assumo a proposta de Galves, Torres Morais e Ribeiro (2005), que defendem que (i) a gramática do PC tem ativa a restrição ao clítico em primeira posição que se aplica no nível XP: a próclise é derivada em construções XV em que X ocupa uma posição interna à estrutura oracional e a ênclise é derivada nos demais contextos; (ii) a gramática do PE mantém ativa a restrição ao clítico em primeira posição que se aplica no nível do primeiro X-linha da estrutura oracional: a próclise é derivada, então, na presença da projeção de uma categoria funcional entre CP e IP, ou mediante qualquer elemento em CP, sendo a ênclise encontrada nos demais contextos; e (iii) a gramática do PB perdeu a restrição ao clítico em primeira posição em qualquer domínio e a próclise é sempre gerada.

Por hipótese, o que busco defender é que a variação nos padrões de posição e de colocação em ênclise ou próclise dos pronomes pessoais clíticos generalizada em muitos ambientes sintáticos na colocação dos pronomes clíticos na escrita brasileira dos diferentes séculos seria um reflexo da competição entre esses diferentes padrões gerados por diferentes gramáticas.

BREVE PANORAMA SOBRE A SINTAXE DOS PRONOMES PESSOAIS CLÍTICOS NA DIACRONIA DA ESCRITA BRASILEIRA

Por constituir um fenômeno de variação e de mudança que com muita clareza delimita diferentes períodos do português no curso dos séculos, a colocação dos pronomes pessoais clíticos nas gramáticas dessa língua tem sido objeto de muitas pesquisas.

De um modo geral, em textos escritos no Brasil no curso dos séculos XVIII, XIX e XX, os padrões de colocação dos pronomes clíticos constituem um quadro bastante complexo, no sentido de que a variação atestada nos textos escritos é significativa. Diferentes análises, em sua maioria desenvolvidas no âmbito do projeto Para a História do Português Brasileiro (PHPB), têm mostrado que na escrita brasileira desse período: (i) há próclise majoritária, com alguns poucos casos de ênclise, em sentenças com operadores de negação predicativa, com quantificadores, com determinados advérbios em posição pré-verbal e em sentenças iniciadas por constituintes focalizados; (ii) há um aumento progressivo da próclise em sentenças finitas com o verbo em primeira posição; (iii) há variação ênclise/próclise, com aumento progressivo da próclise a partir de textos do século XX, em sentenças finitas não dependentes em "contextos neutros"; (iv) há cliticização ao verbo do qual o clítico depende sintática e semanticamente em sentenças com complexos verbais e (v) há interpolação bastante residual – quase sempre do marcador de negação frásica "não" (Pagotto, 1992; Lobo, 1992, 2001; Galves e Abaurre, 1996; Schei 2003; Duarte e Pagotto, 2005; Torres Morais e Ribeiro, 2005; Galves, Torres Morais e Ribeiro, 2005; Carneiro, 2005; Martins, 2009, 2010, 2012, 2013; Carneiro e Almeida, 2009; Carneiro e Galves, 2010; Cavalcante, Duarte e Pagotto, 2011, entre outros).

Tendo em vista esse quadro, a próclise generalizada ou a evolução da próclise em diferentes ambientes sintáticos na escrita brasileira ao longo dos séculos tem sido interpretada como reflexo do padrão proclítico da gramática do PB, e os diferentes padrões de variação atestados – que refletem variação em quase todos os ambientes sintáticos –, como o reflexo de diferentes gramáticas ou de diferentes normas do português no curso dos séculos. Sobre a variação ênclise/próclise na escrita brasileira do século XIX, Carneiro e Galves (2010), tendo em vista a análise de cartas privadas escritas no Brasil, chegam a afirmar que a colocação de clíticos é variável em todos os contextos sintáticos.

Considerando a proposta teórica de que a mudança sintática no curso dos séculos procede via competição de diferentes gramáticas no contínuo temporal (Kroch, 1989, 2001), tenho defendido (Martins, 2009, 2010, 2012), em consonância com outros autores (cf. Carneiro e Galves, 2010), que a variação atestada na escrita brasileira dos diferentes séculos nos muitos ambientes sintáticos pode ser interpretada como o reflexo da competição de três gramáticas do português: do PB, do PE e do PC. Nesse sentido, diferentes padrões associados a essas três gramáticas podem ser atestados na escrita brasileira nos diferentes séculos e alguns casos de ênclise em ambiente de próclise categórica na história do português seriam motivados por um período de instabilidade no uso, característica de um processo de mudança.

Em Martins (2009, 2010), a partir de um *corpus* constituído por peças de teatro dos séculos XIX e XX, mostrei que a escrita catarinense (no cenário da escrita brasileira), no século XIX, apresenta variação ênclise/próclise com casos de ênclise mesmo em contextos de próclise categórica na história do português, o que evidencia que há certa instabilidade nos padrões empíricos de ordenação de clíticos nos textos desse interessante período na história sociolinguística do português brasileiro. Já na escrita do século XX, foram encontrados padrões mais estáveis, o que sugere uma maior influência do padrão da gramática do PB: a próclise é categórica em orações com sujeitos DPs simples e ainda variável em orações com advérbios e sintagmas preposicionais; há um aumento significativo nas taxas de próclise a V1 e de próclise ao verbo do qual o clítico depende sintática e semanticamente em predicados complexos; e a interpolação não é mais atestada.

Diante desse quadro, a descrição e a análise apresentadas na próxima seção têm por objetivo testar a seguinte hipótese de trabalho já apresentada na introdução deste capítulo: os diferentes padrões empíricos atestados na escrita culta brasileira dos séculos XIX e XX, nos dados do projeto PHPB, refletem propriedades de três gramáticas do português: do PB, do PE e do PC.

Essa hipótese prediz que nos textos serão encontradas:

i. Sentenças com próclise ao verbo em primeira posição absoluta em orações finitas não dependentes e sentenças com próclise ao verbo temático em estruturas verbais complexas – que refletiriam padrões gerados pela gramática do PB.
ii. Sentenças com ênclise em orações com sujeitos pré-verbais, sintagmas preposicionais ou advérbios não modais, não focalizados – que refletiriam padrões gerados pela gramática do PE.

iii. Sentenças com interpolação em sentenças-matriz sem atrator; sentenças com interpolação de constituintes diferentes do marcador de negação frásica (*não*) e de pronomes ou advérbios de natureza dêitica (cf. Namiuti, 2008); e sentenças com subida de clíticos e próclise ao verbo finito em ambientes sem atratores – que refletiriam padrões gerados pela gramática do PC.

Apresentado esse breve panorama, passo à análise estatística dos padrões de posição e de colocação dos pronomes pessoais clíticos na escrita brasileira culta dos séculos XIX e XX.

PANORAMA DIACRÔNICO-FORMAL SOBRE A MUDANÇA NA SINTAXE DOS PRONOMES PESSOAIS CLÍTICOS NOS DADOS DO PHPB

A análise aqui apresentada leva em conta 5.350 dados, considerando sentenças-matriz e subordinadas com um único verbo e com dois ou mais verbos formando predicados complexos. Essa amostra foi extraída de textos da imprensa brasileira dos séculos XIX e XX – mais especificamente de cartas de leitores, cartas de redatores e anúncios – que compõem o *corpus mínimo comum impresso do projeto PHPB*. Para esse momento, textos de jornais de quatro estados foram considerados: Rio de Janeiro (RJ), Bahia (BA), Pernambuco (PE) e Ceará (CE). Foram consideradas para a constituição da amostra 5.000 palavras por cada metade de século – 1800 a 1850, 1951 a 1899, 1900 a 1950 e 1951 a 1999 – dos três gêneros de cada estado.

Como sucintamente apresentado na seção "Breve panorama sobre a sintaxe dos pronomes pessoais clíticos na diacronia da escrita brasileira", o sistema dos pronomes pessoais clíticos e os padrões de colocação desses elementos apresentam propriedades bastante particulares na história do português escrito no Brasil. Considerando esse quadro, nesta seção, serão apresentadas as propriedades do sistema de clíticos na história do português, considerada a totalidade dos dados analisados (seção "O sistema dos pronomes pessoais clíticos"), e a seguir serão apresentados os padrões de colocação (seção "Posição e colocação dos pronomes pessoais clíticos") em diferentes ambientes sintáticos.

O sistema dos pronomes pessoais clíticos

Tomando para análise a totalidade dos dados aqui coletados, algumas propriedades do sistema dos pronomes pessoais clíticos na diacronia do português brasileiro ficam evidentes:

i) Redução no uso de algumas formas e na frequência de uso dos pronomes pessoais clíticos.

O quadro dos pronomes pessoais complementos na escrita brasileira culta dos séculos XIX e XX é o seguinte:

Quadro 1 – Pronomes pessoais

	Acusativos	Dativos
P1	me	me
P2	te, lhe, o, a, se	te, lhe
P3	o, a, se	lhe
P4	nos, vos	nos
P5	os, as, se,	lhes
P6	os, as, se	lhes

O pronome pessoal clítico (muito) mais recorrente na amostra é o *se* (3.106/5.350-58%). A frequência dos demais foi: *o/a* (752/5.350-14%), *lhe* (552/5.350-10%), *me* (511/5.350-9%), *nos* (330/5.350-6%). Muito baixas foram as ocorrências dos pronomes *vos* (48/5.350-1%) e *te* (18/5.350-<1%). É importante considerar, no entanto, que a baixa ocorrência dos pronomes de segunda pessoa pode estar correlacionada aos gêneros considerados que não favorecem um discurso voltado à interlocução direta.

Outro dado interessante, considerando a totalidade dos dados, é a queda no percentual geral de pronomes pessoais clíticos no curso dos séculos: de 27% em textos da primeira metade do século XIX cai para 15% em textos da segunda metade do século XX:

19,1: 1.1389 (27%) > 19,2: 1.954 (36%) > 20,1: 1.200 (22%) > 20,2: 807(15%)

Isso sinaliza para a mudança atestada do sistema dos pronomes clíticos no português brasileiro – com a ausência de algumas formas clíticas e a entrada de outras de pronomes fortes –, cf. resultados apresentados na *Gramática do português culto falado no Brasil* (cf. Kato e Nascimento, 2009).

ii) Perda de grupos clíticos

De acordo com Martins (2013: 2.235), na *Gramática do português*, "*quando, numa mesma oração, ocorre mais do que um pronome pessoal complemento, estes formam um grupo clítico, que se caracteriza pela inseparabilidade dos elementos que o constituem*". Construções com grupos clíticos são muito pouco frequentes na escrita da imprensa brasileira no período aqui analisado (54 ocorrências no universo de 5.350 dados) e estão restritas a textos do século XIX. Encontra-se a contração entre o dativo *lhe* e o acusativo *o/a(s)* (2a,b,c) e entre o dativo *me* e o acusativo *o* (2d), assim como aparecem os grupos clíticos formados pelo *se* e o dativo *lhe* (3), sempre nessa ordem fixa (cf. dados em (3)).

(2) a. [19,1 CL RJ] *Se tal escandalo se observa na rua mais frequentada da Corte do Brasil, por onde passeão a nossa aristocracia, as nossas bellesas, os nossos fidalgos de chelpa!!! o que não irá pelos outros arrabaldes? Eu* ***lho*** *digo.*

b. [19,2 CR BA] *Si precisa de capitaes, ha de pagar um premio alto, porque o Banco do Brazil, que – pela faculdade que tem de tão larga emissão, - é quem lh'os podia dar, não* ***lh'os*** *dá; não so porque o limitado prazo por que desconta não pode convir ao lavrador, que so de anno a anno vende os seus generos, como porque o seu premio é alto, é igual áquelle com que o obtem das Caixas ao prazo que lhe convém; - das Caixas que não tem emissão!*

c. [19,1 CR PE] *Ora nestas Sociedades assim effeituadas, aonde,ou em quem residia a Soberania?... Naõ era nas mesmas Sociedades?... Que cousa era, ou poderia ser esta Soberania?... Respondo: Nenhuma outra cousa poderia ser se naõ - A Vontade de Todos – E todos querendo huma, e a mesma cousa, quem poderia disputar-****lha****?*

d. [19,1 CL RJ] *Parece-me incrivel; e entretanto* ***m'o*** *affirma pessôa que tem rasão para saber do facto.*

(3) a. [19,1 CR RJ] *Quando lemos o dito notavel artigo, logo resolvemos condemnal-lo ao despreso, que elle merece; e logo nos ocorreu á lembrança, hum facto acontecido com o respeitavel Padre Oudino: apresentou-****se-lhe*** *hum filosofante com aquella audacia, que a ignorancia costuma gerar, e se propoz argumentar com elle sobre a existencia de Deos, declamando logo que hera atheu.*

b. [19,2 CR BA] *Além disto, não sabemos como descrer, não somente da confiança imperial como da confianca nacional no gabinete 25 de junho, si, apesar do curto tempo de governo, tem se elle assignalado por serviços relevantes ao Estado e não* ***se lhe*** *arguem faltas que possam n'o abater no conceito da nação.*

c. [19,2 A BA] *Quando a immoralidade, vestida de casaca e luvas, altiva e vigorosa ameaça - como os mares da Batavia - engolir quanto está abaixo do seu nivel; quando, como a esses, não* ***se lhe*** *póde oppôr um dique*

iii) Perda de interpolação

Muito frequentemente, em português os pronomes pessoais clíticos ocorrem – em ênclise ou em próclise – adjacentes ao verbo. No português antigo e no português clássico, essa adjacência podia ser rompida com a interpolação de um ou mais constituintes entre o pronome clítico e o verbo. No português antigo, o fenômeno da interpolação era generalizado e no português clássico podia ocorrer em contextos de sentença-matriz e constituintes de natureza vária podiam aparecer interpolado, o que difere de variedades dialetais do português europeu moderno (cf. Martins, 2013: 2.233) em que apenas o marcador de negação frásica (*não*) e pronomes e advérbios de natureza dêitica podem aparecer interpolados.

Na escrita brasileira culta dos séculos XIX e XX, na amostra aqui analisada, há 68 casos de interpolação, em sua grande maioria com o marcador de negação frásica "*não*" em sentenças subordinadas, conforme exemplos em (4):

(4) a. [19,2 CL RJ] *Se a medida era boa, porque* ***a não conservou*** *Vossa Excelência, mandando depois fiscalisar treis e seis embarcações por um só guarda?*

b. [19,2 A BA] *No seu periodico – número 2 – lí uma correspondencia do Senhor Joaquim Eleuterio d'Amorim. que se queixa de dois camaristas* ***lhes não haverem pago*** *oitenta e tantos mil reis, que lhe devem, provenientes de guerrilhas.*

c. [19,2 CR PE] *Creio, que estou fóra desta imputação vergonhosa, nào só porque nào preciso do povo, no sentido em que esta precisão aqui se deve tomar, como porque quero a paz, a tranquilidade, a moralidade do povo, a reflexào do povo, e nestas condições o povo saberá bem distinguir os especuladores d'aquelles que* ***o não são****.*

d. [19,1 CR CE] *E que brasileiro hoje* ***vos naõ saudara****, levando cheio d'enthuziasmo sua ideia a visitar esses ditozos lugares, que primeiro alumiou o sol de nossa Independencia!*

A grande maioria desses casos ocorre em cartas de leitores e em cartas de redatores da primeira metade do século XIX (57 ocorrências dos 68 dados são da primeira metade do século XIX). No século XX, apenas uma ocorrência de interpolação de "*não*" em uma carta de redator da primeira metade no estado do Ceará foi encontrada.

Foram encontradas oito ocorrências de interpolação em sentenças-matriz, conforme exemplos em (5), dentre as quais em quadro ocorrências não há a presença de elementos atratores, conforme exemplos listados em (6).

(5) a. [19,1 CR RJ] *Quanta gloria* ***vos não cabe****, ó Póvos, ó Tropa de São Paulo; quanta gloria não mereceis, quando além de que difficuldades, que vencestes, ainda acrece vosso dezinteresse, e até mesmo vosas constancia em sofreres ingratidões, apezar das quaes sempre sois promptos em as occasiões!*

b. [19,2 CL BA] *Não fui surprehendido nem o seria alguem por similhante noticia; quem* ***a não esperaria*** *no reinado da politica corrupta e immoral, que, em nosso infeliz paiz, calca hoje aos pés a justiça, o dever e a honra*

c. [19,1 CR PE] *Em Pernambuco já naõ he bastante ter só a cabeça ievada de juizo, he necessario ter de mais coraçaõ e posses de Catilina para figurar, servir ou aprovar huma revoluçaõ qualquer: a ella já* ***se naõ pode aplicar*** *o verso do Poeta – Feliz quem faciunt a liena pericula cautin – exemplos huns sobre outros a tem assaz escarmentado em si mesmo para cometter a temeridade de levantar essa offuscada bandeira, que sempre lhe tem sido luctuosa mortalha de Saladino à meio pao.*

(6) a. [19,1 CL RJ] *Eu* ***me não julgo*** *criminoso e quando for chamado a contas appresentarei os titulos de minha defeza se he que os innocentes se justificão.*

b. [19,1 CR RJ] *Não nos enganamos; a espionagem que desde logo se desenvolveo em grande escalla,* ***nos não deixou*** *mais; nossa casa, nossos amigos erão seguidos por toda a parte, e os proprietarios das diversas typographias a que nos dirigimos, forão ameaçados com deportações, visto alguns serem estrangeiros!*

c. [19,1 CL PE] *Este anno* ***me não foi preciso ir*** *tratar de negocios nem a alfandega nem á mesa das diversas Rendas, mas cazualmente passando pela praça ouvi varios negociantes queixarem-se do estado daquellas duas repartições, dalli huns dizião "nada isto não vai bem:" daquellla parte outros"He preciso que isto leve volta."*

d. [19,1 CL CE] *Senhor Redactor. – O Padre Joaõ Marrocos Teles, que acaba de ser justa, e merecidamente removido de professor de latim do Crato para Baturité, hum dos actos do Excelentíssimo Senhor Doutor Moraes Sarmento, que muito honra sua sabia administração, tem vexado aos senhores doutores Ramos, promotor P., Vigario, agente do correio, padre Lima Seca, e mais outros para lhe darem attestado de sua conduta moral, e que tem sua aula aberta, e nella insina com freqüência.* ***me muito afoítesa****, senhor redactor pedirem se taes attestados: os dois primeiros senhores ja lhe diceraõ abertamente, que naõ lhe davaõ attestados*

O exemplo em (6d) é um caso interessante em que o constituinte interpolado é o advérbio quantificador *muito* em sentença-matriz sem atrator, num contexto em que o pronome pessoal clítico está em primeira posição absoluta do período. Há outro dado encontrado em uma carta de redator da Bahia em que o constituinte interpolado não é marcador de negação frásica mas um advérbio temporal (7):

(7) [19,2 CR BA] *Implantem-se no animo nacional novos habitos, desperte-se, cultive-se e estenda se a iniciativa individual, e a organisação administrativa, ainda permanecendo a mesma, justificar-se-ha da imputação que* ***lhe hoje fazem****.*

De um modo geral, os dados em (6) e (7) são bastante interessantes porque se apresentam evidências de que a escrita culta brasileira do século XIX manifesta padrões de interpolação associados à gramática do PC, tendo em vista o fato de a interpolação nesse contexto não ser mais licenciada pela gramática do PB ou mesmo do PE (cf. Namiuti, 2008).

iv) Perda de mesóclise

A mesóclise não é recorrente na escrita culta brasileira: foram encontradas 26 ocorrências em um universo de 5.350 dados. Em sua maioria, a mesóclise está restrita à escrita do século XIX (8a,b): do total de 26 dados, há apenas duas ocorrências em textos do século XX, em cartas de redator (8c,d).

(8) a. [19,2 A RJ] *Sexta-feira 16 do corrente, ás 9 horas* ***celebrar-se-há*** *uma missa em louvor da Virgem Santissima Senhora do Carmo, e para cujo fim actual irmão juiz, manda convidar a todos nossos irmãos, irmãs e fiéis para assistirem a este acto de nossa santa religião.*
b. [19,1 CL BA] ***Poder-se-ha*** *inferir daqui, que ella, caminhando para o Sul, chegará até nós?*
c. [20,1 CR PE] ***Dir-se-a*** *que é, então, o momento de provivenciar para pôr em ordem o nosso regimen tributario.*
d. [20,2 CR CE] *Não restam dúvidas de que, através de analises adequadas,* ***poder-se-á obter****, dentro de mais algum tempo prognósticos a curto e longo prazo dos fenômenos climáticos suscetíveis de desorganizar as atividades produtivas, principalmente em nossa região, pode a agricultura e a pecuária ainda se desenvolvem por conta do azar, como o jôgo-do-bicho, na velha base de "quem vai ganhar, quem vai perder..."*

Passemos agora à análise estatística dos padrões de posição e de colocação encontrados na escrita brasileira culta dos séculos XIX e XX, considerando os diferentes tipos de ambientes e de sentenças: com um verbo (seção "Sentenças com um único verbo") e com dois ou mais verbos formadores de predicados complexos (seção "Sentenças com predicados complexos").

Posição e colocação dos pronomes pessoais clíticos

SENTENÇAS COM UM ÚNICO VERBO

Sentenças afirmativas principais e coordenadas

Por "afirmativa" aqui, seguindo a classificação de Martins (2013), designamos todas as sentenças "não negativas". O universo da variação ênclise/próclise na escrita brasileira dos séculos XIX e XX em sentenças afirmativas principais e coordenadas é bastante amplo. Há, no entanto, um ambiente em que a próclise é categórica:

Sentenças com próclise: sentenças introduzidas por sintagmas interrogativos – o *que, quem, quanto*

Veja os dados em (9):

(9) a. [20,2 CL CE] *O que* ***se questiona*** *é quem colocaremos novamente no poder?*
b. [20,1 CL PE] *Quem* ***se illude*** *sobre a significação dos editoriaes do Norte, pregando a hegemonia do norte, quando é aqui governador o senhor Dantas?*
c. [19,2 CR RJ] *Dirigi-me a um desses homens, inquiri-o sobre a maneira porque erão tratacdos, e como* ***se accomodavão*** *em logar tão desabrigado?*
d. [20,2 CL RJ] *Por quanto* ***se compra*** *o dono do voto?*

Em todos os demais contextos se atesta variação na colocação dos clíticos. Para esses contextos apresentaremos na próxima seção os resultados de uma análise estatística de regra variável.

Sentenças com variação ênclise/próclise: a dinâmica da mudança em direção à próclise

Considerando como regra variável a colocação em ênclise ou em próclise do pronome pessoal clítico em sentenças com o verbo em primeira posição (absoluta ou não) e em sentenças com um ou mais constituintes em posição pré-verbal (sendo este um sujeito, um sintagma preposicional, um advérbio ou uma oração) apresentamos uma análise de regra variável a partir de possíveis condicionadores linguísticos e extralinguísticos que motivam a colocação em próclise ou em ênclise do pronome clítico na escrita brasileira culta dos séculos XIX e XX. As seguintes variáveis foram controladas: posição superficial do verbo, natureza do constituinte que antecede imediatamente o verbo em contextos ([XP])[XP]V, a natureza do sujeito em contextos SV, forma do pronome pessoal clítico, gênero do texto, período e localidade (estado). Os 1.818 dados coletados foram submetidos aos programas do pacote estatístico GoldVarb 2001 (cf. Robinson, Lawrence e Tagliamonte, 2001).

As seguintes variáveis, por ordem de relevância, se mostraram estatisticamente relevantes no condicionamento da próclise: (1) posição superficial do verbo, (2) natureza do constituinte que antecede imediatamente o verbo em contextos ([XP])[XP]V, (3) período, (4) natureza do sujeito em contextos SV, (5) gênero do texto e (6) forma de realização do pronome pessoal clítico. Passo a apresentar os resultados estatísticos relacionados a cada uma dessas variáveis.

O verbo em primeira posição absoluta é um contexto que condiciona fortemente a ênclise em sentenças-matriz com um único verbo, conforme resultados expressos na Tabela 1 e exemplos em (10), a seguir.

Tabela 1 – Próclise por posição superficial do verbo

	Apl/Total	PR.
V1 inicial	4/897 – (1%)	0,08
V1 não inicial	32/216 – (14%)	0,78
[XP]V	202/573 – (35%)	0,91
[XP][XP]V	81/130 – (62%)	0,97
Total	319/1.818 – (17%)	

Log likelihood = -57,124 Significance = 0,000

(10) a. [19,2 A PE] ***Compra-se*** *um preto que seja bom barbeiro, e sangrador, para fora da provincia, sendo bom se pagará bem: na praça do Commercio n.6 escriptorio de Manoel Ignacio de Oliveira.*

b. [19,2 A PE] ***Compram-se*** *2 pretos de nação, robustos e possantes: na rua estreita do Rozario, travessa para o Queimado n 39 A.*

c. [20,1 A PE] ***Tinge-se*** *em todas as cores todos os tecidos os mais difficeis que sejam.*

As sentenças com o verbo em posição não inicial – em sentenças coordenadas – e as sentenças com o verbo em segunda ou terceira posição superficial favorecem a próclise com pesos relativos de 0,78, 0,91 e 0,97, em oposição a sentenças com o verbo em primeira posição absoluta, com peso relativo de 0,08. É importante observar que em construções com V1 inicial, há muitos dados de anúncios de venda, aluguel e muitas construções com *se*.

Na amostra, há quatro exemplos com próclise em sentenças-matriz com o verbo em primeira posição do período e da oração. Esses dados aparecem em cartas de leitores de Pernambuco e do Ceará, três dos quais na primeira metade do século XIX (11a,b,c) e um na segunda metade do século XX (11d):

(11) a. [19,1 CL PE] *Assim poiso Senhor Rego Albuquerque dizendo que estava informando, que não affirmou que alli esteve o Senhor Rangel, e sim communisou o que chegou a sua noticia. Como a vista desse modo de fallar pode ser tachado de calumniador? O Senhor Rangel procurou saber se appareceraõ essas noticias nos Afogados? Estou que não.* ***se*** ***indagou****. Constou-lhe que nunca se desse tal cousa? Duvido. Fica por tanto demonstrado que o Senhor Rangel, deixando de justificar-se do que se dizia a seu respeito, só quiz chamar pouco circumspecto, e calumniador ao Senhor Rego Albuquerque.*

b. [19,1 CL CE] *Senhor Redactor. – O Padre Joaõ Marrocos Teles, que acaba de ser justa, e merecidamente removido de professor de latim do Crato para Baturité, hum dos actos do Excelentíssimo Senhor Doutor Moraes Sarmento, que muito honra sua sabia administração, tem vexado aos senhores doutores Ramos, promotor P., Vigario, agente do correio, padre Lima Seca, e mais outros para lhe darem attestado de sua conduta moral, e que tem sua aula aberta, e nella insina com freqüência.* ***me*** ***muito afoítesa****, senhor redactor pedirem se taes attestados: os dois primeiros senhores ja lhe diceraõ abertamente, que naõ lhe davaõ atestados.*

c. [19,1 A PE] *Na rua d'Agoas-Verdes. numero 46.* ***se*** ***dirá*** *quem vende um excellente moleque de idade de 17 annos, muito proprio para servir a uma casa, pois é muito fiel, bom comprador, e não tem vicio nem achaque, o que se afiança, um escravo bom canoeiro e pescador, sem vicio nem achaque, um dito idade de 20 annos, proprio para armazem de assucar, um dito idade de 25 annos, bom canoeiro, uma moleca de nação idade de 15 annos, com principios de boas habilidade, é recolhida, e mui bem educada, uma escrava idade 26 annos, sabendo todo o arranjo de uma casa, uma dita idade de 30 annos, optima engomadeira, cosinheira, e compradeira por 400$000 réis, uma dita idade de 25 annos, boa quitandeira e costureira por 350$000 reis, uma dita idade de 40 annos, faz todo o serviço de uma casa, nao tem molestias por 150$000 réis, um terreno no melhor lugar dos Coêlhos, e a parte de um sobrado na principal rua do bairro de Santo Antonio.*

d. [20,2 CL CE] *O que se questiona é quem colocaremos novamente no poder? Pois, sabemos que nosso País foi colonizado por meliantes oriundos de Portugal, onde ao chegarem aqui, encontraram índios e escravos africanos, que dessa miscigenação resultou no produto final – o brasileiro.* ***nos resta****, somente aguardar o próximo furo de reportagem da revista Veja, e logo em seguida, a matéria detalhada nos jornais de grande circulação, para sabermos a quem será atribuída a nova falcatrua ou patifaria.* [Gustavo César Lima Peixoto]

O dado em (10b), como já dito, apresenta um contexto muito particular: o pronome pessoal clítico em primeira posição absoluta num ambiente com interpolação do advérbio *muito* em uma sentença-matriz sem atrator, como já observado anteriormente.

Sentenças com o verbo em segunda ou terceira posição superficial com sujeitos, sintagmas preposicionados, advérbios e orações adjacentes à esquerda do verbo constituem um ambiente de variação diacrônica interessante na história do português. A variação nesse contexto tem permitido que se identifiquem padrões gerados por diferentes gramáticas: a próclise seria o padrão gerado pela gramática do PC – em que, seguindo a análise de Galves, Torres Morais e Ribeiro (2005), estaria ativa a restrição ao clítico em primeira posição que se aplicaria nos domínios de XP; a ênclise seria o padrão gerado pela gramática do PE – que manteria ativa a restrição ao clítico em primeira posição, que se aplicaria nos domínios de X-linha; a próclise seria o padrão gerado pela gramática do PB – em que a restrição ao clítico em primeira posição não se aplicaria em qualquer domínio.

Na escrita brasileira culta dos séculos XIX e XX, as construções com o verbo em segunda ou terceira posição superficial condicionam fortemente a próclise, conforme dados na Tabela 1 anterior. Nessas construções, a variável *natureza do constituinte que antecede imediatamente o verbo* foi selecionada pela análise multivariada no condicionamento da próclise. Os pesos relativos estão listados na Tabela 2 a seguir:

Tabela 2 – Próclise por natureza do constituinte que antecede imediatamente o verbo no contexto ([XP])[XP]V

	Apl/Total	PR.
Advérbio	86/116 – (74%)	0,82
Sujeito	115/240 – (47%)	0,59
PP	64/177 – (36%)	0,50
Oração	18/154 – (10%)	0,18
Total	283/705 – (40%)	

Log likelihood = -518,120 Significance = 0,000

Como se pode observar, advérbios condicionam fortemente a próclise com peso relativo de 0,82, em oposição a sujeitos e PPs, com pesos relativos de 0,59 e 0,50, respectivamente. Em oposição a esses três fatores, sentenças com oração pré-verbal, com peso relativo de 0,18, não se mostram nada relevante estatisticamente para a presença da próclise. É importante dizer que os advérbios constituem uma classe bastante heterogênea no que diz respeito à colocação dos pronomes pessoais clíticos na história do português. Aqui foram incluídos todos os advérbios como um contexto de variação – sem se especificar a natureza desse elemento – porque na escrita brasileira dos séculos XVIII, XIX e XX atesta-se variação em sentenças com todos os tipos de advérbios (Martins, 2009, 2012; Carneiro e Galves, 2010), como exemplificam os casos de ênclise com os advérbios modais em (12):

(12) a. [20,2 CL RJ] ***Já deixei-a*** *na Motocar e o mecânico me disse que era "azinhavre", e que "produto nacional era uma droga mesmo"!*

b. [19,1 CL BA] *calumnioso, porque todos sabem, que eu não sou capaz de fazer contractos simulados; e injusto, porque, quando comprei á dita venda, o vendedor Francisco de Moraes, não tinha impedimento algum: e* ***assim comprei-a*** *muito bem*

c. [19,2 CL BA] *Em conclusão declaro ao Senhor Philantropo que o Senhor José Revault é incapaz de contrariar a liberdade das ditas crias, pois* ***sempre dizia-me*** *que elllas erão forras.*

d. [19,2 A BA] *e* ***tambem vendem-se*** *folhas avulsas a 60 réis; e nas Boticas dos Senhores José Francisco Mig[u]eis na rua de Entre-pontes.*

Os percentuais de próclise distribuídos no curso do tempo considerando a natureza do constituinte que antecede imediatamente o verbo estão expressos na Figura 1 a seguir:

Figura 1 – Próclise por natureza do constituinte pré-verbal no curso dos séculos XIX e XX

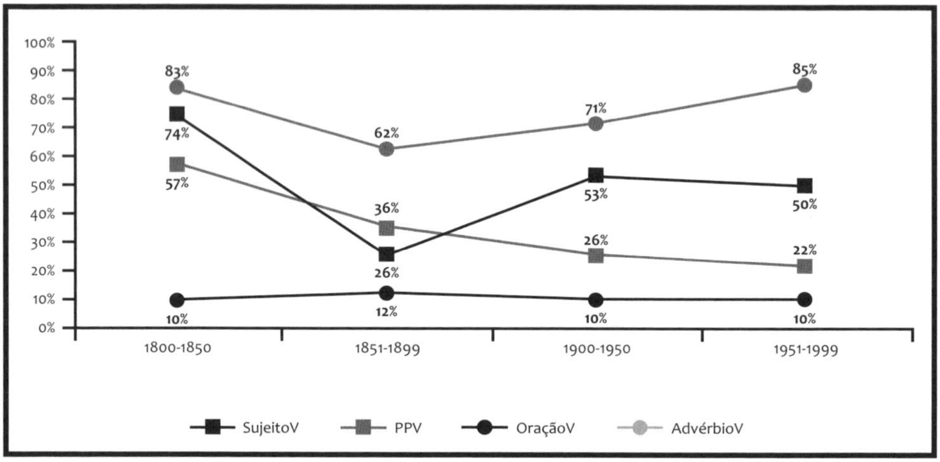

Observe-se que em textos da primeira para a segunda metade do século XIX há uma queda na frequência de próclise em todos os contextos, exceto em sentenças com uma oração em posição pré-verbal, que se mantém na média de 10% em todos os períodos. Essa queda é mais sensível em sentenças com sujeitos (de 74% para 26%) contíguos à esquerda do verbo. Interessante notar que a queda na próclise no contexto [XP]V tem sido interpretada como o resultado da pressão da norma fixada pelos padrões enclíticos do português europeu (cf. Pagotto, 1998) na escrita brasileira do século XIX. Apresento aqui outra hipótese, considerando as elevadas taxas de próclise em construções com sujeitos, advérbios e PPs na primeira metade do século XIX e a implementação da próclise nesses contextos: as próclises atestadas em textos desse período são ainda instanciadas – também via um padrão estilisticamente marcado – pela gramática conservadora do PC, em que a próclise era o padrão. Observe-se que no contexto SujeitoV há uma significativa queda nas próclises em textos do começo para a metade do século XIX e essa queda não se apresenta nos demais contextos [XP]V, com advérbios e PPs pré-verbais. A evolução da próclise no contexto SV em textos do século XX também não se comporta do mesmo modo que nos demais contextos: em SV a taxa sobe para 53% e para 50% enquanto cai em contextos PPs cai para 25% e 22% e em AdvV se mantém alta em 71% e 85%. Diante desse quadro, observo que a implementação da próclise gerada pela gramática do PB nos textos se dá não em todos os "contextos neutros" [XP]V, conforme exemplos em (13), mas em um contexto bem específico: [Sujeito]V, conforme exemplos em (14) – ver Martins (2012) para uma discussão mais detalhada.

(13) a. [19,1 A RJ] ***Na loja de Joaquim José da Rocha na rua Direita ao pé da rua das violas se vendem*** *folhinhas para este anno de 1809*

b. [19,1 A PE] ***Na loja do sobrado amarello nos quatros cantos da rua do Queimado número 29 vende-se*** *cortes de calcas de brim branco a 1$200; ditos de dito amarello, puro linho a 1440; ditos de dito de côres a 1$440; ditos de dito branco com listras, fazenda superior a 1$800: ditos de calca de cazemira de côres a 5$000 tendo bonitos padroes; riscado monstro de quadros e de uma só côr a 220 o covado, e outras muitas fazendas muito em conta.*

(14) a. [19,1 A CE] ***O abaixo assignado se encarrega*** *de advogar qualquer causa crime, ou civel n'esta cidade, podendo quem o quizer honrar com sua confiança, para tal fim contar com bom patrono de suas causas na relaçaõ do Districto, e atè perante o Supremo Tribunal de justiça. Os deveres de bom procurador seraõ em tudo satisfeitos.*

b. [19,2 A RJ] ***O proprietario encarrega-se*** *de aprompt ar com urgencia e asseio jantares extraordinarios, banquetes, etc. no salão ou fora para o que dispões de um pessoal habilitadissimo.*

Observemos com mais vagar as construções com sujeito pré-verbal, pois a natureza do sujeito também é um condicionador da próclise (Martins 2009, 2010). Essa variável foi a quarta selecionada pelo programa como relevante no condicionamento da próclise na análise estatística aqui apresentada. Os resultados estatísticos por tipo de sujeito estão expressos na Tabela 3:

Tabela 3 – Próclise por natureza do sujeito em contextos *SujeitoV*

	Apl/Total	PR.
Pronome demonstrativo	4/5 – (80%)	0,81
Pronome pessoal	41/51 – (80%)	0,78
DP	64/167 – (38%)	0,41
DP + relativa	6/17 – (35%)	0,36
Total	115/240 – (47%)	

Log likelihood = -489,246 Significance = 0,000

Os pesos relativos mostram que quando o sujeito contíguo ao verbo no contexto ([XP])[XP]V for um pronome demonstrativo ou pessoal é bastante alta a probabilidade de próclise, com pesos relativos de 0,81 e 0,78, respectivamente, se comparada as construções com sujeitos DP com ou sem relativa, com pesos relativos de 0,41 e de 0,36. A distribuição da próclise considerando a natureza do sujeito pronominal ou DP à esquerda do verbo nos quatro períodos considerados está distribuída no curso dos períodos considerados na Figura 2, a seguir:

Figura 2 – Próclise por natureza do sujeito pré-verbal no curso dos séculos XIX e XX

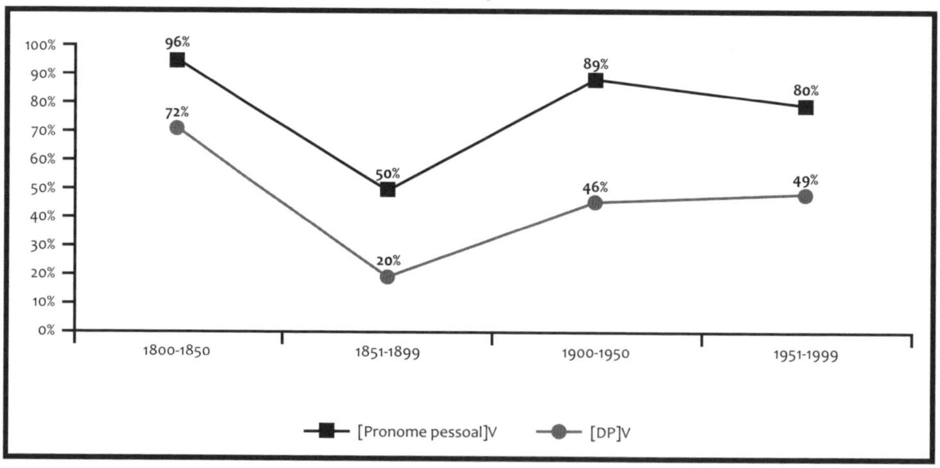

Apesar de a frequência da próclise cair com ambos os tipos de sujeitos em textos da segunda metade do século XIX, com pronominais a próclise é sempre mais alta no curso do tempo, diferentemente de sentenças com sujeito DPs. Observe-se, ainda, que a queda com sujeitos DP da primeira para a segunda metade do século XIX se apresenta como um argumento a favor da hipótese anterior apresentada de que as próclises em textos da primeira metade do século XIX seriam derivadas pelo padrão proclítico da gramática do PC.

Corrobora a importância da primeira metade do século XIX na derivação da próclise nesse contexto o fato de o período ter sido, em terceiro lugar, a variável selecionada pelo programa estatístico como condicionadora da próclise na escrita brasileira: a primeira metade do século XIX, com peso relativo de 0,68, condiciona a próclise em relação aos demais períodos, com pesos relativos de 0,42, 0,45 e 0,53, conforme dados listados na Tabela 4:

Tabela 4 – Próclise por período

	Apl/Total	PR.
1800-1850	114/364 – (31%)	0,68
1851-1899	91/588 – (15%)	0,42
1900-1950	55/547 – (10%)	0,45
1951-1999	59/319 – (18%)	0,53
Total	319/1.818 – (17%)	

Log likelihood = -501,248 Significance = 0,000

Considerando a rodada estatística com todas as sentenças afirmativas principais e coordenadas, o gênero textual também foi selecionado como uma variável que condiciona a próclise: cartas de leitores, com peso relativo de 0,59, em oposição às cartas de redatores e aos anúncios, com pesos relativos de 0,47, são textos que favorecem a próclise, conforme resultados na Tabela 5:

Tabela 5 – Próclise por gênero textual

	Apl/Total	PR.
Carta de Leitor	102/395 – (25%)	0,59
Anúncio	69/1.015 – (6%)	0,47
Carta de Redator	62/230 – (21%)	0,47
Total	233/1.702 – (13%)	

Log likelihood = -485,311 Significance = 0,020

De fato, como muitos estudos têm mostrado sobre o assunto, cartas de leitores tendem a apresentar, com mais frequência, um padrão inovador.

Sentenças afirmativas subordinadas

Foram coletados 2.400 dados de pronomes pessoais clíticos em sentenças subordinadas. Em 1.515 (63%) desse total, o pronome aparece proclítico; em 885 (36%), enclítico. O tipo de subordinada, no entanto, é um forte condicionador da colocação: em subordinadas finitas, a próclise é mais recorrente, enquanto em subordinadas infinitivas e gerundivas a ênclise é o padrão, como especificado a seguir. Nesse contexto, os dados do PB seguem o que havia no PE e no PC.

Subordinadas finitas

Em sentenças subordinadas finitas com C preenchido (*que/se*) o padrão e colocação é a próclise, cf. dados em (15): de um total de 1.389 dados, em apenas 128 (9%) sentenças o pronome pessoal clítico aparece enclítico.

(15) a. [19,1 CL PE] *Mas será isso suficiente para excathedra, afirmar-se que o Senhor Olanda já não é o mesmo homem, e que* ***se*** ***bandeou*** *ao partido do poder ?*

b. [20,2 CL CE] *DESPEDIDA. Senhor Diretor: Ao afastar-me da Chefia do Estado-Maior da 10a. Região Militar, por ter sido nomeado para idêntico cargo na 3a. Divisão de Infantaria, S. Maria-RS, apresento minhas despedidas e agradecimentos pelas atenções que* ***me*** ***foram*** *dispensadas e à minha família em diversas ocasiões.*

Subordinadas infinitivas

Em sentenças subordinadas infinitivas preposicionadas ou não, há muita variação ênclise/próclise, muito embora a ênclise seja mais frequente em alguns ambientes: em infinitivas não preposicionadas, onde, dos 379 dados, em 257 (67%) há ênclise e em 122 (33%), próclise, conforme dados em (16); em infinitivas preposicionadas, onde, dos 334 dados, em 214 (64%) há ênclise e em 120 (36%), próclise, conforme (17).

(16) a. [19,2 CL RJ] *É preciso pois **ser-se** muito injusto para diser-se o que acabo de ler.*

b. [19,2 A RJ] *Joaquim José Pereira noticia saber cura Herneas no escroto com toda a perfeição sem que fique defeituoso, nem passe pelo menor risco de vida o que dellas **se curar**, como tem se verificado por este continente: toda pessoa, que se quizer se servir do seu prestimo, o pode procurar na Rua dos Ferrasores na casa número 175.*

(17) a. [19,2 CR RJ] *É na verdade **de se lamentar**, que haja um homem que ousasse macular a reputação de um ministro da côroa muito honrado de bem (longe) como Vossa Excelência é.*

b. [19,1 CL RJ] *Senhor, eu não quero mais ser importuno a Vossa Excelência, e finalisando a carta, que tenho a honra de dirigir a Vossa Excelência, eu lhe peço perdão de sua extensão, certificando-lhe que o bom desejo que tenho pela conservação da grande reputação de Vossa Excelência foi que me indúsio **a dirigir-lhe** estas linhas para que Vossa Excelência advertido por ellas não se exponha ao perigo certo e infallivel de a perder, e por isso eu me assino. De Vossa Excelência o mais humilde servo, e admirador. Philo.*

Nas infinitivas preposicionadas, como mostra Sena Pereira (2015), o tipo de preposição e a forma do pronome clítico condiciona a próclise: as preposições *sem*, *por*, *de* e *para* e os clíticos *se* e *me* favorecem a próclise na escrita brasileira dos séculos XIX e XX.

Gerundivas

Em sentenças subordinadas gerundivas, o padrão de colocação é a ênclise: do total de 298 dados, em 286 (96%) há ênclise e apenas 12 (4%) ocorrências de próclise foram encontradas, conforme exemplos em (18):

(18) a. [20,2 CL RJ] *Recorrendo de novo esse escripto, e **o achando** exacto, julguei entregal-o á imprensa e offerecer-vos senhores estudantes de medicina, para o mesmo fim que tive.*

b. [20,2 CL RJ] *Mais revoltante ainda e a atenção que o governador e o prefeito estão dando ao assunto, ambos **se esquecendo** de resolver o problema dos salarios de fome pagos aos professores de escolas publicas, ocasionando baixa qualidade de ensino [...].*

c. [20,1 CR RJ] *Só **<u>lhe</u> sendo** de receber a cama limpa e pura como lh'a haviam tomado, e só acceitaveis o colchão e o travesseiro sem os estragos indicados por vistorias, o carpinteiro reclamou, demandou, embargou, aggravou, appellou, martellando quantos recursos lhe occorreram á imaginação e á vingança.*

d. [20,1 CL BA] *Ora, se a gente, pedindo e chorando neste vale de lagrimas, entra, muita vez, em certos embrulhos como Pilatos entrou no Crédo e até hoje não conseguiu sahir dêle, quanto mais **<u>se</u> reclamando** pela imprensa, n'um tom que, talvez, julguem arro-|gante.*

e. [20,1 CL BA] *Houveram, não há negar, dois nobres oradores, um dos quais com as suas eloquentes palavras abriu-nos as portas da cidade, onde fomos fidalgamente recebidos – isto é no primeiro dia – Não houve, é verdade, nenhuma resposta às saudações feitas pelos nobres oradores, pelo simples fato de ter-se conprometido gratuitamente o tal cirurgião recusando todos os nossos conterraneos que para isso se prontificaram tendo na hóra H desaparecido, deixando-nos a sós se **<u>nos</u> apresentando** á noite deste dia com indiferentismo e alheio a tudo quanto se passara.*

Nas sentenças subordinadas gerundivas, as construções com próclise formadas por "*em SE + -ando*" aparecem muito pouco e são encontradas apenas em textos a partir do século XX:

(19) a. [20,1 CL CE] *Ao Senhor Doutor Aurelio Lavor. Como testemunho de gratidão. Só pela imprensa poderia tornar patente e publico o meu eterno agradecimento ao inclito e benemérito Doutor Aurelio Lavor, pelas curas levadas a effeito não só **em <u>se</u> tratando** de mim como de pessoas outras de minha familia.*

b. [20,2 CL CE] *Mesmo **em <u>se</u> tratando** de marginais que reajam à prisão, justificariam tais atitudes?*

c. [20,2 CL CE] *Discussão à parte, porquanto não interessa nos imiscuir no mérito da questão, somente lamentamos que soma tão significativa de recursos (ao redor de R$ 44.897.000,00, ao ano, segundo divulgado), **em <u>se</u> tratando** de um estado pobre, como o Ceará, seja destinada ao pagamento de alguns poucos privilegiados com o beneplácito de lei casuística (excluem-se dessa apreciação os membros* *do Ministério Público vez que o estabelecimento de seus saldos se rege por diploma legal específico), quando setores fundamentais como: educação, saúde, habitação, saneamento básico e segurança pública, padecem à falta de verbas suficientes para atender às justas reivindicações da sociedade.*

d. [20,1 CL BA] *Agradecimento.* ***Em me achando*** *já restabelecido de tão serio incommodo de saude, que me subtrahiu a tranquilidade de espirito, cerca de 21 dias afastando-me totalmente dos misteres da minha profissão, cumpro o dever sagrado de vir de publico agradecer cordialmente a todas as pessôas amigas que me visitaram, durante o périodo da minha molestia, a toda a classe medica que me cercou de todo o conforto, especialmente aos distinctos collegas Dr. Gastão Clovis Guimarães e Dr. Raymundo Pedreira de Cerqueira, que foram solicitos e muito dedicados, envidando esforços para o meu restabelecimento.*

Sentenças negativas

Estão aqui reunidas todas as sentenças negativas principais e coordenadas e subordinadas, com os marcadores de negação *não* e *nem*. Em sentenças negativas é bastante regular a próclise: dos 221 dados coletados, 208 (95%) são de próclise e apenas em 13 (5%) são de ênclise; ou seja, raros são os casos de ênclise e podemos afirmar que tal uso não esteja associado a um padrão gerado por uma gramática; são poucas ocorrências (dados em (20)) em textos que marcam um período de instabilidade em que convivem diferentes gramáticas:

(20) a. [20,1 CL BA] ***Não atacou-me*** *sòmente. E como não sei luctar no campo da injuria e da calumnia, desisto do combate.*

b. [20,1 CL BA] *Procurem sempre comprar o vinho de Jurubeba da Fabrica Leão do Norte de Feira de Sant'Anna,* ***não-se confundam*** *com a imitações, pois os que imitam, não é verdadeiro.*

A grande maioria da ênclise encontrada em sentenças negativas está associada a sentenças subordinadas infinitivas, cujo padrão é a ênclise, conforme apresentado na seção "Sentenças com predicados complexos" e ilustram os exemplos a seguir:

(21) a. [19,2 CL RJ] *Eu responderei ao collega que, por maiores que sejão as vantagens por elle reconhecidas neste modo de cicatrização das feridas, ficará sendo uma verdade pratica – que será sempre inconveniente* ***não reunir-se*** *uma ferida por 1ª. intensão; por que neste caso as superficies traumaticas se affastão; e o doente predispõe-se a erysipelas, a phlebites, e infecções purulentas*

b. [19,2 A RJ] *Porquanto, se pretendeis nutrir vigorosamente a vossos filhinhos com plena confiança de* ***não arruinar-lhes*** *os tenros intestinos, procurai a Farinha flôr de milho de Brown & Polson, que tem o distinctivo desta marca em cada um de seus pacotinhos de generosa libra, e que vendem-se em latas de 14 pacotes, envoltas em receitas de preciosos manjarea a bem estardes prevenidor á boa recepção de vossas visitas, com mui diminuto dispendio.*

c. [20,1 CR RJ] *Já houve até quem lembrasse o Pão de Assucar para base da mesma estatua ; e taes e tantos foram esses despropositos, que melhor seria* ***não referil-os****, porque, emquanto o Jornal fôr editando essas cartas, não cessarão os missivistas, cujo unico fito é a publicidade dos seus nomes, mesmo com taes proposições.*

d. [19,1 CL BA] *Estamos em o 19º Seculo, o Brasil caminha (ainda que á passo(sic) lentos) á civilisação; he necessario assim elevar o nosso povo a admirar e venerar a verdadeira essencia da nossa Religião que consiste em huma moral pura encaminhando o homem á mais subida perfeição; e* ***não acostumal-o*** *á considerar como Religião aquelle que as vezes tem sido causa della ter tido dissidentes, e inimigos.*

e. [19,2 CL BA] *E portanto o senhor coronel Augusto Carvalho* ***não revolte-se*** *contra tamanha indignidade, lamente somente a grande zomania do [espaço]* PAGEM DO PEDERNEIRAS

f. [19,2 CL BA] *Respondi que estava accorde em tudo, que quanto a eleição pensava que os destinos do municipio devião ser entregues a homens independentes e patriotas, afim de* ***não dar-se*** *o facto da camara que findava, a qual em um quatrienio, não fez um beneficio a esta localidade que valesse um real.*

Apresentada a análise estatística e os padrões de colocação em sentenças afirmativas e negativas principais/coordenadas e subordinadas com um único verbo, passo a análise das sentenças com dois ou mais verbos formadores de predicados complexos.

SENTENÇAS COM PREDICADOS COMPLEXOS

Muitos estudos têm analisado a colocação de clíticos em sentenças com dois ou mais verbos definindo tais construções por complexo verbal, interpretando tais estruturas como perífrases verbais com um verbo pleno e um ou mais verbos auxiliares e/ou semiauxiliares ou por dois verbos plenos. De acordo com a *Gramática do português* (Raposo et al., 2013: 1.221), os verbos auxiliares e os verbos semiauxiliares são verbos que se combinam com o verbo pleno de uma oração, contribuindo com informação nos domínios semânticos do tempo, da modalidade e do aspecto.

Seguindo a proposta de Andrade (2010), denominaremos essas construções de predicados complexos que podem corresponder a depender do verbo regente: (a) construções de reestruturação que formam predicados complexos por um ou mais verbos auxiliares ou semiauxiliares (modal ou aspectual) e um verbo lexical; e (b) construções de união de orações que formam predicados complexos por um verbo causativo ou perceptivo e um verbo infinitivo não flexionado.

Quando argumentais, como descrito na seção anterior, os pronomes pessoais clíticos em sentenças com um único verbo figuram adjacentes – em próclise ou em ênclise – ao verbo de que são argumentos (interno ou externo). Em sentenças com predicados complexos, os clíticos podem se cliticizar proclítica ou encliticamente ao verbo não finito de que são argumentos – e dos quais dependem sintática e semanticamente – ou ao verbo finito da estrutura oracional. O fenômeno em que um pronome pessoal clítico se cliticiza fora do domínio verbal do qual dependem numa sentença com complexo verbal é denominado na literatura gerativa de "subida de clítico", considerando que esse elemento se move (sobe) para um domínio funcional (temporal, aspectual ou modal) da estrutura oracional ou para um verbo superior, a depender da proposta de representação adotada. Nesse contexto, em predicados complexos (construções V1V2), o pronome clítico pode estar enclítico/proclítico ao verbo de que é dependente sintática ou semanticamente (V2) (22a,b) ou enclítico/proclítico ao verbo finito (V1) (22c,d), sendo que nesse último padrão de colocação há subida de clítico. Os pares de sentenças a seguir ilustram essa opcionalidade.

(22) a. [19,1 CR CE] *ma vez que os Cearenses naõ* ***podem*** ***se*** ***ligar*** *em um só pensamento politico*

b. [19,2 CA RJ] *Sob estas condições, ninguém* ***pode surpreender-se*** *da violência produzida, cuja origem é evidente.*

c. [20,2 CL CE] *Não* ***se pode conceber*** *que este tipo de abuso continue a acontecer, sem que nada de concreto se faça para coibir estes desmandos.*

d. [20,2 CR CE] ***Pode-se afirmar*** *que, em linhas gerais, a economia oferece perspectiva favorável para 1982.*

Na história do português, os padrões de subida ou não dos pronomes pessoais clíticos em predicados complexos apresentam diferenciados padrões. Na escrita culta brasileira dos séculos XIX e XX, a subida ou não do clítico é variável em quase todos os contextos, exceto em construções com auxiliar passivo, nas quais a subida de clítico é categórica.

Para a análise estatística aqui apresentada, por meio dos programas do pacote estatístico GoldVarb 2001 (cf. Robinson, Lawrence e Tagliamonte, 2001), foram considerados 766 dados extraídos de textos da imprensa brasileira dos séculos XIX e XX dos estados do Rio de Janeiro, Bahia, Pernambuco e Ceará, tendo em vista sentenças com predicados complexos que incluem construções com (i) auxiliar passivo; (ii) auxiliares temporais; (iii) verbos *ir* e *vir* de movimento; (iv) aspectuais seguidos de gerúndio; (v) aspectuais seguidos de infinitivo; (vi) modais; (vii) verbos de controle; e (viii) causativos e perceptivos. Esse agrupamento em diferentes tipos de predicados complexos foi motivado por resultados já apresentados em trabalhos anteriores (Andrade, 2010; Carneiro, 2005; Reis, 2011).

Passo à descrição dos padrões de colocação nos complexos verbais para depois apresentar o percurso da mudança refletido na escrita brasileira.

Construções com auxiliar passivo

Em predicados complexos formados por construções passivas temporais, com o verbo *ser* seguido de uma forma no particípio passado, assim como já evidenciado por Carneiro (2005) e Reis (2011), a subida do pronome pessoal clítico para o domínio funcional é categórica. Foram coletados 38 dados, sendo 36 ocorrências com próclise (23a,b) e 2 com ênclise (23c,d) ao verbo finito:

(23) a. [20,2 CL RJ] *Recebem apenas migalhas do que* ***lhes foi tirado****.*

b. [19,2 CR PE] *A razão do silencio dos nossos velhos litteratos* ***nos é desconhecida****: pelos moços, porém, podemos responder que esperão que aquelles tomem a iniciativa; uma vez dado o impulso o movimento será velóz.*

c. [19,2 CR RJ] ***Foi-nos remettida*** *pelo nosso estimavel amigo e collega do Diario de Notícias a seguinte carta: Amigo e collega do Mosquito*

d. [19,1 CL PE] *De passagem* ***seja-me concedido*** *dizer, que o senhor Rangel (que se appelida o cabocolinho da Varzea) fez as precizas deligencias para não ver seu nome sahir do numero dos Eleitores dos Afogados: não operou com furor para esse fim (como diz que o fez o Senhor Rego Albuquerque) e por isso perdeo: eu o consolo Senhor Rangel. Uze de paciencia, espere por outras Eleições, e então faça melhores deligencias: opere tão bem para si, e não se contente só com o que os mais para o Senhor Rangel operão, e por fim terá o que tanto deseja.*

É importante notar que os dois casos encontrados de ênclise ao verbo finito correspondem a construções que não favorecem a próclise em textos do século XIX: construções com o verbo em primeira posição absoluta e com um PP não focalizado em sentenças-matriz.

Construções com auxiliares temporais

Em sentenças com tempos compostos com os auxiliares *haver* e *ter* seguidos de particípio passado, o pronome pessoal clítico pode aparecer, em ênclise ou em próclise, nos domínios do verbo finito, como exemplificam os casos em (24), a seguir. Na verdade, essa é a única possibilidade de posição do clítico na gramática do português europeu nesse contexto.

(24) a. [19,1 CL RJ] *Confesso meu Amigo, que nunca me achei tão vacilante como agora, por isso que não tenho coragem de desembainhar a minha espada contra meus Concidadãos: se em taes circunstancias eu me visse, julgar-me-ia bem infeliz: Sua Majestade nada* ***me*** ***há Ordenado*** *sobre a presente materia; eu lhe roguei marcasse qual deveria de ser minha linha de conducta, e enquanto Elle não Determinar, eu não darei hum passo, que seja opposto á minha honra, e reputação.*

b. [20,1 CL PE] *Quantas vezes* ***se*** ***tem visto*** *de casas de boa apparencia jogar-se á rua detrictos de fructas, papeis servidos, etc.?*

c. [19,1 CL RJ] *Você sabe de meu desinteresse pela causa propria; do meu amor pelos meus patricios, e por minha patria por quem* ***me*** ***tenho sacrificado*** *sempre: não correrei atraz de uma quimera;*

d. [19,1 CL BA] *Naõ obstante* ***terem-se tomado*** *em Pariz as necessarias precauçoens contra a invasaõ da Cholera, todavia, quando ella appareceo, foi ali tao geral a consternaçáo ao principio, que poucas pessoas, mesmo das mais intrepidas, deixaram de patentear um sentimento de medo, ou terror.*

e. [19,2 A RJ] *Loteria. Ninguem faça transacção com o bilhete inteiro de número 406.614 da 1 ª grande loteria da Côrte, visto* ***ter-se dado*** *as precisas providencias para que sómente ao seu possuidor legitimo seja pago qualquer premio que lhe couber nos sorteios*

Na escrita brasileira dos séculos XIX e XX, é possível, no entanto, que o pronome esteja proclítico ao particípio, conforme exemplos em (25):

(25) a. [19,2 CL RJ] *Os tegumentos são descolorados, e* ***tem se visto*** *os da parte anterior do anti-braço serem dirigidos para a parte posterior, e vice-versa.*

b. [19,1 A RJ] *Joaquim José Pereira noticia saber cura Herneas no escroto com toda a perfeição sem que fique defeituoso, nem passe pelo menor risco de vida o que dellas se curar, como* ***tem se verificado*** *por este continente: toda pessoa, que se quizer se servir do seu prestimo, o pode procurar na Rua dos Ferrasores na casa número 175.*

c. [19,2 A RJ] *O abaixo assignado,* ***tendo*** *recentemente* ***se estabelecido*** *á rua Rua da Imperatriz, número 116 a com fabrica de moveis que tem a denominação acima, solicita do respeitavel publico a obse-*

quiosidade de visitar o seu estabelecimento que, montado com todos os aperfeiçoamentos da industria moderna, acha-se nas condições de fornecer aos seus freguezes, por preços de grande commodidade, todos os artigos concernentes ao seu ramo de commercio.

d. [19,2 CL BA] *Se elle não tivesse feito tão grandes asneiras, se ele não fosse tão ruim, pela minha parte perdoava-lhe, porque* ***tem <u>me</u> divertido*** *muito!...*

e. [19,2 A BA] *Anna Carlota de Almeida Conto,* ***tendo****, por infelicidade,* ***<u>se</u> casado*** *com seu primo Antonio de Bittencourt Netto*

f. [19,2 CR PE] *Uma outra razão não menos valiosa do desanimo da mocidade é o temor da critica mordaz que semelhante a epidemìa reinante* ***tem <u>se</u> difundida*** *por tal forma entre nós que nem uma habilitação tem para produzirem são ferteis em descobrir defeitos nos productos alheios.*

ou mesmo enclítico ao particípio, como exemplifica o dado em (26):

(26) [19,2 A BA] ***Tendo*** *o proprietario d'este grande estabelecimento* ***reformado-<u>o</u>*** *a gosto, recebeu um grande sortimento de flores pretas e de cores, enfeites de pennas, cascos para chapéos e capotas, os mais modernos possiveis, pede aos seus numerosos freguezes e ao publico em geral para virem ver o seu grande sortimento de gazes, cachemiras pretas e de côres, ditas com listas de sêda, velludos, crepons, cassas, cretones e fustões.*

Em sentenças com os auxiliares temporais *ir* e *vir* seguidos de infinitivo, o pronome pessoal clítico aparece proclítico ao verbo finito (cf. exemplos em (27)), ou em próclise ou ênclise no domínio infinitivo (cf. exemplos em (28)).

(27) a. [20,1 A BA] *Por isso o Papae sempre que* ***<u>se</u> vae realizar*** *em casa uma festa, a primeira coisa que põe na lista é um tubo de Cafiaspirina.*

b. [19,1 CR PE] *A Gazeta do Povo, é portanto a que* ***<u>se</u> vai occupar*** *de tudo, que aelle respeita, com relaçaõ ao estado social; pois que ella a ninguem conhece fora dessa rasão.*

c. [19,1 CL PE] *Quando os homens Senhor Redactor; deixando o estado da natureza* ***se vieraõ reunir*** *em o de sociedade, naõ foi certamente para que cada hum fizesse n'elle o que quizesse, se naõ para serem mais felizes n'este do que n'aquelle, fazendo somente aquillo que a ley lhes permitisse; por quanto, se houvesse huma sociedade civil em que cada huma de suas repartições, corporações, e mesmo cada hum de seus membros podessem fazer o que lhes aprouvesse, sem respeito a ley, nem as Authoridades legitimamente constituidas, esse Povo naõ gozaria de nenhuma das vantagens que com sigo tras ao homem o estado de sociedade, porque tudo seria confuzaõ e desordem, e todos n'elle se achariaõ piores do que se estivessem vivendo no estado primititivo.*

d. [20,2 CR PE] *Pouco adiantam as meias verdades com que pelo decreto lei nº 60, o governo traça as linhas básicas do fortalemencimento do Banco Nacional de Crédito Cooperativo, acenando-lhe com recursos financeiros que todos podemos prever a que* ***se vão reduzir****, erigindo-se em órgão basilar da politica assistencial do Estado ao crédito cooperativo.*

(28) a. [20,2 CL RJ] *O que era provisório e que, segundo as juras do governo, assim deveria permanecer,* ***vai se tornar*** *permanente.*

b. [20,1 A BA] *Se V.* ***vai se casar*** *ou quer renovar o mobiliário de sua casa, visite antes as exposições de O LAR.*

c. [20,1 CL BA] *E nesse ocasião estaremos pois, de almas prontas, para assistirmos a beleza inconstetavel, o deslumbramento que* ***vem se associar*** *aos nos sos dias de vida, o marco de uma nova era masical na terra que viu nascer ha 81 anos passados a garbosa "Filarmonica 25 de Março" na terra que viu nascer ha 78 anos passados, a harmoniosa filarmonica "Vitoria" e na terra que viu nascer ha 26 anos passados, a maviosa e querida filarmonica "Euterpe", esta Euterpe o motivo unico de me ocupar deste jornal para dizer a este povo querido.*

d. [19,2 CL BA] *Agora para provar ao senhor conselheiro Vianna e ao meu partido o alto prestigio do senhor Constantino* ***vou lançar-lhe*** *o ultimo repto.*

e. [19,2 A BA] *O fogo de planta com que* ***vão terminar-se*** *os festejos, em louvor á Nossa Senhora da Ajuda, sera queimado amanhã no adro da mesma capella e não na praça da Acclamação como hontem dissemos.*

f. [19,2 A BA] ***Irei empregar-me*** *n'outro serviço, que não seja – arrematações.*

g. [20,1 CL BA] *Para dizer-se correcto e conhecedor dos seus deveres, ninguem mais do que elle, mas, eu por experiencia própria negolhe estes predicados, no que diz respeito á sua passagem pela minha fazenda "POÇÕES" de onde (oh! vergonha para um homem livre!) FUGIO sem ajustar contas, em a noite de 15 do corrente, para lugar até então ignorado, carregando familia e genro que administrava a lavoura e trabalhos, (este com saldo a receber) sem ao menos dar conhecimento ao patrão; levando comsigo uma perneira nova do trabalho da fazenda que não lhe pertencia e sem dar contas do que recebeu. Parece incrivel, mas è a expressão da verdade narrada a traços largos, porque se* ***fosse contal-a*** *em minucias um livro de 200 paginas talvez fosse pouco.*

h. [20,2 CR PE] *O fato é que, num lugar onde deveria haver um jardim ou um refugio arborisado,* ***vai lenvantar-se*** *uma caranguejola qualquer, com fins utilitarios e mercantis.*

Construções com os verbos de movimento – *ir* e *vir*

Em construções formadas pelos verbos de movimento *ir* e *vir* seguidos de verbos no infinitivo, o pronome pessoal clítico tende a aparecer enclítico ao verbo no domínio infinitivo, conforme dados em (29). No entanto, construções com subida de clítico, com próclise (30a) ou ênclise (30b) ao verbo no domínio finito, também são encontradas. Vale a pena mencionar que os verbos de movimento podem ser usados como temporais em alguns contextos. No entanto, esses verbos estão agrupados de forma individualizada por se pensar que nesses contextos expressam menor grau de gramaticalização que outros. Foram aqui reunidos apenas predicados com esses verbos cujo significado não era temporal.

(29) a. [19,2 CR BA] *Vimos receber o nosso baptismo: queremos tão bem pagar o nosso tributo de resignação ás censuras que nos jogarem,* ***vimos*** *de boa mente* ***offerecer-nos*** *em holocausto á maledicencia.*

b. [19,2 CL PE] *Sabendo meu procurador desta eventualidade* ***foi ter-se*** *com o respectivo feitor, e fez lhe a reclamação que em tal caso couvinha; e entendendo-se depois com o mesmo Senhor Major, disselhe este – que na melhor boa fé estava persuadido de que a cerca tinha corrido pela verdadeira linha divisoria, mas que vista a reclamação que lhe fazia aquelle meu procurador, e attendendo a uma carta que nesse sentido lhe havia eu emderessado, me mandasse dizer que se marcaria um dia, no qual comparecêssemos eu e elle major, para em vista dos nossos titulos examinarmos essa estrada antiga, e assentarmos naquillo, que fosse mais justo.*

(30) a. [19,2 CL CE] *O ladrão, segundo penso, vendo não poder escapar a acção da justiça, procurou uma occasião de me encontrar só, como de facto, e* ***foi-me*** *pessoalmente* ***entregar*** *o roubo, dizendo então que não era o ladrão,mas que não descubria quem tivesse sido–;assim como pedia-me um juramento para o não descobrir,e uma gratificação por me ter trasido o dinheiro.*

b. [19,2 CL BA] *Se pedi privilegio para explorar esta nova industria, fructo de meu trabalho e experiencias, foi porque, tendo de habilitar operarios, para o fabrico, não podendo por mim só fazer todas as manipulações precisas, pode muito bem acontecer que depois de eu os ter habilitado para este trabalho alguem* ***os venha seduzir*** *a troco de ridiculo É, portanto, cheio da mais sincera gratidão que vem render- lhes publicamente este seu voto de agradecimento, podendo sempre contar com os seus diminutos prestimos.*

Construções com aspectuais seguidos de gerúndio

Em construções com verbos aspectuais seguidos de gerúndio, o pronome pessoal clítico aparece alçado para o domínio finito, em ênclise ou próclise ao verbo (31a,b), ou sem subida, em ênclise ou próclise ao gerúndio (31c,d).

(31) a. [19,1 CR RJ] *Se tal tem sido sempre o vosso premio; se ainda assim vós tudo fazeis pela cauza da Nação, da Patria, da Constituição, que e em Portugal* ***se*** ***está fazendo*** *com assistencia de vossos egregias Deportados; quão dignos não sois de mehior sorte, e de melhores prêmios.*

b. [20,2 CL RJ] *Se na loja do meu irmão Durval Pereira dos Santos só há comes e bebes, venha para a Oriente de Nilópolis, Loja Cayru II, porque, nela, há muito para se fazer e* ***esta-se fazendo****.*

c. [20,1 CL BA] *Colombina, exausta, triste,* ***está se despedindo*** *de Arlequim e dos seus adoradores, e eu, cheio de ardente ciume, espero levá-la, ainda hoje, ás 21 horas, para o convivio salutar do povo hospitaleiro da cidade de Feira de Santana.*

d. [19,2 A PE] *Cambraia lisa fina com 10 varas a peça por 4 $,* ***estão acabando-se****, à rua da Imperatriz, loja de Paredes Porto número. 48, junto à padaria franceza.*

Para além de construções com o aspectual *estar*, foram encontradas na escrita brasileira culta dos séculos XIX e XX construções com os auxiliares *ir*, *vir* e *continuar* seguidos de gerúndio, em que o pronome está enclítico ao verbo finito (32a,b) ou proclítico ao gerúndio (32c,d,e,f,g,h):

(32) a. [19,1 CL RJ] ***Vou-me fazendo*** *fastidioso; mas não posso deixar de acrescentar ainda huma reflexão: diga-me charo amigo leo Você já o Projecto offerecido? Sabe que o tenhão lido, esses que o recusão jurar, e que o entendão?*

b. [20,2 CR CE] *O Governo e as lideranças empresariais* ***vêm-se mostrando*** *otimistas, em relação à performance de nossa economia, no próximo ano, admitindo uma inflação em torno de 80 por cento, crescimento do saldo favorável na balança comercial, redução de deficit da produção interna do petróleo e, como coroamento, elevação da taxa de emprego, expansão do PIB + crescimento das vendas.b.*

c. [20,2 CL RJ] *Meu salário está congelado desde março, e* ***vem se deteriorando*** *gradativamente, com aumentos de taxas diversas – luz, água, passagens.*

d. [20,2 CL RL] *As simpatias vão para o touro, que* ***continua se recusando*** *a colaborar com a necessária fúria.*

e. [20,2 CR PE] *O sistema **foi <u>se</u> abrindo** aos poucos.*
f. [20,2 CR PE] *As democracias **vão <u>se</u> tornando** cada vez mais transparentes, abertas e capazes de receber inspiração e influência dos mais diversos pontos do planeta.*
g. [20,2 CR PE] *E a fechada economia nacinal **vai <u>se</u> abrindo** ao investidor externo.*
h. [20,2 CR PE] *O sistema **foi <u>se</u> abrindo** aos poucos.*

Construções com aspectuais seguidos de infinitivo

Sobre construções com verbos aspectuais seguidos de infinitivo foram encontradas ocorrências com *estar a*, *continuar a* e *deixar de*, todas sem subida de clítico, estando o pronome em ênclise ou próclise no domínio infinitivo, conforme ilustram os exemplos em (33):

(33) a. [19,2 A BA] *Neste momento **está a construir-<u>se</u>** o zimborio do palácio da justiça de Chicago e a cupola do observatorio astronomico de Greenwch-- em papel.*
b. [20,1 CL BA] *O meu Carnaval **está a <u>se</u> extinguir**!*
c. [19,2 CL PE] *Se não lhe falta a memoria deve estar lembrado que muito antes de tomar conta desse dinheiro, nunca **deixei de <u>lhe</u> prestar** serviços e sommas que então me pedira.*
d. [20,1 CL PE] *Chegou a convocar a oposição para discutir a crise A meu ver, o que tem caracterizado o péssimo Governo de FHC é que ele só toma decisões dificeis e quando **deixar de tomá-<u>las</u>** se tornará mais difícil ainda...*
e. [20,1 A BA] *Animando-me com esse resultado **continuei a usal-<u>o</u>** e ao completar o 6º frasco me achei completamente restabelecido, não apparecendo até hoje consequencias d'aquellas infecções.*
f. [20,1 CR BA] *Ainda sobre o nosso reaparecimento disse A Paz, de Santo Amaro: "FOLHA DO NORTE. **Continua a honrar-<u>nos</u>**, pontualmente, com a sua agradavel visita, essa nossa excellente e victoriosa collega de imprensa, da cidade da Feira de Santa'Anna, á qual tantos beneficios tem prestado, com a sua independencia, força de vontade e coragem cívica.*

Construções com modais

Em construções com verbos modais *poder*, *dever*, *ter de* e *haver de* seguidos de infinitivos são possíveis estruturas com ou sem subida de clíticos, com próclise ou ênclise ao verbo modal ou verbo no domínio infinitivo, como ilustram os exemplos a seguir:

(34) a. [20,2 CR RJ] ***Não se pode qualificar*** *de irrelevante o quadro estatístico fornecido pela Secretaria de Segurança para os índices de criminalidade dos últimos anos.*

b. [19,2 CL RJ] *Quando o Senhor redactor do Guerreiro, quizer alguma informação a respeito d'alfandega,* ***pode-se dirigir*** *ao abaixo assignado, que o informara com toda lealdade.*

c. [19,2 A RJ] ***Pode empregar-se*** *com certeza de obter-se feliz resultado em todos os casos que se sente dor ou qualquer encommodo.*

(35) a. [20,2 CL RJ] *O funcionario público, quando investido em cargo de chefia, não* ***se deve julgar*** *acima dos "barnabés".*

b. [20,1 CR PE] *Emprehendendo-se um trabalho e deparando-se com o insuccesso,* ***deve-se experimentar*** *qualquer outro rumo de actividade, e não quedar-se vencido!*

c. [19,2 A RJ] *Os viajantes* ***devem sempre munir-se*** *de um vidro de Prompto Allivio Radway, pois poucas gottas em agua impedem doenças ou dôr causadas pela mudança d'água; é melho que cognac francez ou bitter, como estimulante.*

d. [19,2 CR PE] *Mas confrange-nos sobremodo o coração ver que a Illustríssima camara municipal, essa corporação que por sua natureza* ***devia se pôr*** *sempre à testa d'essas manifestações patrioticas, não tenha despertado o enthusiamo publico, decretando festejos o convidando os seus jubilos por tão grato e feliz regresso!*

(36) a. [19,1 A RJ] *Sabbado 6 do corrente no Real Theatro de São João,* ***se ha de apresentar*** *huma nova commedia intitulada Dever e Natureza, producão de Antonio Xavier Ferreira de Azevedo.*

b. [19,1 CL PE] *Fi nalmente, mostre o Senhor Rangel (o que não* ***lhe hade custar*** *muito) que das 4 horas da tarde até as sete do dia 14 foi visto sem interrupção no Recife, e então terá a palma que pretende; sem que porem fique ao Senhor Rego Albuquerque o epitheto de calumniador, e pouco circumspecto a vista do que exposto fica.*

c. [19,2 CL RJ] *Foi a este prestimoso cidadão, que o partido liberal agradeceu os seus serviços, excluindo-o da chapa eleitoral, onde só foi readmitido depois de estarem bem certificados que ainda que contra a sua vontade e esforços, o senhor dor José Marianno,* ***havia de sentar-se*** *n'uma das cadeiras do parlamento, onda a sua falta estava sendo sentida.*

d. [20,2 CR PE] *No que se esperava fossem focalizadas ampla e vastamente,* ***há de se convir*** *em que parece não haver sobrado tempo para isso.*

(37) a. [20,1 CR RJ] *Os catholicos que, sem retratação formal de minha parte, hoje suffragam a minha candidatura, são uns cretinos que me inspiram asco, muito embora, por dever do officio, eu* ***tenha de lhos aceitar*** *o apoio.*

b. [19,2 A BA] *e pela presente declara que,* ***tendo de se partilhar*** *os bens deixados por seu pae Antonio Olavo de Almeida Couto, a parte de sua herança fica sujeita aos effeitos da acção proposta a seu marido, que della não pode dispor.*

c. [19,2 A BA] *O abaixo assignado faz sciente ao publico que até esta data não deve um só real ao commercio d'esta cidade, nem em outra qualquer parte, e muito menos em logares particulares, assim como não libertou seus escravos; e quando* ***tenha de o fazer*** *serão testemunhas seus proprios filhos*

d. [20,1, CL BA] ***Tendo de retirar-me*** *desta cidade, venho mui respeitosamente agradecer a generosidade e delicadeza da população feirense e offerecer-lhe os meus diminutos prestimos provisoriamente na Calçada, "Villa Uruguayana", ou em Caldas[4] do Cipó, onde tenciono fixar residencia.*

Construções com verbos de controle

Seguindo Torres Morais e Ribeiro (2005), *por verbos de controle denominamos a subclasse dos verbos de controle* que apresentam predicados complexos, agrupamos aqui todos aqueles verbos, não auxiliares ou semiauxiliares (cf. Raposo et al., 2013) – e por esse motivo deixamos separados os verbos *poder* e *dever* –, que selecionam como argumento uma sentença infinitiva completiva de verbo. Segundo as autoras, tais construções caracterizam-se por uma sentença principal com verbo flexionado e sentença completiva com verbo no infinitivo. O sujeito do verbo no infinitivo é um pronominal (PRO), obrigatoriamente nulo, que tem sua referência controlada pelo sujeito e objetos do verbo finito (Torres Morais e Ribeiro, 2005: 37). Ou, por outras palavras, nas construções com verbos de controle que apresentam predicados complexos o elemento nulo PRO recebe dois papéis temáticos.

Consideramos aqui os verbos de controle em estruturas nas quais atestamos, na escrita brasileira dos séculos XIX e XX, alternância entre subida ou não do pronome pessoal clítico: *querer* (38), *pretender* (39), *procurar* (40), *permitir* (41), *desejar* (42), *saber* (43) e *resolver* (44):

(38) a. [19,1 A RJ] *Quem tiver hum negro Ferreiro, e o quizer vender, falle na loja da Gazeta, que se lhe dirá quem* ***o quer comprar****.*

b. [20,1 CR RJ] *Mas* ***quer-se ver*** *alguns princípios razoavelmente explicitados.*

c. [20,2 CR RJ] *Mas não consegue se organizar – ou não* ***quer se organizar*** *– a fim de combatê-los.*

d. [19,1 CR CE] *o malvado* ***quer perder-se****, deixai-o perder-se so' (sic), e naõ vos percaes tambem (sic), por illusaõ de hum ente taõ infame, e indigno, e só digno do voso (sic) desprezo, e indignaçaõ.*

(39) a. [20,1 CR CE] *Diante disso – e só por isso – aqui estamos para declarar ao publico que não é exato haja o vereador Antonio Mendes assumido com quem quer que seja – muito menos com o sr. Osvaldo Studart – o compromisso de não negar numero para a votação do projeto referente ao emprestimo de 6 mil contos que* ***se pretende contrair*** *para o município.*

b. [19,2 CR RJ] *Com justa colera verberei com linguagem atrabiliaria contra o ministro que não podendo comprar-me com o meu proprio suor – o dinheiro do Thesouro –* ***pretendeu-me calar*** *lançando mão da violencia.*

c. [19,2 CL BA] *Resentido com o facto* ***pretendia recolher-me*** *a minha obscuridade e aguardar o futuro, quando sou chamado a uma conferencia pelo senhor Constantino em presença dos doutores juiz de direito, preparador e promotor.*

(40) a. [20,1 CL RJ] *Mas o queixoso esqueceu de dizer ao brilhante jornal que essa renda vai entrar para os cofres da cidade para dois milhões de habitantes, e cuja autonomia só* ***se procura negar*** *porque essas rendas são cubiçadas (sic)...*

b. [20,2 CR BA] *Conheço o significado elevado do trabalho dos Locutores & Ouvintes... uns focalizando as e<s>pecialidades comerciais, ensinamentos etc. outros* ***procurando segui-las*** *e aumentar seu cabedal de conhecimentos.*

c. [20,1 CR CE] *O primeiro sempre se manifestou maloqueiro e nunca ao menos* ***procurou se qualificar*** *eleitor.*

(41) a. [20,2 CL BA] *Quero ao ensejo, cientificar à população de Feira de Santana, que, a esse respeito já nos dirigimos às autoridades competentes, tanto quanto à Cia. E E. da Bahia, por solicitação de varios comerciantes e muitas pessoas que, ficam impossibilitados de fazer uso de telefone, dado o assalto da gritaria infernal que toma o aparelho não* ***permitindo ouvir-se*** *senão agritaria e sambas de toda natureza.*

b. [20,2 CR PE] *Numa das cabeças da ponte da Torre, inexplicavelmente* ***se permitiu construir*** *um abarracamento, que se destina ao que parece á venda de generos ou de artefatos de automovel.*

(42) a. [19,2 A BA] *Nesta typographia se dirá onde reside uma pessoa que* ***se deseja empregar*** *em cobranças.a.*

b. [20,1 A RJ] *Um senhor chegado do Estado do Rio,* ***desejando-se colocar*** *como servente de hotel, escritorio ou encarregado de avenida e tem pratica de s[e]cos e m[o]lhados, da referencia de sua conduta, pede por favor dirigir-se á r. Carolina Costa Machado n. 738, Madureira, a Antonio da Costa Pereira.*

c. [19,2 CR BA] *Em nome do povo bahiano, não recuará que* ***deseja dirigir-se*** *respeitosamente a vossa excelencia peço-lhe o obsequio de achar-se n'esta cidade na quarta-feira, 30 do corrente, para receber à aquelles que em seu nome terão de dirigir-se a vossa excelencia, que designará o logar em que devemos encontral-o e a hora, em que poderá receber nos, em sua secretaria, ou no quartel general.*

(43) a. [20,1 CR RJ] *Acreditar em beneficios de escolas profissionaes para o ensino primario de agricultura é uma fantasia e custando muito e*

*muito dinheiro entre nós, e fantasia bem visivel nos resultados negativos que temos obtido ; pois em taes escolas se aprende, por exemplo, a constituição chimica e physica das terras, mas não **se sabe plantar** mandioca e nem tirar madeira ou cipó no matto para fazer as cercas das culturas vedando-as contra o gado.*

b. [20,1 CL BA] *Despedida. Tendo que me retirar desta cidade para a Capital do Estado e não podendo me despedir pessoalmente por escacêz de tempo de todas as pessôas que tenho relações, valho-me da imprensa local para apresentar a todos o meu abraço e agradecimento pelo modo gentil e captivante com que, sempre **souberam me destinguir.***

c. [19,1 CR BA] *Todos nos jactamos de amar a Patria; todos estamos persuadidos, que **sabemos amal-a**; e ninguém se sente disposto á ceder jamais á outrem a superioridade em materia de patriotismo.*

(44) a. [19.1 CR PE] *Conhecemos mui bem nossa fraca capacidade; como porem para o desnvolvimento e demonstração dos principios, que **nos rezolvemos manifestar** a aquelles brazileiros, que inda hoje não teem noticia, dos factos orriveis praticados pelos portuguezes contra nós desde a epoca da nossa independencia, não se necessita d'essas grandes capacidades literárias.a.*

b. [20,1 CL PE] *De leitores da secção cinematografica deste suplemento recebemos as seguintes cartas:* DO SR. HEBERTO CASTRO – *Recife- "Leitor assiduo de suas cronicas, que há muito acompanho com interesse **resolvi escrever-lhe** esta a fim de fazer uma sugestão no intuito de V S. ampliar a pagina cinematografica do suplemento do* DIARIO DE PERNAMBUCO *inteligentemente dirigido pelo poeta Mauro Mota.*

Construções com verbos causativos e perceptivos

Verbos causativos e perceptivos também selecionam sentenças completivas, formando predicados complexos. O verbo da completiva, no entanto, diferentemente daquele em construções com verbo de controle, pode se apresentar no infinito ou no infinitivo flexionado. Outra particularidade das construções com verbos causativos e perceptivos é que o pronome pessoal clítico pode ser o sujeito semântico da sentença infinitiva e nesse contexto sempre ocorre a subida de clítico. Na amostra, encontramos construções com e sem subida de clítico com os causativos *deixar* (45), *fazer* (46) e *mandar* (47) e com o perceptivo *ver* (48):

(45) a. [20,2 CL RJ] *Como* ***não me deixei intimidar****, ameaçou-me e retirou-se do ônibus com minha carteira do* IFP*, repetindo "não tem dialogo".*

b. [20,1 CR RJ] *Não se quer que a polícia* ***se deixe matar***

c. [20,1 A BA] *Não* ***se deixem illudir*** *pelos succedaneos e imitações.*

d. [19,2 CL CE] ***Deixa-se ficar*** *este liquido em repouso por quatro a cinco horas, e depois coa-se sem fassr (sic) compressão, primeiramente atraves de pano ralo de estopa, ou algodão, bem lavado, depois se vai passando gradualmente por outros mais finos ate qu[e] o liquido fique claro; posto neste estado, temos dous meios para conserva lo.*

e. [19,2 CR PE] *Ante tão eloquentes e convicentes palavras, e, ainda mais, perante o § XIV do artigo 102 que, como dissemos, foi um corolano do artigo 5º da constituição do imperio, permitta-nos o Excelentíssimo Senhor bispo que lhe digamos, com profunda magoa, que andou mal aconselhado o seu esclarecido espirito, quando* ***deixou-se dominar*** *pelas razões que expondeu no citado capitulo* IV *da sua estirada pastoral.*

(46) a. [19,1 CR RJ] *Que distancia infinita não se vê entre este bom Religioso, que pregava aos Indios, mostrando-lhes a cruz do Salvador do mundo, e esse Nigromantico Valverde, que ameaçava os Indios com as fogueiras do Santo Officio, e* ***os fazia queimar*** *porque não entendião as letras do seu Breviario?*

b. [19,2 CR RJ] *Portanto, Vossa Excelência tem abusado completamente da sua jurisdição, está sacrificando o* MONARCHA*, o qual por não ter ao seu lado quem* ***lhe faça ver*** *os desvaneios de Vossa Excelência e de seus collegas ministros, por isso são conservados em despeito a opinião publica; porém recorde-se que temos o bastante coragem de chegarmos ante os degraos do* THRONO *e dizermos ao* MONARCHA *– "*SENHOR *os ministros de Vossa Magestade Imperial arrede de Seu Império esses* TRAIDORES*: o ministro da guerra é* UM PREVARICADOR*, o ministro do* *imperio é* CONCUSSIONARIO, *e o fazenda foi comvencido perante o jury desta côrte como* TESTEMUNHA FALSA *no processo do Illustre tutor de Vossa Magestade Imperial* E DE SUAS AUGUSTAS IRMÃS.

c. [19,2 A BA] *o que* ***faz lhe attribuir****, serem elles os authores do attentado, que soffreu hontem 16 do corrente, as 9 horas da noite, quando se quiz arrombar as portas do fundo da sua casa de morar.*

(47) a. [19,2 CR RJ] *Accusamos, é certo, acrimeniosamente ao visconde de Figueiredo, porque tendo nós delle dado uma noticia, elle* ***nos mandou offerecer*** *chicote.*

b. [19,1 CR CE] *Quantas vezes naõ vimos nós conspurcado o lugar sancto onde a lei* ***mandava-nos exercer*** *taõ importante, e suberano (sic) direito?*

c. [19,1 CL CE] CORRESPONDENCIAS. *Senhor Redactor. Dezejo me responda se o Excelentíssimo Senhor Presidente pode abolir as Guardas Municipaes antes de se [*ilegível*]arem as Nacionaes, e* ***mandar tomar-lhes*** *as armas.*

(48) a. [19,2 CL BA] *a perversão moral, quando não é sentimento ingenito, é incutida pela preoccupação constante na realisação de um objectivo inconfessavel, que lhe desvaira a razão, e lhe perverte os sentimentos; e o coronel Augusto Carvalho, lhano, affavel, cavalheiro, sem preoccupação outra sinão ser agradavel e fazer bem aos seus concidadãos e á terra, que* ***o viu nascer****, é ainda, até este momento, o coronel Augusto Carvalho, que todos conhecemos, e que, apezar dessa miseravel infamação, não desmereceu em nada do conceito dos homens de bem, os quaes como tal o tem e continuarão a tel-o; e concitamos o celebre - <<Sentinella>> - a que, para provar a sua calumnia, obtenha, si é capaz, meia duzia de assignaturas, que subscrevam á sua diatribe.a.*

b. [19,1 CR CE] *nós* ***a vimos invocar*** *a Divindade e aguardar pela Maioridade, dando com isto esperança aos menos soffredores para nunca commetterem hum só attentado que a enodoasse: e a opposiçao' actual logo que vé o Imperador no Throno, pronuncia se contra o Seu sabio Ministerio e insinúa (sic) que sendo o Senhor Dom Pedro 2º acclamado Maior sem a devida formalidade, devia cahir, e esperar pelo tempo prescripto.*

c. [19,2 CR PE] *Hosanas, sim hosanas, porque já* ***vemos desenhar-se*** *nos horisontes da patria essas roseas côres que prenunciam a paz, em cujo regaço, e sómente n'elle, podem os povos se erguer e mandar nuvens de insenso ao Olimpo do progresso, onde os obreiros do futuro trabalham, de mãos dadas com a gloria, para o engrandecimento da humanidade!*

d. [19,2 CR PE] *A nova éra, que se abrio para nós com a creação de um Gabinete Portuguez de Leitura, e com a mudança da Academia para a Cidade do Recife, trouxe-nos a esperança de* ***ver desenvolver-se*** *entre nós o gosto pela leitura, e felizmente ja esta esperança se vae realisando; porque algumas emprezas litterarias temos visto ser bem sucedidas e ter o acolhimento desejavel, que nós esperamos para a nossa Sempre Viva.*

Apresentados os padrões de posição e de colocação dos clíticos na escrita brasileira culta por tipos de predicados complexos, detalharemos a seguir a análise estatística com vistas a observar a dinâmica da mudança nesse contexto.

A dinâmica da mudança em direção à perda da subida dos pronomes pessoais clíticos no PB

Considerando como regra variável a subida ou não do pronome pessoal clítico nos predicados complexos na escrita brasileira dos séculos XIX e XX, apresentamos aqui a dinâmica da mudança em direção à perda da subida do pronome pessoal clítico na gramática do PB. Apresentamos uma análise dos condicionadores linguísticos e extralinguísticos da subida de clíticos tendo em vista as seguintes variáveis: tipo de sentença, posição superficial do verbo, tipo de construção, forma do pronome pessoal clítico, gênero do texto, período e localidade (estado). Foram retiradas da amostra as construções com auxiliar passivo por se constituir um ambiente categórico em que há subida do clítico. A análise contou, então, com 728 dados (do total de 766 coletados), que foram submetidos aos programas do pacote estatístico GoldVarb 2001.

Das variáveis observadas, as seguintes variáveis, por ordem de relevância, se mostraram significativas no condicionamento da subida do pronome pessoal clítico na escrita brasileira: (1) tipo de construção, (2) tipo de sentença, (3) forma do pronome pessoal clítico, (4) período e (5) localidade.

O tipo de construção é o contexto que mais condiciona a subida do pronome pessoal clítico no português escrito no Brasil entre os séculos XIX e XX: as construções com verbos causativos e perceptivos e com verbos auxiliares temporais condicionam a subida de clítico em oposição às construções com modais, com aspectuais, com verbos de controle que não se mostraram relevantes para a subida de clítico.

Tabela 6 – Subida de pronomes pessoais clíticos por tipo de construção

	Apl/Total	PR.
Construções com auxiliares temporais	157/181 – (86%)	0,77
Construções com causativos e perceptivos	58/69 – (84%)	0,73
Construções com aspectuais	24/41 – (58%)	0,42
Construções com modais	152/284 – (53%)	0,37
Construções com verbos de controle – "formadores de predicados complexos"	67/138 – (48%)	0,32
Construções com os verbos *ir* e *vir* de movimento	4/15 – (26%)	0,16
Total	462/728 – (63%)	

Log likelihood = -494,887 Significance = 0,111

Como se pode observar nos pesos relativos apresentados, há três blocos no que concerne ao condicionamento da subida de clítico: o primeiro deles se constitui das construções com auxiliares temporais e com causativos e perceptivos que favorecem a subida de clíticos, com pesos relativos de 0,77 e 0,73 respectivamente, em oposição a um segundo bloco com construções com aspectuais, modais e verbos de controle, com pesos relativos de 0,42, 0,37 e 0,33 que não se mostram com um contexto relevante; o terceiro bloco é constituído pelas construções com verbos *ir* e *vir* de movimento que não condicionam a subida do clítico, que tende a ficar no domínio infinitivo. Como outros estudos já haviam apontado, o contexto que fortemente condiciona a subida de clíticos na escrita brasileira dos séculos XIX e XX são as construções com auxiliares temporais – *ir, ter (de)* e *haver (de)*.

Construções em que V1 são verbos causativos – *mandar, fazer, deixar* – e o verbo perceptivo *ver* também condicionam a subida do clítico. Na escrita culta brasileira dos séculos XIX e XX, a subida de clítico nesse contexto é muito alta, mas atestam-se casos em que não há subida de clítico (cf. exemplos em (49)).

(49) a. [19,1 A CE] *ESCRAVO FUGIDO. No dia 3 de Fevereiro próximo passado fugio da Villa de Quixeramobim hum escravo de nome Joao', Naçao Angola, com idade de trinta e tantos annos; tem huma perna mais secca, que pucha por ella. Quem delle tiver noticia fará o obsequio* ***mandar captura-lo*** *, e remettel-o a seu Senhor o Reverendo Bento Antonio Fernandes, que satisfará todas as despezas; ou nesta Cidade ao Major Joao' Facundo de Castro e Menezes, que da mesma satisfará.*

b. [20,1 CR CE] *Aquelles que* ***deixam arrastar-se*** *pelos redemoinhos que se desencadeiam nos terrenos accidentados das paixões odiosas são os pusillanimes que em face de obstaculos não sabem lutar para cahirem com altivez ou triumpharem como dignos.b.*

c. [19,1 CR PE] *Ainda hoje existe impossibilitado de trabalhar um escravo de Manoel Joaquim do Parizo em que o Aràra* ***mandou lhe dar*** *na venda de um sugeito conhecido por José marinheiro.*

d. [19,2 A BA] *o que* ***faz lhe attribuir****, serem elles os authores do attentado, que soffreu hontem 16 do corrente, as 9 horas da noite, quando se quiz arrombar as portas do fundo da sua casa de morar.*

Construções com aspectuais seguidos de gerúndio – *estar, ir, vir, ficar* – ou seguidos de infinitivo, com modais – *poder, dever, ter (que/de), parecer* – não condicionam a subida de clítico. Nessas construções, sentenças com o pronome pessoal proclítico ao verbo do qual dependem sintática e semanticamente, conforme dados em (50), são recorrentes.

(50) a. [20,2 CL CE] *O poder civil* ***está se mostrando*** *incompetente para governar.*

b. [20,1 CR RJ] *Os varios documentos, publicados pelo actual governo,* ***podem se resentir*** *de falhas e a palavra official encontrar, na explanação de detalhes, certa hesitação em dizer toda a verdade ; mas indiscutivelmente, as asseverações nellas contidas são tão positivas e as contestações tão frouxas que não é fácil attenuar a gravidade dessas declarações.*

Sentenças com os verbos *ir* e *vir* de movimento desfavorecem a subida do clítico, conforme dado em (51). Isso porque esses verbos têm usos não gramaticalizados, diferentemente dos temporais.

(51) [19,2 CR PR] *Este nitido volumezinho fascinou-me por um lado – o de ser uma novidade litteraria, nesta messe pouco abundante de ceifadores – se por outro não* ***veio contagiar-me*** *daquelle enthusiasmo, daquella nevrose de amor, de que tanto elle se occupa, nem fazer-me subir pela <escada luminosa por onde sobem os que são amados.*

O tipo de sentença também se mostra uma variável que condiciona a subida de clítico. Foi a segunda variável selecionada como estatisticamente relevante pelo programa. Como se pode observar nos resultados na Tabela 7 a seguir, sentenças subordinadas afirmativas e sentenças negativas condicionam a subida do pronome pessoal clítico, com pesos relativos de 0,62 e 0,55, respectivamente, em oposição a sentenças principais e coordenadas, com peso relativo de 0,28. Esse resultado já era esperado tendo em vista serem esses contextos ambientes que favorecem a próclise, motivando, portanto, a subida do clítico para o início de um predicado complexo.

Tabela 7 – Subida de pronomes pessoais clíticos por tipo de sentença

	Apl/Total	PR.
Sentenças subordinadas afirmativas	338/445 - (75%)	0,62
Sentenças negativas	52/80 - (65%)	0,55
Sentenças principais e coordenadas	106/241 - (43%)	0,28
Total	496/766 - (64%)	

Log likelihood = -414,830 Significance = 0,000

A forma do pronome pessoal clítico também se mostra uma variável relevante no condicionamento da subida do pronome: os clíticos *me* e *nos* favorecem a subida, com pesos relativos de 0,65, 0,64, respectivamente, em oposição aos clíticos *se*, *lhe* e *o/a* que não se mostram favoráveis, com pesos relativos de 0,50, 0,46 e 0,39, conforme dados expressos na Tabela 8. Esse resultado confirmaria a análise de que o clítico alçado funciona como tópico no discurso, associado à topicalidade da pessoa, conforme propõe

Andrade (2010: capítulos 3 e 4) para o português europeu e para o português clássico.

Tabela 8 – Subida de pronomes pessoais clíticos por forma do pronome

	Apl/Total	PR.
Me	47/62 – (75%)	0,65
Nos	41/54 – (75%)	0,64
Se	279/424 – (65%)	0,50
Lhe	50/78 – (64%)	0,46
O/A	77/143 – (53%)	0,39
Total	494/761 – (64%)	

Log likelihood = -407,913 Significance = 0,009

O período foi a quarta variável selecionada pelo programa como relevante para o condicionamento da subida de clíticos. Como esperado, a primeira metade do século XIX condiciona a subida de clíticos, com peso relativo de 0,62 em oposição à segunda metade do século XIX e às primeira e segunda metades do século XX, com pesos relativos de 0,45, 0,43 e 0,42. São 0,19 de diferença percentual nos pesos relativos entre a primeira metade do século XIX e os demais períodos observados, e essa diferença é estatisticamente significativa. Em outras palavras, nos textos da primeira metade do século XIX, o alçamento de clítico parece estar associado a uma regra geral de posição desse elemento na estrutura da sentença, diferentemente dos textos dos demais períodos.

Tabela 9 – Alçamento de clíticos por período

	Apl/Total	PR.
1800-1850	173/232 – (74%)	0,62
1851-1899	192/307 – (62%)	0,46
1900-1950	70/119 – (58%)	0,43
1951-1999	61/108 – (56%)	0,42
Total	496/768 – (64%)	

Log likelihood = -401,302 Significance = 0,007

Para uma melhor visualização da queda no valor relativo da subida de clítico na escrita brasileira dos séculos XIX e XX, os percentuais distribuídos nos quatro períodos estão projetados no gráfico da Figura 3 a seguir:

Figura 3 – Frequência de subida de clítico

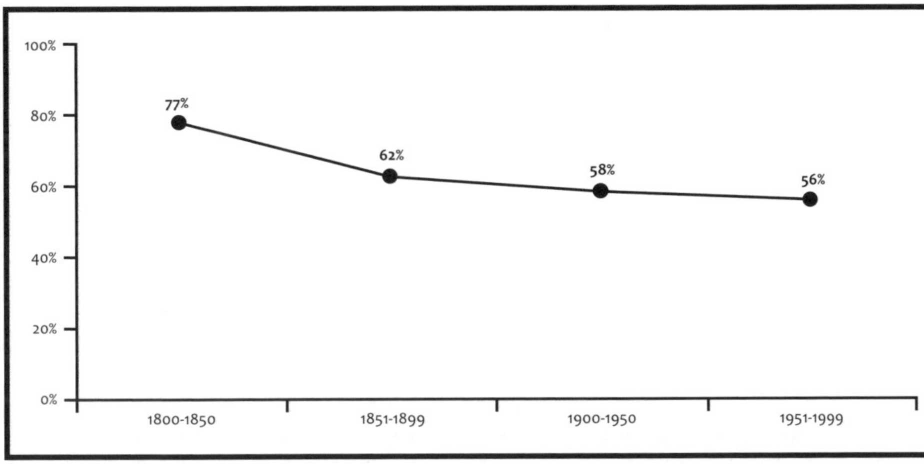

Observa-se, portanto, na totalidade dos dados, uma queda no valor percentual de construções com subida de clítico no curso dos períodos. É importante dizer que esse resultado não demostra a perda da subida de clíticos em PB. Antes, tal resultado parece refletir resultados do PE ou de outras línguas românicas em que a subida de clítico só diminuiu. Destaque-se, no entanto, que esse resultado leva em consideração a escrita culta brasileira que em muitos aspectos reflete propriedades do português europeu.

Tendo em vista ser o tipo de predicado complexo um forte condicionador para a subida do clítico, consideremos a distribuição do percentual relativo por tipo de construção. Os gráficos na Figura 4 dizem respeito às construções com auxiliares temporais e com causativos e perceptivos, e os gráficos na Figura 5, às com aspectuais, modais, verbos de controle e verbos de movimento:

Figura 4 – Frequência de subida de clítico com auxiliares temporais e com causativos e perceptivos

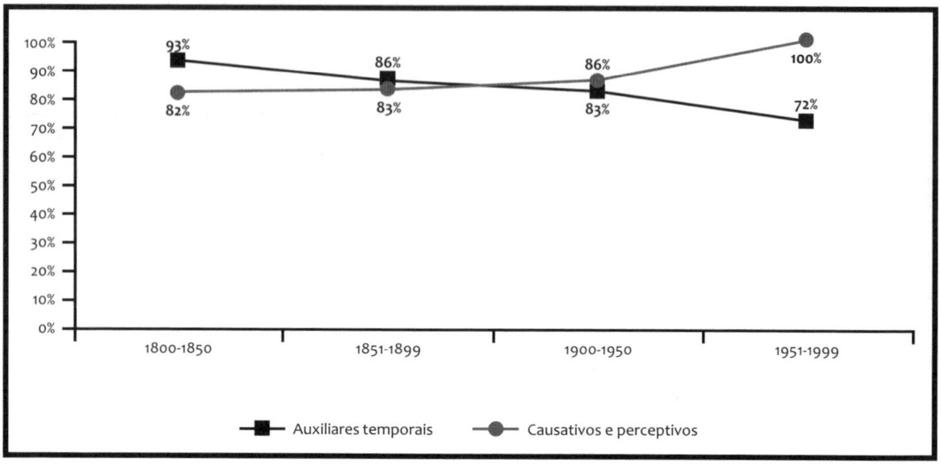

Figura 5 – Frequência de subida de clítico com aspectuais, modais, verbos de controle e verbos de movimento

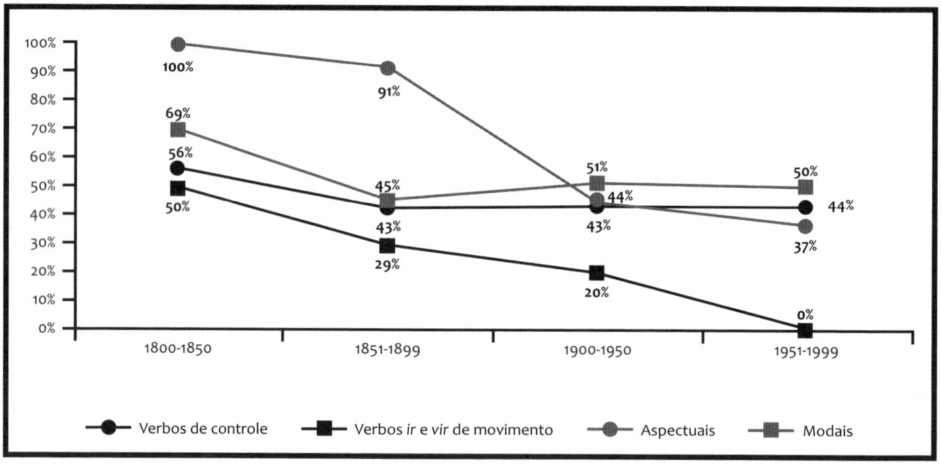

Dos resultados apresentados, é importante destacar que: (i) nas construções que favorecem fortemente a subida de clítico – com verbos auxiliares temporais e causativos/perceptivos –, há uma queda no curso dos séculos na subida de clítico em construções com auxiliares temporais e um aumento nas construções com causativos e perceptivos; (ii) nas construções que não favorecem a subida de clítico – com verbos de controle, aspectuais/modais e os verbos ir e vir de movimento –, a queda da frequência relativa é mais acentuada: (i) nas construções com os verbos *ir* e *vir* de movimento – a queda é de 50% em textos da primeira metade do século XIX para 0% em textos da segunda metade do século XX; (ii) de igual modo, nas construções com aspectuais, a queda na frequência da subida é bastante significativa – de 100% em textos da primeira metade do século XIX para 37% em textos da segunda metade do século XX; (iii) nas construções com modais e verbos de controle, há também uma queda na frequência da subida do clítico, mas essa queda é mais moderada – de 69% e 56% na primeira metade do século XIX para 50% e 44% na segunda metade do século XX, respectivamente.

Esses resultados mostram que a mudança observada na escrita brasileira dos séculos XIX e XX em relação à subida de clítico está fortemente associada ao tipo de complexo, apesar de em quase todas as construções, com exceção daquelas com verbos causativos e perceptivos, perde-se o movimento do clítico para um domínio funcional temporal, modal e aspectual da estrutura oracional. O que se observa nesses contextos é a implementação na escrita brasileira de uma variante inovadora da gramática do PB, com próclise ao verbo lexical.

É importante considerar a distribuição dos dados sem subida de clítico com próclise ou ênclise a V2 nas três construções mais sensíveis à queda da subida do pronome na escrita brasileira. Observemos, pois, a distribuição das variantes em que o clítico não sobe em construções com auxiliares temporais:

Figura 6 – Dinâmica da mudança nas construções com auxiliares temporais

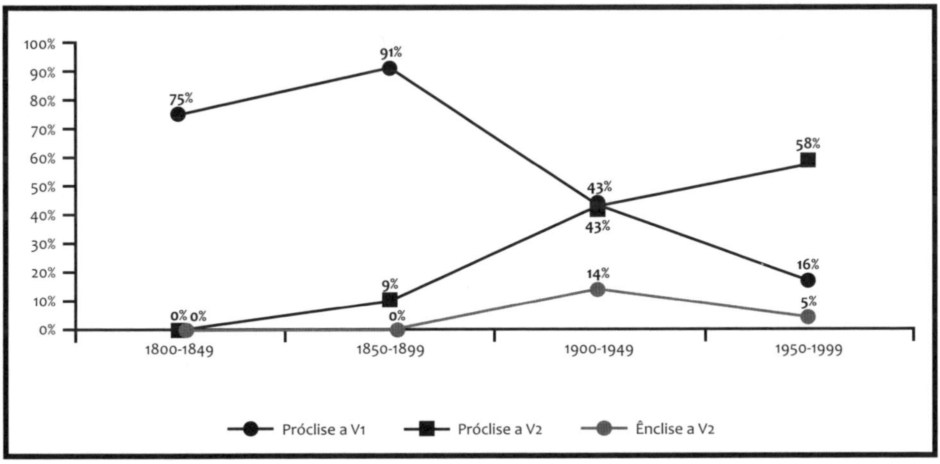

Em construções com auxiliares temporais, a variante inovadora associada à gramática do PB (cf. dados em (52)) se implementa na escrita brasileira tornando-se a mais frequente em textos da segunda metade século XX – sai de 0% em textos da primeira metade do século XIX e chega a 58% em textos da segunda metade do XX; por outro lado, a variante com subida de clítico é muito mais frequente em textos da primeira metade do século XIX – sai de 75% e 91% em textos do século XIX para 43% e 16% em textos do século XX.

(52) a. [19,2 CL BA] *Se elle não tivesse feito tão grandes asneiras, se ele não fosse tão ruim, pela minha parte perdoava-lhe, porque* ***tem me divertido*** *muito!*

b. [19,2 CL BA] *Uma outra razão não menos valiosa do desanimo da mocidade é o temor da critica mordaz* ***que semelhante a epidemìa reinante tem se difundida*** *por tal forma entre nós que nem uma habilitação tem para produzirem são ferteis em descobrir defeitos nos productos alheios.*

c. [20,2 CL CE] *O poder civil* ***está se mostrando*** *incompetente para governar.*

d. [19,2 CL RJ] *Os tegumentos são descolorados, e* ***tem se visto*** *os da parte anterior do anti-braço serem dirigidos para a parte posterior, e vice-versa.*

e. [19,2 CL BA] *Se elle não tivesse feito tão grandes asneiras, se ele não fosse tão ruim, pela minha parte perdoava-lhe, porque* ***tem me divertido*** *muito!*

f. [20,1 CL BA] *Colombina, exausta, triste,* ***está se despedindo*** *de Arlequim e dos seus adoradores, e eu, cheio de ardente ciume, espero levá-la, ainda hoje, ás 21 horas, para o convivio salutar do povo hospitaleiro da cidade de Feira de Santana.*

g. [20,1 CL BA] *Se V.* ***vai se casar*** *ou quer renovar o mobiliário de sua casa, visite antes as exposições de O LAR.*

h. [19,2 CR PE] *Uma outra razão não menos valiosa do desanimo da mocidade é o temor da critica mordaz que semelhante a epidemìa reinante* ***tem se difundida*** *por tal forma entre nós que nem uma habilitação tem para produzirem são ferteis em descobrir defeitos nos productos alheios.*

i. [19,1 A CE] *O numero consideravel de assignantes que ha , naõ só no Rio de Janeiro, como em outras provincias do Império , prova bem o acolhimento favoravel que mereceu esta publicaçaõ taõ util como divertida, e propria para ser admittida no seio das familias, e para ajudar-se a intencaõ dos editores a saber: vulgarisaçaõ de conhecimentos variados por todas as classes da Sociedade,* ***tem se convencionado*** *o preço da assignatura seguinte.*
j. [20,2 CL RJ] *O que era provisório e que, segundo as juras do governo, assim deveria permanecer,* ***vai se tornar*** *permanente.*
k. [20,2 CR PE] *E tanta cousa aqui* ***se tem feito****, que para arrolar os de-|sacertos seriam necessarias paginas e paginas deste jornal.*
l. [19,2 A BA] *Anna Carlota de Almeida Conto,* ***tendo****, por infelicidade,* ***se casado*** *com seu primo Antonio de Bittencourt Netto*

Ainda sobre a possibilidade ou não da subida de clítico, se observa na escrita brasileira dos séculos XIX e XX construções com subida e próclise ao verbo finito em ambientes sem atratores (cf. (53)). Como mostra Andrade (2010: capítulos 3 e 4) para o PE e PC, contextos de próclise favorecem a subida de clítico, mas não são necessários para que ela ocorra.

(53) a. [19,2 A PE] *Os freguezes das bolaxinhas doces americanas* ***as poderão procurar*** *junto a mesma padaria em uma venda pois he o unico deposito das verdadeiras bolaxinhas americanas.*
b. [20,2 CR CE] *O objetivo de tal união* ***se póde precisar*** *sem dificuldades.*
c. [19,2 A CE] *O papel* ***nos deverão ser fornecido****, e a[s] out[r]as impre[ss]oe[s] serão feitas, segundo o que se convencionar.*
d. [19,2 A PE] *Os freguezes das bolaxinhas doces americanas* ***as poderão procurar*** *junto a mesma padaria em uma venda pois he o unico deposito das verdadeiras bolaxinhas americanas.*
e. [19,1 CR PE] *A duas classes* ***se podem reduzir*** *as exhortações desta especie, de que hum "liberalista" pode ser culpado, humas [ilegível] exhortações claras, e em termos expressos: outras disfarçadas, e em termos constructivos.*

Uma última variável selecionada pelo programa no condicionamento da subida de clítico foi a localidade: textos do Rio de Janeiro, com peso relativo de 0,62, favorecem a subida do pronome, em oposição a textos de Pernambuco (peso de 0,45), Ceará (peso de 0,43) e Bahia (peso de 0,42):

Tabela 10 – Subida do pronome pessoal clítico por estado

	Apl/Total	PR.
Rio de Janeiro	101/150 – (67%)	0,62
Pernambuco	183/262 – (69%)	0,45
Ceará	81/128 – (63%)	0,43
Bahia	131/226 – (57%)	0,42
Total	496/766 – (64%)	

Log likelihood = -397,339 Significance = 0,048

De acordo com esses resultados, o estado do Rio de Janeiro, talvez por apresentar uma escrita mais conservadora, considerando que foi a capital, e manter uma escrita mais próxima do padrão europeu, apresenta em maior número construções com a variante com subida de clítico.

Diante dos resultados apresentados nesta seção, a questão que se coloca é: como explicar o complexo quadro de variação na colocação dos pronomes pessoais clíticos na escrita brasileira dos séculos XIX e XX? Os diferentes padrões de posição e de colocação de clíticos nos diferentes ambientes refletem variação numa mesma gramática ou manifestam padrões de diferentes gramáticas? Uma possível resposta para essa questão será apresentada na análise sistematizada na próxima seção.

PERSPECTIVAS FORMAIS SOBRE A MUDANÇA NAS CONSTRUÇÕES ANALISADAS

Para responder as perguntas elencadas ao final da seção "Panorama diacrônico-formal sobre a mudança na sintaxe dos pronomes pessoais clíticos nos dados do PHPB", sistematizo o quadro empírico de variação na sintaxe e na colocação dos pronomes pessoais clíticos na escrita brasileira dos séculos XIX e XX a partir de textos do *corpus* mínimo comum do PHPB e retomo as diferentes propriedades sintáticas da colocação dos pronomes pessoais clíticos nas gramáticas do português, seguindo a proposta defendida em Galves, Torres Morais e Ribeiro (2005).

Em relação ao quadro empírico apresentado – e respondendo a predição feita na seção "Breve panorama sobre a sintaxe dos pronomes pessoais clíticos na diacronia da escrita brasileira" –, fica latente que a variação na sintaxe de posição e de colocação dos pronomes pessoais clíticos na escrita brasileira culta é bastante ampla. Foram levantados e sistematizados dados que mostram que:

i. Há sentenças com interpolação do marcador de negação "não" e de outros elementos em sentenças-matriz sem atrator em textos do século XIX; sentenças com subida de clíticos e próclise ao verbo finito em ambientes sem atratores (exceto em construções com auxiliar passivo).
ii. Há sentenças com ênclise em contextos neutros ([XP])[XP]V, mais recorrentes em textos da segunda metade do século XIX.
iii. Há sentenças com próclise ao verbo em primeira posição absoluta em orações afirmativas principais – em textos já da primeira metade do século XIX; um aumento significativo de sentenças com próclise ao verbo do qual o clítico depende sintática e semanticamente nos complexos verbais;

Em relação à proposta formal para a derivação da próclise e da ênclise nas gramáticas do português, Galves, Torres Morais e Ribeiro (2005) assumem que:

- Na gramática do PC: (A) os pronomes pessoais clíticos são afixados à categoria funcional *Inf* – são Inf-clíticos – e (B) a restrição *não inicial* está ativa e se aplica no domínio do primeiro X-barra da estrutura;
- Na gramática do PE: (A) os pronomes pessoais clíticos são afixados à categoria funcional Inf – são Inf-clíticos – e (B) a restrição *não inicial* está ativa e se aplica no domínio do primeiro I-barra da estrutura;
- Na gramática do PB: (A) os pronomes pessoais clíticos são afixados a categoria lexical verbal – são V-clíticos – e (B) a restrição *não inicial* não está ativa.

Para a formalização da proposta, é importante considerar, ainda, que a propriedade em (A) é determinada pelo componente sintático e define a posição do pronome na estrutura da sentença, e a propriedade em (B) é determinada pelo componente morfológico e define a colocação (em ênclise e em próclise) do pronome.[4]

CONSIDERAÇÕES FINAIS

Busquemos interpretar, pois, os resultados empíricos à luz dessa proposta.

i. Encontramos dados em que o pronome clítico aparece afixado a um domínio funcional da estrutura e a restrição *não incial* se aplica, num domínio prosódico, no nível X-barra – o que se verifica em sentenças com interpolação em matriz e em sentenças com subida de clítico sem atrator – **tais caraterísticas instanciam nos textos uma gramática com as propriedades associadas ao PC.**
ii. Encontramos dados em que o pronome clítico aparece afixado a um domínio funcional e a restrição *não incial* se aplica, num domínio sintático, no primeiro I-barra – o que se verifica nas construções com ênclise em contextos neutros, considerada a posição interna do sujeito – **tais caraterísticas instanciam nos textos uma gramática com as propriedades associadas ao PE.**
iii. Encontramos dados que evidenciam que o pronome pessoal clítico aparece afixado ao domínio da categoria lexical verbal – o que se verifica em quase todos os contextos em que se atesta a queda da subida do clítico com o pronome dos domínios do verbo temático da estrutura nos complexos verbais – e dados que evidenciam o não cumprimento da restrição *não inicial* – como as sentenças com o pronome pessoal clítico em primeira posição absoluta – **tais caraterísticas instanciam nos textos uma gramática com as propriedades associadas ao PB.**

Tendo em vista tal quadro, podemos concluir que os diferentes padrões empíricos atestados em i, ii e iii instanciam propriedades das gramáticas do PB, do PE e do PC, de modo que a escrita brasileira – sobretudo, do século XIX – reflete propriedades de três gramáticas do português distintas. A significativa variação na sintaxe dos pronomes pessoais clíticos na diacronia do português escrito no Brasil nesse período refletiria, pois, uma instabilidade no uso motivada pela competição entre estruturas geradas por distintas gramáticas, que marcam, em textos escritos por falantes letrados, opções estilisticamente marcadas, numa espécie de diglossia internalizada (cf. Kroch, 1989).

NOTAS

[1] Os textos estão disponíveis na plataforma online dos *corpora* PHPB.

[2] Os termos aqui utilizados serão traduzidos dos originais *Edgemost* e *Non-Initial* propostos pelas autoras.

[3] Essa proposta é reformulada em Galves e Sândalo (2012), em que as autoras apresentam uma análise em Morfologia Distribuída. Essa análise não será retomada aqui.

[4] Andrade e Carneiro (2014) estabelecem uma diferenciação entre posição e colocação dos pronomes clíticos, tendo em vista a proposta de Galves, Torres Morais e Ribeiro (2015: 129) de que a posição é determinada no modulo sintático, enquanto a colocação é determinada no módulo morfológico, sendo a ênclise derivada a partir da próclise. Valho-me da leitura dos autores sobre a diferenciação proposta no artigo de Galves, Torres Morais e Ribeiro.

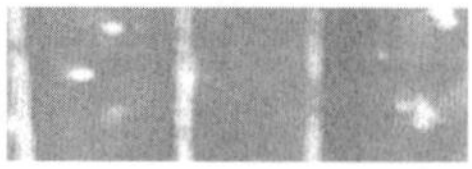

O OBJETO NULO

Sonia Cyrino

SUMÁRIO

APRESENTAÇÃO

Neste capítulo, faço uma análise diacrônico-formal de construções que apresentam o objeto nulo no português brasileiro. O capítulo está organizado da seguinte forma: na primeira seção, apresento um breve panorama dos estudos sobre o objeto nulo dentro do quadro da gramática gerativa e, na seção seguinte, um breve panorama dos estudos sobre as construções de objeto nulo no português brasileiro. Na terceira seção, apresento as propriedades dessas construções e, a seguir, um panorama sobre a mudança, conforme investigações conduzidas dentro do projeto Para a História do Português Brasileiro. Finalmente, na última seção, apresento uma análise formal sobre as construções analisadas. O capítulo se encerra com breves considerações a título de conclusão.

BREVE PANORAMA DOS ESTUDOS SOBRE O OBJETO NULO NO QUADRO DA GRAMÁTICA GERATIVA

O objeto nulo (ausência da expressão fonológica do complemento do verbo) tem sido o tópico de vários estudos a partir dos anos 1980, com o advento da Teoria de Princípios e Parâmetros. O tópico de estudo surgiu devido à discussão sobre o Parâmetro do Sujeito Nulo. A observação de que algumas línguas permitem que o complemento do verbo também seja fonologicamente nulo colocou naturalmente a questão: haveria um parâmetro do objeto nulo? De fato, o trabalho seminal sobre objetos nulos, dentro da teoria gerativa, foi publicado em 1984 (Huang, 1984, *On the Distribution and Reference of Empty Categories*), e é sobre o chinês, língua que permite tanto sujeitos quanto objetos nulos. O autor propõe o parâmetro Frio-Quente (*hot-cool parameter*), segundo o qual línguas seriam "quentes" quando fazem uso consistente de pronomes expressos para sujeitos e objetos, e "frias" quando permitem que sejam nulos. A questão se colocou em termos da distinção tipológica entre línguas orientadas para o sujeito e línguas orientadas para o discurso, as últimas permitindo sujeitos e objetos nulos pelo fato de esses poderem ser salientes ou dados no discurso, a ordem das palavras determinando a carga informacional dos constituintes no discurso. Em chinês, por exemplo, os sujeitos nulos podem ser pronominais, mas os objetos nulos, não – estes seriam variáveis ligadas a um tópico do discurso. Na época, a possibilidade de sujeito nulo pronominal e objeto nulo variável estava sujeita às restrições impostas pela Teoria de Regência e Ligação (GB).

Em seguida a esse trabalho, outros surgiram discutindo a possibilidade de objetos nulos nas línguas, notadamente o português europeu (doravante PE) (Raposo, 1986), o italiano (Rizzi, 1986), o espanhol (Campos, 1986), o português brasileiro (doravante PB) (Galves, 1989a,b; Farrell, 1990; Kato, 1993; Cyrino, 1994), quéchua imbabura (Cole, 1987), entre outros. A discussão recorrente era a determinação da categoria vazia que estaria na posição de objeto, dentro da tipologia das categorias vazias proposta pela teoria GB, segundo a qual teríamos elementos com propriedades distintas conforme a configuração de dois traços ([±anáfora] e [±pronominal]). Nesse sentido, teríamos uma variável ligada, um vestígio de movimento ou um elemento pronominal?

Raposo (1986) procura responder a essa questão em relação ao PE. O autor propõe que o objeto nulo dessa língua devia ser considerado uma variável em PE, vestígio do movimento de um operador nulo a uma posição de tópico. O argumento de Raposo para essa análise é o fato de que essa categoria vazia é impossível dentro de estruturas de ilhas para movimento em PE:

(1) *Você vai comer o bolo ainda hoje.*
* *O rapaz [que trouxe ___ da pastelaria] acabou de chegar.* [PE]

A sequência entre colchetes é uma oração relativa, e, portanto, é uma estrutura de ilha para movimento (Ross, 1967). Segundo a proposta de Raposo, o objeto nulo é impossível aí, pois o operador nulo (referente ao tópico discursivo, *o bolo*] ao qual está ligado não pode ser movido:

(2) *[OP$_i$ [o rapaz [que trouxe t$_i$ da pastelaria] acabou de chegar]].

Esses estudos pioneiros pareciam indicar uma generalização para a categoria vazia em posição de objeto. Porém, outros estudos surgiram para evidenciar que o objeto nulo não pode ser considerado uma variável em todas as línguas em que ocorre. Uma outra análise para o objeto nulo foi proposta por Farrell (1987) para o PB.

O autor observa que sentenças que seriam agramaticais seguindo o raciocínio de Huang são perfeitas nessa língua. Por exemplo, uma frase como (3a), agramatical, fica perfeita em certos contextos (3b). O problema é que, segundo Farrell, se seguirmos a análise de Huang, teríamos uma violação de cruzamento forte, ilustrada em (3c), o que definitivamente não ocorre, pois a frase, no contexto (3b) é gramatical. A conclusão, então, é que a proposta de Huang não pode ser aceita para o PB:

(3) a. **Ele$_i$ insiste que ninguém beijou ___$_i$*
b. *Todo mundo diz que Maria beijou Pedro$_i$ depois do baile. Mas ele$_i$ insiste que ninguém beijou ___$_i$*
c. *OP$_i$ ele$_i$ insiste que ninguém beijou ___$_i$*

Farrell (1987, 1990) sustenta que os objetos nulos em PB seriam pronomes nulos (*pro*). Quando aparecem em sentenças-adjunto podem ter seu antecedente no sujeito da matriz:

(4) *A Julia$_i$ sempre chora quando ponho ___$_i$ no berço.*

O contraste ocorreria ao se comparar sentenças-adjunto com sentenças-complemento: nessas últimas, o antecedente do objeto nulo não pode ser o sujeito da sentença-matriz. Farrell conclui, então, que o objeto nulo não pode ter seu antecedente no argumento de um verbo que seleciona um complemento oracional:

(5) **João$_i$ acha que o Pedro viu ___$_i$*

Um outro motivo pelo qual o objeto nulo não pode ser considerado como uma variável, ou vestígio de movimento, no PB, é o fato que ele pode ocorrer em estruturas que configuram ilhas para o movimento. Partindo do fato de que uma sentença como (1), agramatical em PE, é perfeita em PB, vários estudos, entre eles Galves (1987, 1989a,b) e Kato (1991, 1993), propõem, assim como o estudo de Farrell, que o objeto nulo seja uma categoria vazia pronominal, ou seja, *pro*. A diferença entre as propostas destes pesquisadores é o que poderá ser o licenciador e identificador dessa categoria vazia.[1]

Porém, em outro estudo, Huang (1991) assume outra alternativa de análise para certos objetos nulos do chinês. Em sentenças como (6), teríamos uma ocorrência de "elipse de VP", e não de objeto nulo:

(6) *Zhangsan kanjian-le tade mama, Lisi ye kanjian-le.*
'Zhangsan viu sua mãe, e Lisi também viu.'

O argumento de Huang para aceitar elipse de VP em chinês, em vez de objeto nulo em (6), é o fato de que essa sentença admite leitura imprecisa (*strict reading*) (ver também Otani e Whitman, 1991). Ou seja, em (6), podemos ter duas leituras: uma delas indica que Zhangsan viu a sua mãe e Lisi também a viu (a chamada leitura estrita, *strict reading*), mas a outra indica que Zhangsan viu a sua mãe e Lisi viu a sua própria mãe (a chamada leitura imprecisa, *sloppy reading*). A explicação para essa leitura só e possível se admitirmos que há aqui, na realidade, elipse de VP em chinês, pois teríamos que ter toda a sequência elidida representada em algum nível para explicar essa segunda interpretação.

Cyrino (1994, 1997) propõe que o objeto nulo do PB é, na realidade, resultado de elipse de DP. A proposta surge a partir de um estudo diacrônico que analisa a ocorrência de elipses proposicionais no PB. Elipse proposicional seria a lacuna em uma sentença como (8), em que o antecedente é um CP ou VP, e que pode ser substituída por um clítico neutro (invariável) em línguas como o PE, espanhol, italiano, francês:

(8) *... porque vos não fieis em castanhas (não sei se ___ diga, se* ***o*** *cale que de magoado me trava pola manga a falla da garganta; mas com tudo, não há quem se tenha)...* (Camões, *Filodemo*, século XVI)

Nesse exemplo vemos os dois fenômenos: a elipse proposicional e o clítico neutro *o*, e ambos retomam o mesmo antecedente, o CP [*porque vos não fieis em castanhas*].

O estudo em Cyrino (1994, 1997) mostra a queda desse clítico e o paralelo crescimento do objeto nulo no PB. A partir daí, continuei a investigar o fenômeno com o intuito de verificar se a proposta de que o objeto nulo do PB é resultado de elipse de DP poderia ser sustentada.

A proposta encontra respaldo em dois fatos. Assim como a elipse proposicional, o objeto nulo do PB: 1) aceita leitura estrita e imprecisa; 2) tem antecedente [-animado].

Como apontado, o objeto nulo no PB não pode ser uma variável, pois é livre para ocorrer em estruturas de ilha para movimento, ao contrário do PE:

(9) *Comprei o casaco depois que experimentei* ___. [√ BP, *EP]

(10) *O rapaz que trouxe* ___ *agora mesmo da padaria era teu afilhado.* [√ BP, *EP]

No entanto, também não pode ser considerado um pronome nulo, *pro*, pois tem um comportamento diferente em relação a possibilidades de interpretação. O objeto nulo aceita leituras estrita (*strict reading*) e imprecisa (*sloppy reading*):

(11) *De noite, João abriu a janela, mas Pedro preferiu fechar* ___.
___ = a janela do João (leitura estrita, *strict reading*)
___ = a janela do Pedro (leitura imprecisa, *sloppy reading*)

Note que se um pronome pleno for usado nessa sentença, a leitura imprecisa (*sloppy reading*) é impossível. Em (12), o pronome *ela* somente pode se referir à janela de João:

(12) *De noite, João abriu a janela, mas Pedro preferiu fechar ela.*

Portanto, não podemos considerar que uma categoria pronominal vazia ocupe essa posição, porque não poderíamos explicar por que, sendo nulo, o pronome permitiria ambas as leituras. A possibilidade de leituras estrita e imprecisa tem sido ligada a fenômenos de elipse na literatura (ver seção "Análise formal sobre a mudança nas construções analisadas").

É importante salientar que as propostas anteriores para o objeto nulo do PB não captaram – a não ser por estipulações, ver nota 1 – as restrições de animacidade do objeto nulo, ou seja, o fato de que o antecedente do objeto nulo é preferencialmente [-animado].

No entanto, essa parece ser uma característica importante do objeto nulo no PB. Compare (exemplos em Cyrino e Lopes, 2005):

(13) *Eu nunca vejo o meu pai. Não me lembro d[o rosto dele]$_i$. Vou esquecer ___$_i$*

(14) *Eu nunca vejo [o meu pai]$_i$. Não me lembro da cara dele. Vou esquecer ele$_i$.*

Uma interpretação possível para o objeto nulo em (13) é a expressão *o rosto dele*; ao contrário, em (14) o pronome *ele* leva à interpretação do antecedente como sendo *meu pai*.

Resumindo, Cyrino (1994, 1997) mostra que houve uma mudança sintática no PB envolvendo a perda do clítico neutro e aumento de objetos nulos com antecedente [-animado]:

A) houve um decréscimo nas posições preenchidas de objeto direto, como na Tabela 1:

Tabela 1 – Distribuição de posições nulas *vs.* preenchidas, em Cyrino (1994, 1997)

Século	Posições nulas		Posições preenchidas		Total	
	N.	%	N.	%	N.	%
XVI	31	11	259	89	290	100
XVII	37	13	256	87	293	100
XVIII	53	19	234	81	287	100
XIX	122	45	149	55	271	100
XX	193	79	51	21	244	100

B) empregar a elipse proposicional ou o clítico neutro *o* parece ter sido sempre uma possibilidade até o século XX. Temos ambos os casos ocorrendo nos dados e é o que ainda hoje ocorre em PE. Mas, no PB atual, o clítico neutro desapareceu.

Há uma mudança no PB:

A) no século XVI, vemos a opção de usar ou não usar o clítico neutro, mas a preferência é pelo uso do clítico (77% de clíticos nos dados, ver Cyrino, 1994, 1997); ver (15) e (16):

(15) *Foi que D. Tibúrcio, com a pena de se ver acometido de três mulheres, como vossa mercê sabe* ___... (Antonio José, *Guerras do Alecrim e da Manjerona*, século XVIII)

(16) – *Que é isto sobrinho?*
– *Eu* ***o*** *não sei, em minha consciência.*
(Antonio José, *Guerras do Alecrim e da Manjerona*, século XVIII)

B) no século XX, a situação é inversa: há uma preferência pela "elipse" (9% de clíticos nos dados);

C) houve um aumento na ocorrência dos objetos nulos cujos antecedentes eram [-animado, +específico] no século XIX, enquanto o aumento dos objetos nulos com antecedente [-animado, -específico] ocorre no século XX:

Tabela 2 – Objetos nulos de acordo com traços de animacidade e especificidade do antecedente

Século	[+ani, +espec]	[-ani , +espec]	[+ani , -espec,]	[+ani -spec,]
XVI	1% (1/78)	5% (3/61)	3% (1/8)	8% (2/26)
XVII	7% (2/31)	3% (2/69)	4% (1/24)	23% (15/61)
XVIII	5% (1/21)	8% (8/99)	0	6% (2/32)
XIX	2% (1/46)	49% (37/75)	0	8% (1/12)
XX	0	87% (64/74)	57% (4/7)	93% (27/29)

Meus trabalhos diacrônicos, incluídos na série Para a História do Português Brasileiro, sustentam essa análise. Esses trabalhos procuram dar suporte à proposta de que o objeto nulo é elipse de DP, pois, como vimos antes, temos possibilidades de leituras estrita e imprecisa que não poderiam ser justificadas se a categoria nula é pronominal ou uma variável ligada. A seguir, apresento brevemente o resultado desses trabalhos.

BREVE PANORAMA DOS ESTUDOS SOBRE CONSTRUÇÕES COM OBJETO NULO NO PORTUGUÊS BRASILEIRO

Muitas pesquisas (ver Omena, 1978; Pereira, 1981; Duarte, 1986; Schwenter, 2006; Creus e Menuzzi, 2005, entre outros) mostram que o antecedente do objeto nulo é preferencialmente [-animado]. Por exemplo, vejamos um quadro do estudo sincrônico em Duarte (1986):

Tabela 3 – Distribuição de objetos anafóricos de acordo com o traço [animacidade] (em Duarte, 1986: 24)

Antecedente	Clíticos		Pronomes plenos		NPs anafóricos		Objetos nulos	
	Ocs.	%	Ocs.	%	Ocs.	%	Ocs.	%
[+animado]	76	78,4	281	92,4	99	29,3	293	23,7
[-animado]	21	21,6	21	7,6	239	70,7	942	76,3
Total	97	100,0	304	100,0	338	100,0	1.235	100,0

Quando temos um objeto nulo, em 76% dos casos seu antecedente é [-animado]. Das 1.223 realizações de objeto direto anafórico, temos objeto nulo em 77% (942 ocorrências) contra 1,8% (21 ocorrências) de pronomes plenos (e, também, clíticos).

Diacronicamente, temos também o mesmo resultado. Vejamos a tabela a seguir, com dados de Cyrino (1997):

Tabela 4 – Distribuição diacrônica de objetos nulos (vs. preenchimentos) de acordo com os traços [animacidade] e [especificidade] do antecedente (em Cyrino, 1997)

Antecedente	Século XVI		Século XVII		Século XVIII		Século XIX		Século XX	
	Ocs.	%	Ocs.	%	Ocs.	%	Ocs.	%	Ocs.	%
[+ani, +esp]	01/78	1,3	02/31	6,5	01/21	4,8	01/46	2,2	00/21	0,0
[+ani, -esp]	01/08	12,5	01/24	4,2	00/01	0,0	00/12	0,0	04/07	57,1
[-ani, +esp]	03/61	4,9	02/69	2,9	08/99	8,1	37/75	49,3	64/74	86,5
[-ani, -esp]	02/26	7,7	15/66	22,7	02/32	6,3	01/12	8,3	27/29	93,1

Alguns estudos diacrônicos mais recentes, além daqueles constitutivos dos trabalhos por mim desenvolvidos dentro do projeto PHPB e que serão descritos na seção "Estudos sobre os dados do projeto PHPB – anúncios de jornal e cartas de leitores dos séculos XIX e XX", têm salientado os traços característicos do objeto nulo no PB e sua evolução diacrônica, confirmando os resultados de Cyrino (1994, 1997). Soledade (2011), por exemplo, investiga o padrão de variação nas realizações do objeto direto anafórico em um *corpus* diacrônico composto por peças de teatro escritas por autores brasileiros entre os séculos XIX e XX. Também nesse *corpus*, vemos uma crescente substituição do clítico acusativo de terceira pessoa pelo objeto nulo. Conforme mostra Soledade, o objeto nulo toma espaço na retomada anafórica, a não ser em alguns contextos nos quais o clítico ainda resiste: os antecedentes com traço [+animado] e traço [+específico/referencial].

Da mesma forma, Costa (2011) apresenta uma investigação diacrônica em torno da (não)realização do objeto direto anafórico, comparando o PB com o PE. Nesse trabalho, a autora toma como *corpus* peças teatrais escritas por autores nascidos em Florianópolis (PB) e em Lisboa (PE). Seus resultados mostram que, no PE, antecedentes oracionais levam à elipse do objeto, enquanto no PB observa-se um expressivo aumento na ocorrência de objetos nulos com antecedentes nominais, do século XIX para o século XX.

Adiante, na seção "Estudos sobre os dados do projeto PHPB – anúncios de jornal e cartas de leitores dos séculos XIX e XX", retomo os resultados dos estudos diacrônicos mais recentes empreendidos dentro do projeto PHPB, concentrando-me nos dados dos séculos XIX e XX.

APRESENTAÇÃO DE PROPRIEDADES DAS CONSTRUÇÕES ANALISADAS

Algumas características do objeto nulo do PB tornam esse fenômeno um objeto de pesquisa interessante, na medida em que observamos ser fruto de uma mudança diacrônica. Essa observação se insere dentro da constatação em Cyrino (2010a; 2011a,b; 2012) de que, embora muitas línguas apresentem objetos nulos, o PB permite um tipo peculiar, com as características abaixo elencadas.

O objeto nulo do PB é possível:

A) com antecedente [-animado] e ocorrendo em uma segunda (ou outra) oração coordenada:

(17) a. *João descascou a banana e Maria comeu ___.* [√BP, *EP]
b. **João viu Maria e Pedro beijou ___.* [*BP, *EP]

B) com antecedente [-animado] não relacionado ao conteúdo lexical do verbo que o seleciona:

(18) a. *Maria comprou [aquela saia] quando ela viu ___ na vitrine.* [√BP, *EP]
b. **Maria beijou [aquele rapaz] quando ela viu ___ na escola.* [*BP, *EP]

C) com interpretação específica, recuperável de seu antecedente [-animado], mesmo com verbos que aceitam objetos cognatos:

(19) *Minha avó fez sushis porque seus filhos queriam continuar comendo ___ depois que voltaram da praia.* [√BP, *EP]

D) com identidade imprecisa (*sloppy reading*) recuperável de seu antecedente [-animado]:

(20) *Ontem o João pôs o dinheiro no cofre, mas Pedro guardou ___ na gaveta.*

Além dessas características, Cyrino (2012, 2013a) e Cyrino e Lopes (2012) mostram que outra importante propriedade do objeto nulo do PB, muitas vezes observada, mas que ainda aguarda uma análise mais profunda, é o fato de que é necessário um paralelismo estrutural entre o antecedente e o objeto nulo, uma propriedade também atribuída ao fenômeno de elipse de VP (cf. Fiengo e May, 1994). Na seção "Análise formal sobre a mudança nas construções analisadas", volto a essa questão.

ESTUDOS SOBRE OS DADOS DO PROJETO PHPB – ANÚNCIOS DE JORNAL E CARTAS DE LEITORES DOS SÉCULOS XIX E XX

A fim de observar a existência de objetos nulos em dados anteriores aos séculos XIX e XX, Cyrino (2001) apresenta um estudo sobre a ocorrência do objeto direto nulo em dados do século XVI. Um dos objetivos desse estudo foi detectar ocorrências de objetos nulos e suas características, usando a base teórica proposta em Cyrino (1997) vista anteriormente. Os dados desse estudo são provenientes das seguintes obras:

- *Diálogo da viciosa vergonha* (DVV) – João de Barros, 1540
- *Diálogo em louvor da nossa linguagem* (DLNL) – João de Barros, 1540
- *Gramática da língua portuguesa* (GLP) – João de Barros, 1540
- *Ásia* - Livro Décimo da Segunda Década (A) – João de Barros, 1553
- *Auto de Vicente Anes Joeira* (J) – Vicente Anes Joeira, 1574

Foram utilizados 200 dados de cada uma das quatro primeiras obras e 170 dados da última, totalizando 970 dados.

Os resultados para o objeto direto nulo mostram muito poucas ocorrências em relação ao preenchimento:

Tabela 5 – Objetos diretos nulos em dados do XVI

Tipo de vb.	Objeto direto					
	Nulos		Preench.		Total	
	N.	%	N.	%	N.	%
Dir	10	3	297	97	307	100
Indir	-	-	-	-	-	-
Bitr	2	2	81	98	83	100
Total	12	3	378	97	390	100

Com relação aos traços do antecedente, temos o seguinte quadro:

Tabela 6 – Objetos diretos nulos em dados do XVI – traços do antecedente

Antecedente	Objeto direto nulo	
	N.	%
[+esp., +ani]	1/12	8
[-esp., +ani]	3/12	25
[+esp., -ani]	5/12	42
[-esp., -ani]	3/12	25

Se comparamos as ocorrências do século XVI com as do século XX (dados do Nurc, Cyrino, 1999) observamos uma diferença:

Tabela 7 – Objetos diretos nulos – dados do Nurc (adaptado de Cyrino, 1999)

Antecedente	Objeto direto nulo	
	N.	%
[+esp., +ani]	10/112	8,9
[-esp., +ani]	7/112	6,3
[+esp., -ani]	72/112	64,3
[-esp., -ani]	23/112	20,5

Comparando a Tabela 5 com os resultados das Tabelas 6 e 7, podemos ver que o objeto direto nulo era predominantemente [+específico, -animado] já no século XVI (5 ocorrências, 42%, cf. Tabela 6), e esse traço está também presente em maior número nos objetos diretos nulos nos dados do Nurc.

Levando-se em conta a observação de Tarallo (1993), de que a gramática do PB tem sua expressão a partir do século XIX, apresentamos a seguir os resultados do estudo sobre o objeto nulo presente nos *corpora* do PHPB, dispostos no site https://sites.google.com/site/corporaphpb/home, e investigados em trabalhos anteriores. Concentramo-nos nos dados de *corpora* impresso, especificamente anúncios de jornal e cartas de leitores, por considerar que estes expressariam menos formalidade.

Primeiramente, observemos resultados referentes aos dados do século XIX.

Em Cyrino (2002), investigo os objetos nulos em anúncios de jornal do século XIX. Esses dados contemplam os estados de São Paulo, Rio de Janeiro, Bahia, Paraná e Minas Gerais. Foram coletadas 369 ocorrências de verbos transitivos cujos complementos seriam alguma informação já dada. Vejamos o exemplo:

(21) [19,2 A SP] *Estas Machinas são de muita vantagem para quem tem agua distante da moradia, podendo com o emprego d'ellas,* ***trazel****-a para aonde* ***quizer*** *___, e trabalham noite e dia sem ser necessario meio algum para* ***movel****-a, se não a propria agua que entrando por um tubo escapa parte, e pela compressão do ar dá impulso a que fica em outro* ***fazendo****-a subir a altura desejada. São de construção simples e duravel, o que se garante. Na Officina acima construiu-se uma muito pequena que está exposta ali, para quem quiser* ***ver*** *___, e trabalha perfeitamente bem, suspendendo 23 e meia pollegadas cubicas de agua por minuto à altura de 18 pés (25 palmos).*

Neste exemplo, estão em negrito alguns verbos. Esses são aqueles que puderam ser coletados, pois seus complementos referiam-se a informações já dadas:

- **trazel**-a – o antecedente do complemento (não nulo) é *água*
- **quizer** – o antecedente do complemento (nulo) é uma proposição (cf. *aonde o quiser*)
- **movel**-a – o antecedente do complemento (não nulo) é *água*
- **fazendo**-a – idem
- **ver** – o antecedente do complemento (nulo) é *uma (machina) muito pequena (cf. para quem quiser vê-la)*

Os resultados estão nas tabelas que seguem. Aí vemos que o estado de São Paulo é o que mais apresenta objetos nulos nos dados:

Tabela 8 – Objeto nulo *vs.* preenchimento em anúncios de jornal, todas as regiões

Estado	Objeto nulo		Preenchimento		Total	
	N.	%	N.	%	N.	%
SP	48	35	90	65	138	100
RJ	9	25	27	75	36	100
BA	19	19	80	81	99	100
PR	7	19	29	81	36	100
MG	11	18	49	82	60	100
Total	94	25	275	75	369	100

Tabela 9 – Objeto nulo em anúncios de jornal do século XIX, quanto ao antecedente

Antecedente	Objeto nulo	Preenchimento	Total
[+específico, +animado]	37 (20%)	151 (80%)	188 (100%)
[+específico, -animado]	37 (28%)	95 (72%)	132 (100%)
[-específico, +animado]	5 (33%)	10 (67%)	15 (100%)
[-específico, -animado]	15 (44%)	19 (56%)	34 (100%)

Nesse estudo, verifica-se que o resultado para o antecedente do objeto nulo nos dados de anúncios de jornal é diferente do resultado do estudo de Cyrino (1997). Enquanto nesse último o objeto nulo característico do PB antecedente [+específico, -animado] aparece com 49% em relação ao preenchimento, nos dados de anúncio de jornal a porcentagem é de apenas 28%.

Numa tentativa de explicar essa discrepância, levou-se em conta a diferença das fontes dos dados nos dois estudos. Enquanto o trabalho com anúncios de jornal apresenta o resultado de uma pesquisa de língua escrita, os dados em Cyrino (1997) provêm de peças teatrais (comédias), que, apesar de serem textos escritos, supostamente retratam a língua oral. Voltando aos dados do século XIX, pudemos perceber que muitos dos objetos nulos com antecedente animado aparecem em anúncios de escravos foragidos, e estão na segunda oração em uma estrutura de coordenação, como nos exemplos a seguir:

(22) a. [19,2 A SP] *Quem o prender e ___ trouxer em Campinas e ___ pozer na Cadêa...*
b. [19,2 A MG] *Quem delles souber ou prender ___, ou leval-os a seo senhor...*

No estudo de 2002, observou-se que, quando o objeto nulo ocorre em segunda oração de uma coordenação, 93% das ocorrências está em um anúncio de escravo foragido, e, portanto, tem um antecedente [+animado], o escravo. É interessante notar que, quando os antecedentes eram humanos, mas não escravos, não se encontrou nenhum exemplo de objeto nulo, porém sempre preenchimento nesse tipo de estrutura. Embora tenham sido considerados [+animado] na codificação dos dados, pode-se pensar na situação dos escravos na época e, tendo em vista resultados de outros estudos que mostram o objeto nulo do PB sendo majoritariamente [-animado] para o século XIX, considerar as implicações que o fato acima poderia ter. O escravo parece não ser considerado como um ser animado, sendo equiparado aos outros bens e objetos descritos nos anúncios.

Cyrino (2007b) também traz dados do século XIX provenientes da imprensa escrita, porém dessa vez o *corpus* reúne cartas de leitores dos estados de Pernambuco, Bahia, Minas Gerais, Rio de Janeiro, São Paulo e Paraná. O *corpus* foi assim constituído por dois motivos: a) para que pudesse haver uma comparação com os anúncios de jornal, enviados por leitores; b) para que a análise pudesse ser feita sobre um *corpus* de linguagem que apresentasse dados menos formais do que a linguagem do jornalista profissional.

Os resultados mostram uma predominância de objetos nulos nos dados de São Paulo:

Tabela 10 – Objeto nulo *vs.* preenchimento em todas as regiões, cartas de leitores

Estado	Objeto nulo		Preenchimento		Total	
	N.	%	N.	%	N.	%
BA	12	8	132	92	144	100
MG	6	17	29	83	35	100
PE	6	11	48	89	54	100
RJ	9	10	85	90	94	100
SP	24	28	62	72	86	100
PR	10	20	39	80	49	100
Total	67	15	395	85	462	100

Passemos agora aos resultados referentes ao século XX, provenientes também de anúncios e cartas de leitores de jornal. O Quadro 1 mostra a proveniência dos dados, encontrados no site do Projeto (https://sites.google.com/site/corporaphpb/home.):

Quadro 1 – Estados contemplados na amostra do século XX

	1ª metade do século XX	**2ª metade do século XX**
Anúncios de jornal	Bahia, Ceará, Minas Gerais, Pará, Paraíba, Pernambuco, Rio de Janeiro, Rio Grande do Norte e Santa Catarina	Bahia, Ceará, Minas Gerais, Paraíba, Pernambuco, Rio de Janeiro, Rio Grande do Norte e Santa Catarina.
Cartas de leitores	Bahia, Ceará, Pará, Pernambuco, Rio de Janeiro, Rio Grande do Norte, Santa Catarina	Bahia, Ceará, Minas Gerais, Pernambuco, Rio de Janeiro, Rio Grande do Norte, Santa Catarina

Primeiramente, apresento os resultados referentes aos anúncios de jornal.

A Tabela 11 mostra o resultado geral para preenchimento por clíticos de 3ª pessoa e objetos nulos, por estado, para a 1ª metade do século XX, e a Tabela 12, os resultados para a 2ª metade do século XX. Nessas tabelas, incluem-se o clítico neutro e a elipse proposicional, mas as tabelas seguintes mostram os resultados separadamente.

Tabela 11 – Clíticos e nulos para a 1ª metade do século XX, anúncios de jornal

Estado	Clíticos		Nulos		Total	
	N.	%	N.	%	N.	%
Bahia	35	92	3	8	38	100
Ceará	8	66	4	34	12	100
Minas Gerais	2	100	0	0	2	100
Pará	2	29	5	71	7	100
Paraíba	7	34	9	66	16	100
Pernambuco	4	50	4	50	8	100
Rio de Janeiro	2	25	6	75	8	100
Rio Grande do Norte	8	57	6	43	14	100
Santa Catarina	27	77	8	23	35	100
Total	95	68	45	**32**	140	100

Tabela 12 – Clíticos e nulos para a 2ª metade do século XX, anúncios de jornal

Estado	Clíticos		Nulos		Total	
	N.	%	N.	%	N.	%
Bahia	-		-		-	-
Ceará	0	0	4	100	4	100
Minas Gerais	2	28	5	72	7	100
Paraíba	4	33	8	67	12	100
Pernambuco	2	40	3	60	5	100
Rio de Janeiro	7	35	13	65	20	100
Rio Grande do Norte	-	-	-	-	-	-
Santa Catarina	3	33	6	67	9	100
Total	18	32	39	**68**	57	100

Observamos que há menos dados para a 2ª metade do século XX e, inclusive, não temos dados para a Bahia e para o Rio Grande do Norte no *corpus* investigado. No entanto, observamos uma inversão nas ocorrências de objetos nulos, marcadas em negrito na tabela. No total de todos os estados, temos 32 % de objetos nulos na primeira metade do século XX, mas, na segunda, essa porcentagem cresce para 68%. Exatamente o inverso ocorre com o preenchimento por clíticos.

Nesse tipo de *corpora* há muito poucas ocorrências de clíticos neutros e elipse proposicional. Trata-se de anúncios, e, portanto, consideramos que DPs são mais favorecidos nesse tipo de *corpora*. Isso não ocorre, como veremos, nos dados provenientes das cartas de leitores, nos quais temos um número maior, embora não expressivo, de clíticos neutros e elipse proposicional.

As Tabelas 13 e 14 a seguir mostram, por metade de século, a ocorrência de objetos nulos e clíticos cujos antecedentes são DPs, em relação à animacidade. Novamente vemos o peso do traço [-animado] para a ocorrência do objeto nulo. Apresentamos também o número de elipses proposicionais e clíticos neutros:

Tabela 13 – Antecedentes de clíticos e nulos, 1ª metade do século XX, anúncios de jornal

Estado	Clíticos			Nulos		
	[-animado]	[+animado]	Neutro	[-animado]	[+animado]	Elipse proposicional
Bahia	30	4	1	3	0	0
Ceará	8	0	0	4	0	0
Minas Gerais	1	1	0	0	0	0
Pará	1	1	0	5	0	0
Paraíba	7	0	0	9	0	0
Pernambuco	3	1	0	4	0	0
R de Janeiro	2	0	0	6	0	0
R G do Norte	7	0	1	5	1	0
Sta Catarina	17	5	5	8	0	0
Total	76	12	7	44	1	0

Tabela 14 – Antecedentes de clíticos e nulos, 2ª metade do século XX, anúncios de jornal

Estado	Clíticos			Nulos		
	[-animado]	[+animado]	Neutro	[-animado]	[+animado]	Elipse proposicional
Bahia	0	0		0	0	0
Ceará	0	0	0	3	0	1
Minas Gerais	2	0	0	4	0	1
Paraíba	4	0	0	8	0	0
Pernambuco	2	0	0	2	0	1
R de Janeiro	6	1	0	12	1	0
R G do Norte	0	0	0	0	0	0
Sta Catarina	2	0	1	4	0	2
Total	16	1	1	33	1	5

Há pouquíssimos objetos nulos e clíticos com antecedente [-específico] nesses dados. Para a 1ª metade do século XX, temos apenas 5 clíticos e 9 objetos nulos com antecedentes [-específico]. Todos esses objetos nulos têm antecedentes [-animado]. Já na 2ª metade do século XX, não encontramos nenhum clítico cujo antecedente tem o traço [-específico]. Observamos apenas 2 objetos nulos, sendo que estes também têm seu antecedente com o traço [-animado]: em um caso o antecedente é quantificacional *(quanto puder)* (23a) e no outro é um nome nu (*barro*)(23b):

(23) a. [20,2 A CE] *Na Caderneta você deposita quanto puder e retira ___ quando quiser*

b. [20,2, A SC] VIBLOK. *Você me conhece? Sou uma máquina que ajuda a construir sua casa, com barro e uma pitada de cimento ou seja: 10 latas de barro e uma de cimento. Não precisa queimar ___ e tão pouco rebocar.*

Passemos agora aos resultados para o século XX, *corpora* "cartas de leitores". Há uma diferença nos resultados em relação aos anúncios: nesse tipo de dados, encontramos muito menos objetos nulos. Vejamos.

Para a 1ª e 2ª metades do século XX, temos os seguintes resultados:

Tabela 15 – Clíticos e nulos para a 1ª metade do século XX, cartas de leitores

Estado	Clíticos		Nulos		Total	
	N.	%	N.	%	N.	%
Bahia	34	94	2	6	36	100
Ceará	14	93	1	7	15	100
Pará	4	100	0	0	4	100
Pernambuco	21	87	3	13	24	100
Rio de Janeiro	7	100	0	0	7	100
Rio Grande do Norte	12	92	1	8	13	100
Santa Catarina	7	100	0	0	7	100
Total	99	93	7	7	106	100

Tabela 16 – Clíticos e nulos para a 2ª metade do século XX, cartas de leitores

Estado	Clíticos		Nulos		Total	
	N.	%	N.	%	N.	%
Bahia	22	85	4	15	26	100
Ceará	5	83	1	17	6	100
Minas Gerais	9	90	1	10	10	100
Pernambuco	14	100	0	0	14	100
Rio de Janeiro	30	84	6	16	36	100
Rio Grande do Norte	1	50	1	50	2	100
Santa Catarina	27	82	6	18	33	100
Total	108	85	19	15	127	100

Comparando esses números com os resultados para anúncios, observamos um maior número de clíticos e menor número de objetos nulos nesses dados, com um leve aumento de objetos nulos na 2ª metade do século XX e com frequências bem semelhantes entre os estados. Nesses *corpora* encontramos um uso maior de clíticos neutros e elipse proposicional do que nos *corpora* constituído de anúncios, como mostram as Tabelas 17 e 18.

Tabela 17 – Antecedentes de clíticos e nulos, 1ª metade do século XX, cartas de leitores

Estado	Clíticos			Nulos		
	[-animado]	[+animado]	Neutro	[-animado]	[+animado]	Elipse proposicional
Bahia	15	12	7	1	0	1
Ceará	2	11	1	0	0	1
Pará	2	2	0	0	0	0
Pernambuco	8	10	3	3	0	0
R de Janeiro	3	0	4	0	0	0
R G do Norte	4	2	6	1	0	0
Sta Catarina	3	3	1	0	0	0
Total	37	40	22	5	0	2

Tabela 18 – Antecedentes de clíticos e nulos, 2ª metade do século XX, cartas de leitores

Estado	Clíticos			Nulos		
	[-animado]	[+animado]	Neutro	[-animado]	[+animado]	Elipse proposicional
Bahia	8	8	6	2	0	2
Ceará	3	2	0	0	1	0
Minas Gerais	5	3	1	1	0	0
Pernambuco	6	6	2	0	0	0
Rio de Janeiro	20	7	3	4	0	2
R G do Norte	1	0	0	1	0	0
Sta Catarina	11	11	5	3	0	3
Total	54	37	17	11	1	7

Podemos observar, por exemplo, que temos 55 objetos nulos e nenhuma elipse proposicional nos dados de anúncios da 1ª metade do século XX. Já nas cartas de leitores da 1ª metade do século XX, dos 7 objetos nulos, 2 são elipses proposicionais. Quanto à 2ª metade do século XX, temos, para anúncios, 34 objetos nulos (87%) e 5 elipses proposicionais (13%), e, para cartas de leitores, 12 objetos nulos (63%) e 7 elipses proposicionais (37%). Porém, se excluímos os clíticos neutros e as elipses proposicionais dos dados de cartas de leitores do século XX, a distribuição entre clíticos e objetos nulos DPs permanece, ou seja, continuamos com um maior número de clíticos e menor número de objetos nulos em relação ao que encontramos para anúncios do mesmo século.

Com relação ao traço de especificidade, novamente encontramos poucos antecedentes com o traço [-específico] para clíticos e para objetos nulos nas cartas de leitores. Quanto à animacidade, no entanto, observamos que o objeto nulo tem 100% de antecedentes [-animado] na primeira metade do século XX, e, dos 12 objetos nulos que têm como antecedente um DP na 2ª metade do século, somente um é [+animado]. No entanto, esse antecedente também é [-específico], (24), comprovando os resultados de Cyrino (1994, 1997):

(24) [20,2 CL CE] ... *e que ele era humano e sentia-se profundamente deprimido em ver tanta gente procurá-lo, sem poder atender* ___

Se computamos os resultados do século XIX e do século XX descritos anteriormente, somando os resultados de todos os estados, chegamos à seguinte conclusão. Conforme se vê na Tabela 19, onde apresentamos as porcentagens para cada século por tipo de documento, observamos um aumento nas ocorrências de objetos nulos do século XIX para o século XX nos anúncios de jornal, mas a porcentagem permanece praticamente a mesma nas cartas de leitores:

Tabela 19 – Resultado global para os séculos XIX e XX

	Anúncios de jornal		Cartas de leitores	
	Clíticos	Nulos	Clíticos	Nulos
Século XIX	75%	25%	85%	15%
Século XX	57%	43%	89%	11%

Podemos hipotetizar que o tipo de documento é relevante para esse tipo de dado. De fato, encontramos, por exemplo, um maior número de clíticos neutros nas cartas de leitores, clítico esse hoje completamente em desuso na fala (cf. Tabela 18). Exemplos ocorrem especialmente com o verbo "*fazer*", como vemos em (25) a (27). Esse fato pode indicar que estamos diante de uma expressão quase formulaica; porém, estudos mais aprofundados sobre o assunto são necessários para podermos dar suporte a essa afirmação.

(25) [20,2 CL PE] *Ali na rua do Porão um brutamontes negocia passaros e os traz amontoados em gaiolas ao sol morrendo as dezenas de insolação, pois não tem água para beber e se alguém faz qualquer pergunta ao dono do estranho "negocio" ele responde com grosseria. E preciso que essa situação seja logo definida, pois há uma repartição federal encarregada de fazê-**lo***

(26) [20,2 CL RJ] *O valente hoje é aquele que traz na cintura um 32, um 38 ou um 45 para usá-lo onde e quando lhe convier fazê-**lo.***

(27) [20,2 CL SC] *Mais uma vez sou forçado a lamentar a ação ou melhor, a omissão dos nossos vereadores em Blumenau que, quando chamados a colaborarem se negam a fazê-**lo**.*

ANÁLISE FORMAL SOBRE A MUDANÇA NAS CONSTRUÇÕES ANALISADAS

Como dito anteriormente, o PB apresenta um objeto nulo cujas propriedades o diferenciam dos objetos nulos encontrados em outras línguas, incluindo as línguas românicas. Cyrino (2010a, 2011b, 2012) mostra que essa diferença poderia ser atribuída ao fato de o objeto nulo ter emergido a partir da existência da elipse proposicional. Nesse sentido, a proposta de que o objeto nulo do PB é um caso de elipse faz com que ele tenha as características desse fenômeno, o que o diferencia dos objetos nulos das outras línguas. Essa seria a explicação para a sua existência e a sua relação com a perda dos clíticos de 3ª pessoa no PB. Nesta seção apresento essa análise e propostas para explicar suas características, especialmente a restrição de animacidade e o requerimento de paralelismo de estruturas. Dessa forma, apresento uma explicação em termos formais para o fenômeno, apoiada nas evidências decorrentes do estudo de sua evolução diacrônica.

Propriedades do objeto nulo do PB

Como vimos, o objeto nulo no PB tem as seguintes características: a) pode ocorrer em ilhas; b) refere-se geralmente a um antecedente [-animado]; c) permite leituras estrita e imprecisa (*strict* e *sloppy readings*); d) não se refere ao sujeito da matriz (ver também Cyrino, 2013a; Cyrino e Lopes, 2012). O exemplo em (28) mostra as duas primeiras propriedades: (28a) é gramatical apesar de o objeto nulo, que tem como antecedente o DP [-animado] "*uma saia*", estar em uma ilha. Já (28b) é agramatical, pois o antecedente é [+animado]:

(28) a. *Maria comprou aquela saia quando ela viu ___ na loja.*
b. **Maria beijou aquele rapaz quando ela viu ___ na escola.*

As leituras estrita e imprecisa podem ser observadas no exemplo a seguir (29), no qual a leitura imprecisa (o Pedro guardou seu próprio dinheiro) é recuperada do antecedente [-animado] "*o seu dinheiro*":

(29) *Ontem o João pôs o seu dinheiro na gaveta, mas Pedro guardou ___ no cofre.*

A propriedade de permitir leituras estrita e imprecisa também está associada ao fenômeno "elipse de VP" em línguas como o inglês (e o PB e PE, ver Cyrino e Matos, 2002, 2005). Ross (1967, 1969) foi o primeiro a introduzir o termo *sloppy reading*, traduzido para o PB para "leitura imprecisa", para explicar o fato de que a segunda ocorrência apagada da sequência "*loves his mother*" na sentença (30), dada aqui como exemplo do inglês, pode não ser referencialmente idêntica à sua primeira ocorrência:

(30) *John loves his mother and Peter does ___ too. = Peter [loves his mother]*
'John ama sua mãe e Pedro também ama ___' = Pedro [ama sua mãe]

A sequência dentro dos colchetes contém um pronome, *his* 'seu/dele' que pode não se referir a *John*, que seria a leitura estrita (*strict reading*), mas pode também se referir a *Peter*, na leitura imprecisa (*sloppy reading*).

Como vimos acima na sentença (29), essa ambiguidade é característica do objeto nulo do PB e não ocorre, por exemplo, no objeto nulo de outras línguas (ver Cyrino, 2010a, 2011b, 2013a).

Em Cyrino (1994,1997), propus que alguns pronomes que têm conteúdo semântico baixo, como o *it* do inglês (31) e o clítico neutro *o* em português (32) podem ter leituras estritas e imprecisas:

(31) *The man who gave his paycheck to his wife was wiser than the man who gave **it** to his mistress.*
'O homem que deu seu pagamento à sua esposa foi mais sabido do que o homem que o deu à sua amante'.

(32) *Pedro pediu para ser o professor da turma A antes de Jane **o** pedir.*

A sentença em (32) é ambígua: Jane pediu, ou para o Pedro ser o professor da turma A (leitura estrita), ou para ela ser a professora da turma A (leitura imprecisa). Em Cyrino (1994, 1997) proponho que há reconstrução do clítico neutro *o* em FL – o clítico é o *spell out* de duas diferentes sequências:

(33) a. *antes de Jane pedir [ele ser o professor da turma Y]* → leitura estrita
b. *antes de Jane pedir [ela ser a professora da turma Y]* → leitura imprecisa

Para tanto, a estrutura para clíticos de terceira pessoa em Uriagereka (1995b) é adotada:

(34)
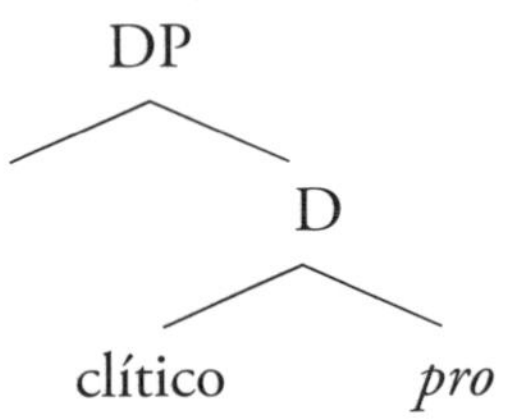

O clítico neutro proposicional é representado em (35) (ver Cyrino, 1994, 1997):

(35)
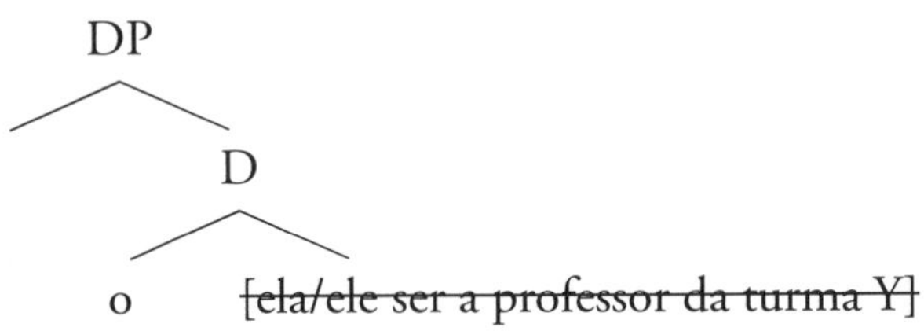

No caso da elipse proposicional a mesma ambiguidade está presente, como era de se esperar em se tratando de uma estrutura de elipse:

(36) *Pedro pediu para ser o professor da turma Y, antes de Jane pedir ___.*

Dessa forma, se o objeto nulo surge da possibilidade de elipse proposicional no PB (ver Cyrino, 1994, 1997), licenciada pelo verbo que se move para uma posição mais baixa (Asp) (ver Cyrino e Matos, 2002, 2005; Cyrino, 2010b, 2013b e abaixo), podemos entender a possibilidade de leitura imprecisa do objeto nulo do PB.

A quarta propriedade do objeto nulo listada no primeiro parágrafo desta seção refere-se ao fato de que o objeto nulo não pode ter como referente o sujeito da oração-matriz (ver também (5) anterior):

(37) **O João$_i$ tinha medo que o Pedro matasse ___$_i$*

Ligada a essa característica está, é óbvio, o fato de que em (37), além de termos o antecedente do objeto nulo sendo o sujeito da matriz, a observação de que é também um antecedente [+animado]. Porém, colocando a sentença dentro de um contexto, temos, surpreendentemente, a sua gramaticalidade:

(38) *A vizinha disse pro João que ninguém ia matar ele$_i$ mas o João$_i$ tinha medo que o Pedro matasse ___$_i$*

Esses fatos apontam para outra propriedade interessante do objeto nulo do PB, que, embora seja mencionada na literatura (cf. Farrell, 1987, 1990; Bianchi e Figueiredo Silva, 1994), não foi muito explorada. A propriedade, conforme aponta Cyrino (2008, 2013c), se manifesta no fato de que o antecedente do objeto nulo parece normalmente ocorrer em uma estrutura "paralela".

Essa propriedade também é observada na elipse de VP. Fiengo e May (1994) propõem que as elipses de VP estão sujeitas a um princípio mais geral da Forma Lógica (LF): a reconstrução. De acordo com esses autores, a reconstrução é uma condição necessária mas não suficiente para a elipse. Outros fatores estão presentes, como a questão de quais elementos podem contar com licenciadores da elipse, como discutido em Zagona (1982); Lobeck (1987); Matos (1992); Cyrino e Matos (2002, 2005), entre outros. A natureza da reconstrução, no entanto, deve ser a mesma nas línguas, pois é uma condição sobre a identidade sintática. Ela torna explícitas quais ocorrências são as mesmas em um marcador frasal: aquelas que preservam a categoria gramatical e as relações lineares e de dominância dentro da categoria gramatical. Em outras palavras, todas as ocorrências devem ser compostas estruturalmente/configuracionalmente da mesma forma. É o requerimento do "paralelismo".

O antecedente do objeto nulo do PB também deve ocorrer em uma estrutura paralela a ele, isto é, dado que o objeto nulo é o complemento de um verbo, seu antecedente deve também estar em uma posição de complemento. Por isso, temos a agramaticalidade de (37), em que o antecedente do objeto nulo não está em uma posição paralela, pois é um argumento externo, o sujeito. Já em (38), o antecedente do objeto nulo é o pronome *ele*, complemento de *matar*, daí a sua gramaticalidade. Mais adiante apresento dados diacrônicos que parecem confirmar essa propriedade do objeto nulo do PB.

Se o objeto nulo do PB tem comportamento de elipse, no caso elipse de DP, pois seu antecedente normalmente ocorre em uma estrutura configuracionalmente paralela, ficamos com a questão: como responder às restrições de animacidade?

Duas possíveis respostas podem ser dadas.

A primeira foi proposta em Cyrino, Duarte e Kato (2000). Propomos, nesse trabalho, que, se uma língua tem uma categoria vazia para um certo elemento, ela também terá categorias vazias para outros elementos que estão mais baixos em uma "hierarquia de referencialidade":

(39) HIERARQUIA DE REFERENCIALIDADE
não argumentos proposições [-animado] [+animado]
3ª pessoa 2ª pessoa 1ª pessoa
[-específico] [+específico]
[-referencial] <– ------------------------------ –> [+referencial]

Para o objeto, se o input apresenta um pronome ou um clítico em uma posição mais baixa na hierarquia, a criança, no processo de aquisição, vai considerá-lo um pronome fraco que ocorre em uma posição de núcleo ou de argumento, e, portanto, todas as posições mais altas serão pronomes lexicais ou clíticos (e.g. inglês, EP). Se o input mostra um objeto nulo para uma entidade referencial, digamos para um antecedente [-animado] como ocorre em PB, a criança assumirá que todas as posições mais baixas podem ser nulas.

Assim, para uma língua que tem a opção interna de categorias nulas ou vazias, um dos fatores que pode influenciar a escolha é o estatuto de animacidade do antecedente. A Hierarquia da Referencialidade ajuda a explicar os vários estudos que mostram que objetos podem ser nulos no PB quando o antecedente é [-animado] e quando o antecedente é [-específico]. Além disso, explica porque os pronomes *ele/ela*, que são usados para antecedentes [+animado] preferencialmente, nunca são usados para antecedentes proposicionais.

Outra resposta possível à restrição de animacidade é dada em Cyrino (2008, 2012). Essa proposta tem a vantagem de também responder à questão do paralelismo configuracional de estruturas apontado anteriormente (ver também Silva, 2009). Seguindo o trabalho em Platzack (2003, 2008), que assume a Uniformidade de Atribuição de Papel Temático (UTAH) em Baker (1997), Cyrino (2008, 2012) considera que há posições designadas para os argumentos DP de acordo com seus papéis temáticos.

Platzack (2003, 2008) propõe a distribuição dos DPs em três famílias, de acordo com a posição em que são concatenados: complementos de √, especificadores de √P ou especificadores de *v*P. Para o autor, a estrutura argumental é derivada a partir da necessidade de valoração de traços não valorados e não interpretáveis.

O núcleo categorial *v* é concatenado a um sintagma raiz √P, que não possui traços categoriais. Assim, a raiz √, isto é, o item lexical com seus traços, não está determinada para uma categoria sintática *a priori*, mas traz informação sobre sua categoria ontológica (*Aktivity* 'atividade' para ações, eventos, processos, estados, relações ou propriedades, que construirão verbos; *Thing* 'coisa' para coisas, que construirão nomes; *Property* 'propriedade' para propriedades, que construirão adjetivos; *Relation* 'relação' para relações, que construirão preposições).

A estrutura sintática é o resultado da concatenação de objetos sintáticos construídos pelas entradas lexicais, onde as entradas lexicais consistem de traços com valores semânticos. Esses traços podem vir em dois tipos: *interpretáveis+valorados* ou *não interpretáveis+não valorados.* Somente os traços valorados e interpretáveis são permitidos nas interfaces – a computação sintática é o meio pelo qual valores serão atribuídos aos traços não interpretáveis+não valorados.

Além desses traços semânticos, o traço τ (para *tense* 'tempo') ocorre em T e *v*, onde é interpretável, e traços-phi ocorrem em DP, onde são interpretáveis. Os traços são valorados através da operação Agree: uma sonda (núcleo com um traço não interpretável não valorado) varre o seu domínio de c-comando em busca do alvo mais próximo que tenha os mesmos traços, mas com o valor inverso de interpretabilidade. Temos a valoração do traço não interpretável de acordo com o valor do alvo. As sondas relevantes são *v*-V e C-T.

Além disso, Platzack assume que há uma ligação universal entre a estrutura gramatical e o papel temático expresso por um DP (UTAH, Baker, 1997). Ele agrupa três famílias de papéis temáticos relacionadas à estrutura sintática:

a. Família A: agente, causa, instrumento e *holder of state* – um DP que expressa um papel temático da família A sempre é concatenado externamente em Spec-*v*P.
b. Família B: experienciador, meta, beneficiário, locativo, materialidade – um DP que expressa um papel temático da família B sempre é concatenado externamente em Spec-√P.
c. Família C: caminho, tema – um DP que expressa um papel temático da família C sempre é concatenado externamente como complemento de √.

Esses papéis são expressos em DPs concatenados (externamente) a um verbo. Os DPs possuem o traço ontológico TH (*thing*), traços-phi interpretáveis e, opcionalmente, traços ¬τ (traços não interpretáveis de *tense*). Quando usado como argumento, um DP com o traço-τ não interpretável (¬τ), tem uma influência no aspecto situacional/*aktionsart* de um evento:

(40) a. *Maria comeu uma maçã em 5 minutos. (*por duas horas)*
b. *Maria comeu maçãs por duas horas. (*em 5 minutos)*

O argumento que tem esse traço corresponde ao que Ramchand (2008: 25) chama *Path*, isto é, o objeto de uma classe de verbos onde a mudança verbal é mapeada diretamente à extensão material do objeto (*João correu 5 km/a corrida de NY; João empurrou o carrinho 5 metros; Maria comeu a maçã, Maria cantou a canção*).

Cyrino (2008, 2012) propõe que os objetos que podem ser nulos em algumas línguas são aqueles que são complementos a √, isto é, aqueles que correspondem aos papéis temáticos *Path* e *Theme*. A generalização inclui os objetos "cognatos" e exclui aqueles DPs que são concatenados mais alto, pois têm consistentemente o traço [+animado], como os objetos indiretos, com papel temático benefactivo, por exemplo.

Já os objetos que normalmente são marcados com acusativo em línguas em que a Marcação Diferencial do Objeto está operativa, ou seja, aqueles cujo antecedentes são[+animado], pertencem à família B, e são concatenados em spec-√P. É possível ainda propor que esses DPs não têm um traço τ, e portanto não influenciam a telicidade da sentença em que ocorrem, em oposição aos DPs concatenados como complemento de √. Assim, DPs objetos marcados com o traço gênero (ou seja, [+animado], portanto *+phi* (cf. Picallo, 1991) são concatenados nessa posição. Essa proposta também explica o efeito da *topicalidade* encontrado na Marcação Diferencial de Objeto, já que é uma posição externa a √P, posição para objetos altamente individuados, cujo papel temático corresponde àqueles da família B. Nessa posição, não poderemos ter objetos nulos.

O PB tem, como vimos, objetos nulos cujo antecedentes são [-animado, +específico] ou [+animado, -específico]. São DPs com papel temático tema, e temas com o traço [-específico] não se movem para fora de *v*P e, portanto, permanecem na posição de complemento (ver Diesing, 1992).

A diferença com o PE seria que, em PB, o verbo se move para uma posição funcional mais baixa (ver Cyrino e Matos, 2005) Essa projeção é *Aspecto*, entendida como projeção estendida de *v*, e pode licenciar a elipse do objeto DP. Em PE, o verbo se move para uma posição mais alta, *Tempo*, e somente pode licenciar elipse de *v*P. Os objetos nulos nessa língua são mais restritos e provavelmente estão sujeitos a restrições sobre objetos nulos (pronominais) que vemos ocorrer em outras línguas.

Assumindo que os objetos nulos característicos do PB são resultado de elipse de DP, e lembrando que a possibilidade de elipse é dependente de licenciamento e paralelismo de estruturas mencionados anteriormente (ver Fiengo e May, 1994), explicamos o caso dos objetos nulos que encontramos nas construções vistas antes. Vejamos:

A) o PB permite objetos nulos com antecedente [-animado] e ocorrendo em uma segunda (ou outra) oração coordenada:

(41) a. *João descascou a banana e Maria comeu* ___. [√BP, *EP]
b. **João viu Maria e Pedro beijou* ___. [*BP, *EP]

Em (41a) temos estruturas paralelas, e a elipse é permitida, conforme a representação abaixo em (42):

(42)

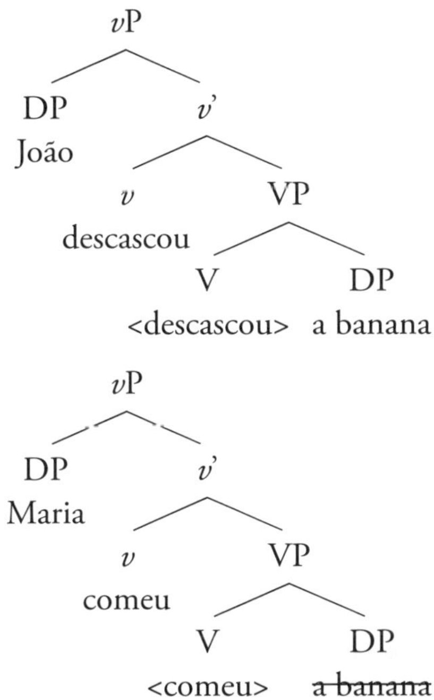

Já em (40b), a estrutura não é paralela, pois assumo que o complemento de *beijar* não é concatenado como complemento, mas sim como especificador de V (seria um argumento pertencente à família B):

(43)

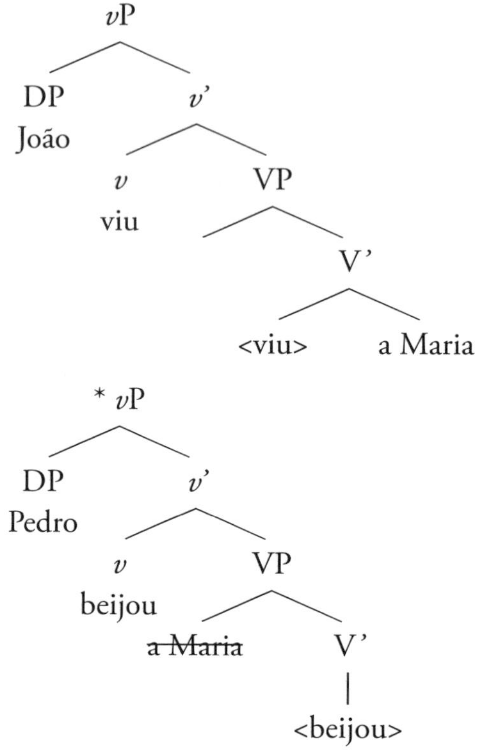

B) o PB também permite objetos nulos com antecedente [-animado], que permitem interpretação específica recuperada do antecedente, mesmo com verbos que permitem objetos cognatos:

(44) *Minha avó faz sushis porque os filhos querem continuar comendo___ depois que voltaram do Japão.* [√BP, *EP]

Neste caso, o objeto nulo refere-se a *sushis* e, nas duas orações, é complemento de V (pois é um argumento da família C (ver Platzack, 2003, 2008). As estruturas são paralelas; portanto, a elipse do DP é possível. Em PE, a sentença causa estranheza, pois o verbo *comer* só é entendido como "intransitivo" (isto é, com um objeto cognato implícito) aqui.

C) o PB permite objetos nulos com antecedente [+animado] em estruturas de elipse de DP (i.e., quando houver as condições para elipse: licenciamento e paralelismo de estruturas). Por exemplo:

(45) *eu acho... válido botar a criança na escola [...] o meu problema agora é onde botar___ pra ser alfabetizada...se eu botaria ___ logo num colégio como eu fiz...*

Neste caso, em ambas as sentenças o objeto nulo é complemento de V, e as estruturas são paralelas. A elipse nominal pode, portanto, ser licenciada pelo verbo que está em uma posição funcional baixa.

Quando observamos os dados do século XIX e do século XX, essas propriedades ficam evidentes. Na seção "Estudos sobre os dados do projeto PHPB – anúncios de jornal e cartas de leitores dos séculos XIX e XX", vimos as características do objeto nulo do PB envolvendo o traço [-animado]. Abaixo, apresento resultados em que observamos o paralelismo configuracional de estruturas nas ocorrências do objeto nulo. Os objetos nulos nos dados do século XIX e XX ocorrem especialmente quando seus antecedentes estão em uma posição paralela, como complemento de verbo ou de preposição (ou em posição de tópico, ver discussão a seguir), enquanto clíticos ocorrem quando seus antecedentes estão nessas posições e também na posição de sujeito (argumento externo).

Em Cyrino (2013c), analiso *corpora* do século XIX no site https://sites.google.com/site/corporaphpb/home/:

a. Cartas de redatores e leitores de jornais (século XIX) dos estados: Bahia, Minas Gerais, Pernambuco, Rio de Janeiro, Paraná, São Paulo
b. Cartas particulares da segunda metade do século XIX dos estados: Bahia, Paraná, Pernambuco, Rio de Janeiro, São Paulo.[2]

Nesses dados, encontro os seguintes casos de antecedentes de objeto nulo:

A) antecedentes em posição de argumento interno de verbos transitivos:

(46) *Estes senhores vivem aqui sómente a conta do erario publico, e nada mais, agora com a noticia que a camara votou um progecto que já passou em 2a discussão, concedendo 10:000$ para a construcção de um açude aqui ells estão se empenhando para que elles sejão da commissão; se assim acontecer não teremos* ***açude*** *e quando fação ___ficarão com 2/3 do capital.* (Carneiro, 2005: Carta 311)

(47) [19,2 CR SP] *dirigi-me então á loja – reclamando* ***a minha propriedade*** *e o caixeiro da loja respondeu-me que não poderia entregar-me ___ sem ordem de seu amo.*

(48) *Agora lhe pesso para me mandar* ***um sobretudo*** *feito em Lisbôa, de uma fazenda pelluda ondiada de quadrinhos, e mandar___ por algum conhecido ou quando vierem.* (Cyrino, Barrichelo e Paula, 2004: Carta 15)

B) antecedente em tópico

(49) ***Os alugueis*** *deste mez ainda não recebi, logo que receba ___, te creditarei ___ em tua conta.* (apud Kewitz, 2005-2006: Carta 3)

C) antecedentes em posição de argumento interno de verbos de alçamento e inacusativos:

(50) *Sinto Papae não ter recebido o retrato da Judith ella esta tão engraçadinha, muito bõa tem estado; de dia sempre ella dorme uma hora ou mais quando ella se acorda a Amelia faz crespos no cabello, é muito crespo* ***o cabello d'ella****, basta enleiar ___ no dedo já está bem crespo.* (apud Cyrino, Barrichelo e Paula, 2004: Carta 5)

(51) [19,2 CR MG] *julgo conveniente restabelecer a verdade dos factos para que* ***justiça*** *seja feita a quem ___ merecer.*

Encontramos o mesmo tipo de ocorrências nos dados do século XX coletados e descritos acima na seção "Estudos sobre os dados do projeto PHPB – anúncios de jornal e cartas de leitores dos séculos XIX e XX". De fato, temos o seguinte quadro para as ocorrências dos antecedentes de objetos nulos e clíticos por século e por tipo de documento:

Tabela 20 – Função gramatical dos antecedentes de objetos nulos

		Tópico		Complemento de verbo (obj. direto)		Sujeito		Complemento de preposição		Total	
		N.	%	N.	%	N.	%	N.	%	N.	%
XX/1	Anúncios	12	27	29	64	3	7	1	2	45	100
	Leitores	0	0	5	100	0	0	0	0	5	100
XX/2	Anúncios	4	12	24	70	5	15	1	3	34	100
	Leitores	0	0	8	66	2	17	2	17	12	100
Total		16	17	66	69	10	10	4	4	96	100

Tabela 21 – Função gramatical dos antecedentes de clíticos

		Tópico		Complemento de verbo (obj. direto)		Sujeito		Complemento de preposição		Total	
		N	%	N	%	N	%	N	%	N	%
XX/1	Anúncios	0	0	26	30	40	45	22	25	88	100
	Leitores	0	0	20	26	32	42	25	32	77	100
XX/2	Anúncios	1	6	9	53	2	12	5	29	17	100
	Leitores	1	1	32	35	28	31	30	33	91	100
Total		2	1	87	32	102	37	82	30	273	

Podemos notar que os antecedentes dos clíticos preenchem várias funções gramaticais. Os objetos nulos, no entanto, majoritariamente ocorrem quando os antecedentes estão em uma posição de tópico, de complemento de verbo ou de preposição. Não é o objetivo deste capítulo aprofundar nas implicações que esses resultados trazem para uma proposta sintática mais específica, que demonstre como todas essas posições seriam configuracionalmente paralelas à posição do objeto nulo. Vou, no momento, assumir que uma proposta como a de Cyrino (2008, 2012) vai na direção de trazer essa explicação (mas ver Cyrino, 2014).

É, de fato, interessante, verificar que há poucas ocorrências de objeto nulo cujo antecedente é sujeito também nesses dados. Quando analisamos essas poucas ocorrências, verificamos que o objeto nulo não tem as propriedades que são características somente do objeto nulo do PB, sendo, por exemplo, um tipo de objeto nulo possível em outras línguas (ver Cyrino, 2012, 2013a) e, portanto, não requerendo paralelismo de estruturas. Em outros casos, o antecedente do objeto nulo é ou argumento de um verbo inacusativo, ou é um sujeito derivado, portanto, estaria, de fato, em uma posição configuracionalmente paralela ao objeto nulo.

Vejamos as ocorrências nos anúncios da 1ª metade do século XX. Em duas delas, o objeto nulo é o chamado "exopro" (Kato, 1993), possível em outras línguas como o inglês. Nesses casos, temos contextos de receitas ou direções, e o objeto nulo ocorre junto a um verbo no imperativo. Portanto, não sãos objetos nulos característicos do PB e não estão sujeitos à restrição de paralelismo de estruturas. As ocorrências são:

(52) [20,1 A PB] ***OS CIGARROS.*** *DOIS AMIGOS. NÃO T[ilegível]E[ilegível]M RIVAES. EXPERIMENTEM ___*

(53) [20,1 A RJ] ***Bellezina*** *constitúe a alegria de toda persôa que deseja possuir uma pelle fina e macia. Usae ___ que não vos arrependereis.*

A terceira ocorrência está em (54):

(54) [20,1 A RN] ***O proprietario desta conhecida fabrica*** *de: Camisas, cuecas, pyjamas e bécas para medicos e enfermeiros, avisa aos seus freguezes e ao publico em geral, que se acha apparelhada com technicos e operarios habilitados para bem servir e attender com promptidão a todos que destinguirem ___ com sua preferencia, mantendo tambem em stock camisas, cuecas e pyjamas. Av. Rio Branco n. 570 - NATAL*

Neste exemplo, não está claro que o antecedente seja *o proprietário*. Poderia também ser *a fábrica*, objeto direto de *se acha*, *se* sendo o pronome sujeito impessoal dentro da oração relativa (55). Nesse caso, o antecedente está em uma posição paralela.

(55) *[fábrica] que se acha --- aparelhada [...] a todos que distinguirem (a fábrica) com sua preferência*

Quanto às 5 ocorrências de objeto nulo com antecedente em posição de sujeito nos anúncios da 2ª metade do século XX, podemos ter a seguinte análise.

Em (56), temos dois objetos nulos para um mesmo antecedente:

(56) [20,2 A CE] *Quem disse que* ***os Anúncios Populare*** *não enchem barriga de ninguém? Quem anunciou se deu bem. Marmitarias, produtores de mel, ovos, leite, carne e queijos já experimentaram ___ e aprovaram ___.*

Embora seja possível considerar que o antecedente dos dois objetos nulos seja *os Anúncios Populares*, também podemos ter uma análise na qual o antecedente seja *anunciar nos Anúncios Populares*, ou seja, a proposição implícita na sentença anterior, *quem anunciou se deu bem*. Nesse caso, não teríamos objeto nulo, mas, sim, uma elipse proposicional, que poderia ser substituída pelo clítico neutro (57). Portanto, esse não seria um exemplo que evidenciaria que objetos nulos podem ter sujeitos como antecedentes.

(57) *Quem anunciou, se deu bem. Marmitarias, produtores de mel, ovos, leite, carne e queijos já* ***o*** *experimentaram e* ***o*** *aprovaram.*

Para a ocorrência seguinte, temos o antecedente do objeto nulo como sujeito de um verbo psicológico. Segundo análises formais (ver Belletti e Rizzi, 1988) verbos como *agradar* apresentam uma configuração inacusativa, de duplo objeto, com a posição do sujeito experienciador sendo não temática. No caso, *o presente* seria argumento interno de *agradar*, e está em uma posição paralela ao objeto nulo:

(58) [20,2 A MG] *Se* ***o presente*** *agradou, foi na Loja Joia- Luz que comprou ___.*

Na sentença em (59), da mesma forma, temos um sujeito derivado – "*(foi) perdido ... um envelope*". *Um envelope* é o argumento interno elevado a sujeito de uma passiva. Assim, podemos considerar que o antecedente do objeto nulo é concatenado como complemento e, portanto, temos paralelismo de estruturas:

(59) [20,2 A RJ] *PERDIDO, no trajeto da Praça Tiradentes para à Avenida Rio Branco, no dia 31-12-59, por volta das 9 horas,* ***um envelope*** *contendo importância em dinheiro. Solicita-se a quem achou ___ comunicar-se com o Sr. Rui, pelo telefone 30-6840.*

Em (60), podemos considerar que *cadela* é o tópico do anúncio, retomado por um sujeito nulo de *fugiu*. Portanto, podemos considerar que o antecedente do objeto nulo é o DP em tópico.

(60) [20,2 A RJ] **CADELA** *mestiça com pequines, marrom, peito branco - fugiu, gratifico com 5 mil cruzeiros para quem entregar ___ na Rua Conde de Bonfim, n. 210. Atende pelo nome de Lambreta.*

Com relação às cartas de leitores, encontramos dois dados nos quais o objeto nulo parece ter seu antecedente na posição de sujeito na 2ª metade do século XX. O primeiro encontra-se em (61):

(61) [20,2 A CE] *Francisco Adenor Martins, foram-lhe dados somente coias de quatrocentos cruzeiros novos, que foram aplicados apenas em três dias e que ele era humano e sentia-se profundamente deprimido em ver* ***tanta gente*** *procurá- lo, sem poder atender ___ ,*

Neste caso, temos "*tanta gente*", antecedente do objeto nulo, como sujeito de *procurar*. No entanto, o sintagma nominal ocorre como complemento de um verbo de percepção, que atribui acusativo ao sujeito do verbo de seu complemento: "*em vê-los procurar o prefeito*". Portanto, se considerarmos que Caso acusativo seria atribuído a complementos de verbo, podemos assumir que o antecedente do objeto nulo está em uma posição paralela.

Por último, temos o exemplo em (62):

(62) [20,2 A RJ] *E depois de três horas de espera um servidor me mandou voltar lá para a Rua Venezuela, pois* ***o documento*** *já tinha seguido no princípio de dezembro. E foi, adiantando: "Se não achar ___ , traga outros retratos, para fazer nova carteira."*

Neste caso, temos o antecedente do objeto nulo como sujeito de um verbo inacusativo, sendo, portanto, argumento interno de "*seguir*" (que aqui significa "ir"). Observamos, mais uma vez, que o antecedente do objeto nulo está em uma posição configuracionalmente paralela.

CONSIDERAÇÕES FINAIS

Neste capítulo, apresentei um panorama sobre a construção "objeto nulo" no português brasileiro. Dentro de um enfoque teórico formal, venho sustentando a proposta de que o objeto nulo no PB é resultado de elipse de um DP reconstruído em FL (ver Fiengo e May, 1994) a partir de um DP antecedente em uma posição paralela. A vantagem da análise do objeto nulo como elipse de DP sobre as outras análises é que, além de explicar as leituras imprecisas, ela também pode explicar as restrições de animacidade, se aceitamos a posição do verbo em PB em uma categoria funcional baixa, reconhecemos os requerimentos de paralelismo exigidos em elipse e assumimos diferentes posições para diferentes papéis temáticos.

O PB é a única língua românica que apresenta essa possibilidade de objeto nulo devido à mudança sintática que sofreu com a perda do clítico neutro/invariável *o* e, consequentemente, dos clíticos acusativos de terceira pessoa cujos antecedentes são semelhantes, ou seja, têm o traço [-animado]. Os dados diacrônicos apresentados nesse capítulo demonstram essa mudança.

NOTAS

1 Bianchi e Figueiredo Silva (1994) propõem que o objeto nulo no PB poderia ser considerado um *pro* ou uma variável, dependendo da animacidade do antecedente. Barra-Ferreira (2000) também propõe que o objeto nulo no PB é *pro* – com a estipulação de que seu antecedente seria [-animado]. Ver Cyrino (2000) para considerações em relação a essas propostas.

2 Os *corpora* diferenciais têm as seguintes fontes:
– CARNEIRO, Zenaide de Oliveira Novais. *Cartas brasileiras (1808-1904): um estudo linguístico-filológico*. Tese de doutorado. Campinas: Universidade Estadual de Campinas, 2005.
– CYRINO, Sonia M. Lazzarini; BARRICHELO, Jerusa; PAULA, Flávia Figueiredo de. *Cartas não oficiais – Curitiba, Paraná*. Curitiba: Projeto PHPB /PR, 2004, CD-ROM. Cartas Familiares ao Sr. José Loureiro.
– ATAÍDE, Cleber; FORCIONI, Daniela. *Cartas* Particulares do século XIX – *Pernambuco*. Recife: Projeto PHPB/PE, 2010, CD-ROM.
– CALLOU, Dinah M. I.; BARBOSA, Afranio G.; CARMO, Laura do. "Cartas pessoais a Rui Barbosa: edição diplomático-interpretativa". In: CALLOU, Dinah M. I.; BARBOSA, Afranio G. (Orgs.). *A norma brasileira em construção*: cartas a Rui Barbosa (1866 a 1899). Rio de Janeiro: Fundação Casa de Rui Barbosa, – (Coleção FCRB Manuscritos; 2), p. 19–103, 2011.
– Cartas parculares/naturais do RJ. Edição /Revisão: VIANNA, J. B. S.; LOPES, C. R. S.; BARBOSA, A.
– RUMEU, Márcia. Cartas da família Pedreira Ferraz e de Jerônimo Abreu – Magalhães. São Paulo.
– KEWITZ, Verena. Edição da correspondência passiva de Washington Luiz – Século XIX. São Paulo: Projeto para a História do Português Brasileiro – Equipe São Paulo/USP, 2005-2006.

O OBJETO INDIRETO: ARGUMENTOS APLICADOS E PREPOSICIONADOS

Maria A. Torres Morais
Rosane de Andrade Berlinck

SUMÁRIO

APRESENTAÇÃO

Este capítulo retoma e refina estudos anteriores, nos quais examinamos aspectos morfossintáticos e semânticos do objeto indireto (OI) no português brasileiro. Através de evidências empíricas, e dentro de um quadro teórico particular, o objetivo central deste capítulo é discutir fatos de variação e mudança, os quais atestam que, ao longo de sua história, o português brasileiro reanalisa as estratégias gramaticais na expressão do OI, diferenciando-se do português europeu e de outras línguas românicas. O texto está arquitetado da seguinte forma. Na seção "Breve panorama descritivo do objeto indireto no português", apresentamos fatos descritivos que identificam o OI no português culto/padrão, na sua expressão nominal e pronominal.

Como veremos, há um recorte intencional em nossa apresentação descritiva do OI em dois aspectos: (i) dentro do quadro pronominal, tratamos unicamente dos clíticos *lhe/lhes*, no seu uso de 3ª pessoa; (ii) dentre os diferentes contextos que licenciam o OI, escolhemos as construções ditransitivas com verbos semanticamente identificados como verbos dinâmicos de transferência e movimento e verbos de criação. Na seção "Mudança sintática no português brasileiro: panorama quantitativo sincrônico do objeto indireto", retomamos resultados quantitativos de *corpora* históricos dos séculos XVIII, XIX e XX, aos quais são adicionados dados provenientes de cartas pessoais escritas no século XX, em diferentes estados brasileiros: Rio Grande do Norte, Pernambuco, Bahia, Rio de Janeiro, Minas Gerais e Santa Catarina. Todo esse material compõe o acervo documental do projeto Para a História do Português Brasileiro (PHPB). Na mesma seção, interpretamos os resultados, de modo a isolar os fatores linguísticos atuantes na formatação de uma gramática brasileira na expressão gramatical do OI, tanto na sua forma pronominal como na sua forma não pronominal. Na seção "Argumentos aplicados e argumentos preposicionados", introduzimos os pressupostos teóricos que sustentam a nossa análise, em particular, os da teoria dos núcleos aplicativos como introdutores de argumento, dentro de uma perspectiva construtivista da estrutura de argumentos do predicado. Nosso objetivo é apresentar uma análise formal das propriedades do OI, numa abordagem comparativa entre o PE e PB. Contemplamos ainda uma discussão formal das estruturas ditransitivas em duas de suas modalidades: a dativa e a preposicionada.

Por sua vez, a seção "O aparato teórico-metodológico para o tratamento da mudança sintática" apresenta a nossa proposta de mudança e uma conclusão no formato de um conjunto de sugestões para a abordagem de outros aspectos que recobrem o nosso tema de pesquisa, mas que estão ainda pouco trabalhados no estágio atual de nosso conhecimento. Entre eles, o da hipótese de que a complexidade dos fenômenos envolvendo variação e mudança seria abordada de forma mais adequada se considerarmos um diálogo conciliatório entre a Teoria dos Princípios e Parâmetros e a Teoria Sociolinguística da Variação e Mudança.

BREVE PANORAMA DESCRITIVO DO OBJETO INDIRETO NO PORTUGUÊS

A discussão que se segue apresenta uma descrição, dentro de uma perspectiva comparativa, das propriedades gramaticais do objeto indireto no português, na sua realização como 3ª pessoa, pronominal e não pronominal.

Para a especificação da variedade europeia culta (PE), tomamos como base estudos recentes, entre eles, Duarte (2003) e Raposo (2013).[1] Por sua vez, a abordagem da variedade brasileira (PB), na sua expressão culta, tanto falada quanto escrita, apoia-se nos estudos sincrônicos e diacrônicos, consolidados nas últimas décadas, nos quais se buscou identificar as mudanças que, ao longo do tempo, diferenciaram o PB do PE e de outras línguas românicas. Começamos por assumir as seguintes generalizações:

i. O OI apresenta propriedades sintáticas e semânticas que o licenciam como complemento num amplo conjunto de contextos verbais.
ii. Na sua expressão pronominal, o OI de 3ª pessoa é realizado pelos clíticos verbais dativos, *lhe(s)*, distinguindo-se dos clíticos acusativos *o(s),a(s).*
iii. Na sua forma plena, não pronominal, o OI é um Sintagma Determinante (DP), morfologicamente codificado pela preposição *a*, um marcador de Caso dativo.

A partir da hipótese de que o OI forma uma classe distinta, morfologicamente identificada, consideramos apropriado o uso do termo dativo para nos referirmos à função. Como antes mencionamos, evidências de natureza sintática e semântica revelam que os argumentos dativos podem ser introduzidos num amplo conjunto de contextos verbais, recebendo diferentes interpretações, ou papéis temáticos.

Com verbos transitivos de atividade direcional, entre eles, *dar, dizer, falar, entregar, enviar, mandar, oferecer* etc., em que um dos argumentos – o objeto direto – é a entidade transferida/movida, o OI é interpretado como recipiente do OD-*tema* (cf. 1a).[2] Por sua vez, com verbos como *furtar, extrair, roubar,* os quais implicam uma direção oposta da transferência, o argumento dativo é interpretado como *fonte/origem* da transferência (cf. 1b).[3]

(1) a. *O José deu um celular **à Maria**/deu-**lhe** um celular.*
b. *O José roubou o relógio **ao Pedro**/roubou-**lhe** o relógio.*

Com verbos transitivos dinâmicos, denominados por alguns autores de verbos de criação/construção, entre eles, *assar, bater* (um bolo), *construir, desenhar, preparar* (uma festa, um jantar), *pintar,* o OI é interpretado como *beneficiário*, embora a relação de posse entre os dois constituintes, OD e OI, seja igualmente inferida. Na sentença (2), o OD – um delicioso jantar – é uma entidade criada, construída, de modo que o OI é o beneficiário do evento expresso pelo verbo.

(2) a. *A Maria preparou um delicioso jantar **ao amigo**/preparou-**lhe** um delicioso jantar.*
b. *A Maria pintou um quadro **ao seu amigo**/pintou-**lhe** um quadro.*

Com verbos dinâmicos não direcionais (3a-b) e verbos estativos (4a-b), a interpretação do OI é a de *possuidor* do *OD*, uma vez que tais verbos não implicam nenhuma direcionalidade. A relação possessiva pode ser alienável ou inalienável, essa última em suas diferentes concepções, entre elas, parte do corpo, parte-todo, posse relacional.[4]

(3) a. *O José lavou o carro **ao amigo**/lavou-**lhe** o carro.*
b. *O médico examinou a garganta **aos meninos**/examinou-**lhes** a garganta.*

(4) a. *O professor elogiou as provas **aos alunos**/elogiou-**lhes** as provas.*
b. *O José admira a beleza **à Maria**/admira-**lhe** a beleza.*

Nas estruturas inacusativas é necessário distinguir os diferentes tipos de verbos. No contexto de verbos inacusativos de movimento como *chegar*, os argumentos dativos são interpretados como *recipientes/locativos* (5a); com predicados psicológicos (5b) e existenciais são *experienciadores* (5c).[5]

(5) a. *Chegou um aviso* ***aos professores****/chegou-****lhes*** *um aviso.*
b. *O vinho do Porto agradou* ***aos convidados****/agradou-****lhes****.*
c. *Falta* ***ao Pedro*** *uma boa esposa/falta-****lhe*** *uma boa esposa.*

No contexto da alternância causativa/incoativa, o termo *afetado* é o que melhor expressa a interpretação dos argumentos dativos, como exemplificado em (6a-b). De fato, considerando que temos aqui estruturas bieventivas, o OI expressa o argumento que foi afetado pelo evento estativo da porta estar aberta.

(6) a. *O José abriu a porta* ***aos convidados****/abriu-****lhes*** *a porta.*
b. *A porta abriu-se* ***aos convidados****/abriu-se-****lhes****.*

Finalmente com verbos intransitivos como *obedecer, resistir*, destaca–se a propriedade de que o OI pode ser animado ou inanimado (7):

(7) *O José obedeceu* ***ao pai/à lei****/obedeceu-****lhe****.*[6]

Complementos oblíquos

As propriedades do OI, antes descritas, são reconhecidas pelos linguistas como parte da competência linguística dos falantes cultos do PE. Dessa forma, ocorre a necessidade de se distinguir entre OI dativo e relações gramaticais oblíquas (OBL), ou seja, argumentos/adjuntos preposicionados, introduzidos por diferentes preposições, incluindo a preposição *a*.[7] Neste estudo, interessa-nos destacar o fato de que tais constituintes preposicionados podem ser licenciados com verbos que selecionam um OD-*tema*, recebendo diferentes papéis temáticos, entre eles, *comitativo* (8a), *locativo* (8b-c), *beneficiário* (8d-e). Vejamos alguns exemplos:[8]

(8) a. *Ele partilhou o almoço* ***com o amigo****.*
b. *O helicóptero transportou os feridos* ***para o hospital****.*
c. *O caixa depositou o dinheiro* ***no cofre****.*
d. *O cirurgião retirou uma agulha* ***do estômago do doente****.*
e. *O meu amigo pintou esse quadro* ***para a Maria****.*

No entanto, o teste fundamental para distinguir os OIs dos OBLs reside no fato de que estes não podem ser pronominalizados pelos clíticos dativos *lhe/lhes*, estando a sua substituição restrita aos pronomes *ele/ela/eles/elas* introduzidos pela preposição *para*.[9]

(9) a. *O meu amigo pintou esse quadro* ***para a Maria.***
b. * *O meu amigo pintou-**lhe** esse quadro.*
c. *O meu amigo pintou esse quadro* ***para ela.***

O redobro do clítico dativo

O fenômeno denominado redobro do clítico pode ainda ser destacado na identificação do OI. Como se sabe, as construções de redobro de clítico dativo são aquelas nas quais o clítico coocorre com uma forma pronominal forte ou um DP pleno, ambos referindo-se ao mesmo argumento do verbo. Dentro do cenário tipológico das línguas românicas, o português se coloca ao lado do francês e do italiano, e contrariamente ao espanhol, por não licenciar o redobro do clítico com DP plenos, como ilustrado em (10):[10]

(10) a. *O José deu um bombom* ***à Maria.***
b. * *O José deu-**lhe** um bombom **à Maria**.*

Tomando como base os fatos do PE, vemos que o redobro do clítico é licenciado na presença das formas pronominais *a ele, a ela, a eles, a ela*, com interpretação contrastiva:

(11) a. *O José deu-**lhe** um bombom **a ela** (não a ele).*
b. **O José deu o doce **a ela**.*[11]

O fato de as formas pronominais *a ele, a ela, a eles, a elas* estabelecerem uma relação anafórica com os clíticos *lhe, lhes* é bastante revelador, uma vez que dá suporte a um ponto importante da nossa análise dos argumentos dativos: a de que o OI dativo não pronominal é um a-DP e não um sintagma preposicionado (PP).

Assim, a relação anafórica expressa em (12a) não pode ser estabelecida com as mesmas formas pronominais, quando expressam argumentos preposicionados requeridos lexicalmente pelo verbo:

(12) a. *Os turistas assistiram **à opera**.*
b. *Os turistas (*lhe) assistiram **a ela**.*

A obrigatoriedade da preposição *a* nos contextos de redobro, fica ainda evidente na agramaticalidade da sentença em (13).[12]

(13) **Dei-lhe o livro **para ela**.*

O mesmo contraste entre as preposições *a* e *para* se manifesta nas construções de Deslocamento à Esquerda Clítica (DEC), nas quais o *lhe* coocorre com um OI introduzido por *a* (14a).

Observe-se ainda a agramaticalidade de (14b), com a forma *a ele* em lugar do *lhe* e de (14c), com a preposição *para.*

(14) a. ***Ao teu amigo**, ainda não **lhe** pagaram os direitos de autor, pois não?*
b. ****Ao teu amigo**, ainda não pagaram **a ele** os direitos de autor, pois não?*
c. ****Para o João**, ainda não **lhe** pagaram os direitos de autor, pois não?*
(Duarte, 1987)[13]

Concluímos esta seção, esperando ter apresentado evidências para a generalização descritiva de que, no PE, é possível identificar o OI dativo como uma classe estrutural distinta, morfologicamente expressa por um marcador dativo. Tomamos por hipótese de trabalho que a preposição *a* é a realização morfológica de um Caso dativo abstrato, nos moldes de um afixo. Como DPs, os OIs podem, portanto, aparecer precedidos pelo morfema *a* (a-DP), cujo clítico correspondente é *lhe/lhes.*

MUDANÇA SINTÁTICA NO PORTUGUÊS BRASILEIRO: PANORAMA QUANTITATIVO SINCRÔNICO DO OBJETO INDIRETO

Neste ponto de nossas reflexões, a pergunta natural que se coloca é a seguinte: poderiam os mesmos critérios identificacionais ser mantidos para o PB?

Certamente, uma pergunta tão complexa exige o respaldo de recursos teóricos e empíricos. É o que pretendemos trazer nesta seção, quando então retomamos os pontos mais relevantes da intensa pesquisa variacionista das últimas décadas, a qual nos permite visualizar um quadro mais completo do comportamento do OI no PB, tanto em termos sincrônicos como diacrônicos, incorporando dados de língua falada e de língua escrita, em diferentes tipos de textos.

Como mostraremos, os resultados obtidos com *corpora* históricos e contemporâneos, revelam claramente que o PB vai se distanciando do PE na expressão do OI. Comecemos com os dados sincrônicos. A discussão teórica será desenvolvida na seção "O aparato teórico-metodológico para o tratamento da mudança sintática". O panorama que iremos traçar se baseia em um conjunto de estudos recentes sobre o PB, pautados nos pressupostos teórico-metodológicos da Teoria de Variação e Mudança (Weinreich, Labov, Herzog, 1968; Labov, 1972, 1994, 2001). Ao analisarem extensas amostras de dados da língua em uso, falada e escrita, seus resultados permitem identificar e avaliar o papel de fatores de natureza linguística e extralinguística sobre os processos.

Particularmente importante para o objeto do presente estudo é o fato de tais resultados permitirem caracterizar a difusão do processo de variação e mudança – por qual caminhos estruturais as novas formas se expandem.

Segundo o conjunto de estudos referidos, os importantes processos de mudança na expressão gramatical do OI no PB se encaixam, essencialmente, em dois fenômenos relacionados (cf. entre outros Monteiro, 1994; Galves e Abaurre, 1996; Dillinger et al., 1996; Silveira, 1999; Ramos, 1999; Raposo, 1999; Kato, 1999; Berlinck, 1997b, 2001, 2005; Galves, 2001; Gomes, 2003; Salles e Scherre, 2003; Bispo, 2004; Freire, 2000, 2005; Torres Morais e Berlinck, 2006, 2007, 2009; Cyrino, Nunes e Pagotto, 2009; Torres Morais e Salles, 2010):[14]

i. decréscimo no uso da preposição *a*, que é substituída pela preposição *para* na estruturas transitivas de objeto duplo OD-OI;
ii. decréscimo no uso dos pronomes clíticos dativos, particularmente os dativos de 3ª pessoa (*lhe/lhes*), os quais são substituídos pelas seguintes estratégias inovadoras de pronominalização:
    a. uso das formas pronominais fortes: *a/para ele*, *a/para ela*, sem redobro do clítico e sem leitura contrastiva;
    b. variação dialetal: o *lhe* no uso de 2ª pessoa, pronominalizando tanto objetos diretos (acusativos) quanto objetos indiretos.

A baixa produtividade do dativo *lhe* no PB falado reflete não só uma reorganização do sistema pronominal na expressão das relações referenciais, mas também uma alteração no seu uso semântico-discursivo (ver Ilari et al., 1996; Kato, 1999).

Desse modo, as formas *lhe/lhes* apresentam-se, tanto na fala como em certos gêneros de textos, não mais como formas de 3ª pessoa, mas de 2ª pessoa formal, ao lado dos correspondentes *a você/a vocês*. A expressão do OI de 3ª pessoa fica restrita essencialmente à forma preposicionada, tanto na forma pronominal quanto não pronominal.

É o que se observa, por exemplo, em estudo de Berlinck (1997b), que analisou dados de fala de curitibanos com nível superior de escolaridade, resultados que reproduzimos na Tabela 1.

Tabela 1 – Expressão do OI pronominal na fala de universitários curitibanos – adaptado de Berlinck (1997b)

Tipo de OI	OI clítico	OI oblíquo
Pessoa gramatical		
1ª pessoa	84% (88/105)	16% (17/105)
2ª pessoa	77% (37/48)	23% (11/48)
3ª pessoa	2% (1/56)	98% (55/56)
Total	60% (126/209)	40% (83/209)

Chama a atenção o fato de ter sido encontrado um único caso de OI clítico de 3ª pessoa, que corresponde a 2% das ocorrências com essa referência. É o dado que reproduzimos em (15).

(15) *Tem a sua importância, mas..., no dia-a-dia daquela criança, o importante é que ela domine a língua pra saber fazer um...a sua reivindicação, um... / ela saiba se comunicá, exigi. Saiba interpretar um texto que tá* ***lhe*** *sendo passado.* (JUC, 1987)

O quadro identificado por Berlinck (1997b) é confirmado por estudos que focalizaram outras variedades geográficas do PB. Assim, Silveira (1999), analisando a língua falada em Florianópolis encontra apenas 2% de casos de OI clítico de 3ª pessoa. Por outro lado, nas 1ª e 2ª pessoas, a realização do OI como pronome clítico é bastante produtiva na fala dos florianopolitanos: 43% e 71% dos dados, respectivamente.

Observando dados da fala de cariocas em um estudo de tempo real de curta duração, que compara amostras de 1980 e de 2000 do *corpus* Peul (Programa de Estudo do Uso da Língua), Gomes (2003) não apenas vem confirmar as tendências já apontadas (ausência de OIs clíticos no uso de 3ª pessoa), como também constata a ausência de OIs clíticos de 1ª e de 2ª pessoas do plural.

Esses resultados podem indicar uma difusão da construção oblíqua (preposicionada) dentro do sistema da língua.

Em estudo que compara dados de fala do PB e do PE, Freire (2000) verifica que o OI de 3ª pessoa no PB se expressa predominantemente por meio da forma preposicionada com pronome lexical (57%). Ressalte-se que o autor não registra nenhum caso de OI clítico de 3ª pessoa em seus dados.[15]

Um índice importante do alcance desse processo é a percepção de que ele já se manifesta na modalidade escrita e que a alternância das formas é sensível a um *continuum* de oralidade-letramento. É o que mostram Torres Morais e Berlinck (2007) e Freire (2005).

Torres Morais e Berlinck (2007) analisaram a expressão do OI em dados recolhidos em sessões do Fórum de Debates do jornal *O Estado de São Paulo*, entre 2003 e 2004.[16] As autoras puderam constatar 47,5% de clíticos, 11% de OI oblíquos e 41,5% de OI nulos. Os resultados se revestem de grande interesse dado que a manifestação de um processo de variação na escrita pode ser reveladora de um estágio avançado de implementação do processo. Vemos que o emprego do OI oblíquo dá indícios de estar bem estabelecido no sistema.

O estudo de Freire (2005) aporta outro resultado relevante para essa discussão. O autor avaliou a expressão do OI levando em conta em que ponto de um *continuum* de oralidade-letramento se situava o evento comunicativo em que o dado foi colhido. Ele identificou uma correlação entre maior grau de letramento e formalidade do evento e um maior emprego da variante OI clítico: corresponde a 3,5% dos dados no ponto de [+oralidade] do *continuum*, 16% dos dados no ponto intermediário dessa escala e 42% dos dados no ponto definido como de [+letramento].

A conclusão do autor é de que a forma clítica de realização do OI é adquirida via escolarização.

Em correlação com a perda do OI clítico, particularmente na 3ª pessoa, observa-se um emprego variável da preposição introdutora do OI oblíquo. Tradicionalmente considerado "território" da preposição *a*, o OI oblíquo, na verdade, abriga no PB tanto usos de *a* como de *para*, como revelam vários estudos.

Berlinck (1996b) avaliou o uso de preposições no OI oblíquo na fala de jovens universitários curitibanos, observando o emprego quase categórico da preposição *para* (92%; 182 em 197 dados). Resultado semelhante é encontrado por Gomes (2003) em dados da fala de cariocas, de 1980 e 2000.

Não só a autora identificou um uso predominante da preposição *para*, como constatou que esse uso tende a se expandir. Por exemplo, com verbos de tipo "*dar*", nossos *transitivos de atividade direcional*, a presença de *para* passa de 49% (1980) para 88% (2000).

O grau de variação entre *a* e *para* parece se correlacionar a fatores geográficos, como indicam os resultados de Salles e Scherre (2003), ao analisar a fala de habitantes de Fortaleza. As autoras observaram um uso comparativamente maior de *a* (33%, 25 casos entre 76), concluindo que nessa região "a eliminação de *a* é menos radical". Ainda assim é preciso considerar que é a preposição *para* que predomina. Isso se confirma nos vários estudos realizados.

Como detalhamos na seção "Breve panorama descritivo do objeto indireto no português", tais processos se apresentam como inovadores em relação à expressão do OI no português histórico e no PE. O objetivo da presente seção é mostrar como a gramática do PB foi se constituindo de modo diverso da europeia nesse aspecto, ao longo dos séculos, tomando por base as seguintes questões gerais:

i. Em que momento o *lhe* no uso de 3ª pessoa e a preposição *a* começam a se tornar menos frequentes nas construções analisadas?
ii. Como essa mudança se dá: por que caminho o sintagma preposicionado com *para* se torna a escolha preferencial?
iii. Este processo específico está relacionado a outras mudanças em progresso no PB?

Para tal, compusemos um quadro diacrônico que recupera resultados e conclusões de um conjunto de estudos já disponíveis na literatura e traz novos resultados oriundos da análise de *corpora* do PHPB.

Embora tenhamos mostrado nas seções anteriores que o OI ocorre em construções diversas, que podem incluir verbos dinâmicos de transferência/movimento, verbos de criação, além de verbos dinâmicos não direcionais, verbos estativos e verbos inacusativos, nossa análise empírica focaliza os processos nas construções ditransitivas com o primeiro tipo de verbos (transferência/movimento).[17]

Panorama diacrônico do objeto indireto no português brasileiro

Esta seção, que inclui também os dados do PHPB (séculos XIX e XX) está dividida em duas seções maiores. Na primeira delas "Percurso histórico da expressão pronominal do OI", tratamos do percurso histórico da realização pronominal do OI. Na segunda "Percurso histórico da expressão preposicional do OI", tratamos da sua realização nominal, como Sintagma Preposicional.

PERCURSO HISTÓRICO DA EXPRESSÃO PRONOMINAL DO OI

A partir do que revelaram os estudos sincrônicos sintetizados anteriormente, poderíamos dizer que o PB apresenta um sistema misto e variável para a expressão do OI pronominal. Nele se combinam o uso do OI clítico, essencialmente de 1ª e 2ª pessoas, e o OI oblíquo, que, ainda que usado com todas as pessoas gramaticais, é a construção largamente predominante com a 3ª pessoa. Para caracterizar o percurso que resultou nesse quadro, retomamos estudos que tomam como ponto de partida o século XVIII.[18] Apresentamos resultados a partir da análise de relatos de sertanistas (1730) (Berlinck, 2001b) e cartas de aldeamentos (1721-1736) (Torres Morais e Berlinck, 2009), textos produzidos na primeira metade do século, e de inquéritos dos *Autos da devassa da Inconfidência Mineira* (Berlinck, 2000b), da segunda metade.

O que se observa são usos quase categóricos do OI clítico: OIs com referência de 3ª pessoa são expressos por pronome clítico (*lhe(s)*) em 100% dos dados dos relatos sertanistas, em 88% dos dados das cartas de aldeamentos e em 98% dos dados coletados nos autos de devassa. Os exemplos em (16-17) ilustram esses usos.

(16) [18,1 CAP SP] *Alguns destes homens quetem em Caza as Suas filhas pertencentes aesta Aldea naõ hande folgar que* ***lhas*** *tirem, pois astem Com outra CriaÇam que ellas aqui naõ hande ter, eexpostas a menores perigos,*

(17) [18,1 CAP SP] *Dia da Ascençaó de Chri[st]o [dilacerado] estando detarde na Igreja emcómendandome a Deos, que Sabe Deos quem Seemcómenda, vy ao Padre Companheiro comvozes alteradas naporta da Caza, aoque acodindo* ***pregunteilhe oque tinha ou oque hera Socedido*** ?

A presença de OI oblíquo de 3ª pessoa é quase incipiente, e reflete casos que não podem ser indicativos do processo que se desencadeará na gramática do PB. De fato, em (18) abaixo, o sintagma preposicionado *para elas*, retoma um locativo (*minas*) e não um dativo. Igualmente, em (19), temos um efeito contrastivo do uso do oblíquo *a elle*, que dispensa o redobro do clítico dativo.

(18) [18,1 CAP SP] *Tenho notiÇia de que vossa exÇelentia publiCara hum – bando, dequem tivesse indios ostornaÇe assuas aldeas; mas athe opreZente naõ tem Acudido nemhum. Muitos que nesta aldea fataõ Se deicharaõ fiCar pelas minas* ***ConduZindo para elas*** *aos Ssenhores Generais passados.*

(19) *E quanto ao Desembargador Thomas Antonio Gonzaga sobre o qual lhe tem sido feitas tantas instancias, declara, que absolutamente não sabe, que elle fosse entrado, [...] e lhe parecer, que elle não era entrado em razão de ver, como já disse, que quando elle entrou em casa do Tenente Coronel Francisco de Paula Freire de Andrade na occasião, que se tinha estado a falar nesta matéria, todos se calaram e* ***a elle se não contou*** *cousa alguma, [...] (Autos da Devassa da Inconfidência, 1789)*

Um aspecto interessante revelado nas cartas setecentistas (e que vamos reencontrar posteriormente), que aparentemente contrasta com o quadro que acabamos de delinear, é um emprego expressivo do OI oblíquo/preposicionado na expressão da 2ª pessoa (33%, 11 dados em 33). A análise dos exemplos em (20) e (21), porém, nos mostra que não se trata de inovação, e sim de construção motivada pelo uso de formas nominais de tratamento respeitoso, como *Vossa Excelência, Vossa Reverendíssima*. Tais formas coocorrem com o clítico *lhe*, revelando que esse pronome pode servir tanto à expressão da 3ª pessoa quanto de uma 2ª pessoa relativamente mais formal.

(20) [18,1 CAP SP] *Sim o farei etudo o mais que Vossa Excelença me-ordenar emeordena NaLista que mandei* ***aVossa Excelença lhe*** *declarei osindios que me faltam nesta aldeã que Sabe Deos aneCeSidade que passa esta aldeã pela falta deles porque as mulheres vivem Ca neSeCitadas eSem ter que vestirem pela falta de Seus mari*dos.

(21) [18,1 CAP SP] *Como quer que tenha o Recurso do Senhor Conde Longe ea[mat]eria ser hû=tanto escandeloza merecorro* ***a Vossamerce*** *como vizinho demais perto e****lhes*** *peSso pelo amor de Deos ponha algû Cobro nos desaforos quefazem nessa Aldea os filhos do Tinente Coronel Sebastiam de Siqueira que he Lastima somente oConcideralos;*

Em cartas datadas do início do século XIX, encontramos o mesmo tipo de estratégia, como ilustra (22):

(22) [19,1 CP SP] *Meo charo amigo, e Senhor á quem muito prezo, distinguo, e respeito, o verdadeiro, e fiêl amôr e cordial veneraçaõ, q.* ***á V Sr.ª*** *consagro, me conduzem a saudâr á V Sr.ª com a mais affectuoza ternura, beijâr****lhe*** *as mãons, e certificâr as vehementes saudades, que tenho da mui benigna, e affavel prezença de V Sr.ª.*

À parte esses casos de 2ª pessoa de tratamento respeitoso e um pequeno número de casos de OI oblíquo de 3ª pessoa, vemos que o português escrito no Brasil do século XVIII se caracteriza pelo emprego de OIs clíticos.

A análise de dados provindos de diferentes fontes documentais do século XIX vai nos revelar que essa estratégia de expressão do OI pronominal se mantém dominante ao longo dos oitocentos, como veremos a seguir.

Os dados provêm de peças de teatro (Berlinck, 2000a), anúncios e cartas de leitores/redatores de jornais (Torres Morais e Berlinck, 2006) e cartas pessoais, que integram os *corpora* do PHPB.[19] Qualquer que seja a fonte dos dados, os resultados se repetem: 98,5% (140 em 142 dados) e 96% (132 em 137 dados) de OI clítico em peças teatrais da primeira e da segunda metade do XIX, respectivamente; o índice chega a 100% nos anúncios e cartas de leitores/redatores.

A análise das cartas pessoais complementa e reforça o quadro delineado pelos estudos anteriores, como podemos verificar nos resultados expostos na Tabela 2.

Tabela 2 – Uso do OI clítico em cartas pessoais – século XIX

	1817-1822	1886-1900
1ª pessoa	95% (53/56)	100% (17/17)
2ª pessoa	100% (7/7)	96% (66/69)
3ª pessoa	86% (12/14)	100% (4/4)
Total	93,5% (72/77)	97% (87/90)

Do que se observou nas cartas oitocentistas, vale destacar a presença de OI oblíquo com o pronome *você*, introduzido pela preposição *para* (9), antecipando tendências que vão se expandir no século XX:

(23) [19,2 CP SP] *...e incumbi a um amigo de remetter a copia* ***para você.***

Como já assinalamos, o OI clítico constitui a estratégia de expressão quase exclusiva para o OI pronominal até o final do século XIX. Para além desse limite temporal, a análise de dados colhidos em jornais das primeiras décadas do século XX (jornais da *imprensa negra* paulista) mostra que o processo que deu origem ao quadro atual (com o predomínio do OI oblíquo sobretudo na 3ª pessoa) deve ter se manifestado tardiamente. Nesse material, constatamos uma presença categórica do OI clítico de 3ª pessoa, tal como ilustra (24):

(24) *No começo do mez elle compra um maço de cigarro e uma caixa de phosphoro, e assim que encontra um qualquer vai logo dizendo 'quer fumar?' e* ***lhe*** *dá um cigarro.* (*Alfinete*, 12/10/1918)

Cabe-nos, então, observar o que ocorre em textos que cobrem o intervalo entre esses dois momentos. Para isso, lançamos mão de duas amostras de dados. A primeira é constituída de cartas de leitores e de anúncios de revistas femininas[20] dos anos 1960-1970 e do fim dos anos 1990 (1995-2000). A segunda compõe-se de cartas pessoais escritas no século XX. Essa amostra cobre textos produzidos no Rio Grande do Norte, Pernambuco, Bahia, Rio de Janeiro, Minas Gerais e em Santa Catarina e provém dos *corpora* do PHPB. A Tabela 3 traz resultados gerais da expressão do OI pronominal nas amostras do século XX.

Tabela 3 – Uso do OI clítico em amostras do século XX

	%	PR.
Cartas de leitores/anúncios *anos 1960*	90%	0.63
Cartas de leitores/anúncios *anos 1990*	49%	0.15
Cartas pessoais *1940-1990*	85%	0.85

Esses resultados gerais, ainda que diferenciados segundo o tipo de fonte e segundo a data da produção do texto, se contrapõem claramente à presença quase exclusiva do OI clítico identificada, pelo menos, até as primeiras décadas do século XX. Tanto os índices de frequência de uso quanto os pesos relativos mostram que essa estratégia perdeu terreno para o OI oblíquo. A comparação de dados das revistas em dois momentos (anos 1960 e anos 1990) é muito reveladora desse processo. A percepção dessa mudança fica mais evidente quando verificamos como os usos se distribuem segundo a pessoa gramatical referida. É o que mostram os resultados expostos nas Tabelas 4 e 5.

Tabela 4 – Uso do OI clítico em cartas de leitores e anúncios do século XX, segundo a pessoa gramatical

	Anos 1960	**Anos 1990**
	%	%
1ª pessoa	100%	78%
2ª pessoa – "você"	**90%**	**25%**
3ª pessoa	**85%**	**38%**
Total	90%	49%

Tabela 5 – Uso do OI clítico em cartas pessoais do século XX, segundo a pessoa gramatical

	%
1ª pessoa	94%
2ª pessoa – "tu"	96%
2ª pessoa – "você"	**77%**
3ª pessoa	**46%**
Total	85%

Desponta aqui uma distinção importante que nos ajuda a caracterizar o processo de variação e mudança. A 1ª e a 2ª pessoa *tu* são expressas predominantemente por OI clítico (um uso quase categórico nas cartas pessoais e bastante elevado nos dados das revistas); por outro lado, a 3ª pessoa apresenta o predomínio do OI oblíquo e a 2ª pessoa *você* aparece nas cartas pessoais e nas cartas/anúncios das revistas como outro contexto comparativamente mais propício à forma preposicionada do OI.

A análise multivariada, que nos dá os pesos relativos para os fatores considerados, mostra que as diferenças observadas entre os dados das duas fontes nas Tabelas 3 e 4 são superficiais. Como vemos na Figura 1, as referências de 3ª pessoa e de 2ª pessoa – *você* – são contextos pouco favoráveis para a expressão do OI clítico; ambos revelam-se como portas de entrada do OI oblíquo no sistema.

Figura 1 – OI clítico no século XX, segundo a pessoa gramatical (PR.)

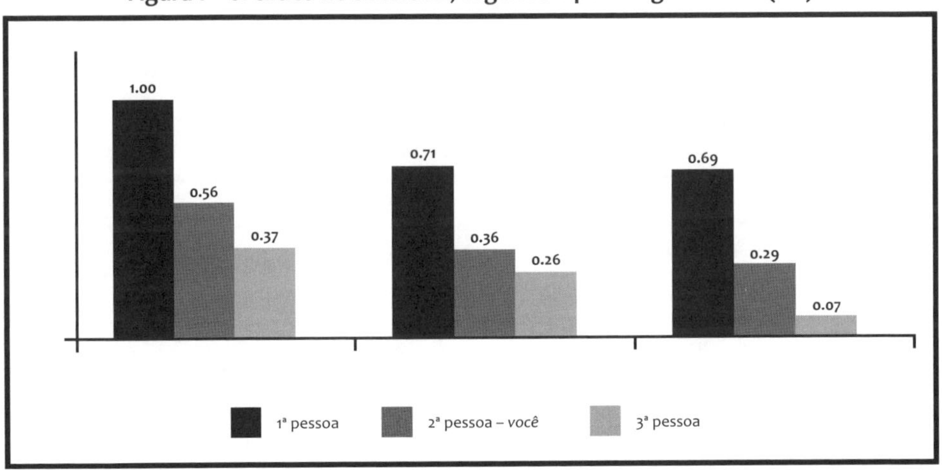

Os exemplos (25-27) ilustram os contextos que mais favorecem a forma preposicionada.

(25) [20,1 CP BA] *Achei Ivo um "amoreco" mando **para ele** um beijo.*

(26) [20,2 CP SC] *A Fulana S pede para não esqueceres de cumpri o que prometes-te **a ela**.*

(27) [20,2 CP RN] *L., peço desculpa por eu ter demorado tanto a lhe escrever e depois de tudo dar essa_resposta tão ruim **prá você**.*

Os exemplos também ilustram a atuação de um outro aspecto da construção ditransitiva, relevante para o processo acima descrito – o tipo sintático-semântico do verbo. Como mencionamos na seção "Breve panorama descritivo do objeto indireto no português", estamos focalizando construções que incluem um verbo transitivo de atividade direcional, sendo o OI um de seus complementos.

A noção de "verbo transitivo de atividade direcional" engloba o que Berlinck (1996a) chamou de "verbo de transferência material" (*enviar, fornecer, dar*), "verbo de movimento com transferência" (*levar, trazer, conduzir*) e "verbo de transferência verbal/perceptual" (*dizer, contar, perguntar*). Além desses, construções com verbos leves também foram incluídas na análise.

Os três tipos sintático-semânticos de verbo mais frequentes de nossas amostras vêm exemplificados em (25-27): verbos de transferência material (25), verbos de transferência verbal/perceptual (26) e construções com verbos leves (27). A Tabela 6 traz os resultados da correlação entre essa tipologia e a expressão do OI pronominal nas cartas pessoais do século XX.

Tabela 6 – Uso do OI clítico em cartas pessoais do século XX, segundo o tipo sintático-semântico do verbo

	N	%	PR.
V. de transferência material	69/93	74%	0.25
V. de transferência verbal/perceptual	265/306	87%	0.43
Construções com verbos leves	38/43	88%	0.38
Outros	14/14	100%	-
Total	386/456	85%	0.85

Dos resultados as construções com verbos de transferência material (como *dar, enviar*) emergem como o contexto que menos retém o OI clítico como estratégia de expressão do OI pronominal (há pelo menos 13 pontos de diferença entre esse tipo de construção e os demais). Também observamos aqui um contraste acentuado entre os índices de frequência de uso e os pesos relativos, que sugerem que existe interação entre esse grupo de fatores e algum outro aspecto da construção. De fato é o que se verifica quando consideramos as correlações entre "tipo sintático-semântico do verbo" e "pessoa gramatical", resultados que podemos ver na Figura 2.

Figura 2 – Frequência de OI clítico em cartas pessoais do século XX, segundo *tipo de verbo* e *pessoa gramatical*

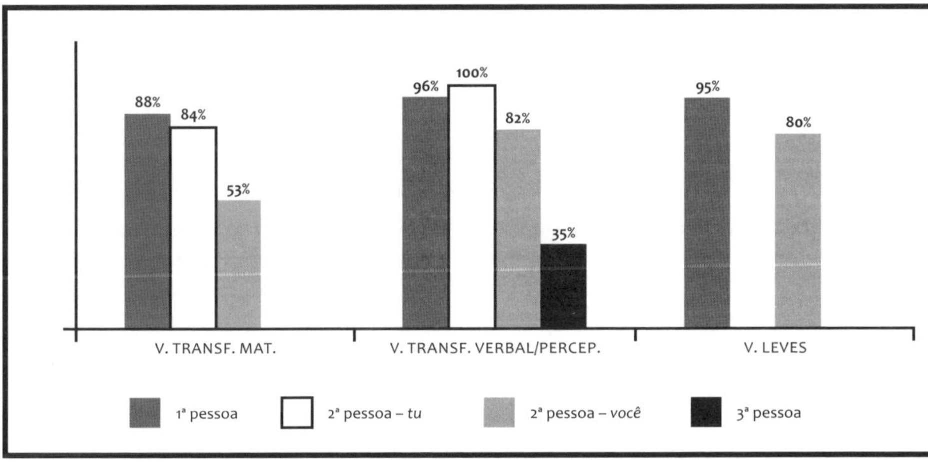

O que se observa é a permanência do contraste entre "verbos de transferência material", de um lado, e "verbos de transferência verbal/perceptual" e "verbos leves" de outro, pois os primeiros sempre trazem índices menores de OI clítico.

Mas esse contraste se vê modalizado pela pessoa gramatical a que o OI se refere. E os três tipos de construção verbal são sensíveis à escala que opõe 1ª e 2ª (*tu*) pessoas a 2ª (*você*) e 3ª pessoas. Podemos assim sintetizar as conclusões sobre o percurso histórico da expressão pronominal do OI:

i. até o início do século XX mantém-se um padrão estável de expressão do OI pronominal, com o uso quase exclusivo da forma clítica;
ii. ao longo dos séculos XVIII e XIX, registram-se algumas ocorrências da construção que se torna dominante ao final do século XX: OI oblíquo de 3ª pessoa e de 2ª pessoa –"*você*";

iii. para além da pessoa gramatical, construções com verbos de transferência material, do tipo de *dar, enviar*, são contextos mais permeáveis ao uso da nova forma de expressão do OI;
iv. é no século XX, e mais particularmente na sua segunda metade, que esse novo quadro se revela na escrita.

PERCURSO HISTÓRICO DA EXPRESSÃO PREPOSICIONAL DO OI

Um segundo processo importante, agora relacionado à expressão do OI não pronominal, é a variação (e mudança) da preposição que o introduz. Estudos variacionistas (Berlinck, 1996b; Gomes, 2003) têm mostrado que no PB falado há uma tendência a empregar a preposição *para* com OIs ligados a verbos transitivos de atividade direcional, seja essa em sentido concreto ou metafórico (*mandar, dar, levar, dizer*, entre outros).

Para refazer o percurso diacrônico desse processo, voltamos ao século XVIII, e seguimos a trajetória já observada para o OI pronominal. A partir da análise de dados provindos de relatos de viagem (1730), de autos de devassa (1790) (Berlinck, 2001b) e cartas de aldeamentos (1721-1736) (Torres Morais e Berlinck, 2009), constata-se um uso quase categórico da preposição *a* para introduzir o OI. A presença de *a* é mais expressiva nos relatos e nos autos de devassa – 95% (1730) e 90% (1790), respectivamente.

Nas cartas de aldeamentos observou-se um índice de *a* de 83% (53 casos em 64). Independentemente da fonte de dados, porém, verificamos que a preposição *para* encabeça complementos que não constituem OIs típicos, uma vez que não são pronominalizados por *lhe/lhes*, ou seja, os locativos (cf. discussão que detalharemos mais adiante), como ilustram (28-29).

(28) *acharam situados ja' naquela mesma parte aos P.P. Jezuitas Castelhanos com os seus Indios com caminhos feitos de Carros, e cavalgaduras em que conduziam a prata* ***para as suas aldeias****, e como foram sentidos, vendo ser maior o poder dos ditos P.P.*, (*Relatos sertanistas*, 1730)

(29) [18,1 CAP SP] *da mesma Lista vera Vossa Excelencia que dei huã India Com huã Cria* ***para Caza do Senhor Tenente General Antonio Cardozo dos Santos****, por entender, que dali estava prompta para o ServiSso de Sua Magestade que Deos Guarde, [...]*

Esse quadro se mantém inalterado nas primeiras décadas do século XIX, começando a mudar na segunda metade do século. A Tabela 7 traz resultados da análise de dados desses dois momentos, provindos de duas fontes diferentes – peças de teatro (Berlinck, 2001a) e cartas pessoais (Torres Morais e Berlinck, 2009).

Tabela 7 – Uso da preposição *a* em OIs no século XIX

	Peças de teatro	Cartas pessoais
1ª metade	Martins Pena (1840)	José Bonifácio (1801-1822)
	93% (25/27)	87% (84/97)
2ª metade	Simões Lopes (1895)	Washington Luiz (1878-1900)
	83% (29/35)	69% (20/29)

Os exemplos em (30) e (31) ilustram esse início da expansão no uso da preposição *para*:

(30) a. – *Surge aqui o seu Ramão, meu conhecido de outros tempos, e a senhora grita* ***para ele:***
Tu!... E ele grita ***pra senhora****: Tutututi! Não percebo!*
b. – *Sinhozinho! Mimoso! Diga* ***a mamãe*** *que eu estou aqui.*
– ***Pra mamãe*** *eu digo; mas* ***pra titia*** *não digo, não!*
(Simões Lopes, *A viúva Pitorra*, 1896)

(31) [19,2 CP RJ] *Pódes continuar a dirigir as cartas* ***para Rocha Leão*** *para maior segurança.*

Estando em fase inicial de expansão, o emprego da forma inovadora parece se manifestar de modo heterogêneo nos textos. É o que constatamos em anúncios de jornais do século XIX, onde a presença da preposição *a* em OIs alcança os 97% de frequência (237 casos em 245 dados), usos exemplificados em (32-33).

(32) [19,2 A SP] *João Rost, Cirurgião Dentista, approvado por varias faculdades de Medicina tem a honra de avizar a este* ***respeitavel publico,*** *que elle tira, alimpa, chumba dentes, e os faz claros por sujos que elles sejão, ...*

(33) [19,2 A SP] *SORTEIO DE UM CHALET Peço* ***aos portadores de bilhetes do sorteio de um chalet em Caxambú****, a virem conferir os seus bilhetes na redacção desta folha.*

Será, efetivamente, ao longo do século XX que a ampliação do uso da preposição *para* se dará. Para investigar esse percurso, vamos nos valer das mesmas amostras utilizadas na análise da expressão do OI pronominal – (i) cartas de leitores e anúncios de revistas femininas dos anos 1960-1970 e do fim dos anos 1990 (1995-2000) (Torres Morais e Berlinck, 2006) e (ii) cartas pessoais escritas entre os anos 1940 e 1990 (*corpora* PHPB). Vejamos os resultados gerais dessa análise (Tabela 8).

Tabela 8 – Preposição de OIs em amostras do século XX

	A		PARA	
	%	PR.	%	PR
Cartas de leitores/anúncios – *anos 1960*	70%	0.71	30%	0.29
Cartas de leitores/anúncios – *anos 1990*	48%	0.30	52%	0.70
Cartas pessoais – *1940-1990*	67%	0.66	33%	0.34

Os índices revelam que a tendência à substituição de *a* por *para* manifestada no português escrito do final do século XIX se mantém e mostra sinais de se expandir nos textos do século XX. Cabe-nos, agora, entender em que contextos *para* começa a ser usado e como se dá essa expansão no que se refere à natureza dos elementos que compõem a construção. Primeiramente, observamos que o caminho se diferencia segundo a pessoa gramatical do complemento que a preposição introduz. A Tabela 9 traz resultados do uso da preposição *a* em OIs, nas cartas pessoais da amostra PHPB, compondo um intervalo temporal de mais de dois séculos.

Tabela 9 – Frequência de uso da preposição *a* segundo a pessoa gramatical do OI

	XVIII	XIX-1	XIX-2	XX-2
1ª pessoa	-	(2/2)	-	43% (6/14)
2ª pessoa	100% (24/24)	100% (28/28)	(1/2)	57% (33/58)
3ª pessoa	73% (30/41)	80,5% (54/67)	70% (19/27)	74% (91/122)

Um primeiro fato que chama imediatamente a atenção é a quase ausência completa de OIs preposicionados de 1ª pessoa (até o século XX) e de 2ª pessoa (nos dados do fim do XIX). Tais resultados vêm reafirmar o que já se mostrou sobre o OI pronominal (seção "Uma proposta de análise para as sentenças ditransitivas: o OI como um argumento aplicado"): de um modo geral, é o OI clítico a estratégia preferida para a expressão especialmente da 1ª pessoa nos primeiros períodos analisados (cf. Tabela 2).

Em relação aos OIs preposicionados de 2ª pessoa, observamos que constituíam um contexto de uso categórico de *a* pelo menos até as primeiras décadas do século XIX, mas revelam-se como um contexto comparativamente bastante favorável ao uso da preposição concorrente, *para*. Esse percurso esconde um outro, que os índices por si não deixam entrever. A 2ª pessoa presente nos dados não é sempre a mesma. Nas cartas do século XVIII e das primeiras décadas do XIX, temos sempre um tratamento respeitoso, marcado por formas como *Vossa Excelência, Vossa Mercê, Vossa Reverendíssima* e *Vossa Senhoria* (cf. exemplos (34) e (35)).

(34) [18,1 CAP SP] *Tam bem mepareseu dizer* ***a vossa excelenca*** *que he muito nesesario que vossa excelenca Mande dar ademenistrasam aos ReLigiozos doCarmo do Convento de mogi por estar nodestrito ou a outro quaLquer que vossa excelenca for servido, para que posam por hú ReLigiozo Capaz para o ademenistrar eodoutrinar.*

(35) [19,1 CP SP] *Meo charo amigo, e Senhor á quem muito amo, prezo, distinguo, e respeyto, o grande dezejo, que tenho, de cumprir exactamente os meos deveres, e naõ transgredîr hûm so jota os limites de minha jurisdiçam, me obriga á fazer prezente* ***á V. Srª*** *incluza nesta a copia da Or-*

dem Regia de 22 de Junho de 1728 decidindo, e determinando á quem compete a concessaõ das licenças para mascaras, e danças, e participâr ***á V. Sr.ª*** *que em virtude della á muitos annos tenho dado essas licenças ás pessoas serias, graves, e sem suspeitade dezordens, e athê agora me naõ constatêr havido Ordem alguã Regia contraria, que a revogue.*

Já nas cartas do século XX são os tratamentos solidários que predominam – especialmente o *você* e, em menor proporção, o *tu* (na forma oblíqua *ti*), como ilustram (36-37). Em (50) temos um exemplo claro da variação entre as preposições, que coocorrem no mesmo trecho de uma carta e são usadas com o mesmo verbo. Ver também as tabelas 3 e 4 para a expressão do OI pronominal no século XX (seção "Uma proposta de análise para as sentenças ditransitivas: o OI como um argumento aplicado").

(36) [20,2 CP SC] *Mandei ontem* ***para ti*** *"Os Papéis do Coronel".*

(37) [20,2 CP SC] *N como esta é a 1ª carta que lhe envio não tenho muitas novidades para contar* ***a você*** *mais estou muito contente em ter-lhe enviado esta carta, pois você deve saber que eu gostei muito de você, espero o mesmo de você. [Destinatário] N mais uma coisa eu tenho pra contar* ***pra você*** *que eu me simpatizei muito com você, e fiquei realmente [gamada] por você.*

Tal percurso parece indicar que a escolha da preposição se vê associada a questões de norma e de (in)formalidade, aspectos bastante visíveis quando se trata de formas de tratamento. No caso dos OIs de 3ª pessoa, parece haver uma estabilidade ao longo dos séculos, com índices altos de emprego de *a*, que, no entanto, abrem espaço para variação. A análise desses dados, no entanto, merece um refinamento: é preciso considerar qual é a natureza do referente do complemento, que, ao contrário do que ocorre com a 1ª e a 2ª pessoas, pode ser humano ou referir-se a um lugar, um objeto ou uma noção abstrata.

Vale lembrar que esse aspecto da referência do complemento tem se mostrado relevante em vários fenômenos, como a expressão do objeto direto anafórico e a posição do sujeito nas orações. Também na expressão do OI vamos encontrar correlações importantes e uma melhor compreensão da difusão do processo de mudança, como veremos a seguir. Quando aplicamos, então, essa distinção, observamos que a preposição *a* se associa predominantemente com o OI de 3ª pessoa humano, enquanto o locativo, ao contrário, sempre se mostrou um contexto em que predomina a preposição *para*. É o que se vê representado pela Figura 3.[21]

Figura 3 – Frequência do uso da preposição *a* segundo a pessoa gramatical, em três séculos

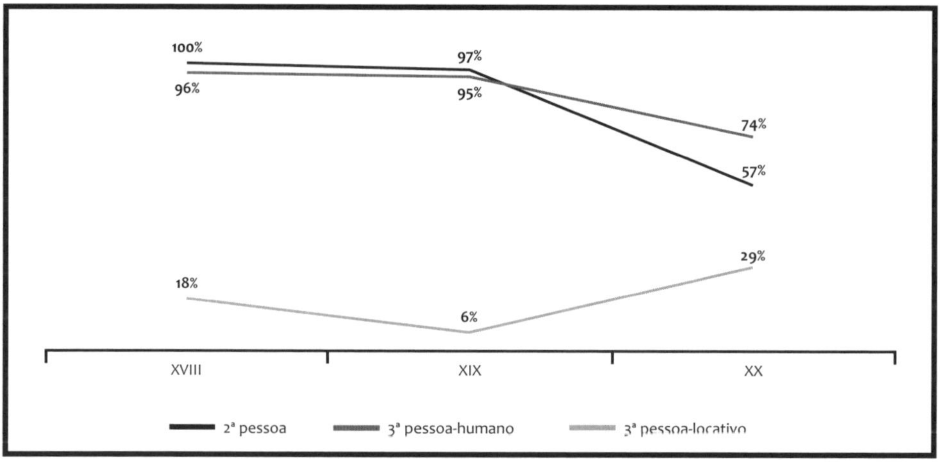

Como indica a Figura 3, já no século XVIII (*cartas dos aldeamentos*) surpreendemos uma associação entre preposição *a* e complementos de referência *animada*, em especial *humana*, por um lado, e entre preposição *para* e complementos de referência *locativa*, de outro. São usos como os ilustrados em (38) e (39).

(38) [18,1 CAP SP] *Recebi huâ devossamerce, estimando ver Regras suas; eaomesmo tempo; sinti oque nela me espom; dizem em que em huâ. tarde chegaram aspeças de vossamerce* *<u>aemtregar</u>* ***ao tennente gene[r]al*** *e namesm[rasurado]a hora* *<u>mandou</u>* *este senhor aMariana de mimo* ***Aminha Neta****; dona Leonor Tereza Maria Gois; Namesma forma* *<u>mandou</u>*, *a Serafina* ***aminha Prima dona Leonor de Siqueira*** *mulher que foÿ de Meu Primo Bertolomeu Pais que Deos aja; a Vitoria* *<u>mandou</u>* ***aminha Sobrinha dona Izabel Maria Caetana de Araujo*** *Mulher do Mestre de Campos Diogo Pinto do Rego; easmais* ***para aAldeÿa dos Pinheros;***

(39) [18,1 CAP SP] *o governador Artus deSSa achando as aldeas muito faltas dejente mando publiCar hua exComunhaõ do Bispo por todas estas vilas edeste modo tornou aincher as as aldeas dejente vindas deCaza deSi-Culares. e por isto estar em[t]aõs – Sem ReligioZo Com Sua pa[r]tida Se[tor]naraõ para Suas moradas dond[e] – tinham vindo. tenho noti-Çia de que vossa exÇelentia publiCara hum – bando, dequem tiveSSe indios ostornaÇe aSSuas aldeas; mas athe opreZente naõ tem ACudido nemhum. muitos que nesta aldea fataõ Se deicharaõ fiCar pelas minas ConduZindo* ***para elas*** *aos SSenhores Generais paSSados.*

Há apenas dois casos de locativos com *a* (40-41) e um caso de *para* com complemento *humano* (42).

(40) [18,2 CAP SP] *Sõ os Vadios, e que naõ tiverem ocupaçaõ, fasendo dezords por fora, devem Ser logo recolhidos* ***às Suas respectivas Aldeyas****. [espa-ço] São Paulo 13 de setembro de 1788./B.*

(41) [18,1 CAP SP] *Sam enduzidos destes homeñs que os levam e Eu estou muito de a Cordo disso porque depois que para aqui vim omeu Cuidado edesvelo he trazelos para adoutrina emiSSa ou nesta p raia aSeus ganhos eSo* ***ao Convento*** *osmando pera ir[em] aeSsa Cidade a Conduzire[m] [a]s esmolas e o Padre g[eral] lhespaga atodos.*

(42) [18,1 CAP SP] *mando aLguns jndios emais hum Cabo em [Segui]mento deLa, para oque peSSo avossa excelencia: RepaÇe Carta* ***para os Ca-bos, ou ofiCiais dejustiCa deSSas viLas*** *prinCipal adeJaCarehy para faZerem apriZão eintregaLa aos jindios; por que eLes perSsi onaõ podem faZer.*

Embora pouco frequentes no *corpus*, essas combinações são reveladoras de valores ainda associados às preposições em jogo.

No caso da preposição *a*, vemos que ela funciona aqui como uma preposição plena, na medida em que introduz um complemento *locativo*. Já a construção em que *para* introduz um complemento "humano" remete a uma estrutura ainda possível no PE atual: o complemento com valor meta/recipiente não recebe o objeto/paciente diretamente do sujeito do enunciado (cf. Torres Morais e Berlinck, 2007). No exemplo (55) essa interpretação é clara, sobretudo pela presença do imperativo.

No século XIX, como vemos na Figura 3, e como mostraram Torres Morais e Berlinck (2006) ao analisar dados de anúncios de jornais, a correlação se mantém. Embora os dados dos anúncios não a revelem em termos de frequência de uso, se levamos em conta o peso relativo (indicativo de uma possibilidade/probabilidade de uso), vemos claramente que o complemento *humano* é o contexto prototípico mais favorável ao emprego da preposição *a*. O grande contraste entre percentuais e pesos relativos nesse caso indica que algum outro fator deve estar interferindo na escolha da preposição manifesta nos anúncios. No caso das cartas, a diferença se manifesta tanto nos índices de frequência como no peso relativo (cf. Tabela 10). É o que se vê ilustrado em (43).

Tabela 10 – Uso da preposição *a* em anúncios de jornais (Torres Morais e Berlinck, 2006) e cartas pessoais do século XIX, segundo a natureza semântica do complemento

	Anúncios		Cartas	
Natureza semântica	%	PR.	%	PR.
Humano	99%	0.60	95%	0.80
Locativo	92%	0.08	6%	0.01

(43) a. [19,1 A SP] *Foi remettido* ***a um senhor Negociante*** *desta Cidade um caxóte de livros...*

b. [19,1 A SP] *Remette-se* ***para qualquer ponto de Estrada de ferro****. Cal, cimento, telhas.*

Comprovando, porém, que a preposição *a* também funciona como preposição plena nesse momento da língua, encontramos o exemplos em (44a), em que ela ocorre introduzindo um complemento *locativo* e um *humano*. Já no exemplo (44b), o locativo é introduzido pela preposição *em*.

(44) a. [19,2 A SP] *Quem o prender e levar* ***a Taubaté á Antonio Joaquim da Silva*** *ou* ***á João Evangelista da Costa Marcondes,*** *será generosamente gratificado. Taubaté, 6 de Outubro de 1879.* Antonio Joaquim da Silva.

b. [19,2 A SP] *Fugiu no dia 1º de Abril, ao abaixo assignado, o escravo de nome Pio... Quem o aprehender e levar* ***a seu senhor em sua fazenda,*** *perto da estação dos Vallinhos será bem gratificado.* Pedro Americo G. Andrade.

Ainda que bastante marginais nos dados, casos em que a preposição *para* introduz complementos *humanos* são indícios do contexto que verá a retração do uso da preposição *a* e consequente expansão do emprego de *para* ao longo do século XX (45):

(45) [19,2 CP SP] *Muito agradeço-te a cacetada de mandar a Julio fazer a procuração* ***para o advogado de Araras*** *e assim tambem o teres mandado os livros* ***para o Manuel cazeiro***.

Pelos resultados expostos na Tabela 11, referentes a cartas escritas no século XX, fica evidente tal processo de expansão da preposição *para* num contexto que era quase exclusivo de *a* nos séculos anteriores. Exemplos em (46) ilustram esse contexto.

Tabela 11 – Preposição *a* e *para*, segundo a natureza semântica do complemento, em cartas pessoais do século XX (amostra PHPB)

	A		PARA	
Natureza semântica	%	PR.	%	PR.
Humano	74%	0.51	26%	0.49
Locativo	29%	0.07	71%	0.93

(46) a. [20,2 CP RN] *Por isso ela descubriu tudo a V. L. e o Magro falarão tudo* ***pra Ana***, *falarão ate os detalhes se voce quer saber.*

b. [20,2 CP SC] *Quando Bouthemy me telefonou, ainda não havia mandado os outros exemplares do "Colonel" para o lançamento de Joinville, dia 8. Ficou de fazê-lo e eu estou um pouco aflito. Dei um* ***para Eli*** *e o outro preciso emprestar* ***para Zahidé*** *que quer escrever sobre ele para o livro.*

A Figura 4 sintetiza o percurso que acabamos de caracterizar, levando em conta os índices de peso relativo associados à preposição *a* nos dados das cartas pessoais. Fica evidente que o contexto que muda ao longo dos três séculos é aquele em que o OI se refere a uma entidade humana.

Figura 4 – Uso da preposição *a* segundo a natureza semântica do OI em cartas pessoais – *corpora* PHPB

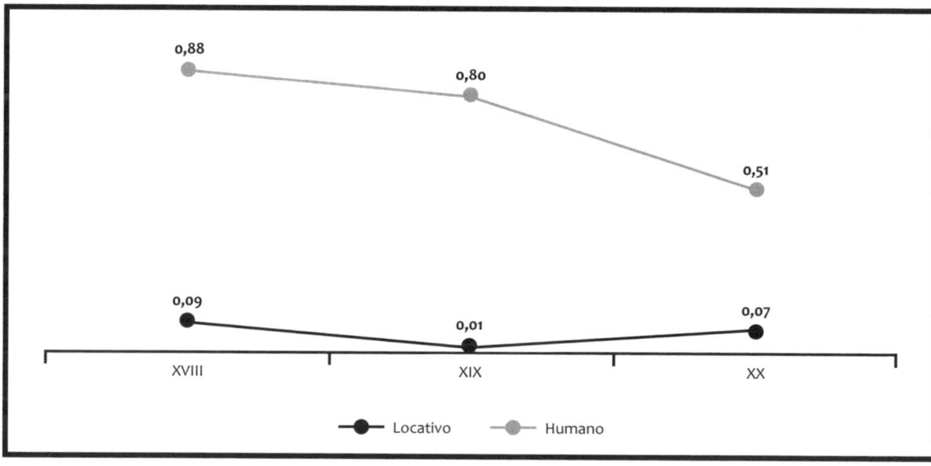

Como podemos entender esse processo? Seria possível depreender algum princípio ou tendência mais geral atuando no fenômeno específico? Uma interpretação possível parte de postulados associados às teorias de gramaticalização (Hopper e Traugott, 2003, entre outros).

Na descrição de processos de gramaticalização sob uma perspectiva diacrônica, defende-se que as formas inovadoras (que poderiam ser interpretadas como formas que estão em um processo de gramaticalização na língua) se inserem primeiramente em contextos que reportam uma situação mais concreta, expandindo-se gradualmente para contextos que reportam situações mais abstratas.[22] Levando em conta que o grau de concretude da situação descrita depende da composição das características dos elementos que compõem a construção, e de que essa análise focaliza construções ditransitivas, devemos esperar correlações segundo a natureza semântica do complemento de verbos como *levar, mandar* etc., a natureza do verbo específico ali presente e também do objeto direto. De fato é o que revelam nossas análises.

Uma primeira indicação nesse sentido vem dos resultados já comentados sobre a natureza semântica do OI. Vimos que a preposição *para* se associa privilegiadamente com OI locativos (não dativos) o que foi observado já nos dados do século XVIII, enquanto a preposição *a* é quase exclusiva na expressão de OIs humanos, tipicamente dativos, uma vez que estão associados aos clíticos *lhe/lhes*. À medida que o processo avançou, vemos que o uso de *a* decresce com OIs humanos, dando lugar ao emprego de *para* (cf. Figuras 3 e 4). Mas essas correlações, por si sós, não podem ser interpretadas como reveladoras de maior ou menor grau de concretude – o que há de mais concreto em uma entidade locativa que em uma entidade humana? Apenas a relação com os demais elementos da construção tornará essa correlação visível.

Vamos observar primeiramente como se comporta a preposição dos OIs segundo a natureza sintático-semântica do verbo que o subcategoriza. Assim como já tinha sido verificado para a expressão do OI pronominal, as distinções entre verbos de "transferência material", "transferência verbal/perceptual" e "verbos leves" se revelam importantes quando analisamos a preposição presente no OI. A análise de dados do século XVIII (relatos de viagem, cartas pessoais) e do século XIX (cartas pessoais, peças de teatro e anúncios de jornais) apontou para as seguintes correlações:

i) Os índices, ainda baixos, de uso da preposição *para* se dão com verbos de "transferência material" (47) e "movimento com transferência" (48), o que vem ilustrado por dados do século XVIII:

(47) [18,1 CAP SP] *mando aLguns jndios emais hum Cabo em [Segui]mento deLa, para oque peSSo avossa excelencia: RepaÇe Carta* ***para os Cabos****, ou ofiCiais dejustiCa deSSas viLas prinCipal adeJaCarehy para faZerem apriZão eintregaLa aos jindios; por que eLes perSsi onaõ podem faZer.*

(48) [18,1 CAP SP] *tenho notiÇia de que vossa exÇelentia publiCara hum – bando, dequem tiveSSe indios ostornaÇe aSSuas aldeas; mas athe opreZente naõ tem ACudido nemhum. muitos que nesta aldea fataõ Se deicharaõ fiCar pelas minas ConduZindo* ***para elas*** *aos SSenhores Generais paSSados.*

ii) Os verbos de "transferência verbal/perceptual", que correspondem essencialmente aos verbos *dicendi* e *mostrandi*, e as construções com *verbos leves* ocorrem quase exclusivamente com a preposição *a*.

Esse quadro vai mudar principalmente ao longo do século XX. É o que se observa pela comparação dos três momentos, a partir dos dados de cartas pessoais (PHPB), tal como exposto na Tabela 12.

Tabela 12 – Uso da preposição *a* em OIs em cartas pessoais (PHPB), segundo a natureza semântica do verbo

	XVIII	XIX	XX
Transferência material	85% (17/20)	64% (27/42)	59% (39/66)
Transferência verbal/ perceptual	100% (31/31)	98% (59/60)	67% (74/110)
Construções com verbos leves	-	94% (17/18)	92% (11/12)

Destacamos nesses resultados:

i. o decréscimo de uso da preposição *a* em contextos de verbos de *transferência material* nas cartas oitocentistas, com certa estabilidade desse uso nas cartas do século XX;
ii. uma acentuada diminuição no emprego da preposição *a* no contexto de verbos de *transferência verbal/perceptual,* manifesta apenas no século XX;
iii. as construções com *verbos leves* como contexto de resistência ao processo, mantendo-se como espaço predominante da preposição *a.*

Na correlação entre tipo semântico de verbo e tipo semântico de complemento, encontramos fatos importantes para aprofundar a caracterização do processo.

Há uma interação entre esses aspectos, originada do próprio valor semântico do verbo: verbos de transferência *verbal/perceptual* subcategorizam quase exclusivamente (mais de 95% dos casos) OIs humanos (ou referentes a "instituições", interpretáveis como coletivo de humanos, tais como *Governo, Ministério, Secretaria*). Assim, o possível contraste entre complementos locativos e humanos se manifestaria apenas junto de verbos de *transferência material* e *movimento com transferência*. Tendo em conta que é junto de OIs humanos que as mudanças mais acentuadas se dão (cf. Tabelas 9 e 10 e Figuras 3 e 4), vamos observar especificamente o percurso desses complementos segundo o tipo de verbo ao qual estão associados. É o que vemos representado na Figura 5.

Figura 5 – Frequência de uso da preposição *a* em OI *humano*, segundo a natureza semântica do verbo

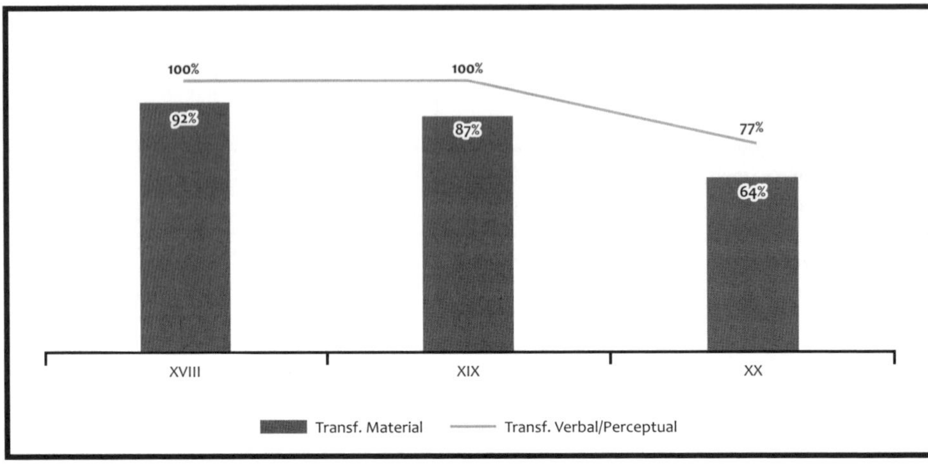

Se a preposição *a* perde espaço tanto em construções com verbos de *transferência material* quanto de *transferência verbal/perceptual*, vemos que isso se inicia no contexto que descreve uma situação mais concreta – a transferência de um algo material para um indivíduo, e só posteriormente atinge o contexto relativamente menos concreto, que descreve uma "transferência" metafórica, de uma mensagem, um conhecimento, uma informação. Os espaços alcançados pela preposição *para* como efeito da retração no uso da preposição *a* no sistema linguístico vêm exemplificados em (49) – verbos de *transferência material* – e (50) – verbos de *transferência verbal/perceptual* (ver também exemplos em (46)).

(49) [20,1 CP BA] *Porque você não vai ver seu "Pai"? Oxalá, Oxum?! Dà um galo preto p'ra ele. Eu prometo um atabaque novo. Ah! è verdade! Tem o seu orgulho! Eu dou duas velas* ***p'ra êle.***

(50) a. [20,2 CP RN] *L., fala* ***prá minha mae*** *que todos nós estamos com saude. Por favor Às 18:38 hs Beijos. W.M.O.*

b. [20,2 CP SC] *N eu gostaria que você me envia-se a sua foto sozinho ou então você com o conjunto, que é para eu mostrar* ***para as garotas*** *aqui.*

O alcance desse processo, que parece continuar se expandindo, pode ser medido pela possibilidade de encontrarmos o uso da preposição inovadora – *para* – em construções com *verbos leves*, ainda que esses usos sejam marginais na amostra examinada (51).

(51) [20,2 CP SC] *Não sei dar explicações convincentes* ***para ti****, mas posso vislumbrar algo na pobreza que caracterizou minha infância, [...]*

Um último componente que vem se somar a essa caracterização se refere à natureza semântica do objeto direto, se ele remete a uma entidade mais concreta ou mais abstrata. Consideramos como "mais concretos", os ODs que se referem a um ser humano (52), um ser animado [-humano] (53), um objeto (54), um evento (55).

(52) [20,2 CP PE] *Mandei* ***um portador*** *ao Recife adquirir no Berinstein os dois volumes.*

(53) [20,1 CP BA] *Dà* ***um galo preto*** *p'ra ele..*

(54) [20,2 CP SC] *De Jagot, nada. Estou mandando* ***xerox das cartas que mandamos a ele****, conforme pedes.*

(55) [20,2 CP PE] *Tendo o grupo um pedido a lhe fazer, referente a uma dotação da Assembleia, pediu* ***uma entrevista a você*** *mas não quis ir sem esta apresentação.*

Foram considerados "mais abstratos" ODs que veiculam uma informação (56) ou uma noção abstrata (57).

(56) [20,1 CP BA] *Diga a Regina* ***que não escrevo para ela porque ouvi-a dizer que não gosta de escrever****, porem, tenho sentido saudades dela como uma bôa, big. irmazinha.*

(57) [19,2 CP SP] *Tonica Elisa Z,, e as meninas mandam* ***a você e Sophia muitas saudades****, eu os abraço saudoza.*

Pelos resultados da análise desse aspecto (Tabela 13), e corroborando as tendências já apontadas pela natureza semântica do verbo e do OI, vemos que:

i. construções com OD "concreto" sempre foram um contexto mais propício ao emprego da preposição inovadora;
ii. há um decréscimo na presença da preposição *a* junto de OIs que coocorrem com ODs "abstratos", processo que se inicia modestamente no século XIX e vai se intensificar no século XX.

Tabela 13 – Uso da preposição *a* em OIs, segundo a natureza semântica do OD

	XVIII	XIX	XX
OD concreto	69% (25/36)	62% (26/42)	60% (33/55)
OD abstrato	100% (28/28)	93% (78/84)	71% (87/123)

Considerando, mais uma vez, que o OI mais afetado pelo processo é aquele que remete a uma entidade "humana", observemos o efeito da combinação desses complementos com as distinções consideradas para o OD para a escolha da preposição que introduz o OI (Figura 6).

Figura 6 – Frequência de uso da preposição *a* em OI *humano*, segundo a natureza semântica do OD

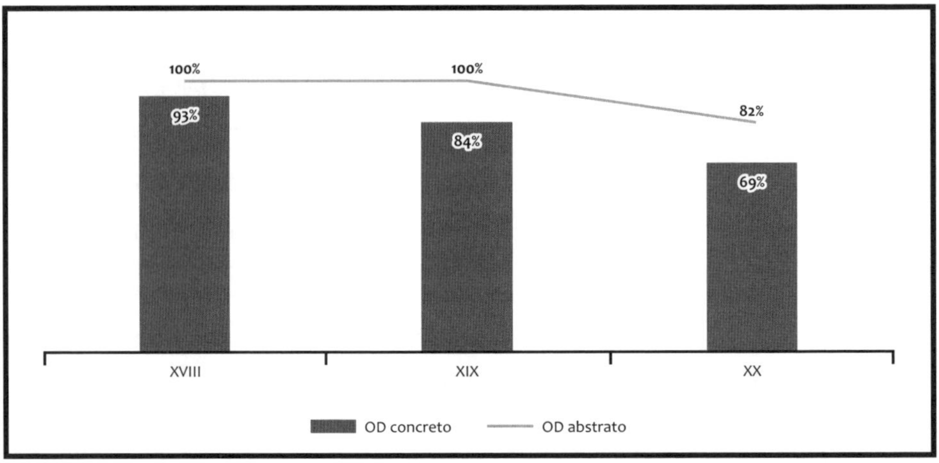

É surpreendente a semelhança entre esses resultados e aqueles obtidos para a natureza semântica do verbo (Figura 5). Mais uma vez, vemos que o contexto de entrada da preposição inovadora (*para*) é aquele em que temos elementos associados a uma situação "mais concreta"; que essa correlação se manifesta já no século XVIII, mas se intensifica gradualmente nos séculos XIX e XX; e que é no século XX que vamos observar a expansão desse processo para contextos "mais abstratos". Parece ser possível conjugar os aspectos referentes aos vários componentes da construção ditransitiva em um tipo de *continuum* segundo o qual o processo de substituição da preposição *a* pela preposição *para* se desenvolveu. O caminho que identificamos poderia ser assim representado:

V.de transf. material/ Compl.prep. locativo/ OD concreto	→	V.de transf. material/ Compl.prep. humano/ OD abstrato	→	V.de transf. verbal/ perceptual	→	*Verbos leves*

Podemos assim sintetizar as conclusões sobre o percurso histórico da expressão preposicional do OI:

i. Até a metade do século XIX mantém-se um padrão estável de expressão do OI, com o uso quase exclusivo do sintagma encabeçado pela preposição *a*;
ii. Ao longo do século XVIII e início do XIX, registram-se algumas poucas ocorrências com a preposição *para* junto de complementos de 3ª pessoa. Até o início do século XX, não se verificam casos de OI de 1ª ou 2ª pessoas introduzidos pela preposição *para;*
iii. A expansão no uso da preposição *para,* que se revela na escrita do século XX, e mais particularmente na sua segunda metade, leva para o contexto do OI de referência [humano] com valor *meta/recipiente* uma construção antes típica da expressão de complementos [locativo] ou [beneficiário];
iv. O percurso de implementação no uso de *para* se inicia em contextos mais concretos, em que a construção se compõe de um verbo de transferência material, do tipo de *dar, enviar*, junto de um OD [concreto] e se difunde para contextos mais abstratos (com verbos de transferência verbal/perceptual e OD [abstrato]) ao longo do século XX.

ARGUMENTOS APLICADOS E ARGUMENTOS PREPOSICIONADOS

Uma proposta de análise para as sentenças ditransitivas: o OI como um argumento aplicado

Ao chegarmos nesta seção, esperamos que nosso leitor tenha podido reconhecer, em nossa abordagem quantitativa, um movimento diacrônico irreversível que alterou a expressão pronominal e preposicional do OI em contextos verbais particulares. Certamente, embora não tenhamos nenhuma alteração de natureza semântica na expressão dos diferentes papéis temáticos que podem caracterizar os OIs, a forma da sintaxe expressá-los estruturalmente, a sua expressão categorial e sua codificação casual configuram uma nova gramática brasileira, distinta da gramática lusitana.

Nesta seção retomaremos estudos anteriores (cf. Torres Morais e Berlink, 2007; Torres Morais e Salles, 2010), quando então propusemos uma análise para caracterizar a mudança sintática, com base em pressupostos teóricos particulares que iremos discutir a seguir.

Partimos da constatação de que a tarefa de investigar OI dativos em contextos ditransitivos envolve um conjunto de questões relacionadas entre si. Com base em Cuervo (2003), em seu estudo dos dativos no espanhol, selecionamos as que se seguem:

i. Como são os argumentos dativos projetados na estrutura sintática?
ii. Como obtêm os seus papéis temáticos?
iii. Como se define a sua natureza categorial?
iv. Como se dá a sua identificação morfossintática?

Naturalmente, as possíveis respostas estarão condicionadas pelas diferentes teorias da estrutura argumental dos verbos e estrutura de eventos. De fato, para estabelecer uma relação sistemática entre a expressão morfológica de Caso dativo e sintaxe e significação dos OIs dativos é necessário assumir pressupostos sobre a estrutura de argumentos e estrutura do evento. Como se sabe, a pesquisa nessa área tem sido intensa e, numa perspectiva bastante simplificadora, podemos agrupar as diferentes abordagens em duas correntes identificadas como a abordagem lexicalista e a abordagem construtivista.

Em cada uma delas há diferentes suposições sobre o mapeamento sintático dos papéis temáticos e o papel dos verbos.

Partindo da perspectiva de Marantz (1997, 2013), assumimos que é preciso distinguir entre os significados da raiz verbal e a contribuição semântica da flexão verbal. Da mesma forma, Hale e Kayser (1993b, 2002) propõem que a estrutura sintática é que determina os significados possíveis dos verbos e de seus argumentos. A suposição é que os núcleos e seus argumentos expressam duas relações sintáticas básicas: a relação de complemento e a relação de especificador. Com isso fortifica-se a hipótese de que os argumentos podem ser introduzidos na sintaxe por núcleos especializados que os licenciam sintática e semanticamente.

Essa ideia foi explorada e formalizada por Kratzer (1996), a partir do *insight* original de Marantz (1984) de que há uma assimetria entre argumento externo (sujeito de verbos transitivos) e argumento interno (objeto direto), nos seguintes termos: os argumentos externos não são verdadeiros argumentos dos seus verbos. Eles são introduzidos na sintaxe por um núcleo introdutor de argumentos, denominado *Voice* ou verbo leve (*v**), em Chomsky (1995, 2000), e tem como papel semântico relacionar o argumento externo ao evento descrito pelo verbo, através da operação Identificação do Evento. O argumento externo é gerado como especificador de *Voice* e sua interpretação vai depender dos diferentes tipos de eventos construídos dentro da frase verbal. Consequentemente, os significados limitados que o argumento externo obtém – agente, experienciador, alvo, origem, causador – são decorrentes da posição estrutural em que é gerado, e do fato de que é limitado o leque de eventos que os verbos podem expressar.

Dentro do cenário das estruturas transitivas, a derivação das ditransitivas, envolvendo dois objetos internos, constitui um grande desafio para as teorias que tratam da estrutura de argumentos. As construções de objeto duplo do inglês[23] com verbos como *give, send, bake* etc., formando sentenças do tipo *John baked Mary a cake* ou *John gave Mary a car* é que impuseram um desafio às diversas propostas preocupadas em formular hipóteses a respeito de como seriam licenciados sintaticamente os dois objetos (cf. Green, 1974; Oehrle, 1976; Kayne, 1984; Larson, 1988; Emonds, 1993; Pesetsky, 1995; Hale e Keyser, 1993b, 2002, Harley, 2003, entre muitos outros).

Marantz (1993), adotando a proposta de núcleo aplicativo como introdutor de argumentos, consagrada na literatura banta (cf. Alsina e Mchombo, 1993; Bresnan e Moshi, 1990; Baker, 1988a,1988b,1996), propõe que a DOC do inglês é uma construção aplicativa. A ideia de um núcleo funcional (aplicativo) introduzindo o primeiro objeto dessas construções, denominada OI por alguns autores, foi também assumida por Collins e Thráisson (1996), Collins (1997), McGinnis (1998).

A análise unificada do aplicativo, tal como proposta por Marantz, foi posteriormente refinada na dicotomia aplicativo alto e aplicativo baixo, proposta em Pylkkänen (2002). Os aplicativos altos são projetados acima do VP e denotam uma relação semântica entre um argumento aplicado e o evento (cf. 58a). Os aplicativos baixos são projetados abaixo do VP e denotam uma relação semântica de transferência de posse entre duas entidades (cf. 58b). A DOC do inglês instancia uma construção de aplicativo baixo, na qual se estabelece uma relação dinâmica de posse entre o OD e o OI, ou objeto aplicado.

(58) a. Aplicativo alto
$[_{vP}$ Suj $[_{v'}$ v $[_{ApplP}$ DP $[_{Appl'}$ Appl $[_{VP}$ V DP tema]]]]]

b. Aplicativo baixo
$[_{vP}$ Suj $[_{v'}$ v $[_{VP}$ V $[_{ApplP}$ DP $[_{Appl'}$ Appl DP tema]]]]]

Na mesma linha, Cuervo (2003) propõe que, no espanhol, as construções ditransitivas com verbos de transferência e movimento são construções aplicativas. Como dissemos, a essência semântica do aplicativo baixo é expressar uma relação de posse que se estabelece entre dois DPs, no caso das ditransitivas, um DP-objeto direto (DP-OD) e um DP OI.

Neste capítulo, com base em trabalhos anteriores (cf. Torres Morais, 2012; Torres Morais e Berlinck, 2007; Torres Morais e Salles, 2010), propomos que o PE e PB histórico apresentam evidências de natureza morfossintática que os incluem no conjunto das línguas românicas com construção de objeto duplo/construção aplicativa. Para entender a mudança ocorrida no PB na expressão do OI assumiremos, portanto, os pressupostos teóricos apresentados. Vale ressaltar que tais pressupostos estão enraizados numa perspectiva construtivista da estrutura de argumentos verbal, segundo a qual há significados construcionais, isto é, as estruturas geram significados, independentemente da raiz verbal. Em relação aos OIs dativos no PE e PB histórico, assumimos os seguintes pontos:

i. Os argumentos dativos são argumentos aplicados, "adicionados", ou projetados na sintaxe, não pela frase verbal, mas por um núcleo especializado em introduzir argumentos, o núcleo aplicativo.
ii. Os argumentos dativos representam uma classe estrutural e semântica distinta, identificada morfologicamente por um marcador dativo. Por hipótese, a preposição *a* que os introduz não é uma preposição lexical. Ao contrário, ela expressa a realização morfológica de um Caso dativo abstrato, semelhante a um sufixo.

Assim, como DPs, ou seja, como sintagmas determinantes plenos, os OIs dativos aparecem precedidos obrigatoriamente pelo morfema *a* (a-DP). Na contraparte pronominal apresentam-se como clíticos *lhe/lhes*. Por fim, os significados distintos que podem obter dentro dos diferentes contextos verbais dependem da posição em que são geradas as frases aplicativas.

Como discutido na seção "Mudança sintática no português brasileiro: panorama quantitativo sincrônico do objeto indireto", o foco de nossa atenção são construções nas quais o OI dativo é licenciado no contexto dos verbos de transferência/movimento (59a) e verbos de criação (59b) sendo interpretados como recipiente/beneficiário do OD tema

(59) a. *O Pedro enviou uma carta* ***ao diretor****/enviou-****lhe*** *uma carta.*
b. *A Maria preparou um delicioso jantar* ***ao diretor****/preparou-****lhe*** *um jantar.*

A análise que temos em mente para a construção aplicativa adota a arquitetura dos traços e operação *Agree*, na perspectiva do Programa Minimalista (cf. Chomsky, 1995, 1999, 2000). Vejamos a representação em (60), para a camada verbal da sentença (59a), que é idêntica à estrutura com os verbos de criação, exemplificada em (59b).

(60) [$_{vP}$ *O Pedro* [$_{v'}$ v*[uϕ] [$_{VP}$ *enviou* [$_{ApplP}$ *ao diretor/lhe* DAT [$_{APPL'}$ Appl DAT [$_{DP}$ *uma carta* ACUS]]]]]]

Na derivação da sentença (59a), os traços-ϕ não interpretáveis do *v** mais alto, atuam como "probe", ou seja, uma sonda que busca um alvo (*goal*), para o estabelecimento de uma operação de concordância (*Agree*). Nesse caso, o alvo são os traços-ϕ interpretáveis do DP acusativo, interpretado como tema. A operação *Agree* elimina os traços-ϕ não interpretáveis de *v**, ao assinalar a eles um valor e removê-los fonologicamente. Por sua vez, o traço de Caso não interpretável do DP tema é valorado como acusativo.

O núcleo aplicativo baixo não atua como "probe" e não cria efeitos de localidade/minimalidade (Chomsky, 2001), ou seja, não impede a operação de checagem que se estabelece entre *v** e o DP-OD. O núcleo aplicativo marca o DP, seja lexical ou pronominal (a-DP/*lhe*), gerado em seu especificador, com Caso inerente dativo e papel temático recipiente/beneficiário. O Caso dativo inerente é codificado morfologicamente (Roberts, 2007). Portanto, o núcleo aplicativo é a fonte do Caso inerente do DP aplicado.

Outros aspectos na derivação das sentenças aplicativas podem ser destacados:

i. O núcleo aplicativo baixo introduz o OD tema como seu complemento, e o relaciona ao DP dativo licenciado em seu especificador. Por fim, a frase aplicativa;
ii. (ApplP) combina com a raiz verbal, em posição de complemento;
iii. O DP aplicado assimetricamente c-comanda o DP tema;
iv. A ordem de palavras superficial não marcada OD-OI resulta de movimento do OD para fora da frase aplicativa.

Por fim, destacamos outro ponto importante que decorre da análise anteriormente apresentada: a de que a interpretação dos argumentos dativos, em conexão com as suas propriedades sintáticas e morfossintáticas, não dependem do verbo ser ditransitivo num sentido lexical, ou seja, a ditransitividade é um epifenômeno, uma vez que, no léxico, o que diferencia as transitivas das ditransitivas é o fato de que, nas primeiras, o verbo seleciona um OD como complemento, e, nas segundas, seleciona um ApplP.

Ou seja, nenhum verbo pode selecionar dois argumentos internos (Marantz, 2013; Cuervo, 2010). Em outras palavras, a relação entre os dois argumentos OI e OD é realizada através do núcleo aplicativo. Dessa forma, a frase aplicativa (ApplP) é gerada na posição de OD, como argumento interno.

A alternância entre a construção dativa e a construção preposicionada

Partindo da afirmação feita pelos gramáticos e linguistas de que os falantes portugueses identificam o complemento dativo como uma categoria distinta do complemento oblíquo (cf. seção "Breve panorama descritivo do objeto indireto no português"), retomemos a hipótese, também defendida em trabalhos anteriores, segundo a qual o PE e PB histórico apresentam o fenômeno denominado "alternância dativa", nos moldes do que foi proposto para o espanhol por Cuervo (2003).

Assim, a estrutura aplicativa e a estrutura preposicionada são produtivas no contexto dos verbos de transferência e movimento (61a-c) e verbos de criação (62a-c).

(61) a. *O Pedro enviou/mandou uma carta* ***ao diretor.***
b. *O Pedro enviou-**lhe** uma carta.*
c. *O Pedro enviou uma carta* ***para o diretor.***
(62) a. *O Pedro preparou um jantar fantástico* ***aos pais.***
b. *O Pedro preparou-**lhes** um jantar fantástico.*
c. *O Pedro preparou um jantar fantástico* ***para os pais.***

Na contraparte preposicionada (PP),[24] o complemento oblíquo (OBL) é introduzido por uma preposição transitiva, a preposição *para.* A estrutura que propomos para sentenças como (61c) está representada em (63).

(63) $[_{vP}$ *O Pedro* $[_{v'}\ v^{*}[u\phi\ ]\ [_{VP}$ *enviou* $[_{PP}$ *uma carta* $[_{P}$ *para* $[_{DP}$ *o diretor* OBL$]]]]]]]$

Como a literatura recente sobre o PE tem demonstrado claramente, a alternância entre as aplicativas e as ditransitivas preposicionadas propicia ainda um efeito semântico sutil, e embora se possa obter uma interpretação de transferência de posse em ambas as variantes, no caso em que tanto o OI quanto o OBL têm o traço [+animado], há uma segunda leitura que só é possível obter com a ditransitiva preposicionada.

De fato, quando se individualiza o argumento dativo e o argumento oblíquo em sentenças do tipo *O José enviou ao João uma carta para o diretor,* temos que o constituinte introduzido pela preposição *para* é interpretado unicamente como beneficiário do evento expresso pelo verbo. Ou seja, se *enviou a carta a*, enviou-a diretamente; se *enviou a carta para*, pode não o ter feito.

Da mesma forma, quando o argumento preposicionado é um locativo, sentenças como *O José enviou uma carta ao Banco de Portugal* são boas. O *lhe*, porém, não é possível aqui. Mas será possível com o plural *lhes*. Deste modo: *Estou furiosa com o Banco de Portugal. Enviei-lhes uma carta a reclamar.*

A estrutura com o clítico foi possível, uma vez que pode ser recuperada a relação dinâmica de posse que se estabelece entre o recipiente e o tema. Tal contraste deixa claro que a preposição *a* tem uma atuação ambígua entre um marcador dativo, quando introduz um locativo interpretado metaforicamente como recipiente, e uma preposição lexical, quando introduz um locativo puro.

Entretanto, numa sentença como *O José enviou uma carta para Lisboa*, não se tem como recuperar a relação de posse que identifica a estrutura dativa, de modo que as formas clíticas *lhe/lhes* não são possíveis. Não se trata de uma restrição de animacidade, como vimos no exemplo anterior. O que parece estar em jogo é a interpretação de posse entre dois indivíduos, que não pode ser construída se o argumento for um locativo puro.[25]

Parece-nos ainda que a possibilidade de transferência direta de posse entre dois DPs determina o fato de que com verbos como *atribuir/devolver/distribuir/emprestar explicar* e outros, não se possa ter a contraparte preposicionada.[26]

(64) a. *O José atribuiu uma tarefa* ***aos alunos****/atribuiu-***lhes*** *uma tarefa.*
b. **O José atribuiu uma tarefa* ***para os alunos****.*

(65) a. *O José devolveu o dinheiro* ***aos clientes****/devolveu-***lhes*** *o dinheiro.*
b. ** O José devolveu o dinheiro* ***para os clientes.***

(66) a. *O José distribui esmolas* ***aos pobres****/distribui-***lhes*** *esmolas.*
b. ** O José distribui esmolas* ***para os pobres****.*

(67) a. *O José emprestou o carro* ***ao Pedro****/emprestou* ***-lhe*** *o carro.*
b. **O José emprestou o carro* ***para o Pedro.***

Com verbos como *fornecer/oferecer*, as duas construções são possíveis. No entanto, a interpretação entre elas difere: com o PP introduzido por *para*, não se pode inferir que a ajuda dada aos flagelados seja direta, ao contrário do que acontece na construção com OI dativo.

(68) a. *O José forneceu/ofereceu ajuda* ***aos flagelados da seca****/ofereceu-****lhes*** *ajuda.*
b. *O José forneceu/ofereceu ajuda* ***para os flagelados da seca****.*

Os verbos "*dicendi*", *dizer, falar, revelar* apresentam uma diferença dialetal entre a frase com *a* e a frase com *para*. Nesses casos, ambas as variantes expressam a transferência direta na relação de posse.

(69) a. *O João disse a verdade* ***à Maria****/disse-****lhe*** *a verdade.*
b. *O João disse a verdade* ***para a Maria****.*[27]

Observemos a seguir a "alternância dativa" com verbos de criação, entre eles, *preparar, assar, cozinhar, construir, desenhar, pintar.*

(70) a. *O José desenhou uma jiboia* ***ao menino****/desenhou-****lhe*** *uma jiboia.*
b. *O José desenhou uma jiboia* ***para o menino****.*

Na alternância apresentada em (70a-b), a variante dativa permite inferir que o DP *o menino* é interpretado como recebedor do desenho da jiboia feito pelo José. Não se entende que José tenha desenhado a jiboia sem a intenção de que o menino a recebesse.

No entanto, como comentamos anteriormente, com esse conjunto de verbos, destaca-se uma propriedade muito interessante. O papel temático beneficiário se torna saliente e se sobrepõe ao de recipiente.[28]

Portanto, duas das propriedades marcantes que identificam o OI dativo no PE e PB histórico, a saber, realização pronominal na 3ª pessoa pelos clíticos dativos *lhe/lhes* e realização como DP marcado morfologicamente pela preposição *a*, não mais fazem parte da gramática-núcleo do PB.

Como caracterizar a mudança na expressão do OI na história do PB? Vejamos a próxima seção.

O APARATO TEÓRICO-METODOLÓGICO PARA O TRATAMENTO DA MUDANÇA SINTÁTICA

Comecemos por questões que dizem respeito à caracterização do como e do por que as línguas mudam, não sem antes mencionarmos o fato de que nossa abordagem de fenômenos de variação e mudança compreende um quadro teórico-metodológico particular, também conhecido como Sociolinguística Paramétrica, uma vez que se busca articular um diálogo entre uma teoria internalista de mudança, como é o caso da Teoria dos Princípios e Parâmetros, na sua vertente minimalista (cf. Chomsky, 1995, 1999, 2000, 2001, 2004, 2005) e a Teoria da Variação e Mudança (Weinreich, Labov, Herzog, 1968; Labov, 1972, 1994, 2001, 2010 – cf. também Tarallo e Kato, 1989).

Como já expusemos em detalhes em Torres Morais e Berlinck (2009), a abordagem paramétrica nos fornece um aparato formal para análise e comparação dos sistemas gramaticais e para as dimensões nas quais esses sistemas podem variar e mudar. A teoria variacionista, por sua vez, olha para os fatores sociais referentes à forma como as mudanças se manifestam e se propagam nas comunidades de fala, dando espaço para que se possam considerar as noções de competição de gramáticas, diglossia sintática, contato linguístico, e outras. Adotamos a ideia de que é perfeitamente possível conciliar e integrar a abordagem paramétrica da mudança sintática ao universo das questões externas nas quais ela está inserida (cf. Roberts, 2007).

A forma como os dados refletem a implementação da mudança paramétrica pode confirmar o modelo da transmissão imperfeita (cf. Kroch 1989, 2000). Por que ocorre a mudança? No estágio atual do nosso conhecimento, ainda não se tem uma resposta clara para a questão. No entanto, estudos, quer sob a perspectiva gerativista, quer a partir da abordagem variacionista, fornecem várias respostas possíveis à questão de **como** a mudança se dá, permitindo entender o percurso de uma mudança no tempo (Kroch, 1989, 2001; Labov, 1994, 2001, 2010). Como afirma Kroch, uma propriedade gramatical que toma o lugar de uma antiga, dentro da comunidade de fala, pode refletir um cenário de competição. As formas que estão no embate refletem diferentes registros, porque a língua escrita é conservadora e resiste à mudança. Em tais casos, as formas vernáculas parecem sempre estar em vantagem.[29]

No nosso estudo de caso, retomamos Torres Morais e Berlinck (2007) e Torres Morais e Salles (2010), assumindo que o desaparecimento das variantes *a*-DP/*lhe(s)* da gramática nuclear reflete um caso de mudança microparamétrica, no contexto da variação paramétrica (cf. Kayne, 2000). O microparâmetro foi formulado por nós, com base nos traços de uma categoria funcional verbal, a saber, o núcleo aplicativo. Essa abordagem da variação sintática está subordinada a uma particular noção de parâmetros, que pode ser definida em termos da conjectura Borer/Chomsky (cf. Baker, 2008; Richards, 2008), a saber: todos os parâmetros de variação decorrem de diferenças nos traços de itens funcionais no léxico.

Assim, se os elementos funcionais são o *locus* da variação entre as línguas, conclui-se que a variação reside no léxico, ou seja, no componente da gramática que é aprendido através da experiência.[30] A visão construcionista da estrutura de argumento que adotamos é gatilho para o parâmetro inovador no PB, o qual pode ser definido como a perda do núcleo aplicativo, como introdutor de OI dativo, que se torna inativo na língua. Tal perda foi condicionada por outra: a perda da expressão morfológica de Caso dativo no sistema pronominal.

Observe-se um ponto importante dessa análise: a de que a perda dos clíticos dativos de 3ª pessoa está associada à perda do OI introduzido por uma preposição marcadora de Caso dativo. Dessa forma, o que denominamos de estrutura aplicativa/dativa, ou de duplo objeto, deixa de ser projetada na gramática nuclear do PB. O que se torna marcante, como os nossos resultados empíricos revelaram, em particular, com os dados coletados ao longo século XX, é a implementação de estratégias inovadoras, a saber, pronominais introduzidos por preposição e frase nominal introduzida por *para*, esta última suplantando a preposição *a*, num conjunto particular de verbos. O que se afirma, portanto, na gramática brasileira é uma estrutura ditransitiva preposicionada.

O encaixamento da mudança

O CLÍTICO *LHE* E O SISTEMA PRONOMINAL

Um segundo ponto a ser considerado é o dos processos de encaixamento que caracterizam uma determinada mudança. Observe-se que, a noção de encaixamento, embora desenvolvida dentro da teoria variacionista, está plenamente em harmonia com a teoria paramétrica, como apresentada anteriormente. De fato, é necessário e desejável incluir os processos de variação e mudança que afetam os OIs dativos nos processos em curso que se verificam em outros pontos da gramática do PB. Em particular, com as alterações no paradigma pronominal, já identificadas e descritas em inúmeros estudos, as quais afetaram a expressão do sujeito pronominal, objeto direto e usos do clítico *se* em suas diferentes significações (cf. Tarallo, 1983; Duarte, 1989, 1995; Cyrino, 1998; Oliveira e Silva, 1984; Menon, 2006).

Para ilustrar esse aspecto, observemos a Tabela 14, a qual organiza o paradigma dos pronomes pessoais do português em estágios anteriores de sua história, e na forma como ainda é apresentado em muitos manuais, que cultivam um padrão bastante conservador e irreal. Fica evidente a predominância absoluta das formas clíticas, em todas as pessoas e nas formas do singular e plural.

Tabela 14 – Paradigma dos pronomes pessoais do português em estágios anteriores de sua história

	Forma nominativa	Forma acusativa	Forma dativa
1ª pessoa sing.	eu	me	me
2ª pessoa sing.	tu	te	te
2ª pessoa com formas de 3ª pessoa	você	o (masc.), a (fem.)	lhe
3ª pessoa sing.	ele (masc.), ela (fem.)	o (masc.), a (fem.)	lhe
1ª pessoa plural	nós	nos	nos
2ª pessoa plural	vós	vos	vos
3ª pessoa plural	eles, elas	os, as	lhes

Um quadro mais realista, elaborado a partir de um conjunto de estudos de base empírica, mostra que muitas das distinções morfológicas anteriores se perderam.

Tabela 15 – Paradigma atual dos pronomes pessoais do português brasileiro coloquial

	Forma nominativa	Forma acusativa	Forma dativa
1ª pessoa singular	eu	me/eu	me/a/para mim
2ª pessoa singular	tu/você	te/você	te/a/para você
3ª pessoa singular	ele (masc.), ela (fem.)	ele (masc.), ela (fem.)	a/para ele, ela
1ª pessoa plural	nós/a gente	nos/a gente	a/para nós/a gente
2ª pessoa plural	vocês	vocês	a/para vocês
3ª pessoa plural	eles, elas	eles, elas	a/para eles, elas

O contraste entre as duas tabelas está no fato de que as formas clíticas se tornam restritas à 1ª e 2ª pessoas. Ou seja, perdem-se as formas de 3ª pessoa, acusativa e dativa, sendo as mesmas substituídas pelas formas pronominais plenas *ele(s), ela(s),* que não expressam marcas de Caso morfologicamente, ou seja, as distinções são asseguradas pela ordem (Caso estrutural) e pelo uso de preposições, ambos recursos sintáticos. A percepção dessa mudança fica mais evidente quando verificamos como os usos se distribuem segundo a pessoa gramatical referida. É o que mostraram os resultados expostos nas Tabelas 4 e 5, da seção "Mudança sintática no português brasileiro: panorama quantitativo sincrônico do objeto indireto", onde se observou uma distinção importante: enquanto a 1ª e a 2ª pessoa *tu* são expressas predominantemente por OI clítico, a 3ª pessoa e a forma de 2ª pessoa *você* revelam-se ambas como portas de entrada do OI preposicionado no sistema.

No que concerne ao *lhe*, sabemos que, de fato, ele não desapareceu completamente, mais foi realocado. Em Torres Morais e Berlinck (2007), mostramos que dos casos de *lhe* em nossa amostra dos anos 1960, apenas 31% apresentam referência de 3ª pessoa. Dois terços dos casos expressaram uma referência de 2ª pessoa, associada com o nominativo *você*, como ilustrado em (71).

(71) *Se você tiver um irmão ou um parente qualquer que queira dar-**lhe** umas lições, aprenderá mais depressa.* (*Revista Capricho*, jun. 1960: 102)

O número de ocorrências de *lhe* nos anos 1990 foi expressivamente mais baixo que aquele dos anos 1960. Os poucos casos de *lhe* de 3ª e de 2ª pessoas parecem estar associados a uma interpretação de maior formalidade:

(72) a. *Em coquetéis, aceite logo o primeiro drinque. Assim, enquanto você estiver com o copo na mão, ninguém vai* ***lhe*** *oferecer mais nada.* (*Revista Cláudia*, mar. 1998: 41)

b. *Sugiro que a leitora procure o Ministério Público da cidade onde mora para tomar providências judiciais contra o tutor do menor e para tentar reaver o dinheiro que não* ***lhe*** *foi repassado até hoje.* (*Revista Cláudia*, nov. 1998: 58)

Para as variedades do PB que empregam o *te* como pronome clítico de 2ª pessoa (regiões Sul e Sudeste, por exemplo), observou-se uma especialização de usos: *te* é informal (73); *lhe* implica um sentido de maior formalidade, uma maior distância entre falante e ouvinte (escritor e leitor), uma falta de intimidade. O mesmo não se observa nas regiões do Nordeste, onde se verifica o uso generalizado do *lhe* de 2ª pessoa.

(73) a. *Sabe? Não é...não é estranha. Não vô* ***te*** *dizê que quando eu* ***te*** *vi, eu sabia que* ***te*** *conhecia. Mas não é estranha.*

b. *Então o cara vai* ***te*** *perguntá coisas técnicas, ela vai ou ele vai* ***te*** *perguntá alguma coisa pra tentá* ***te*** *mostrá, um poco mais, pra sabê se voce não vai sê um problema, uma pessoa problemática.*

Além dessa especialização em um objeto indireto de 2ª pessoa mais formal, o pronome *lhe* também pode ser encontrado como objeto direto de 2ª pessoa, substituindo os acusativos *o(s), a(s)*. Novamente, podemos ter aqui uma variação diatópica, uma vez que parece ser bem produtivo na região Nordeste, mas não nas regiões Sul e Sudeste.

(74) *Um ótimo exercício que vai* ***lhe*** *ajudar a melhorar um pouco esse problema, Marilu, é correr sem sair do lugar.* (*Revista Grande Hotel*, abr. 1977: 25. Carta)

Essa extensão de uso pode ser vista como uma parte do processo geral de perda de distinções morfológicas, em progresso, pelo menos, desde o século XIX.

Neste ponto, seria interessante incorporar um pouco dos achados de Pereira (2006). A partir dos dados de fala provenientes de vários projetos de pesquisa organizados no Brasil,[31] a autora revela o estado atual da realização de pronomes clíticos, acusativos, dativos e reflexivos no PB contemporâneo. Dentro do instrumental e análise do modelo teórico da Morfologia Distribuída, Pereira conclui que nossos clíticos derivam de apenas três estruturas morfológicas – CL1, CL2 e CL3 – que podem ser especificadas por cinco expoentes fonológicos distintos: */me/, /te/, /se/, /lhe/ e /nos/*. Porém, somente os clíticos *me, te, se e lhe* são instanciados pela gramática nuclear do PB, estando dela excluído o clítico *nos*.

Como a autora esclarece é preciso levar em consideração o tipo de clítico por sua função gramatical (acusativo, dativo, reflexivo, recíproco, inerente, ergativo ou nominativo) e o tipo de relação que ele mantém com pessoa gramatical. Assim, ela conclui, da mesma forma que nós também concluímos, a partir de nossos resultados, que o que ocorre no PB, ao contrário do PE, é que a distribuição dos clíticos, em relação às pessoas gramaticais não é mais regular. Segundo ela, as diferenças mais expressivas entre as duas variedades do português dizem respeito às seguintes especificidades do PB:

i. Os clíticos *nos, vos, o, a, os, as* e *lhe, lhes* no seu uso de 3ª pessoa não existem mais.
ii. O clítico *se* pode ocorrer na 1ª pessoa do singular na fala infantil.
iii. Na 2ª pessoa do singular podem ocorrer três formas distintas: *te, se*, e *lhe*, sendo *te/se* anafóricos e *te/lhe* dativo ou acusativo.
iv. Clíticos que ocorrem na 3ª pessoa gramatical se restringem à forma *se*: ergativo, nominativo, reflexivo, recíproco e inerente.

De acordo com as especificidades mencionadas, a autora chega a três generalizações:

i. Os clíticos no PB não apresentam o traço [plural].
ii. Os clíticos no PB instanciam apenas três estruturas morfológicas: CL1- responde pelos acusativos, dativos, dativos de posse e dativos éticos de 1ª pessoa; CL2- responde pelos acusativos, dativos e dativos de posse de 2ª pessoa; e CL3 responde pela expressão dos reflexivos, inerentes, recíprocos, ergativos e nominativo.

iii. Com verbos como *fornecer/oferecer* as duas construções são possíveis. No entanto a interpretação entre elas difere: com o PP introduzido por *para*, as formas fonológicas correspondentes são: CL1 - /*me*/, CL2 - /*te*/ e /*lhe* / e CL3 - /*se*/.

Assim, dentro do quadro teórico escolhido para a sua abordagem, Pereira pode afirmar que, ao contrário do que ocorre em outras línguas, os clíticos do PB resultam do mapeamento morfológico de apenas três traços gramaticais: [ARG], [PESSOA] e [±1], sendo esse um dos motivos pelos quais o PB contemporâneo é uma das línguas românicas que apresentam a menor "variedade" de pronomes clíticos.

Mais interessante é que a autora observa que um outro traço, presente ainda nas outras línguas românicas, o traço [OBLÍQUO], é o que se perde no PB, evidenciado pelo desaparecimento do dativo de 3ª pessoa *lhe*.

A PERDA DO OI DATIVO EM OUTROS CONTEXTOS

Embora nossa abordagem dos fatos de variação e mudança na expressão do OI no PB tenha se concentrado nos verbos que expressam eventos dinâmicos de transferência/movimento, e verbos de criação, a pesquisa recente tem mostrado que os mesmos fenômenos, isto é, substituição da preposição *a* pela preposição *para* e substituição dos clíticos *lhe/lhes* pelas formas oblíquas *a/para ele/ela/eles/elas*, é recorrente em outros contextos verbais. Esse é o caso da construção de possuidor externo dativo, com verbos dinâmicos (75) e estativos (76). Como se sabe, tal construção apresenta uma variante genitiva, tanto no PE, quanto no PB, na qual o DP possuidor se comporta sintaticamente como um argumento gerado dentro da frase nominal. Nesse caso, não há substituição por clíticos dativos, mas pelos pronomes possessivos *dele/dela/deles/delas*.

(75) a. *O José lavou o carro* ***ao amigo****/ lavou-**lhe** o carro.*
b. *O José lavou o carro* ***do amigo****/o carro* ***dele.***
(76) a. *O professor elogiou as provas* ***aos alunos****/elogiou-**lhe** as provas.*
b. *O professor elogiou as provas* ***dos alunos****/as provas* ***deles****.*

Barros (2006), com base em *corpus* de língua falada, revela os percentuais da expressão da posse no PB atual, e obtém o seguinte cenário: dois tipos de construções estão ausentes: [*a* NP] e redobro; duas têm caráter residual (clítico de posse, com 5,55% do total de ocorrências e pronomes possessivos pré-nominais); apenas a construção "*de* NP" é produtiva. Da mesma forma, perde-se o OI dativo com interpretação de origem/fonte, no contexto dos verbos de transferência/movimento, sendo substituído por um sintagma nominal/pronominal, introduzido pela preposição *de:*

(77) a. *O José roubou o relógio* ***ao Pedro****/roubou-****lhe*** *o relógio*
b. *O José roubou o relógio* ***do Pedro****/o relógio* ***dele****.*

Vale ressaltar que a perda da preposição *a* nos contextos dativos parece fazer parte de uma mudança mais abrangente que leva à reanálise de outras construções. Figueiredo Silva (2007), por exemplo, mostra a perda da preposição *a*, levando ou à elipse preposicional ou à substituição por outro item lexical, e, em alguns casos, levando à mudança na interpretação da nova construção, comparada com a anterior. Os contextos relevantes são as construções perifrásticas com verbos modais (78a-b), construções infinitivas introduzidas por preposição (79), e preposição locativa em construções com verbo de movimento em (80). Os exemplos foram adaptados da autora e comparam o PE e PB.

(78) a. *A Maria começou a nadar* (PE)
b. *A Maria começou Ø nadar* (PB)
(79) a. *A Maria ensinou-me a nadar* (PE)
b. *A Maria me ensinou Ø nadar* (PB)
(80) a. *A Maria convenceu-me a fazer isso* (PE)
b. *A Maria me convenceu de / Ø fazer isso.* (PB)

CONSIDERAÇÕES FINAIS

Outro ponto interessante que resulta de nosso estudo, principalmente quando olhamos para os nossos resultados quantitativos, é o de que, embora eles revelem o declínio do OI dativo, não nos permitem concluir que, no PB, não mais existe a possibilidade do OI de 3ª pessoa, introduzido pela preposição *a*, ou realizado pelos clíticos dativos. De fato, na língua escrita e língua falada formal, ainda são encontrados. Acreditamos, porém, que essas ocorrências não refletem uma propriedade da gramática-núcleo do PB, mas uma gramática que envolve escolaridade, e condições sociais e de estilo. Recentemente, muitos linguistas têm discutido o estatuto da chamada " gramática do letrado" e seu papel no uso da língua. Entretanto, no embate, por assim dizer, entre as formas de prestígio e formas inovadoras, é importante ressaltar que, no caso do OI, não se nota um efeito restritivo tão explícito nas formas inovadoras. Assim, por exemplo, enquanto o uso das formas pronominais acusativas *ele(s), ela(s)* são altamente estigmatizadas na escrita padrão, o mesmo não se observa com o uso das formas *a/para ele(s)/ela(s)* em substituição aos clíticos dativos, ou a substituição da preposição *a* pela preposição *para*.

A análise histórica do OI no PB levanta, portanto, importantes questões sobre a natureza dos fatos gramaticais adquiridos e produzidos pelo falantes escolarizados (cf. Kato, 2005; Kato, Cyrino e Corrêa, 2009).

Na verdade, a pesquisa das últimas décadas tem revelado que o PB passa por processos de mudança em várias áreas de sua gramática, e os demais capítulos deste volume documentam alguns desses processos, não só através dos resultados empíricos obtidos e análises apresentadas, como também pela robusta bibliografia neles disponibilizada. Em particular, os trabalhos que apresentam estudos de fala culta de diferentes regiões brasileiras confirmam a implementação de estratégias alternativas às que eram categóricas em textos históricos. Da mesma forma, muitos deles confirmam, na comparação da fala culta e escrita formal, ou escrita padrão, que a imposição normativa age na restrição ao uso das formas inovadoras, impondo diferenças entre as duas modalidades. Nossos resultados revelaram igualmente que a força da fala, a força da gramática-núcleo adquirida na fase da aquisição, aos poucos, penetra na prática escrita, principalmente, nos textos jornalísticos, cartas pessoais, revistas de grande circulação.

Tais reanálises podem ser explicadas em termos de mudanças na gramática nuclear do PB.

Por fim, acreditamos que o nosso estudo da reanálise do OI dativo no PB pode contribuir com as pesquisas que refletem sobre o papel das línguas bantu na origem do português de Moçambique, Angola e outros países africanos, assim como de comunidades afrodescendentes espalhadas pelo território brasileiro (cf., entre vários outros, Gonçalves e Chimbutane, 2004;

Inverno, 2005; Petter, 2009a; Oliveira et al., 2011). Da mesma forma, pode ser integrado a vários outros fenômenos que refletem alterações gramaticais no PB, e cuja gênese estaria no aprendizado do português como L2, por parte dos escravos que aqui chegavam no período colonial (cf., entre outros, Avelar e Cyrino, 2009; Avelar, Cyrino e Galves, 2008; Negrão e Viotti, 2008; Petter e Fiorin, 2008).

NOTAS

1 Outros critérios descritivos, em particular os que foram apresentados em Cuervo (2003), na sua discussão do espanhol, são igualmente incorporados.

2 Pedimos ao leitor que tenha em mente um ponto importante. No conjunto dos verbos ditransitivos de transferência/movimento, usaremos o termo *recipiente*, no sentido adjetivo, para englobar semanticamente duas noções: a de *recebedor* do objeto transferido, e a de "beneficiário" da transferência de posse.

3 No PE, mas não mais no PB, verbos como *comprar, alugar,* possibilitam uma leitura ambígua. Na sentença em (i), o DP *o amigo* tem papel temático de *recipiente*, indicando o indivíduo para quem o carro foi comprado. Pode igualmente ser interpretado como *fonte/origem*, quando identifica o indivíduo, a partir do qual o movimento de transferência se efetiva. Em ambas as leituras, porém, assumimos que o argumento *José* é o *agente* da ação expressa pelo verbo.
(i) *O José comprou o carro antigo ao amigo.*

4 Esses são exemplos de construção de posse externa dativa. Para diferentes abordagens do fenômeno no português, ver Miguel (1996); Torres Morais e Salles (2016), entre outros.

5 A rotulação dos papéis temáticos se baseou em Cuervo (2003).

6 Os dativos podem ocorrer ainda em diferentes contextos verbais, nos quais não são argumentos do evento expresso pelo verbo. São os chamados dativos éticos, realizados unicamente na forma pronominalizada. No PB são praticamente restritos à primeira pessoa. Alguns exemplos.
(i) *Não vá **me** engravidar logo agora.*
(ii) *Meu filho **me** levanta tarde todos os dias.*

7 A preposição *a* dos contextos dativos estaria etimologicamente relacionada à preposição *a* espacial, embora sejam distintas. A distinção pode ser demonstrada se lembrarmos que as proformas para os complementos nos quais *a* é a preposição espacial são advérbios do tipo *lá, ali*, ou as preposições *em, sobre, sob* etc.
(i) *Eu vou a Paris/Eu vou lá.*
(ii) *O José colocou o livro na estante/Colocou o livro ali.*

8 As sentenças foram selecionadas com base em Duarte (2003: 294-297).

9 Nos estudos sobre a tipologia da complementação verbal no português, alguns gramáticos afirmam que o OI é introduzido por uma preposição, *a* ou *para*, sem levar em conta o teste da pronominalização *lhe/lhes* (cf. Cunha e Cintra, 2001). No entanto, há uma longa tradição, hoje amplamente consolidada por gramáticos e linguistas, a qual inclui, ao lado do OI, um complemento preposicionado, denominado quer como complemento oblíquo, quer como complemento relativo (cf., entre outros, Said Ali, 1971; Rocha Lima, 2003; Duarte, 2003; Castilho, 2010; Gonçalves e Raposo, 2013). Entre os diferentes testes identificadores da função, o mais destacado é, sem dúvida, o teste da pronominalização. Somente o OI nominal pode ser pronominalizado pelos clíticos dativos *lhe/lhes*. Os complementos oblíquos são sintagmas preposicionados pronominalizados pela série oblíqua: *mim, ti, si, nós, vós, eles, elas*. Também na tradição gramatical espanhola a questão se coloca. Ordoñez (1999: 1.868) considera equivocado o paralelo entre *a* e *para*, em sentenças do espanhol como (a) e (b): *a) Hizo una toquilla a su suegra / Le hizo una toquilla; b) Hizo una toquilla para su suegra / Le hizo una toquilla*. A substituição pelo clítico dativo da expressão *para su suegra* em (b) não seria adequada descritivamente, uma vez que levaria ao abandono do critério da substituição pelo clítico. Também no espanhol, o *lhe* redobra unicamente DPs introduzidos por *a*, como seria o caso em *Le hizo una toquilla a su suegra*. Segundo o autor, postular que sintagmas introduzidos por *a* e *para* desempenham a mesma função evidencia uma má aplicação da possibilidade de cliticização do argumento dativo, com base na sinonímia contextual, ou extralinguística (ver também Hernanz e Brucart, 1987; Campos, 1999).

[10] Para estudos sobre o redobro do clítico, particularmente no espanhol e francês, ver Jaeggli, 1992 e Kayne, 1975.

[11] O PE ainda se destaca por licenciar o argumento dativo opcionalmente expresso pelos pronomes plenos, sem o redobro, nos casos em que está deslocado para o início da sentença (i). Outro contexto que dispensa o redobro é o que envolve a presença de expressões como *só, até* etc. (ii).
(i) ***A ele*** *o João deu (lhe) uma grande ajuda.*
(ii) *Darei a notícia* ***só a ele.***

[12] Ver Raposo, 1999 e Gonçalves e Raposo, 2013.

[13] Importante observar que talvez a rigidez da codificação do OI no PE esteja sofrendo algum relaxamento, fortemente coibido pela imposição normativa. De fato, com relação à construção de Deslocamento à Esquerda Clítica, são constatados usos da preposição *para,* como notado por Peres e Móia (1995: 145-146). Os autores, que têm por objetivo apontar erros ou desvios da escrita jornalística em relação à norma padrão, comentam o erro numa frase como (i):
(i) *Para o jovem Proust esta filosofia parece-lhe a princípio irrefutável.*
O erro, segundo os autores, consiste apenas no fato de ter sido usada a preposição *para* em lugar da preposição *a*, que é, no português, a preposição característica dos complementos indiretos. A correção exige que se alterne a preposição, além da pontuação adequada:
(ii) *Ao jovem Proust, esta filosofia parece-lhe, a princípio, irrefutável.*

[14] As mudanças no quadro dos pronomes que hoje caracterizam o PB em oposição ao PE têm inspirado ainda vários estudos em aquisição da linguagem, entre eles Kato (2005).

[15] Freire (2000) considerou, além do OI oblíquo, ou seja, preposicionado, e do OI clítico, as possibilidades de o complemento se realizar como OI nulo ou como um SN anafórico. Como vamos focalizar a variação entre as duas primeiras formas, e pelo fato de não haver consenso quanto a considerar as duas últimas como efetivas variantes (no sentido laboviano) (ver Berlinck, 2000b; Cyrino, Nunes e Pagotto, 2009), optamos por não apresentar os demais resultados do autor.

[16] As autoras ressaltam o caráter semiformal desses textos de natureza argumentativa, identificável pela presença de marcas de oralidade e falhas ortográficas. Vê-se claramente que não há qualquer revisão por parte de editoria do *Fórum.*

[17] Como o leitor poderá facilmente observar, embora tenhamos tratado os verbos que expressam evento de transferência/movimento ao lado dos verbos de criação, igualando-os como contextos ditransitivos que licenciam um OI (cf. seção "Argumentos aplicados e argumentos preposicionados"), os últimos não serão incluídos nesta seção, a qual está pautada na proposta teórico-metodológica aqui aplicada. Tal fato, porém, não implica nenhum prejuízo da nossa abordagem. Primeiro porque a perda dos clíticos dativos de 3ª pessoa é um fato generalizado da gramática do PB e atinge os diferentes tipos de verbos. Em segundo lugar, levando em conta a substituição do *a* pelo *para* na introdução do OI, nossa intuição de falantes nativos favorece o uso de *para* com os verbos de criação (cf. Moretti, 2010 e Armelin, 2011). Da mesma forma, o levantamento de dados disponibilizados no Google mostram a predominância da preposição *para,* como exemplificado com o verbo *preparar* (um jantar):
Jorge ensina o que não fazer durante um jantar romântico - Fotos ...
(http://entretenimento.r7.com/vitoria/fotos/jorge-ensina-o-que-nao-fazer-durante-um-jantar-r...)
3 mar. 2015 ... *Jorge, que se transformou em um homem extremamente romântico,* ***preparou um jantar para Laíza*** *com direito a vinho e luz de velas.*

jantar 5 sentidos Natura com Bel Coelho - Lia Quinderé
(http://www.liaquindere.com.br/jantar-5-sentidos-natura-com-bel-coelho/)
22 out. 2012 ... *Recebi um convite super especial semana passada, para ir a um programa muito diferente e inusitado. A Natura* ***preparou um jantar só para convidados,*** *assinado pela Chef Bel Coelho do Dui de São Paulo.*

Por fim, é necessário ressaltar que o OI com verbos de criação é preferencialmente interpretado como beneficiário, não se diferenciando, nesse aspecto, da variante preposicionada. Isso também ocorre no PE.

[18] Tarallo (1983: 166-193), pioneiramente, em seu estudo sobre pronominalização e relativização, avalia a expressão do OI pronominal no período de três séculos (XVIII a XX). Seu interesse estava em verificar o grau de retenção pronominal. Nesse sentido, constata as seguintes frequências de retenção pronominal, segundo o momento analisado: XVIII-1ª metade: 100%, XVIII-2ª metade: 100%, XIX-1ª metade: 97,9%; XIX-2ª metade: 79%; 1982: 41%. O autor não controlou a forma de realização do OI pronominal lexicalizado (se pronome clítico ou sintagma preposicionado), foco do nosso estudo.

[19] Cf. Guedes e Berlinck (2000) para anúncios de jornais, Barbosa e Lopes (2006) para cartas de leitores/redatores de jornais, e Simões e Kewitz (2006) para cartas pessoais.

[20] A escolha dessa fonte de dados se deveu ao maior grau de informalidade dos textos de revistas femininas, comparativamente aos dos jornais, no mesmo período. Os dados foram colhidos em edições de *Capricho, Ilusão, Claudia, Casa Claudia, Boa Forma, Criativa, Viva mais!*. Sobre o uso de cartas de leitores de revistas como fonte para estudos linguísticos, ver também Marine (2009) e Bueno (2014).

[21] Os resultados apresentados na Figura 3 vêm da análise das amostras de cartas pessoais já mencionadas (cf. Tabela 8). Para permitir uma melhor visualização do percurso de mudança, os dados do século XIX foram tratados conjuntamente.

[22] Também são notáveis os casos tratados como processos de gramaticalização em que um item pertencente a uma categoria lexical passa a se comportar como um item funcional (ver Roberts e Rousseau, 2003). Para um estudo sobre a formação do futuro no português arcaico, dentro da perspectiva da gramaticalização, ver Ribeiro, 1993.

[23] *Double Object Construction* (DOC).

[24] A sigla PP (*Prepositional Phrase*) para se referir a Sintagma Preposicional.

[25] Segundo Jackendoff (1990) há dois tipos de construções ditransitivas marcadas pela Semântica da Transferência, a saber, a transferência de localidade e a transferência de posse, expressa estruturalmente em nossa análise. Jackendoff foi um dos primeiros a formular uma representação lexical conceptual deste contraste nos dois predicados. Ele discute as propriedades relevantes do contraste em termos da ideia de que meta para uma localização (*goal to location*) é conceptualmente definida como uma posição no espaço, enquanto meta da posse (*goal to possession*) é definida como um indivíduo (cf. Salles, 1997).
(i) *Mary gave a book to the student.*
(ii) *Mary put a book on the shelf.*
A transferência expressa na construção locativa (ii) implica o deslocamento de um objeto – o argumento afetado – *the book*. A transferência na construção possessiva (i) implica o deslocamento abstrato de posse – e o argumento afetado é a meta da posse – o estudante.

[26] Agradecemos aos nossos informantes portugueses que nos propiciaram tais julgamentos. Como falantes do PB, não teríamos nenhuma intuição a esse respeito.

[27] Cf. Cordial-Sin (*corpus* dialectal sintático), disponível em <www.clul.ul.pt/pt/recursos/212-cordial-sin-syntax-oriented-*corpus*-of-portuguese-dialects>, acesso em 14 mar. 2018.

[28] Para uma abordagem formal da perda dos OIs dativos no PB, cf. também Figueiredo Silva, 2007.

[29] Cf. Lightfoot (1991, 1999, 2002, 2006).

[30] Importante entender que o termo "léxico" é usado para se referir tanto às categorias lexicais ou abertas, entre elas, verbo, nome, adjetivo, como também às categorias funcionais, incluindo as que expressam traços gramaticais como flexão, tempo, número, pessoa, Caso e outros.

[31] Cf. págs. 14-15 e notas de rodapé, 3, 4, 5, 6, 7, para a apresentação dos *corpora*.

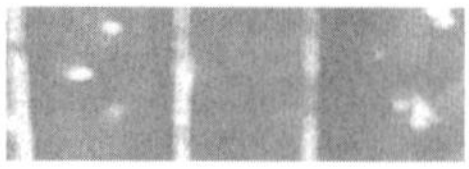

A ORDEM DO SUJEITO EM CONSTRUÇÕES DECLARATIVAS NA HISTÓRIA DO PORTUGUÊS BRASILEIRO

Rosane de Andrade Berlinck
Izete Lehmkuhl Coelho

SUMÁRIO

APRESENTAÇÃO

A ordem do DP sujeito tem sido objeto de particular interesse dos estudos linguísticos no Brasil desde o final da década de 1980. Embora a língua portuguesa tenha sido considerada uma língua cuja posição do DP sujeito mais comum seja a ordem sujeito-verbo (SV), é bem sabido que a ordem verbo-sujeito (VS) também é possível em alguns contextos específicos.

Duas observações desses estudos são fundamentais: (i) se comparada a ordem VS encontrada nas diferentes fases históricas do português à sua frequência no português brasileiro (PB) atual, observa-se que na segunda a frequência é extremamente baixa. O português no curso de sua história parece ter perdido essa propriedade para verbos de mais de dois argumentos, em que se verifica a preferência pela ordem SVO; (ii) até o século XIX o português teria mantido um padrão semelhante a outras línguas românicas, como o espanhol e o italiano, com possibilidades relativamente livres de VS. A partir de então, mudanças na gramática do português escrito no Brasil teriam resultado no aumento das restrições à ordem VS hoje encontradas, com alternativas relacionadas basicamente à monoargumentalidade (cf. Lira, 1986; Kato e Tarallo, 1988; Berlinck, 1989, 1995; Figueiredo Silva, 1996; Coelho, 2000, 2006; Zilles, 2000; Pilati, 2002, 2006; Spano, 2008; Santos, 2008; Gravina, 2014; entre outros).

Os exemplos em (1) ilustram casos de VS encontrados em uma das amostras utilizadas neste trabalho, a de documentos escritos no Rio de Janeiro, dos *corpora* do projeto Para a História do Português Brasileiro (PHPB), relativos ao século XIX.

(1) a. [19,2 CP RJ] *Em 2 do corrente escrevi-te dando conta das despezas que fez* ***o Chico*** *durante o mez passado.*

b. [19,2 A RJ] *Domingo 21 do corrente deve ter lugar a festa da padroeira, prega ao evangelho o* ***Padre José Herculano da Costa Brito,*** (...)

c. [19,2 CP RJ] *Amanhã será* ***o Chico*** *ainda sojeito ao exame do Doutor Valladão, especialista em molestias nervosas.*

d. [19,2 CP RJ] *que devem ser dirigidos para a Rua de João no 19 - Nichteroy, onde reside* ***o tio Torquato.***
e. [19,2 CP RJ] *Chegou aqui ha 2 dias* ***o Bernardo e família*** *que vieram passar uns dias cá.*

Observando esse conjunto de possibilidades de VS no século XIX, não é difícil de perceber que as construções (1a), (1b) e (1c) não devem ser encontradas com facilidade no PB atual, levando em conta apenas nossa intuição linguística sobre elas. Já (1d) e (1e) parecem bastante comuns.

A proposta deste capítulo é resgatar os resultados, as conclusões e as discussões acerca da posição do DP sujeito no português escrito no Brasil durante os séculos XIX e XX, com o objetivo geral de traçar a história desses processos e oferecer respostas teóricas às seguintes questões: (i) quais as condições linguísticas que permitem a ordem VS ao longo dos séculos investigados?; (ii) VS é um padrão único ou é a manifestação de diferentes estruturas sintáticas?; (iii) há uma correlação direta entre estrutura sintática (SV/VS) e função discursiva?

De modo a alcançar esse objetivo geral, utilizamos uma amostra de documentos (cartas de leitores, anúncios e cartas pessoais) dos séculos XIX e XX disponível nos *corpora* do PHPB, com o propósito de descrever

i. a variação da ordem do DP sujeito, ao longo da história do português escrito no Brasil, buscando observar quais são as condições linguísticas que permitem a ordem VS;
ii. as tendências majoritárias de uso da ordem VS(O), identificando a posição do verbo na construção – se verbos em primeira, segunda ou terceira posição;
iii. os padrões sintáticos que superficializam as ordens VS, [XP]VS e (XP) V[XP]S,[1] e
iv. a correlação existente entre ordem VS e foco.

O texto está organizado como segue. Na primeira seção, faremos um breve panorama da posição do DP sujeito e do verbo no quadro da gramática gerativa e das funções discursivas de tópico e de foco, com o propósito de estabelecer uma correlação entre essas funções e as ordens SV e VS. A segunda seção é destinada à descrição e análise da variação e mudança da ordem do DP sujeito em amostras disponíveis nos *corpora* do PHPB dos séculos XIX e XX. Nessa seção, as discussões dialogam e se apoiam em resultados de um conjunto de estudos empíricos de orientação variacionista. A terceira seção é dedicada à análise dos padrões de VS disponíveis na escrita brasileira dos séculos XIX e XX, seguida das considerações finais.

BREVE PANORAMA DOS ESTUDOS SOBRE POSIÇÃO DO DP SUJEITO NO QUADRO DA GRAMÁTICA GERATIVA

Dentro da tradição da teoria gerativa, costuma-se dizer que, embora as relações de dependência entre os constituintes do VP sejam estruturalmente as mesmas, a ordem desses constituintes varia entre as línguas (cf. Chomsky, 1981; Hornstein, Nunes e Grohmann, 2005; Koopman e Sportiche, 1991). A ordenação dos constituintes, especialmente do DP sujeito em relação ao verbo, estaria relacionada, dentre outros fenômenos, ao Parâmetro do Sujeito Nulo (ou parâmetro pro-drop). Investigações em torno desse parâmetro foram decisivas para fazer o tema da posição do DP sujeito emergir como uma questão relevante para a construção da história do português escrito no Brasil.

O estudo dessa história tem revelado um desenvolvimento paralelo de pesquisas focalizando o processo de preenchimento do sujeito pronominal[2] e da perda de padrões de inversão do DP sujeito. Desde a década de 1980, um conjunto de contribuições importantes foi dado pelo grupo de trabalho desenvolvido na Universidade Estadual de Campinas por Mary Kato e Fernando Tarallo acerca da sintaxe do PB, sob uma perspectiva que concilia modelos gerativistas – especialmente do quadro da Teoria de Princípios e Parâmetros – com métodos de análise quantitativa laboviana. A interpretação teórica, de acordo com esse grupo de trabalho, é a de que muitas das propriedades sincrônicas encontradas na gramática do PB são resultado de uma mudança paramétrica.

De modo geral, os estudos mostram que línguas românicas [+pro-drop] como o espanhol e o italiano permitiriam o DP sujeito pós-verbal com qualquer tipo de verbo (transitivos, intransitivos, copulares ou inacusativos). No PB atual, entretanto, é bastante restrita a ordem VS, sendo aceita (mais) naturalmente com verbos monoargumentais (especialmente quando forem inacusativos). Dessas descobertas, estudos como o de Kato e Tarallo (1988) e muitos outros subsequentes (como, por exemplo, Duarte, 1993, 1995; Figueiredo Silva, 1996, Duarte, Mourão e Santos, 2012) tiraram uma conclusão bastante importante: o português escrito no Brasil estaria sofrendo uma mudança paramétrica, deixando de ser uma língua [+pro-drop] para ser uma língua [-pro-drop].[3] E essa hipótese parece ser corroborada pelo tipo de restrições impostas pelo português à ordem VS.

Estudos gerativistas apontam que há duas áreas importantes de exploração relacionadas à posição do DP sujeito: uma área central em que os constituintes [XP]s têm definidas suas funções gramaticais, em especial sua interpretação temática, e uma área periférica das posições não argumentais, chamada de CP.

No primeiro caso, as diferentes posições em que o DP sujeito se encontra seriam explicadas pelas relações (i) entre os verbos e seus argumentos internos e externos, (ii) entre os verbos e o papel temático desses argumentos e (iii) entre os verbos e a posição desses argumentos na sentença. Em (iii), considera-se em especial o tipo categorial do [XP] antes do verbo.

No segundo caso, o movimento dos constituintes para núcleos funcionais de tópico e de foco, por exemplo, também poderia atuar na determinação da ordem do DP sujeito. É comum na literatura atrelarem-se DPs [+definidos] à função de tópico e DPs [-definidos] e/ou novos à função de foco. As seções, a seguir, vão trazer reflexões teóricas sobre a sintaxe dessas construções, levando-se em consideração a abordagem cartográfica.

A sintaxe da posição do verbo

Há na literatura gerativista reflexões importantes a respeito da posição do verbo (verbos em primeira, segunda ou terceira posição) que podem nos ajudar a compreender melhor a posição do DP sujeito em sentenças-matrizes e subordinadas da escrita brasileira. Para abrir essa discussão, trazemos inicialmente questões sobre a evolução gramatical das línguas românicas no que diz respeito à posição do verbo. Muitos estudos têm procurado investigar se, em estágios antigos dessas línguas, há evidências de que manifestaram algum tipo de efeito V2 (verbo em segunda posição), efeito conhecido como de inversão germânica.

As línguas V2 se caracterizam pela recorrência de verbos flexionados aparecerem na segunda posição da oração, precedidos por um constituinte, que pode ser um DP sujeito, um argumento não sujeito ou um adjunto. Ou seja, um constituinte que não sofre qualquer restrição sintática. De acordo com a teoria gerativa (cf. Adams, 1987, 1988; Benincà, 1984; Roberts, 1993), nesse caso, o verbo se move para o núcleo de CP e o constituinte que o precede fica na posição de especificador de CP, como mostra a representação em (2).

(2) $[_{CP}$ XP V_i $[_{IP}$ DP t_i $[_{VP}$ ... t_i ...]]]

Esse fenômeno V2 é associado normalmente à descrição das línguas germânicas – exceto o inglês, que ao longo de sua história perdeu tal propriedade.[4]

Tal como se observa no alemão, esse efeito V2 pode apresentar uma assimetria entre sentenças-matrizes e sentenças subordinadas. Nas sentenças-matrizes, um verbo finito sobe para CP e aparece em segunda posição na construção, antecedido por um constituinte argumental ou por um adjunto. Em sentenças subordinadas, entretanto, em que o núcleo C é preenchido lexicalmente, a subida do verbo é bloqueada, já que o complementador estaria ocupando aquela posição. Nesse caso, o verbo fica em posição final. Ilustram essa sintaxe os exemplos em (3) e (4) do alemão (cf. Roberts, 2007).

(3) a. *Ich **las** schon letztes Jahr diesen Roman.*
Eu li já no ano passado este romance.
b. *Diesen Roman **las** ich schon letztes Jahr.*
Este romance li eu já no ano passado
c. *Schon letztes Jahr **las** ich Diesen Roman.*
Já no ano passado li eu este romance.

d. * *Schon letztes Jahr ich* ***las*** *Diesen Roman.*
Já no ano passado eu li este romance.
'Eu já li este livro no ano passado'

(4) a. *das der Hans das Buch* ***gelesen hat***
que Hans o livro lido tem
b. *... *das* ***hat*** *der Hans das Buch* ***gelesen****.*
que tem Hans o livro lido
'que Hans leu o livro'

Como evidenciam os exemplos em (3), em sentenças-matrizes o verbo se move para o núcleo de CP. Se o DP sujeito não for o elemento que se move para a posição de especificador de CP, a ordem VS é derivada necessariamente, como ilustram o argumento não sujeito *Diesen Roman* em (3b) e o adjunto (adverbial) *Schon letztes Jahr* em (3c) em posição pré-verbal. Como (3d) mostra, mais de um constituinte argumental ou adjunto nessa posição pré-verbal produz uma sentença agramatical. Nas subordinadas não há movimento do verbo para o núcleo de CP, conforme os pares em (4a) e (4b) atestam.

Vale ressaltar que línguas V2 como o alemão são consideradas V2 prototípicas, uma vez que o verbo sobe para CP nas declarativas matrizes e só é bloqueado o movimento nas orações subordinadas, como em (4). É importante lembrar, porém, que, nessa língua, a ordem básica é SOV (língua de núcleo final) e que as ordens SVO, OVS e PPVS são derivadas pelo movimento do V para C e pelo movimento de um constituinte argumental ou adjunto para a posição de especificador de CP.

Há controvérsia na literatura quanto à análise das línguas V2. As línguas V2 modernas têm sido divididas em línguas V2 assimétricas e V2 simétricas. As línguas em que o efeito V2 ocorre nas orações-matrizes, mas não nas orações subordinadas, como é o caso do alemão, são consideradas línguas V2 assimétricas. Nas línguas simétricas, como as escandinavas (o sueco, o norueguês, o dinamarquês, o islandês), por sua vez, o efeito V2 é generalizado. É observado tanto nas sentenças-matrizes quanto nas subordinadas.

Há uma série de estudos que propõem que o movimento do verbo nas línguas assimétricas é diferente do movimento do verbo nas línguas simétricas. Nesse caso, duas hipóteses bem distintas aparecem na literatura: 1) há trabalhos que trazem evidências de que o verbo de construções-matrizes e subordinadas se move para uma posição mais baixa (talvez até o núcleo de IP), com a posição de especificador abrigando um elemento pré-verbal, seja ele um sujeito ou não. Um exemplo prototípico desse tipo de língua seria, segundo Santorini (1989), o iídiche. 2) Há estudos (cf. Vikner, 1995) que levam em consideração que nas línguas V2 simétricas há possibilidade de recomplementação de CP, isto é, presença de duas projeções CP, uma para hospedar a conjunção (se a sentença for subordinada) e outra para hospedar o constituinte fronteado e o verbo. Nesse caso, seria possível acreditar que o verbo de construções-matrizes e subordinadas se move para posições de núcleo do CP. O movimento do verbo de construções-matrizes seria semelhante ao movimento do verbo nas línguas assimétricas, um movimento do verbo (e do elemento que o antecede) para CP.

Estamos adotando aqui a segunda hipótese. Nesse caso, segundo Pinto e Antonelli (2014: 170),

> [...] *no caso das orações subordinadas com ordem linear V2, o complementizador seria concatenado no núcleo de uma categoria CP mais alta, ao passo que o verbo e o XP pré-verbal ocupariam, respectivamente, o núcleo e o especificador de um CP mais baixo. Ou seja, tanto línguas assimétricas quanto línguas simétricas formariam a ordem V2 na periferia da sentença.*

A hipótese da presença de duas (ou mais) projeções CP foi ganhando força dentro da abordagem cartográfica. Segundo Rizzi (1997), a esquerda da sentença pode abrigar uma estrutura de CP expandido, contendo projeções como ForceP e FinP, como ilustra a representação hierárquica em (5). Nesse sentido, CP seria um campo e não uma projeção.

(5) $[_{ForceP} \dots [_{TopP} \dots [_{IntP} \dots [_{FocP} \dots [_{TopP} \dots [_{FinP} \dots [_{IP} \dots]]]]]]]$

A partir dessa proposta de Rizzi (1997), alguns estudos reinterpretaram o efeito V2 como desencadeador dos seguintes requerimentos:

a. movimento do verbo para o núcleo Fin;
b. movimento de um constituinte argumental ou adjunto para a posição de especificador de FinP;

c. restrição de somente um constituinte argumental ou adjunto na posição pré-verbal;
d. assimetria de movimento do verbo entre sentenças-matrizes e subordinada.

O efeito V2 foi amplamente debatido pelos estudiosos que têm se debruçado na análise das línguas românicas, seja anteriormente, seja posteriormente à proposta de CP expandido de Rizzi. Observamos primeiramente alguns estudos gerativistas (cf. Roberts, 1993, 2004; Ribeiro, 1995, 2010; Torres Morais, 1993; Pinto, 2011, 2012; Antonelli, 2011a,b; Pinto e Antonelli, 2014, entre outros) que trazem evidência empírica para se falar que em fases antigas de línguas românicas,[5] como por exemplo o francês antigo (FA), o espanhol antigo (EA)[6] e o português antigo (PA),[7] pode ter havido algum tipo de efeito V2. Vejamos brevemente algumas discussões sobre essa hipótese.

Para Roberts (1993), o FA admitia em sentenças-matrizes o licenciamento de sequências com verbos em segunda posição similares às encontradas no alemão, um movimento do verbo para C e de um constituinte argumental ou adjunto para a posição de especificador de CP, produzindo um efeito V2.[8] Essa restrição gramatical V2 teria sido perdida no francês médio.

Parece haver na história do FA, segundo Roberts (1993), um movimento conjugado de perda de V2 (com VS) com a perda do sujeito nulo e a perda da possibilidade de VS em interrogativas com sujeito lexical. O francês, ao perder a restrição V2, segundo o autor, estaria reanalisando as declarativas SVO como uma configuração V2 (com SV) em IP.

Um dos primeiros trabalhos a defender que o PA se caracterizava como uma gramática V2 é de Ribeiro (1995). Em seu trabalho, a autora investiga textos portugueses produzidos entre os séculos XIII e XVI. Para Ribeiro, as sentenças-matrizes do PA refletem, sobretudo, construções que se assemelham muito com os casos de V2 encontrados no alemão, como põem à vista os exemplos em (6) (cf. Ribeiro, 1995: 113-114).

(6) a. ***O honrado Padre São Beento*** *deu todalas cousas.*
b. *E* ***desto*** *se nembrou el.*
c. ***Com tanta paceença*** *sofria ela esta enfermidade.*

Notemos que em (6a) o constituinte fronteado é o DP sujeito, em (6b) é um argumento não sujeito e em (6c) um adjunto (adverbial). Ribeiro (1995) interpreta esse tipo de similaridade com o alemão como uma evidência de que o PA, assim como o FA, era uma gramática que instanciava alçamento de V para C e fronteamento obrigatório de algum constituinte argumental ou adjunto para [Spec, CP].

Diferentemente do alemão, no PA parece haver evidência de movimento do verbo para CP também nas sentenças subordinadas, como o exemplo de [XP]V em (7) atesta (cf. Ribeiro, 1995: 119).

(7) *E por esso diss'el que **aqueles juízos de deus** pronunciara **el** que...*

Ressalte-se que tanto em sentenças-matrizes, mostradas em (6b) e (6c), quanto em sentenças subordinadas, em (7), o sujeito é um pronome anafórico, que deve estar ocupando a posição de especificador de IP. Essa é uma evidência de que o verbo e o constituinte argumental que o antecede devem estar em uma posição mais alta.

Ribeiro aponta ainda que diferentes tipos de constituintes podem ser fronteados de uma sentença encaixada para o domínio da oração-matriz, desencadeando a ordem VS. Em (8), por exemplo, o DP objeto da sentença encaixada é fronteado para a oração-matriz, e o que se vê é o DP sujeito da oração-matriz aparecendo na posição pós-verbal do verbo finito (Ribeiro, 1995: 59).

(8) *E [**estes**]$_i$ dizia **el-rrei** que mandava matar **t**$_i$ porque forom da parte da rrainha dona Branca*

Essa é mais uma evidência de que [XP]VS é resultante da natureza V2 da gramática do PA em que o [XP] na posição pré-verbal é um constituinte deslocado.

Observando esse efeito V2 em documentos do português dos séculos XVI e XVII (isto é, do português médio ou português intermediário ou clássico, doravante PC)[9], Torres Morais (1993) encontrou evidências semelhantes, com diferentes tipos de constituintes podendo preceder o verbo finito na ordem [XP]V, o que sugere que a posição pré-verbal naquela época não era exclusiva do sujeito. Na visão da autora, isso pode ser tomado como uma evidência de que o português ainda se comportava como um sistema V2, ou seja, como uma gramática que instanciava movimento sistemático do verbo para a periferia da sentença, com o fronteamento de um constituinte argumental ou adjunto para a posição pré-verbal.

Além de casos de V2 como os discutidos anteriormente, Torres Morais considera uma outra evidência de que sentenças com um argumento não sujeito precedendo o verbo são ilustrativos da ordem V2, casos em que o DP sujeito aparece após o auxiliar nos complexos verbais (Aux-S-V), como ilustrado em (9) (cf. Torres Morais, 1993).

(9) ***Cada dia*** *vão os padres visitar os enfermos.*

Casos como este, encontrados por Torres Morais, são semelhantes ao padrão VS de línguas V2 como o alemão, em que o DP sujeito segue imediatamente o verbo auxiliar. Vale ressaltar, no entanto, que casos do PA como (9) sugerem que, embora fosse V2, a ordem linear dos constituintes que seguem o verbo auxiliar alçado [OS PADRES visitar os enfermos] é SVO, contrariamente às línguas germânicas, em que essa ordem seria necessariamente SOV (com núcleo final).

Enfim, de acordo com Ribeiro (1995) e Torres Morais (1993), parece que o PA e o PC apresentam propriedades de um sistema V2 simétrico, em que o fenômeno de subida do verbo para CP é observado tanto nas sentenças-matrizes quanto nas sentenças subordinadas.[10] As autoras trazem evidências empíricas bem robustas de que o verbo deve ter se movido para a periferia de IP.

Ao analisar as possibilidades de ênclise nas sentenças subordinadas do PA, Ribeiro (2010) assume a proposta cartográfica da periferia à esquerda de Rizzi (1997), trazendo reflexões importantes sobre a hipótese levantada em 1995 de que deve haver no PA efeito V2.

Duas possibilidades de realizações estruturais do PA, apresentadas pela autora, são importantes para a nossa discussão (cf. (iii) e (iv) de Ribeiro, 2010: 36):

> (iii) o verbo flexionado sempre se move para Fin, o que caracteriza o PA como um sistema V2; o movimento de V-to-Fin é independente do clítico, ou seja, V não passa por CL no seu caminho para Fin;

(iv) Spec/Fin pode hospedar constituintes tematizados [...]; constituintes focalizados se movem para Spec/Foco [...]; nestes dois casos, o CL se move para os respectivos núcleos e se adjunge a V. O movimento do clítico se justifica para verificar os traços de [+específico] que constituintes tematizados ou focalizados carregam.

Os exemplos a seguir do PA, retomados de Ribeiro (2010: 31-33), ilustram essas duas possibilidades de efeito V2, com movimento do verbo para a periferia à esquerda de IP em sentenças subordinadas.

(10) a. *disse-lhis que [*$_{FinP}$ ***taaes custumes*** *aviam [*$_{IP}$ *eles que non poderian conviĩr con os seus* (DSG- séc. XIV)[11]

b. *a min semelha [*$_{Foc\ P}$ *que [*$_{FocoP}$ ***en vååo*** *cuidava [*$_{FinP}$ t_{foco} t_{verbo} *[*$_{IP}$ *eu que en terra de Italia non avia padres santos que fezessen miragres e maravilhas* (DSG- séc. XIV)

c. *ca temia o santo bispo [*$_{ForcaP}$ *que, [Frame se os homens soubessen aquelo que acaecera, [*$_{FocoP}$ ***tanta vãã gloria*** *lhi creceria [*$_{FinP}$ $t_{foco\ tcl+v}$ *en seu coraçon quanto louvor lhi dessen os omens aa de fora* (DSG- séc. XIV)

Segundo a autora, em (10a), o constituinte tematizado (o objeto direto) é um DP inferível, que está ocupando a posição de especificador de Fin. Nesse caso, o verbo sobe até o núcleo de FinP. Em (10b) e (10c), os constituintes focalizados, o advérbio e o sujeito, respectivamente, estão ocupando a posição de especificador de Foco. Essa análise assume que a posição à esquerda do verbo na ordem [XP]V pode hospedar tanto constituintes dados ou inferíveis, como constituintes novos, sem restrição semântico-discursiva.

Tomando esse modelo, é possível dizer, portanto, que no PA o padrão V2 se manifesta tanto nas sentenças-matrizes quanto nas subordinadas pelo movimento do verbo para o núcleo da projeção FinP (fora de IP), e como movimento adicional (se ativado) para FocP ou TopP.

A hipótese de que o PC pode ser considerado uma língua V2 também foi levantada pelo grupo de pesquisadores coordenado por Galves na Universidade Estadual de Campinas (cf. Paixão de Souza, 2004; Galves, Brito e Paixão de Souza, 2005; Antonelli, 2011a, b). Conforme os autores, há evidências empíricas para se dizer que existe uma diferença bem significativa entre dois períodos do português (PC e PE) no que diz respeito crucialmente à perda do movimento do verbo para C, tanto nas sentenças-matrizes quanto nas subordinadas, ou seja, à perda do fenômeno V2.

Segundo Paixão de Sousa (2004),[12] há dois tipos de estruturas de [XP] V no português antigo: casos em que [XP] está em uma posição de adjunção [XP#VS][13] e casos em que [XP] é um elemento fronteado [#XPVS]. Um dos contextos que melhor caracterizam a posição de adjunção diz respeito à retomada clítica, como ilustram os exemplos em (11). Um dos casos que mais caracterizam o elemento fronteado – contexto que interessa particularmente a este trabalho – é o uso da próclise, conforme os exemplos em (12) (cf. Paixão de Souza, 2004: 101, 104, 125 e 158, respectivamente).

(11) a. ***A São Mateus**, mudou-**lhe** o livro das contas pelo do Evangelho* (CTB-00296-3-ber-1644).
b. ***A mim** faz-**me** o efeito de desaparecer metade da sociedade de Lisboa* (CTB-01004-7-ort-1836)

(12) a. *Claramente **o** disse São Paulo: Nolite inebriari vino, in quo est luxuria* (CTB-05419-ber-3-1644)
b. *Uma carta de Vossa Reverência **me** deu o Padre Frei Ene perto de Cascais* (CTB-12541-3-mel-1608)

A autora argumenta que: (i) a retomada clítica é um forte indicativo de que nesse caso não há movimento do [XP] na sintaxe, mas sim adjunção a uma posição externa. No português médio a ênclise quando manifestada é uma característica de adjunção; (ii) a posição do clítico é indicadora da posição interna ou externa dos elementos pré-verbais, uma vez que o clítico não pode ser o primeiro elemento da frase (cf. generalização de Tobler Musafia). Nesse caso, [XP] quando seguido de clítico, como nos exemplos apresentados em (12), em [XP]clVS, é alçado para a posição inicial por movimento na sintaxe e não poderia corresponder a um [XP] externo.

Ainda, para Paixão de Sousa (2004), a inversão germânica (ou mais caracteristicamente a configuração [XP]VS) não é a rigor uma inversão, pois o DP sujeito em VS está em sua posição regular de checagem de traços de Caso e de flexão. Nesses casos, o que se observa é o movimento de um constituinte do VP para uma posição mais alta (fora de IP). Esse movimento envolve o fronteamento do constituinte (saliente) para ocupar a posição de determinada categoria funcional (seja de foco ou de tópico),[14] para cujo núcleo o verbo se move.

Para a autora, "*seria razoável propor que nos textos clássicos está ativa uma posição pré-verbal para fronteamento de constituintes regida por propriedades do tipo V2*" (Paixão de Souza, 2004: 162). A perda gradativa do movimento do [XP] provoca uma mudança no padrão de colocação de clítico – de próclise para ênclise – associada a uma alteração na ordem entre o DP sujeito e o verbo: a generalização da ênclise e o aumento de construções SV, instanciando a gramática do PE. Com a ausência do alçamento do verbo para o núcleo de CP, o DP sujeito tende a aparecer cada vez mais em uma posição fixa (SVO).

Antonelli (2011a, b), utilizando textos do *Corpus* Tycho Brahe de autores portugueses nascidos entre a primeira metade do século XVI e a primeira metade do século XIX, assume essa hipótese da perda do movimento do clítico, acrescentando à discussão das autoras propriedades sintáticas outras que podem identificar um efeito V2 no PC, como veremos a seguir. O autor também retoma e assume a discussão de Ribeiro (1995, 2010) sobre os efeitos de V2 na sintaxe do PA e investiga em documentos, especialmente do século XVII, se a gramática do PC também instancia propriedades de língua V2. Para tratar da posição dos verbos nessas sentenças, o autor utiliza também a proposta de abordagem cartográfica de Rizzi (1997), especificamente a que se refere à periferia esquerda da sentença, assumindo que nessas construções V2 há evidências de que o verbo se move para um núcleo fora de IP.

Retomando exemplos de Ribeiro (1995), como os ilustrados em (6), e utilizando textos do século XVII, Antonelli (2011b) relaciona casos de V2 do PA às estruturas-matrizes encontradas no PC, mostrando as semelhanças entre as estruturas encontradas nessas duas épocas. Para tanto, o autor testa as seguintes propriedades:

a. Se o deslocamento do objeto para a periferia da sentença, na posição pré-verbal, aceitaria ordem SV, como em [XP]SV. Em línguas V2 esse padrão é agramatical.

b. Se o movimento do V para o domínio de CP seria independente do estatuto informacional do [XP] para o especificador de CP. Em línguas V2 a subida do verbo é determinada por razões puramente gramaticais. Os constituintes argumentais e adjuntos fronteados podem ser novos, inferíveis ou velhos. Nesse sentido, podem ocupar a posição de especificador de Fin ou a posição de especificador de Foco.
c. Se o DP sujeito de VS não está em uma posição de foco informacional.[15] Em línguas V2, o sujeito quando pós-verbal ocupa a posição de especificador de IP, podendo abrigar qualquer tipo de DP sujeito independentemente do seu valor discursivo.

As evidências encontradas por Antonelli mostram que nos casos que envolvem um deslocamento do objeto direto para a periferia da sentença, o DP sujeito aparece categoricamente na ordem VS, como mostram os exemplos em (13) (cf. Antonelli, 2011b: 507).

(13) a. ***Notável informação*** *deu este espírito em poucas palavras.*
b. *[...]* ***poucas saudades*** *teria este predistinado espirito de taes grandezas.*
c. ***Tudo isto*** *continha o papel daquele nobre senado.*

Note-se que nesses casos, como ressaltou o autor, não há restrições com respeito à função discursiva do DP sujeito, como se esperaria de uma língua com traço de foco informacional na posição pós-verbal. Os exemplos em (14), com pronome anafórico de terceira pessoa na posição pós-verbal, reforçam essa hipótese (cf. Antonelli, 2011a,b: 514).

(14) a. ***Chea de annos e achaques*** *se achava ella a este tempo.*
b. ***No mesmo tempo, em que como discípulo era mandado ouvir Filosofia,*** *compôs ele um Curso Filosófico para si.*
c. ***No dia seguinte*** *voltou ele com todos os outros em forma de Câmara a darem satisfação aos Padres do tumulto da noite antecedente.*

Se os dados do século XVII manifestassem evidência de que o português da época era uma língua não V2, segundo o autor, se esperaria que o fronteamento do objeto não alterasse a ordem do DP sujeito de sua posição pós-verbal, ou seja, a de [Spec, IP]. Nesse caso, estruturas [XP]SV seriam agramaticais. A partir desse conjunto de evidências, Antonelli conclui que o português daquela época instanciava sistematicamente movimento do verbo para C (ou para uma das projeções do campo CP), produzindo um efeito V2. Com relação à gramática que se desenvolve a partir do século XVIII, segundo o autor, quando começa a fase não V2 da língua, a gramática do PE, observa-se que o movimento do verbo ocorre apenas até o núcleo de IP. O DP sujeito nesse caso seria alçado para a posição de [Spec, IP], o que leva a prever um aumento na preferência por sentenças SV, atestadas na análise dos dados.

Como vimos nos trabalhos aqui apresentados, tudo indica que o PA e o PC podem ser considerados estágios da história do português que apresentavam o efeito V2, com movimento do verbo para CP. Uma das características da sintaxe do PE se baseia justamente na perda desse movimento do verbo, tanto nas sentenças-matrizes quanto nas subordinadas, ou seja, na perda do fenômeno V2. Essa mudança estaria correlacionada à generalização da ênclise e ao desenvolvimento da inversão românica [XP]VOS (cf. Paixão de Souza, 2004; Galves, Brito e Paixão de Souza, 2005; Antonelli, 2011a, b).

Com respeito aos trabalhos que comparam as diferentes fases da história do português (o PA e o PC, por exemplo) com o PB atual, no que diz respeito ao sistema V2, como vimos, as melhores contribuições são de Ribeiro (1995, 2010) e Torres Morais (1993). Ribeiro (1995) argumenta que o PA não é V2 no sentido estrito de refletir sempre o efeito V2 (como ocorre no alemão moderno), porque licencia estruturas V2 e também verbo em primeira posição. A autora analisa o PA como um sistema V2, no sentido de que o verbo ocupa sempre uma posição alta na periferia à esquerda das sentenças, e também como um sistema com possibilidades de verbo em primeira posição, nesse caso, possibilidades derivadas da propriedade de sujeito nulo.

Torres Morais (1993), ao descrever as construções de inversão do DP sujeito em peças de teatro escritas por brasileiros nascidos nos séculos XVIII, XIX e XX, apontou que as construções V2 disputavam espaço com um aumento de construções [XP]SV, o que pode evidenciar, segundo a autora, que a escrita brasileira estaria perdendo gradativamente a restrição V2 e reanalisando as declarativas como estruturas ([XP])SV(O). A progressiva tendência à ordem

SVO parece evidenciar, segundo a autora, que a partir do século XVIII as novas gerações de falantes brasileiros estavam atribuindo uma diferente análise a essas construções [XP]V.

Ribeiro (2001: 93) argumenta que a alegada "perda" da inversão germânica na gramática do português escrito no Brasil "*não deve ser tratada nos termos de mudança gramatical em termos de língua-I*". A inversão germânica é um padrão que deve estar associado à gramática do PA. Para a autora, os dados com inversão germânica encontrados em textos de brasileiros dos séculos XVIII e XIX devem ser opções estilísticas disponíveis na escrita de letrados. São como reflexos do padrão do PA, associados a opções de Língua-E e não necessariamente a uma estrutura gerada pela Língua-I. Observar se nos dados dos séculos XIX e XX encontraremos evidências desse padrão é um dos desafios deste trabalho.

Para a presente análise, interessa-nos saber se as evidências do sistema V2 indicam que o movimento do verbo para a periferia da sentença é uma opção disponível na amostra investigada e quais são os fenômenos sintáticos correlatos à perda desse padrão. Como a ordem [XP]clVS seria a configuração mais característica do fronteamento, vamos observar separadamente o comportamento das construções transitivas (com e sem clítico) em que há evidências de [XP] (argumental ou não argumental) fronteado, [XP]VS, a fim de que as ocorrências possam, de fato, ser consideradas como reflexo desse efeito. Feitas essas considerações com relação ao sistema V2, temos as seguintes perguntas para responder: (i) qual é a natureza das construções com verbos transitivos em segunda posição encontradas na amostra investigada?, e (ii) há evidências de que esse tipo de construção com verbos transitivos impõe restrições sintáticas e discursivas ao DP sujeito de VS?

A sintaxe da posição do sujeito e a função discursiva

Com o intuito de trazer mais respostas para a questão da posição do DP sujeito, em especial, para a possível relação que existe entre sintaxe e função discursiva, verificamos nesta seção como a estrutura informacional estabelece condições que identificam os constituintes que são tópicos e os constituintes que são focos. Partimos de discussões de Costa (1998: 149) a respeito das seguintes tendências verificadas na literatura:

(I) a. Sujeitos tendem a ser tópicos;
b. Objetos tendem a ser focos;
c. Definidos tendem a ser tópicos;
d. Indefinidos tendem a ser focos.

Em geral, para o desenvolvimento da análise aqui proposta, serão levados em conta os seguintes aspectos: a) a ordem do DP sujeito, b) a definitude do DP sujeito, c) os contextos de topicalização e de focalização do DP sujeito, tomando por base diferentes tipos de verbos. Consideramos que o lugar prototípico do tópico é à esquerda do verbo, e o lugar prototípico do foco é à direita do verbo em construções SVO.

Observamos a relação entre a posição do DP sujeito e as funções discursivas de tópico e de foco principalmente quando o DP sujeito da sentença veicula, respectivamente, a informação dada ou a informação nova. Para a teoria gerativa, seguindo a abordagem cartográfica, essas informações discursivas estão, em geral, em posições periféricas, seja periférica a IP seja periférica a VP, conforme as representações dadas em (15) e (16), em que a posição de TopP é a posição dedicada à topicalização, e a de FocP, à focalização.

(15) $[_{ForceP} \dots [_{TopP} \dots [_{IntP} \dots [_{FocP} \dots [_{TopP} \dots [_{FinP} \dots [_{IP} \dots]]]]]]$[16]
(16) $[_{CP} \dots [_{IP} \dots [_{TopP} \dots [_{FocP\ Foc} [_{Top} \dots _{VP}]]]]]$[17]

Como podemos observar, na representação de (15) as posições de tópico (TopP) e de foco (FocP) estão na periferia esquerda da sentença, externas a IP, uma posição não argumental. Paralelamente à periferia esquerda da sentença, parece que línguas como o italiano, segundo Belletti (2004a), têm outra projeção de foco imediatamente acima de VP, uma espécie de periferia de VP, como em (16). A projeção de FocP nos dois casos é circundada pelas projeções de TopP. Guesser e Quarezemin (2013) retomam a discussão de Belleti, discutindo os seguintes exemplos do italiano.

(17) a. ***Il tuo libro*** *ho letto, (non il suo)*
'O teu livro eu li, (não o dele)'
b. $[_{ForceP} [_{TopP} [_{FocP}$ IL TUO LIBRO$_i$ $[_{TopP} [_{FinP} [_{IP}$ ho letto t_i $]]]]]]$

(18) a. *Chi é partito /ha parlato? ('quem partiu / falou?)*
'É partito / ha parlato ***Gianni*** *(partiu / falou Gianni)'*
b. $[_{CP}$ ... $[_{IP}$ *pro* ... è partito / ha parlato ... $[_{TopP}$ $[_{FocP}$ GIANNI $[_{TopP}$ $[_{VP}$ ...]]]]]

Segundo as autoras, em (17) há evidências de que o DP [*Il tuo libro*] está em uma posição de foco contrastivo, posição não argumental. Já em (18), o DP [*Gianni*] responde a uma interrogativa-QU. É o DP sujeito de informação nova que ocupa a posição de especificador de FocP da periferia de VP. Nesse caso, o verbo sobe para um núcleo funcional mais alto que FocP e um *pro* referencial deve satisfazer o EPP na posição de sujeito pré-verbal (isto é, na posição de especificador de IP).

Mioto (2003), ao retomar estudos de Zubizarreta (1998) e Kiss (1998), que tratam de construções de foco, aponta que no PB atual podemos distinguir dois principais tipos de foco: (i) aquele que fornece uma informação nova solicitada, conhecido como foco de informação; (ii) aquele que agrega à informação nova outras informações adicionais como a de correção de uma informação já dada/conhecida (foco de contraste) ou como a que envolve uma informação exaustiva (foco de identificação). Para esta seção interessa o foco de informação, como ilustrado em (18).

As construções V[XP]S, caracteristicamente conhecidas na literatura como inversão românica podem corresponder a uma estrutura em que o DP sujeito fornece uma informação nova solicitada (isto é, em que ele é o foco de informação) e está em uma posição de foco mais baixa, na periferia de VP. Entender qual a função discursiva do DP sujeito que aparece nessa posição pós-verbal é um dos propósitos deste capítulo. A seguir, apresentamos uma discussão sobre a sintaxe dessas construções na escrita brasileira, em especial quando o DP focalizado é o sujeito.

FOCO E INVERSÃO ROMÂNICA

Para Costa (1998), é esperado que as peculiaridades sintáticas de cada língua sejam os primeiros fatores a determinar possíveis ordens dos constituintes. Essas peculiaridades, por exemplo, devem estar relacionadas com as propriedades das línguas de sujeito nulo, como apontamos anteriormente. Línguas de sujeito expresso, como o inglês, não apresentam ordem do

DP sujeito variável devido às restrições impostas pela sintaxe. Já em línguas como o espanhol e o italiano, o que determina a escolha diferente de ordem de palavras deve ser a necessidade de um constituinte focalizado ocorrer na posição à direita da sentença, permitindo dessa forma a interação entre prosódia e discurso. A informação nova do DP sujeito em VS provavelmente recebe o acento sentencial neutro.

Há evidências, segundo o autor, de que no PE o foco informacional sobre o DP sujeito somente seja possível na ordem VS, como em (19) e (20), independentemente do tipo de verbo. Já no PB atual essa ordem em alguns casos é bastante marginal.

(19) *Quem tossiu?*
a. *Tossiu* ***o Pedro*** (PE/*PB)
b. ***O Pedro*** *tossiu* (*PE/PB)

(20) *Quem comeu a maçã?*
a. *Comeu* ***o Pedro*** (PE/*PB)
b. ***O Pedro*** *comeu* (*PE/PB)

No PE, (19b) e (20b) não seriam respostas adequadas às interrogativas-QU de (19) e (20), diferentemente do PB atual, em que as respostas para essas perguntas só poderiam ser (19b) e (20b). A principal motivação para determinar a ordem VS no PE, de acordo com Costa, seria a necessidade de se focalizar o DP sujeito.

Esse tipo de sentença é conhecido na literatura como inversão românica ou inversão livre das línguas românicas [+pro-drop], em que o DP sujeito pós-verbal normalmente não vem contíguo a um verbo transitivo, intransitivo, copular ou inacusativo. Nesses casos, em geral, o verbo ocupa a primeira posição da sentença e o DP sujeito ocupa uma posição pós-verbal mais baixa, ou seja, pode estar depois do complemento do verbo, numa configuração V[XP]S. O que está em jogo, nesse tipo de inversão, é uma propriedade do DP sujeito, que corresponde a uma interpretação nova de foco não contrastivo (ou de foco informacional). A interpretação do segmento [VXP], entretanto, corresponde a uma informação dada ou previsível no contexto.

Para Belletti (2004a), a inversão livre constitui uma estratégia de focalizar o DP sujeito disponível apenas nas línguas que acessam diretamente uma posição mais baixa específica de foco (cf. representação em (16)). Nesses casos, a inversão é uma propriedade dos DPs sujeitos que são movidos para uma posição de foco. Os exemplos do português do século XIX, extraídos de Kato, Duarte, Cyrino e Berlinck (2006: 421), ilustram esse tipo de construção.

(21) a. *Tocou à minha cunhada, como principal bem de fortuna e fonte de renda,* ***a conhecida fábrica de meias da rua de Santa Engrácia***. (*A viúva Pitorra,* Simões Lopes Neto, 1896)
b. *Ora, daí em diante, começaram a chegar à minha mulher* ***as negras notícias a meu respeito***. (*A viúva Pitorra,* Simões Lopes Neto, 1896)

Tendências como as apresentadas em (21) mostram que a posição FocP acima de VP deveria estar disponível no século XIX para o DP sujeito focalizado. Nesses casos, o DP sujeito pós-verbal é uma informação não pressuposta, podendo ser interpretado como foco informacional. Essa construção V[XP]S seria independente do tipo de sentença (se matriz ou subordinada) ou do tipo de verbo (se transitivo, intransitivo, copular ou inacusativo). Como essa é uma propriedade do DP sujeito que manifesta uma interpretação de foco, espera-se que um pronome nessa posição final seja marginal, conforme já mostrou Ambar (1992: 63) para a ordem do sujeito nas interrogativas do PE.

(22) a. *Onde tem* ***ele*** *posto os livros*?
b. **Onde tem posto os livros* ***ele***?

Segundo Ambar, as regras de inversão de contextos pergunta-resposta (que nos interessam particularmente), em linhas gerais, seguem o mesmo padrão encontrado nas interrogativas-QU.

Estudos que tratam do PB atual mostram uma frequência bem baixa desse tipo de foco informacional recaindo sobre o DP sujeito na ordem V[XP]S, principalmente quando o verbo é transitivo. Costa e Figueiredo (2006) dizem que a impossibilidade de DPs sujeitos pós-verbais focalizados nesses casos deve ser consequência da mudança do parâmetro de sujeito nulo, de [+pro-drop] para [-pro-drop] (cf. Duarte, 1995; Duarte, Mourão e Santos, 2012), uma impossibilidade que não se observa no PE. A inversão do DP sujeito nesse caso é típica de línguas de sujeito nulo, pelo menos no domínio das línguas românicas.

Para explicar a restrição das construções V[XP]S no PB atual, Kato, Duarte, Cyrino e Berlinck (2006) retomam a generalização descrita com o rótulo de monoargumentalidade de Kato e Tarallo (1988) e tentam verificar se a perda do padrão V[XP]S em construções transitivas estaria relacionada à perda dos clíticos e ao peso do DP. As autoras retomam o argumento de Zubizarreta (1998)[18] a respeito de a ordem V[XP]S resultar do movimento em IP nas inversões livres de línguas de sujeito nulo. Segundo Zubizarreta, esse tipo de movimento é prosodicamente motivado e sensível a peso. Isso significa dizer que na ordem V[XP]S o DP sujeito, além de focalizado prosodicamente, em geral é um DP mais pesado.

Kato, Duarte, Cyrino e Berlinck (2006: 432) ressaltam que no PB atual quando há construções como V[XP]S o DP sujeito é geralmente mais pesado do que o [XP] interveniente. Analisando dados do início do século XVIII ao fim do século XX, as autoras encontram evidências empíricas de que a trajetória de mudança observada nesse tipo de inversão V[XP]S estaria correlacionada à forma (e ao peso) do objeto direto. Construções transitivas com DP sujeito final são encontradas no século XVIII na faixa de 13% e passam a ser pouco comuns no final do século XX, chegando a apenas 1%. Mas esses índices variam conforme o objeto direto fosse pronome clítico (23 a,b) – 31% no XVIII a 4% no XX –, objeto nulo (23c) – 17% no XVIII a 2% no XX –, ou DP (24d) – 5% no XVIII a 0% no XX (cf. p. 433).

(23) a. *Encontrou-me* ***o Pedro***.
b. *Comprou-o* ***a Maria****?*
c. *Comprou* ***o Pedro***.
d. ? *Comprou o livro* ***a Maria***.

Dadas as evidências apresentadas nesta seção, duas observações são fundamentais. A primeira é a de que até o século XVIII o português teria mantido um padrão de ordem do DP sujeito semelhante ao das línguas românicas, em que a possibilidade de inversão entre o verbo e o DP sujeito parecia relativamente livre. A segunda observação é que há uma frequência extremamente baixa de V[XP]S no PB atual. Como V[XP]S seria a configuração mais característica da inversão românica, vamos observar separadamente o comportamento das construções em que há evidências de um [XP] (argumental ou não argumental) entre o verbo e o DP sujeito, a fim de que as ocorrências possam, de fato, ser consideradas como reflexo desse efeito. A partir dessas considerações temos as seguintes perguntas para responder:

i. V[XP]S é um padrão de inversão do DP sujeito disponível na amostra investigada?
ii. Qual é o elemento interveniente mais frequente nas construções V[XP]S?
iii. Há evidências de que o DP sujeito dessas construções apresente uma interpretação focal?

Na seção a seguir, traremos uma discussão sobre inacusatividade com o intuito de tratar da natureza da construção VS inacusativa.

CONSTRUÇÃO VS INACUSATIVA

A primeira versão da hipótese inacusativa foi proposta por Perlmutter (1978) dentro do quadro da gramática relacional. O autor observou que em algumas línguas existem, além das estruturas transitivas que contêm um sujeito e um objeto, dois tipos de estruturas intransitivas: as inergativas, que admitem um sujeito, e as inacusativas, que admitem um objeto e não um sujeito, mas esse objeto é incapaz de receber acusativo. Essa proposta parte da ideia de que as diferenças iniciais entre inergatividade e inacusatividade são previsíveis a partir da semântica do verbo.[19]

Burzio (1986) reinterpretou essa hipótese dentro do quadro da gerativa, indicando diferenças cruciais na classe dos verbos intransitivos. A hipótese inacusativa separa os verbos intransitivos em duas classes: a dos verbos inacusativos, que selecionam apenas um argumento interno, e a dos verbos intransitivos, que selecionam um argumento externo. O autor observou que existem diferenças estruturais entre verbos como *arrivare* e *telefonare* em uma língua como o italiano, permitindo-lhe postular que construções que só exibem como posição temática a posição interna a VP não permitem que ao DP dessa posição interna seja atribuído Caso acusativo.

As evidências do autor estão relacionadas a dois pontos fundamentais: (i) verbos como *arrivare* admitem atribuição do auxiliar *essere e* apresentam a posição de argumento externo detematizada. O sujeito superficial desse tipo de verbo é um objeto direto na estrutura-D (estrutura profunda). Já verbos como *telefonare* admitem atribuição do auxiliar *havere e* apresentam a posição de argumento externo tematizada; (ii) verbos como *arrivare* não têm a propriedade de atribuir Caso acusativo a seu DP objeto. Essa propriedade de não atribuir Caso acusativo ao DP objeto de um verbo inacusativo fundamenta-se nas explicações de Chomsky (1981) em relação às construções passivas. A morfologia passiva, segundo Chomsky, tem a propriedade de bloquear a atribuição da função temática externa à posição de especificador de VP. Além de não projetar uma função temática externa, o verbo passivo, devido a sua morfologia específica, perde a capacidade de atribuir Caso acusativo.

Com base nessas propriedades da construção passiva, e observando que as construções com verbos como *arrivare* manifestam efeitos semelhantes aos da passiva, Burzio (1986) propõe a seguinte generalização: *um verbo atribui função temática externa se e somente se atribui Caso acusativo* formalizando o que fica sendo conhecida na literatura como a *generalização de Burzio*. Essa generalização dá conta das diferenças entre os verbos, destacando o verbo inacusativo dos demais verbos por selecionar um DP, argumento interno, mas ser incapaz de atribuir Caso acusativo a esse DP. Por conta dessa incapacidade, o DP, argumento interno, pode ocupar a posição de especificador de IP para assim receber Caso nominativo. Nesse caso, o DP é o sujeito gramatical da sentença.

Em texto recente, Nascimento (2014) traz uma explicação para a sintaxe dessas construções inacusativas, retomando a proposta do VP *shells*, adotada por Chomsky (1995). A proposta prevê que estruturas transitivas e intransitivas projetam *v*P e VP, a posição de especificador de *v*P está disponível para o argumento externo, e a posição de complemento de VP para o argumento interno. Estruturas inacusativas não projetam este *v*P e, portanto, não possuem um argumento externo. A autora reinterpreta a generalização de Burzio a partir dessa proposta de VP *shells*: "*um verbo só projeta a posição Spec vP se atribuir Caso ao seu argumento interno; inversamente, um verbo só atribui*

Caso ao seu argumento interno se projetar a posição Spec vP" (Nascimento, 2014: 254).

Independentemente do modelo teórico adotado, a generalização de Burzio dá conta das seguintes restrições: (i) construções inacusativas só exibem como posição temática a posição interna a VP e (ii) ao DP dessa posição interna não é atribuído Caso acusativo. É consenso na literatura gerativista que verbos reconhecidamente inacusativos projetam um único argumento na posição de complemento do verbo lexical.

Desde a década de 1980, estudos como os de Nascimento (1984); Kato e Tarallo (1988); Figueiredo Silva (1996); Kato (2000); Cyrino, Nunes e Pagotto (2009) mostraram que no PB verbos como *telefonar* e *chegar,* apesar de não manifestarem diferenças relacionadas à seleção do auxiliar (como acontece com o italiano) apresentam diferenças significativas do ponto de vista da atribuição temática. Verbos como *chegar* selecionam um argumento interno que tem o traço semântico marcado como [-agentivo] e [+tema], diferentemente de verbos como *telefonar*, os quais selecionam argumento externo, marcado com o traço semântico [+agentivo] e [-tema].

Os autores também chamaram a atenção para o fato de que estruturas VS são bem mais frequentes quando envolvem verbos inacusativos.[20] A essa restrição se somaram outras que tratam do traço semântico do DP sujeito desse verbo inacusativo na ordem VS: a restrição de indefinitude. Para entender melhor essa restrição, Figueiredo Silva (1996) traz argumentos do texto clássico de Belletti (1988) sobre Caso partitivo. É um Caso inerente que só pode ser atribuído ao argumento interno do VP. Parece ser possível dizer, segundo Figueiredo Silva, que o único argumento projetado por um verbo inacusativo poderia permanecer à sua direita se expressar leitura indefinida, equivalente à leitura expressa pelo quantificador *some*, do inglês. O DP pós-verbal [-definido] nesse caso seria marcado por partitivo. Caso partitivo é, então, incompatível com DP [+definido]. Para a autora, isso explicaria por que somente DP, argumento interno, de um verbo inacusativo poderia ser pós-verbal.

Os exemplos a seguir, muito comentados na literatura, ilustram construções inacusativas em que há uma relação direta entre argumento interno na posição pós-verbal e efeito de definitude.

(24) a. *Apareceram* ***umas espinhas*** *no rosto do João.*
b. ?? *Apareceram* ***as espinhas*** *no rosto do João.*
(25) a. *Floresceram* ***umas margaridas*** *no meu jardim.*
b. ?? *Floresceram* ***as margaridas*** *no meu jardim.*

Em (24) e (25) a ordem VS está ligada a uma construção inacusativa em que o DP sujeito é preferencialmente um DP [-definido]. Esses casos são bastante comuns com verbos inacusativos existenciais e inacusativos de aparição ou de apresentação.

Contudo, nem sempre a relação entre inacusatividade e definitude é crucial para diferenciar as ordens SV e VS. Há casos em que VS está relacionada a um fenômeno conhecido por inversão locativa, [Loc]VS. Conforme Levin e Rappaport Hovav (1995), construções de inversão locativa são caracterizadas por terem a estrutura [PP VP NP], admitirem na posição pré-verbal um PP com referência locativa ou direcional e serem licenciadas com verbos intransitivos ou inacusativos. O exemplo do inglês *On the third floor* ***worked*** *two young women called Maryanne Thomson and Ava Brenti* ilustra esse caso. Outros verbos podem também admitir inversão locativa, segundo os autores, como são os casos de transitivos, quando o verbo é formado por frases fixas ou expressões idiomáticas, como *take place* and *take root.* Essa proposta é assumida por Pilati (2006).

Para Pilati (2006), no PB, as orações com ordem VS inacusativa são um tipo de construção de inversão locativa, isto é, uma construção com a estrutura [Loc]VS. Segundo a autora, essa ordem VS é licenciada quando há um elemento lexical à esquerda do verbo, prioritariamente um sintagma locativo. Esse locativo pode também ser fonologicamente nulo, desde que facilmente recuperado no contexto discursivo, como o exemplo extraído da autora (p. 52) ilustra.

(26) *Lá na casa da Maria? Vixe... chegou* ***um monte de coisa.***

Segundo Pilati, verbos inacusativos como em (26), que projetam um PP sintagma locativo, são os mais naturais contextos de inversão, o que favoreceria a ocorrência de estruturas [Loc]VS.

Essa proposta prevê que em estruturas [Loc]VS a posição do Loc deve ser a posição de especificador de IP, que pode hospedar [XP] temático ou não temático e que não pode receber argumentos com papel temático de agente nesses casos. Vale observar que nem todos os verbos inacusativos pressupõem uma inversão locativa e que outras classes verbais, como a de transitivos e intransitivos,[21] também podem selecionar um PP sintagma locativo, fonologicamente realizado ou não, como evidenciam os casos abaixo, discutidos pela autora (cf. Pilati, 2006: 209-210).

(27) a. ***Ali** dorme **a Maria**.*
b. *A Maria dorme ali porque quer.*
c. ***Ali** dorme **a Maria** porque quer.*

(28) a. ***Nessa chácara** dormia **o bando de Lampião**.*
b. *Nessa chácara é que eu acho que o bando de Lampião dormia para descansar.*
c. ***Nessa chácara** é que eu acho que dormia **o bando de Lampião** para descansar.*

O contraste entre a gramaticalidade dos casos ilustrados em (27a-28a) e (27c-28c) indica, segundo Pilati, que a inversão locativa deve estar associada necessariamente a sentenças que não permitem papel temático de controle (ou de agentividade) ao DP, pós-verbal. O sintagma locativo comporta-se da mesma forma que sujeitos gramaticais quando estes aparecem em posição pré-verbal. Para a autora, o PB perdeu a possibilidade de licenciar a ordem VS em contextos que não sejam de inversão locativa.

Na esteira de Pilati (2006), consideramos que a ocorrência das construções [Loc]VS alinha-se com as condições que determinam a manifestação das construções inacusativas no PB atual que projetam, além de argumento interno, um PP argumento locativo fonologicamente realizado ou não.[22]

Essa discussão dá uma mostra de que a classe dos verbos inacusativos não é uma classe homogênea. Resta saber se a ordem do DP, argumento interno, dessas construções apresenta condicionamentos distintos. Observar o comportamento de VS com verbos inacusativos existenciais, inacusativos de aparição ou de apresentação e inacusativos locativos,[23] que selecionam um DP, argumento interno, é, portanto, um dos propósitos deste trabalho.

De maneira geral, para além dessa discussão de restrição de definitude e de inversão locativa, estamos assumindo aqui que o DP, argumento interno, selecionado por verbos inacusativos como *existir, aparecer, sumir, cair, desaparecer, chegar, surgir* etc. é projetado, portanto, como complemento do verbo (complemento do VP) e tem o traço semântico marcado como [-agentivo] e [+tema] (cf. Kato e Tarallo, 1988; Kato, 2000; Figueiredo Silva, 1996; Costa e Figueiredo Silva, 2006; Pilati, 2006; Nascimento, 2014). Observa-se nessas construções uma correlação bem estreita entre propriedades sintáticas e semânticas.

A partir das evidências apresentadas nesta subseção, parece possível dizer que VS inacusativa é resultado de (i) efeito de definitude recaindo sobre o DP, argumento interno, na posição pós-verbal e (ii) um tipo de inversão locativa, em que o verbo projeta um PP sintagma locativo que se move para a posição de especificador de IP ([Loc]VS).

Com base nessas considerações temos as seguintes questões para responder: (i) VS inacusativa é um padrão frequente nos dois séculos?; (ii) nas construções VS inacusativas há restrições semânticas (ou semântico-discursivas) impostas ao DP, argumento interno, pós-verbal?; (iii) qual é a correlação entre inversão locativa ([Loc]VS) e efeito de definitude atrelado ao DP pós-verbal?

PANORAMA DA MUDANÇA NO PORTUGUÊS BRASILEIRO

De modo a entender melhor os diferentes padrões de VS que parecem coexistir no século XIX e as possíveis mudanças que se apresentam no século XX, tal como expusemos na "Apresentação", vamos analisar nesta seção (i) as condições que permitem ou restringem a variação da ordem do DP sujeito; (ii) as tendências relacionadas à posição do verbo na sentença para a construção VS – se verbos em primeira, segunda ou terceira posição (ou >V2); (iii) os padrões sintáticos que superficializam as construções VS, [XP]VS e (XP) V[XP]S; e (iv) a correlação existente entre ordem VS e foco.

Antes, porém, de trazermos as contribuições da análise empírica a respeito da descrição dos padrões de ordenação dos constituintes, observamos o que alguns trabalhos variacionistas já anteciparam sobre a variação da ordem do DP sujeito e a trajetória de mudança da ordem VS para SV.

A variação da ordem SV/VS no PB

Diversos trabalhos variacionistas[24] têm mostrado que há uma tendência ao enrijecimento da ordem sujeito-verbo-objeto (SVO) no português falado e escrito no Brasil (cf. Berlinck, 1988, 1989, 1995, 2000c; Coelho, 2000, 2006; Zilles, 2000; Spano, 2008; Santos, 2008, entre outros). Ao comparar dados do PB e do PE, alguns trabalhos mostram que as duas variedades estão tomando caminhos opostos. Enquanto o PE admite variação da ordem do DP sujeito em diferentes contextos sintáticos, no PB do final do século XX a ordem SVO é basicamente a única manifestação possível em construções transitivas.

Utilizando dois *corpora*, um composto por cartas de cunho pessoal dos séculos XVIII (1751-1768) e XIX (1848-1851) e outro composto por conversações gravadas com 20 jovens de Curitiba na faixa etária dos 20 a 30 anos (1987), Berlinck (1988, 1989) mostra uma queda acentuada da ordem VS(O) ao longo dos últimos séculos no português escrito no Brasil: de 42% de VS(O) no século XVIII para 31% no século XIX. Nos dados de fala, a autora observou apenas 21% de VS no final do século XX. Essa queda estaria relacionada, segundo a autora, principalmente à transitividade do verbo da construção sintática. É como se a ordem VS tivesse seu espaço de atuação limitado com o passar dos séculos, a ponto de ficar restrita a certos contextos sintáticos. Enquanto nos séculos XVIII e XIX VS ocorria tanto com verbos transitivos, intransitivos, copulativos ou inacusativos, no final do século XX é em contextos de verbos inacusativos que (ainda) se encontram tais possibilidades de inversão.

A força da transitividade do verbo é também constatada em estudo diacrônico de Coelho (2006) a partir de amostras de peças de teatro escritas por catarinenses nos séculos XIX e XX. A autora observa que (i) no período compreendido entre 1859 a 1881 a ordem VS(O) ficava na faixa de 15%, caindo para 8% no período de 1948 a 1992; (ii) o processo por que passa a queda de VS se caracteriza por um decréscimo gradual da frequência dessa ordem em contextos transitivos e por um paralelo enrijecimento das construções SVO.

Considerando *corpora* de peças de teatro, cartas pessoais e relatos de viagem do início do século XVIII ao fim do século XX, Berlinck (2000c) e

Kato, Duarte, Cyrino e Berlinck (2006) investigam na história do português três padrões de VS: inversão germânica, românica e inacusativa. Segundo as autoras, os dois primeiros tipos de inversão ocorreram no século XVIII e XIX e foram raros no século XX, diferentemente do que aconteceu com o padrão de inversão inacusativa, bastante presente nos três séculos investigados.

Tomando como ponto de partida que as mudanças gramaticais relacionadas à ordem são observadas notadamente a partir do século XIX, Coelho e Martins (2009, 2012), utilizando uma amostra de peças de teatro escritas por catarinenses, investigam em especial a variável "transitividade do verbo" correlacionada com "posição do verbo na sentença" (verbo em primeira posição, verbo em segunda posição e verbo em terceira posição) e "tipo de material que aparece entre SV ou VS" (SXPV ou V[XP]S). Esse controle tinha como principal objetivo verificar se havia na amostra investigada indícios do padrão de inversão germânica, como observaram Kato, Duarte, Cyrino e Berlinck (2006).

Os resultados de Coelho e Martins (2009, 2012) indicam um acentuado enrijecimento da ordem SV(O), no final do século XX, principalmente em construções transitivas, corroborando estudos anteriores. Olhando só para o século XIX, os autores ressaltam que há indícios de que a inversão com verbos transitivos é uma alternativa frequente naquele século, o que poderia estar superficializando o padrão de inversão germânica ([XP]VS). Ressaltam também que essas estruturas VS como [XP]VS competem no mesmo século XIX com construções VS (verbo em primeira posição) e construções com verbo em terceira posição, [XP]SV com DP sujeito pré-verbal, sugerindo um quadro mais complexo da sintaxe da ordem do sujeito naquele momento histórico.

Muitos trabalhos variacionistas também observaram que deve haver alguma correlação entre ordem VS, verbo inacusativo e traço de definitude do DP, argumento interno, no PB atual (tal como foi discutido em "Construção VS inacusativa"). Parece que esse tipo de DP, em especial quando é [-definido], permanece na posição de complemento do verbo lexical. A ideia de que a restrição fundamental à ordem VS é de natureza estrutural ou formal é bastante aceita, como se preferencialmente DPs que pudessem ser analisados como objetos (argumento interno) permanecessem à direita desse verbo.

Agregada a essa restrição sintática, e à variabilidade observada na ordem SV/VS, outras restrições de natureza semântica e discursiva se impõem a essas construções: uma delas é a restrição de definitude, que parece estar ligada à interpretação discursiva de foco. Trabalhos como os de Berlinck (1988, 1989), Coelho (2006) e Coelho e Martins (2009, 2012) indicam que a ordem VS no PB do final do século XX é restrita a ambientes monoargumentais, ocorrendo, sobretudo, em construções inacusativas, quando o argumento interno é apresentado pela primeira vez no discurso. Assim, uma outra correlação revelada nesses estudos variacionistas também deve ser considerada na possível explicação da variação VS/SV inacusativa. Trata-se da associação entre SV e o caráter dado, [+definido], [+específico] do DP, por um lado, e entre VS e DP novo, [-definido], [-específico], de outro.

Apesar de apontar que a variável função discursiva (*status* informacional) do DP sujeito não contribui com a mesma força condicionadora para a compreensão da ordem VS nos três séculos investigados, Berlinck (1988) mostra que o índice de SN novo na ordem VS em contextos com verbos intransitivos/inacusativos (não existenciais) é bem alto e se mantém assim nos três séculos: 70% no século XVIII, 57% no século XIX e 50% no século XX. É como se a força motivadora da estabilidade da ordem VS fosse também de natureza semântico-discursiva.

Sintetizando as propostas de análise da posição do DP sujeito na literatura e os resultados já apresentados em um conjunto de estudos empíricos sobre o fenômeno, é possível dizer que as mudanças gramaticais relacionadas à posição do DP sujeito são observadas notadamente a partir do século XIX e compreendem os seguintes processos: (i) enrijecimento gradativo da ordem SV; (ii) preferência por padrões com verbos em segunda posição, em oposição a padrões com verbos em primeira posição, terceira ou quarta posições; (iii) perda dos padrões de VS com verbos transitivos; (iv) perda dos padrões de inversão românica; e (v) estabilidade dos padrões de construção VS inacusativa, especialmente quando o DP sujeito é uma informação nova e quando há um sintagma locativo na posição pré-verbal.

Ainda que haja um número expressivo de estudos sobre esse fenômeno no PB, não havia ainda um estudo empírico que buscasse descrevê-lo em uma extensão geográfica mais ampla com base em *corpora* constituídos segundo os mesmos critérios, assegurando a plena comparabilidade dos resultados. É essa a proposta da análise que passamos a apresentar com base em amostras extraídas dos *corpora* do PHPB.

Panorama da mudança nos dados do projeto do PHPB

Apresentamos nesta seção resultados que tratam da variação da ordem do DP sujeito no português escrito em três regiões do Brasil (Sul, Sudeste e Nordeste), considerando parte do *corpus* mínimo do PHPB: cartas de leitores, anúncios e cartas pessoais. Os dados analisados são da segunda metade do século XIX e de período similar no século XX, cobrindo um intervalo temporal de aproximadamente 100 anos.[25]

Como resultados gerais, observamos frequências de uso de VS de 24% no século XIX (315 dados em 1.320) e de 12,5% no XX (176 dados em 1.410). Os índices vêm confirmar as tendências de diminuição no uso da construção com o DP sujeito posposto, já largamente atestadas na literatura, como foi relatado nas seções anteriores.[26]

Para dar conta da análise da amostra PHPB, além dos grupos de fatores que vinham sendo controlados como possíveis condicionadores de VS na literatura, como "transitividade do verbo", "forma de representação do DP sujeito", "animacidade do DP sujeito", "traços de definitude e de especificidade do DP sujeito", analisamos também "posição do verbo na sentença": contextos de verbo em primeira posição, verbo em segunda posição e verbo em terceira posição, e "tipo de material que aparece junto de SV ou VS" ((XP) S(XP)V ou (XP)V(XP)S).

Indo ao encontro das conclusões de estudos anteriores (como relatado nas seções anteriores), nossa análise revelou "transitividade do verbo" como a variável sintática mais significativa para a explicação da variação em torno da posição do DP sujeito, nos dois períodos investigados. Os exemplos (29)-(38) ilustram diferentes contextos sintáticos de VS encontrados nas amostras.

- **Verbo bitransitivo**

(29) [19,2 CP RJ] ***Dizem*** *os medicos que d'entro de um mez e talvez menos, elle deve estar de posse de todos ou quasi todos movimentos.*

- **Verbo transitivo direto**

(30) [20,2 A SC] *Os Melhores Sonhos* ***proporcionam*** *os famosos colchões Probel e Divino.*

- **Verbo transitivo indireto**

(31) [19,2 A RJ] *Domingo 21 do corrente deve ter lugar a festa da padroeira,* ***prega*** *ao evangelho o padre José Herculano da Costa Brito, [...]*

- **Verbo copular**

(32) [19,2 A RJ] ***Está aberto*** *o concurso geral de tiro ao alvo, achando-se exposta n**a** vitrine da casa Maison Blanche na rua do Ouvidor, uma carabina revólver de Smith & Wesson, arma de precisão, que sera conferida como premio ao primeiro atirador.*

- **Verbo intransitivo**

(33) [19,2 A SC] ***Fugio*** *no dia 7 do corrente mez, um pardo official de pedreiro, estrutura baixa, côr escura, com signal de cicatriz no canto do labio direito; dentes limados, alguma falta de cabello, pizando para dentro; costuma inculcar-se forro, e é um tanto proza.*

- **Verbo inacusativo com complemento locativo**

(34) [20,2 CL SC] *Eis que* ***chega*** *à porta da sala de aula um visitante, que o professor me apresentou.*

- **Verbo inacusativo não existencial**

(35) [19,2 CP RJ] *mas elles que esperem porque devem saber que não* ***tem faltado*** *boa vontade da nossa parte.*

- **Verbo inacusativo existencial**

(36) [20,2 A RN] *O impaludismo grassa em todos os continentes, especialmente nas regiões quentes e humidas onde* ***existem*** *coleções de aguas, propicias para a criação dos mosquitos transmissores. Na propria Europa* ***existe*** *este flagelo, sobretudo no sul da Russia e na bacia do Mediterraneo.*

Os resultados da análise desses fatores para os séculos XIX e XX podem ser conferidos na Tabela 1.

Tabela 1 – Frequência e peso relativo de vs, segundo a "transitividade do verbo"

	Século XIX			Século XX		
Verbo	**Apl/ total**	%	PR	**Apl/ total**	%	PR
Inacusativo existencial	7/10	70%	**0.84**	10/14	71%	**0.95**
Inacusativo com locativo	25/51	49%	**0.80**	17/66	26%	**0.80**
Inacusativo não existencial	53/107	49%	**0.77**	58/155	37%	**0.81**
Intransitivo	15/41	37%	**0.67**	6/53	11%	**0.56**
Copular	95/402	24%	**0.52**	41/377	11%	**0.45**
Bitransitivo	41/176	23%	**0.51**	8/200	4%	**0.33**
Transitivo indireto	22/121	18%	**0.38**	11/152	7%	**0.40**
Transitivo direto	57/412	14%	**0.37**	25/393	6%	**0.43**

Século XIX: Input geral: 0.246; Log likelihood = - 621.894 Significance = 0.040

Século XX: Input geral: 0.082; Log likelihood = - 418.181 Significance = 0.002

Duas observações gerais emergem da comparação dos resultados dos dois períodos: (i) há uma diminuição nos índices de VS, que atinge praticamente todos os contextos, exceção feita aos "verbos inacusativos existenciais" (um contexto de emprego quase categórico de VS), inacusativos com locativo e inacusativo não existencial; (ii) essa diminuição não afeta essencialmente a hierarquia em que os contextos se associam a VS.

Assim, constatamos para os dois momentos: (i) uso majoritário de VS em contextos de verbos monoargumentais em uma escala do mais favorecido ao menos favorecido: *existencial > inacusativo locativo/inacusativo não existencial*; (ii) taxa mediana de VS em construções de verbo intransitivo;[27] (iii) alta taxa de SV com verbos transitivos diretos e indiretos. Verbos copulares e bitransitivos apresentam um índice mediano de VS no século XIX, mas passam a contextos de predomínio de SV no século XX. Para além das tendências mostradas através da análise do peso relativo, nota-se que os percentuais da ordem VS em contextos com verbos transitivos são ainda significativos no século XIX, chegando a 23% (com verbos bitransitivos), 18% (com transitivos indiretos) e 14% (com transitivos diretos); no entanto, no século XX os índices de VS com esses verbos não passam de um dígito.

Os dados de VS com verbos bitransitivos merecem um olhar mais atento. Observamos nesse conjunto que muitos são estruturas com verbos *dicendi* e ocorrem em construções em que complementos não estão lexicalizados, realizam-se na forma de clíticos (37) ou estão deslocados (38).

(37) [19,2 CP RJ] *Quanto aos juros das apolices, **disse**-me o Doutor Lousada que é impossivel recebel-os.*

(38) [20,1 A RN] *E a electricidade é barata nesta cidade! – **diz** o Snr. Kilowatt, seu criado electrico. Companhia Força e Luz Nordeste do Brasil*

Como discutido em "Foco e inversão românica", Kato, Duarte, Cyrino e Berlinck (2006) associam construções desse tipo com o padrão V[XP]S, conhecido como inversão românica.

Se a natureza do verbo é aspecto fundamental nessa discussão, perguntamo-nos, então, até que ponto a "forma de realização do DP sujeito" pode estar associada à sua posição na sentença. Como vemos pelos resultados apresentados na Tabela 2, segundo sua forma, o DP sujeito está menos ou mais propenso a vir posposto ao verbo. Confirmando o que destaca a literatura sobre o processo, são os DPs complexos e simples, preferencialmente, que tendem a ocorrer em VS, nos dois séculos investigados.

Tabela 2 – Frequência e peso relativo de VS, segundo a "forma de realização do DP sujeito"[28]

	Século XIX			Século XX		
Forma de realização do Sujeito	**Apl/total**	%	PR.	**Apl/total**	%	PR.
DP Complexo	63/167	38%	0.64	50/217	23%	[0.57]
DP simples	163/569	29%	0.53	78/443	18%	[0.51]
Pronome demonstrativo	6/35	17%	0.51	3/45	7%	[0.42]
Nome próprio	48/235	20%	0.45	17/155	11%	[0.50]
Pronome pessoal	29/251	12%	0.46	20/501	4%	[0.47]
Pronome indefinido	6/63	9,5%	0.21	8/49	16%	[0.45]
Total	315/1.320	24%	0.24	176/1.410	12,5%	0.08

Século XIX: Input geral: 0.246; Log likelihood = - 621.894 Significance = 0.040

Século XX: Input geral: 0.082; Log likelihood = - 418.181 Significance = 0.002

É possível ter uma compreensão melhor da relação entre, por um lado, DPs simples e complexos e VS e, por outro, DPs pronominais (em geral) e SV, se consideramos a natureza semântico-discursiva do DP sujeito. Para investigarmos se a ordem VS no século XIX estaria ligada a restrições semânticas concernentes a definitude e especificidade do DP, trazemos para conversa a proposta de análise de Enç (1991), que leva em conta as seguintes distinções: [± definido] segundo a entidade descrita tenha ou não um referente estabelecido previamente no discurso, com o qual mantém uma relação de identidade; [± específico], segundo a entidade descrita tenha ou não um referente incluído no conjunto de referentes mencionados no discurso. Nesse caso, não é necessária a identidade entre os referentes. Nossa hipótese era de que a ordem SV estaria ligada a traços [+definido] e [+específico], enquanto a ordem VS estaria correlacionada principalmente a traços [-definido] e [-específico] do DP. Os exemplos (39-41) ilustram esses contextos na ordem VS.[29]

- DP **[+definido] e [+específico]**

(39) [19,2 CL BA] *Com tudo apezar do mao estado do mercado, procurei um [notavel contractador e engenheiro]$_i$, para á nossa custa mandarmos levantar a planta do caminho de ferro da Bahia. Depois de minha partida de Londres, o horisonte tornou-se mais escuro, e julgou* ***elle***$_i$ *que não convinha emprestarmos dinheiro sine die.*

- DP **[-definido] e [+específico]**

(40) [20,1 A RN] *Sem appetite?* TRISTE e ABATIDA *sem razão? Essa inexplicavel tristeza, essa falta de appetite, essas faces pallidas, esse constante abatimento, significam que seu sangue está muito pobre. Cuidado! Pode-lhe sobreviver uma perigosa anemia! Comece, hoje mesmo, a tonificar-se; use, porém, um tonico de reconhecido merito scientifico, como [o Tonico Bayer]$_j$. Immediatos e permanentes são* ***os seus effeitos***$_j$*: enriquece o sangue, vigoriza os musculos, fortalece os ner- vos e o cerebro. Abre o appetite e facilita a digestão.* TONICO BAYER BOM PARA TODOS

- DP **[-definido] e [-específico]**

(41) [19,2 CP RJ] Chinton
O Tio Torquato communicou-me hoje, que em edital de 5 corrente, e que tem vindo publicado no jornal do Commercio, eram chamadas ***a viúva e herdeiros de papae****, para entrarem com um desfalque de duzentos e tantos mil réis. O prazo do dito edital termina em 5 ou 15 do próximo mez, segundo diz o Tio Torquato; em todo caso sigo depois d'amanhã para Petropolis, para obter esclarecimentos precisos a respeito, e do que houver te communicarei com a maxima urgencia.*

Os resultados dessa análise podem ser conferidos na Tabela 3, a seguir.

Tabela 3 – Frequência e peso relativo de VS, segundo os "traços de definitude e de especificidade" do DP sujeito[30]

	Século XIX			Século XX		
Traço semântico	Apl/ total	%	PR	Apl/ total	%	PR.
DP [+def.] e [+esp.]	107/694	15%	0.41	37/734	5%	0.38
DP [-def.] e [+esp.]	144/444	32%	0.58	86/415	21%	0.64
DP [-def.] e [-esp.]	62/165	38%	0.68	39/197	20%	0.68
Total	313/1.303	24%	0.24	162/1.346	12%	0.08

Século XIX: Input geral: 0.246; Log likelihood = - 621.894 Significance = 0.040

Século XX: Input geral: 0.082; Log likelihood = - 418.181 Significance = 0.002

Como se observa, construções com DP sujeito [-definido] e [+/-específico] são favorecedoras de VS, indicando, como já mostraram estudos anteriores (Lira, 1982; Berlinck, 1988; Coelho, 2000), que a construção com DP sujeito pós-verbal está associada à introdução de referentes novos no discurso (não identificado nem incluído em um outro conjunto já previamente informado no discurso).

Essa função de VS se revela e interage com a forma de realização do DP sujeito, resultando na tendência, já mencionada, a que VS ocorra com DPs simples e complexos e que os DPs pronominais apareçam em SV. Os pronomes pessoais e demonstrativos são, caracteristicamente, *definidos e específicos*. Já os DPs simples e complexos podem apresentar todas as nuances semântico-discursivas. Nesse nicho, vemos claramente atuar uma tendência a índices gradualmente crescentes de VS, que se manifesta de acordo com a seguinte hierarquia:

[+definido/+específico] < [-definido/+específico] < [-definido/-específico]

A Tabela 4 traz os índices para os dois séculos.

Tabela 4 – Frequência de vs com DPs simples e complexo, segundo os "traços de definitude e de especificidade" do DP sujeito

	Século XIX		Século XX	
Traço semântico	DP simples	DP complexo	DP simples	DP complexo
DP [+def.] e [+esp.]	20%	6%	12%	6%
DP [-def.] e [+esp.]	32%	45%	20%	20%
DP [-def.] e [-esp.]	54%	76%	20%	31%
Total	29%	38%	18%	23%

A "animacidade" do referente é uma propriedade relevante para vários processos de variação sintática e morfossintática, como a expressão do DP sujeito e do DP objeto anafórico. Os resultados dessa análise podem ser vistos na Tabela 5 a seguir.

Tabela 5 – Frequência e peso relativo de vs, segundo os "traços de animacidade" do DP sujeito[31]

	Século XIX			Século XX		
Traço semântico	Apl/total	%	PR.	Apl/total	%	PR.
DP [-animado]	160/554	29%	[0.51]	127/580	22%	0.59
DP [+animado]	137/590	23%	[0.48]	33/397	8%	0.37
Total	297/1.144	26%	0.24	160/911	18%	0.08

Século XIX: Input geral: 0.246; Log likelihood = - 621.894 Significance = 0.040

Século XX: Input geral: 0.082; Log likelihood = - 418.181 Significance = 0.002

Duas observações sobre a correlação entre VS e animacidade podem ser levantadas desses resultados: (i) nos dois séculos, confirma-se a tendência já atestada na literatura a DPs [-animado] ocorrerem em posição pós-verbal mais que DPs [+animado]; (ii) mantida a direção de restrição, observa-se uma intensificação no efeito da "animacidade" no século XX – no século XIX a diferença entre os pesos relativos é de apenas 3 pontos, mas no século XX passa a 22. Os índices de frequência também manifestam essa tendência, que pode indicar que contextos com DPs sujeitos [+animados] estariam associados à queda de VS observada no século XX.

O maior peso da "animacidade" no século XX fica ainda mais evidente quando observamos a correlação desse fator com outros aspectos relevantes para a definição da posição do DP sujeito. Observemos, primeiramente, sua interação com a "transitividade do verbo". Constatamos que VS ocorre com todos os tipos de verbo tanto na amostra do século XIX quanto nos dados do século XX (com exceção dos verbos pronominais, já pouco frequentes na amostra, e que não ocorrem com DP sujeito em posição pós-verbal no século XX). No entanto, a produtividade de VS se manifesta de modo heterogêneo segundo o tipo de verbo e o período analisado, quando avaliamos o caráter [± animado] do DP sujeito.

No século XIX, o fato de o DP sujeito ter um referente [-animado] corresponde a uma maior possibilidade de ele aparecer posposto junto de verbos *transitivos* (direto 21%, e indireto 24%), *inacusativos locativos* (71%). No entanto, tal característica não parece ser tão relevante em construções com outros tipos de verbo, como os *inacusativos existenciais, inacusativos não existenciais*, *intransitivos, bitransitivos* e *construções com verbos copulares*, já que nesses casos encontramos índices mais altos de DP sujeito pós-verbal [+animado].

No século XX, a "animacidade" continua a atuar de forma heterogênea, a depender do tipo específico de verbo; porém, observamos diferenças significativas: (i) a distinção deixa de ser relevante em construções com *transitivos diretos* (4% e 7% de VS), *bitransitivos* (5% de VS em ambos os casos), *intransitivos* (15% e 14% de VS), e *copulares* (12% e 13% de VS); (ii) a distinção assume relevância para a definição da posição do DP sujeito em um contexto verbal importante – os verbos inacusativos não-existenciais, como mostram os índices na Tabela 6.

Tabela 6 – Frequência de VS, segundo os "traços de animacidade" do DP sujeito com verbos inacusativos não existenciais

	Século XIX		Século XX	
Traço semântico	**Apl/total**	**%**	**Apl/total**	**%**
DP [-animado]	40/79	51%	55/116	47%
DP [+animado]	13/23	57%	3/15	20%
Total	53/102	52%	58/131	44%

O que esses resultados nos mostram é que VS continua a ser uma escolha bastante frequente quando o DP é [-animado] (cf. 42); no entanto, com o DP [+animado] é SV que passa a ser a construção preferida (cf. 43): de cada cinco sentenças com DP sujeito [+animado] junto de um verbo *inacusativo não existencial*, como *morrer* ou *aparecer* no século XX, quatro ocorreram com sujeito pré-verbal.

(42) [20,1 CP RN] *Lourival terá lugar no dia 21 deste,* ***o comício do nosso futuro prezidente****, e eu bem quizera ter o prazer de neste dia, poder contemplar-te aquí, juntinho de mim.*

(43) [20,2 CP SC] *E, meus estudos de músicas estou como sempre.* ***O mestre adoecéu****, e então pego algumas lições com o Dr. Pacheco, inclusive de Bandolim.*

Vemos, então, que o processo de restrição de VS se dá, principalmente, em contextos com DP sujeito com referente [+animado].

Quando combinamos "animacidade" e "definitude", observamos que a "animacidade" permite distinguir melhor os contextos de variação. À parte a diminuição geral de VS em todos os contextos, a correlação entre VS e uma hierarquia ou escala de definitude, já sugerida pelos resultados apresentados na Tabela 4, fica melhor delineada pela interação com "animacidade", como podemos observar na Tabela 7.

Tabela 7 – Frequência de VS, segundo os "traços de animacidade" e de "definitude/especifidade" do DP sujeito

	Século XIX		Século XX	
Traço semântico	**DP [-animado]**	**DP [+animado]**	**DP [-animado]**	**DP [+animado]**
DP [+def/+esp]	17%	18%	8%	6%
DP [-def/+esp]	36%	28%	26%	11%
DP [-def/-esp]	56%	29%	29%	10%

Constatamos que a distinção de animacidade não afeta a posição do DP quando esse é [+definido/+específico]. Já quando é [-definido/+específico] ou [-definido/-específico], e se refere a uma entidade [-animado], sempre apresenta índices mais altos de VS que os DPs [+animado], tanto nos dados do século XIX quanto do XX.

É possível, então, falar de uma hierarquia segundo a ocorrência crescente de VS:

[+Def/+Esp] < [-Def/+Esp]/ [-Def/-Esp] < [-Def/+Esp] < [-Def/-Esp]
[+/-Animado] [+Animado] [-Animado] [-animado]

A caracterização do DP sujeito em posição pós-verbal aponta para uma entidade preferencialmente *nominal*, de *referência não definida* e *não animada*, uma combinação identificada tanto na amostra do século XIX quanto no século XX. A natureza semântico-discursiva tipicamente associada com esse DP sujeito aponta para uma função também tipicamente atribuída à construção VS – de introduzir referentes relativamente novos no discurso. Um último aspecto necessário para completar essa caracterização diz respeito à "transitividade do verbo" em correlação com a "definitude/especificidade do DP sujeito". A Tabela 8 apresenta os índices resultantes dessa combinação de fatores.

Tabela 8 – Frequência de VS segundo a transitividade do verbo e a *definitude/especificidade* do DP sujeito

	Século XIX			**Século XX**		
Definitude Transitividade	**DP [+def/ +esp]**	**DP [-def/ +esp]**	**DP [-def/ -esp]**	**DP [+def/ +esp]**	**DP [-def/ +esp]**	**DP [-def/ -esp]**
Inacusativo Locativo	10%	75%	79%	3%	37%	54%
Inacusativo Não existencial	21%	60%	68%	8%	49%	62%
Intransitivo	14%	38%	(7/7)	4%	23%	15%
Copular	20%	25%	42%	6%	16%	9%
Transitivo indireto	9%	35%	20%	1%	16%	12%
Transitivo direto	10%	20%	21%	6%	5%	13%
Bitransitivo	22%	33%	12%	2%	6%	8%

Ao verificar a atuação conjunta desses dois aspectos, chega-se às seguintes constatações: (i) nos dois séculos, observa-se uma interação entre "transitividade" e "definitude/especificidade" na definição da posição do DP sujeito; (ii) há uma distinção clara entre o contexto de DP [+definido/+específico] e os DPs [-definido], qualquer que seja o verbo que compõe a construção (cf. destaque na Tabela 8); (iii) essa distinção atende à hierarquia antes identificada para "definitude", de modo que os índices de VS em que S é um DP [+definido/+específico] são sempre menores que os índices de VS com DPs [-definido], qualquer que seja o verbo; (iv) por outro lado a distinção entre DP [-definido/+específico] e DP [-definido/-específico] não atua de modo homogêneo entre os diferentes verbos: ela é clara com verbos inacusativos e tende a se acentuar no século XX, mas não se manifesta no sentido da hierarquia de *definitude/especificidade* com os verbos transitivos em nenhum dos dois momentos.

Além dos condicionadores já atestados na literatura, o processo de gradual restrição ao uso da ordem VS deve ser considerado em relação com a posição do verbo na sentença (verbos em primeira, segunda ou terceira posições). Ou seja, é necessário identificar os padrões de construção presentes ao longo da história do português escrito no Brasil. Estudos de Kato e Tarallo (1988) e Kato (2002) apresentam reflexões interessantes a respeito da posição do verbo nas sentenças do tipo verbo em primeira posição e verbo em segunda posição. Tudo leva a crer que o PB atual prefere usar [XP]V tanto em construções transitivas como em construções inacusativas, com a posição à esquerda do verbo preenchida ora por DPs sujeito, ora por adjuntos (em geral, advérbios localizadores espaciais ou temporais). Essa preferência de verbo em segunda posição, por oposição a verbo em primeira posição, mesmo nos casos que permitem variação da ordem (VS inacusativa), pode ser uma das possíveis explicações para a queda de VS(O) no PB. Observemos, então, os nossos resultados sobre a "posição do verbo na construção sintática". Os exemplos (44)-(46) ilustram esses casos de VS.

- **Construções com verbo em primeira posição**

(44) [19,2 CP RJ] *Só si fôr sobre o assasinato do rei Humberto, ou sobre a morte de Eça de Queiroz!* ***Fica*** *isso para outro dia.*

- **Construções com verbo em segunda posição**

(45) [19,2 A RJ] *Não resta duvida que a Farinha Flôr de Milho de Brown & Polson, e a única substancia pura e innocente para a alimentação das crianças, cujos delicados órgãos são suceptiveis a crueis enfermidades, quando lhes **é ministrada** uma alimentação grosseira e impropria a tão melindroso organismo!*

- **Construções com verbo em terceira posição**

(46) [20,1 CP RJ] *Vou satisfazer o teu pedido, irei amanhã na festa da Primavera, com o Antoninho, e o Dalves, mas talvez venha embora cedo porque eles vão para andar atraz de pequenas e isto não me interessa, porque só em ti **reside** todo o meu amor, [...]*

Os resultados dessa análise podem ser observados na Tabela 9, a seguir.

Tabela 9 – Frequência de VS, segundo a "posição do verbo na construção"

	Século XIX		Século XX	
Posição do verbo	**Apl/total**	%	**Apl/total**	%
Verbo em primeira posição[32]	117		55	
Verbo em segunda posição	181/585	31%	102/679	15%
Verbo em terceira posição	17/618	3%	19/676	3%
Total	315/1.320	24%	176/1.410	12,5%

Vemos que a construção com verbo em primeira posição mantém uma produtividade estável nos dois períodos analisados: corresponde a 9% da amostra do século XIX e 4% da amostra do século XX; representa 37% dos casos de VS no século XIX e 31% no século XX. Do ponto de vista da variação na posição do DP sujeito, no entanto, o interesse recai sobre as construções com verbo em segunda e terceira posição. Como constatamos através do número significativo de ocorrências, tanto no século XIX quanto no século XX, a presença de elementos à esquerda é fator relevante para o licenciamento de VS.

Resta agora saber qual é o material interveniente (diferentemente do DP sujeito) que aparece nas posições pré-verbais e pós-verbais e como se caracteriza o DP sujeito, esteja ele adjacente ao verbo ou em posição final na sentença. Observemos na Tabela 10, a seguir, resultados da correlação entre século e natureza do [XP] antes do verbo.

Tabela 10 – [XP]VS conforme a "natureza do[XP]"

	Século XIX		Século XX	
Natureza de [XP]	**Apl.**	%	**Apl.**	%
[XP] adverbial	**53/145**	**36%**	**41/96**	**43%**
Argumento não sujeito topicalizado (DP ou PP)	**7/145**	**5%**	**5/96**	**5%**
Complementador/Sintagma QU	**76/145**	**52%**	**32/96**	**33%**
Predicado da *small clause*	**3/145**	**2%**	**4/96**	**4%**
Outros	**6/145**	**4%**	**14/96**	**15%**
Total de [XP]VS	145/315	46%	96/176	54%

Constatamos que a construção [XP]VS responde por metade dos casos de VS tanto no século XIX quanto no século XX. Em termos da configuração da construção, encontramos muitos pontos de semelhança, que podem ser assim sintetizados: (i) o [XP] que antecede o verbo é preferencialmente um complementador/sintagma QU ou um [XP] adjunto (adverbial). A presença de [XP] adjunto (adverbial) pode estar associada à chamada inversão locativa (LocVS); (ii) apesar de em baixa frequência, há preservação do uso do predicado da *small clause* antes do verbo (2% para 4%), uma construção naturalmente de verbos copulares; (iii) assim como em (ii), há manutenção de [XP] argumental (diferentemente do DP sujeito) com baixa frequência (5%), sugerindo que o uso de VS transitiva (diretos, indiretos, bitransitivos) não se associa fortemente a [XP]VS em nenhum dos momentos. A diferença a destacar é o decréscimo da frequência de uso de complementador/sintagma QU imediatamente antes do verbo, casos que podem estar atrelados a um contexto de inacusatividade.

A construção com DP sujeito final (V[XP]S), por sua vez, reúne um leque mais variado de arranjos: pode apresentar o V em primeira, segunda ou terceira posição. A configuração mais frequente nos dois períodos é aquela que tem o V em primeira posição (47% dos casos no século XIX e 51% no XX). Comparativamente a [XP]VS, vamos encontrar em V[XP]S um elenco diferente de elementos que preenchem a posição intermediária entre V e S, como se pode ver na Tabela 11.

Tabela 11 – V[XP]S conforme a "natureza do [XP]"

	Século XIX		**Século XX**	
Natureza de [XP]	**Apl.**	%	**Apl.**	%
XP adverbial	35/90	39%	23/45	51%
Argumento não sujeito (DP ou PP)	20/90	22%	7/45	15,5%
Predicado da *small clause*	35/90	39%	13/45	29%
Outros	-	-	2/45	4,5%
Total de V[XP]S	90/315	28%	45/176	25%

Em V[XP]S, dois elementos da mesma natureza predominam nos dois períodos: [XP] adverbial e predicado da *small clause*. Chama a atenção a diminuição da presença de argumentos (diferentemente do DP sujeito). Esse resultado pode estar em associação com a diminuição de VS com verbos transitivos (diretos, indiretos, bitransitivos). A presença do predicado da *small clause* indica que uma das configurações frequentes dessa construção inclui verbos copulares.

Resta, então, caracterizar o DP sujeito pós-verbal nas duas construções.

Em relação à construção [XP]VS, observam-se as seguintes tendências: (i) o DP sujeito é preferencialmente [-animado] nos dois períodos, mas a possibilidade de um DP sujeito pós-verbal [+animado] diminui sensivelmente do século XIX (48%) para o XX (22%); (ii) o DP sujeito é predominantemente [-definido] e, preferencialmente, [+específico], uma característica que se mantém nos mesmos padrões nos dois séculos (45% no século XIX e 48% no século XX); (iii) há uma diminuição significativa na frequência do DP sujeito pós-verbal [+definido] (de 37% no século XIX para 27% no século XX); (iv) quanto à forma, são os DPs que predominam na posição pós-verbal, especialmente DPs simples e complexos. Juntos eles representam uma média de

67% dos casos de VS nos dois períodos (67,5% no século XIX, 67% no século XX).[33] Ainda assim, vale destacar a presença discreta mas constante de DPs pronominais nessa construção (XIX: 12% de pronomes pessoais, 3% de pronomes demonstrativos, 2% de indefinidos; XX: 15% de pronomes pessoais, 2% de demonstrativos e 6% de indefinidos).

Quando nos voltamos para a construção V[XP]S, identificamos traços semelhantes àqueles observados em [XP]VS, mas, também, mudanças mais acentuadas na comparação entre os dois séculos: (i) o S pós-verbal é preferencialmente [-animado] nos dois períodos (58% no XIX e 82% no XX), e também se vê um decréscimo acentuado na presença do DP sujeito [+animado] em VS no século XX (de 42% no XIX para 18% no XX); (ii) também é o DP sujeito [-definido][+específico] que caracteriza a maior parte dos casos (XIX: 48%; XX: 66%); esse traço torna-se mais definidor do DP sujeito pós-verbal no século XX, em correlação com uma forte diminuição do DP sujeito [+definido] em VS (de 25,5% no XIX para 10% no XX); (iii) os DPs simples e complexos dominam o cenário dessa construção (82% e 89%, para os dois séculos, respectivamente), e o pouco espaço que DPs pronominais ocupavam em V[XP]S no século XIX (2% de pronomes pessoais, 1% de indefinidos) desaparece nos dados do XX (traço que opõe V[XP]S a [XP]VS).[34]

Os exemplos que seguem ilustram características do DP sujeito em [XP]VS (47-48) e V[XP]S (49-50), nos dois períodos:

(47) [19,2 CL BA] *E pois queira Vossa Senhoria publicar tambem que os liquidos contidos na frasqueira foram já mandados examinar pela policia, e que se achou serem residuos de soluções fracas de eyanuretos duplos d'ouro, e de potassio, e que do exame da sua correspondencia não resulta* ***indicio algum de ser ele merecedor de suspeita de fabricante de moeda falsa****. Dr. Malaquias Alves dos Santos.*

(48) [20,2 CP SC] *Mas... deixemos os sentimentalismos para o Altemar Dutra, que é "sentimental demais". Mudemos para melhor. Gosta de rir? Pois bem aqui vão* ***algumas piadas*** *para rir aí no Beco.*

(49) [19,2 A RJ] *Saudemos de coração mais este progresso e aos Srs. Coral & Cardoso pelos esforços immensos, que tem empregado, afim de tornarem bem conhecidos do publico os grandes beneficios, que traz á sociedade* ***o maravilhosos querosene inexplosivel de sua invenção.***

(50) [20,1 CP RN] *Acho que é de teu conhecimento **a minha passagem ai** ontem pela manhã, e que deveria ficar por uns três dias, mas dado que vinha um pouco gripado não quis demorar, deixando para quando ficar bom.*

Os resultados da análise da ordem VS nas amostras investigadas do PHPB dos séculos XIX e XX[35] apresentados até agora oferecem algumas respostas para as seguintes questões gerais propostas na "Apresentação" e aqui retomadas: (i) quais as condições linguísticas que permitem a ordem VS ao longo dos séculos XIX e XX?; (ii) VS é um padrão único ou é a manifestação de diferentes estruturas sintáticas?; (iii) há uma correlação direta entre estrutura sintática (SV/VS) e função discursiva?

No que se refere à questão (i), concluímos que:

- a ordem correlacionada à transitividade do verbo apresenta no século XIX índices que vão de 14% de VS com verbos transitivos até 49% com verbos inacusativos, enquanto no século XX os percentuais são bem inferiores, de 4% a 37%, respectivamente;
- construções VS com verbos inacusativos (existencial, não existencial e com complemento locativo) são sempre as mais frequentes;
- DPs sujeito simples ou complexo, [-definido] e [+/-específico], e [-animado] são favorecedores de VS.

Quanto à questão (ii), podemos afirmar que:

- VS manifesta diferentes estruturas sintáticas, sendo [XP]VS (verbo em segunda posição), de todas, a construção mais produtiva, tanto no século XIX quanto no XX;
- a abrangência de combinações sob [XP]VS que encontramos no século XIX nos permite pensar que o português oitocentista teria mantido até aquele período um padrão semelhante ao de outras línguas românicas, como o espanhol e o italiano, com possibilidades relativamente livres de VS.

Por fim, em relação à questão (iii),

- observamos uma tendência clara de associação entre SV e DPs sujeito [+definido/+específico] e entre VS e DPs sujeito [-definido] nos dois séculos, que pode ser interpretada como indício de que cada arranjo desempenha preferencialmente funções discursivas diferentes.

PERSPECTIVAS FORMAIS SOBRE VARIAÇÃO E MUDANÇA NAS CONSTRUÇÕES ANALISADAS

Como vimos na segunda seção, os resultados acerca da posição do DP sujeito em relação ao verbo nos *corpora* do PHPB dos séculos XIX e XX mostram que VS não é uma construção homogênea. Pode ser o resultado de diferentes padrões empíricos de ordenação do DP sujeito, que envolvem construções com verbos em primeira, segunda ou terceira posição.

Para entender melhor que tipo de mudança linguística foi atestada no curso dos séculos XIX e XX, retomamos alguns resultados estatísticos e faremos algumas correlações, olhando atentamente para as construções [XP]VS transitiva, V[XP]S de inversão românica e ([XP])VS inacusativa, com o propósito de melhor delimitar a história desses padrões.

Construções [XP]VS transitivas (ou sistema V2)

Mediante os resultados, como poderíamos responder ao seguinte conjunto de questões trazidas na primeira seção: (i) qual é a natureza das construções com verbos transitivos em segunda posição encontrada na amostra investigada? e (ii) há evidências de que esse tipo de construção com verbos transitivos impõe restrições sintáticas e discursivas ao estatuto do DP sujeito de [XP]VS?

Vejamos algumas respostas possíveis a essas questões, considerando certos tipos de contextos sintáticos com verbos em segunda ou terceira posição, a relação desses contextos com a posição dos clíticos e o efeito de definitude do DP sujeito pós-verbal, conforme os índices indicados nos gráficos 1, 2 e 3, a seguir.

A Figura 1 traz uma espécie de resumo das construções VS transitivas com verbo em segunda e terceira posição, opondo-se a construções SV ou [XP]SV transitivas nos dois séculos. Levamos em consideração nessa comparação dois fatores: ordem do sujeito e material antes do verbo.

Figura 1 – Trajetória dos padrões de XV em construções transitivas nos séculos XIX e XX

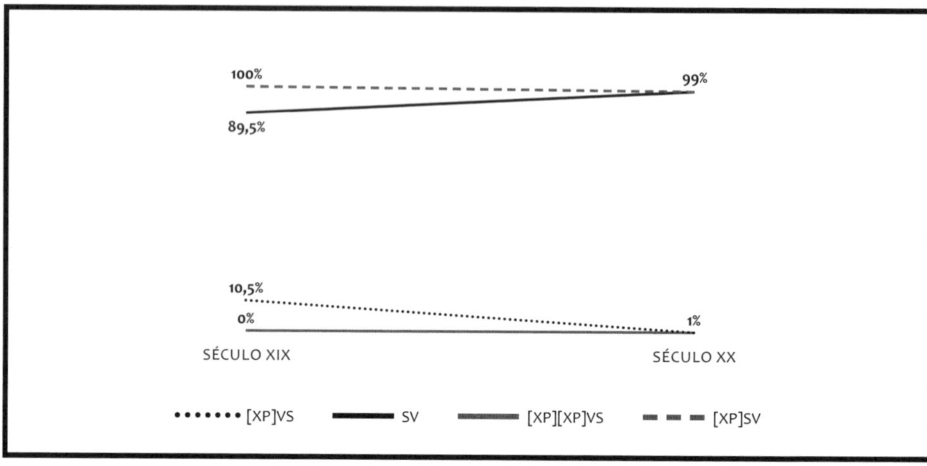

Duas linhas permanecem constantes nos dois séculos: os contextos [XP][XP]VS e [XP]SV com verbo em terceira posição. No primeiro caso, VS é uma construção pouco frequente, independentemente do século: com nenhum dado no século XIX e dois dados no século XX. Já a construção [XP]SV, que indica deslocamento de um constituinte [XP] para a periferia da sentença com SV, se mostrou um contexto bem recorrente (145 dados no século XIX e 160 dados no século XX). É importante lembrar que esse tipo de padrão é agramatical nas línguas V2, o que sugere que deveria ser uma construção pouco frequente no PA e no PC, se as hipóteses de Ribeiro (1995, 2010) e Torres Morais (1993) estiverem corretas. Ao observarmos os altos percentuais de uso dessa construção, constatamos que o padrão já estava implementado no português escrito no Brasil do século XIX.

No que se refere aos padrões de construções transitivas com verbo em segunda posição, [XP]VS e SV, o gráfico mostra trajetórias opostas: do século XIX para o século XX os índices de [XP]VS caem de 10,5% (52 dados em 496) para 1% (26 dados em 559), enquanto os índices de SV crescem de 89,5% (444 dados em 496) para 99% (533 dados em 559). Os resultados nos levam a dizer que há uma correlação entre a perda do fronteamento de um constituinte [XP] em construções transitivas quando o DP sujeito é pós-verbal, um padrão conhecido como [XP]VS ou sistema V2. Concomitantemente, nota-se um aumento dos índices de construções SV.

Considerando esse quadro, acreditamos que no século XIX concorrem dois tipos de padrões sintáticos, com respeito à ordenação dos constituintes [XP]VS e SV ou [XP]SV. No primeiro caso, um padrão típico do efeito V2, com movimento do verbo para o núcleo Fin e fronteamento de um argumento não sujeito ou de um circunstancial para uma posição mais alta, de especificador FocP, como em (51).

(51) a. [19,2 CP RJ] *Estive uma semana no Guarujá, e lá, não sei devido a que, talvez ao bafo quente do mar, uma molleza irresistivel apodera-se da gente [...].* [$_{FocP}$ ***A isto*** *deve* [$_{FinP}$ t_{foco} t_v [$_{IP}$ *você attribuir a demora.*

b. [19,1 CL SC] *De dizendo a esse bom homem que eu as tirava a 1 $ rs., ellecallou-se como preferindo pagar quadruplicadamente, e eu disse com os meus botões: ah, quem me dera ser guarda!* [$_{FocP}$ ***alguns*** *conheço* [$_{FinP}$ t_{foco} t_v [$_{IP}$ *eu que ganharão mais em tirar licenças do que ganharião se fossem fiscaes; porque nada é mais fácil do que ser corretor de casa*

c. [20,2 A SC] [$_{FocP}$ ***Os Melhores Sonhos*** *proporcionam* [$_{FinP}$ t_{foco} t_v [$_{IP}$ *os famosos colchões Probel e Divino.*

Estamos assumindo aqui que as sentenças em (51) apresentam a mesma sintaxe daquelas encontradas por Torres Morais (1993); Ribeiro (2010) e Antonelli (2011b) em outras fases da história do português (como no PA e no PC), conforme mostraram os exemplos (9), (10) e (13). O fato de um pronome (anafórico ou dêitico), que figura como um DP [+definido] e [+específico], aparecer na posição pós-verbal, não estando esta posição disponível apenas a uma interpretação de foco, é evidência favorável à hipótese de que o pronome está na posição de especificador de IP. Além disso, o fronteamento dos constituintes argumentais focalizados ([*A isto*], em (51a), [*Alguns*] em (51b) e [*Os Melhores Sonhos*] em (51c)) nesses casos, especialmente quando o DP sujeito fica na posição pós-verbal, reforça a evidência de que no século XIX há vestígios do sistema V2.

No segundo caso, manifesta-se um padrão em que o DP sujeito é pré-verbal, com verbo em segunda ou terceira posição (SV ou [XP]SV). Tudo indica que o português foi perdendo ao longo de sua história o movimento do verbo para a periferia de IP, uma vez que o PB atual prefere construções como a derivada em (52a) e (52b). As sentenças em (53), com DP sujeito na posição pré-verbal e objeto deslocado à esquerda do DP sujeito em uma construção [XP]SV, dão luz a essa nova sintaxe do português, que se manifesta majoritariamente no PB atual.

(52) a. $[_{IP}$ ***Você*** *deve atribuir a demora* ***a isto.***

b. $[_{FocP}$ ***A isto*** $[_{IP}$ ***você*** *deve atribuir a demora.*

(53) a. [19,2 CP RJ] $[_{IP}$ ***O Doutor P. Celydonio*** *concordou completamente com as indicações do Doutor Reis.*

b. [19,2 CP RJ] $[_{Foc}$ ***Os 2:500# restantes*** $[_{FinP}$ t_{foco} $[_{IP}$ ***eu*** *te pagaria d'entro do prazo de 2 annos, a contar do dia em que me désses a quantia de 1:600#000.*

A alta frequência de construções [XP]SV ao lado de construções SV indica que nesses dois casos o movimento do verbo e do DP sujeito não deve ser para fora de IP (como nas línguas V2). O DP sujeito deve ter se movido para a posição de especificador de IP para satisfazer EPP e o verbo para o núcleo de IP. Quando o DP sujeito de SV é antecedido por um constituinte [XP], este em geral é um adjunto (um adverbial), que foi deslocado de sua posição de origem para o topo da sentença, isto é, para uma posição de especificador mais alta (na periferia de IP), conferindo uma construção com verbo em terceira posição [XP]SV. No século XX, os dois padrões SV e [XP]SV de construções transitivas são muito frequentes, indicando que a sintaxe de ordem dos constituintes é nesse século majoritariamente SVO.

Outra evidência de que encontramos no século XIX padrões reconhecidamente de outras fases da história do português competindo com uma nova sintaxe diz respeito à colocação dos clíticos com DP sujeito em VS. De acordo com Galves, Britto e Paixão de Sousa (2005), o padrão [XP]clVS é considerado na literatura como uma das propriedades sintáticas do sistema V2. As autoras observaram que na medida em que o português europeu perde o sistema V2, começa a utilizar ênclise no lugar de próclise nos contextos [XP]VS.

Ao observarmos na escrita brasileira do século XIX contextos com verbos transitivos com sujeito expresso, o que notamos é uma convivência harmoniosa das construções de próclise [XP]clVS, como em (54a), com as construções de ênclise [XP]Vcls, como em (54b). Essa posição variável do clítico também é observada em contextos em que o DP sujeito ocupa a posição pré-verbal, como ilustram os exemplos em (55).

(54) a. [19,2 CR RJ] [...] *mas estranhando eu semelhante procedimento, e querendo saber donde isto vinha, lhe perguntei para que me tinha chamado;* $[_{FocP}$ ***á esta minha pergunta ousada me respondeu*** $[_{FinP}$ t_{foco} $_{t[cl\text{-}v]}$ $[_{IP}$ ***elle*** *com a ordem de prizão, e mandou logo a um soldado que me acompanhasse até ao quartel: conheci então, Sr. Redactor, que estava prezo, e para recrutamento.*

b. [19,2 CP RJ] $[_{TopP}$ ***Quanto aos juros das apolices***, $[_{FinP}$ ***disse-me*** $[_{IP}$ *o Doutor Lousada que é impossivel recebel-os.*

(55) a. [19,2 CR, RJ] *Indo eu procurar em algumas casas de negocio licenças para tirar, respondeo-me um dono da casa: - meu amigo,* $[_{TopP}$ ***as minhas licenças*** $[_{IP}$ ***eu as dou*** *a um guarda da camara para as tirar, porque só assim fico descançado de multas e outros incommodos, embora pague por cada uma 3 ou 4 $ rs., porque elles lá se entendem uns com os outros.*

b. [19,2 CL SC] [...] *e dizendo a esse bom homem que eu as tirava a 1 $ rs.,* $[_{IP}$ ***elle callou-se*** *como preferindo pagar quadruplicadamente, e eu disse com os meus botões: ah, quem me dera ser guarda! alguns conheço eu que ganharão mais em tirar licenças do que ganharião se fossem fiscaes; porque nada é mais fácil do que ser corretor de casa!*

A Figura 2, a seguir, dá luz a esses contextos sintáticos.

Figura 2 – Trajetória dos padrões de inversão transitiva com clítico nos séculos XIX e XX

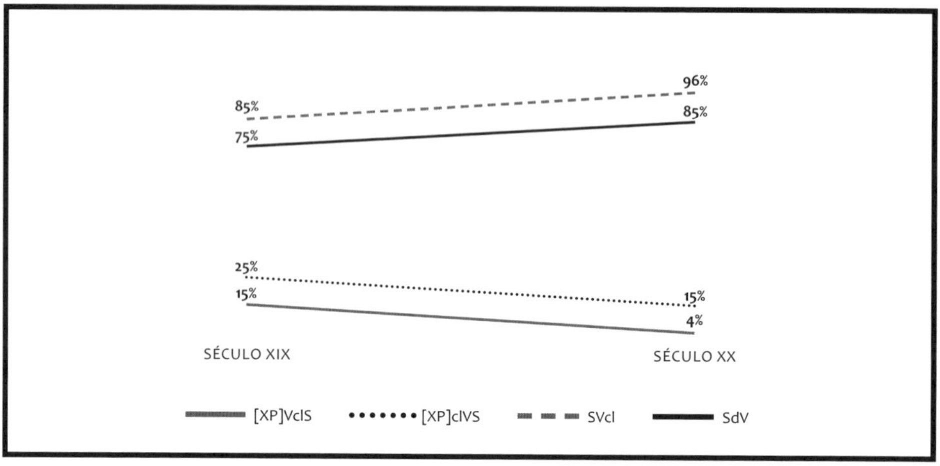

Notamos que há uma mudança acentuada no curso do século XIX para o XX dos padrões [XP]vcls (cf. exemplo 54b), de 15% para 4%, e [XP]clvs (cf. exemplo (54a)), de 25% para 15%. Tanto a ênclise quanto a próclise preferem contextos com DP sujeito pré-verbal: a ênclise passa de 85% para 96% e a próclise vai de 75% a 85%. Nesse caso, diferentemente do que apresentam Galves, Britto e Paixão de Sousa (2005) para explicar a direção da mudança do PC para o PE, com aumento da ênclise em contextos [XP]VS e SV, o PB prefere SV independentemente da posição do clítico. Vale lembrar, entretanto, que trabalhos como o de Martins (2009) mostram que a gramática do PB (diferentemente da gramática do PE) se caracteriza por um padrão preferencialmente proclítico com SV.[36]

Há nitidamente uma sintaxe particular no século XIX, com respeito à natureza das construções com verbos transitivos. Comparando os dois períodos e os dois gráficos anteriores, vemos uma queda das construções [XP] VS e [XP]clVS e um aumento bem significativo das construções [XP]SV/SV e [XP]sclv/SVcl no século XX, chegando a patamares basicamente categóricos (de 90% a 100%).

Observamos a seguir se há evidências de que construções transitivas com verbo em segunda ou terceira posição manifestam restrições discursivas relativas ao estatuto de DP sujeito de VS (questão (ii)) nos dois séculos. Os resultados percentuais apresentados na Figura 3 ajudam a mapear melhor o que foi mostrado na seção "Panorama da mudança no português brasileiro".

Figura 3 – Trajetória do padrão de inversão transitiva [XP]VS, segundo os traços de definitude a especificidade do DP sujeito nos séculos XIX e XX

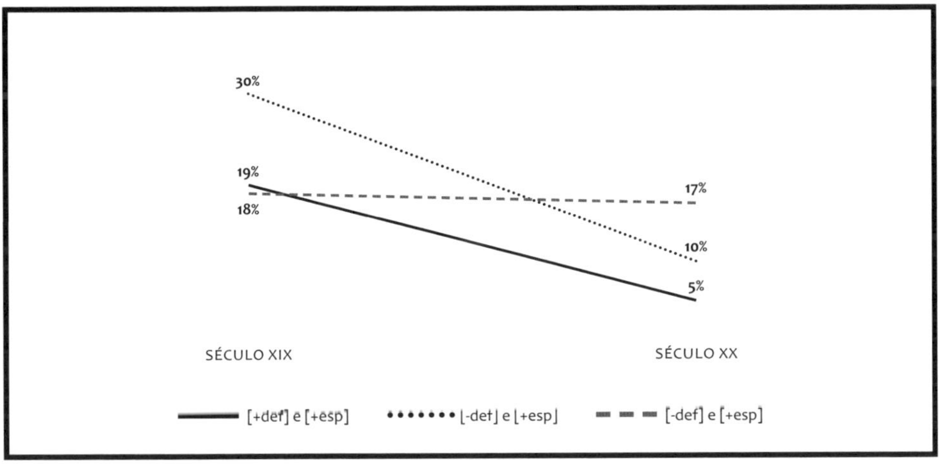

A partir desses resultados, percebe-se uma queda acentuada de VS do século XIX para o XX em contextos com DPs sujeitos [+definido] e [-definido/+específico]. Apenas DPs sujeitos [-definido/-específico] mantêm um comportamento estável entre os dois momentos. O resultado dessas tendências é uma mudança no peso da definitude/especificidade para a definição da posição do DP sujeito: no século XIX DPs [+definido] e [-definido/-específico] apresentam os mesmos índices de [XP]VS; já no século XX os três tipos de DPs vêm claramente diferenciados segundo a frequência com que ocorrem em VS.

O índice de VS com DP sujeito [+definido] no século XIX (19%) é bastante revelador: nos leva a dizer que a posição do DP sujeito de VS no século XIX não deve estar vinculada a uma posição de foco, mas a uma posição de especificador de IP. No que se refere aos resultados do século XX, a definição dos contextos semânticos indica efeitos de definitude e de especificidade atuando nas construções transitivas.

A partir dessas evidências, podemos traçar uma conversa com as propostas de Torres Morais (1993); Ribeiro (1995, 2010); Galves, Britto e Paixão de Sousa (2005); Antonelli (2011b) sobre os padrões sintáticos encontrados na história do português, especificamente do PA e do PC. Considerando os resultados apontados anteriormente, podemos dizer que algumas propriedades das línguas V2 aparecem no português do século XIX como resquícios de uma sintaxe antiga (PA e PC), convivendo com propriedades que apontam para contextos de mudança, uma vez que encontramos os seguintes padrões sintáticos competindo:

a. Fronteamento do argumento não sujeito ou de um adjunto (adverbial) na ordem [XP]VS, concorrendo com um padrão de verbo em segunda ou terceira posição com DP sujeito pré-verbal, [XP]SV e SV. Em línguas V2 prototípicas a construção [XP]SV seria agramatical.
b. Próclise com fronteamento de constituintes, concorrendo com ênclise com fronteamento de constituintes na ordem [XP]VS. Próclise com SV em [XP]SclV e SclV, concorrendo com ênclise em [XP]SVcl e SVcl. Em um sistema V2, a próclise seria esperada em contextos [XP]clVS.
c. A ordem [XP]VS parece abrigar tanto DP sujeito [+/-definido] quanto DP sujeito [+/-específico] no século XIX. Nesse caso, como se esperaria de uma língua V2, a posição de especificador de IP pode abrigar qualquer tipo de DP sujeito independentemente do seu valor discursivo.

Essas propriedades indicam que o padrão de inversão germânica [XP]VS com verbos transitivos estava atuante no século XIX, evidenciando que o movimento do verbo para a periferia esquerda da sentença era uma opção ainda disponível (apesar de restrita), uma espécie de resquício do efeito V2. Concomitantemente a esse padrão de inversão, convivem naquele século indícios de uma sintaxe nova que se firma no século XX, com DP sujeito preferencialmente pré-verbal ([XP])SVO e próclise. Essa rigidez sintática da ordem é completada no século XX, momento em que o efeito de definitude do DP sujeito em VS parece ser a única propriedade atuante nas construções transitivas.

Os resultados corroboram as tendências apontadas por Torres Morais (1993) de que as construções V2 disputavam já no século XVIII espaço com construções [XP]SV. A progressiva tendência à ordem SVO – que já se mostra em avançada expansão no século XIX – parece evidenciar, na esteira do que diz Torres Morais, que no século XIX as novas gerações de falantes estariam perdendo gradativamente a restrição V2 e reanalisando as declarativas como estruturas [XP]SV(O), atribuindo uma diferente análise às construções [XP]V.

Com base nesse quadro, parece ser possível dizer que no século XX a ordem VS transitiva não é mais uma opção disponível na escrita brasileira. Fatores que identificamos como regentes da ordem VS na escrita do século XIX, relacionados ainda a algum resquício do efeito V2 encontrado na história do português (no PA e no PC), não continuam atuantes na escrita do século XX. Os casos que ainda aparecem como VS nesse século podem ser atribuídos a uso estilístico (vindo da gramática do letrado) ou a casos de construções cristalizadas, especialmente aquelas marcadas com verbos *dicendi*. É possível dizer, então, que o PB atual se caracteriza por uma gramática com ordem do DP sujeito na estrutura SVO fixa.

Observamos, a seguir, o comportamento de outro tipo de padrão de inversão, conhecido na literatura por inversão românica.

Construções V[XP]S

Outro conjunto de evidências trazidas na seção "Panorama da mudança no português brasileiro" parece indicar que no século XIX há também resquícios de inversão românica, uma construção em que o DP sujeito ocupa a posição final da sentença (V[XP]S) e apresenta uma nítida interpretação de foco. Estudos apontam que línguas românicas [+pro-drop] como o espanhol e o italiano permitiriam DP sujeito pós-verbal com qualquer tipo de verbo (transitivos, intransitivos, copulares e inacusativos). Essa também parece ser uma das propriedades atreladas à gramática do PE.

No caso do português escrito no Brasil, estudos como os de Duarte (1995) apontam que o sujeito nulo perde espaço para o sujeito expresso no início do século XX, momento em que o sistema do português apresenta evidências bem fortes de uma língua de sujeito obrigatório [-pro-drop] como o francês, deixando de ser uma língua de sujeito nulo [+pro-drop], como as demais línguas românicas. Moura (2015), utilizando dados do PHPB, observa no português do século XIX a convivência de uma gramática com possibilidades bastante significativas de sujeito nulo e ordem do DP sujeito variável (SV e VS). O sujeito nulo do século XIX para o século XX no *corpus* analisado pelo autor cai de 39% para 33% e o sujeito expresso aumenta de 61% para 67%.

No mesmo período, o autor constata uma queda do sujeito expresso em VS (de 14% para 1%) e um aumento do sujeito expresso em SV (de 86% para 99%). A ordem SV se consolida definitivamente como ordem canônica no século XX.

Considerando esse quadro de queda do sujeito nulo e de queda do sujeito expresso em VS, observamos a partir dos resultados apresentados na seção "Panorama da mudança no português brasileiro" índices de sujeito expresso em construções V[XP]S, quando há evidência de um [XP] (argumental ou não argumental) entre o verbo e o DP sujeito, a fim de que as ocorrências possam ser, de fato, consideradas como reflexo do efeito desse tipo de inversão românica. Nossa discussão leva em conta o padrão de inversão V[XP]S combinado com transitividade do verbo e com traços de definitude e de especificidade do DP sujeito para tentar responder às perguntas feitas na primeira seção: (i) V[XP]S é um padrão de inversão do DP sujeito disponível na amostra investigada?; (ii) qual é o elemento interveniente mais frequente nas construções V[XP]S?; (iii) há evidências de que o DP sujeito apresente uma interpretação focal nas construções V[XP]S?

Conforme vimos na seção "Panorama da mudança no português brasileiro", os índices gerais de V[XP]S nos dois séculos não sugerem uma perda de espaço dessa construção: 28% na amostra do XIX e 25% no século XX (cf. Tabela 11). No entanto, uma análise mais refinada, levando em conta características do verbo e do DP sujeito, revela diferenças em sua configuração nos dois momentos.

Observando de modo geral os resultados estatísticos da variável transitividade do verbo (cf. Tabela 1) já se percebe uma queda de VS transitiva e intransitiva do século XIX para o século XX em todos os contextos sintáticos (com verbo em primeira, segunda ou terceira posições). Essa queda é ainda mais expressiva quando recortamos da amostra apenas as construções V[XP]S, como veremos na Figura 4 a seguir.

Figura 4 – Trajetória do padrão de inversão V[XP]S, segundo a transitividade do verbo nos séculos XIX e XX

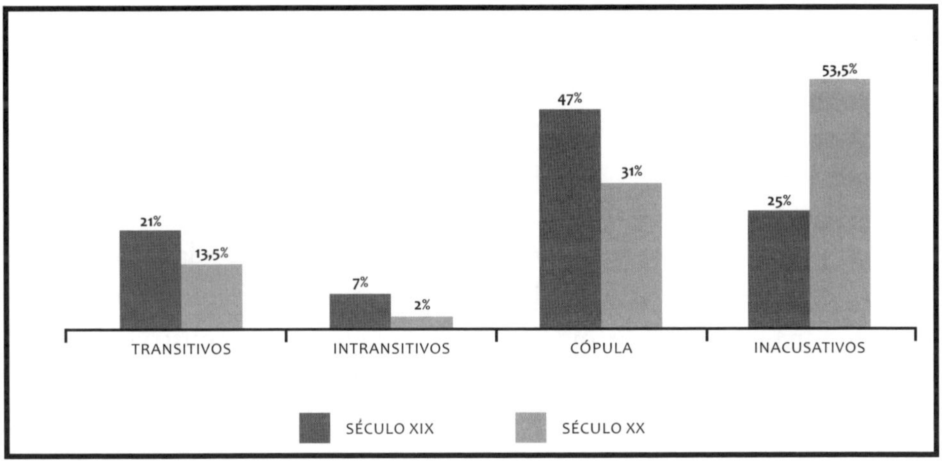

A partir dos resultados, podemos notar que os índices de V[XP]S se concentram no século XIX na faixa de 7% a 47%, e no século XX vão de 2% a 53,5%. Os contextos nesse século XX ficam mais polarizados, mostrando o seguinte contorno: há uma queda de V[XP]S com verbos transitivos, apresentando no século XX índices que não ultrapassam 14%. No caso dos verbos intransitivos os índices já baixos no século XIX diminuem no século XX, tornando-se um padrão residual. No que diz respeito aos verbos copulares, as possibilidades de V[XP]S são bastante significativas, mantendo-se atuantes de um século para outro (de 47% para 31%). Já nos contextos com verbos inacusativos observa-se um aumento bastante significativo de V[XP]S, de 25% para 53,5%.

Outro aspecto desses resultados tem a ver com a natureza de [XP]. Na seção "Panorama da mudança no português brasileiro" (Tabela 11), mostramos que esse elemento é predominantemente um adjunto (adverbial) ou um predicado da *small clause*, nos dois séculos, o que corrobora a associação entre V[XP]S e verbos inacusativos e copulares. Além disso, vemos que o [XP] argumental perde espaço (de 22%, no século XIX, para 15,5%, no século XX), revelando a diminuição da presença de verbos transitivos nessa construção.

Duas observações são fundamentais nesse caso. A primeira é a de que até o século XIX o português teria mantido um padrão de ordem do DP sujeito semelhante ao das línguas românicas, em que a possibilidade do padrão de inversão V[XP]S parece relativamente livre, independendo do tipo de verbo da construção. A segunda observação é que há uma frequência extremamente baixa de V[XP]S com verbos transitivos e intransitivos no português do século XX, a manutenção desse padrão se observa nos contextos com verbos copulares e inacusativos, mantendo-se a tendência geral do PB atual. O que se acredita nesse caso é que a mudança não está atrelada ao padrão de inversão V[XP]S em si, mas à transitividade verbal.

Verificamos ainda se essas tendências estão correlacionadas aos traços de definitude e de especificidade do DP sujeito. Essa correlação é importante para nos auxiliar a definir melhor se o DP sujeito dessa construção V[XP]S, especialmente no século XX, apresenta uma informação não pressuposta, podendo ser interpretado como foco informacional. Observemos a trajetória indicada na Figura 5.

Figura 5 – Trajetória do padrão de inversão V[XP]S, segundo os traços de definitude e especificidade do DP sujeito nos séculos XIX e XX

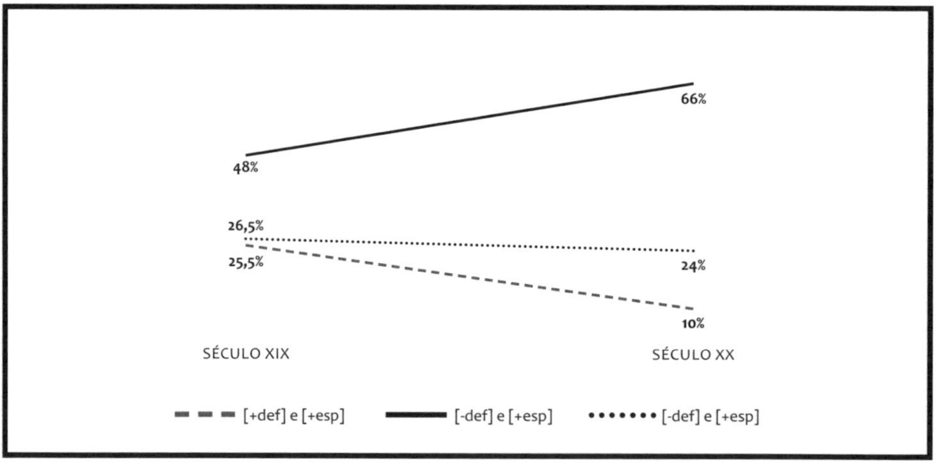

Novamente a distribuição dos percentuais de V[XP]S fica mais polarizada no século XX. Há uma nítida queda da correspondência entre VS e DP sujeito [+definido] e [+específico], uma manutenção de VS com DP sujeito [-definido] e [-específico] e um aumento bastante expressivo de VS com DP sujeito [-definido] e [+específico]. Esse traço de especificidade marca em geral um DP que já foi mencionado no discurso como parte de um conjunto, estabelecendo uma relação de inclusão com alguma informação dada, mas não uma relação de identidade. Tudo leva a crer que esses contextos podem receber uma leitura focal, isto é uma informação atualizada no discurso, não pressuposta. O predomínio de DP sujeito simples e complexo, e a raridade de DP sujeito pronominal nessa posição baixa de V[XP]S reforçam essa interpretação.

Os exemplos a seguir põem à mostra os tipos de estruturas com verbos transitivos que foram encontradas nesse padrão de inversão V[XP]S no século XIX: com sujeito representado por um nome próprio (que aparece como informação não pressuposta) e/ou por um constituinte foneticamente pesado. Nesses casos estamos assumindo que os DPs sujeitos estão em uma posição de foco baixa (na periferia de VP), que é a posição de especificador de FocP, o verbo sobe para um núcleo funcional mais alto que FocP (o núcleo de IP) e um *pro* expletivo deve satisfazer o EPP na posição de especificador de IP.

(56) [19,2 A RJ] *Festa de Nossa Senhora de Copacabana Domingo 21 do corrente deve ter lugar a festa da padroeira,* [$_{IP}$ **pro** *préga* ***ao evangelho*** [$_{FocP}$ ***o Padre José Herculano da Costa Brito****, a música será dirigida pelo maestro Mesquita, haverá Te-Deum ás 5 horas da tarde e ás 7 ½ horas arderá um lindo fogo artificial generosamente offerecido por alguns devotos. – O secretario, C. T. Monteiro.*

(57) [19,2 CP RJ] *O Doutor Valladão não vio o Chico, por ter se ausentado em serviço de sua profissão; é provavel que* [$_{IP}$ **pro** *o veja* ***ainda*** [$_{FocP}$ ***o Doutor T. de Sá****, por indicação do Doutor P. Celydonio.*

Tomando interrogativas-QU como artifício para mostrar o valor informacional desses DPs sujeitos, poderíamos derivar as seguintes sentenças:

(58) [*Quem prega ao evangelho no domingo 21 do corrente?*]
|*No Domingo 21 do corrente* [$_{IP}$ **pro** *préga* ***ao evangelho*** [$_{FocP}$ ***o Padre José Herculano da Costa Brito***.

(59) [*Por indicação do Doutor P. Celydonio, quem ainda o verá?*]
Por indicação do Doutor P. Celydonio é provavel que [$_{IP}$ **pro** *o veja* ***ainda*** [$_{FocP}$ ***o Doutor T. de Sá***..

Esses casos nos permitem levantar a hipótese de que na escrita brasileira do século XIX – verificada nesses exemplos V[XP]S de construções transitivas – estava disponível uma posição baixa de foco para receber DPs sujeitos que manifestam uma informação nova, podendo ser esta uma resposta a uma interrogativa-QU, do tipo [*Quem fez isso?/O que x fez?*]. Note-se que nesse caso o que está em jogo é uma propriedade semântico-discursiva do DP sujeito.

No que diz respeito à escrita brasileira do século XX, os resultados mostram que as construções V[XP]S não estão mais disponíveis para verbos transitivos e intransitivos, como já apontamos. Há, portanto, uma restrição sintática ligada à transitividade do verbo. São verbos copulares e inacusativos que (ainda) admitem esse tipo de padrão de inversão, como os exemplos a seguir ilustram.

(60) a. [20,2 CL SC] [...] *foi eleita* e [$_{IP}$ ***será empossada*** *dia 7 de abriu p.f.* [$_{FocP}$ ***a nova diretoria deste grêmio*** *com mandato para 1963/1964.*

b. [20,2 CL SC] *Eis que* [$_{IP}$ **pro** *chega* ***à porta da sala de aula*** [$_{FocP}$ ***um visitante****, que o professor me apresentou.*

Vale ressaltar que, na maioria desses casos, o segmento [VXP] corresponde a uma informação dada ou inferível no contexto, e o DP sujeito corresponde a uma informação nova, o que por hipótese nos levaria a dizer que o DP sujeito está em uma posição de foco informacional baixa (na periferia de VP) – uma posição de FocP, consoante proposta de Belletti (2004a).

Concomitantemente a essas construções encontradas no século XX com foco informacional no DP sujeito de V[XP]S, nossos resultados apontam para outro tipo de construção sintática com DP sujeito pesado, relacionado a casos conhecidos na literatura como leitura de lista, como atestam os exemplos a seguir.

(61) a. [19,2 CP SC] *Bailou-me, então, na idéa tyranica e diabólicamente,* [$_{DP}$ ***o impossível, o irrealizável, a morte!...***

b. [20,2 **CL RN**] *Porém, no fundo dalma, devem sentir alguma emoção escutando as melodias que eu escuto, depois de haver, ao raiar do dia, ouvido a sinfonia dos pássaros festejando o nascer do sol, esquecidos de que, depois do alvorecer, virá inevitavelmente* [$_{DP}$ ***o crepúsculo, a noite imensa e nem sempre pontilhada de estrelas.***

Enfim, o quadro exposto vem apontar para duas trajetórias: no século XIX o padrão V[XP]S se assemelha aos casos encontrados nas línguas românicas de sujeito nulo, com possibilidades irrestritas de VS com verbos transitivos, intransitivos, copulares ou inacusativos, e possibilidades de interpretação de foco informacional sobre o DP sujeito pós-verbal de uma construção transitiva. Já no século XX, as possibilidades de V[XP]S ficam restritas a verbos copulares e inacusativos. Sentenças com esses verbos parecem escolher a posição pós-verbal para focalizar o sujeito. Entretanto a ordem V[XP]S não é mais uma opção disponível para focalizar o sujeito de uma construção transitiva ou intransitiva. Casos como esses são raros, o que nos leva a dizer que devem ter sido usados por questões estilísticas, relacionadas à gramática do letrado.

Os resultados corroboram as tendências apontadas na literatura de que a inversão românica não deve ser mais uma opção disponível no PB atual. A impossibilidade de movimento do DP sujeito de uma construção transitiva para uma posição de foco (na periferia de VP) deve ser consequência da mudança do parâmetro de sujeito nulo, de [+pro-drop] para [-pro-drop] (cf. Duarte, 1995; Duarte, Mourão e Santos, 2012), uma impossibilidade que não se observa no PE. No PB atual o DP sujeito de construções transitivas que carrega informação nova está em uma posição de FocP mais alta que fica na periferia de IP. Como já discutido na seção "Breve panorama dos estudos sobre posição do DP sujeito no quadro da gramática gerativa", a inversão irrestrita do DP sujeito nesses casos é típica de línguas de sujeito nulo, pelo menos no domínio das línguas românicas.

Para fechar esta seção, observamos a seguir o comportamento do padrão de VS inacusativa.

Construções VS inacusativas

Com base nos resultados apresentados na seção "Panorama da mudança no português brasileiro" (cf. Tabela 1), podemos dizer que VS inacusativa existencial, VS inacusativa não existencial e VS inacusativa locativa são construções bastante frequentes nos dois séculos investigados. Das três construções, VS inacusativa existencial é uma construção basicamente categórica, por isso nos resultados expostos nos gráficos 6 e 7, apresentados a seguir, ela não foi considerada para análise. Sob o rótulo de construção inacusativa foram reunidas as inacusativas não existenciais e locativas. Algumas diferenças entre elas que se mostraram significativas são apontadas adiante.

Considerando, então, as construções inacusativas (não existenciais e locativas) em bloco, no percurso dos séculos XIX e XX, observamos uma aparente queda da ordem VS (de 49% para 32%) e um consequente aumento das construções SV (de 51% para 68%). Entretanto, ao compararmos esses índices aos resultados de VS não inacusativa (cf. foi exposto nas seções "Construções [XP]VS transitivas (ou sistema V2)" e "Construções V[XP]S"), não podemos deixar de ressaltar a alta frequência de VS inacusativa no século XX (32%).

Dadas essas possibilidades, vamos tentar responder às perguntas (ii) e (iii) feitas na seção "Breve panorama dos estudos sobre posição do DP sujeito no quadro da gramática gerativa": (ii) nas construções VS há restrições semânticas (ou semântico-discursivas) impostas ao DP pós-verbal? (iii) qual é a correlação entre inversão locativa ([Loc]VS) e efeito de definitude do DP pós-verbal? Para responder a essas questões observamos com mais detalhamento como se comportam as construções inacusativas, correlacionando as ordens SV e VS à posição do verbo na sentença, ao elemento XP que aparece antes do verbo e às restrições de definitude e de especificidade relacionadas ao DP pós-verbal.

A Figura 6 aponta como se distribuem os padrões de ordenação com verbos inacusativos na amostra do PHPB, considerando a posição do verbo na sentença.

Figura 6 – Padrões de ordenação com verbos inacusativos nos séculos XIX e XX

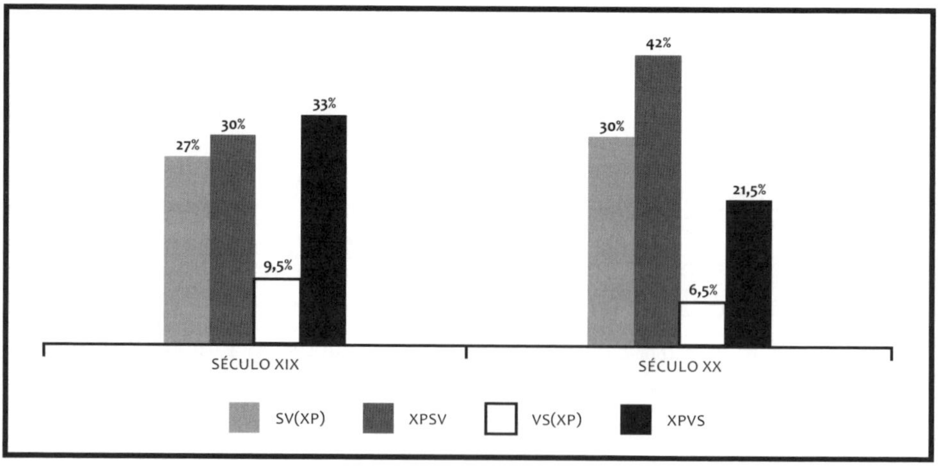

Vemos que todos os padrões presentes no século XIX ainda estão bem atuantes na amostra do século XX. Mas destaca-se um contraste marcado pela diminuição do padrão [XP]VS (de 33% no XIX para 21,5% no XX) e pelo aumento das construções com DP pré-verbal ([XP]SV, esteja o verbo em segunda (de 27% para 30%) ou terceira posição (de 30% para 42%).

Para explicar a derivação das construções [XP]VS inacusativas na escrita brasileira, assumimos inicialmente, na esteira de Pilati (2006), a hipótese segundo a qual deve haver algum elemento lexicalmente realizado ou nulo na posição de Spec, IP para satisfazer o EPP da sentença. Nesse caso, o DP, argumento interno, deve permanecer na posição pós-verbal (*in situ*).

Observamos na seção "Panorama da mudança no português brasileiro" uma tendência nos dados dos séculos XIX e XX a construções [XP]VS com a primeira posição preenchida por um PP, sintagma locativo, como em [Loc] VS. A natureza do elemento que precede VS inacusativa nos permite dizer que essas construções se parecem com um tipo de inversão locativa, na linha do que argumenta Pilati (2006). Queremos acreditar que a posição de Loc, nesse caso, deve ser a posição de especificador de IP, uma vez que verbos inacusativos não selecionam DP, argumento externo, com papel temático de agente. O exemplo em (62) ilustra esse caso. Esse indício é importante para sustentar a hipótese de expletivo nulo atrelada a algumas construções VS inacusativas, com verbo em primeira posição, como em (63).

(62) [19,2 A BA] [***No Barateiro***] ***chegarão*** *novas gaitas a balão. Vendem-se a 500. Ha porção. Na mesma casa ha crucificios, veronicas e mais cousas, proprias para as proximas missões.*

(63) [20,1 A RN] *Collegio Santo Antonio (Irmãos Maristas).* **[expl]** ***Continúa a funccionar*** *um "curso gratuito" destinado a completar o preparo de candidatos ao "Exame de admissão".*

Para Pilati (2006), a inversão locativa é a única possibilidade de licenciamento das construções VS no PB atual. Nossos resultados apontam que, apesar de este ser um contexto favorável à ordem VS inacusativa, ele não é o único, uma vez que há verbos inacusativos que não projetam um sintagma locativo.

Agregada a essa configuração sintática, outra correlação revelada nesses estudos variacionistas também deve ser considerada na possível explicação de VS inacusativa. Trata-se da associação entre SV e o caráter dado, [+definido], [+específico], do DP sujeito, por um lado, e entre VS e o DP sujeito de informação nova, [-definido] [-específico], por outro. A correlação entre verbos inacusativos e traços semânticos do DP sujeito pode nos ajudar a entender se é possível falar em restrição de definitude e de interpretação discursiva de foco às construções VS inacusativas. Vejamos o que indicam os índices expostos na Figura 7, a seguir.

Figura 7 – Trajetória de VS inacusativa, de acordo com as restrições semânticas de definitude e de especificidade nos séculos XIX e XX

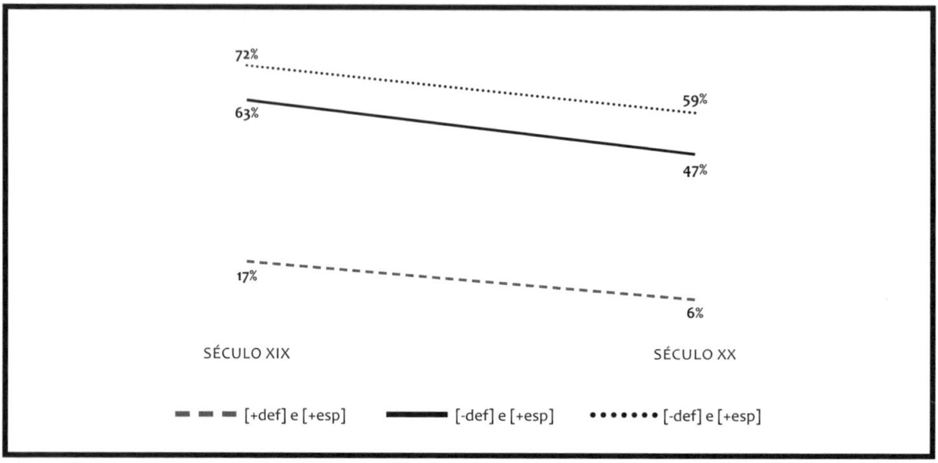

De modo geral, há queda de VS na passagem de um século a outro. Quando comparamos os contextos semântico-discursivos, algumas diferenças entre eles se acentuam. Os índices revelam que, nos dois séculos, os DPs [-definidos] preferem VS, independentemente de serem DPs [+/-específicos]. Há uma distribuição polarizada entre os DPs [-definidos], que apresentam índices altos de VS, e os DPs [+definidos], com índices altos de SV, indicando que o efeito de definitude atua fortemente nas construções VS inacusativas. Casos como os ilustrados em (62) e (63) apontam que, para além da inversão locativa, o efeito de definitude atua fortemente sobre o DP, argumento interno, de VS. Entretanto, em casos como (64), há efeito de definitude, mas não há um locativo (realizado ou nulo) manifestado na grade temática do verbo *faltar*.

(64) [19,2 CP RJ] *mas elles que esperem porque devem saber que não* ***tem faltado boa vontade*** *da nossa parte.*

A partir dos resultados que apontam índices bastante significativos de DPs [-definidos] e [+/-específicos] em VS é possível dizer que as construções inacusativas preferem que o DP pós-verbal manifeste informação nova. DPs pós-verbais de construções inacusativas tendem a ser [-definidos], o que significa dizer que eles não estabelecem uma relação de identidade com alguma informação já veiculada no discurso, isto é, estão vinculados a uma informação nova (ou parcialmente nova), de acordo com o critério utilizado por Enç (1991). Parece ser possível dizer, então, que a posição pós-verbal em que o DP, argumento interno, de um verbo inacusativo se encontra é própria para receber sintagmas focalizados, que carregam informação nova (ou pelo menos parte da informação nova). O DP [-definido] de construções VS inacusativas, por hipótese, poderia ser uma resposta a uma interrogativa-QU como [*Quem fez?/O que x fez?*], como vimos na seção "Construções V[XP]S", com interpretação de foco informacional recaindo sobre o DP. O caso em (62) de inversão locativa poderia ser considerado uma resposta possível à pergunta anterior, como em (65).

(65) *O que chegarão no Barateiro?*
$[_{IP}$ *No Barateiro chegarão* $[_{FocP}$ ***novas gaitas a balão***

Além de possibilidades de interpretação de foco informacional, VS inacusativa poderia, por hipótese, também ser uma resposta a uma pergunta [*O que aconteceu?/O que é que aconteceu?*], uma espécie de foco apresentacional (ou foco largo) recaindo sobre toda a sentença (como em (66)).

(66) *O que aconteceu?*
(elles que esperem porque devem saber que) ***[não tem faltado boa vontade da nossa parte]***

Essa proposta está respaldada no fato de que em (66) todo o VP *não tem faltado boa vontade da nossa parte* veicula a informação nova da sentença.

Nossos resultados corroboram hipóteses teóricas de Nascimento (1984) e de Figueiredo Silva (1996) sobre a restrição da definitude e resultados estatísticos no âmbito da Sociolinguística (Berlinck, 1988, 1995; Coelho, 2000, 2006; Pilati, 2002; Spano, 2008; Santos, 2008, entre outros) sobre a correlação entre ordem VS, verbo inacusativo, inversão locativa e efeito de definitude do DP. Por hipótese, parece haver uma associação natural entre DP [-definido] e foco. A inacusatividade está desempenhando um papel fundamental no licenciamento da ordem VS nos contextos de focalização do DP, argumento interno, podendo esse DP [-definido] (ou a sentença inteira) que carrega uma informação nova ser interpretado como foco.

Como vimos, a ordem SV/VS nessas construções com verbos inacusativos se apresenta variável nos dois séculos. O fato de verbos inacusativos mostrarem comportamentos tão diversos dos demais verbos (especialmente dos verbos transitivos e intransitivos) quando se trata da ordem do DP, argumento interno, em relação ao verbo coloca algumas questões: qual é o estatuto das construções SV/VS nesse caso? E como se caracteriza esse processo variável?

Considerando os casos apresentados anteriormente, podemos dizer que a ordem VS inacusativa é licenciada de duas maneiras: (i) quando há um elemento Loc (realizado ou nulo) na posição pré-verbal, entendendo-se essa como a posição de especificador de IP; e (ii) quando o DP, argumento interno em VS, sofre efeito de definitude. São, portanto, duas forças atuantes na determinação da ordem: uma estrutural, relacionada a um tipo de inversão locativa, e outra de natureza semântico-discursiva, atrelada a uma possível interpretação de foco.

Retomando o que já foi dito na literatura gerativista desde a década de 1980 sobre verbos monoargumentais (cf. Kato e Tarallo, 1988; Kato, 2000; Figueiredo Silva, 1996; Cyrino, Nunes e Pagotto, 2009; Nascimento, 2014), acreditamos que a diferença primordial entre a ordem SV/VS está ligada à natureza do verbo. O PB atual aceita naturalmente a ordem VS com verbos inacusativos, impondo severas restrições no caso dos demais verbos, como vimos nas seções anteriores. O fato de a ordem do sujeito de construções transitivas e intransitivas não ser mais um processo variável nos leva a dizer que mudanças na organização do sistema do PB resultaram em restrições à possibilidade de variação da ordem do sujeito, isto é, da ordem do DP, argumento externo, marcado como [+agentivo] e [-tema]. O PB perdeu a possibilidade de licenciar a ordem VS em contextos que não sejam de inversão inacusativa. A posição pós-verbal é, portanto, licenciada apenas a DP, argumento interno, selecionado por verbos inacusativos. Esse DP possui várias propriedades semânticas características dos objetos verbais, entre as quais a de ter um papel temático [-agentivo] e [+tema].

Com base nessas considerações temos mais uma questão para responder: VS inacusativa é um caso de inversão do DP sujeito? Queremos acreditar que não. Dadas as diferenças sintático-semânticas entre os argumentos externos e internos selecionados pelos diferentes verbos (transitivos, intransitivos e inacusativos), entendemos que nada impede que o DP, argumento interno, de um verbo inacusativo permaneça na posição de complemento de VP, por ser esta sua posição de base. Como a posição natural para focalizar DPs é à direita do verbo (a posição de objeto, de acordo com Costa, 1998), a posição pós-verbal das construções inacusativas acaba sendo a posição ideal para o processo de focalização não contrastiva do DP [-definido] que exibe a informação nova.

Quando, porém, em uma construção inacusativa, o DP, argumento interno, aparece à esquerda do verbo, essa posição é derivada por movimento desse DP a uma projeção funcional, à posição de especificador de IP. Nesse caso, o DP acaba sendo o sujeito gramatical da sentença. A concordância verbal preferencialmente marcada entre o DP e o verbo, diagnosticada em inúmeros trabalhos no âmbito da Sociolinguística brasileira, é evidência favorável a esta hipótese. Contrariamente ao que acontece nesse caso, em construções VS inacusativa a concordância verbal é pouco frequente. Segundo Monguilhott e Coelho (2011), as crianças brasileiras, ao adquirirem a língua portuguesa, reanalisam tais construções como um caso de VO, em que o sintagma que aparece à direita do verbo é encarado como não sujeito.

CONSIDERAÇÕES FINAIS

Considerando o quadro apresentado nas seções precedentes, podemos dizer que na escrita brasileira do século XIX encontramos os seguintes padrões sintáticos de VS:

1. Construções de inversão germânica ([XP]VS), com verbo transitivo em segunda posição e DP sujeito pós-verbal, como resquício de uma sintaxe V2, encontrada no PA e no PC, convivendo com uma sintaxe do PB atual, manifestada através de construções transitivas majoritariamente SVO (SV ou [XP]SV). Na construção transitiva [XP]VS o que está em jogo não é um caso de inversão do sujeito, mas de movimento do verbo para a periferia de IP.

2. Construções de inversão românica (V[XP]S) com foco informacional recaindo sobre o DP sujeito pós-verbal, como resquício de uma língua de sujeito nulo, com possibilidades relativamente livres de VS. Nesse tipo de construção V[XP]S o que está em jogo é o movimento do DP sujeito para uma posição de FocP baixa, na periferia de VP.
3. Construções VS inacusativas com ou sem sintagma locativo projetado pelo verbo. Nesse tipo de construção VS o que está em jogo é a natureza do verbo e o efeito de definitude sobre o DP pós-verbal.

Já na escrita brasileira do século XX, observamos queda abrupta de padrões de inversão transitiva ([XP]VS) e românica (V[XP]S) com verbos transitivos e manutenção da construção V[XP]S copular e inacusativa e da construção VS inacusativa (com ou sem sintagma locativo), atreladas a efeito de definitude sobre o DP pós-verbal. Essas últimas são, em geral, construções em que o DP pós-verbal manifesta informação nova (ou pelo menos parte da informação nova), podendo receber uma interpretação de foco.

A trajetória de mudança observada na amostra do PHPB analisada neste capítulo aponta para as seguintes considerações: a sintaxe das construções VS na escrita brasileira do século XIX para o século XX mudou. No século XIX, VS manifesta resquício da sintaxe do PA e PC no que se refere aos padrões de inversão germânica [XP]VS e românica V[XP]S, especificamente com verbos transitivos. As mudanças estão atreladas à perda do movimento do verbo para uma posição na periferia de IP e à perda de inversão livre do DP sujeito; este último padrão é marcadamente encontrado em línguas de sujeito nulo, em que o DP sujeito de VS recebe uma nítida interpretação de foco informacional. O fato de serem construções quase residuais na escrita brasileira do XIX indica o quanto a mudança que resultou nos padrões atuais de ordenação já estava avançada naquele momento, provavelmente refletindo usos bastante consolidados na fala.

No século XX, VS é restrita a construções V[XP]S copular e inacusativa e VS inacusativa, nesse último caso, com uma tendência bastante acentuada de manifestar algum elemento locativo (lexicalmente realizado ou nulo) na posição pré-verbal e efeito de definitude sobre o DP pós-verbal. Parece ser possível dizer que está disponível a essas construções uma posição pós-verbal para receber DPs focalizados, que carregam informação nova (ou pelo menos parte da informação nova).

Em síntese, na escrita brasileira do século XX aqui investigada, a ordem VS, manifestada por meio de DPs argumentos externos com papel temático de agente, selecionados por verbos intransitivos ou transitivos, não é mais uma opção disponível. O que ainda temos é variação da ordem de DPs, argumentos internos, com papel temático de tema, selecionados por verbos inacusativos: uma ordem DPV/VDP. Tudo leva a crer que a maior parte dos fatores que regiam a ordem VS no século XIX não continuam atuantes no século XX.

NOTAS

1 Neste trabalho [XP] pode ser considerado um constituinte argumental não sujeito, um adjunto (advérbio) ou um predicado da *small clause*.

2 Neste livro, Duarte apresenta uma análise sobre a representação do sujeito em amostras do PHPB. A comparação entre a mudança da ordem do sujeito – tema deste texto – com a trajetória de mudança de uma língua de sujeito nulo para uma língua de sujeito preenchido será importante para a compreensão desses fenômenos encadeados.

3 Vale lembrar que a "binariedade" inicialmente proposta para a marcação do parâmetro pro-drop foi abandonada, pois várias línguas apresentaram condições e contextos específicos para ocorrência ou não ocorrência do sujeito nulo, tais como o islandês, o português brasileiro e o finlandês, sendo denominadas de línguas de sujeito nulo parcial. Para uma discussão mais aprofundada sobre a representação do sujeito pronominal, ver o capítulo "O sujeito nulo no português brasileiro".

4 Segundo Rizzi (1997), o inglês tem V2 residual.

5 Para Pinto (2012), na caracterização das línguas românicas, que exibiram, em conjunto, na sua fase antiga, uma ordenação tipicamente V2, parece inevitável falarmos que esse efeito V2 pode ser decorrente de um processo de contato com as línguas germânicas a partir das invasões bárbaras no Império Romano.

6 Ao analisar a história do espanhol, Pinto (2011) apresenta evidências sintáticas de que o espanhol antigo deve ter manifestado algum efeito V2, com variações na análise estrutural dessa ordem.

7 Essa hipótese de que o PA pode ter sido uma língua V2 também não é um consenso entre os estudiosos. Há muitos argumentos contrários. Ao analisar o português medieval, Fiés (mimeo) traz argumentos de Kaiser (1999) para defender que o português não apresenta características de uma língua V2 residual, uma vez que não traz contextos suficientes de inversão em sentenças-matrizes que justificassem esse argumento. Para Fiéis, no *corpus* analisado as construções VS correspondiam majoritariamente a contextos inacusativos.

8 Exemplos desse efeito podem ser encontrados em Adams (1987: 102-103).

9 As discussões sobre periodização do português, em particular sobre as denominações dos períodos, não são relevantes para este trabalho. Desse modo, adotamos PC.

10 Como vimos, esse efeito V2, no entanto, é bastante controverso na literatura. Alguns estudos mostram que esses casos são analisados como decorrentes de um movimento curto do verbo para o núcleo de IP. Vamos considerar aqui que, adotando Rizzi (1997), também nesses casos de V2 simétrico, o verbo de uma sentença-matriz ou sentença subordinada sobe para a periferia de IP, uma das projeções do campo CP.

11 DSG significa que os dados utilizados por Ribeiro (2010) foram retirados de "Mattos e Silva, *A mais antiga versão portuguesa dos "Quatro livros dos diálogos de São Gregório"*, Universidade de São Paulo, Tese de Doutorado, 1971, p. 37. É importante dizer que Ribeiro não traz notações sintáticas quando cita o exemplo (10a). Faz isso apenas nos demais casos. Nosso objetivo ao acrescentar algumas notações ao exemplo em (10a) foi o de deixar mais clara para o leitor a descrição posta no parágrafo seguinte.

[12] A autora utiliza na pesquisa um *corpus* formado por 19 textos escritos por autores portugueses nascidos entre 1542 e 1836, selecionados junto ao *Corpus* Tycho Brahe (CTB).

[13] No trabalho de Paixão de Sousa (2004), o limite externo em relação à fronteira da frase é representado por #, como em [XP#VS].

[14] Na seção "A sintaxe da posição do sujeito e a função discursiva" traremos uma discussão sobre a função discursiva do sujeito.

[15] Para a literatura gerativista, os processos de focalização envolvem o movimento de um DP de sua posição categorial ao especificador da projeção de FocP, o núcleo funcional dedicado à articulação da sentença em foco-pressuposição. Foco informacional é uma função discursiva aplicada ao constituinte que fornece uma informação nova solicitada. Na próxima seção, essa discussão será retomada.

[16] Representação hierárquica aos contextos-matrizes, retomada de (5) (cf. Rizzi, 1997).

[17] Representação hierárquica com duas projeções para abrigar o Foco, proposta por Belletti (2004a).

[18] Zubizarreta (1998), em sua proposta de *P-movement*, estabelece que o movimento dos constituintes é prosodicamente motivado e não é requerido por checagem de traços (cf. Kato, 2002: 176, nota 26).

[19] Segundo o autor, a classe de verbos que determina estruturas inergativas é composta por predicados que descrevem: (i) atos volitivos (cf. *work, play, speak, talk, smile, grin, frown, grimace, think, meditate, jog* etc.) e (ii) certos processos involuntários do corpo (cf. *cough, sneeze, hiccough, vomit, sleep, cry* etc.). Já a classe de verbos que determina estruturas inacusativas é composta por predicados: (i) expressos por adjetivos (cf. *shapes, weights, colors, smells* etc.); (ii) cujo termo nuclear inicial é semanticamente um paciente (cf. *burn, fall, drop, sink, float* etc.. Nessa classe o autor também inclui os verbos incoativos, como em *decrease, reduce, grow, open, close, disperse* etc.); (iii) de existência e acontecimento (cf. *exist, happen, transpire, occur, take place* etc.); (iv) que descrevem emissão não voluntária de estímulos (cf. *shine, sparkle, glitter, glisten* etc.); (v) aspectuais (cf. *begin, start, stop, continue, end* etc.) e (vi) durativos (cf. *last, remain, stay, survive* etc.. Nesse caso o autor diz que, possivelmente, eles se encaixariam na classe dos verbos de existência e acontecimento (Perlmutter, 1978: 161-163).

[20] Uma das discussões sobre construções inacusativas na década de 1980 estava relacionada à atribuição de Caso ao DP sujeito pós-verbal desse tipo de construção. Duas hipóteses foram muito discutidas e apreciadas: (i) a hipótese de Caso por CADEIA, formulada por Burzio (1986) e a hipótese de Caso partitivo, formulada por Belletti (1988).

[21] Avelar (2009e) traz uma proposta diferenciada de Pilati (2006) para explicar a inversão locativa. O autor mostra evidências de que alguns verbos transitivos no PB admitem que seu argumento externo seja antecedido de uma preposição locativa, como os pares em ***Aquela loja*** *vende livro* e ***Naquela loja*** *vende livro* insinuam. Segundo o autor, "*sintagmas preposicionados são, nessa língua, projeções de um pronome adverbial dêitico e, nessa condição, se configuram como constituintes nominais*" (Avelar 2009e: 247), como em *(lá) Naquela loja vende livro.* O locativo, entretanto, é opcional nos casos em que o sujeito argumental é pré-verbal. Uma discussão ampliada dessa proposta de 2009 encontra-se neste volume.

[22] Resguardadas as diferenças de análise, o trabalho de Tavares Silva e Farias (2011) traz evidências de que há verbos inacusativos de movimento/localização, como *chegar* e *ir*, que selecionam, para além de um argumento, também um PP complemento. Esse complemento, segundo os autores, não é opcional na sintaxe, o que faz com que esse tipo de verbo possa ser considerado verbo de dois lugares.

[23] Além desses verbos inacusativos, há também inacusativos de mudança de estado, como *desmaiar, empalidecer, crescer, florir* etc., ou ainda como *abrir, derreter, quebrar*, esses últimos considerados de alternância causativa. Nesse caso, o argumento interno de um verbo transitivo causativo pode vir a ser o sujeito derivado da construção inacusativa, como em *A manteiga derreteu*, que se deriva da construção transitiva causativa *Maria derreteu a manteiga*. Neste trabalho, essas construções de mudança de estado foram encontradas em número muito reduzido, por isso foram reunidas com as construções inacusativas de apresentação ou de aparição dentro do fator *verbos inacusativos não existenciais*.

[24] Todas as abordagens aqui apresentadas levam em conta o aparato da Teoria da Variação em Mudança (Weinreich, Labov e Herzog, 1968; Labov, 1972, 1994, 2001).

[25] Para o século XIX, os dados provêm de textos produzidos entre 1850 e 1898. Para o século XX, cobrem as décadas de 1930 a 1960. Os recortes foram definidos com o objetivo de assegurar uma comparabilidade entre os sub*corpora* quanto à origem dos textos.

[26] Os resultados aqui apresentados se pautam na metodologia da Sociolinguística variacionista (Labov, 1972, 1994, 2001; Tagliamonte, 2006). Os dados foram submetidos a análise estatística multivariada (Goldvarb X - Sankoff, Tagliamonte, Smith, 2005), que permite depreender o peso de cada grupo de fatores na definição da variação (é o que vem indicado nas tabelas como PR). Por meio dos grupos de fatores é operacionalizada a avaliação das hipóteses sobre o fenômeno.

[27] No século XIX, o verbo *intransitivo* apresenta um PR favorável de VS, superior a 0.5, mas não se mantém nesse patamar no século XX.

[28] Os pesos relativos para a *forma de realização do sujeito* no século XX vêm indicados entre colchetes pois esse grupo de fatores não foi selecionado como estatisticamente relevante na análise multivariada, para esse período.

[29] Nesses exemplos, será adotada a seguinte notação para identificar a relação de correferência (quando houver): (i) para o DP [+definido] e [+específico], a relação de identidade do correferente se dá por meio de colchete do DP anafórico e do índice subscrito **i**; (ii) para o DP [-definido] e [+específico], a relação de inclusão se dá por meio de colchete do DP em que o partitivo se inclui e do índice subscrito **j**; (iii) para o DP [-definido] e [+específico], não há relação de identidade nem de inclusão, uma vez que o DP é novo, ou seja, é apresentado pela primeira vez no discurso.

[30] O número de dados do século XX analisados segundo a *definitude/especificidade* do DP sujeito é inferior ao número geral porque houve casos ambíguos que tiveram que ser excluídos da análise.

[31] Apenas DP s com referência de 3ª pessoa são avaliados em termos de *animacidade*, já que os de 1ª e 2ª pessoa são sempre [+animado]. Disso resulta a diferença numérica no total de dados analisados segundo essa propriedade.

[32] Como consideramos neste capítulo apenas ocorrências de sujeitos expressos, verbo em primeira posição se caracteriza como uma construção VS ou V[XP]S.

[33] Berlinck (1997a) discute casos de sujeitos pós-verbais pronominais, em configuração VSX no PB (em amostra de fala, e de textos dos séculos XVIII e XIX. A autora destaca que esses sujeitos apresentam, essencialmente, referentes *dados no contexto precedente imediato*, tendo assim um grau alto de acessibilidade referencial. Mostra ainda que atua na porção da sentença que pode ser nomeada de "comentário" (por oposição a "tópico") uma ordem relativa dos constituintes nominais em função do seu grau de novidade, que vai do elemento informacionalmente mais previsível para o menos previsível (em geral, o foco da sentença).

[34] Em relação a construções V[XP]S, ver também Berlinck (1997a).

[35] Não encontramos ocorrências que pudessem ser caracterizadas como de falsa inversão ou antitópico (cf. Berlinck, Duarte e Oliveira, 2009).

[36] Neste livro, Martins (capítulo "A sintaxe dos pronomes pessoais clíticos na história do português brasileiro") apresenta uma análise sobre a posição do clítico em amostras do PHPB. O autor mostra que uma das propriedades da sintaxe do PB se reflete nos casos de próclise com DP sujeito em SclV.

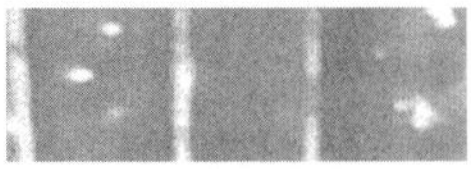

REVISITANDO AS CONSTRUÇÕES COM *SE* NA HISTÓRIA DO PORTUGUÊS BRASILEIRO

Silvia Cavalcante

SUMÁRIO

APRESENTAÇÃO

As construções com SE com verbos transitivos diretos e argumento interno plural, como exemplificado em (1), têm sido objeto de estudo e de discussão na literatura linguística portuguesa devido às mudanças que ocorreram envolvendo essas construções. Por um lado, tanto a tradição gramatical greco-romana quanto as análises gerativistas no quadro de Regência e Ligação propõem analisar essas construções como passivas, o DP argumento interno é analisado como sujeito, e daí se justifica a concordância entre o verbo e o argumento interno plural (Mateus et al., 2003). Por outro lado, dentro do quadro gerativista minimalista, essas mesmas construções são analisadas como instâncias de SE-indefinido, em que mesmo havendo concordância entre o verbo e o argumento interno plural, a construção é ativa e o SE ocupa a posição de sujeito (Raposo e Uriagereka, 1996; Martins, 2003; Cavalcante, 2011, 2016).

(1) ***Vendem*-SE** *casas.*

Essas análises tomam como base a concordância entre o verbo e o DP argumento interno para determinar se esse argumento interno é o sujeito. A construção como (2) a seguir, em que não há concordância entre o verbo e o argumento interno plural, são analisadas como erro de sintaxe pela gramática tradicional (cf. Bechara, 2001).

(2) ***Vende*-SE** *casas.*

Do ponto de vista teórico, as construções com SE apresentam um desafio no que diz respeito à posição de sujeito e a checagem de Caso, por causa do padrão de concordância que aparece nessas construções: o argumento interno pode desencadear a concordância com o verbo, como vimos em (1). A maioria dos trabalhos que consideram o modelo gerativo de análise (Manzini, 1986b; Cinque, 1988; Dobrovie-Sorin, 1998; Mateus et al., 2003; Cyrino, 2007a) defendem que essas construções sejam consideradas *passivas*, e se assemelham às construções inacusativas, em que o argumento interno recebe o Caso nominativo e ocupa ou está ligado à posição de sujeito. Por outro lado, construções com SE com outros tipos de verbos (transitivos indiretos, inacusativos, inergativos, cópula etc.) e com verbos transitivos diretos que não apresentam concordância com o argumento interno, como nos exemplos em (3) e (4), respectivamente, são consideradas exemplos de SE-nominativo, em que o clítico SE absorve o Caso nominativo e o argumento interno, o Caso acusativo. Como se vê, o padrão de concordância que aparece quando o argumento interno é plural é o que vai definir se se trata de uma construção de passiva (SE-passivo) ou ativa (SE-nominativo).

(3) a. ***Precisa-se*** *de empregados*
 b. ***Vive-se*** *bem no Rio de Janeiro.*
(4) ***Vende-se casas.***

Além disso, na diacronia do português, podemos observar casos em que o argumento externo aparece como um sintagma preposicionado, o que no português contemporâneo não é mais gramatical, como vemos com o contraste entre (5a), um exemplo de um autor nascido no século XVI, e (5b):

(5) a. *Os mais guerreiros Reys do mundo* ***se ajudaraõ*** *de estranhos ...* (M. Costa, século XVI)
 b. *****Vendem-se*** *casas pela imobiliária.*

Neste capítulo, apresento uma descrição e análise dessas construções adicionando para a análise mais um ponto que geralmente não é considerado: a posição do argumento interno. Esse ponto entra na discussão a partir da proposta de Raposo e Uriagereka (1996), que defendem que construções como (1) anterior sejam analisadas como instâncias de SE-indefinido, em que o SE ocupa a posição de sujeito e o DP argumento interno ocupa a posição de objeto e, quando anteposto, ocupa uma posição de tópico. Assim, passo a considerar como fator para delimitação do que seja um "sujeito", não só a concordância verbal, mas também a posição que ele ocupa na sentença. Para tanto, as construções com SE serão comparadas com construções passivas sintáticas.[1]

Minha hipótese principal é que, se essas construções com SE são construções passivas e se o argumento interno, pelo fato de desencadear a concordância com o verbo, é o sujeito, vamos observar padrões semelhantes entre as construções passivas sintáticas com relação à posição do argumento considerado "sujeito" em relação ao verbo e o DP argumento interno vai apresentar um padrão semelhante aos DPs sujeitos de outras construções. Para defender essa hipótese, vou recorrer a uma metodologia que alia o aparato formal da teoria sintática, principalmente nas análises de Raposo e Uriagereka (1996) e de Martins (2003) e o aparato quantitativo com a utilização do programa GoldVarb (Sankoff, Tagliamonte e Smith, 2005). Assim, considero aqui os seguintes pontos para a análise:

- a comparação do comportamento das construções com SE e construções passivas sintáticas, principalmente com relação à ordem do DP argumento em relação ao verbo flexionado (pré-verbal e pós-verbal) e os padrões de DPs nulos ("sujeitos" nulos);
- o comportamento das construções com SE ao longo dos quatro períodos de tempo, com relação ao padrão de ordem do DP argumento interno em relação ao verbo flexionado; à presença do argumento externo como um PP;
- a comparação entre os resultados de Cavalcante (2011, 2016) com textos de autores portugueses nascidos entre os séculos XVI e XIX;
- o comportamento de DPs sujeitos ao longo da história do português; com base nos resultados de Galves e Paixão de Sousa (2005) e de Cavalcante, Galves e Paixão de Sousa (2016).

A argumentação que desenvolvo aqui é feita principalmente com base nos padrões estatísticos que vão aparecer nessas construções, uma vez que, segundo Kroch (1989), os resultados quantitativos e os padrões estatísticos de determinadas construções são indícios da gramática (Língua-I) que tenha gerado tais construções.

O *corpus* de análise constitui-se de textos de anúncios e de cartas de leitores e de redatores publicados nos jornais de CE, RN, RJ, BA, MG, SP, PE, SC, que compõem o *corpus* mínimo comum do projeto Para a História do Português Brasileiro.

Desse modo, a hipótese principal que norteia este trabalho está centrada em outras mudanças que ocorreram na diacronia do português (tanto europeu quanto brasileiro) e que fazem levantar a existência de uma mudança gramatical ocorrida a partir da virada do século XVIII que afeta a posição do sujeito, mas não afeta as construções com SE. De fato, pesquisas desenvolvidas com textos de autores portugueses nascidos entre os séculos XVI e XIX têm mostrado uma mudança que afeta a posição do sujeito, mas não afeta as construções com SE, como veremos na seção "Breve panorama dos estudos sobre as construções com SE no quadro formal".

Os objetivos deste capítulo são: analisar as construções com SE tradicionalmente analisadas como passivas sintéticas e observar o comportamento do argumento interno (expresso/não expresso, anteposto/posposto) e da concordância entre ele o verbo, a fim de mostrar se essas construções são de fato passivas pronominais na história do PB. A comparação será feita com as construções passivas sintáticas, como vemos exemplificado a seguir, em que (6) traz uma construção com *se*, cujo estatuto de passiva pronominal está em análise neste capítulo, e em (7) que traz uma passiva sintática:

(6) [19,2, A RJ] ***Vendem-se*** *machinas de costura Singer e outras, a dinheiro e a prestações de 5$ a 10$, e alugão-se por pequenos alugueis; na rua Larga de São Joaquim número 116.*

(7) [19,2, A RN] ***Foi nomeado*** *para lugar de ajudante do agente de correio publico da cidade de Macáu, o cidadão Joaquim Ildefonso Virgolino de Souza.*

Este capítulo está organizado da seguinte forma: na primeira seção, apresento um breve panorama dos trabalhos realizados sobre as construções com SE no PB e no PE; na seção seguinte, apresento o ponto de vista teórico abarcando pelo menos dois modelos teóricos: a Teoria de Regência e Ligação e o Programa Minimalista; na terceira seção, apresento a análise quantitativa dos dados que comprova empiricamente as hipóteses levantadas na seção anterior; na última seção, apresento a análise e interpretação desses padrões estatísticos para comprovar as hipóteses.

BREVE PANORAMA SOBRE AS CONSTRUÇÕES COM *SE* NO PB E NO PE

Nunes (1990, 1991) tem como interesse principal analisar o estatuto do SE, que ele chama apassivador (8a) ou indeterminador (8b), em textos produzidos no Brasil entre os séculos XVI e XX. Para tanto, ele investiga a variação entre (8a) e (8b) e entre (8b) e (8c), nas sentenças finitas e a inserção de SE nas sentenças infinitivas, como mostram os exemplos (8d) e (8e) (cf. Nunes, 1990):

(8) a. *Aqui* ***se vendem casas.***
b. *Aqui* ***se vende casas.***
c. *Aqui* ***Ø vende*** *casas.*
d. *É impossível* ***se achar*** *lugar aqui.*
e. *É impossível* ***Ø achar*** *lugar aqui.*

A amostra de Nunes (1990) é constituída de textos de vários tipos produzidos no Brasil entre 1555 e 1989: (1) cartas, diários e documentos; (2) entrevistas provenientes do banco de dados da PUC-SP, com informantes paulistanos com curso fundamental, médio e superior; (3) dados provenientes da revista *Veja*, com o intuito de investigar a avaliação sincrônica do apagamento do clítico SE nas sentenças finitas.

Cavalcante (1999) analisa as formas de indeterminação do sujeito em sentenças finitas e infinitivas num *corpus* constituído de artigos de opinião, editoriais e crônicas de jornais cariocas publicados entre 1848 e 1998. O interesse dessa pesquisa é investigar a implementação na escrita de formas pronominais com referente arbitrário já atestadas em amostras de fala (Duarte, 1995), como *nós*, *a gente*, e *você*, além das formas tradicionalmente consideradas, a 3ª pessoa do plural, e SE, em sentenças finitas e infinitivas, como vemos em (9) (cf. Cavalcante, 1999):

(9) a. ***Ø somos*** *effectivamente governados por um chefe de gabinete irresponsável e, sem* ***Ø querermos*** *neste momento pronunciar-nos sobre a direcção que está imprimindo aos negocios,* ***Ø concluimos*** *que a primeira experiencia da constituição está produzindo alguma cousa que nem é o regimen parlamentar nem o regimen presidencial.* (Editorial, 1891-1910)
b. *Quem sabe se algum dia não* ***Ø duvidarão*** *da existencia do Sr. Lucena, como hoje duvidão alguns da existencia de Homero?* (Crônica, 1891-1910)

c. *Simularam que o iam soltar. Mas o que* ***se fez*** *foi acusarem-no de rearticulação subversiva* (Crônica, 1964-1968)
d. *tudo isso, meu caro director, era mais que sufficiente para* ***engendrar-se*** *um artigo de trez columnas...* (Crônica, 1848-1869)
e. *Quantos edifícios mais precisam cair para* ***a gente conhecer*** *os outros Sérgios Nayas da Câmara?* (Crônica, 1996-1998)
f. *...caso* ***você queira*** *usar as duas mãos para se ensaboar.* (Crônica, 1996-1998)

No âmbito do PHPB, Duarte (2002) analisou a variação entre SE apassivador – com concordância (10a) – e SE indeterminador – sem concordância (10b) –, em sentenças finitas e não finitas, em anúncios de jornais que circulavam em sete estados brasileiros: Bahia, Minas Gerais, Paraná, Pernambuco, Rio de Janeiro, Santa Catarina e São Paulo, no século XIX (Cf. Guedes e Berlinck, 2000; Duarte, 2002):

(10) a. [19,2, A RJ] *Pianos M.N. Moreira Paranhos mudou seu estabelecimento da rua Sete de Setembro número 68 para a mesma rua número 155 próximo à travessa de São Francisco, onde aguarda seus amigos e freguezes;* ***vendem-se, alugão-se, trocão-se, concertão-se e afinão-se*** *com toda perfeição.*
b. [19,2, A PE] *Na fabrica de caldereiro na rua Nova número 27,* ***acha-se*** *já prompto alambiques e serpentinas de cobre de todos os tamanhos e se vendem por preços mais commodos que em outra parte.*

Duarte e Lopes (2002) analisam a variação da indeterminação do sujeito com três formas pronominais: 3ª pessoa do plural, 1ª pessoa do plural e o uso de SE em sentenças finitas em textos de cartas de editores e redatores em jornais publicados no Brasil no século XIX. Nas sentenças infinitivas, elas analisaram a variação Ø/SE, como mostram os exemplos em (11) a seguir (cf. Duarte e Lopes, 2002):

(11) a. [19,2, CR PE] *Não é tempo de* ***Ø peneirar*** *as causas secretas desse procedimento, não é tempo de* ***Ø descobrir*** *essa machina.*
b. [19,2, CL SP] *Pelo interior é muito comezinho* ***encontrar-se*** *freqüentemente esses infortunados a pedir o seu óbolo* [...]

Cyrino (2007a) analisa diacronicamente a promoção do argumento interno em construções passivas pronominais, construções com SE impessoal e com SE médio, em um *corpus* constituído de textos dos séculos XVIII, XIX e XX, a partir de *corpora* do projeto PHPB e também do projeto temático Projeto de História do Português Paulista, subprojeto Mudança Gramatical no Português de São Paulo: anúncios de jornal, cartas de leitores, cartas pessoais, cartas oficiais, e dados de jornais da imprensa negra paulista. Cyrino (2007a) argumenta que a mudança em relação a essas estruturas pode estar na origem das atuais construções de promoção de argumento com certos verbos.

Cyrino (2007a) considera as construções com concordância de SE-indefinido, como se vê nos exemplos em (12); e as construções sem concordância de SE-impessoal (13):

(12) a. *do Porto* ***se esperão mais duas embarcações***

b. *entrou por esta Barra hum Navio vindo de Lisboa, com 50 e tantos dias deviagem, trazendo* ***as noticias*** *que menos* ***se esperavão*** *nesta ocasião*

c. *que sem isto lhe he muito dificultozo a Vossa Excelência poder em breve tempo completar os Seus projectos, pois faltando lhe estes Socorros so por mais anos he que* ***sepoderão hir fazendo as cousas***

(13) a. *e athe o Senhor Marques dizem fizera* ***as mayores demonstracoens de Sentimento*** *que nunca* ***se vio.***

b. *[...] porque só servem para justamente* ***se com=putar osRendimentos****, que a Coroa tirou naquela Capitania á Ca=za deVossa Excelência para lhe dar hum equivalente del[e]s*

c. *Hontem tornei a elle, dece me que na Missão* ***não tinha-se publicado*** *ainda* ***as mêsas****, e que o Benig[n]o em ultimo caso; dicelhe, que não ficaria mal!*

Os resultados gerais dos trabalhos referidos mostram um quadro de variação no português brasileiro que envolve tanto a questão da concordância quanto a questão da posição do argumento interno em relação ao verbo. Os estudos têm mostrado que essa variação está condicionada a fatores regionais e a fatores gramaticais.

No âmbito do português europeu, Cavalcante (2011, 2016) compara a posição do argumento interno das construções com SE com os DPs sujeito das passivas sintáticas e de construções ativas em textos de autores portugueses nascidos entre os séculos XVI e XIX, pertencentes ao *Corpus* Anotado do Português Histórico *Corpus* Tycho Brahe. Os resultados revelam que os sujeitos das construções ativas e construções passivas analíticas apresentam uma curva de mudança (de VS para SV), ao passo que as construções com SE apresentam uma curva estável, com preferência pela posição pós-verbal do DP argumento interno. Dessa forma, Cavalcante (2011, 2016), com base em elementos sobre a posição do argumento interno, argumenta que ao longo da história do português podemos dizer que as construções com SE tradicionalmente analisadas como passivas podem ser analisadas como construções de SE-indefinido, em que o SE ocupa a posição de sujeito.

BREVE PANORAMA DOS ESTUDOS SOBRE AS CONSTRUÇÕES COM SE NO QUADRO FORMAL

As construções com SE com verbo transitivo direto e que apresentam concordância entre o seu argumento interno e o verbo são analisadas tradicionalmente como passivas pronominais (14a) em contraparte com as passivas sintáticas (14b):

(14) a. ***Venderam-se*** *casas*.
b. *Casas* ***foram vendidas***.

Desconsiderando-se que, semanticamente, uma passiva pronominal não corresponde a uma passiva sintática, tanto a análise das gramáticas tradicionais (Cavalcante, 2009) quanto as análises dentro do modelo de Regência e Ligação (Chomsky, 1981) as consideram construções *passivas*. Esse tipo de análise apresenta um problema teórico para resolver como o argumento interno, que ocorre preferencialmente na posição pós-verbal, recebe Caso nominativo. Assim, a solução encontrada é dizer que o DP quando posposto recebe Caso nominativo via cadeia com um expletivo na posição de sujeito; e, quando anteposto, recebe o Caso nominativo na posição de sujeito.[2] E esse problema persiste não só nas abordagens que tratam dessas construções no português brasileiro e no português europeu, mas também em outras línguas românicas.[3]

Nesta seção, apresento uma discussão das duas propostas teóricas principais para a questão, as limitações do modelo de Regência e Ligação e duas soluções dentro do Programa Minimalista (Raposo e Uriagereka, 1996; Martins, 2003) que eu adoto para explicar o comportamento dos dados.

As análises dentro do modelo de Regência e Ligação convergem para a abordagem a que Duarte (2003) faz referência na *Gramática da língua portuguesa* (Mateus et al., 2003). A autora diferencia dois tipos de SE: o passivo e o nominativo. As sentenças em (15) são analisadas como um exemplo passiva de *-se* (Duarte, 2003: 531):

(15) a. ***Os artigos publicaram-se*** *propositadamente no último número da revista.*
b. *O canivete* ***usou-se*** *para cortar o pão.*

O argumento de Duarte (2003: 531) para analisar as construções com SE como passivas de *-se* está relacionado à concordância entre o verbo e o argumento interno plural:

> Tal como se viu que acontecia nas frases com verbos inacusativos e nas passivas sintáticas, o constituinte interpretado como argumento interno direto do verbo tem a relação gramatical de sujeito, como se pode ver pelo fato de ser ele que controla a concordância verbal. (cf. Duarte, 2003: 531)

A análise para o SE-passivo segue na seguinte direção: esse clítico recebe o papel temático externo do verbo e ocupa a posição de especificador de VP. Esse clítico funciona como um morfema passivo, pois "*ele absorve (ou elimina) o traço casual acusativo do verbo, forçando o argumento interno direto deslocar-se para aceder ao Caso nominativo*" (cf. Duarte, 2003: 532).

No caso das construções com argumento interno singular, Duarte (2003) as considera enunciados ambíguos entre uma interpretação passiva com SE-passivo, ou ativa com SE-nominativo, como vemos com os exemplos em (16), retirados de Duarte (2003: 532):

(16) a. ***Descobriu-se uma fuga*** *no reactor nuclear.*
Int1: Foi descoberta uma fuga no reactor nuclear.
Int2: Alguém descobriu uma fuga no reactor nuclear.
b. ***Assaltou-se uma carrinha de transporte de valores.***
Int1: Foi assaltada uma carrinha de transporte de valores.
Int2: Alguém assaltou uma carrinha de transporte de valores.

A construção passiva com SE-passivo, ao contrário das passivas sintáticas, não permite a expressão do agente por um sintagma *por* como exemplifica (17), apesar de este agente receber uma interpretação arbitrária:

(17) a. **Os artigos* ***publicaram-se*** *no último número da revista* *pelo editor.*
b. **O canivete* ***usou-se*** *por alguém para cortar o pão.*

Brito, Duarte e Matos (2003) analisam o SE-nominativo como um clítico argumental de referência arbitrária, de modo que o sujeito associado a esse clítico é interpretado como indefinido e não específico, sendo parafraseável por expressões nominais como *alguém*. Os exemplos a seguir demonstram algumas características do SE-nominativo. Em (18), encontramos exemplos de SE com verbos transitivos sem o seu argumento interno ou apresentando a não concordância, ou com verbos inergativos. Os exemplos em (19) mostram que o SE-nominativo não pode ocorrer associado a uma posição de expletivo. E, finalmente, (20) mostra que o caráter referencial do SE-nominativo possibilita o seu aparecimento em contextos de extração simultânea de clítico (cf. Brito, Duarte e Matos, 2003: 836-837):

(18) a. *A grande questão está naquilo em que* ***se acredita.***
b. ***Aluga-se*** *casas.*
c. ***Trabalha-se*** *demais.*
(19) a. ****Há-se*** *muitos livros nesta biblioteca.*
b. ****Parece-se*** *a toda a gente que os professores compram livros em excesso.*
(20) *Informa-se que* ***se aluga*** *apartamentos e* ***vende*** *moradias.*

Estamos diante, portanto, de dois pronomes distintos: um que desempenha um papel sintático (o SE-passivo) e outro, um elemento lexical (o SE-nominativo). O SE-passivo "transforma" o verbo transitivo em um verbo inacusativo, quando, por absorver o papel temático externo do verbo transitivo, o impede de atribuir Caso acusativo ao seu argumento interno. Assim, o argumento interno tem que receber Caso nominativo – como o argumento interno de verbos inacusativos. O SE-nominativo, ao contrário, é um elemento lexical que contém traço [+humano, -definido] que faz com que a interpretação do sujeito da sentença seja arbitrária. Segundo a proposta de Duarte (2003), o SE-passivo não é um argumento, se comporta como um morfema passivo, transforma a voz verbal; ao passo que o SE-nominativo é um elemento que ocupa a posição de sujeito; trata-se de um argumento. Como se vê, o diagnóstico principal utilizado para diferenciar o SE-passivo do SE-nominativo é a possibilidade de haver concordância entre o verbo e o argumento interno; tanto é assim que as sentenças com DP argumento interno no singular são analisadas como ambíguas.

Diferentemente de abordagens comumente desenvolvidas dentro do quadro gerativista, Raposo e Uriagereka (1996: 750) propõem que as construções de SE com verbos transitivos que apresentam concordância com seu argumento interno plural, como vemos em (21), são na verdade estruturas ativas e não passivas.

(21) a. *Ontem* ***compraram-se demasiadas salsichas****.*
b. ***Essas salsichas compraram-se*** *ontem.*
c. ***Compra-se*** *sempre* ***salsichas*** *no talho Sanzot.*

Martins (2003) também se vale dessa análise e ainda apresenta dados do PE não padrão, do dialeto da Madeira, para corroborar sua análise. Raposo e Uriagereka (1996) chamam as construções com concordância de SE-indefinido e as sem concordância de SE-genérico. O ponto-chave da sua argumentação de que a estrutura não é passiva é que o DP argumento interno *não* está na posição sujeito ([Spec, T]), tampouco ligado a uma categoria vazia nessa posição, como é postulado na literatura gerativista sobre o tema. O problema, então, é como explicar a concordância. Sua análise divide-se, pois, em duas partes: a primeira em que eles levantam os dados empíricos para provar que o DP não se comporta como um sujeito e a segunda em que, se valendo da Teoria de Checagem de Traços

(Chomsky, 1995), demonstram como se dá a checagem de nominativo do objeto resultando no padrão de concordância.

Raposo e Uriagereka (1996) demonstram que o DP, quando movido da posição de objeto, ocupa, na realidade, uma posição na periferia esquerda da sentença, uma posição de tópico ([Spec, F]), especificador no núcleo F(orce)P, com base na comparação entre as construções de SE-indefinido e as passivas analíticas. Raposo e Uriagereka (1996) assumem a proposta de Uriagereka (1995a) segundo a qual no PE existe um núcleo funcional F(orce)P responsável por codificar a estrutura de informação da sentença: tópico, foco, ênfase, contraste etc. Nas palavras de Uriagereka (1995a: 155):

> O que eu quero dizer é o seguinte: F codifica ponto de vista. A assunção aqui é que as operações teóricas de toda informação precisam ser mediadas através de um ponto de vista. Isto é, quando a ênfase aparece na sentença, alguém é responsável por essa ênfase. Informação nova ou velha é nova ou velha para alguém. Até mesmo o uso de uma expressão referencial pressupõe um falante que assuma a responsabilidade (erradamente ou não) por chamar alguém de o assassino do Smith ou Jones, e as mesmas questões surgem para dêixis, anáfora, etc.[4] (Tradução nossa)

Desse modo, o constituinte que se move para [Spec, FP] tem que checar traços relacionados à força ilocucionária da sentença. Essa checagem pode ser aberta (e aí se vê o movimento) ou somente de traços (o elemento permanece *in situ*).

Em sentenças infinitivas complemento de predicados adjetivos, um sujeito lexical pode ocupar a posição pré-verbal, tanto numa sentença ativa quanto passiva (22). Nas construções de SE-indefinido, o DP só pode ocupar a posição pós-verbal, e não pré-verbal (23), o que pode indicar que esse DP não está na posição de sujeito:

(22) a. *Vai ser difícil* ***os tribunais aceitarem*** *os documentos.*
     b. *Vai ser difícil* ***os documentos serem aceitos.***
(23) a. *Vai ser difícil* ***aceitarem-se os documentos.***
     b. **Vai ser difícil* ***os documentos aceitarem-se.***

A assimetria que existe na construção com SE-indefinido nas sentenças infinitivas desaparece nas encaixadas finitas: (24) mostra que é possível o DP aparecer numa posição pré-verbal tanto na passiva quanto na construção com SE. No entanto, Raposo e Uriagereka (1996) mostram que em sentenças encaixadas é possível a presença de um tópico, somente em sentenças finitas e não em encaixadas infinitivas, como mostra (25):

(24) a. *Vai ser difícil que* ***os documentos sejam aceitos.***
b. *Vai ser difícil que* ***se aceitem os documentos.***
(25) a. *Vai ser difícil que* ***esses documentos****, o tribunal (os)* ***possa*** *aceitar.*
b. **Vai ser difícil* ***esses documentos****, os tribunais* ***aceitarem****(-nos).*

Outro conjunto de dados que mostra que o DP anteposto nas construções com SE-indefinido não ocupa a posição de sujeito, mas uma posição de tópico refere-se às infinitivas complemento de verbos epistêmicos. Vejamos o contraste a seguir:

(26) a. *Eu penso* ***terem os soldados*** *fuzilado os presos.*
(27) a. **Eu penso* ***terem-se os presos*** *fuzilado.*
b. *Eu penso* ***terem os presos*** *sido fuzilados*
(28) a. *Eu penso* ***terem*** *sido fuzilados* ***os presos.***
b. *Eu penso* ***terem-se*** *fuzilado* ***os presos.***

O exemplo (26) mostra que um DP sujeito pode ocorrer à direita do verbo auxiliar, que no caso em questão sobe para um núcleo acima de T. Já o DP na construção SE-indefinido não pode ocorrer nessa posição, ao passo que o DP sujeito de uma passiva pode, como mostra o contraste em (27). Enfim, o DP argumento interno pode ocorrer na posição de objeto tanto nas construções passivas quanto nas de SE-indefinido, como mostra (28).

Outro argumento está relacionado à questão dos "nomes nus". No PE, os "nomes nus" só podem ocorrer na posição objeto e não na posição sujeito, como mostra o contraste em (29). Mas "nomes nus" podem ocorrer numa posição de tópico quando ligam uma categoria vazia na posição de objeto, mas não na posição sujeito, como mostra o contraste em (30). Como seria de esperar, nas construções com SE-indefinido, os "nomes nus" podem ocorrer tanto na posição de objeto quanto antepostos ao verbo, o que pode provar que esse sintagma esteja na periferia à esquerda, como mostra (31):

(29) a. *O Nestor* ***compra salsichas*** *no talho Sanzot.*
b. ****Salsichas são compradas*** *no talho Sanzot.*
c. ****Salsichas custam*** *caro no talho Sanzot.*

(30) a. ***Salsichas****, o Nestor* ***compra*** *[-] no talho Sanzot.*
b. ****Salsichas****, [-]* ***são compradas*** *no talho Sanzot.*
c. ****Salsichas****, [-]* ***custam*** *caro no talho Sanzot.*

(31) a. ***Vendem-se salsichas*** *no talho Sanzot.*
b. ***Salsichas****,* ***vendem-se*** *no talho Sanzot.*

Ainda para ilustrar que o DP pré-verbal nas construções com SE-indefinido não ocupa a posição de [Spec, T], mas sim uma posição de tópico e se comporta como um tópico, Raposo e Uriagereka (1996: 756) se valem do seguinte par de sentenças:

(32) a. ***Os especialistas consultaram-se*** *durante a operação.*
b. *Em que momento da operação* ***os especialistas se consultaram****?*

A sentença (32a) é ambígua entre uma leitura indefinida ou reflexiva/recíproca. Já para a sentença (32b), em que ocorre extração do adjunto, só é possível a leitura reflexiva ou recíproca. Isso indica que uma leitura recíproca/reflexiva está associada à posição de [Spec, TP], uma vez que o PP "em que momento" ocorre numa posição mais à esquerda. A ambiguidade de (32a) decorre de haver duas posições possíveis para o DP "os especialistas": a posição de sujeito ([Spec, TP]) e a posição de tópico ([Spec, FP]), como na representação a seguir em (33):

(33) a. $[_{TP}$ *os especialistas consultaram-se durante a operação*]
b. $[_{FP}$ *os especialistas*] $[_{TP}$ *SE consultaram durante a operação*]

Raposo e Uriagereka (1996) resolvem a questão da concordância entre verbo e seu argumento interno plural, argumentando que (a) SE é um "DP mínimo", no sentido de possuir traços semânticos reduzidos {[humano], [indefinido]} como PRO. SE checa o traço D de T, e recebe, como PRO, Caso nulo e (b) no PE existem duas posições disponíveis para checar o nominativo, [Spec, T] e [Spec, F]. É nessa posição que o DP argumento interno vai checar o Caso nominativo. Quando o DP está *in situ*, somente os seus traços se movem para checar nominativo em [Spec, F]. De toda forma, movido ou *in situ*, o DP checa o Caso nominativo em [Spec, F] e não em [Spec, T].

Essa análise dá conta, portanto, da concordância entre o verbo e seu argumento interno plural, sem postular que o DP esteja na posição sujeito ou ligado a ela. Na verdade, o elemento que ocupa a posição [Spec, T] é o SE, como o SE-genérico (das construções sem concordância).

Em seu artigo sobre a mudança e variação das construções com SE no PE, Martins (2003) argumenta que no PE não existe o SE-passivo, mas sim que a construção com concordância possui uma estrutura ativa, consoante à análise de Raposo e Uriagereka (1996), e que as construções com SE-passivo são fósseis no PE moderno. Ela ainda estende a análise de Raposo e Uriagereka (1996), com alguma modificação, para os casos de duplo sujeito encontrados no dialeto da Madeira e de Porto Santo, de Portugal. Vejamos os argumentos relevantes para considerar que (i) o SE-passivo é um fóssil e (ii) que as construções de SE com concordância são ativas.

Do ponto de vista diacrônico, Martins (2003) argumenta que a natureza passiva do SE possui as seguintes características: sua limitação aos verbos transitivos, concordância obrigatória entre o verbo e o seu argumento interno e expressão opcional do agente da passiva. Segundo Martins (2003), essas características estavam ativas até o século XVI, como mostra o trabalho de Naro (1976), inclusive no que tange à expressão do agente da passiva nas sentenças finitas:

(34) a. *Como Josep* ***se conheceu pelos irmãaos***. (séc. XIV, Naro, 1976: 789)
b. *o mar remoto navegamos, que só* ***dos feos focas se navega*** (séc. XVI, Naro, 1976: 781)

No PE moderno, além de o SE ser licenciado junto a outros verbos – como os inergativos, inacusativos, cópula, voz passiva –, a concordância não é obrigatória, na construção transitiva e o agente da passiva nunca pode ser expresso. Assim, também para Martins (2003), ambas as construções – com concordância e sem concordância – constituem-se numa estrutura ativa. Na verdade, a distinção que se faz entre SE-passivo e SE-nominativo não se aplica mais, pois em ambas as construções o SE ocupa a posição de [Spec, T]. A diferença é que na construção com SE-indefinido, com concordância, o SE vai receber Caso nulo e o DP argumento interno recebe nominativo na posição de tópico. Na construção com SE-impessoal, a construção sem concordância, o SE recebe nominativo e o DP argumento interno, quando houver, recebe acusativo. Martins (2003: 36-38) ainda acrescenta que o diagnóstico de que o argumento interno deverá aparecer como um clítico acusativo para provar que ele recebe acusativo não se aplica, por causa de uma restrição morfofonológica: o clítico acusativo não pode ocorrer nas construções com SE-impessoal (35a) e (35b); na construção com SE-indefinido, o argumento interno do verbo se manifesta como um pronome na forma nominativa quando ocorre em posição pré-verbal (35c); por fim, o pronome forte *ele* ocorre em posição pós-verbal quando o objeto pronominal se encontra focalizado (35d):

(35) a. *****Convidaram-se**-os para a festa.* (Raposo e Uriagereka, 1996: 777)
b. *****Deu-se**-o à Maria.*
c. ***Eles convidaram-se** para a festa.* (Raposo e Uriagereka, 1996: 777)
d. ***Convidou-se até mesmo eles.***

Diante disso, o fato de o DP argumento interno frequentemente não aparecer como clítico acusativo não prova que ele não esteja checando Caso acusativo.

Esta análise, que desconsidera o caráter passivo das construções com SE, parece ser mais coerente com as restrições que se aplicam às construções com SE, mas que não se aplicam às estruturas passivas: (a) a restrição à 3ª pessoa para o traço de pessoa do argumento interno, (b) a impossibilidade de aparecer agente da passiva e (c) o fato de o argumento interno, quando anteposto, não ocupar a posição de sujeito. Além disso, apresenta uma vantagem em relação às outras por não postular uma estrutura passiva. Martins (2003), que adota a análise de Raposo e Uriagereka (1996), lembra que as estruturas passivas, além de apresentar concordância entre argumento interno e verbo, podem apresentar o agente opcionalmente. Nas construções com SE no português contemporâneo, o agente não pode ser expresso.

As propostas a partir de Raposo e Uriagereka (1996), a de Martins (2003) e a deste trabalho apresentam um fator em comum: o SE é um argumento e ocupa uma posição argumental, no caso a posição de sujeito. A diferença que existe, portanto, entre uma análise que prioriza o caráter passivo das construções com SE com a presente análise é a de que, como passivo, o SE é um morfema, capaz de mudar a diátese verbal e, portanto, a atribuição de Caso acusativo e nominativo. Como argumento, o SE entra na derivação como um elemento lexical; não muda a diátese verbal. A diferença é que o SE ocupa a posição de sujeito, mas não checa o Caso nominativo, mas sim o Caso nulo. O objeto checa o Caso nominativo em F(orce)P, ao mesmo tempo em que o SE se move para [Spec, T]. E quando o DP argumento interno está *in situ*, a checagem de Caso é via movimento de traços em LF, pois o DP não tem um traço [afetivo] forte para ser movido para a posição de FP.

A consequência dessas análises é que o seu poder de explicação parece ser maior uma vez que pode lidar com diferenças empíricas que não eram explicadas pelas análises que igualam as construções com concordância entre o verbo e o argumento interno às passivas. As construções de SE e verbo transitivo direto com concordância são estruturas ativas e não passivas, e compartilham com as estruturas sem concordância (SE-impessoal/SE-genérico) o fato de o SE ocupar a posição de sujeito. O Quadro 1 a seguir traz as propriedades dos três tipos de SE que podem ser encontrados na diacronia do português:

Quadro 1 – Tipos de SE na diacronia do português (adaptado de Cavalcante, 2006a)

Passivo	Indefinido	Impessoal ou Genérico
Concordância	Concordância	Não concordância
DP na posição sujeito (TP)	DP na posição de tópico (FP)	DP na posição sujeito
SE é um clítico a INFL	SE ocupa posição sujeito	SE ocupa posição sujeito
Agente expresso como PP	Não possui agente	-
Só verbos transitivos	Verbos transitivos	Todos os verbos

Tendo em vista a análise de Raposo e Uriagereka (1996) para o PE, neste capítulo observamos o comportamento das construções com SE no *corpus* histórico do português brasileiro para saber se estamos diante de uma construção passiva ou ativa. Assim, por hipótese, esperamos encontrar comportamentos distintos do argumento sujeito de sentenças passivas canônicas e sentenças ativas e as construções com SE. Além disso, vamos observar a questão da concordância entre o verbo e o argumento interno plural na história do PB.

Antes de passar à descrição e à análise dos dados do português brasileiro, cabe uma nota sobre a questão da concordância entre o verbo e o argumento interno plural. Com base em análises anteriores sobre o tema, tenho observado que a não concordância entre o verbo e o argumento interno plural é característica de uma gramática brasileira. Em Cavalcante (2009), apresento um resumo das descrições gramaticais sobre o assunto em gramáticas escritas entre os séculos XVI e XX. Somente no início do século XX, com Augusto Epifânio Dias da Silva, é que se começa a discutir a questão da não concordância, que é descrita como característica de uma sintaxe brasileira. Em Cavalcante (2011, 2016), analisando o comportamento dessas construções em textos do *Corpus* Tycho Brahe produzidos por autores portugueses nascidos entre os séculos XVI e XIX, o percentual de não concordância é maior do que 1%. Ou seja, podemos dizer que a não concordância nessas construções, mesmo aparecendo em textos portugueses, seja uma característica brasileira. Assim, além de observar a posição do argumento interno em relação ao verbo, vamos analisar a concordância nos dados do PHPB.

APRESENTAÇÃO DAS PROPRIEDADES DAS CONSTRUÇÕES ANALISADAS: PANORAMA DIACRÔNICO-FORMAL

Neste capítulo, apresento o comportamento das construções com SE em comparação com as passivas analíticas em sentenças-matrizes ou absolutas em anúncios, cartas de leitores e cartas de redatores dos jornais brasileiros que compõem o *corpus* mínimo comum do PHPB. O objetivo principal é, através da comparação do comportamento do DP argumento interno das construções com SE com o DP sujeito das passivas analíticas, testar a hipótese de Raposo e Uriagereka (1996) para o português brasileiro. Cavalcante (2011, 2016) mostrou nos dados diacrônicos de autores portugueses nascidos entre os séculos XVI e XIX que as construções com SE não apresentam comportamento sintático de construções passivas, mesmo com índice quase categórico de concordância entre o verbo e o DP plural.

A história do português brasileiro é diferente, pois os índices de não concordância nesse contexto sempre foram reportados como mais altos do que no português europeu.

Nesta seção, vamos observar por localidade o comportamento do DP argumento interno das construções com SE comparado com os sujeitos das passivas considerando os seguintes fatores condicionadores: concordância entre o V e o DP plural; posição do argumento interno; traço semântico do argumento interno; tipo de documento (anúncio, carta de leitor, carta de redator).

A distribuição geral dos dados por localidade e tipo de texto

Foram coletados 974 dados de SE e de passivas em sentenças-matrizes e absolutas nos textos de anúncios, cartas de leitores e cartas de redatores de jornais de oito localidades brasileiras: Ceará, Rio Grande do Norte, Pernambuco, Bahia, Minas Gerais, Rio de Janeiro, São Paulo e Santa Catarina. A distribuição dos dados por tipo de texto parece equilibrada, conforme vemos com o Gráfico 1 a seguir:

Gráfico 1 – Distribuição total dos dados por tipo de documento

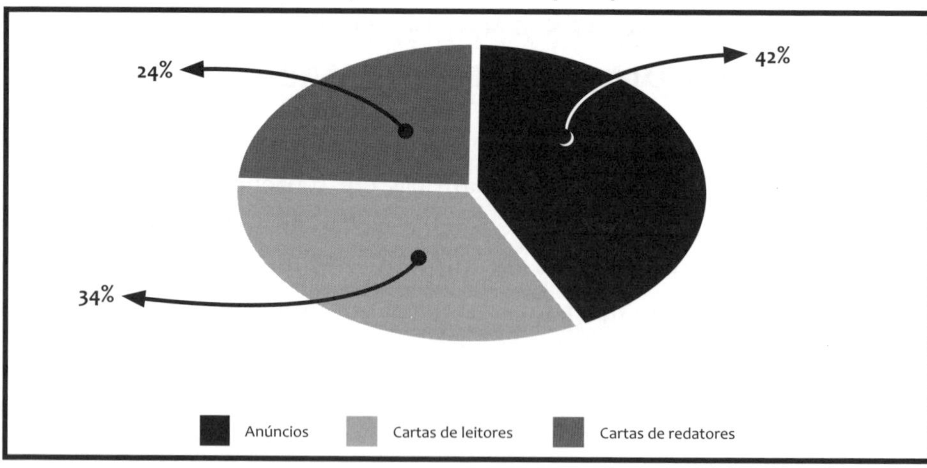

Do número total de dados, 680 (70%) são de dados de construções com SE e 294 (30%) de passivas sintáticas. As passivas não são muito frequentes nos textos escolhidos, principalmente nos anúncios, como vemos na Tabela 1, que traz a distribuição dos dados por localidade e tipo de texto. Podemos notar, entretanto, uma distribuição mais proporcional entre os dados de SE e de passivas nas cartas de leitores e de redatores do que nos dados de anúncios. Isso se deve ao fato da própria natureza dos anúncios: o clítico SE é a estratégia preferida, quase que canônica para oferta de produtos ou serviços.

Tabela 1 – Distribuição dos dados por tipo de documento e localidade

	Anúncios					Cartas de Leitores					Cartas de Redatores				
	SE		Passivas		Total	SE		Passivas		Total	SE		Passivas		Total
CE	52	88%	7	12%	59	21	58%	15	42%	36	15	48%	16	52%	31
RN	20	80%	5	20%	25	7	39%	11	61%	18	1	17%	5	83%	6
PE	25	96%	1	4%	26	37	62%	23	38%	60	60	88%	8	12%	68
BA	17	53%	15	47%	32	29	57%	22	43%	51	64	67%	32	33%	96
MG	32	91%	3	9%	35	6	38%	10	63%	16	4	44%	5	56%	9
RJ	83	95%	4	5%	87	18	31%	41	69%	59	3	60%	2	40%	5
SP	86	86%	14	14%	100	16	70%	7	30%	23	10	56%	8	44%	18
SC	45	96%	2	4%	47	29	43%	38	57%	67	0		0		0
Total	360	88%	51	12%	411	163	49%	167	51%	330	157	67%	76	33%	233

Apesar do número baixo de dados em algumas localidades, podemos ter uma ideia da distribuição dos dados mais uniforme por meio das percentagens. Chama a atenção na Tabela 1 "o comportamento" dos jornais da Bahia em relação aos outros jornais: ao passo que vemos percentuais altos de SE em comparação com as construções passivas nos anúncios, contrastando com as cartas, na Bahia a distribuição ficou mais equilibrada entre SE e passivas tanto nos anúncios quanto nas cartas. Isso pode ser interessante como indicativo da maneira como são redigidos os anúncios baianos, em comparação com outros estados, mas não é assunto do presente capítulo.

Passemos agora para a análise comparativa entre as construções com SE e as passivas sintáticas a fim de testar na história do português brasileiro a hipótese de Raposo e Uriagereka (1996). Os condicionamentos observados aqui são a posição do argumento interno em relação ao verbo flexionado, nas construções com SE e nas passivas, e a concordância entre o argumento interno plural e o verbo nas construções com SE.

A posição do argumento interno

Ao controlar a posição do argumento (pré-verbal/pós-verbal) nas construções com SE em comparação com a posição do sujeito nas sentenças passivas, estamos testando a hipótese de Raposo e Uriagereka (1996) sobre o estatuto passivo nas construções com SE. Assim, controlei os DPs pré-verbais e pós-verbais das construções com SE e passivas. Acrescentei também à análise a opção "tópico", quando nitidamente o DP estava numa posição de tópico e poderia ser retomado por uma categoria vazia. Vejamos a Tabela 2 a seguir, que mostra a posição dos DPs argumentos internos das construções com SE e os sujeitos das passivas por localidade e tipo de texto:

Tabela 2 – Posição do DP argumento interno nas construções com SE por localidade e tipo de documento

	Anúncios				Cartas de Leitores				Carta de Redatores			
	NPVse	VseNP	Top.	Total	NPVse	VseNP	Top.	Total	NPVse	VseNP	Top.	Total
CE	3	40	7	50	4	14	0	18	3	13	0	16
%	6%	80%	14%		22%	78%	0%		19%	81%	0%	
RN	0	18	2	20	0	7	0	7	0	1	0	1
%	0%	90%	10%		0%	100%	0%		0%	100%	0%	
PE	0	23	2	25	5	95	0	100	10	50	0	60
%	0%	92%	8%		5%	95%	0%		17%	83%	0%	
BA	1	14	1	16	5	22	0	27	8	56	0	64
%	6%	88%	6%		19%	81%	0%		13%	88%	0%	
MG	2	28	1	31	1	5	0	6	1	2	0	3
%	6%	90%	3%		17%	83%	0%		33%	67%	0%	
RJ	8	54	21	83	22	78	0	100	0	3	0	3
%	10%	65%	25%		22%	78%	0%		0%	100%	0%	
SP	0	75	9	84	19	81	0	100	1	9	0	10
%	0%	89%	11%		19%	81%	0%		10%	90%	0%	
SC	0	44	1	45	6	23	0	29	0	0	0	0
%	0%	98%	2%		21%	79%	0%		22%	78%	0%	
Total	14	296	44	354	62	324	1	387	23	134	0	157
%	4%	84%	12%		16%	84%	0%		22%	78%	0%	

O primeiro aspecto a ser abordado sobre a distribuição dos dados é o comportamento diferente dos anúncios em relação às cartas de leitores e de redatores: só foram encontrados DPs tópicos em anúncios, o que revela mais uma vez a natureza desse tipo de texto. Geralmente, os DPs tópicos servem como "título" ou "manchete" dos anúncios, como vemos exemplificado em (36) a seguir, principalmente nos anúncios de jornais cariocas:

(36) a. [19,2, A CE] ***Taixos de arame.*** *Superiores de cobre produzido o mesmo effeito, livre do veneno que os de cobre contém,* ***vende-se*** *no armazem de Viuva Salgado, Souza & Companhia*

b. [19,2, A RN] ***Boas Pingas Encontra se*** *no estabelecimento de Eufrazio A. d'Oliveira,*

c. [19,2, A RJ] ***Bandeiras, estandartes, galhardetes Faz-se*** *com perfeição, presteza e por preços razoaveis Ver para crer 174 Rua Uruguayana 174 Capital Federal*

A dúvida também sobre a posição do argumento interno – pré-verbal ou em tópico – nos anúncios aparece em contextos em que o DP pré-verbal é separado por vírgula do verbo:

(37) a. [19,2, A RJ] *Róes para roupa suja* ***Uma brochura contendo 100 róes, vende-se*** *por 1 $000, na rua do Gonçalves Dias número 60.*
b. [19,2, A RN] ***Especialidades em doces de goiaba****, tambem* ***se encontrão*** *no mesmo estabellecimento.*
c. [19,2, A RJ] ***Rheumatismo, syphilis e todas as molestias proveniente da impureza do Sangue, curam-se*** *com o Elixir de Caju de Pacheco & Abreu – Deposito, Rua da Lapa número 24.*

Os casos de DPs argumentos internos em posição pré-verbal são exemplificados a seguir:

(38) a. [19,2, A MG] *Para o frio* ***Genebra Hollandeza em botija de barro vende-se*** *no armazem da Intendencia de cima, à 3$000 cada uma.*
b. [19,2, A RJ] ***Os bilhetes de camarotes e cadeiras vendem-se*** *por especial obséquio em casa dos senhores Castellões, rua do Ouvidor número 116, e Aurelio, largo de São Francisco de Paula.*

Por fim, como era de esperar, os DPs pós-verbais apresentam os maiores percentuais com relação aos pré-verbais ou tópico, em todos os tipos de documento e em todas as localidades. De fato, os índices quantitativos parecem indicar que a posição canônica do DP argumento interno nas construções com SE é a pós-verbal; os DPs pré-verbais podem ser explicados como um fronteamento do constituinte por questões pragmático-discursivas, como propõem Raposo e Uriagereka (1996). A seguir, vejamos exemplos dos DPs pós-verbais:

(39) a. [19,2, A RN] ***Fabricam-se*** *por ora* ***ONZE MARCAS de algodões brancos lizos e trançados*** *que se vende a PREÇOS BARATISSIMOS, COM GRANDES DESCONTOS.*
b. [19,2, A RN] ***COMPRA-se Trez novilhas-vaecas****, nesta cidade, a tratar na Praça do Mercado n. 22 com Manoel Gonçalves de Medeiros Valle.*

c. [19,2, A SP] ***Vende-se duas moradas de casas***, *em Santa Iphigenia, sendo uma para negocio e familia e outra só para familia*

d. [19,2, CL RJ] *Ao excelentíssimo senhor doutor chefe de Policia Aguas Virtuosas de Lambary.* ***Pede-se*** *a Vossa Excelentíssima* ***providencias sobre a encandaloza jogatina de rôleta, e outros jogos*** *aonde frequentão menores e toda a classe, que tem sido a desgraça de muitas familias. Espera-se que Vossa Ex[[x]]celência tome em consideração, esta justa reclamação, procedendo como fôr de justiça. Setembro 20 de 1894. Uma victima.*

e. [19,2, CL SC] *Não* ***se vê os votos***, *em uns para menos e em outros para mais?*

Passemos agora para o comportamento dos sujeitos das sentenças passivas. Observemos a Tabela 3 a seguir:

Tabela 3 – Posição do DP sujeito nas construções passivas por localidade e tipo de documento

	Anúncios				Cartas de Leitores				Cartas de Redatores			
	SujVPp	VPpSuj	Top.	Total	SujVPp	VPpSuj	Top.	Total	SujVPp	VPpSuj	Top.	Total
CE	5	1	0	6	7	4	0	11	14	2	0	16
%	83%	17%	0%		64%	36%	0%		88%	13%	0%	
RN	2	2	0	4	7	4	0	11	3	1	0	4
%	50%	50%	0%		64%	36%	0%		75%	25%	0%	
PE	1	0	0	1	15	5	0	20	6	2	0	8
%	100%	0%	0%		75%	25%	0%		75%	25%	0%	
BA	8	6	1	15	10	5	0	15	25	3	0	28
%	53%	40%	7%		67%	33%	0%		89%	11%	0%	
MG	1	1	0	2	6	2	0	8	1	2	0	3
%	50%	50%	0%		75%	25%	0%		33%	67%	0%	
RJ	0	4	0	4	32	6	0	38	1	1	0	2
%	0%	100%	0%		84%	16%	0%		50%	50%	0%	
SP	5	6	0	11	3	1	0	4	3	4	0	7
%	45%	55%	0%		75%	25%	0%		43%	57%	0%	
SC	1	0	0	1	20	10	0	30	0	0	0	0
%	100%	0%	0%		67%	33%	0%		0%	0%	0%	
Total	23	20	1	44	100	37	0	137	53	15	0	68
%	52%	45%	2%		73%	27%	0%		78%	22%	0%	

Os DPs sujeitos das passivas apresentam comportamento bem diferente dos DPs das construções com SE: mesmo com um número de dados mais reduzido, podemos observar uma maior variação na posição do sujeito (pré-verbal ou pós-verbal) em todas as localidades, com preferência pela posição pré-verbal, o que é diferente das construções com SE. A variação pré ou pós-verbal do sujeito das construções passivas pode ser explicada como sendo condicionada pelos mesmos fatores que a variação pré ou pós-verbal dos sujeitos de sentenças ativas transitivas ou intransitivas (ver capítulo "A ordem do sujeito em construções declarativas na história do português brasileiro").

(40) a. [19,2, A RN] ***Foi nomeado*** *para lugar de ajudante do agente de correio publico da cidade de Macáu,* ***o cidadão Joaquim Ildefonso Virgolino de Souza.***

b. [19,2, A BA] *Em seo poder* ***foram encontradas diversas peças indiciaria de furtos.***

c. [19,2, A MG] ***Este escravo foi conduzido*** *por JoãoGomes, por alcanhr João Espada, cabra, alto, magro, rosto cumprido, com falta de um dente na frente, e os mais podres...*

d. [19,2, A BA] ***A referida descripção foi reproduzida*** *pelo " Jornal do Commercio " de Porto-Alegre, a 14 de ?julho, bem como por outras folhas da mesma cidade*

e. [19,1, CL BA] *Ficai nos vossos lares; continuai nos vossos empregos diários, e* ***vossas pessoas e bens serão respeitados.***

Através das Tabelas 2 e 3, podemos ver as diferenças principais entre o comportamento do DP argumento interno nas construções com SE e os sujeitos das passivas. O Gráfico 2 a seguir traz o percentual de DPs pós-verbais, pré-verbais e tópicos (com relação ao total) nas duas construções por tipo de documento, uma vez que não houve muita diferença por localidade:

Gráfico 2 – Posição do argumento interno em relação ao verbo por construção e tipo de documento

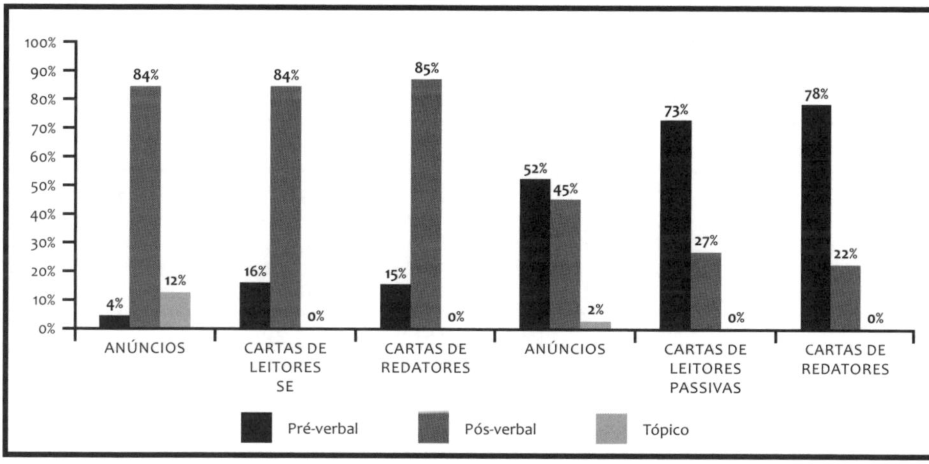

O Gráfico 2 permite ver com clareza a diferença entre os DPs das construções com SE e os sujeitos das passivas: em todos os tipos de documento, há preferência pelos sujeitos pré-verbais das passivas; ao passo que nas construções com SE há preferência pelos DPs pós-verbais. A única diferença existente está nos DPs tópico que aparecem nos anúncios, com índices mais altos nas construções com SE do que nas passivas. Esse comportamento é parecido com o que Cavalcante (2011, 2016) encontrou para em textos de autores portugueses nascidos entre os séculos XVI e XIX e pode corroborar a análise de Raposo e Uriagereka (1996) sobre os critérios para determinar se a construção com SE é ativa ou passiva.

A posição do argumento interno nas construções com SE pode estar relacionada a dois fatores: a natureza desse argumento interno (oração, sintagma determinante, pronome) e também ao seu estatuto informacional. O comportamento dos DPs nos dados de anúncio, com 12% de DPs tópico, pode revelar a importância do estatuto informacional para a posição pré-verbal. Segundo Raposo e Uriagereka (1996), o DP quando anteposto ocupa a posição de [Spec, F] na sentença para onde se movem os constituintes com um traço de afetividade: F codifica ponto de vista; a assertividade da sentença é checada neste núcleo funcional. Então se há uma motivação discursiva para o movimento do DP para esta posição, ele vai se mover. Podemos ver essa motivação com a relação entre a posição do argumento interno e a sua "forma": se DP, NP, pronome indefinido ou uma oração. Vejamos a Tabela 4 a seguir com o cruzamento da posição do argumento interno e sua forma nas construções com SE:

Tabela 4 – Relação entre a forma e a posição do argumento interno nas construções com SE

Forma do AI	Posição	Oco.	%
DP/NP	Pré-Verbal	51	**10%**
	Pós-Verbal	475	90%
	Total	526	
Oração	Pré-Verbal	0	0%
	Pós-Verbal	83	100%
	Total	83	
Pronome Indefinido	Pré-Verbal	**9**	**75%**
	Pós-Verbal	**3**	25%
	Total	**12**	
Pronome	Pré-Verbal	1	50%
	Pós-Verbal	1	50%
	Total	2	
Total	Pré-verbal	61	10%
	Pós-verbal	562	90%
	Total	623	

Comecemos pelos pronomes indefinidos: de um total de 12 ocorrências, a maioria (75%) aparece na posição pré-verbal, como exemplificado em (41) a seguir.

(41) a. [19,2, A CE] ***Tudo se achava*** *a este respeito satisfactoriamente e a mais não desejar, quando a camara tumou a deliberação de prohibir a venda das carnes verdes e seccas dentro da cidade, e ordenou que o dono do açougue que havia cahido, apromptasse uma caza fora da cidade para servir de açougue.*

b. [19,2, CL SC] *O que os filhos do Rio-Grande do Sul são á Cavallo, são os do littoral de Santa Catharina nas ondas do mar.* ***O mesmo*** *se poderá dizer* com relação aos de Pernambuco, Pará e outras provincias do littoral brazileiro, que, segundo diz a directoria, vivem nas jangadas.*

c. [19,1, CL SP] *Senhor Redactor, – O que comeremos nós hoje? É a pergunta que fazem todos os que s'encontrão actualmente n'esta Cidade. Carne não ha; nas casinhas **nada se encontra**: aves, donde?*

d. [19,2, CL SP] *Vai agora apparece um dia destes um velhote com uma espada grande e pistola na mão e manda que eu metta a montoeira para dentro. **Isto**, senhor redactor, não **se faz** a uma viuva honrada.*

e. [19,2, CL RJ] ***Tudo se adia, tudo deixa-se** para depois, e passa-se o tempo, e as grandes questões do estado ficam cada vez em peiores condições, até que venha a morte fazer impossível todo e qualquer remédio.*

f. [20,2, CL RJ] ***Muito se tem falado** sobre denúncia vazia, mas infelizmente todos colocam a paixão e os interesses acima do problema social.*

Dos 526 DPs ou NPs, 51 (10%) aparecem na posição pré-verbal, como exemplificado em (42) a seguir:

(42) a. [19,2, CR PE] ***Esta prerogativa deriva-se** do direito de inspecção que lhe compete sobre os negocios ecclesiasticos, na qualidade de padroeiro.*

b. [19,2, CR PE] ***A mesma interferencia espera-se** da parte do reverendo corpo capitular dos parochos, das mesas, das ordens terceiras e irmandades,do Reverendíssimo Dom abbade de São Bento...*

c. [20,1, CL CE] ***Este requerimento**, como são todos os outros, nas nossas repartições publicas, ainda **se acha**, infelizmente preso na contabilidade da R. V. C. sem que possa seguir o seu destino, apesar de ter sido entregue em 22 de Abril ultimo>>.*

d. [20,2, CL MG] *Sempre os Cinemas da Capital Todos sabem que a sociedade de Belo Horizonte sem alusão ao society tão falado nas páginas do Wilson Frade, em sua quase totalidade, tem nos cinemas a sua diversão preferida. **Prova disso se encontra** na freqüência que lota as nossas casas exibidoras, até mesmo as que estão caindo aos pedaços – como o Cine Brasil, teimosamente mantido como de primeira classe – e até mesmo depois que os scopes fizeram desaparecer os preços populares.*

A explicação que podemos aventar para esses índices diferentes de pronomes indefinidos e DPs pré-verbais pode estar relacionada à proposta de Pesetsky (2000) sobre sintagmas-wh *D(iscourse)-linked*. A violação de efeitos de superioridade em sintagmas-wh do tipo "which man" ou "which book" é explicada pelo autor com base na sua natureza de serem ligados discursivamente (*D-linked*). E para ele, a natureza *D-linked* dos sintagmas-wh está relacionada ao seu estatuto informacional: eles são específicos e ligados a um tópico sintático. Associando o comportamento dos dados de argumentos internos em posição pré-verbal ao seu estatuto informacional, podemos propor que eles ocupam a posição de [Spec, F] e não a posição de sujeito, segundo proposta de Raposo e Uriagereka (1996), independentemente de serem plural e/ou desencadearem ou não a concordância com o verbo. Pela própria natureza dos pronomes indefinidos de retomarem algo que foi mencionado no discurso anteriormente, ou mesmo serem *D-linked*, no sentido de Pesetsky (2000), podemos aventar que eles se movam para a posição de [Spec, F], onde checam o traço de afetividade proposto por Raposo e Uriagereka (1996). Os DPs e NPs pré-verbais, por outro lado, foram na sua maioria DPs que retomam algo mencionado anteriormente, como vimos nos exemplos em (42). Do mesmo modo, a motivação para aparecerem na posição pré-verbal é para checar o traço de [tópico] e daí se movem para [Spec, F], e não para a posição de sujeito.

Assim, podemos propor que nas construções com SE, a posição do argumento interno preferencial ser pós-verbal tem a ver com o seu estatuto de objeto, e o seu fronteamento se dá por questões relacionadas ao seu estatuto informacional.

Passemos agora para a análise da variação da concordância nas construções com SE.

A concordância entre o verbo e o argumento interno plural nas construções com *SE*

Como vimos na seção "Breve panorama dos estudos sobre as construções com SE no quadro formal" deste capítulo, a grande diferença existente entre a análise de Raposo e Uriagereka (1996) e as análises anteriores das construções com SE recai no fato de eles proporem para as construções com concordância uma análise em que o SE ocupa a posição de sujeito e ocorre concordância entre o verbo e seu objeto. Assim, os DPs são analisados como objeto que checam Caso nominativo. Diferentemente das outras análises, o diagnóstico da concordância era dado para postular um SE-passivo ou um SE-nominativo.

A questão da concordância no português brasileiro é terreno movediço, não só no que se refere às construções com SE, mas também à concordância verbo-nominal. Vários estudos comparativos mostram um quadro de variação na concordância muito diferente dos resultados para a variedade europeia (Brandão, 2015; Vieira, 2015, entre outros). Enquanto estudos com base em *corpora* do português europeu revelam uma preferência pela concordância quase categórica, no PB encontramos um índice maior de variação na concordância.

Passemos ao comportamento das construções com SE com DP argumento interno plural, para depois fazer uma proposta de análise das construções com SE.

De um total de 174 ocorrências de argumento interno plural, 37% (64 dados) foram de não concordância. Vejamos os exemplos a seguir de concordância (44) e de não concordância (45) que ilustram o quadro de variação e depois passemos à Tabela 5, que traz índices dessa variação por localidade e por tipo de texto (anúncios *vs.* cartas).

(44) a. [19,2, CR BA] *As instituições mais respeitaveis, a cujo abrigo temos vivido ha meio seculo, são preferidas por outras que exhibem por unico titulo de recommendação, o desconhecido; a verdade publica é supplicada constantemente a exigencias do interesse partidario; a depressão dos caracteres é elevada á altura de um principio;* ***violam-se as consciencias****, violentando-se os mais puros intuitos...*

b. [19,2, CL SP] *Nos arrabaldes da cidade jamais* ***se acendem os lampiões****, e no interior é uma formalidade que dura poucas horas; de madrugada, oh! que bellas madrugadas para os presos que fogem da cadeia! é um inferno de Dante, escuridão completa, e a algumas distancias como diz Milton, uma pequena luz quanto baste para mostrar o horror das trevas*

c. [19,2, A RJ] ***Alugão-se***, *em casa de familia*, ***quartos independentes, mobiliados***; *na travessa de São Francisco de Paula, número 6.*

d. [19,2, CL RJ] *A esses homens humanos, só nas formas*, ***deram-se espadas, deram-se fardas***, *para com o titulo de agentes da segurança publica fiscalisarem e velarem pela segurança e bem estar do povo.*

(45) a. [19,2, A RJ] ***Fornece-se comidas*** *para fóra, de casa de familia, com proptidão e asseio, tanto á portuguesa como á brazileira, mandando-se conduzir em casa; na rua do Rosario, número 46, sobrado.*

b. [19,1, CL SC] ***Convida-se os senhores subscrtores*** *sic do capital social [d]a Companhia Melhoramento de Joaçaba, em organiza[ç]ão, para a Assembléia a se realizar no dia 30 de setembro do corrente ano, às 15 horas na séde da Associação Comercial e Industrial do do sic Oeste Catarinense, a Rua Doutor GeGtulio sic Vargas Nº 73, para deliberar sobre a constituição da mesma entidade e assuntos correlatos.*

c. [19,1, A SC] *Tambem* ***se vende alguns escravos crioulos roceiros, duas moradas de cazas na Villa, e alguns animaes vaccuns***.

d. [19,2, A BA] ***Vende se e aluga-se sanguessugas do Porto***, *assim como* ***applica-se ventosas***.

e. [19,2, CL SC] *Não* ***se vê os votos***, *em uns para menos e em outros para mais?*

Tabela 5 – Variação na concordância entre V e DP plural nas construções com SE

	Anúncios			Cartas		
	Conc.	Não Conc.	% NConc.	Conc.	Não Conc.	% NConc.
CE	6	10	63%	4	1	20%
RN	3	4	57%	1	0	0%
PE	3	4	57%	18	4	18%
BA	2	1	33%	22	0	0%
MG	5	4	44%	1	1	50%
RJ	**25**	**5**	**17%**	3	2	40%
SP	8	10	56%	2	0	0%
SC	1	14	93%	6	4	40%
Total	53	52	**50%**	57	12	**17%**

O primeiro aspecto a ser comentado com os dados da Tabela 5 diz respeito à diferença no percentual geral de não concordância entre anúncios e cartas: mais uma vez observamos uma diferença de tipo de documento que pode influenciar outros contrastes. O índice geral de não concordância nos anúncios foi de 50% e nas cartas, de 17%. O segundo aspecto a ser levado em conta é a diferença dos anúncios do Rio de Janeiro em relação aos outros locais: o índice de não concordância dos anúncios cariocas é equivalente ao índice geral das cartas.

Não tenho como associar qualquer fator sócio-histórico à questão da variação da não concordância nas construções com SE, tampouco traçar uma isoglossa que separa o norte e o sul do Brasil: vemos uma escala de variação nos anúncios, onde o número de dados de DPs plural é maior, mais homogênea, em que o Rio de Janeiro se diferencia dos outros locais. O que podemos dizer é que um índice de 37% de não concordância nessa amostra de textos escritos é bem significativo, se compararmos com o índice de 1% em textos de autores portugueses.

Tendo em vista o comportamento morfossintático apresentado aqui, vamos passar à seção "Perspectivas formais sobre variação e mudança nas construções com SE", em que tratarei das perspectivas formais sobre variação e mudança destas construções.

PERSPECTIVAS FORMAIS SOBRE VARIAÇÃO E MUDANÇA NAS CONSTRUÇÕES COM *SE*

A pergunta a ser respondida nesta seção diz respeito ao estatuto do SE nas construções aqui analisadas e a sua relação com mudança linguística. Vejamos as diferenças entre os tipos de SE considerados. Nas construções com SE-passivo, existem duas posições disponíveis para o DP argumento interno, além da posição pós-verbal: a posição de sujeito pré-verbal e uma posição de tópico. Além disso, o SE-passivo se comporta como um morfema passivo; e o argumento externo do verbo pode se realizar como um sintagma preposicional. Já nas construções com SE-indefinido, só existem duas posições: uma posição pós-verbal e uma posição de tópico [Spec, F]. Isso ocorre pois o SE-indefinido ocupa a posição de sujeito [Spec, T] e checa Caso nulo (cf. Raposo e Uriagereka, 1996). Nessa construção o argumento externo não pode vir realizado como um sintagma preposicional. Finalmente, nas construções de SE-impessoal, o se ocupa a posição de sujeito e checa Caso nominativo, por conseguinte, o DP argumento interno checa Caso acusativo, mesmo não sendo realizado como um clítico acusativo (cf. Martins, 2003). Naturalmente, não existe a possibilidade de aparecer um sintagma preposicionado como argumento externo, pois o SE recebe o papel temático de argumento externo.

Com relação ao estatuto do SE no português brasileiro em comparação com outras línguas românicas, acredito que os dados aqui analisados apontem para uma análise em que essas construções não sejam passivas, mas sim ativas. Como vimos com análise da posição dos DPs das construções com SE em comparação com os sujeitos das passivas, os DPs das construções com SE se comportam de maneira diferente dos DPs sujeitos das passivas. E a análise dos DPs pré-verbais indica que eles se movem para a posição de tópico.

Com relação à mudança linguística, podemos dizer que no período de tempo compreendido na análise aqui desenvolvida a mudança já ocorreu: a mudança nas construções com SE envolvem a mudança de um SE-passivo a SE-indefinido e SE-impessoal que ocorre entre os séculos XV e XVI de acordo com estudos diacrônicos (Naro, 1976; Cavalcante, 2011, 2016; entre outros). A mudança que ocorre entre um tipo de SE e outro pode ser detectada na história do português, como vemos a seguir:

a. Português clássico:
SE-passivo: $[\ \mathrm{DP}\ [\ \mathrm{DP}\ SE_{=do}\ \mathrm{V}\ (\mathrm{PP})]_{TP}\ ]_{FP}$
b. Português europeu:
SE-indefinido: $[\ \mathrm{DP}\ [\ SE_{CasoNulo}\ \mathrm{V}\ {*}(\mathrm{PP})\ ]_{TP}\ ]_{FP}$
SE-impessoal: $[\ SE_{Nom}\ \mathrm{V}\ \mathrm{DP}_{ACC}\ ]_{TP}$
c. Português brasileiro:
SE-impessoal: $[\ SE_{Nom}\ \mathrm{V}\ \mathrm{DP}_{ACC}\ ]_{TP}$

As mudanças na história do português aventam a hipótese de que os tipos de SE envolvem gramáticas distintas: a do português clássico, com o SE-passivo; a do PE com o SE-indefinido e o SE-impessoal, e a do PB com o SE-impessoal.

Mas como vamos explicar a variação nos dados do PB? Trata-se de variação numa mesma gramática ou em gramáticas distintas? Olhando para os dados, observamos nas construções com SE variação entre concordância e não concordância entre o verbo transitivo e seu argumento interno plural. Os casos de concordância no PB podem indicar, portanto, que temos no PB o SE-indefinido, mas não é essa a análise que proponho. Afirmo que a gramática do PE permite tanto SE-indefinido como SE-impessoal. Por outro lado, no PB, segundo a configuração anterior, só há possibilidade para ocorrer o SE-impessoal, ou seja, a construção com SE sem concordância entre o verbo transitivo e seu argumento interno plural.

Como explicar, portanto, a variação que se observa em textos de autores brasileiros entre concordância e não concordância entre o verbo transitivo e seu argumento interno plural das construções com SE?

Essa aparente contradição se resolve se considerarmos que a variação que encontramos entre concordância e não concordância em textos brasileiros está relacionada a duas gramáticas distintas. Daí podemos entender por que algumas sentenças com concordância ainda têm aceitabilidade no PB, como a clássica *"Alugam-se casas"*. Essa questão está relacionada ao que Galves (2001) chama de "competência gramatical" e "competência linguística". Os enunciados gramaticais, que são gerados pela gramática do PB, têm uma aceitabilidade gramatical. Os falantes podem, no entanto, aceitar enunciados que não são necessariamente gerados pela sua gramática, mas são reconhecidos pelos seus saberes linguísticos. É o que ela chama "competência linguística". Por isso soam estranhas as sentenças em (47), em comparação com (46), em que o DP argumento interno plural vem anteposto ao verbo: além de não serem geradas pela gramática do PB, têm aceitabilidade menor, devido aos saberes linguísticos dos falantes. É natural no PB a ordem SVO e não OV, por isso, não temos a interpretação indefinida da construção com SE com anteposição do DP argumento interno – objeto – e concordância entre verbo e seu argumento. Ocorre, nesse caso, mais naturalmente uma interpretação reflexiva.

(46) a. *Aqui* ***se vendem casacos de lã.***
b. *Nesta escola* ***se doam lindos filhotes de poodle.***
c. *Nesta universidade* ***se procuram alunos para pesquisa.***

(47) a. ?***Casacos de lã se vendem*** *aqui.*
b. ?***Lindos filhotes de poodle se doam*** *nesta escola.*
c. ?***Alunos se procuram*** *para pesquisa nesta universidade.*

Essa alternância nos julgamentos de gramaticalidade parece não ocorrer nas outras línguas românicas, como o PE, o espanhol e o italiano. Ao contrário, o predicado genérico é associado ao SE-médio e o predicado episódico é associado ao SE-passivo, mas o traço "indefinido" intrínseco ao se permanece, ao passo que no PB só resta a interpretação reflexiva/recíproca. Podemos, portanto, considerar que este tipo de variação observada em *corpora* de autores brasileiros está relacionada ao que Kroch (1989) chama de "competição de gramáticas": a gramática brasileira produz enunciados de SE-impessoal, mas os falantes, na produção, se utilizam de seus "saberes linguísticos" que são espelhados numa outra gramática.

Desse modo, podemos concluir que as construções com se que exibem concordância entre o verbo e seu argumento interno no plural, nos textos brasileiros, estão relacionadas a outra gramática, a gramática que os falantes cultos se espelham.

CONSIDERAÇÕES FINAIS

Este capítulo trouxe uma análise das construções com SE em textos de jornais brasileiros entre os séculos XIX e XX a fim de testar a hipótese de Raposo e Uriagereka (1996) e de Cavalcante (2011, 2016) sobre o estatuto do argumento interno das construções com SE: sujeito ou objeto.

Para tanto, metodologicamente, escolhi comparar as construções com SE às passivas sintáticas a fim de verificar a posição do argumento interno. Por hipótese, os objetos sintáticos de mesma natureza apresentam estatisticamente o mesmo comportamento tanto em análises diacrônicas quanto em amostras sincrônicas. No caso em questão, os argumentos internos das construções com SE, tradicionalmente analisadas como passivas sintéticas, comportam-se como objetos e não como sujeito. Consideramos aqui dois contextos de análise: a posição do argumento interno (pré ou pós-verbal) e a concordância entre o verbo e seu argumento interno plural. Com relação à posição do argumento interno, argumentos pré-verbais (antepostos ou topicalizados) apareceram com frequência mais alta em textos de anúncios, diferentemente do que ocorre nas cartas de leitores e de redatores. Com relação à concordância, observamos uma taxa de 34% de não concordância em todo o *corpus*, sem diferenças regionais ou por tipo de texto.

A mudança que ocorre na história do português está localizada entre os séculos XV e XVI (Naro, 1976), e na amostra dos jornais brasileiros escritos entre os séculos XIX e XX o que vemos é a competição entre duas gramáticas: a gramática do PE que apresenta marcas de concordância entre o verbo e o argumento interno plural, e a gramática do PB que não apresenta essa concordância.

NOTAS

1 Sigo a proposta de Duarte (2003: 522) que diferencia as passivas sintáticas das passivas de *-se*. As passivas sintáticas são chamadas pela tradição gramatical greco-latina de passivas analíticas.

2 Nessas análises o Caso nominativo é atribuído na posição de especificador do núcleo flexional ([Spec, IP] ou [Spec, AgrP], dependendo do modelo adotado. No Programa Minimalista isso não muda, a diferença reside no fato de os DPs virem especificados com um traço de Caso para ser checado.

3 Dentro do modelo de Regência e Ligação, podemos mencionar as análises de Manzini (1986b); Cinque (1988); Nunes (1990); Otero (1999).

4 "All I mean is this: F encodes point of view. The claim is that all information theoretic operations need to be mediated through a point of view. That is, when emphasis appears in a sentence, someone is responsible for that emphasis. Old or new information is old or new for someone. Even the usage of a referring expression presupposes a speaker who assumes responsibility (mistakenly or otherwise) for calling someone Smith's murderer or Jones, and similar issues arise for deixis, anaphora, etc."

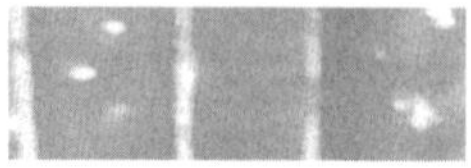

ESTRUTURAS DE FOCALIZAÇÃO NO PORTUGUÊS BRASILEIRO DOS SÉCULOS XIX E XX

Mary A. Kato

SUMÁRIO

APRESENTAÇÃO

A tradição gerativista distingue dois conceitos de FOCO: a) o FOCO informacional e b) o FOCO contrastivo, que apresentam variação translinguística em suas estratégias sintáticas ou fonológicas.

O objetivo deste capítulo é descrever as estruturas de FOCO contrastivo no PHPB na primeira metade do século XIX (19,1) e segunda metade do mesmo século (19,2), bem como a primeira metade do século XX (20,1), prosseguindo um estudo similar feito para o português nos séculos anteriores por Kato e Ribeiro (2007) e Ribeiro e Kato (2009).

A perspectiva assumida é diacrônica, dentro do espírito da Teoria de Princípios e Parâmetros, utilizando estruturas na visão cartográfica e, ainda, com o uso formal do conceito "funcionalista" de gramaticalização.

Os dados são baseados em *corpus*, a saber, o *corpus* do projeto do PHPB, que pode ser encontrado em: https://sites.google.com/site/corporaphpb/home. Serão também usados dados do *corpus* diferencial, de língua falada de afrodescendentes (AFRO) para estruturas do século XIX, sem distinguir a primeira metade da segunda.

A hipótese que fundamentou a descrição é a de que estruturas declarativas de FOCO estreito (identificacional ou contrastivo) e estruturas de perguntas-Q são definidas pelo mesmo núcleo sincrético, devendo as mudanças afetarem os dois tipos de estruturas igualmente (exceção feita a pseudoclivadas).

PANORAMA DAS CONSTRUÇÕES DE FOCO A SEREM ESTUDADAS

O português brasileiro (PB) apresenta dois tipos de FOCO[1] contrastivo: a estrutura simples com o FOCO em posição pré-sentencial (1a) e aquelas em que o FOCO é codificado através da cópula, podendo estas ser de dois tipos – a que a cópula é complementada com uma sentença-*Qu*e (as pseudoclivadas) e a que a cópula é complementada com uma sentença subordinada iniciada pelo complementizador *que* (as *que*-clivadas). Tanto as pseudoclivadas quanto as *que*-clivadas, que passaremos a chamar simplesmente de "clivadas", podem ainda apresentar dois padrões: as *canônicas*, quando iniciadas com a cópula (1b) e (1e), e as *invertidas*, quando o FOCO aparece em primeira posição (1c) e (1f). O PB apresenta ainda a clivada reduzida, quando a cópula vem elidida (1d).

(1) a. *ESSAS MULHERES o Pedro amou.*
(posição pré-sentencial)
b. ***Foram*** *ESSAS MULHERES* ***que*** *o Pedro amou.*
(clivada canônica)
c. *ESSAS MULHERES* ***é que*** *o Pedro amou.*
(clivada inversa)
d. *ESSAS MULHERES* ***que*** *o Pedro amou.*
(clivada reduzida)
e. ***Foram*** *ESSAS MULHERES* ***quem*** *o Pedro amou.*
(pseudocanônica)
f. *ESSAS MULHERES* ***foi quem*** *o Pedro amou.*
(pseudoinversa)

As estruturas interrogativas-Q apresentam parcialmente os mesmos padrões, com o elemento-Q na posição de FOCO. Apenas as pseudoclivadas não têm paralelo com as perguntas-Q.

(2) a. *QUEM o Pedro amou?* (*wh-* em CP)
b. ***FOI*** *QUEM* ***que*** *o Pedro amou?* (clivada canônica)
c. *QUEM* ***é que*** *o Pedro amou?* (clivada inversa)
d. *Quem* ***que*** *o Pedro amou?* (clivada reduzida)

Tanto as estruturas de FOCO quanto as perguntas-Q têm também o padrão *in situ* em que o FOCO ou o elemento-Q aparece na posição do início da derivação:

(3) a. *O Pedro amou MUITAS MULHERES.* (marcado só com acento)
b. *O Pedro amou QUEM?* (marcado só com acento)

IDENTIFICAÇÃO DE FOCO

Via contexto ou acento nuclear

O elemento que responde a uma pergunta-Q é, em geral, tomado como teste para identificar o FOCO *informacional* da sentença (Chomsky, 1972; Jackendoff, 1972; Zubizarreta, 1998).

(4) a. *O que o ladrão levou?*
b. *O ladrão levou [$_F$ o meu celular].*
Pressuposto: *O ladrão levou x*
(5) a. *O que o ladrão fez?*
b. *O ladrão [$_F$ levou o meu celular].*
Pressuposto: *O ladrão fez x*
(6) a. *O que aconteceu?*
b. *[$_F$ O ladrão levou o meu celular].*
Pressuposto: *Aconteceu x*

Note-se que a mesma sentença pode ter diferentes FOCOS, dependendo da pergunta contextual. Repare, porém, que em todas elas a frase que contém o *acento nuclear* é também a frase que contém o FOCO.

Em línguas românicas que contam com a inversão românica,[2] o sujeito focalizado recebe o acento nuclear na posição pós-verbal. Em línguas como o inglês e o francês, que não contam com a inversão V(O)S, é o sujeito pré-verbal que recebe acento (representado em maiúsculas). É o que chamamos *focus-in-situ.*

(7) a. Chi ha telefonato?
b. *Ha telefonato [$_F$GIANNI].* (FOCO no sujeito posposto)
(8) a. *Who called?*
b. *[$_F$ JOHN] called.* (FOCO *in-situ)*

No caso do sujeito no PB, se o verbo permitir sujeitos pós-verbais,[3] o FOCO pode aparecer em posição pós-verbal, utilizando o mesmo acento nuclear da sentença. Caso contrário, com verbos transitivos e inergativos, a estratégia é de línguas como o inglês e o francês, isto é, FOCO *in-situ.*

(9) a. *Quem chegou?*
b. *Chegou [$_F$ O CLIENTE DAS 10].*
Pressuposto: *x chegou*
(10) a. *Quem perdeu o avião?*
b. *[$_F$ A MARIA] perdeu o avião.* * Perdeu o avião [$_F$ a Maria]
Pressuposto: *x perdeu o avião*

Deve-se lembrar que o PB supostamente perdeu, a partir do início do século XX, a posposição do sujeito, com exceção dos sujeitos de verbos inacusativos.

Uma hipótese relativa a FOCO informacional é que, no *corpus* do século XIX, ainda teremos várias instâncias de FOCO informacional com sujeito posposto.

O FOCO *in-situ* é, além disso, uma estratégia mais geral quando se trata de FOCO *estreito, contrastivo*, ou *identificacional* (representado em maiúsculas), e que pode ser usado para qualquer constituinte, independentemente de língua. A função é, em geral, metalinguística, corretiva.

(11) a. *Roubaram o MEU celular, não o teu.*
b. *They stole MY cellphone, not yours.*

Nos casos de argumentos e adjuntos, quando aparecem na posição pós-verbal, o FOCO é informacional, mas na sua colocação pré-verbal eles são interpretados como FOCO identificacional ou contrastivo.

(12) a. *O Pedro ama a Maria.*
b. *Não, A JOANA o Pedro ama, não a Maria.*

(13) a. *O Juan nasceu em Madri.*
b. *Não, EM BARCELONA o Juan nasceu, não em Madri.*

Focalização via pseudoclivagem e clivagem

Há um tipo de padrão sintático no português e em outras línguas que marca o FOCO através da cópula em construções especializadas. São as chamadas sentenças *clivadas* e *pseudoclivadas*. A diferença entre as duas está no tipo de palavra-Q que introduz a subordinada. Nas clivadas é um subordinador invariável *que*, do tipo complementizador, enquanto nas pseudoclivadas é o mesmo introdutor das relativas livres.[4] A subordinada de ambos os tipos pode aparecer elíptica.

As clivadas e pseudoclivadas podem exercer as mesmas funções da sentença *não marcada* sem a cópula. Elas podem, assim, transmitir um FOCO *informacional.*

(14) a. *O QUE o ladrão levou?*
b1. *(O ladrão levou) [$_F$ o meu celular].* (sentença sem cópula)
b2. *Foi [$_F$ O MEU CELULAR] (**o que** o ladrão levou)* (pseudoclivada)
b3. *Foi [$_F$ O MEU CELULAR] (**que** o ladrão levou)* (clivada)

(15) a. *QUEM falou?*
b1. *[$_F$ O JOÃO] falou.* (sentença sem cópula)
b2. *Foi [$_F$O JOÃO] (**quem** falou).* (pseudoclivada)
b3. *Foi [$_F$O JOÃO] (**que** falou)* (clivada)

Mas as clivadas e pseudoclivadas podem também marcar um FOCO *contrastivo*:

(16) a. *Foi [$_F$O MEU] celular **o que** o ladrão levou, não o teu.* (pseudoclivada)
b. *Foi [$_F$ O JOÃO] **quem** falou, não o Pedro.* (pseudoclivada)
(17) a. *Foi [$_F$O MEU] celular **que** o ladrão levou, não o teu.* (clivada)
b. *Foi [$_F$ O JOÃO] **que** falou, não o Pedro.* (clivada)

Vimos até agora que as pseudoclivadas e as clivadas podem aparecer com a cópula em posição inicial. Mas esta é apenas um padrão de ordem possível.[5] Com as pseudoclivadas, podemos ter as seguintes possibilidades de variação de ordem:

a. a cópula em primeira posição (I)
b. a cópula em segunda posição (II), precedida do FOCO
c. a cópula em segunda posição (II), precedida da relativa livre

(18) a. ***Sou** [$_F$ EU] **quem** mais trabalha na empresa.* Pseudocanônica
b. *[$_F$EU] **sou quem** mais trabalha na empresa.* Pseudoinversa I
c. ***Quem** mais trabalha nesta empresa **sou** [$_F$EU].* Pseudoinversa II

Com as clivadas, podemos ter as seguintes ordens:

a. a cópula em primeira posição (I)
b. a cópula em segunda posição (II)

(19) a. ***Sou** [$_F$EU] **que** mais trabalho nessa empresa.* Clivada canônica
b. *[$_F$EU] **é que** mais trabalho nessa empresa.* Clivada inversa

Além da diferença entre tipos de palavra-Q – variável nas pseudoclivadas e invariável nas clivadas – há outra diferença entre os dois tipos de clivagem. O fator concordância.

Com as pseudoclivadas, a cópula concorda com o FOCO, enquanto a concordância dentro da subordinada é sempre na terceira pessoa, pois o verbo concorda com o pronome-Qu, que é terceira pessoa.[6]

(20) a. ***Sou*** *EU quem mais* ***trabalha*** *nesta empresa.* Pseudocanônica
b. *EU* ***sou*** *quem mais* ***trabalha*** *nesta empresa.* Pseudoinversa I
c. *Quem mais* ***trabalha*** *nesta empresa* ***sou*** *EU.* Pseudoinversa II
(21) a. ***São*** *OS LIVROS o que mais* ***pesa*** *na mala.* Pseudocanônica
b. *OS LIVROS* ***são*** *o que mais* ***pesa*** *na mala.* Pseudoinversa I
c. *O que mais* ***pesa*** *na mala* ***são*** *OS LIVROS.* Pseudoinversa II

Com as clivadas, por outro lado, o verbo da subordinada concorda também com o elemento focalizado.

(22) a. *Sou* **EU** *que* ***sou*** *preguiçosa.* Clivada canônica
b. *São* **AS CRIANÇAS** *que* ***fazem*** *barulho.* Clivada inversa

Mas o aspecto mais instigante é o padrão Clivada Inversa II em (23), no qual a cópula está em segunda posição e não apresenta concordância nem com o FOCO e nem com o verbo da subordinada. Isso mostra que a Clivada (I) e a Clivada (II) não são derivacionalmente relacionadas.

(23) a. *EU* ***é*** *que* ***sou*** *preguiçosa /*EU* ***sou*** *que* ***sou*** *preguiçosa.*
b. *NÓS* ***é*** *que* ***fazemos*** *o trabalho./ *NÓS* ***somos*** *que* ***fazemos*** *o trabalho.*

As clivadas típicas do PB contemporâneo: resultado de gramaticalização

No PB, ocorrem mais duas variantes para a clivada canônica, não inversa, quando a cópula não está no presente. São resultados de gramaticalização[7] sujeitos a variação. Uma delas é a cópula aparecer na forma invariável, no presente (24b), e a outra é o apagamento da cópula (24c), resultado a que chamaremos *clivada sem cópula*, ou *clivada reduzida*:

(24) a. ***Foi*** *[$_F$O PEDRO] que a Maria viu.* Clivada canônica
b. ***É*** *[$_F$O PEDRO] que a Maria viu.* Clivada canônica
c. *[$_F$O PEDRO] que a Maria viu.* Clivada reduzida, ou sem cópula

O mesmo pode ser visto nas interrogativas:[8]

(25) a. *[QUEM]* ***foi que*** *a Maria viu?* Clivada inversa
b. *[QUEM]* ***é que*** *a Maria viu?* Clivada canônica
c. *[QUEM]* ***que*** *a Maria viu?* Clivada sem cópula, ou reduzida

Na verdade, Kato e Mioto (2005) propõem que a forma sem a cópula nas interrogativas não se origina da gramaticalização da forma (25b),[9] mas sim de (26b):

(26) a. ***Foi*** *[$_{FP}$QUEM]* ***que*** *a Maria viu?*
b. ***É*** *[$_{FP}$QUEM]* ***que*** *a Maria viu?*
c. __ *[$_{FP}$QUEM] que a Maria viu?*

Kato e Mioto (2005) argumentam que apagamento da cópula pode ocorrer em outros contextos, mas só quando em início de sentença.

(27) a. * *O seu cabelo __ bonito.*
b. __ *Bonito o seu cabelo.*
(28) a. ***É*** *lindo o seu cabelo.*
b. __ *Lindo o seu cabelo.*

ALGUNS PRESSUPOSTOS TEÓRICOS

Adotamos para o nosso estudo a perspectiva cartográfica (Rizzi, 1997), o que significa que a periferia sentencial à esquerda (*Left Periphery*: LP) não consiste de apenas uma projeção simples CP, mas que este é cindido em categorias ligadas ao discurso. No caso particular das estrutura de FOCO, acima de TP, teríamos uma categoria FocusP, onde o elemento focal pode aterrissar.

(29) [ForceP [TopP [**FocusP** [TopP [FiniteP [TP]]]]]]

Uma proposta que complementa a de Rizzi (1997) é a de Belletti (2004a), para quem, na posição medial da sentença, à esquerda de *v*P, também existem projeções de tópico e de FOCO (*Medial Periphery*: MP).

(30) [$_{TP}$ T [TopP [**FocusP** [TopP [$_{vP}$ ....[$_{vP}$ ......]]]]]]

As línguas V2 germânicas tendem a utilizar mais as projeções na periferia à esquerda de TP, enquanto as românicas podem se utilizar das projeções mediais, internas a TP. Uma análise minuciosa das derivações pode ser encontrada em Ribeiro e Kato (2009).

O que vimos considerando como ordem V2 difere da ordem germânica, em que o verbo sobe para COMP e algo, o FOCO ou o Tópico, sobe para o Spec de Comp, mas uma estrutura em que o verbo sobe para T e o sujeito e os demais argumentos permanecem em VP, resultando na estrutura com posposição de sujeito (Kato e Raposo, 1996). Se algo sobe para alguma projeção na periferia à esquerda da sentença (*Left Periphery*: LP), por exemplo, o FOCO, o resultado seria (31):

(31) a. $[_{FocP}$ XP $[_{TP}$ V+T $[_{vP}$ SUJ v $[_{VP}$ ....OBJ..]]]]
b. SÓ HOJE *comunicou a presidente o novo índice da inflação.*

Por outro lado, o português pode fazer uso das projeções de Tópico mais baixas, adjacente ao *v*P (*Medium Periphery*), e teremos então a possibilidade do sujeito focal mais próximo do final da sentença:

(32) a. $[_{TP}$ V_v+T $[_{TopP}$ OBJ_i $[_{FocP}$ SUJ_j $[_{vP}$ t_j t_V t_i]]]]
b. *Encontrou os destroços do avião* O PESSOAL DA CRUZ VERMELHA.

A DIACRONIA

Resumo do português antigo (PA) e clássico: fase V2

Kato e Ribeiro (2007), que cobriram as estruturas de FOCO do português antigo ao clássico, partiram da hipótese de que o português nessa época era uma língua V2 (verbo em segunda posição) e que as estruturas de FOCO eram determinadas pela natureza V2 da gramática nessa época. Segundo a hipótese das autoras, uma língua V2 faz uso essencialmente da LP para o FOCO estreito enquanto uma língua não V2 faz uso também da MP.

As autoras mostraram as seguintes características desse período para as estruturas de focalização:

A) A estrutura de focalização identificacional mais comum no português antigo (PA) era com o FOCO na periferia esquerda seguido do verbo em segunda posição, obedecendo o padrão V2 (verbo em segunda posição). O mesmo padrão pode ser encontrado para as perguntas-Q:

(33) a. *MARAVILHOSAS son estas cousas que* contas, padre.... (DSG, XIV) LP
b. *COMO viestes vós a aqueste ermo?* (Flos, XIV) LP

B) As pseudoclivadas invertidas ocorrem nos documentos, caracterizando-se como um padrão perfeitamente licenciado no período V2:

(34) a. *Ele **he**(=é) **o que** tempera a sanha* (DSG, XIV) (pseudoinversa) LP
b. *QUE **he o que** dizes, irmãã?* (DSG, XIV) (pseudoinversa) LP

C) As clivadas do tipo invertidas são a primeira inovação no período:

(35) a. *A DEMANDA DO SANTO GRAAL **é que**, pois el espartio os cavalleiros dos maos ssi como o grão da palha e quando elle partir os luxuriosos dos bõos cavalleiros, em tam mostrará a estes homees bõos e a estes bem aventurados as maravilhas que andam buscando do Santo Graal.* (GRAAL – CLXVI) (clivada invertida) LP
b. *E QUANDO **é que*** são Relativos? (Argote, XVII) (clivada invertida) LP

D) As clivadas canônicas, por outro lado, só aparecem posteriormente ao período V2, mas nenhum dado de pergunta-Q é encontrado no período.

(36) a. ***É** O REI LEGÍTIMO **que** devemos opor ao usurpador.* (Alorna, XVIII) (clivada canônica) MP
b. ? ***É** QUEM **que** o Pedro ama?* (clivada canônica) MP

Concluindo o estudo sobre o período anterior ao século XIX, Kato e Ribeiro (2007) demonstram que a inexistência de clivadas canônicas no PA e no PC resulta de restrições relacionadas com suas características de língua V2. A derivação da estrutura clivada com cópula inicial (*é X que*) está relacionada com as propriedades *não V2* e de *sujeito nulo*. Assim línguas V2 só ativam LP para FOCO; línguas não V2 podem eventualmente ativar as duas.

O século XIX e XX

ESTUDO PRÉVIOS DAS PERGUNTAS-Q NO SÉCULO XIX E XX: PREVISÕES PARA AS ESTRUTURAS DE FOCO

Vimos que se confirmou até aqui a hipótese de que as perguntas-Q e as construções de FOCO estreito são o mesmo tipo de construção. Um estudo, portanto, sobre a evolução de estruturas de FOCO deverá acompanhar a evolução das perguntas-Q. Estudos anteriores[10] sobre a diacronia das estruturas-Q no século XIX poderá lançar as hipóteses para o que iremos encontrar nas estruturas de FOCO no período.

O estudo de Lopes-Rossi (1996) mostra que no período clássico (séculos XVI, XVII, XVIII e início de XIX) as perguntas-Q do português exibiam a propriedade V2, com ordem QU-VS obrigatória.[11, 12] No estudo de Duarte (1992), a autora mostra que durante o século XIX a ordem QU-VS era ainda a norma, tornando-se residual só no último quarto do século XX.

(37) a. *Mas QUE **tenho eu** a temer?* (1845)
b. *Mas O QUE **tens tu** ?* (1882)

(38) a. *ONDE **você andou**?* (1955)
b. *E POR QUE **os erros persistem**?* (1975)

Para Duarte (1992) há uma correlação entre a ordem VS e SV e a entrada das clivadas:

(39) a. *POR QUE não **usou o senhor** de franqueza quando aqui chegou?* (1937)
b. *QUE é que **você pretende** fazer para o futuro?* (1937)

Para Lopes-Rossi (1996), a ordem SV nada tem a ver com as clivadas, pois o português europeu (PE) tem as mesmas clivadas do PB e mantém a ordem VS. Trabalho quantitativo mais recente (cf. Pinheiro e Marins, 2012) mostra, contudo, que há efetivamente uma correlação entre o aumento da ordem SV com a entrada das clivadas: 4 das 6 ocorrências de ordem SV exibem clivagem.

O que nos importa aqui é que as interrogativas-Q revelam que o PB era ainda uma língua do tipo V2 no século XIX, que fazia uso, portanto, da periferia à esquerda (LP). Isso nos faz prever que deveríamos encontrar pseudoclivadas e clivadas do tipo inverso, obedecendo ao padrão V2.

O trabalho de Kato e Duarte (2002) sobre as perguntas-Q do século XIX e XX procura refinar o caráter V2 dessas estruturas. Para as autoras o padrão em que aparece o sujeito entre o auxiliar e o verbo principal são da gramática V2 e são quase sempre com o sujeito pronominal, e estas construções deixam de existir por volta do início do século XX.

(40) a. *Sim senhor, mas QUE tenho* ***eu*** *a temer?* (1845)
b. *AONDE teria* ***ela*** *ido?* (1918)

As estruturas com sujeito seguido de algum constituinte começam também a rarear no início do século XX.

(41) a. *POR QUE desapareceu* ***ele*** *lá de casa?* (1882)
b. *O QUE pensa* ***tua filha*** *do nosso projeto?* (1845)
c. *QUE fez* ***seu filho*** *com os documentos em poder dele?* (1955)

Por outro lado, o sujeito em posição final de sentença, principalmente na forma de DP, começa a ser cada vez mais frequente no século XX.

(42) a. *E POR QUE tanto chora* ***a menina?*** (1845)
b. *QUE lhe disse* ***o Honorato?*** (1937)
c. *E ONDE está* ***o resto****?*

Esse último padrão pode tanto pertencer à gramática V2 ou à posposição do sujeito das línguas de sujeito nulo, ou ainda à inversão estilística, que Kato (2003) analisa como tendo o sujeito deslocado à direita com sujeito nulo.

(43) a. *E POR QUE tanto (****ela****) chora, a menina?*
b. *E ONDE (****ele****) está, o resto?*

Quanto ao padrão das interrogativas-Q clivadas, Duarte (1992) constata sua presença desde a primeira metade do século XIX, resultado confirmado em Lopes-Rossi (1996). A autora correlaciona a perda da ordem VS nessas interrogativas à entrada das construções clivadas.[13]

(44) a. *O QUE* ***é que*** *tu tens nessa barriga?*
b. *O QUE* ***foi que*** *ele fez?*
c. *O QUE* ***é que*** *eu represento?*

Segundo a autora, uma vez implementada a ordem SV, o condicionador "expletivo" deixa de ser determinante.

(45) a. *E POR QUE ela fez isso?*
b. *ONDE você andou?*
c. *E O QUE você quer?*

A autora considera ainda a possibilidade de variação das ordens VS e SV em interrogativas de terem um componente estilístico, um ponto a que voltaremos. Em nota de rodapé, Duarte (1992) considera o tipo de clivada sem cópula, a que vimos chamando clivada reduzida, que ela encontra apenas nos dois últimos períodos analisados: o texto escrito em 1975 e o texto oral gravado em 1989.

(46) a. *QUE **que** eu faço?* (1975)
b. *QUANDO **que** o João chegou?* (1989)

Lopes-Rossi (1996) também começa a constatar esse tipo de clivagem sem cópula na segunda metade do século XX, mas é na língua oral, Nurc e TV, que ele se torna produtivo.

(47) a. *QUE **que** é isso?* (Nurc)
b. *O QUE **que** você faz?* (Nurc)
c. *DE QUEM **que** é esse peixe?* (TV)
d. *QUE **que** fazem esses uns?* (TV)

Com relação a este tipo de estrutura, o estudo sincrônico-comparativo de Kato e Mioto (2005), em jornais de Portugal e do Brasil, mostra que elas existem apenas na variedade brasileira. Mas mesmo nessa variedade os autores afirmam que esse tipo ainda é banido na língua escrita, embora já frequente na língua oral.

(48) a. *O QUE **que** eu posso fazer?* PB *PE
b. *E QUANTO **que** tá a inflação?* PB *PE

Os resultados desses estudos prévios sobre perguntas-Q nos séculos XIX e XX apontam para as seguintes hipóteses relativamente às estruturas declarativas de FOCO informacional e identificacional nesses séculos:

a. como vimos na seção "Identificação de foco" podemos prever que haverá, com relação ao FOCO informacional, sujeitos pospostos no padrão FOCO V S, da mesma forma que encontramos o padrão QU-VS nos estudos anteriores, mesmo que restrito a verbos inacusativos;
b. como as construções pseudoclivadas nada tem a ver com as interrogativas-Q, não há previsões feitas a partir das pseudoclivadas;
c. o século XIX deverá exibir ainda clivadas invertidas, que respeitam a ordem V2;
d. uma vez que no século XVIII já começamos a encontrar a clivagem canônica, esta deverá ser a forma inovadora preferencial no século XIX;
e. o início do século XX já deverá exibir a ordem FOCO SV(X), em variação com a ordem FocoV(X)S.

OS TIPOS DE ESTRUTURAS DECLARATIVAS DE FOCO CONTRASTIVO NO *CORPUS* DO PHPB EM CARTAS PESSOAIS (CP) E DO LEITOR (C): SÉCULOS 19,1; 19,2; 20,1 E 20,2

A primeira expectativa para o período é que tenhamos ainda um resíduo do padrão V2, com o FOCO em primeira posição, o verbo em segunda, seguido do sujeito expresso: FOCO VS(X). Nota-se que na segunda metade do século XIX ainda se pode ver o padrão V2, embora preferencialmente com adjunto adverbial em primeira posição. Com sujeito nulo, o padrão com FOCO pré-verbal é mais fácil de encontrar, podendo o sujeito eventualmente estar ambiguamente à esquerda do verbo. Pode-se ainda encontrar o padrão V2 com FOCO em subordinadas.[14]

- FOCO VS(X)

(49) a. [19,1, CP RIO] *BOM será ter vossa senhoria o peito bem preparado.*
b. [19,2, CP RIO] *HONTEM me participou Guinaebaud que esperava do Rio hua Charrua,...*

- FOCO (S)V(S)X

(50) a. [19,1, CP RIO] *NENHUMA ESPERANÇA tenho de melhoramento....*
b. [19,2, CP RIO] *NENHUNS OFFICIOS [?] lhe pode pagar mas a justiça da sua conta valeo-lhe de todo.*

c. [19,2, CP RIO] *Do Jiji* NADA *lhe posso dizer desta vez*
d. [19,2, CP RIO] *COM MUITA SATISFAÇÃO recebi as lembranças que Vossa Excelência teve a bondade de mandar-me*
e. [19,2, CP CUR] *AQUI cheguei no dia 19 as 8 horas da manhã*
f. [19,2, CP CUR] *UM GRANDE FAVOR te peço, escreva-me*

- Subordinada com FOCO V2

(51) a. [19,2, CP RIO] *Dize-lhe que* MUITO CEDO *lhe fallarei amanhã.*
b. [19,2, CP RIO] *e creia que* DO CORAÇAM *sou seu*

Já a ordem FOCO SV é difícil de se encontrar dado o caráter ainda bastante sujeito NULO na escrita, em particular nas cartas pessoais, o que faz a posição do sujeito ambígua. Porém, com sujeito de terceira pessoa, pode-se encontrar o padrão desejado, como em (51a).

Mas quando há quantificador pós-verbal, fica claro que ele aparece na posição medial de FOCO, caso dos exemplos em (52):

(52) [20,2, CP RIO] *Assim* AINDA HONTEM *o Astolpho Pio e o Azeredo me disseram ser imprescendivel essa consulta á nação.*
(53) a. [20,2, CP RIO] *Em casa não há* NADA, *esxepto eu que estou louco de amor.*
b. [20,2, CP RIO] *não quero que faças* NADA *contra a vontade.*

O século XIX encontra facilmente as clivadas, principalmente as invertidas, e menos as canônicas, as mais inovadoras. Na primeira metade do século XIX ainda encontramos a cópula grafada como *he*. As clivadas invertidas ainda são encontradas na primeira metade do século XX.

- Clivadas invertidas (com o FOCO antes da cópula)

(54) a. [19,1, C PERN] *SÓ OS TRAPICHEIROS, he que descançadamente bebião...*
b. [19,1, C PERN] *Sendo eu uma dessas victimas,* FORÇOSO *he que levante a minha fraca voz*
c. [19,1, C PERN] *e* SÓ DEPOIS QUE SE DERA O JULGAMENTO DE INTERDICÇÃO PELO JUIZO DE ORPHÃOS *é que recebi a intimacão judicial*
d. [19,2, CP RIO] POR ISTO *é que muita gente o chama Charlatão.*

e. [19,2, CP FEIRA] *NAS DORES EXTREMAS é que o homem necessita do soccorro da philosophia*
f. [19,2, CP FEIRA] *O FILHO é que a amparava.*
g. [20,1, CP RIO] *DE TI MINHA ADORADA é que eu espero todo o meu ideal,*
h. [20,1, CP RIO] *SÓ EM TI é que reside toda a minha alegria e felicidade,*
i. [20,1, CP RIO] *SÓ TÚ é que podes resolver*

- Clivadas canônicas (com a cópula em início de sentença)

(55) a. [19,1, CP FEIRA] *e é JUSTAMENTE NISTO que está o principal defeito do Cansansão*
b. [19,2, CP RIO] *He POR ISSO que eu fui sempre favoravel ao tratado de commercio que acaba de ser denunciado*
c. [19,2, CP RIO] *fui EU um dos primeiros brasileiros que arriscárão a pelle n'aquèlle paiz de salteadores*

O que encontramos pouco foram as pseudoclivadas, tanto as canônicas quanto as invertidas.

- Pseudoclivadas inversas (com o FOCO pós-cópula)

(56) a. [19,1, CP PERN] *O que é mais para admirar é A CONDUCTA DO CANSANSÃO.*
b. [19,2, CP FEIRA] *O que lhe convêm é TER UM CONSULADO*
c. [19,2, CP, PR] *o que ella quer é PASSIAR*
d. [20,1, CP, RIO] *o que eu só queria é ESTAR A TEU LADO*
e. [20,2, CP, SC] *o que me dedicas não é AMOR*

- Pseudoclivadas inversas (com o FOCO antes da cópula)

(57) a. [19,2, CP FEIRA] *ESSE NEGOCIANTE foi quem sempre forneceo a Divisão do Sr. Jaquecy*
b. [20,1, CP, RIO] *ISTO TUDO minha santa é o que eu penso*
c. [20,1, CP, SC] *FELICIDADES é o que desejo a você*
d. [20,1,CP, RIO] *O TEU AMOR minha santa, é quem me da vida e forças para poder viver*
e. [20,1, CP RIO] *VOCE é quem mostrou-me o verdadeiro amor!*

HIPÓTESE SOBRE A AUSÊNCIA DAS CLIVADAS REDUZIDAS NO *CORPUS*

Apesar de Lopes-Rossi (1996) ter encontrado dois casos de interrogativas-Q do tipo clivada reduzida no seu *corpus* escrito, de Duarte ter encontrado um exemplo, e de Kato e Mioto terem encontrado dois casos, todos esses autores são unânimes em afirmar que esse padrão de pergunta-Q é uma inovação na fala e ainda banido na escrita.

Mas se a clivada reduzida só é encontrada nas perguntas-Q da língua falada, é de se esperar que também não iremos encontrar clivadas reduzidas afirmativas como as em (58) no *corpus* do PHPB, embora nossa intuição de falantes do PB admita que elas existam:

(58) a. *A MARIA que fala inglês bem.* PB *PE
b. *O CARRO DO JOÃO que eu vi na rua.* PB *PE
c. *POR ISSO que eu não vim.* PB *PE

Podemos considerar duas hipóteses sobre o que o letrado faz para evitar a produção escrita de sentenças como as em (58).

A primeira hipótese é que o falante letrado do PB usará sempre uma variante estilística anterior ao apagamento da cópula quando escreve, produzindo as formas em (59), similares aos exemplos de clivadas canônicas:

(59) a. *É A MARIA que fala inglês bem.*
b. *Foi/é O CARRO DO JOÃO que eu vi na rua.*
c. *É POR ISSO que eu não vim.*

A segunda hipótese é que o letrado suprime o complementizador *que* das formas em (60), mantendo o acento focal representado em maiúsculas, da mesma forma que ele pode suprimir o *que* em perguntas-Q (61):

(60) a. *A MARIA(que) fala inglês bem.*
b. *O CARRO DO JOÃO (que) eu vi na rua.*
c. *POR ISSO (que) eu não vim.*

(61) a. *QUEM (que) fala inglês bem?*
b. *O QUE (que) você viu na rua?*

ESTRUTURAS ENCONTRADAS NO *CORPUS* DIFERENCIAL DE AFRODESCENDENTES

Embora não fazendo parte do *corpus* do PHPB, o projeto permite que utilizemos parcialmente o que vem se chamando *corpus* "diferencial". Iremos utilizar, então, o *corpus* de fala do português rural afro-brasileiro, acervo do projeto Vertentes (Salvador), da segunda metade do século XIX, para ilustrar as formas evitadas pelos letrados. Nesse *corpus*, encontramos todas as estruturas de focalização, mas os exemplos a seguir são apenas de construções dificilmente achadas no *corpus* do PHPB.

- Clivada sem cópula

(62) a. [19,2] HV-20- *Foi* EU *que levô!* OCÊ *que tava lá*... *INF: - Ieu... CIRC: -*
... e falô que disse qu'era eu!
b. [19,2] SP-12 - *EU MERMO que torrava farinha*...
c. [19,2] SP-09 - *A senhora sabe fazê? [...]* INF.: *ELA que sabe.*
d. [19,2] HV-13-... *MINHA MÃE que criô*...
e. [19,2] CZ-06 - *mas* EU *que tenho os papel da terra, sô o único fi, o mais novo,* EU *que resolvo tudo, sô da terra, entendo de tudo.*

- Pseudoclivada reduzida

(63) a. [19,2] RC-26- *Agora, aqui faz é* DA CANA MESMO.
b. [19,2] RC-08- *agora, bicho ruim de matá é* JARACUÇU.
c. [19,2] HV-20- *Eu vô é* ANULÁ SUA MEDIÇÃO, *eu vô anulá sua medição.*
d. [19,2] SP-12- *É, eu e ela tem que pagá é* QUATORZE REAIS ...
e. [19,2] HV-20- *Perdeu! Ele procurô é* AQUILO, *rapaz!*

CONSIDERAÇÕES FINAIS

Dando prosseguimento aos achados anteriores ao século XIX em relação às estruturas de FOCO no português antigo e clássico (Kato e Ribeiro, 2007; Ribeiro e Kato, 2009; Kato, 2009), procurou-se neste trabalho desvendar o que ocorria nesse domínio nos séculos XIX e XX.

A base do trabalho foi a hipótese de que as estruturas de perguntas-Q e de FOCO teriam o mesmo núcleo de checagem, devendo, portanto, sofrer mudanças paralelas. O trabalho é qualitativo e consiste de uma confirmação dessa hipótese. Verificou-se que, em conformidade com as perguntas-Q anteriormente estudadas, as hipóteses se confirmam:

a. Há ainda resíduos de construções FOCO VS e FOCO VXS;
b. Além das pseudoclivadas inversas e clivadas inversas, já há um uso produtivo de pseudocanônicas e clivadas canônicas, com cópula inicial;
c. Não se atestam ainda, no *corpus* do PHPB, as clivadas reduzidas, assim como as perguntas-Q com apenas *que,* que aparecem como inovações na língua falada.[15] Mas consultando um *corpus* de caráter diferencial, da escrita de afrodescendentes, verificou-se a existência produtiva desses padrões;
d. É possível que o letrado evite as clivadas reduzidas por ainda serem estigmatizadas na escrita e escolham uma alternativa mais aceitável, seja a forma canônica mais conservadora ou optando por cortar o complementizador *que,* uma variante fonológica da clivada reduzida;
e. O letrado do século XX parece preferir focalização via clivadas do que usando o padrão conservador FOCO SV(X).

O trabalho empírico é parcial, pois procurou-se apenas as clivadas e pseudoclivadas com clivagem de sujeito e objeto. Pode-se completar este trabalho com clivagem de adjuntos e com diferentes tipos de texto, após o que se pode enfrentar um trabalho quantitativo para se determinar os fatores que levam às escolhas permitidas.

NOTAS

1 Cf. Lopes-Rossi (1996); Kato et al. (1996); Kato e Mioto (2005); Braga et al. (2015).

2 O francês é, por exemplo, uma língua que não conta com sujeito posposto, propriedade daquelas que pertencem ao parâmetro do sujeito nulo.

3 O PB está perdendo a inversão românica, com exceção de verbos inacusativos e alguns verbos inergativos (cf. Berlinck, 2000c).

4 Veja uma análise diferente em Mioto e Negrão (2007), para quem nenhum tipo de clivada contém uma relativa.

5 Cf. Casteleiro, 1979; Wheeler, 1982; Kato et al., 1996; Modesto, 1995; Kato, 2006.

6 Há padrões que se confundem com pseudoclivadas, mas são, na verdade, sentenças copulares com FOCO informacional que consistem de uma relativa livre (RL). Note-se que o padrão de concordância é diferente da pseudoclivada.
(i) "*Nós somos quem fazemos o trabalho*" (RL) *vs.* "*Somos* NÓS *quem faz o trabalho*".

[7] Apud Kato e Mioto, 2005.
[8] A forma (25) foi encontrada em dados de criança e de manhês (*motherese*) por Adriana Lessa, a quem agradecemos.
[9] Foi essa a análise proposta em Kato e Raposo (1996).
[10] Cf. Duarte, 1992; Lopes-Rossi, 1996; Kato, 1993.
[11] Kato e Ribeiro (2007) mostram, contudo, que textos de Argote do século XVIII já antecipavam a entrada de clivadas, mas apenas do tipo inverso. (i) *E quando é que são relativos?* Mas Pinheiro e Marins (2012) mostram que as clivadas não eram atestadas em peças antes da segunda metade do século XIX.
[12] Cf. também Ambar (1992), que mostra o seguinte contraste no português europeu moderno, entre QU-simples e QU+N:
(i) *Quem* ***encontrou o João*** *no cinema?*
(ii) *Que amigo* ***o João encontrou*** *no cinema?*
[13] A autora se refere à presença de *é que* como expletivo, seguindo as gramáticas tradicionais. Os números que seguem os exemplos são originais da autora.
[14] Isso leva a crer que Rinke (2009) tem razão ao dizer que o português antigo não era uma língua V2 do padrão germânico. Kato e Raposo (1996) propõe que o V2 românico tem o verbo em T e o sujeito em VP, resultando em efeito V2. O PB perde até mesmo esse padrão românico, mantendo-o apenas para verbos inacusativos. Logo, quando usarmos o termo padrão V2, será sempre o padrão V2 românico, conforme nossos pressupostos teóricos.
[15] Mas Eugenia Duarte colheu um exemplo de clivada reduzida no jornal *O Globo*, o que mostra que essa forma já está começando a ser usada por nossos autores:
(i) *Não respondo quando me perguntam qual é o meu palpite para o jogo. Acho que não sou eu nem ninguém, mas o jogo que vai falar, ele que é o oráculo.* (Wisnik)

POSFÁCIO: O RETRATO DA EMERGÊNCIA DE UMA NOVA GRAMÁTICA

Charlotte Galves

Os capítulos que precedem oferecem ao leitor o retrato da emergência de uma nova gramática, a do português brasileiro (doravante PB). Os pontos fulcrais desse retrato são vários dos fenômenos representativos do PB descritos e discutidos na literatura linguística a partir dos anos 1970, seja em abordagens sociolinguísticas, seja em abordagens gerativistas, seja em abordagens, que, seguindo Tarallo e Kato (1989) procuram articular Labov e Chomsky, num tratamento quantitativo da Língua-Externa que leve a uma compreensão da Língua-Interna. Surgiu nesse caminho, mais recentemente, uma nova ferramenta de trabalho: os grandes *corpora* eletrônicos. No Brasil, esses se assentam num intenso trabalho de edição de documentos de vários tipos, organizados em particular no âmbito do projeto Para a História do Português Brasileiro. Os estudos que compõem este livro se baseiam num *corpus* compartilhado de textos produzidos em várias regiões do Brasil nos séculos XIX e XX. Essa varredura geográfica estabelece as primeiras bases para uma dialetologia sintática histórica brasileira que, certamente, desempenhará um papel essencial para entender os caminhos intrincados da língua portuguesa no Brasil.[1]

Na linha do tempo, como já tinha sido mostrado por estudos anteriores, a história do PB instancia uma dinâmica complexa. Uma das suas características mais interessantes é uma inflexão entre a primeira e a segunda metades do século XIX, devida ao efeito, nos textos produzidos depois de 1850, da influência da norma lusitana oitocentista na língua escrita no Brasil. O lugar de predileção dessa influência é a colocação de clíticos, emblema da submissão à norma lusitana, mas os trabalhos reunidos neste livro mostram que ela tem outros pontos de atuação. Uma segunda inflexão aparece no século XX, seja na primeira metade, possivelmente na esteira do nacionalismo associado à Semana de 1922, seja na segunda, no processo de sedimentação da língua brasileira. Seu efeito é duplo: a reversão das tendências anteriores devidas ao peso da norma lusitana, e outra consequência do aliviamento desse peso, o aparecimento e a consolidação de fenômenos genuinamente brasileiros, que saem do domínio exclusivo ou preferencial da língua falada para se imporem também na escrita. Mas não há dúvida de que os alicerces da gramática brasileira são mais antigos e em certos casos visíveis, ainda que expressos em números bastante reduzidos, no início do século XIX ou mesmo no século XVIII, obliterados depois, na maioria dos casos, pela pressão normativa, para só reaparecerem pelo século XX. O que me proponho fazer aqui é observar como os diversos fenômenos estudados são submetidos a essa dinâmica. A caminho, procurarei extrair das descrições propostas no livro alguns elementos iniciais para a Dialetologia Histórica do português brasileiro mencionada acima. Trarei, enfim, a respeito da posição dos sujeitos uma pergunta complementar essencial: a da evolução dos mesmos fenômenos na diacronia do português europeu, com seu corolário: qual é – quais são – a(s) gramática(s)-fonte do PB?

Enfim, o amadurecimento e a multiplicação dos estudos diacrônicos sobre o PB permitem tirar primeiras conclusões sobre a influência do gênero textual sobre o uso da língua. O livro que se conclui aqui tem como base de dados primária matérias de jornais: anúncios, cartas de leitores, cartas de editores. Porém, ao longo dos capítulos os autores contrapõem resultados de outros estudos, baseados em obras teatrais e em correspondências particulares. Aparecendo primeiro como complicador, a questão do gênero será sem dúvida uma fonte preciosa na avaliação dos pesos sócio-históricos que atuam sobre a língua escrita e distorcem a imagem da evolução da língua no seu uso coloquial, por hipótese reflexo mais direto das gramáticas que lhe são subjacentes.

OS PERCURSOS DIACRÔNICOS DO PORTUGUÊS BRASILEIRO

Nesta seção, acompanharei os fenômenos estudados no livro que, além de serem os mais emblemáticos da gênese do PB, são também aqueles sobre os quais mais me debrucei na minha própria pesquisa e pelo meio dos quais meu diálogo com o livro que se fecha aqui é o mais profícuo. São eles o sujeito nulo, os clíticos e sua contraparte, o objeto nulo e, enfim, a posição dos sujeitos.

Sujeito nulo e *ter* existencial

Apesar de o sujeito nulo ser um dos assuntos mais discutidos na literatura recente sobre a sintaxe do PB, sua história na língua ainda é relativamente pouco conhecida, excetuando-se a tese seminal de Maria Eugênia Duarte há já 20 anos e dois trabalhos mais recentes, o livro organizado pela mesma autora sobre textos teatrais (Duarte, 2012) e a dissertação de mestrado de Aline Gravina (Gravina, 2008). No que concerne à dinâmica do fenômeno ao longo do tempo, o estudo de Duarte no capítulo "O sujeito nulo no português brasileiro" aponta para conclusões um tanto divergentes desses dois trabalhos. Duarte, Mourão e Santos (2012) tinham observado nas peças teatrais uma leve diminuição de sujeitos nulos entre a primeira e a segunda metades do século XIX, seguida por uma aparente estabilidade ou até um aumento na segunda metade do mesmo século. Nos dados estudados por eles, a clara inflexão no uso do sujeito nulo se dá mais tardiamente, da primeira para a segunda metade do século XX (cf. capítulo "O sujeito nulo no português brasileiro", Figura 1), mais exatamente a partir de 1930, se se considerarem os períodos propostos naquele trabalho. Já Gravina, trabalhando com textos jornalísticos mineiros, e levando em consideração na computação de dados as ocorrências de nomes anafóricos, tinha mostrado em artigos de jornais uma nítida queda de sujeitos nulos de 3ª pessoa já na segunda metade do século XIX:

Gráfico 1 – Sujeito Nulo *vs.* Sujeito Preenchido (pronominal + lexical anafórico) (Gravina 2008: 102, gráfico 8)

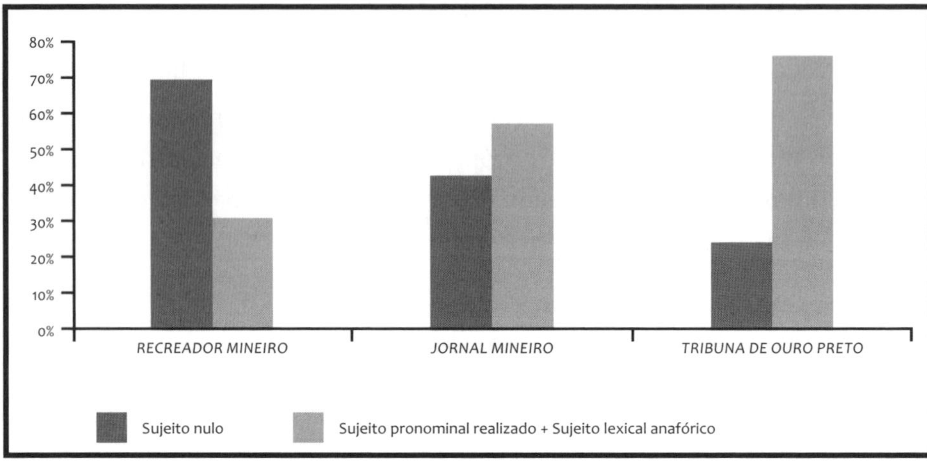

Outro ainda é o resultado a que Duarte chega no capítulo "O sujeito nulo no português brasileiro", estudando cartas de leitores. Aí a inflexão se dá na passagem da segunda metade do século XIX para primeira metade do século XX (cf. Tabela 1 e Gráfico 3). A pergunta que se coloca então é a seguinte: até que ponto esses resultados variáveis se devem ao gênero, teatro *vs.* artigos de jornais, *vs.* cartas de leitores, à variação individual, ao lugar de produção dos textos, ou ainda à metodologia de levantamento e de datação dos dados?

É interessante notar que Gravina (2008) evidencia a importância de se considerar o uso dos nomes anafóricos em textos escritos para estudar adequadamente a frequência dos sujeitos nulos. Ela mostra que a simples relação sujeito nulo/pronome esconde a realidade da mudança uma vez que o decréscimo da frequência dos sujeitos nulos é, de maneira curiosa, acompanhado do decréscimo da frequência dos pronomes, ficando pronomes e sujeitos nulos numa relação estável ao longo do tempo. Contudo, não é isso a origem da discrepância com os resultados do capítulo "O sujeito nulo no português brasileiro", já que nele Duarte usa a mesma metodologia.[2] Mas um olhar mais atento para os resultados apresentados aí aponta para uma mudança nas frequências que pode passar despercebida quando se consideram somente os resultados globais: nos contextos em que o antecedente do pronome está longe – ou seja, nem na oração principal nem na sentença anterior (Padrão 4), observa-se uma queda na frequência de 75% para 52% já na segunda metade do século XIX (cf. Tabela 4). Uma diminuição menor, mas que contrasta com o que se vê nos Padrões 1 e 2, acontece também no Padrão 3, em que o antecedente se encontra na oração anterior, mas não ocupa a função de sujeito. Esses padrões são mais raros do que os dois outros, e pesam, portanto, menos nos resultados globais. Mas a discrepância quantitativa, aliada aos resultados de outros trabalhos, aponta para a importância de se discriminarem os diversos padrões de relações entre os sujeitos anafóricos e seus antecedentes, como proposto por Duarte.

Outra dinâmica afetando fenômenos distintos, porém relacionados, trazem outra luz para essas indagações. É o caso da variação no uso dos auxiliares *ter* e *haver* na expressão da existência, estudada no capítulo "Sentenças possessivas e existenciais", que permite vislumbrar melhor o efeito variável da norma escrita sobre os diferentes gêneros. Avelar, no capítulo "Sentenças possessivas e existenciais", menciona o efeito do "monitoramento" visível tanto no século XXI quanto no século XIX nas cartas de leitores.

> É possível estabelecer um paralelo entre esses números do século XXI e o que se observa no PB escrito oitocentista, no que tange à sensibilidade da variação quanto ao gênero discursivo: a frequência de Ex-*ter* (*ter* existencial [CG]) nos anúncios, entre os quais chega a 24% (36% na primeira metade do século e 17% na segunda metade), é significativamente maior que nas cartas de leitor, entre as quais não alcança 1%. Isso se deve, possivelmente, ao fato de os anúncios serem normativamente menos monitorados de que as cartas de leitor.

As cartas de leitor representam possivelmente um gênero particularmente monitorado, uma vez que os seus autores sabem que serão publicadas nos jornais e se sentem, portanto, particularmente expostos ao julgamento dos seus conterrâneos (sobre a importância do bem escrever no Brasil oitocentista, veja-se adiante a respeito dos clíticos). A variação relativa a uma inovação como o *ter* existencial, de 1% a 24% entre as cartas de leitor e os anúncios, respectivamente, deve nos fazer refletir sobre o possível efeito desse gênero sobre outros fenômenos. A esse respeito, olhando ainda a mesma Tabela 4 do capítulo "O sujeito nulo no português brasileiro", é interessante notar a altíssima taxa de sujeitos nulos, que perdura até a segunda metade do século XX no Padrões 1 e 2, bem como, no Padrão 4, a volta da frequência dos sujeitos nulos na segunda metade do século XX a valores idênticos à primeira metade do século XIX.

No entanto, *ter* existencial nos traz luz sobre as raízes do sujeito nulo no PB, e por extensão sobre as raízes da sua gramática. Avelar lembra a correlação observada em trabalho anterior entre o percurso diacrônico dos dois fenômenos (cf. capítulo "Sentenças possessivas e existenciais", Figura 9). Tal correlação se explica pela reanálise do sujeito nulo de *ter* permitindo uma interpretação existencial, ou seja, impessoal, onde havia antes uma interpretação de posse, ou seja pessoal. Desse ponto de vista, o uso existencial de *ter* está relacionado com a interpretação indeterminada do sujeito nulo, inovação do português brasileiro, que assemelha seu sujeito nulo ao das chamadas línguas de sujeito nulo parcial. O ponto relevante para a discussão aqui é que *ter* existencial, claramente explicitado pela presença do locativo precedendo o verbo, já existia na primeira metade do século XIX como se vê em exemplos de anúncios da Bahia (1818), de Pernambuco (1829) e do Ceará (1846) (cf. capítulo "Sentenças possessivas e existenciais", exemplos 108):

> "*Na primeira Prença* ***tem*** *farinha de superior qualidade, vinda do Rio de Janeiro*" (Anúncios, *Idade d'Ouro do Brazil*, Bahia, 22/12/1818)
>
> "*Na loje de fronte da Madre-Deos Número 20* ***tem*** *para vender Rapé de superior qualidade*" (Anúncios, *O Cruzeiro*, Pernambuco, 05/05/1829)
>
> "*Na venda Chegao ao barato* ***tem*** *bom doce de marmelada e de goiaba.*" (Anúncios, *O Cearense*, 15/11/1846)

No *corpus* estudado por Avelar, tais construções são inexistentes no Rio de Janeiro no século XIX. Será efeito do acaso que, no capítulo "Sentenças possessivas e existenciais", exemplos do mesmo tipo só aparecem mais para o final do século (1879) em São Paulo? Ao mesmo tempo, o sujeito nulo indeterminado com outro verbo, também precedido de locativo, surge em jornal do Ceará em 1888 (cf. capítulo "Sentenças possessivas e existenciais", exemplo 121).

E finalmente avisa que "*na referida pharmacia despacha tudo com a maior promptidão e asseio*" e que "*avia se receitas a qualquer hora do dia ou da | noite.*

|| Pharmacia Mattos. || 79 rua do commercio n. 79 || Baturité. O CRUZEIRO, 18/11/1888, CEARÁ"

Duas conclusões podem ser tiradas desses dados. A primeira é que o sujeito nulo típico do PB aparece já na primeira metade do século XIX, ou seja, bem mais cedo do que apontado pelos estudos baseados em frequência. A segunda é que as inovações parecem assim surgir primeiro no Nordeste do que no Sudeste. Duas interpretações são possíveis para essa discrepância geográfica. A primeira é de que essa inovação, emanada por hipótese das camadas populares, demora mais a afetar a Língua-I da classe social donde estão oriundos os redatores dos jornais no sul mais do que no norte. A outra é que demorou mais a afetar a sua escrita, ou seja, que havia um peso maior da norma em São Paulo e no Rio do que em Natal, no Recife ou em Salvador. Não me parece claro, neste momento, como se poderia chegar a decidir entre essas duas opções. Mas outro fato pode jogar luz nessa questão. Como enfatizado por Avelar, que relaciona esse fato com sua inexistência no Rio de Janeiro, o uso de *ter* existencial também sofre a pressão normativa da segunda parte do século XIX, que se estende, aliás, nesse caso ao século XX, durante o qual de um total de 103 construções existenciais, apenas 5 casos com *ter* são encontrados.

> [...] quando os números da primeira metade do século XIX são comparados com as da segunda, o percentual de Ex-*ter* cai de 14% para 7%, o que talvez seja fruto de uma ação normativa deliberada desencadeada na segunda metade do século, no sentido de coibir, na língua escrita, o uso de uma inovação gramatical contrária ao padrão lusitano. Isso pode explicar por que não foi encontrada qualquer ocorrência de Ex-*ter* nas amostras do Rio de Janeiro: por ser a então capital da Corte, e ter recebido um número significativo de portugueses no decurso do século XIX, a cidade provavelmente ficou mais exposta a uma ação normativa que as demais localidades do Império. Em contraposição, no extremo norte do país (mais distante, portanto, da pressão normativa manifesta na Corte), o estado do Ceará é o único em que, na primeira metade do século XIX, o percentual das Ex-*ter* ultrapassa o das Ex-*haver* no conjunto dos anúncios: 62% *vs.* 38%.

No capítulo "O sujeito nulo no português brasileiro", Duarte afirma que não achou diferença dialetal no uso do sujeito nulo. Dada a complexidade do fenômeno e da sua expressão quantitativa, enfatizada no capítulo "O sujeito nulo no português brasileiro" e já comentada neste posfácio, o que os trabalhos de Duarte e de Avelar, tomados juntos, mostram é a necessidade de uma investigação dialetal ainda mais detalhada, com um volume de dados ainda maior, possibilitando uma radiografia mais precisa da dinâmica de cada contexto.

Clíticos e objetos nulos

Os clíticos são sem dúvida o fenômeno mais estudado da sintaxe do português em geral e da história do PB em particular. Desde a dissertação de Emílio Pagotto (1992), sabemos que acontece com eles no Brasil um fato inesperado e relativamente raro na história registrada das línguas: ao longo da segunda metade do século XIX, a frequência da colocação enclítica aumenta abruptamente, para cair novamente na primeira metade do século XX, criando o que se pode chamar de "mudança fracassada". Outros estudos baseados em outros *corpora* mostraram o mesmo fenômeno (ver entre outros Carneiro, 2005 e Martins, 2009). Não surpreende, portanto, que esse fato reapareça nos dados estudados por Martins no capítulo "A sintaxe dos pronomes pessoais clíticos na história do português brasileiro" (cf. Figura 1), onde se observa um aumento da frequência da ênclise com sujeitos pré-verbais de 26% na primeira metade do século XIX para 74% na segunda, seguido por um decréscimo para 47% e 50% na primeira e segunda metade do século XX, respectivamente. O que sabemos agora, graças aos trabalhos reunidos neste livro, é que outros fenômenos sofrem o mesmo efeito. Acabamos de ver, por exemplo, o caso do uso existencial do verbo *ter*, que sofre uma queda entre a primeira metade e a segunda metade do século XIX. Observamos também um aumento de sujeitos nulos em certos contextos. Em todos esses casos, o sentido da mudança observada na segunda metade do século XIX se opõe ao sentido geral da mudança do PB. Como afirmado por Avelar na citação anterior fica, portanto, claro que isso é o efeito de uma pressão normativa forte se exercendo nessa época. No caso dos clíticos, temos forte evidência independente da existência dessa pressão, cuja máxima expressão se encontra na veemente polêmica criada pela redação do Código Civil depois da instauração da República (Pagotto, 2011).

Contudo, ao mesmo tempo, os dados considerados no capítulo "A sintaxe dos pronomes pessoais clíticos na história do português brasileiro" mostram que outros fenômenos afetando os clíticos são imunes à mesma pressão e seguem inexoravelmente o caminho do PB. A interpolação, por exemplo, característica do português clássico, diminui drasticamente na segunda metade do século XIX (57 para 11 casos), e desaparece no século XX, junto com a contração de clíticos, natural e frequente no português europeu.[3] A subida de clítico para o auxiliar, ou para certos verbos aspectuais e modais finitos, também diminui a partir da segunda metade do século XIX, numa dinâmica própria ao PB aparentemente imune ao efeito da norma.

A próclise em primeira posição absoluta, inovação brasileira, aparece timidamente no *corpus*, com três casos na primeira metade do século XIX, mostrando que a gramática do PB tem raízes nesse período. Interessantemente, esses poucos casos se acham no Nordeste: dois em Pernambuco e um no Ceará. As cartas estudadas por Carneiro (2005) mostraram o mesmo: ocorrências de CL1 na primeira metade do século XIX, ausência na segunda. Os três dados encontrados por Martins (2009) reforçam a ideia de que as inovações do PB já existem na primeira metade do século XIX e que são, em certos casos, obliteradas em seguida pela pressão da norma vinda de Portugal. Apontam mais uma vez para a maior permeabilidade no Nordeste para as inovações. Isso também aparece, aliás, no que diz respeito ao fenômeno da subida de clíticos. Na Tabela 10, Martins mostra que o peso relativo das construções com o clítico alçado ao verbo finito – ou seja, a variante conservadora – é maior no Rio de Janeiro do que nos estados da Bahia, Ceará e Pernambuco (respectivamente 0,62; 0,45, 0,43 e 0,42).

Para além da colocação em relação ao verbo e da posição na sentença, a questão dos clíticos envolve finalmente um aspecto mais geral da gramática, a saber, a própria escolha da realização dos objetos anafóricos. Tanto o PB quanto o português europeu moderno inovaram em relação ao português clássico e outras línguas românicas ao licenciar objetos nulos para expressar referentes específicos. Em outras palavras, em certos contextos, pronomes clíticos e objetos nulos estão em variação livre. No PB moderno,

Duarte (1986) mostrou que o objeto nulo é a forma de longe preferida pelos falantes do final do século XX. No capítulo "A sintaxe dos pronomes pessoais clíticos na história do português brasileiro", Martins mostra um decréscimo do uso dos pronomes clíticos, de 27% na primeira metade do século XIX para 15% na segunda metade do século XX.[4] Espera-se, portanto, um aumento de frequência do objeto nulo no mesmo período. É o que Cyrino estuda no capítulo "O objeto nulo". Na Tabela 1, ela lembra o resultado de trabalhos anteriores sobre peças teatrais (Cyrino, 1994) que mostraram que a frequência de objetos nulos passa de 19% no século XVIII para 45% no século XIX (e de 8% nulos a 49% em se considerando os objetos anafóricos com referentes [-animado, +específico]). Porém, ela enfatiza o fato de que nos dados de anúncios de jornal a porcentagem de nulos no mesmo contexto é de apenas 28% no século XIX (cf. Tabela 9). Nas cartas de leitores, os valores são geralmente ainda mais baixos, indo de 8% a 28% segundo as regiões, o que não é de admirar, dado o que observamos com outros fenômenos. Do ponto de vista geográfico, é agora São Paulo que lidera na opção inovadora, certamente menos estigmatizada apesar do prestígio da construção com clíticos. O Rio de Janeiro é o mais conservador nas cartas de leitores, confirmando que é onde a norma mais impõe suas regras. Enfim, é preciso esperar a segunda metade do século XX para que os nulos se tornem majoritários nos anúncios, corroborando os resultados de Duarte (1986) (cf. Tabela 12).

Macedo-Costa (2012), no seu estudo de artigos de jornais baianos em três períodos correspondendo respectivamente aos meados e fim do século XIX e meados do século XX, encontra valores parecidos em artigos de jornais da Bahia – 10,7% em torno de 1850 e 15% no final do século. Em meados do século XX, os objetos nulos cresceram, mas ainda são bem minoritários em relação aos clíticos, reforçando a ideia de que o poder normativo desses só dará sinais de enfraquecimento na segunda metade do século XX.

Gráfico 2 – Distribuição das estratégias de realização da posição de objeto direto anafórico na diacronia (Macedo-Costa, 2012: 169, gráfico 15).

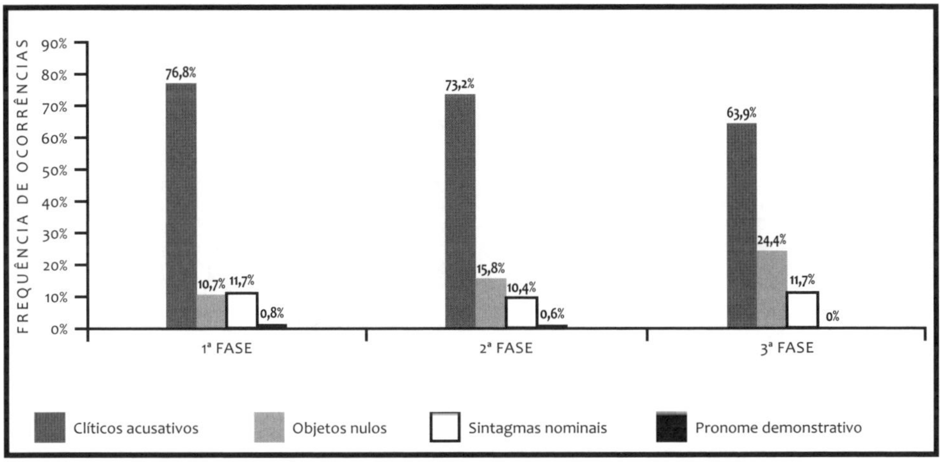

A posição do sujeito

O português clássico era uma língua com alta frequência de inversão do sujeito, decorrendo não somente do fato de ser língua de sujeito nulo, mas também das suas características de língua V2.[5] No capítulo "A ordem do sujeito em construções declarativas na história do português brasileiro", Berlinck e Coelho mostram uma frequência de VS de 24% no século XIX (315 dados em 1.320). Esse valor é comparável ao encontrado em textos portugueses dos séculos XVIII e XIX, como mostrado pelo gráfico seguinte:[6]

Gráfico 3 – A evolução da ordem vs no português europeu do século XVI ao século XIX (Galves e Paixão de Sousa, 2017, figura 1)

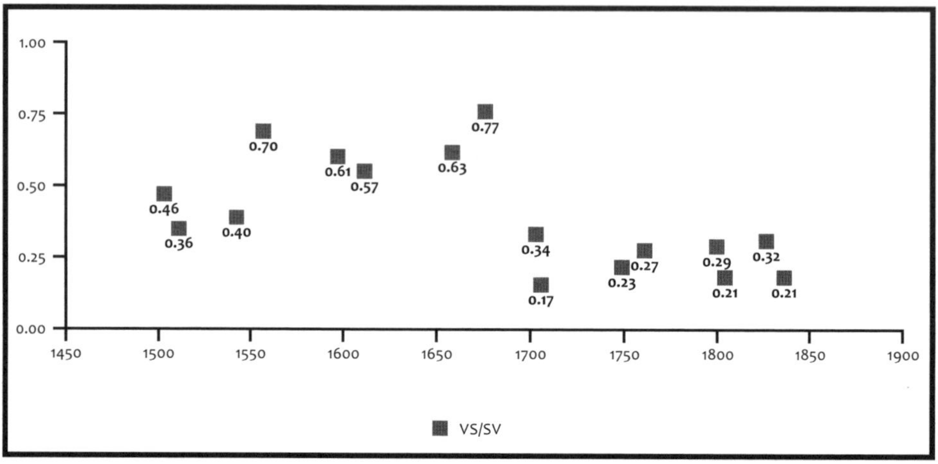

Por outro lado, com os verbos transitivos diretos, as autoras observam 14% de VS no século XIX (cf. capítulo "A ordem do sujeito em construções declarativas na história do português brasileiro", Tabela 1). Esses valores são próximos dos que Galves e Gibrail (no prelo) observam para o português europeu nas orações transitivas no século XVIII (11% para VSO e 2% para VOS nas orações principais):

Gráfico 4 – A evolução da ordem vs em orações transitivas no português europeu do século XVI ao século XIX (Galves e Gibrail, no prelo, figura 3)

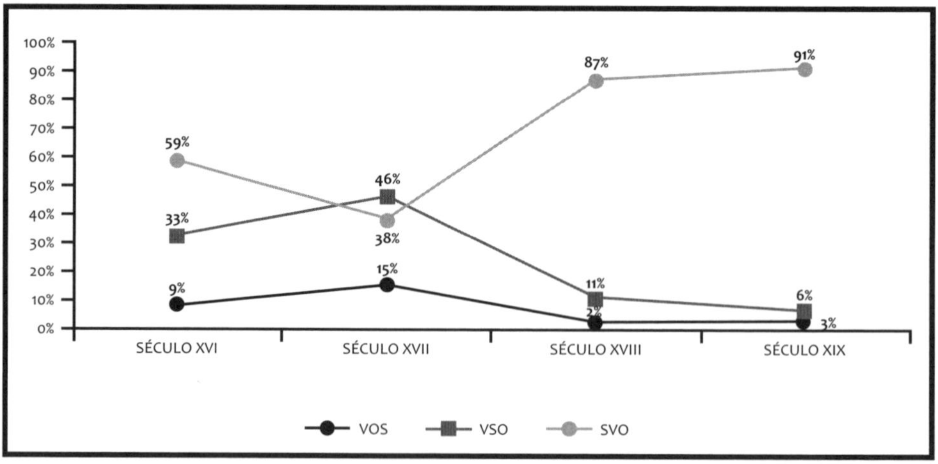

Os valores encontrados nos escritos brasileiros do século XIX refletem portanto a gramática portuguesa do século XVIII. Como se pode ver pelos dois gráficos, esta já é bem diferente da gramática do português clássico, tendo sofrido uma queda abrupta na frequência de VS. É interessante observar que, no que diz respeito às orações transitivas, a evolução do PB e do português europeu são paralelas, com um século de distância. Do século XIX para o XX, a frequência de VS passa de 14% para 6% no primeiro. No segundo, passa de 13% para 9% (contando VOS) do século XVIII para o século XIX. No entanto a dinâmica é distinta no que diz respeito aos valores gerais de inversão do sujeito. Em Portugal, não há diferença sensível nos textos setecentistas e oitocentistas. No Brasil, o século XX avança muito mais na perda de VS: de 24% para 12,5%, segundo o capítulo "A ordem do sujeito em construções declarativas na história do português brasileiro". Isso se explica pelo fato de as duas línguas terem deixado de instanciar uma gramática de tipo V2 (com movimento do verbo para uma posição alta), mas se distinguirem no que diz respeito ao parâmetro do sujeito nulo e, portanto, à inversão românica.

Gravina (2014), comparando jornais portugueses e brasileiros publicados em meados e no final do século XIX e em meados do século XX, observa uma evolução similar no PB. A autora mostra um aumento da ordem SV com verbos inacusativos no século XX de 40% para 56%, enquanto nos jornais portugueses essa ordem fica na casa dos 40% ao longo do tempo. Ela aponta também para o aumento da ordem VOS em detrimento de VSO, também no século XX.

Observamos assim na sintaxe do sujeito uma evolução diferenciada no que diz respeito à relação do PB com a norma lusitana. A fonte portuguesa da sintaxe brasileira escrita oitocentista é setecentista e parece ficar estável ao longo do século XIX. É no século XX que a vemos se diferenciar para adquirir feição própria.

O estudo sistemático de textos escritos no Brasil por brasileiros no século XVIII, e sua comparação com textos portugueses contemporâneos, ainda por fazer, será muito importante para verificar se uma verdadeira sintaxe V2 existiu no Brasil, pelo menos na escrita.

PARA CONCLUIR E PENSAR NO FUTURO...

O livro que se encerra aqui constitui um marco para os estudos da história do português no Brasil. Destacam-se os seguintes pontos:

- Ainda que timidamente de um ponto de vista quantitativo, aspectos essenciais da gramática do PB estão presentes nos textos da primeira metade do século XIX: surgimento de *ter* existencial, próclise em primeira posição absoluta.
- A norma do português europeu moderno aparece em força na segunda metade do século XIX, revertendo ou encobrindo a evolução própria ao PB.
- Essa influência se faz sentir particularmente em aspectos morfofonologicamente salientes da gramática da língua como a colocação de clíticos e o uso de determinados itens lexicais como o verbo *ter* para a expressão da existência. Interessantemente, ela afeta também o uso dos pronomes pessoais que tendem a ser evitados mesmo quando se torna mais difícil a recuperação do referente dos sujeitos nulos.
- Onde os fenômenos são menos salientes, a evolução da língua brasileira continua aparecendo na segunda metade do século XIX apesar da pressão da norma. É o caso dos sujeitos nulos em contextos de maior dificuldade de recuperação do referente (nos Padrões 3 e 4 do capítulo "O sujeito nulo no português brasileiro"). É o caso também da contração de clíticos e da subida de clítico para o auxiliar, ou para certos verbos aspectuais e modais finitos.
- Outras características do PB aparecem somente no século XX, inclusive na segunda metade. O capítulo "O objeto indireto: argumentos aplicados e preposicionados" mostra que uma delas é a perda da forma dativa *lhe* como pronome de 3ª pessoa, equivalente a *a ele*, e seu uso exclusivo como pronome de 2ª pessoa do discurso correspondendo a *a você*. Paralelamente, a forma dativa de 3ª pessoa passa a ser expressa pelas preposições *a* e sobretudo *para*, as formas preposicionadas ocupando cada vez mais o lugar do clítico, num movimento consistente com a tendência geral ao desuso destes, em particular na 3ª pessoa. Outro caso parece ser o decréscimo de VS.

- A história não acabou. Inovações do PB como as clivadas sem cópula não aparecem nos textos estudados nem na segunda metade do século XX (cf. capítulo "Estruturas de focalização no português brasileiro dos séculos XIX e XX"). Ou seja, certos fenômenos bem documentados para a língua falada ainda não passaram a barreira da escrita, pelo menos nos textos publicados em jornais.
- Aparecem importantes discrepâncias regionais. De maneira geral o Nordeste é mais inovador, e o Rio de Janeiro, mais conservador. Nos textos cariocas, por exemplo, inexiste *ter* existencial, e no século XIX a probabilidade da subida do clítico é maior. Outro caso muito interessante descrito no capítulo "Revisitando as construções com SE na história do português brasileiro" é a concordância nas construções com SE: 7% de concordância nos anúncios de Santa Catarina, 37% no Ceará e 83% no Rio de Janeiro. As diferenças regionais são certamente em parte devidas à norma, mas podem fazer aparecer diferenças dialetais mais profundas que ainda não foram exploradas nem na sincronia. Encontram-se por exemplo mais objetos nulos em São Paulo do que em outras regiões. E no século XX, dois terços dos clíticos são usados em Santa Catarina e na Bahia (cf. capítulo "A sintaxe dos pronomes pessoais clíticos na história do português brasileiro").
- O gênero dos textos produz sensíveis diferenças nos resultados. As cartas de leitores são mais conservadoras que os anúncios.

Os avanços no conhecimento trazidos pelos estudos reunidos aqui apontam assim para os caminhos a serem seguidos para ir adiante. Nenhum trabalho diacrônico de ora em diante poderá ignorar esses resultados e o que eles implicam para novas pesquisas: a necessidade de se distinguir entre a primeira e a segunda metade do século XIX, dentro de uma abordagem mais fina dos períodos; a comparação entre regiões, com o lugar diferenciado do Rio de Janeiro, e a inclusão de dados oriundos de cada vez mais lugares do Brasil; a comparação entre gêneros textuais, e sobretudo a multiplicação dos mesmos. Ao multiplicar lugares e gêneros textuais, outras variáveis entrarão que permitirão ampliar ainda mais nossa compreensão da história do português no Brasil; níveis de escolaridade, distinção capitais/interior etc. Pela escolha dos textos, e também pela pouca disponibilidade até agora de certos registros em todas as regiões consideradas, tais variáveis não podiam ser consideradas aqui. Serão necessários, portanto, dados, novos dados, muito mais dados, ou seja, mais *corpora*, que permitirão fazer descrições quantitativas mais minuciosas, seja do ponto de vista interno à língua, seja nas suas variáveis externas.

Não há dúvida que um livro como este terá ensinado muito sobre como lidar com os novos dados que estão por vir.

NOTAS

1 Este trabalho foi desenvolvido no âmbito do projeto "A língua portuguesa no tempo e no espaço: contato linguístico, gramáticas em competição e mudanças paramétricas" (projeto temático financiado pela Fapesp (Fundação de Amparo à Pesquisa do Estado de São Paulo) - processo 2012/06078-9. É também parcialmente financiado pelo CNPq (processo 309764/2014-9).

2 Essa metodologia tinha, aliás, sido inaugurada por Duarte na sua dissertação de mestrado sobre o objeto anafórico.

3 Uma possível explicação para esse fato é que o mesmo acontece no português europeu a partir do século XIX (cf. Namiuti, 2008).

4 Nesse caso de novo, é interessante observar um aumento desse uso na segunda metade do século XIX (36%).

5 Numerosos estudos argumentam nesse sentido. Vejam-se entre outros Torres Morais, 1995; Galves, Britto e Paixão de Sousa, 2005; Antonelli, 2011b; Galves e Gibrail, no prelo; Galves e Paixão de Sousa, 2017. Cf. também a discussão no capítulo "A ordem do sujeito em construções declarativas na história do português brasileiro".

6 Note-se, porém, que Galves e Paixão de Sousa não consideram as orações copulares.

REFERÊNCIAS BIBLIOGRÁFICAS

Critérios de indexação:

(1) As entradas vêm pelo sobrenome, em sequência alfabética e cronológica, do texto mais antigo para o texto mais recente.
(2) Em caso de mais de um autor, um ponto e vírgula separa os nomes.
(3) A data de publicação aparece no final do verbete. Sempre que possível, indica-se entre colchetes a data da primeira edição.
(4) Nos textos publicados em coletâneas, remete-se apenas aos organizadores, data e páginas, entre parênteses. Para a obtenção dos dados bibliográficos completos, procure pelo sobrenome do organizador e data da publicação.

ABAURRE, Maria Bernadete; PFEIFFER, Claudia; AVELAR, Juanito. (Orgs.). *Fernão de Oliveira:* um gramático na História. Campinas: Pontes, 2009.

AGUILERA, Vanderci (Org.). *Para a história do português brasileiro.* v. 7. Vozes, veredas, voragens. Tomo 1. Londrina: Editora da Universidade Esadual de Londrina, 2009.

ALBANO, Eleonora et al. (Orgs.). *Saudades da língua.* Campinas: Editora Universidade Estadual de Campinas/ Mercado de Letras, 2003.

ALKMIN, Tania (Org). *Para a história do português brasileiro.* vol. 3. São Paulo: Humanitas/Universidade de São Paulo, 2003.

ALSINA, Alex; MCHOMBO, Sam. Objects Asymmetries and the Chichewa Applicative Construction. In: Sam Mchombo (Ed. 1993: 17-45).

AMBAR, Manuela. *Para uma sintaxe da inversão verbo-sujeito em português.* Lisboa: Edições Colibri, 1992.

ANDRADE, Aroldo Leal de. *A subida de clíticos em português*: um estudo sobre a variedade europeia dos séculos XVI a XX. Tese de Doutorado – Universidade Estadual de Campinas, Campinas, 2010.

ANDRADE, Aroldo Leal de; CARNEIRO, Zenaide de Oliveira Novais. A posição e a colocação de clíticos em predicados complexos: o português brasileiro visto a partir de duas vertentes. *Filologia Linguística Portuguesa,* São Paulo, 16: 125-161, 2014.

ANTONELLI, André Luis. Posição do verbo no português clássico: evidências de um sistema V2. *Alfa,* São Paulo, 55.2: 501-522, 2011a.

ANTONELLI, André Luis. *Sintaxe da posição do verbo e mudança gramatical na história do português europeu.* Tese de Doutorado – Universidade Estadual de Campinas, 2011b.

ARMELIN, Paula Roberta Gabbai. *Sentenças bitransitivas do português do Brasil revisitadas à luz da teoria dos núcleos aplicativos.* Tese de Doutorado – Universidade de São Paulo, 2011.

ARONOFF, Mark. *Word Formation in Generative Grammar.* Cambridge: The MIT Press, 1976.

ASHBY, William et al. (Eds.). *Linguistic Perspectives on the Romance Languages.* Amsterdam: John Benjamins, 1993.

AVELAR, Juanito. Gramática, competição e padrões de variação: casos com *ter/haver* e *de/em* no português brasileiro. *Revista de Estudos da Linguagem,* Belo Horizonte, 14.2: 99-149, 2005.

AVELAR, Juanito. De verbo funcional a verbo substantivo: uma hipótese para a supressão de *haver* no português brasileiro. *Letras de Hoje*, Porto Alegre, 41.1: 49-74, 2006.

AVELAR, Juanito. The Status of the (Supposed) Expletive in Brazilian Portuguese Existential Clauses. In: Danièle Tork e Leo Wetzels (Eds. 2009: 17-32), 2009a.

AVELAR, Juanito. On the Emergence of TER as an Existential Verb in Brazilian Portuguese. In: Paola Crisma e Giuseppe Longobardi (Eds. 2009: 158-175), 2009b.

AVELAR, Juanito. The Comitative-Copular Basis of Possessive-Existential Constructions in Brazilian Portuguese. In: Jairo Nunes (Ed. 2009: 139-160), 2009c.

AVELAR, Juanito. *Ter, ser e estar* – Dinâmicas morfossintáticas no português brasileiro. Campinas: RG Editora, 2009d.

AVELAR, Juanito. Inversão locativa e sintaxe de concordância no português brasileiro. *Matraga,* Rio de Janeiro, 16: 232-252, 2009e.

AVELAR, Juanito. Expressões de tempo decorrente com TER e HAVER na fala carioca. *Diadorim*, Rio de Janeiro, 8: 161-180, 2011.

AVELAR, Juanito. Expressões possessivo-existenciais de tempo decorrente na fala dos quilombolas de Moquém. *Stockholm Review of Latin American Studies*, Estocolmo, 8: 65-82, 2012.

AVELAR, Juanito. Sobre a emergência das construções de tópico-sujeito no português brasileiro: mudança desencadeada por contato? In: Juanito Avelar e Laura Avelar-López (Orgs. 2015: 127-148).

AVELAR, Juanito; ÁLVAREZ-LÓPEZ, Laura (Orgs.). *Dinâmicas afro-latinas*: língua(s) e história(s). Frankfurt/Berlim: Peter Lang, 2015.

AVELAR, Juanito; CALLOU, Dinah. Gramática e variação no português brasileiro. In: Maria Lobo e Maria Antonia Coutinho (Orgs. 2007: 183-197), 2007a.

AVELAR, Juanito; CALLOU, Dinah. Sobre a emergência dos verbos possessivos em contextos existenciais no português brasileiro. In: Ataliba Castilho et al (Orgs. 2007: 375-402), 2007b.

AVELAR, Juanito; CALLOU, Dinah. Sentenças existenciais e preenchimento de sujeito: indícios de mudança em progresso na fala culta carioca. In: Antonio Soares Silva, Amadeu Torres e Miguel Gonçalves (Orgs. 2012: 287-300).

AVELAR, Juanito; CYRINO, Sonia Maria Lazzarini. Locativos preposicionados em posição de sujeito: uma possível contribuição das línguas bantu à sintaxe do português brasileiro. *Linguística – Revista de Estudos Linguísticos da Universidade do Porto*, 3: 218-249, 2008.

AVELAR, Juanito; CYRINO, Sonia Maria Lazzarini, GALVES, Charlotte. Locative Inversion and Agreement Patterns: Some Parallelisms between Brazilian Portuguese and Bantu Languages. In: Margarida Petter e Ronald Beline Mendes (Eds. 2008: 207-221).

AVELAR, Juanito; GALVES, Charlotte. Tópico e concordância em português brasileiro e português europeu. In: Armanda Costa, Isabel Falé e Pilar Barbosa (Orgs. 2011: 49-65).

AVELAR, Juanito; GALVES, Charlotte. Concordância locativa no português brasileiro: questões para a hipótese do contato. In: Maria Denilda Moura e Marcelo Sibaldo (Orgs. 2013: 103-132).

AVELAR, Juanito; GALVES, Charlotte. O papel das línguas africanas na emergência da gramática do português brasileiro. *Linguística – Revista da ALFAL*, Montevidéu, 30.2: 239-286, 2014.

BALTIN, Mark; COLLINS, Chris (Eds.). *The Handbook of Contemporary Syntactic Theory*. Massachusetts: Blackwell, 2001.

BAKER, Mark. *Incorporation*. Chicago: Chicago University Press, 1988a.

BAKER, Mark. Theta Theory and the Syntax of Applicatives in Chichewa. *Natural Language and Linguistic Theory,* 6: 353-389, 1988b.

BAKER, Mark. *The Polysynthesis Parameter*. New York: Oxford University Press, 1996.

BAKER, Mark. Thematic Roles and Syntactic Structures. In: Liliane Haegeman (Ed. 1997: 73-117).

BAKER, Mark. The Macroparameter in a Microparametric World. In: Theresa Biberauer (Ed. 2008: 351-374).

BARBOSA, Afrânio; LOPES, Célia. (Orgs.). *Críticas, queixumes e bajulações na imprensa brasileira do século XIX* – Cartas de Leitores. Rio de Janeiro: Universidade Federal do Rio de Janeiro/Fundação de Amparo à Pesquisa do Estado do Rio de Janeiro, 2006.

BARBOSA, Pilar. Clitics: a Window into the Null Subjetc Property. In: João Costa (Org. 2000: 31-93).

BARBOSA, Pilar; DUARTE, Maria Eugenia Lamoglia; KATO, Mary A. Null Subjects in European and Brazilian Portuguese. *Journal of Portuguese Linguistics,* Lisboa, 4.2: 11-52, 2005.

BARRA-FERREIRA, Marcelo. *Argumentos nulos em português brasileiro*. Dissertação de Mestrado – Universidade Estadual de Campinas, 2000.

BARROS, Ev'Ângela. *Construções de posse com clítico no PB*: percurso diacrônico. Tese de Doutorado – Universidade Federal de Minas Gerais, 2006.

BEALS, Katherine et al. (Eds.). *Proceedings of the 30th Annual Meeting of the Chicago Linguistics Society*. Chicago: Chicago Linguistics Society, 1994.

BECHARA, Evanildo. *Moderna gramática portuguesa*. Rio de Janeiro: Lucerna, 1999. Edição Revista e Ampliada. Rio de Janeiro: Lucerna, 2001.

BELLETTI, Adriana. The Case of Unaccusatives. *Linguistic Inquiry*, Cambridge, 19.1: 1-34, 1988.

BELLETTI, Adriana. Aspects of the Low IP Area. In: Luigi Rizzi (Ed. 2004: 16-51), 2004a.

BELLETTI, Adriana (Ed.). *Structures and Beyond*. The Cartography of Syntactic Structures, v. 3. Oxford: Oxford University Press, 2004b.

BELLETTI, Adriana; RIZZI, Luigi. Psych Verbs and Theta Theory. *Natural Language and Linguistic Theory*, 6: 291-352, 1988.

BELVIN, Robert; DEN DIKKEN, Marcel. "There", Happens, "To", "Be", "Have". *Lingua*, 101: 151-183, 1997.

BENINCÀ, Paola. Un'ipotesi sulla sintassi delle lingue romanze medievali. *Quaderni Patavini di Linguistica*, Padova, 4: 3-19, 1984.

BERLINCK, Rosane. *A ordem V SN no português do Brasil*: sincronia e diacronia. Dissertação de Mestrado – Universidade Estadual de Campinas, 1988.

BERLINCK, Rosane. A construção V SN no português do Brasil: uma visão diacrônica do fenômeno da ordem. In: Fernando Tarallo (Org. 1989: 95-112).

BERLINCK, Rosane. *La position du sujet en portugais*: étude diachronique des variétés brésilienne et européene. Tese de Doutorado – Lovaina, Katholieke Universiteit Leuven, 1995.

BERLINCK, Rosane. The Dative. In: William Van Belle e Willy Van Langendomck (Eds. 1996: 119-151), 1996a.

BERLINCK, Rosane. A expressão do objeto indireto no português do Brasil. In: *Anais do X Seminário do Centro de Estudos Lingüísticos e Literários do Paraná*. Londrina, 1996b.

BERLINCK, Rosane. Nem tudo que é posposto é novo: estatuto informacional do SN e posição do sujeito em português. *Alfa*, São Paulo, 41.esp: 57-78, 1997a.

BERLINCK, Rosane. Sobre a realização do objeto indireto no português do Brasil. In: *Anais do II Encontro do Círculo de Estudos Linguísticos do Sul*. Florianópolis: Universidade Federal de Santa Catarina, 1997b.

BERLINCK, Rosane. O objeto indireto no português brasileiro do século XIX. In: *Anais do II Congresso Nacional da Associação Brasileira de Linguística*. Florianópolis: Universidade Federal de Santa Catarina, p. 210-220, 2000a.

BERLINCK, Rosane. A expressão do complemento dativo anafórico no português brasileiro: o papel de um fator discursivo. *Estudos Linguísticos*, 29: 357-362, 2000b.

BERLINCK, Rosane. Brazilian Portuguese VS Order: a Diachronic Analysis. In: Mary Kato e Esmeralda Negrão (Eds. 2000: 175-194), 2000c.

BERLINCK, Rosane. Dativo ou Locativo? Sobre sentidos e formas do "dativo" no português. *Revista Letras,* Curitiba, 56: 159-175, 2001a.

BERLINCK, Rosane. *O objeto indireto no português do Brasil:* percurso diacrônico: relatório final. Araraquara, 2001b. Digitado.

BERLINCK, Rosane. O objeto indireto no português brasileiro: um estudo diacrônico. In: Gladis Massini-Cagliari et al. (Orgs. 2005: 123-139).

BERLINCK, Rosane et al. Mudança sintática e a história do português brasileiro. Comunicação em mesa-redonda na Associação Brasileira de Linguística, 2013.

BERLINCK, Rosane; DUARTE, Maria Eugenia Lamoglia; OLIVEIRA, Marilza de. Predicação. In: Mary Kato; Milton Nascimento (Orgs. 2009: 101-188).

BIANCHI, Valentina; FIGUEIREDO SILVA, Maria Cristina. On some Properties of Agreement-Object in Italian and Brazilian Portuguese. In: Michael Mazzola (Ed. 1994: 181-197).

BIBERAUER, Theresa (Ed.). *The Limits of Syntactic Variation.* Amsterdam: John Benjamins, 2008.

BIBERAUER, Theresa. Semi Pro-Drop Languages, Expletives and Expletive Pro Reconsidered. In: Theresa Biberauer et al. (Eds. 2010: 153-199).

BIBERAUER, Theresa et al. (Eds.) *Parametric Variation.* Null Subjects in Minimalist Theory. Cambridge: Cambridge University Press, 2010.

BIBERAUER, Theresa et al. Complexity in Comparative Syntax: the View from Modern Parametric Theory. In: Frederick Newmeyer e Lauren Preston (Eds. 2014: 103-127).

BINNICK, Robert et al. (Eds.). *Papers from the 5th Regional Meeting of the Chicago Linguistic Society.* Chicago: Chicago Linguistic Society, 1969.

BISPO, Karla Cristina Iseke Ferreira. *A sintaxe do objeto indireto no português do Brasil.* Dissertação de Mestrado – Universidade de Brasília, 2004.

BORER, Hagit. *Parametric Syntax.* Case Studies in Semitic and Romance Languages. Dordrecht: Foris, 1984.

BORER, Hagit. *Name Only.* Structuring Sense. vol. 1. Oxford University Press. Oxford, 2005.

BOSQUE, Ignacio; DEMONTE, Violeta. (Orgs.). *Gramática descriptiva de la lengua española.* Madrid: Espasa-Calpe, vol. 1, 1999.

BRAGA, Maria Luiza; KATO, Mary A.; MIOTO, Carlos. As construções-Q no português brasileiro falado: relativas, clivadas e interrogativas. In: Mary Kato; Milton do Nascimento (Orgs. 2015: 187-228).

BRANDÃO, Silvia Figueiredo. Concordância nominal em três variedades do Português: resultados gerais, novas indagações. *Cuadernos de la ALFAL*, 7: 36-52, 2015.

BRESNAN, J.; MOSHI, L. Object Asymmetries in Comparative Bantu Syntax. *Linguistic Inquiry*, 21: 147-185, 1990.

BRITO, Ana Maria. Construções de objecto indirecto preposicionais e não preposicionais: uma abordagem generativa-constructivista. In: *Textos seleccionados do vigésimo quarto Encontro Nacional da Associação Portuguesa de Linguística*. Lisboa, 2009: 141-159.

BRITO, Ana Maria; DUARTE, Inês; MATOS, Gabriela. Tipologia e distribuição das expressões nominais. *Gramática da língua portuguesa*, 7: 796-867, 2003.

BUENO, Letícia Cordeiro de Oliveira. *Variação e gênero textual: o uso das preposições nas cartas de leitoras brasileiras e portuguesas*. Dissertação de Mestrado – Universidade Estadual Paulista, 2014.

BURZIO, Luigi. *Italian Syntax*. A Government-Binding Approach. Dordrecht: D. Reidel Publishing Company, 1986.

CALLOU, Dinah; AVELAR, Juanito. Sobre TER e HAVER em construções existenciais: variação e mudança no português do Brasil. *Gragoatá*, Niterói, 9: 85-114, 2000.

CALLOU, Dinah; AVELAR, Juanito. Sobre TER e HAVER em anúncios do século XIX. In: Tania Alkmin (Org. 2003: 47-68).

CALLOU, Dinah; BARBOSA, Afranio (Orgs.). *A Norma Brasileira em construção*: cartas a Rui Barbosa (1866 a 1899). Rio de Janeiro: Fundação Casa de Rui Barbosa/Universidade Federal do Rio de Janeiro, 2011.

CAMACHO-TABOADA, María Victoria et al. (Eds.). *Information Structure and Agreement*. Amsterdam: John Benjamins, 2013.

CAMPOS, Hector. Indefinite Object Drop. *Linguistic Inquiry*, 17: 354-359, 1986.

CAMPOS, Hector. Transitividad e intransitividad. In: Ignacio Bosque e Violeta Demonte (Orgs. 1999: 1519-1574).

CARDOSO, Adriana; MARTINS, Ana Maria (Eds.). *Word Order Change*. Oxford: Oxford University Press. No prelo.

CARDOSO, Suzana. Ter/Haver no português do Brasil: mudança linguística e ensino. In: *Atas do Primeiro Simpósio sobre Diversidade Linguística no Brasil*. Salvador: Universidade Federal da Bahia, 1986.

CARDOSO, Suzana et al. (Orgs.). *Quinhentos anos de história linguística do Brasil*. Salvador: Secretaria da Cultura e Turismo do Estado da Bahia, 2006.

CARNEIRO, Zenaide. *Cartas brasileiras (1809-1904):* um estudo linguístico-filológico. Tese de Doutorado – Universidade Estadual de Campinas, 2005.

CARNEIRO, Zenaide; ALMEIDA, Norma. A escrita de um forro no Brasil do século XIX. Um estudo da colocação de clíticos. In: Vanderci Aguilera (Org. 2009: 93-123).

CARNEIRO, Zenaide; GALVES, C. Variação e gramática: colocação de clíticos na história do português brasileiro. *Revista de Estudos Linguísticos*, Belo Horizonte, 18.2: 7-38, 2010.

CASTELEIRO, João Malaca. Sintaxe e semântica das construções enfáticas com É QUE. *Boletim de Filologia*, Lisboa, Instituto Nacional de Investigação Científica, XXV: 97-116, 1979.

CASTILHO, Ataliba (Org.). *Gramática do português falado culto*. Campinas: Editora da Universidade Estadual de Campinas, 2009.

CASTILHO, Ataliba. *Nova gramática do português brasileiro*. São Paulo: Editora Contexto, 2010.

CASTILHO, Ataliba et al. (Orgs.). *Descrição, história e aquisição do português brasileiro*. Campinas: Pontes, 2007.

CASTILHO, Ataliba; BASÍLIO, Margarida. (Orgs.). *Gramática do português falado*. vol. 4. Campinas: Ed. Universidade Estadual de Campinas/Fundação de Amparo à Pesquisa do Estado de São Paulo, 1996.

CASTRO, Ana et al. (Eds.). *Romance Op. 47*. Collected Papers on Romance Syntax. Cambridge: MIT Working Papers in Linguistics, 2004.

CASTRO, Ivo; DUARTE, Inês (Orgs.). *Razões e emoções*: miscelânea de estudos em homenagem a Maria Helena Mateus. vol. 2. Lisboa: Imprensa Nacional/Casa da Moeda, 2003.

CAVALCANTE, Silvia Regina de Oliveira. *O sujeito indeterminado na escrita padrão:* a imprensa carioca dos séculos XIX e XX. Dissertação de Mestrado – Universidade Federal do Rio de Janeiro, 1999.

CAVALCANTE, Silvia Regina de Oliveira. O *uso de SE com infinitivo na história do Português.* Do português clássico ao português europeu e brasileiro modernos. Tese de Doutorado –Universidade Estadual de Campinas, 2006a.

CAVALCANTE, Silvia Regina de Oliveira. Mudança e estabilidade em construções passivas na história do português. *Revista Linguística* (Online), 32: 41-60, 2006b.

CAVALCANTE, Silvia Regina de Oliveira. Mudança linguística e análise gramatical: o caso do pronome SE nos gramáticos dos séculos XVI a XIX. In: Maria Bernadete Abaurre, Claudia Pfeiffer e Juanito Avelar. (Orgs. 2009: 249-268).

CAVALCANTE, Silvia Regina de Oliveira. Padrões estatísticos do encaixamento da mudança de SE-passivo a SE-indefinido na história do português. *Alfa*, 55: 523-544, 2011.

CAVALCANTE, Silvia Regina de Oliveira. Mudança e estabilidade em construções passivas na história do português. *Revista Linguística (On-line)*, 32: 41-60, 2016.

CAVALCANTE, Silvia Regina de Oliveira; DUARTE, Eugenia Lamoglia; PAGOTTO, Emílio. Clíticos nos Século XIX: uma questão de posição social? In: Dinah Callou e Afranio Barbosa (Orgs. 2011: 167-217).

CAVALCANTE, Silvia Regina de Oliveria; GALVES, Charlotte; PAIXÃO DE SOUSA, Maria Clara. Topics, Subjects and Grammatical Change: from Classical to Modern European Portuguese. *LaborHistórico*, 1: 97, 2016.

CHOMSKY, Noam. Deep Structure, Surface Structure and Semantic Interpretation. In: D. Steinberg e L. Jakovovits (Orgs. 1972: 62-119).

CHOMSKY, Noam. *Lectures on Government and Binding*. Dordrecht: Foris, 1981.

CHOMSKY, Noam. *Knowledge of Language*: Its Nature, Origin and Use. New York: Praeger, 1986.

CHOMSKY, Noam. *The Minimalist Program*. Cambridge: The MIT Press, 1995.

CHOMSKY, Noam. Derivation by Phase. *MIT Working Papers in Linguistics*, 18, 1999.

CHOMSKY, Noam. Minimalist Inquiries: The Framework. In: Roger Martin, David Michaels e Juan Uriagereka (Eds. 2000: 59-156).

CHOMSKY, Noam. Derivation by Phase. In: Michel Kenstowicz e Kenneth Hale (Eds. 2001: 1-52).

CHOMSKY, Noam. Beyond Explanatory Adequacy. In: Adriana Belletti (Org. 2004: 104-131).

CHOMSKY, Noam. Three Factors in Language Design. *Linguistic Inquiry*, 36: 1-22, 2005.

CINQUE, Guglielmo. On *si* Constructions and the Theory of *Arb*. *Linguistic Inquiry*, 19: 521-581, 1988.

CLARK, Eve. Locationals: Existential, Locative and Possessive Constructions. In: Joseph Greenberg (Eds. 1978: 85-126).

COELHO, Izete Lehmkuhl. *A ordem V DP em construções monoargumentais*: uma restrição sintático-semântica. Tese de Doutorado – Universidade Federal de Santa Catarina, 2000.

COELHO, Izete Lehmkuhl. Variação na sintaxe: estudo da ordem do sujeito no PB. In: Jânia Ramos (Org. 2006: 86-99).

COELHO, Izete Lehmkuhl; MARTINS, Marco Antonio. A diacronia em construções XV na escrita catarinense. *Fórum Lingüístico*, Florianópolis, 6.1: 73-90, 2009.

COELHO, Izete Lehmkuhl; MARTINS, Marco Antonio. Padrões de inversão do sujeito na escrita brasileira do século 19: evidências empíricas para a hipótese de competição de gramáticas. *Alfa*, São Paulo, 56.1: 11-28, 2012.

COLE, Peter. Null Objects in Universal Grammar. *Linguistic Inquiry*, 18: 597-612, 1987.

COLLINS, Chris; THRÁISSON, Höskuldur. VP Internal Structure and Object Shift in Celandic. *Linguistic Inquiry*, 27: 391-444, 1996.

COLLINS, Chris. *Local Economy*. Cambridge: MIT Press, 1997.

COSTA, Armanda; FALÉ, Isabel; BARBOSA, Pilar (Orgs.). *Textos selecionados do XXVI Encontro Nacional da Associação Portuguesa de Linguística*. Lisboa: Associação Portuguesa de Linguística, 2011.

COSTA, João. *Word Order Variation*. A Constraint-Based Approach. Holland Academic Graphics, 1998.

COSTA, João (Org.). *Portuguese Syntax* – New Comparative Studies. Oxford: Oxford University Press, 2000.

COSTA, João; FIGUEIREDO SILVA, Maria Cristina (Eds.). *Studies on Agreement*. Amsterdam/Philadelphia: John Benjamins, 2006a.

COSTA, João; FIGUEIREDO SILVA, Maria Cristina. Nominal and Verbal Agreement in Portuguese. An Argument for Distributed Morphology. In: João Costa e Maria Cristina Figueiredo Silva (Eds. 2006: 25-46).

COSTA, João; MARTINS, Ana Maria. *Clitic Placement across Grammar Components*. Fala apresentada no Going Romance, 17th Symposium on Romance Languages, Nijmegen University, 2003.

COSTA, Sueli. *O não preenchimento do objeto anafórico na língua portuguesa*. Tese de Doutorado – Universidade Federal de Santa Catarina, 2011.

CREUS, Susana; MENUZZI, Sergio. Sobre o papel do gênero na alternância entre objetos nulos e pronomes plenos em português brasileiro. In: *Anais do Sexto Encontro do Círculo de Estudos Linguísticos do Sul*. Florianópolis: Universidade Federal de Santa Catarina: 149-176, 2005.

CRISMA, Paola; LONGOBARDI, Giuseppe (Eds.). *Historical Syntax and Linguistic Theory*. Oxford: Oxford University Press, 2009.

CUERVO, Maria Cristina. *Datives at Large*. Tese de Ph.D – Massachusetts Institute of Technology, 2003.

CUERVO, Maria Cristina. Against Ditransitivity. *Probus*, 22.2: 151-180, 2010.

CUNHA, Celso; CINTRA, Lindley. *Nova gramática do português contemporâneo*. Rio de Janeiro: Nova Fronteira, 2001.

CYRINO, Sonia. O objeto nulo no português brasileiro – Um estudo sintático-diacrônico. Tese de Doutorado – Universidade Estadual de Campinas, 1994.

CYRINO, Sonia. *O objeto nulo no português do Brasil*. Londrina: Editora da Universidade Estadual de Londrina, 1997.

CYRINO, Sonia. O objeto direto e indireto nulo no português brasileiro. *Signum*, 1: 35-54, 1998.

CYRINO, Sonia. Elementos nulos pós-verbais no português brasileiro oral contemporâneo. In: Maria Helena Moura Neves (Org. 1999: 595-625).

CYRINO, Sonia. *Null Objects in Brazilian Portuguese*. Hamburgo, Conferência na Universidade de Hamburgo, 2000.

CYRINO, Sonia. Elementos nulos pós-verbais e a categoria "INFL (flexão)" no português do século XVI. In: Rosa Virgina Mattos e Silva (Org. 2001: 205-232).

CYRINO, Sonia. Complementos nulos em anúncios de jornal do século XIX. In: Tania Alkmim (Org. 2002: 221-245).

CYRINO, Sonia. Construções com SE e promoção de argumento no português brasileiro: uma investigação diacrônica. *Revista da Abralin*, 6.2: 85-116, 2007a.

CYRINO, Sonia. O objeto nulo nas cartas de leitores publicadas na imprensa brasileiro do século XIX. In: Jânia Ramos e Mônica Alkmin (Orgs. 2007: 283-316), 2007b

CYRINO, Sonia. *Objetos nulos no português brasileiro e espanhol da América do Sul*: relatório final para a Fapesp. Processo no. 06/03343-2, 2008.

CYRINO, Sonia. Objetos nulos no português brasileiro e no espanhol da América do Sul. In: Cornelia Döll et al (Eds. 2010: 89-112), 2010a.

CYRINO, Sonia. *On the Loss of Verb Movement in Brazilian Portuguese*. Trabalho apresentado no XII DiGS Conference. Cambridge: University of Cambridge, 2010b.

CYRINO, Sonia. Complementos nulos e objetos nulos na Romània Nova. Trabalho apresentado ao XVI Congreso Internacional de la Associación de Lingüística y Filología de la América Latina (Alfal). Alcalá de Henares: Universidad de Alcalá, 2011a.

CYRINO, Sonia. *Ensaios sobre a sintaxe do objeto nulo no português brasileiro*. Tese de Livre-Docância – Universidade Estadual de Campinas, 2011b.

CYRINO, Sonia. Null Objects in New Romance: Aspectuality, Transitivity and Referentiality. In: Valeriano Bellosta Von Colbe e Marco García. (Eds. 2012: 41-68).

CYRINO, Sonia. Null Objects in Brazilian Portuguese Revisited. Conferência proferida no Workshop on Portuguese Syntax. Venezia: Università Ca'Foscari di Venezia, 2013a.

CYRINO, Sonia. On Richness of Tense and Verb Movement in Brazilian Portuguese. In: María Victoria Camacho-Taboada et al. (Eds. 2013b: 297-317), 2013b.

CYRINO, Sonia. Objetos nulos na história do português brasileiro – uma revisita. Trabalho apresentado à Mesa-redonda "Mudança sintática e a história do Português Brasileiro", VIII Congresso Internacional e XXI Instituto de Linguística da Associação Brasileira de Linguística. Natal: Universidade Federal do Rio Grande do Norte, 2013c.

CYRINO, Sonia. Objeto nulo e animacidade: subsídios para o estudo da mudança diacrônica no português brasileiro: projeto de pesquisa, CNPq. 303742/2013-5, 2014.

CYRINO, Sonia; DUARTE, Maria Eugenia Lamoglia; KATO, Mary. Visible Subjects and Invisible Clitics in Brazilian Portuguese. In: Mary Kato e Esmeralda Negrão (Eds. 2000: 55-73).

CYRINO, Sonia; LOPES, Ruth. Animacy as a Driving Cue in Change and Acquisition in Brazilian Portuguese. In: Stephan Kepser e Marga Reis (Eds. 2005: 85-102).

CYRINO, Sonia; LOPES, Ruth. Null Objects are Ellipsis in BP. Trabalho apresentado no Workshop Ellipsis da Universidade de Vigo. Vigo, 2012.

CYRINO, Sonia; MATOS, Gabriela. VP Ellipsis in European and Brazilian Portuguese: A Comparative Analysis. *Journal of Portuguese Linguistics*, 1.2: 177-214, 2002.

CYRINO, Sonia; MATOS, Gabriela. Local Licensers and Recovering in VP Ellipsis. *Journal of Portuguese Linguistics*, 4.2: 79-112, 2005.

CYRINO, Sonia; NUNES, Jairo; PAGOTTO, Emílio. Complementação. In: Atabila Castilho (Org. 2009: 47-96).

DÉCIMO ENCONTRO DO CÍRCULO DE ESTUDOS LINGUÍSTICOS DO SUL. 2012, Cascavel. *Anais...* Cascavel, Universidade Estadual do Oeste do Paraná.

DÉCIMO SEMINÁRIO DO CENTRO DE ESTUDOS LINGÜÍSTICOS E LITERÁRIOS DO PARANÁ. 1996, Londrina. *Anais...* Londrina, 1996.

DIESING, Molly. *Indefinites*. Cambridge: MIT Press, 1992.

DIESING, Molly. Verb Movement and the Subject Position in Yiddish. *Natural Language and Linguistic Theory*, 8: 41-79, 1998.

DILLINGER, Mike et al. Padrões de complementação no português falado. In: Mary Kato (Org. 1996: 275-322).

DIMITRIADIS, Alexis; SIEGEL, Laura (Eds.). *University of Pennsylvania Working Papers in Linguistics*. v. 4, n. 2, Proceedings of the 21st Annual Penn Linguistics Colloquium, 1997.

DOBROVIE-SORIN, Carmen. Impersonal si Constructions in Romance and the Passivization of Unergatives. *Linguistic Inquiry*, 29: 399-437, 1998.

DÖLL, Cornelia et al (Eds.). *De Arte Grammatica*: Festschrift für Eberhard Gärtner zu seinem 65. Geburstag. Frankfurt am Main: Valentia, 2010.

DUARTE, Maria Eugenia Lamoglia. *Variação e sintaxe*: clítico acusativo, pronome lexical e categoria vazia no português do Brasil. Dissertação de Mestrado – Pontifícia Universidade Católica de São Paulo, 1986.

DUARTE, Maria Eugenia Lamoglia. Clítico acusativo, pronome lexical e categoria vazia no português do Brasil. In: Fernando Tarallo (Org. 1989: 19-34).

DUARTE, Maria Eugenia Lamoglia. A perda da ordem V(erbo) S(ujeito) em interrogativas-Qu no português do Brasil. *DELTA*, 8.esp.: p. 37-52, 1992.

DUARTE, Maria Eugenia Lamoglia. Do pronome nulo ao pronome pleno: a trajetória do sujeito no português do Brasil. In: Ian Roberts e Mary Kato (Orgs. 1993: 107-128).

DUARTE, Maria Eugenia Lamoglia. *A perda do princípio "Evite Pronome" no português brasileiro*. Tese de Doutorado – Universidade Estadual de Campinas, 1995.

DUARTE, Maria Eugenia Lamoglia. The Loss of the Avoid Pronoun Principle in Brazilian Portuguese. In: Mary Kato e Esmeralda Negrão (Eds. 2000: 17-36).

DUARTE, Maria Eugenia Lamoglia. Construções com se apassivador e indeterminador. In: Tânia Alkmin et al. (Orgs. 2002: 155-176).

DUARTE, Maria Eugenia Lamoglia. O sujeito expletivo e as construções existenciais. In: Cláudia Roncarati e Jussara Abraçado (Orgs. 2003: 123-131).

DUARTE, Maria Eugenia Lamoglia. Sobre outros frutos de um projeto herético: o sujeito expletivo e as construções de alçamento. In: Ataliba Castilho et al. (Orgs. 2007: 35-48), 2007a.

DUARTE, Maria Eugenia Lamoglia. Sujeitos de referência definida e arbitrária: aspectos conservadores e inovadores na escrita padrão. *Revista Linguística,* 3.1: 89-115, 2007b.

DUARTE, Maria Eugenia Lamoglia. (Org.). *O sujeito nulo em peças de teatro (1843-1992)*: estudos diacrônicos. São Paulo: Parábola Editorial, 2012.

DUARTE, Maria Eugenia Lamoglia. *Variation in Syntax*: Null Expletives and Raised Constituents in Brazilian Portuguese. Comunicação ao NWAV. Chicago, 2014.

DUARTE, Maria Eugenia Lamoglia. Avanços no estudo da mudança sintática associando a Teoria da Variação e Mudança à Teoria de Princípios e Parâmetros. *Cadernos de Estudos Linguísticos*, Universidade Estadual de Campinas, 57.1: 85-111, 2015.

DUARTE, Maria Eugenia Lamoglia. Sociolinguística "Paramétrica". In: Maria Cecília Mollica e Celso Ferrarezi (Orgs. 2016: 33-44).

DUARTE, Maria Eugênia Lamoglia; CALLOU, Dinah. (Orgs.). *Para a história do Português Brasileiro*. vol. 4. Notícias de *corpora* e outros estudos. Rio de Janeiro: Universidade Federal do Rio de Janeiro/Fundação de Amparo à Pesquisa do Estado do Rio de Janeiro, 2002.

DUARTE, Maria Eugenia Lamoglia; FERNANDES, Ulli. Construções de tópico-sujeito em contexto de variação e mudança. *Web-Revista Sociodialeto*, 6.18: 347-371, 2016.

DUARTE, Maria Eugênia Lamoglia; LOPES, Celia. Realizaram, realizou-se ou realizamos...? As formas de indeterminação do sujeito em cartas de jornais do século XIX. In: Maria Eugênia Lamoglia Duarte e Dinah Callou. (Orgs. 2002: 155-165).

DUARTE, Maria Eugênia Lammoglia; KATO, Mary. *Mudança paramétrica e orientação para o discurso*. Comunicação apresentada no XXIV Encontro Nacional da Associação Portuguesa de Linguística. Braga: Universidade do Minho, 2008.

DUARTE, M. Eugenia Lamoglia; MOURÃO, Gabriela; GUIMARÃES, Luan. A retomada dos sujeitos proposicionais: categoria vazia ou pronome demonstrativo? In: Maria Eugenia Lamoglia Duarte (Orgs. 2012: 69-82).

DUARTE, Maria Eugenia Lamoglia; MOURÃO, Gabriela; SANTOS, Heitor. Os sujeitos de 3ª pessoa: revisitando Duarte 1993. In: Maria Eugenia Lamoglia Duarte (Org. 2012: 21-44).

DUARTE, Maria Eugenia Lamoglia; PAGOTTO, Emilío. Gênero e norma: avós e netos, classes e clíticos no final do século XIX. In: Célia Lopes (Org. 2005: 67-82, 2005).

DUARTE, Maria Inês. *A construção de topicalização na gramática do português*: regência, ligação e condições sobre o movimento. Dissertação de Mestrado – Universidade de Lisboa, 1987.

DUARTE, Maria Inês. Relações gramaticais, esquemas relacionais e ordem de palavras. In: Maria Helena Mira Mateus et al. (Orgs. 2003: 275-321).

DUARTE, Inês; MATOS, Gabriela. Romance Clitics and the Minimalist Program. In: João Costa (Org. 2000: 116-142).

DUARTE, Inês; MATOS, Gabriela; GONÇALVES, Anabela. Pronominal Clitics in European and Brazilian Portuguese. *Journal of Portuguese Linguistics*, 4.2: 113-141, 2005.

DUFTER, Andreas; JACOB, Daniel (Eds.). *Focus and Background in Romance Languages*. Amsterdam/Philadelphia: John Benjamins, 2009.

EIGHTEEN REGIONAL MEETING OF THE CHICAGO LINGUISTIC SOCIETY. Chicago. *Proceedings of the Eighteen Regional Meeting of the Chicago Linguistic Society*. 1982.

ELEUTÉRIO, Silvia. *A variação TER/HAVER: documentos notariais do século XVII*. Tese de Doutorado – Universidade Federal do Rio de Janeiro, 2003.

EMONDS, Joseph. Projecting Indirect Objects. *The Linguistic Review*, 10: 211-263, 1993.

ENÇ, Mürvet. The Semantics of Specificity. *Linguistic Inquiry*, 22.1: 1-25, 1991.
ENDRUSCHAT, Annette; KEMMLER, Rolf; SCHÄFER-PRIEB, Bárbara (Eds.). *Grammatische Structuren des Europäischen Portugiesisch.* Turbigen: Calapinus Verlag, 2006.
FARRELL, Patrick. *Empty Objects in Brazilian Portuguese.* San Diego: University of California, 1987. Digitado.
FARRELL, Patrick. Null Objects in Brazilian Portuguese. *The Linguistic Review*. 8: 325-346, 1990.
FERREIRA LIMA, Maria Auxiliadora; ALVES FILHO, Francisco; COSTA, Catarina de Sena (Orgs.). *Linguística e literatura,* v. 1. Percorrendo caminhos. Teresina: Editora da Universidade Federal do Piauí, 2013.
FIENGO, Robert; MAY, Robert. *Indices and Identity.* Cambridge: MIT Press, 1994.
FIGUEIREDO SILVA, Maria Cristina. *A posição sujeito no português brasileiro.* Frases finitas e infinitivas. Campinas: Editora da Universidade Estadual de Campinas, 1996.
FIGUEIREDO SILVA, Maria Cristina. Main and Embedded Null Subjects in Brazilian Portuguese. In: Mary Kato e Esmeralda Negrão (Eds. 2000: 127-146).
FIGUEIREDO SILVA, Maria Cristina. A perda do marcador dativo e algumas das suas consequências. In: Ataliba Castilho et al. (Orgs. 2007: 85-110).
FRANCHI, Carlos; NEGRÃO, Esmeralda; VIOTTI, Evani. Sobre as gramáticas das orações impessoais com "ter/haver". *D.E.L.T.A.*, 14.esp.: 113-140, 1998.
FRASCARELLI, Mara (Ed.). *Phases in Interpretation.* Berlin: Mouton de Gruyter, 2006.
FREEZE, Ray. Existential and Other Locatives. *Language*, 68: 553-595, 1992.
FREIDIN, Robert. (Ed.). *Principles and Parameters in Comparative Grammar.* Cambridge: MIT Press, 1991.
FREIRE, Gilson. *Os clíticos de terceira pessoa e as estratégias para sua substituição na fala culta brasileira e lusitana.* Dissertação de Mestrado – Universidade Federal do Rio de Janeiro, 2000.
FREIRE, Gilson. *A realização do acusativo e do dativo anafórico de 3ª pessoa na escrita brasileira e lusitana.* Tese de Doutorado – Universidade Federal do Rio de Janeiro, 2005.
GALVES, Charlotte. A sintaxe do português brasileiro. *Ensaios de Linguística*, 13: 31-50, 1987.
GALVES, Charlotte. O objeto nulo no português brasileiro: percurso de uma pesquisa. *Cadernos de Estudos Linguísticos*, 17: 65-90, 1989a.
GALVES, Charlotte. Objet nul et structure de la proposition en Portugais Brésilien. *Revue des Langues Romanes,* 93: 305-336, 1989b.
GALVES, Charlotte. A gramática do português brasileiro. *LÍNGUAS*, *Instrumentos Linguísticos*, Campinas, Pontes: 79-93, 1998a.
GALVES, Charlotte. Tópicos, sujeitos, pronomes e concordância no português brasileiro. *Cadernos de Estudos Linguísticos*. Campinas, 34: 19-32, 1998b.
GALVES, Charlotte. Agreement, Predication, and Pronouns in the History of Portuguese. In: João Costa (Org. 2000: 143-190).
GALVES, Charlotte. *Ensaios sobre as gramáticas do português*. Campinas: Editora da Unicamp, 2001.
GALVES, Charlotte. A língua das caravelas: periodização do português europeu e origem do português brasileiro. In: Ataliba Castilho (Org. 2007: 513-528).
GALVES, Charlotte. Periodização e competição de gramáticas: o caso do português médio. In: Tânia Lobo et al. (Orgs. 2012: 65-74).
GALVES, Charlotte et al. (Eds.). *Parameter Theory and Linguistic Change*. Oxford: Oxford University Press, 2012.
GALVES, Charlotte; ABAURRE, Maria Bernadete. Os clíticos no português brasileiro: elementos para uma abordagem sintático-fonológica. In: Ataliba Castilho e Margarida Basílio (Orgs. 1996: 273-319).
GALVES, Charlotte; BRITTO, Helena; PAIXÃO DE SOUSA, Maria Clara. The Change in Clitic Placement from Classical to Modern European Portuguese: Results from the Tycho Brahe *Corpus*. *Journal of Portuguese Linguistics*, 4.1, Special Issue on Variation and Change in the Iberian Languages: the Peninsula and Beyond: 39-67, 2005.
GALVES, Charlotte; GARMES, Hélder; RIBEIRO, Fernando Rosa (Orgs.). *África-Brasil.* Caminhos da língua portuguesa. Campinas: Editora da Universidade Estadual de Campinas, 2009.
GALVES, Charlotte; GIBRAIL, Alba. Subject Inversion in Transitive Sentences from Classical to Modern European Portuguese: a *Corpus*-Based Study. In: Adriana Cardoso e Ana Maria Martins (Eds., no prelo).
GALVES, Charlotte; NAMIUTI, Cristiane; PAIXÃO DE SOUSA, Maria Clara. Novas perspectivas para antigas questões: revisitando a periodização da língua portuguesa. In: Annette Endruschat, Rolf Kemmler e Bárbara Schäfer-Prieb (Eds. 2006: 45-75).
GALVES, Charlotte; PAIXÃO DE SOUSA, Maria Clara. Clitic Placement and the Position of Subjects in the History of European Portuguese. In: Twan Geerts, Ivo Van Ginneken e Haike Jacobs (Eds. 2005: 93-107).
GALVES Charlotte; PAIXÃO DE SOUSA, Maria Clara. The Change in the Position of the Verb in the History of Portuguese: Subject Realization, Clitic Placement and Prosody. *Language*, 93: 152-180, 2017.

GALVES, Charlotte; SÂNDALO, Filomena. Clitic-Placement in European Portuguese e the Syntax-Phonology Interface. In: Ana CASTRO et al. (Eds. 2004: 115-128).

GALVES, Charlotte; SÂNDALO, Filomena. From Intonational Phrase to Syntactic Phase, the Grammaticalization of Enclisis in the History of Portuguese. *Lingua*, 122.8: 952-974, 2012.

GALVES, Charlotte; TORRES MORAIS, Maria Aparecida; RIBEIRO, Ilza. Syntax and Morphology in the Placement of Clitics in European and Brazilian Portuguese. *Jornal of Portuguese Linguistics*, 4.2: 143-177, 2005.

GEERTS, Twan; VAN GINNEKEN, Ivo; JACOBS, Haike (Eds.). *Romance Languages and Linguistic Theory*. Selected papers from "Going Romance". Amsterdam: John Benjamins, 2005.

GOMES, Christina Abreu. Variação e mudança na expressão do dativo no português brasileiro. In: Maria da Conceição Paiva e Maria Eugenia Lamoglia Duarte (Orgs. 2003).

GONÇALVES, Anabela et al. (Orgs.). *Quatro estudos em sintaxe do português* – uma abordagem segundo a teoria dos princípios e parâmetros. Lisboa: Edições Colibri, 1996.

GONÇALVES, Anabela; RAPOSO Eduardo. *Verbo e sintagma verbal*. In: Eduardo Raposo et al. (Eds. 2013: 1155-1218).

GONÇALVES, Elisângela. *Ser ou não ser: eis a questão* – Construções existenciais com o verbo SER no português brasileiro contemporâneo. Tese de Doutorado – Universidade Estadual de Campinas, 2012.

GONÇALVES, Perpétua; CHIMBUTANE, Francisco. O papel das línguas Bantu na gênese do português de Moçambique: o comportamento sintáctico de constituintes locativos e direccionais. *Papia*, 14: 7-30, 2004.

GRAVINA, Aline. *A natureza do sujeito nulo na diacronia do PB*: estudo de um *corpus* mineiro (1845-1950). Dissertação de Mestrado – Universidade Estadual de Campinas, 2008.

GRAVINA, Aline. *Sujeito nulo e ordem VS na história do português brasileiro*: um estudo diacrônico-comparativo baseado em *Corpus*. Campinas: Universidade de Campinas, 2014.

GREEN, Georgia. *Semantics and Syntactic Regularity*. Bloomington: Indiana University Press, 1974.

GREENBERG, Joseph. (Eds.). *Universals of Human Languages*. v. 4. Syntax. Stanford: Stanford University Press, 1978.

GUEDES, Marymarcia; BERLINCK, Rosane de Andrade (Orgs.). *E os preços eram commodos*... Anúncios de jornais brasileiros – século XIX. São Paulo: Humanitas/Universidade de São Paulo, 2000.

GUEDES, Marymarcia; BERLINCK, Rosane de Andrade; MURAKAWA, Clotilde (Orgs.). *Teoria e análise linguísticas*: novas trilhas. Araraquara/São Paulo: Laboratório Editorial da Universidade Estadual Paulista/Cultura Acadêmica Editora, 2006.

GUESSER, Simone Lúcia; QUAREZEMIN, Sandra. Focalização, cartografia e sentenças clivadas do português brasileiro. *Revista Linguística*, 9.1: 188-208, 2013.

HAEGEMAN, Liliane. Understood Subjects in English Diaries. *Multilingua*, 9: 157-199, 1990.

HAEGEMAN, Liliane (Ed.). *Elements of Grammar*. Dordrecht: Kluwer, 1997.

HALE, Kenneth; KEYSER, Samuel (Eds.). *The View from Building 20*: Essays in Linguistics in Honor of Sylvain Bromberger. Cambridge: MIT Press, 1993a.

HALE, Kenneth; KAYSER, Samuel. On Argument Structure and the Lexical Expression of Syntactic Relations. In: Kenneth Hale e Samuel Keyser (Eds. 1993: 53-109), 1993b.

HALE, Kenneth; KAYSER, Samuel. *Prolegomenon to a Theory of Argument Structure*. Cambridge: MIT Press, 2002.

HALLE, Morris; MARANTZ, Alec. Distributed Morphology and Pieces of Inflection. In: Kenneth Hale e Samuel Keyser (Eds. 1993: 111-176).

HALLE, Morris; MARANTZ, Alec. Some Key Features of Distributed Morphology. *MIT Working Papers in Linguistics*, 21: 275-288, 1994.

HALLIDAY, Michael; HASAN, Rugaiya. *Cohesion in English*. London: Longman, 1979.

HARLEY, H. Possession and the Double Object Construction. In: Pierre Pica; Johan Rooryck (Eds. 2003: 31-70).

HECK, Fabian; MULLER, Gereon Jochen; TROMMER (Eds.). *Linguistische Arbeits Berichte* 87. Leipzing: Universitat Leipzig, 2008.

HENRIQUES, Fernando. Construções com verbos de alçamento que selecionam um complemento oracional. In: M. Eugenia L. Duarte (Org. 2012: 101-120).

HERNANZ, María Llüisa; BRUCART, José Maria. *La Sintaxis*. Barcelona: Editorial Crítica, 1987.

HOLMBERG, Anders. Is There a Little *Pro*? Evidence from Finnish. *Linguistic Inquiry*, 36: 533-64, 2005.

HOLMBERG, Anders. Null Subject Parameters. In: Theresa Biberauer et al. (Eds. 2010: 88-124).

HOLMBERG, Anders; NAYADU, Aarti; SHEEHAN, Michelle. Three Partial Null Subject Languages: a Comparison of Brazilian Portuguese, Finnish and Marathi. *Studia Linguistica*, 63: 59-97, 2009.

HOLMBERG, Anders; SHEEHAN, Michelle. The Null Generic Subject Pronoun in Finnish: a Case of Incorporation in T. In: Theresa Biberauer et al. (Eds. 2010: 96-132), 2010a.

HOLMBERG, Anders; SHEEHAN, Michelle. Control into Finite Clauses in Partial Null Subject Languages. In: Theresa Biberauer et al. (Eds. 2010: 125-152), 2010b.

HOPPER, Paul; TRAUGOTT, Elizabeth Closs. *Grammaticalization*. Cambridge: Cambridge University Press, 2003.

HORA, Dermeval (Org.). *Estudos sociolinguísticos*: perfil de uma comunidade. João Pessoa: ILAPEC (Instituto Latino-Americano de Pesquisas Científicas), 2004.

HORNSTEIN, Norbert; NUNES, Jairo; GROHMANN, Kleanthes. *Understanding Minimalism*. Cambridge: Cambridge University Press, 2005.

HUANG, James. On the Distribution and Reference of the Empty Categories. *Linguistic Inquiry*, 15: 531-574, 1984.

HUANG, James. Remarks on the Status of the Null Object. In: Robert Freidin (Ed. 1991: 56-76).

ILARI, Rodolfo et al. Os pronomes pessoais do português falado: roteiro para análise. In: Ataliba Castilho e Margarida Basílio (Orgs. 1996: 76-168).

INVERNO, Liliana. *Angola's Transiction to Vernacular Portuguese*. Dissertação de Mestrado –Universidade de Lisboa, 2005.

INVERNO, Liliana. *Contact-Induced Restructuring of Portuguese Morpho-Syntax in Interior Angola*. Tese de Doutorado – Universidade de Coimbra, 2011.

JACKENDOFF, Ray. *Semantic Interpretation in Generative Grammar*. Cambridge: MIT Press, 1972.

JACKENDOFF, Ray. The Status of Thematic Relations in Linguistic Theory. *Linguistic Inquiry*, 18: 369-412, 1987.

JACKENDOFF, Ray. *Semantic Structures*. Cambridge: MIT Press, 1990.

JAEGER, Jeri et al (Eds.). *Proceedings of the 4th Annual Meeting of the Berkeley Linguistics Society*. Berkeley: University of Berkeley, 1978.

JAEGGLI, Osvaldo. *Topics in Romance Syntax*. Dordrech: Foris, 1992.

JAEGGLI, Osvaldo; SAFIR, Kenneth (Eds.). *The Null Subject Parameter*. Dordrecht: Kluwer, 1989a.

JAEGGLI, Osvaldo; SAFIR, Kenneth. The Null Subject Parameter and Parametric Theory. In: Osvaldo Jaeggli e Kenneth Safir (Eds. 1989: 1-44), 1989b.

JAEGGLI, Osvaldo; SILVA-CORVALÁN, Carmen (Eds.). *Studies in Romance Linguistics*. Dordrecht: Foris, 1986.

JON-AND, Anna. *Variação, contato e mudança linguística em Moçambique e Cabo Verde*. Tese de Doutorado – Stockholms Universitet, 2013.

KATO, Mary. *A Theory of Null Objects and the Development of a Brazilian Child Grammar*. Tubingen. Trabalho apresentado no Congresso de Aquisição "Crossing Boundaries", 1991.

KATO, Mary. The Distribution of Pronouns and Null Elements in Object Position in Brazilian Portuguese. In: William Ashby et al. (Eds. 1993: 225-235).

KATO, Mary. (Org.). *Gramática do português falado*. vol. 5. Campinas: Editora da Universidade Estadual de Campinas, 1996.

KATO, Mary. A. Strong and Weak Pronominals and the Null Subject Parameter. *Probus*, 11, 1: 1-31. 1999.

KATO, Mary. A restrição de monoargumentalidade da ordem VS no português do Brasil. *Fórum Linguístico*, 2.1: 97-127, 2000.

KATO, Mary. The Reanalysis of Unaccusative Constructions as Existentials in Brazilian Portuguese. *Revista do GEL*, n. esp: 157-186, 2002.

KATO, Mary. Desvendando a gramática do português brasileiro. In: Eleonora Albano et al. (Orgs. 2003: 261-272).

KATO, Mary. Gramática do letrado: questões para a teoria gramatical. In: M. A. Marques et al. (Eds. 2005: 131-145).

KATO, Mary. Focus Structures and VS Order in Brazilian Portuguese. *Revista do GEL*, 8.1/2: 7-16, 2006.

KATO, Mary. Mudança de ordem e gramaticalização na evolução das estruturas de foco no Português Brasileiro. *Revista do GEL*, 38.1: 375-385, 2009.

KATO, Mary et al. As construções-Q do português brasileiro. In: Ingedore Koch (Org. 1996: 309-374).

KATO, Mary; CYRINO, Sonia; CORRÊA, V. R. Brazilian Portuguese and the Recovery of Lost Clitics through Schooling. In: Acrisio Pires and Jason Rothman (Eds. 2009: 245-272).

KATO, Mary; DUARTE, Maria Eugenia Lamoglia. A Diachronic Analysis of Brazilian Portuguese Wh-Questions. *Santa Barbara Portuguese Studies*, 6: 326-339, 2002.

KATO, Mary; DUARTE, Maria Eugenia Lammoglia. A variação entre construções finitas pessoais e impessoais no português brasileiro. *Web-Revista Sociodialeto*, 4.12: 153-177, 2014a.

KATO, Mary; DUARTE, Maria Eugênia Lammoglia. Restrições na distribuição de sujeitos nulos no português Brasileiro. Revista *VEREDAS*, 18.1: 1-22, 2014b.

KATO, Mary; DUARTE, Maria Eugenia Lammoglia. O sujeito no português brasileiro e sua tipologia. In: Eloisa Pilati et al. (Orgs. 2017: 13-42).

KATO, Mary; DUARTE, Maria Eugenia Lamoglia; CYRINO, Sonia; BERLINCK, Rosane de Andrade. Português brasileiro no fim do século XIX e na virada do milênio. In: Suzana Cardoso et al. (Orgs. 2006: 413-438).

KATO, Mary; MIOTO, Carlos. A Multi-Evidence Study of European and Brazilian Wh-Questions. In: Stephan Kepser e Marga Reis (Eds. 2005: 307-328).

KATO, Mary; NASCIMENTO, Milton. (Orgs.). *Gramática do português culto falado no Brasil*, v. 3. Campinas: Editora da Universidade Estadual de Campinas, 2009.

Kato, Mary; Nascimento, Milton (Orgs.). *Gramática do português culto falado no Brasil*, v. 2. São Paulo: Contexto, 2015.

Kato, Mary; Negrão, Esmeralda V. (Eds.). *Brazilian Portuguese and the Null Subject Parameter*. Frankfurt am Main/Madrid: Vervuert/Iberoamenricana, 2000.

Kato, Mary; Ordóñez, Francisco (Eds.). The Morphosyntax of Portuguese and Spanish in Latin America. Oxford Studies in Comparative Syntax. Oxford: Oxford University Press, 2016.

Kato, Mary; Raposo, Eduardo. European and Brazilian Word Order: Questions, Focus and Topic Constructions. In: Claudia Parodi et al (Eds. 1996: 267-277).

Kato, Mary; Ribeiro, Ilza. A evolução das estruturas clivadas no português. In: Tânia Lobo et al (Orgs. 2007: 165-182).

Kato, Mary; Ribeiro, Ilza. Cleft Sentences from Old Portuguese to Modern Brazilian Portuguese. In: Andreas Dufter e Daniel Jacob (Eds. 2009: 123-154), 2009.

Kato, Mary; Tarallo, Fernando. *Restrictive vs Syntax in Brazilian Portuguese*: its Correlation with Invisible Clitics and Visible Subjects. Trabalho apresentado na Georgetown Round Table in Languages and Linguistics, Washington, 1988.

Kayne, Richard. *French Syntax:* The Transformational Cycle. Cambridge: MIT Press, 1975.

Kayne, Richard. *Connectedness and Binary Branching*. Dordrecht: Foris, 1984.

Kayne, Richard. Romance Clitics, Verb Movement and PRO. *Linguistic Inquiry*, 22: 647-686, 1991.

Kayne, Richard. Toward a Modular Theory of Auxiliary Selection. *Studia Linguística*, 47: 3-31, 1993.

Kayne, Richard. *Parameters and Universals*. New York: Oxford. University Press, 2000.

Kenstowicz, Michel; Hale, Kenneth (Eds.). *A Life in Language*. Cambridge: MIT Press, 2001.

Kepser, Stephan; Reis, Marga (Eds.). *Linguistic Evidence* – Empirical, Theoretical and Computational Perspectives. Berlin: Mouton de Gruyter, 2005.

Kiss, Katalin (Ed.). *Discourse Configurational Languages*. Oxford: Oxford University Press, 1995.

Kiss, Katalin. Focus Identificational versus Information Focus. *Language*, 74.2: 245-273, 1998.

Koch, Ingedore (Org.). *Gramática do português falado*. v. 6. Campinas: Ed. Universidade Estadual de Campinas, 1996.

Koopman, Hilda; Sportiche, Dominique. The Position of Subjects. *Lingua*, 85: 211-258, 1991.

Kratzer, Angela. Severing the External Argument from its Verb. In: Johan Rooryck e Laurie Zaring (Eds. 1996: 109-138).

Kroch, Anthony. Reflexes of Grammar in Patterns of Language Change. *Language Variations and Change*, 1: 199-244, 1989.

Kroch, Anthony. Morphosyntactic Variation. In: Katherine Beals et al (Eds. 1994: 180-201).

Kroch, Anthony. Syntactic Change. In: Mark Baltin e Chris Collins (Eds. 2001: 699-729).

Kroch, Anthony. *Mudança sintática*. 2003. Traduzido por Silvia Cavalcante. Disponível em: <ftp://babel.ling.upenn.edu/facpapers/tony_kroch/papers/mudanca-sintatica.pdf>. Acesso em: 12 dez. 2010.

Labov, William. *Sociolinguistic Patterns*. Philadelphia: University of Pennsylvania Press, 1972.

Labov, William. *Principles of Linguistic Change*. vol. 1. Internal Factors. Cambridge: Blackwell Publishers, 1994.

Labov, William. *Principles of Linguistic Change*. vol. 2. Social Factors. Oxford: Blackwell Publishers, 2001.

Labov, William. *The Social Stratification of (r) in New York City Department Stores*. United Kingdom: Cambridge University Press, 2006 [1966].

Labov, William. *Principles of Linguistic Change*. vol. 3. Cognitive and Cultural Factors. West Sussex: Wiley/Blackwell, 2010.

Labov, William; Weinrich, Uriel; Herzog, Marvin. (Eds.). *Fundamentos empíricos para uma teoria da mudança linguística*. São Paulo: Parábola Editorial, 2006.

Larson, Richard. On the Double Subjec Construction. *Linguistic Inquiry*, 19: 335-391, 1988.

Lecarme, Jacqueline; Lowestamm, Jean; Shlonsky, Ur (Eds.). *Research in Afroasiatic Grammar*. Papers from the Third Conference on Afroasiatic Languages. Amsterdam/Philadelphia: John Benjamins, 2000.

Lehmann, Winfred; Malkiel, Yakov (Eds.). *Directions for Historical Linguistics*. Austin: University of Texas Press, 1968.

Leite, Yonne; Callou, Dinah. *Como falam os brasileiros*. Rio de Janeiro: Jorge Zahar, 2002.

Levin, Beth; Rappaport-Hovav, Malka. *Unaccusatives*: at the Syntax-Lexical Semantics Interface. Cambridge: MIT Press, 1995.

Li, Charles (Ed.). *Subject and Topic*. New York: Academic Press, 1976.

Li, Charles; Thompson, Sandra. Subject and Topic: a New Typology of Language. In: Charles Li (Ed. 1976: 457-489).

Lightfoot, David. *Principles of Diachronic Syntax*. Cambridge: Cambridge University Press, 1979.

Lightfoot, David. *How to Set Parameters*: Arguments from Language Change. Cambridge: MIT Press, 1991.

Lightfoot, David. *The Development of Language*: Acquisition, Change, and Evolution. Malden: Blackwell, 1999.

Lightfoot, David. *Syntactic Effects of Morphological Change*. Oxford: University Press, 2002.

Lightfoot, David. *How New Languages Emerge*. Cambridge: Cambridge University Press, 2006.

LIRA, Solange. *Nominal, Pronominal and Zero Subject in Brazilian Portuguese*. Tese de Ph.D – University of Pennsylvania, 1982.

LIRA, Solange. Subject Postposition in Portuguese. Revista D.E.L.T.A., 2.1: 17-36, 1986.

LOBECK, Anne. VP Ellipsis in Infinitives: INFL as a Proper Governor. *Proceedings of NELS* 17, 1987.

LOBO, Maria; COUTINHO, Maria Antonia (Orgs.). *Textos selecionados* – XXII Encontro da Associação Portuguesa de Linguística. Lisboa: Colibri, 2007.

LOBO, Tânia. *A colocação dos clíticos em português*: duas sincronias em confronto. Dissertação de Mestrado – Universidade de Lisboa, 1992.

LOBO, Tânia. *Para uma sociolingüística histórica do português no Brasil*. Edição filológica e análise linguística de cartas particulares do Recôncavo da Bahia, século XIX. Tese de Doutorado – Universidade de São Paulo, 2001.

LOBO, Tânia et al. (Orgs.). *Para a História do Português Brasileiro*, v. 6. A experiência dos grupos de estudo, Tomo I. Salvador: Editora da Universidade Federal da Bahia, 2007.

LOBO, Tânia et al. (Orgs.). *Linguística histórica, história das línguas e outras histórias*. Salvador: EDUFBA, 2012.

LONGA, Victor; LORENZO, Guillermo; RIGAU, Gemma. Subject Clitics and Clitics Recycling: Locative Sentences in some Iberian Romance Languages. *Journal of Linguistics*, 34: 125-184, 1998.

LOPES, Célia. *A inserção de 'a gente' no quadro pronominal do português*. Frankfurt/Madri: Vervuert; Iberoamericana, 2003.

LOPES, Célia (Org.). *A norma brasileira em construção*. Fatos linguísticos em cartas pessoais do século 19. Rio de Janeiro: In-Fólio, 2005.

LOPES, Célia; CAVALCANTE, Sílvia. A cronologia do voceamento no português brasileiro: expansão de você-sujeito e clítico-te. *Linguística* (Madrid), 25: 30-65, 2011.

LOPES-ROSSI, Maria Aparecida. *A Sintaxe diacrônica das interrogativas-Q do português*. Tese de Doutorado – Universidade Estadual de Campinas, 1996.

LYONS, John. A Note on Possessive, Existential, and Locative Sentences. *Foundations of Language*, 3: 390-396, 1967.

MACEDO-COSTA, Tatiane. *Um estudo diacrônico das variadas realizações do objeto direto anafórico na imprensa baiana dos séculos XIX e XX*. Dissertação de Mestrado – Universidade Estadual de Campinas, 2012.

MANZINI, Rita (Ed.). *Syntax and Semantics*. The Syntax of Pronominal Clitics. Florida: Academic Press, 1986a.

MANZINI, Rita. On Italian si. In: Rita Manzini (Ed. 1986: 241-262), 1986b.

MARANTZ, Alec. *On the Nature of Grammatical Relations*. Cambridge: MIT Press, 1984.

MARANTZ, Alec. Implications of Asymmetries in Double Object Constructions. In: Sam Mchombo (Ed. 1993: 113-151).

MARANTZ, Alec. No Escape from Syntax: Don't Try Morphological Analysis in the Privacy of Your own Lexicon. In Alexis Dimitriadis e Laura Siegel (Eds. 1997: 201-225).

MARANTZ, Alec. Verbal Argument Structure: Events and Participants. *Lingua*, 130: 152-168, 2013.

MARINE, Talita de Cássia. *Um estudo sócio-discursivo do sistema pronominal dos demonstrativos no português contemporâneo*. Tese de Doutorado – Universidade Estadual Paulista, 2009.

MARINS, Juliana. *O parâmetro do sujeito nulo*: uma análise contrastiva entre o português e do italiano. Dissertação de Mestrado – Universidade Federal do Rio de Janeiro, 2009.

MARINS, Juliana. As sentenças existenciais no português brasileiro: ecos da mudança na marcação paramétrica. In: Maria Eugênia Lammoglia Duarte (Org. 2012: 83-100).

MARINS, Juliana. *As repercussões da remarcação do parâmetros do sujeito nulo*: um estudo diacrônico das sentenças existenciais com *ter* e *haver* no PB e no PE. Tese de Doutorado – Universidade Federal do Rio de Janeiro, 2013.

MARQUES, M. A.M et al. (Eds.) *Ciências da linguagem*: trinta anos de investigação e ensino. Braga: CEHUM University of Minho, 2005.

MARTIN, Roger; MICHAELS, David; URIAGEREKA, Juan (Eds.). *Step by Step*. Essays on Minimalist Syntax in Honor of Howard Lasnik. Cambridge: The MIT Press: Cambridge, 2000.

MARTINS, Ana Maria. *Clíticos na história do português*. Tese de Doutorado – Universidade de Lisboa, 1994.

MARTINS, Ana Maria. Mudança sintática: clíticos, negação e um pouquinho de Scrambling. *Estudos linguísticos e literários*, 19: 129-162, 1997.

MARTINS, Ana Maria. Construções com se: mudança e variação no português europeu. In: Ivo Castro e Inês Duarte (Orgs. 2003: 163-178).

MARTINS, Ana Maria. Passive and Impersonal se in the History of Portuguese. In: Claus Pusch et al. (Eds. 2005: 411-430).

MARTINS, Ana Maria. Posição dos pronomes pessoais clíticos. In: Eduardo Raposo et al. (Ed. 2013: 2231-2302).

MARTINS, Ana Maria; NUNES, Jairo. Raising Issues in Brazilian Portuguese. *Journal of Portuguese Linguistics*, Lisboa, 4: 53-77, 2005.

MARTINS, Ana Maria; NUNES, Jairo. Apparent Hyper-Raising in Brazilian Portuguese: Agreement with Topics across a Finite CP. In: E. Phoevos Panagiotidis (Ed. 2010: 142-163).

MARTINS, Marco Antonio. *Competição de gramáticas do português na escrita catarinense dos séculos 19 e 20.* Tese de Doutorado – Universidade Federal de Santa Catarina, 2009.

MARTINS, Marco Antonio. "O português são três": evidências empíricas para a hipótese de competição de gramáticas. *Revista da ABRALIN,* 9: 37-76, 2010.

MARTINS, Marco Antonio. Reflexos da gramática do PC na escrita brasileira do século 19: uma análise das construções XclV. In Tânia Lobo et al. (Orgs. 2012: 333-356).

MARTINS, Marco Antonio. Para o estudo da propagação da mudança na colocação de clíticos no Português Brasileiro. In: Maria Auxiliadora Ferreira Lima, Francisco Alves Filho e Catarina de Sena Costa (Orgs. 2013: 83-98).

MARTINS, Marco Antonio; ABRAÇADO, Jussara (Orgs.). *Mapeamento sociolinguístico do português brasileiro.* São Paulo: Contexto, 2015.

MASSINI-CAGLIARI, Gladis et al. (Orgs.). *Estudos de linguística histórica do português.* Araraquara/São Paulo: Laboratório Editorial da Universidade Estadual Paulista/Cultura Acadêmica, 2005.

MATEUS, Maria Helena Mira et al. *Gramática da língua portuguesa.* Revista e aumentada. Lisboa: Caminho, 2003.

MATOS, Gabriela. *Construções de elipse do predicado em português* – SV nulo e despojamento. Tese de Doutorado – Universidade de Lisboa, 1992.

MATTOS E SILVA, Rosa Virginia. *Estruturas trecentistas.* Lisboa: Imprensa Nacional/Casa da Moeda, 1989.

MATTOS E SILVA, Rosa Virginia. Variação e mudança no português arcaico: "ter" ou "haver" em estruturas de posse. In: Cilene da Cunha Pereira e Paulo Roberto Dias Pereira. (Orgs. 1995: 299-311).

MATTOS E SILVA, Rosa Virgínia (Org.). *A Carta de Caminha:* testemunho linguístico de 1500. Salvador: Editora da Universidade Federal da Bahia/Universidade Estadual de Feira de Santana/CNPq, 1997a.

MATTOS E SILVA, Rosa Virginia. A variação *haver/ter.* In: Rosa Virginia Mattos e Silva (Org. 1997: 181-194), 1997b.

MATTOS E SILVA, Rosa Virgínia (Org.). *Para a história do português brasileiro.* v. 2, Tomo I. Primeiros estudos. São Paulo: Humanitas, 2001.

MATTOS E SILVA, Rosa Virginia. Vitórias de *ter* sobre *haver* nos meados do século XVI: usos e teoria em João de Barros. In: Rosa Virginia Mattos e Silva e Américo Venâncio Machado Filho (Orgs. 2002: 119-142).

MATTOS E SILVA, Rosa Virginia; MACHADO FILHO, Américo Venâncio (Orgs.). *O português quinhentista:* estudos linguísticos. Salvador: Editora da Universidade Federal da Bahia, 2002.

MAZZOLA, Michael (Ed.). *Issues and Theory in Romance Linguistics.* Washington: Georgetown University Press, 1994.

MCHOMBO, Sam (Ed.) *Theoretical Aspects of Bantu Grammar.* Chicago: CSLI Publications, 1993.

MCGINNIS, Martha. *Locality and A-Movememt.* Tese de Ph.D – Massachusetts Institute of Technology, 1998.

MENON, Odete. A gente: um processo de gramaticalização. *Estudos Linguísticos,* XXV: 622-628, 1996.

MENON, Odete. A história de *você.* In: Marymarcia Guedes, Rosane de Andrade Berlinck e Clotilde Murakawa (Orgs. 2006: 99-160).

MIGUEL, Matilde. A preposição a e os complementos genitivos. In: Anabela Gonçalves et al. (Orgs. 1996: 101-148).

MIOTO, Carlos. Focalização e Quantificação. *Revista Letras.* Curitiba, 61: 169-189, 2003.

MIOTO, Carlos; NEGRÃO, Esmeralda Vailati. As sentenças clivadas não contêm uma relativa. In: Ataliba Castilho et al. (Orgs. 2007: 159-184).

MODESTO, Marcello. *As construções clivadas no português do Brasil:* relações entre interpretação focal, movimento sintático e prosódia. São Paulo: Humanitas, 1995.

MODESTO, Marcello. Null Subjects without "Rich" Agreement. In: Mary Kato e Esmeralda Negrão (Eds. 2000: 147-174).

MODESTO, Marcello. Topic Prominence and Null Subjects. In: Theresa Biberauer (Ed. 2008: 375-406).

MOLLICA, Maria Cecília; FERRAREZI, Celso (Orgs.). *Sociolinguística, sociolinguísticas* – uma introdução. São Paulo: Contexto, 2016.

MONGUILHOT, Isabel; COELHO, Izete. Sujeito: entre ordem e concordância. *Revista Diadorim,* 8: 307-328, 2011.

MONTEIRO, José Lemos. *Pronomes pessoais.* Subsídios para uma gramática do português do Brasil. Fortaleza: Editora da Universidade Federal do Ceará, 1994.

MORENO, Bruna. *Tough-constructions e posição de sujeito no português brasileiro.* Dissertação de Mestrado – Universidade Estadual de Campinas, 2014.

MORETTI, Fabiana Cristina. *Os verbos de transferência e movimento no PB e a expressão do objeto indireto.* Revisitando a noção de estrutura argumental à luz da Morfologia Distribuída. Dissertação de Mestrado – Universidade de São Paulo, 2010.

MOURA, Maria Denilda. *Resquícios de Palmares* – O que uma comunidade quilombola nos diz. Maceió: Editora da Universidade Federal de Alagoas, 2009.

MOURA, Maria Denilda; SIBALDO, Marcelo (Orgs.). *Para a história do português brasileiro.* Maceió: Editora da Universidade Federal de Alagoas, 2013a.

MOURA, Maria Denilda; SIBALDO, Marcelo (Orgs.). *Estudos e pesquisas em teoria da gramática.* Maceió: Editora da Universidade Federal de Alagoas, 2013b.

MOURA, Rafael Aguiar. *Padrões de ordenação de constituintes das construções V2/V3 superficiais em cartas pessoais brasileiras dos séculos 19 e 20*. Dissertação de Mestrado – Universidade Federal do Rio Grande do Norte, 2015.

NAMIUTI, Cristiane. *Aspectos da história gramatical do português*: interpolação, negação e mudança. Tese de Doutorado – Universidade Estadual de Campinas, 2008.

NARO, Anthony J. The Genesis of the Reflexive Impersonal in Portuguese: a Study in Syntactic Change as a Surface Phenomenon. *Language*, 52: 779-810, 1976.

NASCIMENTO, Milton do. *Sur la postposition du sujet dans le Portugais do Brésil*. Tese de Doutorado – Université de Paris VIII, 1984.

NASCIMENTO, Silvia do. Os verbos inacusativos do Português Brasileiro: uma proposta de categorização. *D.E.L.T.A*, 30.2: 237-256, 2014.

NEGRÃO, Esmeralda. *Português brasileiro*: uma língua voltada para o discurso. Tese de Livre-docência – Universidade de São Paulo, 1999.

NEGRÃO, Esmeralda. Brazilian Portuguese as a Discourse-Oriented Language. In: Mary Kato e Esmeralda Negrão (Eds. 2000: 105-126).

NEGRÃO, Esmeralda; VIOTTI, Evani. Brazilian Portuguese as a Discourse-Oriented Language. In: Mary Kato e Esmeralda Negrão (Eds. 2000: 105-125).

NEGRÃO, Esmeralda; VIOTTI, Evani. Estratégias de impessoalização no português brasileiro. In: Margarida Petter e José Luiz Fiorin (Orgs. 2008: 179-203)

NEGRÃO, Esmeralda; VIOTTI, Evani. Contato entre quimbundo e português clássico: impactos na gramática da impessoalização do português brasileiro e angolano. *Linguística – Revista da ALFAL*, 30.2: 287-328, 2014.

NEVES, Maria Helena Moura (Org.). *Gramática do português falado*. vol. 7. Campinas: Ed. Unicamp/Fapesp, 1999.

NEWMEYER, Frederick; PRESTON, Lauren (Eds.). *Measuring Linguistic Complexity*. Oxford: Oxford University Press, 2014.

NUNES, C. da S. A ordenação do clítico se em complexos verbais nas produções escritas do PB e do PE nos séculos XIX e XX segundo a perspectiva sociolinguística. Tese de Doutorado – Universidade Federal do Rio de Janeiro, 2014.

NUNES, Jairo. *O famigerado SE*: uma análise sincrônica e diacrônica do SE apassivador e indeterminador. Dissertação de Mestrado – Universidade Estadual de Campinas, 1990.

NUNES, Jairo. SE apassivador e SE indeterminador: o percurso diacrônico no português brasileiro. *Cadernos de Estudos Lingüísticos*, 20: 33-57, 1991.

NUNES, Jairo (Ed.). *Minimalist Essays on Brazilian Portuguese Syntax*. Amsterdam: John Benjamins, 2009.

NÚÑEZ-CEDEÑO, Rafael; LÓPEZ, Luis; CAMERON, Richard (Eds.). *A Romance Perspective on Language Knowledge and Use* – Selected Papers from the 31st LSRL. Amsterdam/Philadelphia: John Benjamins, 2003.

OEHRLE, Richard. *The Grammatical Status of the English Dative Alternation*. Tese de Ph.D – Massachusetts Institute of Technology, 1976.

OLIVATO, Rafael. *Expressões de tempo decorrente com "haver", "ter" e "tá com" na fala carioca, cearense e do interior paulista*. Trabalho de Conclusão de Curso – Universidade Estadual de Campinas, 2012.

OLIVEIRA, Marcia et al. O Português étnico de Jurussaca: o resgate de uma variedade ao conjunto "português brasileiro". In: Juanito Ornelas de Avelar e Laura Alvarez López (Orgs. 2011: 149-178).

OLIVEIRA E SILVA, Giselle; SCHERRE, Marta (Orgs.). *Padrões sociolinguísticos*. Rio de Janeiro: Tempo Brasileiro, 1996.

OLIVEIRA e SILVA, Gisele Machline. Variação no sistema possessivo da terceira pessoa. *Tempo Brasileiro (Sociolinguística e Ensino do Vernáculo)*, 78/79: 54-72, 1984.

OMENA, Nelize. *Pronome pessoal de Terceira Pessoa*: suas formas variantes em função acusativa. Dissertação de mestrado. Rio de Janeiro: Pontifícia Universidade Católica, 1978.

OMENA, Nelize. A referência à primeira pessoa do discurso no plural. In: Giselle Oliveira e Silva e Marta Scherre (Orgs. 1996: 183-215).

ORDOÑEZ, Gutiérrez. Los Dativos. In: Ignacio Bosque e Violeta Demonte (Orgs. 1999: 1855-1930).

OTANI, Kazuyo; WHITMAN, John. V-Raising and VP-Ellipsis. *Linguistic Inquiry*, 22: 345-358, 1991.

OTERO, Carlos. Pronombres reflexivos y recíprocos. In: Ignacio Bosque e Violeta Demonte (Orgs. 1999: 1427-1517).

OUHALLA, Jamal. Possession in Sentences and Noun Phrases. In: Jacqueline Lecarme, Jean Lowestamm e Ur Shlonsky (Eds. 2000: 221-242).

PAGOTTO, Emílio. A posição dos clíticos em português: um estudo diacrônico. Dissertação de Mestrado – Universidade Estadual de Campinas, 1992.

PAGOTTO, Emílio. Norma e condescendência, ciência e pureza. *Língua e Instrumentos Lingüísticos*, 2: 49-68, 1998.

PAGOTTO, Emílio. Ruy Barbosa e a crise normativa brasileira. In: Dinah Callou e Afrânio Barbosa (Orgs. 2011: 105-166).

PAIVA, Maíra Silva de. *Há muito tempo atrás*. Um estudo sobre *haver* + nome com valor temporal. Dissertação de Mestrado – Universidade Federal do Rio de Janeiro, 2010.

PAIVA, Maria da Conceição; DUARTE, Maria Eugenia Lamoglia. (Orgs.). *Mudança linguística em tempo real*. Rio de Janeiro: Contra Capa Editorial, 2003.

PAIVA, Maria da Conceição; DUARTE, Maria Eugenia Lamoglia. Quarenta anos depois: a herança de um programa na sociolinguística brasileira. In: William Labov, Uriel Weinrich e Marvin Herzog (Eds. 2006: 131-151).

PAIVA, Maria da Conceição; GOMES, Christina. (Orgs.). *Dinâmica da variação e da mudança na fala e na escrita*. Rio de Janeiro: Contra Capa, 2014.

PAIXÃO DE SOUSA, M. C. *Língua barroca*: sintaxe e história do Português nos 1600. Tese de Doutorado – Universidade Estadual de Campinas, 2004.

PARODI, Claudia et al (Eds.). *Aspects of Romance Linguistics*. Washington: Georgetown University Press, 1996.

PANAGIOTIDIS, Phoevos (Ed.). *The Complementiser Phase*: Subjects and Operators. Oxford: Oxford University Press, 2010.

PAREDES SILVA, Vera. *É isso aí*. Verbo *ser* e demonstrativos em função coesiva no português. Rio de Janeiro: Pontifícia Universidade Católica do Rio de Janeiro/Universidade Federal do Rio de Janeiro, 1985. Digitado.

PAREDES SILVA, Vera; OLIVEIRA, Amanda. *"É isso aí"*. A variação na referência estendida em diferentes gêneros na escrita. In: Maria da Conceição Paiva e Christina Gomes (Orgs. 2014: 45-68).

PEREIRA, Ana Luiza Dias. *Os pronomes clíticos do PB contemporâneo na perspectiva teórica da Morfologia Distribuída*. Tese de Doutorado – Universidade Federal de Santa Catarina, 2006.

PEREIRA, Cilene da Cunha; PEREIRA, Paulo Roberto Dias. (Org.). *Miscelânea de estudos lingüísticos, filológicos e literários in memorian Celso Cunha*. Rio de Janeiro: Nova Fronteira, 1995.

PEREIRA, Maria das Graças Dias. *A variação na colocação dos pronomes átonos no português do Brasil*. Dissertação de Mestrado – Pontifícia Universidade Católica do Rio de Janeiro, 1981.

PERES, João Andrade; MÓIA, Telmo. *Áreas críticas da língua portuguesa*. Lisboa: Caminho, 1995.

PERLMUTTER, David. Impersonal Passive and the Unaccusative Hypothesis. In: Jeri Jaeger et al (Eds. 1978: 157-190).

PESETSKY, David. *Zero Syntax*. Experiencers and Cascades. Cambridge: MIT Press, 1995.

PESETSKY, David. *Phrasal Movement and its Kin*. Cambridge: MIT Press, 2000.

PETTER, Margarida. Aspectos morfossintáticos comuns ao português angolano, brasileiro e moçambicano. *Papia – Revista Brasileira de Estudos Crioulos e Similares*, 19: 201-220, 2009a.

PETTER, Margarida. O continuum afro-brasileiro do português. In: Charlotte Galves, Hélder Garmes e Fernando Rosa Ribeiro (Orgs. 2009: 158-173), 2009b.

PETTER, Margarida; FIORIN, José Luiz (Orgs.). *África no Brasil*: a formação da língua portuguesa. São Paulo: Contexto, 2008.

PETTER, Margarida; MENDES, Ronald Beline (Orgs.). *Proceedings of the Special World Congress of African Linguistics São Paulo 2008*. Exploring the African Language Connection in the Americas. São Paulo: Humanitas, 2008.

PICA, Pierre; ROORYCK, Johan (Eds.). *Linguistic Variation Yearbook*. v. 2. Amsterdã: John Benjamins, 2003.

PICALLO, Carmen. Nominals and Nominalizations in Catalan. *Probus*, 3: 279-316, 1991.

PICALLO, Carmen. Nominalized Clauses, Clausal Arguments and Agreement. *Catalan Working Papers in Linguistics*, 9: 69-84, 2001.

PILATI, Eloisa. *Sobre a ordem Verbo-Sujeito no português do Brasil*. Dissertação de Mestrado – Universidade de Brasília, 2002.

PILATI, Eloisa. *Aspectos sintáticos e semânticos da ordem verbo-sujeito no português*. Tese de Doutorado – Universidade de Brasília, 2006.

PILATI, Eloisa; NAVES, Rozana. Desenvolvendo a hipótese da cisão da categoria pronominal no português brasileiro. In: Maria Denilda Moura e Marcelo Sibaldo (Orgs. 2013: 233-253), 2013b.

PILATI, Eloisa et al. (Orgs.). *Novos olhares para a gramática do português brasileiro*. Campinas: Pontes, 2017.

PINKER, Steven. *Learnability and Cognition*: The Acquisition of Argument Structure. Cambridge: MIT Press, 1989.

PINHEIRO, Diogo; MARINS, Juliana. A trajetória das interrogativas Qu-clivadas e não clivadas no Português Brasileiro. In: Maria Eugenia Lamoglia Duarte (Org. 2012: 161-180).

PINTO, Carlos Felipe. *Ordem de palavras, movimento do verbo e efeito V2 na história do espanhol*. Tese de Doutorado – Universidade Estadual de Campinas, 2011.

PINTO, Carlos Felipe. As influências germânicas na sintaxe do espanhol antigo. In: *Anais do Décimo Encontro do Círculo de Estudos Linguísticos do Sul*. Cascavel, 2012.

PINTO, Carlos Felipe; ANTONELLI, André Luís. O Efeito V2 na história do espanhol e português europeus. *Filologia e Linguística Portuguesa*, São Paulo, 16.n. esp.: 163-197, 2014.

PINTZUK, Susan. *Varbrul Programs*. 1988. Digitado.

PIRES, Acrisio; ROTHMAN, Jason (Eds.). *Minimalist Inquiries into Child and Adult Language Acquisition*. Berlin. New York. Mouton de Gruyter, 2009.

PLATZACK, Christen. Agreement and Null Subjects. *Nordlyd*, 31.2: 326-355, 2003.

PLATZACK, Christen. *Material de aulas*. Barcelona: Summer Institute/Generative Linguistics of the Old World, 2008.

PRIMEIRO SIMPÓSIO SOBRE DIVERSIDADE LINGUÍSTICA NO BRASIL. 1986, Salvador. *Atas*... Salvador: Universidade Federal da Bahia, 1986.

PUSCH, Claus et al. (Ed.). *Romance Corpus Linguistics*. Tübingen: Gunter Narr Verlag, 2005.

PYLKKÄNEN, Liina. *Introducing Arguments*. Cambridge: MIT Press, 2002.

QUAREZEMIN, Sandra. *Estratégias de focalização em Português Brasileiro* – uma abordagem cartográfica. Tese de Doutorado – Universidade Federal de Santa Catarina, 2009.

RAMCHAND, Gillian. *Verb Meaning and the Lexicon*: A First Phase Syntax. Cambridge: Oxford University Press, 2008.

RAMOS, Conceição. *O clítico de terceira pessoa*: um estudo comparativo português brasileiro/espanhol. Tese de Doutorado – Universidade Federal de Alagoas, 1999.

RAMOS, Jânia (Org.). *Estudos sociolinguísticos:* quatro vértices do GT da ANPOLL. Belo Horizonte: Editora da Universidade Federal de Minas Gerais, 2006.

RAMOS, Jânia; ALKMIM, Mônica (Orgs.). *Para a história do português brasileiro*. vol. 5. Belo Horizonte: Universidade Federal de Minas Gerais, 2007.

RAPOSO, Eduardo. On the Null Object in European Portuguese. In: Osvaldo Jaeggli e Carmen Silva-Corvalán (Eds. 1986: 373-390).

RAPOSO, Eduardo. Some Observations on the Pronominal System of Portuguese. *Catalan Working Papers in Linguistics*, 6: 59-93, 1999.

RAPOSO, Eduardo. Clitic Positions and Verb Movement. In: João Costa (Ed. 2000: 266-297).

RAPOSO, Eduardo et al. *Gramática do Português*. Vol II. Lisboa: Fundação Calouste Gulbenkian, 2013.

RAPOSO, Eduardo; URIAGEREKA, Juan. Indefinite SE. *Natural Language and Linguistic Theory*, 14: 749-810, 1996.

REINTGES, Chris; LIPTÁK, Anikó. Have = be+P: New Evidence for the Preposition Incorporation Analysis. In: Mara Frascarelli (Ed. 2006: 112-118).

REIS, Fernanda Elena de Barros. *A perda da subida de clíticos no português brasileiro*. Séculos XIX e XX. Dissertação de Mestrado – Universidade Estadual de Campinas, 2011.

RIBEIRO, Ilza. A formação dos tempos compostos: a evolução histórica das formas *ter*, *haver* e *ser*. In: Ian Roberts e Mary Kato (Orgs. 1993: 343-386).

RIBEIRO, Ilza. *A sintaxe da ordem do português arcaico*: o efeito V2. Tese de Doutorado – Universidade Estadual de Campinas, 1995.

RIBEIRO, Ilza. Sobre a perda da inversão do sujeito no português brasileiro. In: Rosa Virgínia Mattos e Silva (Org. 2001: 91-126).

RIBEIRO, Ilza. Sobre os usos de ênclise nas estruturas subordinadas no português arcaico. *Estudos da Língua(gem)*, Vitória da Conquista, 8.1: 15-40, 2010.

RIBEIRO, Ilza; KATO, Mary. Focalização de predicados no português arcaico e moderno. In: Vanderci Aguilera (Org. 2009: 369-392).

RIBEIRO, Julio. *Grammatica Portugueza*. Rio de Janeiro: Livraria Francisco Alves, 1914.

RICHARDS, Mark. Varieties of Competition. In: Fabian Heck, Gereon Jochen Muller e Trommer (Eds. 2008: 133-162).

RINKE, Esther. Verb-Placement in Old Portuguese. In: Andreas Dufter e Daniel Jacob (Eds. 2009: 309-332).

RIZZI, Luigi. *Issues in Italian Syntax*. Foris: Dordrecht, 1982.

RIZZI, Luigi. Null Objects in Italian and the Theory of Pro. *Linguistic Inquiry*, 17: 501-557, 1986.

RIZZI, Luigi. The New Comparative Syntax: Principles and Parameters of Universal Grammar. Geneva, Paper presented at the 10th Advanced Course Language and Cognition, 1988.

RIZZI, Luigi. The Fine Structure of Left Periphery of the Clause. In: Liliane Haegeman (Ed. 1997: 281-337).

RIZZI, Luigi (Ed.). *The Structure of IP and* CP: the Cartography of Syntactic Structures. New York: Oxford University Press, 2004.

ROBERTS, Ian. *Verbs and Diachronic Syntax*. Dordrecht: Kluwer, 1993.

ROBERTS, Ian. The C-System in Brythonic Celtic Languages, V2 and the EPP. In: Luigi Rizzi (Ed. 2004: 297-328).

ROBERTS, Ian. *Diachronic Syntax*. Cambridge: Oxford University Press, 2007.

ROBERTS, Ian. Macroparameters and Minimalism: A Program for Comparative Research. In: Charlotte Galves et al. (Eds. 2012: 320-335).

ROBERTS, Ian; HOLMBERG, Anders. Introduction: Parameters in Minimalist Theory. In: Theresa Biberauer et al (Eds. 2010: 1-57).

ROBERTS, Ian; KATO, Mary (Orgs.). *Português Brasileiro:* uma viagem diacrônica. Campinas: Editora da Universidade Estadual de Campinas, 1993.

ROBERTS, Ian; ROUSSEAU, Anna. *Syntactic Change*: a Minimalist Approach to Grammaticalization. Cambridge: Cambridge University Press, 2003.

ROBINSON, John; LAWRENCE, Helen; TAGLIAMONTE, Sali. *GoldVarb*. A Multivariate Analysis Application for Windows. Department of Language and Linguistic Science, University of York. 2001.

ROCHA LIMA, Carlos Henrique da. *Gramática normativa da língua portuguesa*. 43. ed. Rio de Janeiro: José Olympio, 2003.

RODRIGUES, Cilene. Brazilian Portuguese and Finnish Referential Null Subjects. *Revista da Abralin*, 2:1,2: 75-119, 2004.

RODRIGUES, Cilene. Morphology and Null Subjects in Brazilian Portuguese. In: David Lightfoot (Ed. 2002: 160-178).

RONCARATI, Cláudia; ABRAÇADO, Jussara (Orgs.). *Português brasileiro*: contato linguístico, heterogeneidade e história. Rio de Janeiro: 7Letras, 2003.

ROORYCK, Johan; ZARING, Laurie (Eds.). *Phrase Structure and the Lexicon*. Studies in Natural Language & Linguistic Theory. Dordrecht: Kluwer, 1996.

ROSS, John Robert. *Constraints on Variables in Syntax*. Tese de Ph.D – Massachussetts Institute of Technology, 1967.

ROSS, John Robert. Guess Who? In: Robert Binnick et al. (Eds. 1969: 2523-2586).

SAID ALI, Manuel. *Dificuldades da língua portuguesa*. Rio de Janeiro: Livraria Acadêmica, 1971.

SALLES, Heloisa Maria Moreira Lima. *Prepositions and the Syntax of Complementation*. 1987. Cardiff, Tese Doutorado em Linguística, University of Wales, 1997.

SALLES, Heloisa Maria Moreira Lima; SCHERRE, Maria Marta Pereira. Indirect Objects in Brazilian Portuguese and in English. In: Rafael Núñez-Cedeño, Luis López e Richard Cameron (Eds. 2003: 151-165).

SANKOFF, David; TAGLIAMONTE, Sali; SMITH, Eric. *Goldvarb X*: A Variable Rule Application for Macintosh and Windows. 2005.

SANTORINI, Beatrice. *The Generalization of the Verb Second Constraint in the History of Yiddish*. Tese de PhD – University of Pennsylvania, 1989.

SANTOS, Danielle. *A ordem VS/SV com verbos inacusativos*: um estudo diacrônico. Dissertação de Mestrado – Universidade Federal do Rio de Janeiro, 2008.

SANTOS, Danielle; SOARES DA SILVA, Humberto. A ordem V/DP/DP-V com verbos inacusativos. In: Maria Eugenia Lamoglia Duarte (Org. 2012: 121-142).

SAMPAIO, Maria Lúcia Pinheiro. *Estudo diacrônico dos verbos "ter" e "haver", duas formas em concorrência*. Assis: Negro, 1978.

SATTERFIELD, Teresa; TORTORA, Christina; CRESTI, Diana. (Eds.). *Current Issues in Romance Languages*. Amsterdam: John Benjamins, 2002.

SCHEI, A. *A colocação pronominal do português brasileiro* – a língua literária contemporânea. São Paulo: Humanitas, 2003.

SCHERRE, Marta et al. Variação dos pronomes *tu* e *você*. In: Marco Antonia Martins e Jussara Abraçado (Orgs. 2015: 133-172).

SCHWENTER, Scott. Null Objects across South America. *Selected papers of the 8th Hispanic Linguistics Symposium*. Somerville: Cascadilla Proceedings Project: 23-36, 2006.

SEGUNDO ENCONTRO DO CÍRCULO DE ESTUDOS LINGUÍSTICOS DO SUL. Florianópolis. *Anais*... Florianópolis, Universidade Federal de Santa Catarina, 1997.

SEGUNDO CONGRESSO NACIONAL DA ASSOCIAÇÃO BRASILEIRA DE LINGUÍSTICA. Florianópolis. *Anais*... Florianópolis, Universidade Federal de Santa Catarina, 2000.

SEKI, Lucy. *Gramática do Kamaiurá*. Língua tupi-guarani do Alto Xingu. Campinas/São Paulo: Editora da Universidade Estadual de Campinas/Imprensa Oficial, 2000.

SENA PEREIRA, Geison Luca de. *A colocação de pronomes clíticos em sentenças infinitivas preposicionadas na escrita brasileria dos séculos XIX e XX*. Dissertação de Mestrado – Universidade Federal do Rio Grande do Norte, 2015.

SEXTO ENCONTRO DO CÍRCULO DE ESTUDOS LINGUÍSTICOS DO SUL. Florianópolis. *Anais*... Universidade Federal de Santa Catarina, 2005.

SHEEHAN, Michelle. Lecture 1: Introduction to Parameter Hierarchies and Case. Curso ministrado no Programa de Pós-Graduação em Linguística, Universidade Estadual de Campinas, 2014. Digitado.

SILVA, Antonio Soares; TORRES, Amadeu; GONÇALVES, Miguel. (Orgs.). *Línguas pluricêntricas* – Variação linguística e dimensões sociocognitivas. Braga: Aletheia, 2012.

SILVA, Maria Cristina Figueiredo. *O objeto nulo no português rural baiano*: teoria temática e elipse de DP. Tese de Doutorado – Universidade Federal da Bahia, 2009.

SILVA, Rosa Virgina Mattos e (Org.). *Para a história do português brasileiro*. vol. 1, tomo I. São Paulo: Humanitas/ Fapesp, 2001.

SILVA, Rosângela. A variação "ter/haver" na fala pessoense. In: Dermeval Hora (Org. 2004: 219-234).

SILVEIRA, Gessilene. *A realização variável do objeto indireto (dativo) na fala de Florianópolis*. Tese de Doutorado – Universidade Federal de Santa Catarina, 1999.

SIMÕES, José; KEWITZ, Verena. *Cartas paulistas dos séculos XVIII e XIX*. Uma contribuição para os *Corpora* do PHPB. São Paulo: Humanitas/Universidade de São Paulo, 2006.

SOARES DA SILVA, Humberto. *Evidências da mudança paramétrica em dados da Língua-E*. O sujeito pronominal no português e no espanhol. Tese de Doutorado – Universidade Federal do Rio de Janeiro, 2011.

SOLEDADE, Carolina. *A realização do objeto direto anafórico em peças de autores brasileiros dos séculos XIX e XX*. Dados empíricos para observação de mudança no Português Brasileiro. Dissertação de Mestrado – Universidade Federal do Rio de Janeiro, 2011.

SOUZA, Claudia Duarte; OLIVEIRA, Thiago Laurentino. A representação da 2ª pessoa nas posições de complemento: o papel da categoria social. *Working Papers em Linguística*, 13.2: 100-120, 2013.

SPANO, Maria. *A ordem verbo-sujeito no português brasileiro e europeu*. Um estudo sincrônico da escrita padrão. Tese de Doutorado – Universidade Federal do Rio de Janeiro, 2008.

STEINBERG, D.; JAKOVOVITS, L. (Orgs.). *Semantics*: An Interdisciplinary Reader in Philosophy, Linguistics, and Psyhcology. Cambridge: Cambridge University Press, 1972.

TAGLIAMONTE, Sali. *Analysing Sociolinguistic Variation*. New York: Cambridge University Press, 2006.

TARALDSEN, Kenneth. *On the NIC, Vacuous Application and the That-Trace Filter*. Cambridge: Massachusetts Institute of Technology, 1978. Digitado.

TARALLO, Fernando. *Relativization Strategies in Brazilian Portuguese*. Tese de Ph.D – University of Pennsylvania, 1983.

TARALLO, Fernando (Org.). *Fotografias sociolinguísticas*. Campinas: Editora da Universidade Estadual de Campinas, 1989.

TARALLO, Fernando. Diagnosticando uma gramática brasileira: o português d'aquém e d'além mar ao final do século XIX. In: Ian Roberts e Mary Kato (Orgs. 1993: 69-106).

TARALLO, Fernando; KATO, Mary. Harmonia trans-sistêmica: variação intra e interlinguística. *Preedição*, 5: 1989. Reeditado em *Diadorim: revista de estudos linguísticos e literários*, 2: 13-42, 2012.

TAVARES SILVA, Claudia Roberta; FARIAS, Jair. O fenômeno da inacusatividade no português: por uma análise léxico-sintática dos verbos do tipo ir e chegar. *Veredas – Revista de Estudos Linguísticos*, Juiz de Fora, 15.1: 1-15, 2011.

TONIETTE, Harley. *Concordância com sintagmas não argumentais no português brasileiro*. Dissertação de Mestrado – Universidade Estadual de Campinas, 2013.

TORK, Danièle; WETZELS, Leo (Eds.). *Romance Languages and Linguistic Theory*. Amsterdam: John Benjamins, 2009.

TORIBIO, Jaqueline. Dialectal Variation in the Licensing of Null Referential Expletive Subjects. In: Claudia Parodi et al. (Eds. 1996: 409-432).

TORREGO, Esther. Aspect in the Prepositional System of Romance. In: Teresa Satterfield, Christina Tortora e Diana Cresti. (Eds. 2002: 326-346).

TORRES MORAIS, Maria Aparecida. Aspectos diacrônicos do movimento do verbo, estrutura da frase e caso nominativo no português do Brasil. In: Ian Roberts e Mary Kato (Orgs. 1993: 263-306).

TORRES MORAIS, Maria Aparecida. *Do português clássico ao português europeu moderno*. Um estudo diacrônico da cliticização e do movimento do verbo. Tese de Doutorado – Universidade Estadual de Campinas, 1995.

TORRES MORAIS, Maria Aparecida. Aspectos da história da negação no português. In: Rosa Virgínia Mattos e Silva (Org. 2001: 149-203).

TORRES MORAIS, Maria Aparecida. Sentenças bitransitivas e objeto indireto no português brasileiro. *Linha d'Água*, 25.2: 25-50, 2012.

TORRES MORAIS, Maria Aparecida; ANDRADE, Maria Lúcia (Orgs.). *História do português paulista*. vol. 2. Campinas: Universidade Estadual de Campinas/Fapesp, 2009.

TORRES MORAIS, Maria Aparecida; BERLINCK, Rosane de Andrade. A caracterização do objeto indireto no português: aspectos sincrônicos e diacrônicos. In: Tânia Lobo et al. (Orgs. 2006: 73-106).

TORRES MORAIS, Maria Aparecida; BERLINCK, Rosane de Andrade.'Eu disse pra ele' ou 'Disse-lhe a ele'. A expressão do dativo nas variedades brasileira e européia do português. In: Ataliba Castilho et al. (Orgs. 2007: 61-83).

TORRES MORAIS, Maria Aparecida; BERLINCK, Rosane de Andrade. Em busca do português paulista. In: Maria Aparecida Torres Morais e Maria Lúcia Andrade (Orgs. 2009: 217-248).

TORRES MORAIS, Maria Aparecida; RIBEIRO, Ilza. Contraste da sintaxe dos clíticos no português europeu e português brasileiro. *Linha d'Água*, 17: 21-40, 2005.

TORRES MORAIS, Maria Aparecida; SALLES, Heloísa Maria. Parametric Change in the Grammatical Encoding of Indirect Objects in Brazilian Portuguese. *Probus,* 22: 181-209, 2010.

TORRES MORAIS, Maria Aparecida; SALLES, Heloísa Maria Lima. The External Possessor Construction in European Portuguese and Brazilian Portuguese. In: Mary Kato e Francisco Ordónez (Eds. 2016: 204-235).

URIAGEREKA, Juan. An F Position in Western Romance. In: KISS, Katalin (Ed. 1995: 153-175), 1995a.

URIAGEREKA, Juan. Aspects of the Syntax of Clitic Placement in Western Romance. *Linguistic Inquiry*, 26: 79-123, 1995b.

VAN BELLE, William; VAN LANGENDOMCK, Willy. (Eds.). *Case and Grammatical Relations across Languages.* vol 1. Descriptive Studies. Amsterdam: John Benjamins, 1996.

VARGAS, Amanda. A evolução na representação das estratégias pronominais de indeterminação. In: Maria Eugenia Lamoglia Duarte (Org. 2012: 45-68).

VIEIRA, Silvia Rodrigues. Padrões de concordância de terceira pessoa plural no português: um balanço das contribuições do projeto 21 da ALFAL. *Cuadernos de la ALFAL*, 7: 107-123, 2015.

VIGÉSIMO QUARTO ENCONTRO NACIONAL DA ASSOCIAÇÃO PORTUGUESA DE LINGUÍSTICA. Braga. *Textos seleccionados...* Lisboa: APL, 2009.

VIKNER, Sten. *Verb Movement and Expletive Subjects in the Germanic Languages.* Oxford: Oxford University Press, 1995.

VIOTTI, Evani. Uma história sobre "ter" e "haver". *Caderno de Estudos Linguísticos*, 34: 41-65, 1998.

VIOTTI, Evani. *A sintaxe das sentenças existenciais no português do Brasil.* Tese de Doutorado – Universidade de São Paulo, 1999.

VON COLBE, Valeriano Bellosta; GARCÍA, Marco. (Eds.). *Aspectualidad – Transitividad – Referencialidad*: Las lenguas románicas en contraste. Frankfurt am Main: Peter Lang, 2012.

WHEELER, D. Portuguese Pseudoclefts: Evidence for Free Relatives. In: *Proceedings of the Eighteen Regional Meeting of the Chicago Linguistic Society*, 507-520, 1982.

WEINREICH, Uriel; LABOV, William; HERZOG, Marvin. Empirical Foundations for a Theory of Language Change. In: Winfred Lehmann e Yakov Malkiel (Eds. 1968).

ZAGONA, Karen. *Government and Proper Government of Verbal Projections.* Tese de Ph.D – Washington University, 1982.

ZILLES, Ana A posposição do sujeito ao verbo no português falado no Rio Grande do Sul. *Letras de Hoje*, Porto Alegre, 35.1: 75-96, 2000.

ZUBIZARRETA, Maria Luísa. *Word Order, Prosody and Focus.* Cambridge: The MIT Press, 1998.

ZUBIZARRETA, Maria Luísa. On the Syntactic Composition of Manner and Motion. *Linguistic Inquiry Monograph,* 2007.

OS AUTORES

Sonia Cyrino
É professora associada e livre-docente pela Universidade Estadual de Campinas (Unicamp). Pesquisadora do CNPq (processo 303742/2013-5) e da Fapesp (processo 012/060789-9). Tem trabalhado em sintaxe comparativa das línguas românicas e mudança diacrônica no português brasileiro.

Maria A. Torres Morais
É professora-associada do Departamento de Letras Clássicas e Vernáculas da Universidade de São Paulo (USP), mestre em Linguística de Língua Portuguesa pela Universidade Federal do Paraná (UFPR) e doutora em Linguística pela Unicamp. Participa dos projetos diacrônicos Para a História do Português Brasileiro (PHPB) e História do Português Paulista (PHPP).

Charlotte Galves
É professora titular da Unicamp. Doutorou-se em Linguística Portuguesa na Universidade Paris IV-Sorbonne. Sua pesquisa e suas publicações se concentram nas áreas de Sintaxe Histórica e Teoria Gramatical, com enfoque na história do português em todas as suas variedades.

Izete Lehmkuhl Coelho
É graduada em Letras (Português), mestra em Literatura e doutora em Linguística (área de Sociolinguística e Dialetologia) pela UFSC. É professora de Língua Portuguesa pela mesma instituição. Faz parte do Projeto Varsul e é coordenadora regional do PHPB-SC. É bolsista do CNPq.

Juanito Ornelas de Avelar
É professor do Departamento de Linguística da Universidade Estadual de Campinas, com mestrado e doutorado na mesma instituição. É autor e coeditor de livros na área de sintaxe, contato linguístico, mudança gramatical e ensino do português.

Marco Antonio Martins

É mestre e doutor em Linguística pela UFSC, com estágio de doutorado no Centro de Linguística da Universidade Nova de Lisboa. É pesquisador do CNPq (bolsa PQ2-processo 310728/2014-2) e professor da UFSC, onde atua como professor permanente no Programa de Pós-graduação em Linguística. Foi presidente do Grupo de Estudos Linguísticos do Nordeste (Gelne) e vice-presidente da Associação Brasileira de Linguística (Abralin).

Maria Eugênia Duarte

É professora titular do Departamento de Letras Vernáculas da Faculdade de Letras da Universidade Federal do Rio de Janeiro (UFRJ) e pesquisadora do CNPq (processo 307158/2014-4). Trabalha com o modelo da Teoria da Variação e Mudança, tomando como componente gramatical pressupostos da Teoria de Princípios e Parâmetros. Participa dos projetos Romania Nova e Para a História do Português Brasileiro.

Mary A. Kato

É professora titular aposentada da Unicamp, atualmente colaboradora voluntária na mesma instituição. É pesquisadora do CNPq (processo 305515/2011-17) e fundou a revista *DELTA*. Pela Contexto, publicou como organizadora, ao lado de Milton do Nascimento, o volume 2 da *Gramática do português culto falado no Brasil: a construção da sentença.*

Rosane de Andrade Berlinck

É professora do departamento de Linguística da Universidade Estadual Paulista (Unesp), *campus* de Araraquara, onde desenvolve pesquisas sobre a história do português brasileiro e Sociolinguística. É mestre em Linguística pela Unicamp e doutora em Linguística pela Katholieke Universiteit Leuven. Pesquisadora do CNPq.

Silvia Cavalcante

É mestre em Letras Vernáculas pela Universidade Federal do Rio de Janeiro, com doutorado em Linguística pela Universidade Estadual de Campinas. É professora associada I da Universidade Federal do Rio de Janeiro onde coordena o Projeto de Pesquisa “Posição do Sujeito e Estrutura Informacional da Sentença no Português Brasileiro”, financiado pelo CNPq com Bolsa de Produtividade de Pesquisa (PQ2).

GRÁFICA PAYM
Tel. [11] 4392-3344
paym@graficapaym.com.br